MANUAL

DE TÉCNICA PSICANALÍTICA

Z71m Zimerman, David E.
Manual de técnica psicanalítica: uma re-visão / David E. Zimerman. – Porto Alegre : Artmed, 2004.

ISBN 978-85-363-0282-9

1. Psicanálise – Técnicas – Manual. I. Título.

CDU 159.964.2(035)

Catalogação na publicação: Mônica Ballejo Canto – CRB 10/1023

MANUAL
DE TÉCNICA PSICANALÍTICA
uma re-visão

David E. Zimerman
Médico psiquiatra. Membro efetivo e psicanalista didata da Sociedade Psicanalítica de Porto Alegre (SPPA). Psicoterapeuta de grupo. Ex-presidente da Sociedade de Psiquiatria do Rio Grande do Sul.

Reimpressão 2008

artmed®

2004

Design de capa
Flávio Wild

Assistente de design
Gustavo Demarchi

Preparação do original
Maria Rita Quintella

Leitura final
Daniela de Freitas Ledur

Supervisão editorial
Cláudia Bittencourt

Projeto e editoração
Armazém Digital Editoração Eletrônica – Roberto Vieira

Av. Jerônimo de Ornelas, 670 - Santana
90040-340 Porto Alegre RS
Fone (51) 3027-7000 Fax (51) 3027-7070

SÃO PAULO
Av. Angélica, 1091 - Higienópolis
01227-100 São Paulo SP
Fone (11) 3665-1100 Fax (11) 3667-1333

SAC 0800 703-3444

IMPRESSO NO BRASIL
PRINTED IN BRAZIL

Sumário

PARTE III

Características clínicas e manejo técnico das diferentes psicopatologias

PARTE IV

Terapias analíticas especiais

PARTE V

Situações específicas

Uma Conversa Inicial com os Leitores

Como faço habitualmente quando publico um livro, gosto de ter uma conversa introdutória com os meus leitores para mantermos uma unidade de comunicação no que se refere aos objetivos principais que justifiquem a elaboração de mais uma obra.

No presente caso, conforme expresso no título, trata-se mais propriamente de um manual (ou "compêndio"), ou seja, conforme os dicionários, consiste de "um pequeno livro, que pode ser manuseado com facilidade, contendo noções essenciais acerca de uma ciência, de uma técnica, etc., de sorte que pode funcionar com o objetivo primordial de servir como referência de um livro-texto didático".

Quero, desde já, justificar por que acrescentei no final do título que escolhi para o livro "Uma Re-Visão": pode parecer um excesso de presunção de minha parte, no entanto, acredito que, além de objetivar a fazer uma "revisão", no sentido de "atualização", também pretendo propor que muitos aspectos essenciais da técnica psicanalítica merecem uma "nova" (re) visão, ou seja, uma forma algo diferente de como classicamente o ato analítico costuma ser encarado e, logo, praticado.

A motivação para produzir este compêndio de técnica psicanalítica nasceu da repercussão de um livro anterior meu, *Fundamentos psicanalíticos. Teoria, técnica e clínica*, publicado em 1999, o qual, para minha imensa satisfação, tem tido várias reedições e sido adotado em várias e distintas instituições de ensino, como, por exemplo, um expressivo número de faculdades de psicologia e de institutos psicanalíticos no país.

O estimulante retorno que tenho recebido, parece-me, está mais concentrado na parte correspondente à técnica, e, seguidamente, junto com apreciações laudatórias, recebo sugestões de que um determinado capítulo está por demais extenso, ou curto, ou complexo, enquanto em outros, também sobre técnica, estão faltando vinhetas clínicas que esclareçam melhor os conceitos emitidos, assim como sugerem a inclusão de alguns temas técnicos relevantes que não constam no aludido volume.

Essas críticas e sugestões encontram pleno eco em mim, de maneira que imaginei a possibilidade de elaborar um manual de cunho integrativo, estabelecendo uma conexão evolutiva dos princípios técnicos da prática psicanalítica, desde a época pioneira da psicanálise, passando por sucessivas transformações, até as mais recentes posições técnicas contemporâneas. Munido de uma sensação íntima de que estou preparado para tal façanha, apresentei o projeto aos meus editores, que manifestaram ter havido uma coincidência com as aspirações que também tinham a esse respeito, de forma que me incentivaram e apoiaram.

Existem diferenças consideráveis na aplicação da técnica analítica, tanto as que decorrem dos distintos referenciais teórico-técnicos de uma determinada escola do pensamento psicanalítico, que embasa a formação do analista, quanto também aquelas que advêm das características singulares e pessoais de cada terapeuta. Ademais, é muito difícil avaliar a qualidade, assim como quantificar as verdadeiras mudanças analíticas que, em uma mesma escola ou em escolas diferentes, uma determinada técnica atingiu, sendo também difícil estabelecer de forma convicta uma comparação de resultados que credencie de maneira laudatória ou desqualificatória tal ou qual escola, até porque são múltiplos e complexos os fatores intervenientes no processo analítico.

Por essas razões, entendi que o presente manual de técnica não deve privilegiar, de forma dogmática, essa ou aquela escola, mas, antes, traçar uma visão mais global, de sorte a privilegiar um "con-texto dos distintos textos", enfocando a multiplicidade dos fatores intervenientes, dentre os quais, conforme acredito, a figura da pessoa do analista, não só a transferencial, mas, também, a real, ocupando um lugar de primeira grandeza, motivo pelo qual sempre receberá uma atenção especial no presente livro.

Assim, adoto neste livro a mesma posição que assumo como psicanalista: sou eclético, porém faço questão de ressalvar que não cabe confundir, como muitos fazem, ecletismo com ecleticismo. O primeiro alude ao fato de o analista ter uma formação pluralista, com base em distintas vertentes teóricas e técnicas, sem obedecer cegamente a qualquer uma delas, por mais consagrado que seja o nome do autor, e, tampouco, sem rechaçar imediatamente, antes de fazer uma reflexão crítica, de forma a poder selecionar e adotar aquilo que, afetivamente, "fecha" com o seu jeito autêntico de ser e com a sua experiência clínica pessoal. Ao mesmo tempo, dá-se o direito de dispensar leituras que não lhe tocam, de modo que, gradativamente, vai criando o seu autêntico sentimento de identidade de terapeuta psicanalítico, com uma liberdade de assumir o seu estilo pessoal de trabalhar.

Por sua vez, o termo "ecleticismo" alude a uma significação na qual se procura achar uma igualdade em tudo, com reducionismos e integrações artificiais, ignorando o fato de que, às vezes, existem profundas diferenças entre diferentes autores e sistemas teórico-técnicos, não obstante, também, seja verdade que é bastante freqüente que determinados autores empreguem uma "tautologia", palavra que designa o fato de que se diga a mesma coisa que já foi dito, apenas com outras palavras.

Tenho praticado – e cruzado – com as mais diferentes formas de atendimento psicológico. Não obstante reconheça que cada situação em particular requer alguma modalidade mais específica de tratamento, estou convencido de que, pelo menos para mim, o método de fundamentação psicanalítica é o mais completo e efetivo. No entanto, concordo com Bion quando ele diz que um analista deve ficar *insatisfeito* com a própria psicanálise, para que ele possa ampliar os seus conhecimentos e as suas capacidades de compreender e se vincular com o paciente.

Cabe construir uma metáfora da evolução da psicanálise, com a imagem de uma árvore frondosa, com fortes raízes (representando Freud), caule, ramos, folhas, flores e frutos. As sementes de Freud continuam germinando de forma bastante fértil, porém, especialmente no que tange à técnica psicanalítica, não se trata de voltar de modo sistemático a ele, mas, sim, de partir de certas postulações dele, até mesmo porque na época em que ele viveu, a ciência, a ideologia, os valores culturais, a forma de pensar e de enfrentar problemas de toda ordem eram substancialmente diferentes dos atuais. Assim, não mais cabe uma total idolatria e cega fidelidade a Freud; outra coisa é aproveitar toda a essência do que ele nos legou, desde que conservemos o direito de poder contestar e inovar, sem cair no extremo de rotular suas concepções originais como "coisa já passada".

Na verdade, a psicanálise consiste em uma rede de teorias, algumas vezes coerentes e complementares, outras rivais, entremeadas de querelas narcisistas de poder e prestígio, não tanto no campo epistemológico, mas, sim, como uma rivalidade passional, adquirindo uma dimensão de fanatismo. O que importa é que tudo o que sabemos de psicanálise – teoria ou técnica – vem da clínica e tudo o que ainda devemos aprender e transformar necessariamente virá da prática clínica. As teorias precisam ser confirmadas, ou infirmadas, na experiência clínica cotidiana e não em infindáveis acadêmicas discussões epistemológicas.

Existem hoje, com a ininterrupta evolução da ciência da psicanálise, diferenças consideráveis na aplicação da técnica psicanalítica, com mudanças radicais nos sucessivos paradigmas completamente válidos para uma determinada época. Vamos a um único exemplo referente à técnica, entre tantos outros que poderiam ser mencionados: no passado, a eficácia de um analista era medida a partir do critério da quantidade de silêncio que ele mantinha durante as sessões, sistema muito divulgado por T. Reik, que alegava ser essa atitude técnica imprescindível para a análise por duas razões principais. A primeira é que o silêncio aumentaria a angústia necessária para o paciente produzir mais "material"; a segunda é que o silêncio representaria uma privação de gratificação ao paciente, assim fazendo jus às regras da "abstinência" e da "neutralidade", formuladas por Freud. Na atualidade, ninguém duvida de que se trata de um método anacrônico, com o ranço de uma artificialidade e uma certa fobia de aproximação afetiva.

Embora este livro seja dedicado quase que exclusivamente aos aspectos da técnica, todos estamos de acordo em reconhecer que qualquer acréscimo à nossa compreensão, manejo e eficiência clínicas necessariamente deve levar em conta a importante diferença entre falar sobre psicanálise e falar a partir de uma experiência psicanalítica própria, ou seja, é importante diferenciar entre alguém ter um mero acúmulo de conhecimentos psicanalíticos e, de fato, ser um psicanalista.

É bastante freqüente a opinião de que os psicanalistas complicam a empatia da psicanálise com o público, tornando-a hermética, assim enfeiando a beleza dos processos psicanalíticos e afugentando as pessoas – por falta de esclarecimentos mais simples – para outros recursos alternativos, de preferência aqueles que acenam com curas mágicas. Igualmente, durante muito tempo, a psicanálise encastelou-se na sua torre de marfim, mantendo distância das demais ciências, inclusive da sua parente próxima, a psiquiatria, assim atraindo um revide, além de um certo desprezo, por parte de profissionais de outras áreas humanísticas.

Levando em conta todos os aspectos que foram mencionados, entendi que a configuração que melhor se adaptaria ao objetivo didático deste manual seria de dividi-lo em cinco partes. Assim, na Parte I são abordados os "Aspectos Gerais", com três capítulos:

O Capítulo 1 trata das "Transformações no Perfil do Paciente, do Analista e do Processo Analítico". Para Onde Vai a Psicanálise?" Aqui é importante que o leitor situe as mudanças que ocorrem na terapia psicanalítica, tanto na pessoa do paciente quanto na do psicanalista como no próprio processo analítico, à medida que o próprio mundo vem sofrendo profundas transformações em todas as áreas da existência humana.

O Capítulo 2, intitulado "Os Principais Autores das Sete Escolas de Psicanálise e sua Contribuição à Técnica. Méritos e Críticas", enfoca mais particularmente as sucessivas modificações de compreensão e de manejo técnico, desde a época pioneira de Freud e seguidores imediatos, passando pelos principais autores representantes das – principais – sete escolas de psicanálise, até chegar, genericamente, aos paradigmas técnicos da psicanálise contemporânea. A síntese de cada autor é descrita separadamente, sob a forma de um apanhado dos – reconhecidos – méritos e das inevitáveis críticas.

O Capítulo 3 – "Como Agem as Terapias Analíticas?" – está incluído na parte considerada "geral" e titulada de forma interrogativa com o propósito de introduzir o leitor no espírito eminentemente técnico deste livro, além de, já de saída, instigá-lo a fazer reflexões, com possíveis concordâncias, discordâncias e contestações. Neste capítulo são abordados alguns fatores terapêuticos que não se restringem unicamente às clássicas interpretações que conduzem aos necessários *insights*. É o caso, por exemplo, da "pessoa real do analista", como um importante e novo modelo de identificação para o paciente.

Na Parte II, cujo título é "Os Fenômenos no Campo do Vínculo Analítico", são estudados separadamente, em um enfoque de técnica e prática, os mais variados e complexos fenômenos psíquicos que se passam no campo analítico, sempre levando em conta os permanentes vínculos e configurações vinculares que mutuamente se estabelecem entre paciente e analista.

Assim, o Capítulo 4 aborda os problemas que estão embutidos no título "O Primeiro Contato. A Entrevista Inicial. Os critérios de Analisabilidade. O Contrato", representando uma significativa importância no futuro desenvolvimento da análise.

Em seguida, o Capítulo 5, sob o título de "O Setting: A Criação de um Novo Espaço", dá a entender, por si só, que a importância atual do enquadre analítico vai muito além das necessárias combinações pragmáticas para um adequado funcionamento da análise.

"Uma Re-visão das Regras Técnicas Recomendadas por Freud", título do Capítulo 6, dedica-se exclusivamente às importantes mudanças que a técnica analítica vem sofrendo sucessivamente, desde que seus princípios básicos foram formulados por Freud sob a forma de "recomendações aos médicos que exercem a psicanálise", textos esses que, no seu original, são de leitura obrigatória.

O Capítulo 7 – "A Pessoa Real do Analista no Processo Psicanalítico" associa-se com os Capítulo 5 e 6, pois incluo-me entre os que entendem que é impossível dissociar esse tripé. No entanto, muitos outros autores, com uma coerente argumentação, não atribuem à pessoa real do analista uma importância maior na evolução da análise, que não aquela que ele repete padrões transferenciais inconscientes. O leitor está convidado a participar do debate.

"Resistências. A Reação Terapêutica Negativa" é o título do Capítulo 8. A palavra "resistência" está no plural porquanto são inúmeras as modalidades resistenciais, dentre as quais julguei oportuno dar um destaque à "Reação Terapêutica Negativa". Essa última aborda uma das formas de resistência mais obstrutiva e nem sempre com evidências manifestas, que se insurge contra a possibilidade de um verdadeiro crescimento mental de determinados pacientes.

O Capítulo 9 – "Contra-Resistência. Os Conluios Inconscientes" – é indissociável do anterior. Não obstante isso, por razões didáticas, ele segue em separado, porém conserva a essência da íntima relação "resistência do paciente-contra-resistência do terapeuta", notadamente no que diz respeito à contração, entre ambos, de inúmeras formas de conluios inconscientes.

"O Contra-Ego: Uma Estrutura Resistencial Patológica" – que constitui o Capítulo 10 – visa a destacar um conjunto de organizações patológicas que atuam a partir do interior do próprio ego, contra ele, fato que representa ser de uma extraordinária importância na prática clínica diária de todo analista.

Já o Capítulo 11 trata do tema considerado fundamental na psicanálise: "Transferências. Transferência de Impasse. Psicose de Transferência", igualmente pluralizada. Entendi ser necessário dedicar uma ênfase especial no que se refere ao manejo técnico de duas modalidades transferenciais que nem sempre têm recebido importância, visto que, se bem-observadas pelo analista, ele vai perceber que elas são bastante freqüentes na prática clínica, às vezes de forma ruidosa, outras vezes de modo muito sutil: refiro-me à "Transferência de Impasse" e, mais particularmente, àquela que é conhecida por "Psicose de Transferência".

No Capítulo 12 é abordado o importantíssimo problema da "Contratransferência", com os respectivos "efeitos contratransferenciais" na mente do analista, podendo, assim, constituir-se tanto em uma modalidade de "contratransferência patológica" quanto poder ficar a serviço da – indispensável – "empatia" do analista.

O Capítulo 13, cujo título é: "A Comunicação Verbal e a Não-Verbal na Situação Analítica", nas suas modalidades proteiformes, representa ser sobremaneira importante na psicanálise contemporânea, especialmente se levar em conta a afirmativa de que "o maior mal da humanidade é o problema do mal-entendido da comunicação".

O Capítulo 14, com o título de "As Atuações (Actings)", objetiva dar um merecido destaque a essa corriqueira forma de uma primitiva – e importantíssima – maneira de comunicação não-verbal que comumente, de alguma forma, aparece ao longo do processo analítico.

"A Atividade Interpretativa", título do Capítulo 15, adquire uma relevância muito especial, levando em conta que o ato de interpretar os dinamismos inconscientes do paciente continua sendo um dos pilares fundamentais do método psicanalítico, além do fato de que talvez seja o aspecto do campo analítico que mais sofreu mudanças significativas na clínica psicanalítica.

A inclusão de "Normalidade e Patogenia dos Estilos de Interpretar. O Uso de Metáforas" – Capítulo 16 – justifica-se por julgar que o estilo pessoal de cada analista, além de representar uma significativa importância para o andamento da análise, também reflete, em grande parte, a sua pessoa real. Entendi que cabe dar um destaque à eventual utilização de "metáforas" – como fazendo parte de um estilo de atividade interpretativa – pelo fato de, em determinadas situações, elas se mostrarem significativamente muito úteis.

O título do Capítulo 17 – "Análise do Consciente. A Função do Pensar" – talvez cause estranheza no leitor, visto que a literatura psicanalítica não concede maior espaço para a análise dos aspectos conscientes do paciente, porém, fiz questão de ser coerente com aquilo que penso e pratico, de modo que, dentre as funções conscientes do ego, é concedida uma importância especial ao aspecto fundamental da função de se saber "pensar" as experiências emocionais.

"Insight – Elaboração – Crescimento Mental", que dá título ao Capítulo 18, objetiva destacar o quanto esses aspectos constituem a finalidade maior de qualquer análise, com a particularidade de que substituí o habitual termo "cura" por "crescimento mental", uma vez que o segundo está mais de acordo com a ideologia psicanalítica predominante neste manual.

O Capítulo 19 – "O Término de um Tratamento Analítico" – enfoca uma questão que tem características próprias em cada análise, mas que conserva certa uniformidade em todas as análises que estão se aproximando do seu término (não empreguei o costumeiro termo "alta do paciente", de acordo com o que será explicitado no capítulo em questão).

O título do Capítulo 20 é: "Condições Necessárias para um Analista", no qual, separadamente (embora tudo funcione de forma conjunta e concomitante), é discriminada uma série de atributos indispensáveis para que o terapeuta estabeleça empaticamente uma ligação profunda com o seu paciente, para não correr o risco de que a atividade analítica não seja mais do que uma tarefa mecânica, robotizada, logo, fria e tediosa para ambos do par analítico.

A Parte III – "Características Clínicas e Manejo Técnico das Diferentes Psicopatologias" – contém 12 capítulos cujo objetivo é enfatizar as principais características clínicas e os respectivos manejos técnicos de distintas estruturas caracterológicas e quadros clínicos que surgem com muita freqüência na psicanálise atual.

Assim, o Capítulo 21 trata de "Psicoses. Pacientes Borderline. A Parte Psicótica da Personalidade".

O Capítulo 22 – "Transtornos Narcisistas" – conforme diz o nome, aborda as personalidades com características predominantemente narcisistas, cada vez mais freqüentes em nossos consultórios.

O Capítulo 23 trata do tema, que serve de título, "Perversões".

"Homossexualidades" é o título do Capítulo 24.

O Capítulo 25 trata de "A Clínica do Vazio".

No Capítulo 26, o tema é "Transtornos Ansiosos".

O Capítulo 27 tem por título "Estados Depressivos", que, fora de qualquer dúvida, representam uma crescente demanda nos consultórios de psiquiatras e psicanalistas.

"Fobias" intitula o Capítulo 28.

O Capítulo 29 recebe o nome de "Transtornos Obsessivo-compulsivos (TOC)".

O Capítulo 30 tem o título de "Histerias".

Os "Pacientes Somatizadores" constituem o tema e o título do Capítulo 31.

O Capítulo 32, "Uma Forma Patológica de Amar: O Vínculo Tantalizante", talvez esteja algo deslocado nesta parte do livro destinada às formas clássicas de psicopatologia. No entanto, é tão freqüente e tão específica essa forma patológica de "amar" que me permiti usar uma licença.

A Parte IV – "Terapias Analíticas Especiais" – é composta por mais cinco capítulos.

O Capítulo 33 – "Psicanálise com Crianças" – procede a uma revisão histórica, detendo-se nas técnicas mais contemporâneas.

"Terapia Psicanalítica com Púberes e Adolescentes", título do Capítulo 34, enfoca o tratamento analítico com pacientes dessa fase da existência.

O Capítulo 35 – "Terapia com Casais e Famílias" – não poderia faltar neste livro, tendo em vista a incrível difusão desse recurso terapêutico, praticado não só por terapeutas "sistêmicos", mas também por terapeutas "psicanalíticos".

"Terapia com a Família", título do Capítulo 36, igualmente está encontrando um grande desenvolvimento em nosso meio, razão pela qual mereceu um capítulo específico, no qual predomina uma abordagem de natureza analítica.

O Capítulo 37, intitulado "Grupoterapia Psicanalítica", igualmente não poderia ficar ausente, pois representa um acessível recurso terapêutico, com comprovados resultados psicanalíticos. Além disso, o tema vem ganhando crescente relevância, e seu conhecimento é indispensável para todo terapeuta que quer enriquecer o entendimento do psiquismo dos indivíduos.

A Parte V – "Situações Específicas" – é constituída de poucos capítulos, mas o suficiente para realçar a importância da supervisão e fazer algumas reflexões acerca do processo analítico, particularmente aquelas que se originaram dentro de mim, em uma amálgama de prévios conhecimentos já sedimentados, uma continuada leitura de textos atuais e, especialmente, daquilo que acontece na minha prática clínica e de supervisão, a qual tento sintetizar no último capítulo deste livro. Assim, esta parte final conta com os capítulos que seguem.

O Capítulo 38 tem como título: "Vínculos e Configurações Vinculares". Na psicanálise contemporânea, é imprescindível que conste um capítulo que enfoque especificamente a importância relevante dos vínculos e de como eles se organizam, sob as mais distintas formas.

O Capítulo 39 – "Reflexões Sobre a Supervisão Psicanalítica" – tem o objetivo de, a partir da inclusão de um capítulo como este, priorizar o trabalho de supervisão, baseado no fato de que, cada vez mais, essa atividade está sendo reconhecida como de inestimável importância na formação de candidatos a terapeutas analíticos, a ponto de muitos reconhecidos autores nivelarem a importância da supervisão com a da análise individual.

O Capítulo 40 tem por título "Sonhos: Manejo Técnico". Ninguém discorda de que esse aspecto, desde o pioneirismo de Freud até nossos dias, tem sofrido sensíveis transformações no exercício da prática clínica.

O Capítulo 41 apresenta um "Glossário de Conceitos e Termos Propostos pelo Autor", tendo seu respaldo na necessidade que senti de facilitar a leitura e o entendimento do leitor para uma terminologia e um enfoque conceitual com os quais, muito provavelmente, ele não esteja familiarizado, visto que ousei publicar neste manual contribuições pessoais, pelas quais assumo inteira responsabilidade. Desculpo-me, desde já, caso tenha cometido inadequações.

Por fim, à moda de um Epílogo, encerro este manual com "Palavras Finais. Carta Íntima para os Leitores que Estão se Iniciando como Terapeutas Psicanalíticos", a qual tem um significado especialíssimo para mim, não por alguma razão objetiva, mas, sim, porque senti ter-me envolvido afetivamente de uma forma intensa, a ponto de me parecer que, de fato, estava escrevendo uma carta direta a algum amigo ou falando ao vivo com a bela juventude que é quem mais me prestigia, de inúmeras formas, e que, sem dúvida, constitui o meu público predileto. Por isso, preferi não retocá-la na revisão final, para manter (pelo menos para mim) a sua autenticidade original, no impulso de partilhar as minhas reflexões com os colegas que estão iniciando na ciência e na arte da terapia psicanalítica.

Antes de concluir essa conversa inicial com os leitores, é útil esclarecer alguns aspectos da composição deste volume, para facilitar a sua leitura e manejo.

A primeira observação é que o presente livro não se limita a uma simples revisão dos conceitos clássicos, nem dos avanços contemporâneos referentes à técnica analítica, divulgados por eminentes autores, de todas as partes do mundo, por meio de artigos e livros, os quais todos reconhecemos como de extrema utilidade. Particularmente, estudo a maioria desses textos, o mais próximo possível à exaustão, levo-os permanentemente em conta e aplico suas contribuições na prática cotidiana; não obstante, nesta altura da minha vida psicanalítica, sempre privilegio as minhas próprias experiências e vivências emocionais e técnicas, forjadas ao longo de mais de quatro décadas de trabalho ininterrupto, comigo mesmo e com outros.

Não obstante o respeito e a gratidão que devo aos inúmeros autores que leio, restrinjo ao máximo as citações quando os respectivos conceitos já sejam por demais conhecidos, enquanto enfatizo alguma referência bibliográfica que, na atualidade, represente uma inovadora fonte de reflexão e conhecimento de técnica psicanalítica. Igualmente, evito fazer citações com digressões que possam ser enfadonhas e inúteis ao leitor e que, muitas vezes, possam estar a serviço de uma erudição exibicionista, ou como escravidão a um superego por demais rígido, ou, pior ainda, como um manto protetor no qual o autor, com receio de se expor, possa se escudar no prestígio de alguém já consagrado.

Destarte, muito do que digo neste livro é uma evolução de minhas transformações pessoais, como psicanalista e como pessoa, de sorte que seja provável que determinadas colocações, conceituações e posições que eventualmente assumo possam causar alguma estranheza. Acredito que o entendimento final não deva ser o do autor, mas, sim, de cada leitor, que fará cotejos daquilo que estuda, com outras leituras, seminários, supervisões, análise pessoal e, sobretudo, com as experiências de sua prática clínica, ideologia e estilo pessoal.

Assim, peço que o leitor releve e que não considere que o autor quer impor alguma "novidade" ou algo semelhado, muito menos desqualificar os paradigmas que correntemente praticamos. Bem antes disso, o propósito maior é ser leal comigo próprio e, se possível, instigar o leitor a fazer reflexões, trocar idéias com outros colegas e tomar as suas próprias atitudes e posições técnicas. É verdade que não abro mão de tentar sair de esquemas pré-moldados, como, por exemplo, entre tantos outros mitos de técnica analítica, o ranço, ainda muito vigente, de que uma "verdadeira" análise seja unicamente aquela na qual o analista trabalhe com uma sistemática interpretação no "aqui-agora-comigo" da transferência; caso contrário...

Uma segunda observação consiste no fato de que os capítulos não têm o objetivo de esgotar totalmente os assuntos enfocados, mas, sim, pretendem transmitir uma atmosfera geral do campo afetivo e cognitivo que transcorre ao longo de qualquer análise, do ponto de vista da técnica e prática. Assim, tanto quanto possível, os textos serão acompanhados por vinhetas clínicas, algumas frases, metáforas, chistes, etc.

O terceiro aspecto diz respeito ao fato de que um mesmo conceito pode aparecer repetitivamente, em diversos capítulos. Embora o surgimento dessa repetição surja em contextos distintos, é possível que possa entediar o leitor – pelo que peço desculpas –, porém houve uma certa intencionalidade de minha parte, baseado na idéia de que uma repetição em contextos variados pode auxiliar a reflexão e a memorização.

A quarta observação a consignar é o fato de que para manter o espírito didático deste manual, com possíveis leituras para seminários coletivos por parte dos caros leitores, entendi ser útil usar e abusar do recurso de *enumerar* os aspectos que, em meu entender, sejam os mais significativos para reflexões e debates.

PARTE I

A Evolução da Técnica Analítica

1

As Transformações no Perfil do Paciente, do Analista e do Processo Analítico. Para Onde Vai a Psicanálise?

Quando eu estava tentando elaborar a mecânica quântica, a experiência deu-me a oportunidade de aprender um fato notável: que uma nova realidade científica não triunfa por convencer seus opositores, fazendo-os ver a luz, senão que, muito antes, porque eventualmente seus opositores morrem e surge uma outra geração que se acha familiarizada com aquela.

Max Plank, in Bion, em *Seminários clínicos.*

Em relação às constantes declarações de que "a psicanálise está morta", eu poderia seguir o exemplo de Mark Twain, que, tendo lido num jornal o anúncio de sua morte, dirigiu ao diretor do mesmo um telegrama comunicando-lhe: "A notícia de minha morte está muito exagerada".

S. Freud, in Alain de Mijolla.

O mundo vem sofrendo sucessivas, aceleradas, vertiginosas e profundas transformações em todas as áreas e dimensões, como o são as sociais, as econômicas, as culturais, as éticas, as espirituais, as psicológicas, além das científicas, entre outras, e, naturalmente, no rastro de todas essas, também a psicanálise vem sofrendo uma continuidade de crises e mudanças em sua trajetória de pouco mais de um século de existência.

O processo de transformações é inerente à condição da humanidade, tal como, parece-me, está bem expresso na antiga crença budista que vê a existência humana como uma série ininterrupta de transformações mentais e físicas. É como as imagens de um filme: uma soma de imagens individuais, retratando uma série de momentos diferentes, as quais movem-se muito rapidamente que não se consegue perceber que o filme é um somatório de instantes e partes distintas, constituindo uma unidade singular. Da mesma forma, não é possível alguém (salvo crianças bem pequenas e psicóticos) dizer, de forma absoluta: "Isto é meu" ou "Isto sou eu", porquanto não existe o ser absoluto, o todo é constituído por fatores existenciais, predominantemente impessoais, que formam combinações e transformações transitórias, as quais, por sua vez, alteram as culturas e arrastam as pessoas para novas mudanças, em uma espiral sem fim.

Portanto, partindo de uma visão individualista do indivíduo, passa-se a uma visão holística (do grego *hollos*, que significa *totalidade)*, de sorte que o bebê não é a mesma pessoa quando fica uma criança maior, ou adolescente, ou adulto, e o adulto de hoje não é mais a mesma pessoa que era antes e, tampouco, a que vai ser mais adiante na vida. Em resumo, todos nós e o mundo que nos cerca estamos, sempre, nos transformando.

Destarte, como uma introdução ao presente capítulo, cabe apresentar brevemente uma vinheta de minha experiência clínica com grupoterapia analítica, que pratico há aproximadamente 40 anos. Assim, no início da década de 60, uma jovem estudante de medicina, de 21 anos, integrante de um grupo analítico, levou aproximadamente um ano e meio para, cheia de culpas e temores de ser julgada, "confessar" aos demais participantes que "mantinha relações sexuais com o seu namorado" (não obstante se tratasse de um namoro firme, com mais de três anos de duração). De forma análoga, em um outro grupo, em meados da década de 80, uma outra, da mesma idade que a anterior, também gastou mais de um ano para "confessar", bastante envergonhada e temerosa de uma gozação geral, que ela ..."ainda era virgem". O que estou pretendendo evidenciar é o fato de que, embora a natureza humana continue sendo a mesma (ambas as moças apresentavam angústia, culpa, vergonha, temor de provocar decepção, rechaço e um não-reconhecimento e aceitação dos demais), a causa desencadeante foi totalmente oposta uma da outra, pois, no espaço de tempo decorrido entre as duas experiências – 25 anos, logo, uma geração – mudaram as contingências e os valores socioculturais. Esta vinheta também serve para ilustrar que todas as considerações que serão feitas neste texto partem do pressuposto de que é impossível separar o indivíduo dos avanços tecnológicos, dos grupos e da sociedade nos quais ele estiver inserido.

Cabe assinalar, a seguir, algumas das mais significativas mudanças biopsicossociais e econômico-culturais.

VISÃO SISTÊMICA

Vivemos, hoje, em um mundo globalmente interligado, onde qualquer acontecimento importante repercute em todos os quadrantes de nossa "aldeia global". Destarte, não mais cabe o individualismo e o isolacionismo dos indivíduos e das nações, de forma que é urgente a criação de novos paradigmas em todos os níveis, os quais estão unificados por uma interdependência. Isto requer fundamentalmente uma nova maneira de pensar e de visualizar todos os problemas coletivos, forma que é chamada de *visão sistêmica* do mundo e da vida.

Por visão sistêmica entendemos que em qualquer estado ou acontecimento – humano, físico, químico, cósmico e psicanalítico, entre outros – sempre existem múltiplos elementos que estão arranjados e combinados em determinadas formas, nas quais a maneira como as diversas partes estão integradas e estruturadas na totalidade é mais importante do que cada uma das partes isoladamente, por mais importantes que elas possam ser.

Por *estrutura* entendemos um arranjo dos distintos elementos, em que cada um ocupa determinado lugar e determinada função, sendo que todos estão inter-relacionados em um permanente movimento e interação, de modo que a modificação de qualquer um deles inevitavelmente provocará modificações nos demais, e toda a estrutura sofrerá uma transformação em busca da harmonia. Trata-se de um movimento natural, espontâneo e com flutuações cíclicas em qualquer matéria – orgânica ou inorgânica, psíquica ou biológica, individual ou grupal, subatômica ou cósmica.

A GLOBALIZAÇÃO

A globalização do mundo moderno, mercê das novas tecnologias ligadas à informática e de uma fantástica rede de comunicação instantânea via satélite, vem contribuindo para o extraordinário poder de formação de nossos corações e mentes, advindo de uma, cada vez mais gigantesca e poderosa, rede de veículos de comunicação – que podemos chamar de "midiologia" –, que exerce uma decisiva influência no psiquismo de todos, notadamente nas crianças e nos adolescentes, tanto no que diz respeito à formação de uma ideologia política, um estilo de viver, quanto à apologia do consumismo, um sagrado culto à importância da estética, dos hábitos de alimentação, e assim por diante.

Uma clara evidência da globalização pode ser observada diariamente quando algum choque econômico de uma determinada nação repercute imediatamente no mundo todo. Igualmente, impõe destacar a progressiva navegação do homem pelo infinito espaço que é propiciado pela Internet; a realidade virtual – inclusive no que diz respeito às relações amorosas, à correspondência instantânea e universal por *e-mail* – por um lado aproxima as pessoas, por outro torna as relações algo impessoais e técnicas.

NOVOS PADRÕES ÉTICOS

Um importante aspecto, particularmente para o psicanalista, decorrente dessa vertiginosa mudança de padrões científicos e culturais, é a crescente problemática de natureza bioética e psicoética, conseqüência de vários fatores. Assim, os incríveis avanços tecnológicos, a conclusão do Projeto do Genoma Humano, no qual, após 15 anos de pesquisas em centenas de laboratórios espalhados em mais de 20 países, foi possível anunciar que o código da vida, ou seja, o seqüenciamento dos genes, foi decifrado! Concomitantemente, foi se desenvolvendo a engenharia genética, com os avançados experimentos com a "reprodução de clones". Também a crescente legalização da prática de aborto, inclusive com o aproveitamento da célula-mãe do embrião, para transplantes genéticos, vem fazendo com que muitos estudiosos da ética formulem a importante questão: *Que tipo de ser é o embrião?*

A FAMÍLIA

A família nuclear está sofrendo radicais transformações no que diz respeito ao número crescente de casamentos seguidos de descasamentos e re-casamentos, com uma nova composição familiar em função dos filhos que cada novo cônjuge traz para o novo lar. Aumenta o número de mães adolescentes, de mães solteiras, entre as quais muitas deliberadamente assumem a condição de uma "produção independente de filhos", assim como também vem aumentando o número de casais que preferem residir em lares próprios e independentes um do outro.

Existe uma evidente mudança nos papéis que tradicionalmente eram conferidos ao pai, à mãe, aos avós, ..., de modo que não raramente os papéis e os lugares ocupados se superponham ou até se invertam, tudo isso podendo ser encarado com naturalidade, porém também podendo gerar uma séria confusão, sobremaneira para os filhos, os quais, por sua vez, estão se emancipando da família nuclear cada vez mais cedo.

Notadamente, o papel da mulher, na sua inserção familiar, social, sexual, política e profissional, vem sofrendo vertiginosas transformações. Igualmente, vem havendo uma progressiva união estável de homossexuais, inclusive com a adoção de filhos, sendo que o aspecto mais importante a destacar é o fato de que a clássica *função de continente* que a família exerce em relação aos bebês e filhos menores tende a ficar severamente perturbada, com os imagináveis traumas precoces.

É necessário também levar em conta que, no Brasil, o *Novo Código Civil*, em vigência desde janeiro de 2003, altera profundamente os direitos e os deveres dos cônjuges e dos filhos. O somatório de tudo isso que foi dito está contribuindo para uma crescente e generalizada crise de identidade.

CRISE DE IDENTIDADE

Esta aludida crise processa-se tanto no âmbito individual quanto em nosso sentimento de identidade grupal e social. De fato, a acelerada mudança dos valores éticos, morais e religiosos, somada a todas as formas de violência urbana que regem o modo e a finalidade de viver, tornou os indivíduos, inseridos em um mundo que, cada vez mais, exige uma velocidade crescente para uma exitosa adaptação aos padrões vigentes, algo ansiosos, confusos e perdidos quanto à sua identidade, isto é, *quem* eles são, *como* devem ser, *para o que* e *para quem* eles vivem.

Um forte motor gerador desta angústia social reside no fato de que há uma crescente necessidade de *exitismo*, ou seja, desde criança o sujeito está programado pela família e pela sociedade para ser bem-sucedido, em uma interminável busca pela procura de êxitos, o que o deixa em constante sobressalto de vir a cumprir a pressão dessas expectativas que carrega nos ombros e na mente. Um outro fator que vem contribuindo para uma confusão de identidade nos indivíduos, comunidades e nações consiste no fato de que a crescente globalização acarreta uma diminuição e um borramento das *diferenças* entre os indivíduos, quando é sabido que a manutenção das inevitáveis diferenças representa a matéria-prima na formação de qualquer sentimento de identidade.

VALORES

Uma profunda mudança nos valores humanísticos consiste no fato de que, até poucas décadas, a humanidade era regida pelos valores de certezas: era fácil definir em termos absolutos o que era certo e o que era errado, valorizado ou desvalorizado, dentro de uma concepção universalmente aceita de uma causalidade linear, ou seja, a toda causa corresponderia um determinado efeito, em uma cadeia facilmente explicável pelo raciocínio lógico e objetivo.

Atualmente, é impossível desconhecer os avanços em todas as ciências, notadamente nos ensinamentos provindos da física moderna, que conserva os seus princípios clássicos, mas vem cientificamente demonstrando mistérios, incertezas e paradoxos que cercam os fenômenos da natureza no que se refere ao infinitamente pequeno (a física subatômica, quântica) e ao infinitamente grande (a cosmologia, com a difundida concepção de um "universo em contínua e infinita expansão").

Em grande parte, inspirados nessa constatação de que nem tudo pode ser explicado pela lógica mecanicista, os estudiosos da natureza humana reconhecem que o entendimento do homem moderno repousa nos conceitos de *incertezas* (principalmente no conceito do que é e onde está a verdade), *negatividade* (todo e qualquer fenômeno, físico ou afetivo, sempre tem dois pólos opostos), *paradoxalidade* (a permanente coexistência dos opostos e contraditórios) e *relatividade* (nenhum fenômeno, fato ou conhecimento é absoluto, tudo está inter-relacionado), tudo conduzindo à vigência de um estado caótico universal, tanto negativo quanto positivo, levando em conta o conhecido princípio de que "do caos nasce o cosmos". Assim, talvez não seja exagero a afirmativa de que "a ciência se faz cada vez mais filosófica, enquanto a filosofia se faz mais científica", em grande parte com inspiração na psicanálise.

A CULTURA DO NARCISISMO

Cada vez mais, os indivíduos debatem-se em uma acirrada competição para ter direito a "um lugar ao sol", em uma cultura em que predomina fortemente a "lei do mais capaz", ou, pelo menos, a lei daquele que aparenta ser bem-sucedido. Em um grande contingente de pessoas, isso provoca um desgastante conflito resultante da necessidade de atingir metas idealizadas pela família, pela sociedade, pela cultura e por si próprio, as quais podem ultrapassar as suas inevitáveis limitações. Na linguagem psicanalítica, essa disparidade é conhecida como um conflito entre "Ego ideal" *versus* "Ego real". Esse tipo de estado conflituoso tem gerado um crescente valor de que, falsamente, o sujeito vale mais pelo que *tem* ou *aparenta ser* do que, de fato, é ou, autenticamente, pode *vir a ser*. Em outras palavras, a ânsia por um *reconhecimento* pelos demais é tão premente que está aumentando significativamente o número de pessoas portadoras de um *falso self*, e, da mesma forma, quando não há o referido reconhecimento, a cultura narcisista força uma baixa da auto-estima do indivíduo, o que acarreta um maior surgimento de *estados depressivos*.

PÓS-MODERNISMO

De forma muito resumida, pode-se dizer que a essência do pós-modernismo consiste na progressiva introdução da *imagem* no lugar classicamente ocupado pelo *pensamento* e pela *palavra* – o que se processa fundamentalmente em função da midiologia e dos incríveis recursos da moderna informática, com a criação de imagens virtuais, de modo que isso promove a possibilidade de que haja uma superposição, e até uma certa confusão, entre o que é *real* e o que é *imaginário*, o que representa um estímulo à busca de ilusões, de simulacros, de fetiches, sendo que aquilo que *parece ser* é tomado como, de fato, *sendo*. Da mesma forma, a participação ativa de indivíduos e massas passa a ser substituída por uma forma passiva de observação ou de participação mais técnica do que espontânea, como é fácil perceber, por exemplo, no Carnaval brasileiro da atualidade.

Igualmente, o pós-modernismo tende a repudiar tudo o que representa uma lógica de *causalidade* e faz a apologia dessa *casualidade*, do ilógico, do intuicionismo, das incertezas, do relativismo, do surrealismo e do misticismo. Em relação a isso, há quem encare a época atual de uma forma *apocalíptica*, esperando as piores desgraças para a humanidade, enquanto outros consideram o pós-modernismo de uma forma *apologética*, isto é, com uma apologia dos novos rumos e das novas perspectivas promissoras para o desenvolvimento da humanidade. Particularmente, entendo que é possível admitir a existência simultânea tanto dos aspectos positivos quanto dos negativos. Os primeiros estão representados pelo incremento da criatividade e o ingresso do indivíduo em planos mais profundos e diversificados do espírito humano, como são as dimensões de natureza estética, mítica e espiritual. Como exemplo, o *surrealismo* (super-realismo), inspirado em seu fundador, Breton, nasceu como uma forma da arte de tentar abolir as diferenças entre sonho e realidade. Exemplos de aspectos negativos são aqueles que prevalecem quando o pós-modernismo é sistematicamente empregado com o propósito de iconoclastia, ou seja, de uma excessiva derrubada dos valores clássicos.

TRANSFORMAÇÕES NA PSICANÁLISE

Como não poderia ser diferente, seguindo as profundas transformações que acompanham a evolução da humanidade, também a ciência psicanalítica vem sofrendo significativas mudanças em suas teoria, técnica e aplicabilidade prática. Aqui, será enfocado, separadamente, as transformações na pessoa do paciente e do analista e no processo analítico, além de tecer algumas considerações sobre o *quo vadis* (ou seja, *para onde)* vai a psicanálise.

O paciente

Em relação à figura do paciente, cabe consignar que, nos tempos pioneiros de Freud e seus seguidores imediatos, o atendimento era quase que exclusivamente com pacientes portadores de quadros com claras manifestações de sintomas típicos de algum tipo de neurose. Assim, no início das descobertas de Freud, a totalidade da sua prática clínica era composta por mulheres, jovens e histéricas; posteriormente, o atendimento foi se estendendo a pacientes portadores de sintomas fóbicos (o caso do menino Hans), obsessivos (o caso do "homem dos ratos") e afins. Aos poucos, a psicanálise não ficou mais restrita à remoção de sintomas, mas passou a priorizar os pacientes portadores de algum grau de transtorno caracterológico. A partir das contribuições kleinianas, a psicanálise ampliou o seu raio de ação para pacientes bastante mais regressivos, como os psicóticos, da mesma forma que também abriu as portas para a análise de crianças.

Aliás, é notório o fato de que tem aumentado significativamente a demanda de crianças que, motivadas por pais, professores, médicos, mais esclarecidos, buscam terapia analítica. O mesmo vale para púberes, adolescentes e também para uma mais espontânea e menos preconceituosa procura de análise por parte de homens.

Na atualidade, as pessoas que procuram tratamento analítico fazem-no principalmente com queixas de problemas relativos a algum *transtorno do sentimento de identidade*, assim como também há uma alta incidência de pacientes com um sentimento de *baixa auto-estima*, o que, por sua vez, gera em escalada crescente o surgimento de *quadros depressivos* e também de indivíduos *estressados*, com um alto grau de *angústia livre* (a alta incidência da *doença do pânico* talvez seja um bom exemplo disso). Outros transtornos que prevalecem no perfil dos pacientes da atualidade referem-se a personalidades tipo "falso *self*": *transtornos narcisistas; patologias regressivas*, como o são, por exemplo, as *psicoses, os borderline, os perversos, os somatizadores, os transtornos alimentares* (tipo bulimia e anorexia nervosas), ocorrendo um grande aumento, sobretudo em jovens, de inúmeras formas de *drogadições, perversões e psicopatias* e, significativamente, daqueles casos que a psicanálise contemporânea está denominando "patologia do vazio".

Neste último exemplo, fica mais claro reconhecer que a demanda de pacientes aos consultórios não se deve tanto à patologia decorrente de um estado mental de o sujeito sentir-se um pecador em decorrência de desejos e sentimentos proibidos, que sofrem uma ação repressora e de fuga, promovida pelos mais diversos mecanismos defensivos. O que hoje constatamos é que a queixa inicial dos pacientes postulantes à análise recai freqüentemente em uma *angústia existencial* quanto ao sentido de *por que* e *para que* continuam vivendo, ou seja, quanto à validade da existência em si.

Nos pacientes que sofrem da "patologia do vazio", o eixo do sofrimento não gira tanto em torno dos clássicos *conflitos* resultantes do embate entre pulsões e defesas, mas, sim, o giro se faz predominantemente em torno das *carências*, provenientes das faltas e falhas que se instalaram nos primórdios do desenvolvimento emocional primitivo, e determinaram a formação de vazios no ego, verdadeiros "buracos negros" à espera de serem preenchidos pela figura do psicanalista, o que poderá ser feito por meio de sua função psicanalítica.

Ademais, hoje em dia, os pacientes que procuram alguma forma de tratamento psicanalítico apresentam, em boa parte, uma nítida tendência para a busca de soluções mais rápidas e, alegando razões econômicas reais – porque é inegável que de modo geral baixou bastante o poder aquisitivo –, eles insistem em querer ter um menor número de sessões semanais, além de uma duração mais curta da análise. Tudo isso – adicionado ao sucesso dos antidepressivos e a um convencimento negativo que alguns setores da mídia fazem contra a psicanálise – concorre para uma perigosa preferência de muitos pacientes por métodos alternativos que prometem curas rápidas, às vezes até milagrosas.

O psicanalista

Relativamente à figura do psicoterapeuta, também prevalece, na atualidade, um perfil bastante modificado. Assim, tanto no período da psicanálise ortodoxa quanto no da clássica, os atributos mais valorizados na pessoa do analista eram as suas habilidades em decodificar os conflitos latentes que apareciam indiretamente em vestígios de conteúdos manifestos expressos em atos falhos e lapsos, sonhos, sintomas e nas dobras da livre associação de idéias. Igualmente, um bom psicanalista deveria manter uma total fidelidade às regras da "abstinência", da "neutralidade" e do "anonimato", de forma a manter uma distância (quase que eu ia adjetivá-la como "asséptica") de seu paciente.

Mas, principalmente, o uso exclusivo da arte de fazer interpretações brilhantes, à medida que descobria um significado simbólico em tudo o que era narrado pelo paciente, é que se constituía como uma qualidade do psicanalista, aparentada com a de uma divindade. A partir da influência kleiniana, o selo da legitimidade que conferia o *status* de um excelente analista repousava na sua habilidade em fazer, de forma sistemática, interpretações "transferenciais" que, na maioria das vezes, independentemente do que o paciente dizia, costumava ser convertido de forma reducionista à pessoa do terapeuta, por meio do clássico chavão de que tudo o que o paciente trouxesse deveria ser interpretado na base do "é comigo, aqui, agora, como lá e então". No auge da égide do kleinianismo – décadas de 60 e de 70 –, era uma exigência fundamental que as interpretações se dirigissem aos "objetos internos, parciais", ou seja, o analista seria percebido pelo paciente como sendo, parcialmente, um seio (ou um pênis...) bom, mau, idealizado, perseguidor, ou um objeto total, composto por esses últimos quatro elementos.

Do mesmo modo, de uma forma praticamente aceita por todos, a análise processava-se de uma forma unilateral: de um lado, deitado em um divã, ficava um paciente sofredor cujo papel restringia-se a associar livremente, de maneira a trazer o seu "material"; enquanto, do outro lado, atrás do divã, refestelado em uma cômoda poltrona, estava o analista, com a sua postura de "sujeito suposto saber" (s.s.s.), para usar uma expressão de Lacan.

No momento atual, que podemos chamar de psicanálise contemporânea – a qual resulta de uma combinação de contribuições de diversos autores de distintas correntes psicanalíticas –, o perfil do psicanalista sofreu significativas mudanças. Assim, de algumas poucas décadas para cá, mais marcantemente a partir de Bion, o analista é considerado não mais do que uma pessoa, bastante bem-treinada e preparada, que, junto com a outra pessoa – o paciente –, constitui o *campo analítico*, isto é, uma mútua e permanente interação, na qual cada um influencia e é influenciado pelo outro. A propósito, cabe citar Bion, para quem "na situação analítica, sempre existem duas pessoas angustiadas, no entanto – ele continua, de forma jocosa – espera-se que uma seja menos que a outra". Assim, a evidência de que a relação analítica é de natureza *vincular* mudou significativamente o perfil do analista contemporâneo. Creio que as seguintes características merecem ser mencionadas:

1. O analista desceu do pedestal, mudou de residência: ele não mais mora no Olimpo dos deuses sagrados, de modo que não mais lhe cabe exibir o seu pomposo emblema de s.s.s., ou seja, aquele terapeuta que, quando está interpretando, julga estar ditando a verdade definitiva. Hoje, o terapeuta analítico sente-se mais "gente", como toda gente; predomina nele a aceitação de uma atitude de incerteza, o que favorece a formação de um necessário *estado mental interrogativo*.

2. Desse modo, a ênfase da análise incide no *vínculo analítico* que unifica as pessoas do paciente e do analista, de sorte que, embora mantenha-se uma necessária assimetria entre os papéis, lugares, posições e funções que cada um deles deve desempenhar, há uma maior simetria quanto à condição de seres humanos, portanto sujeitos às mesmas angústias e dúvidas existenciais. Assim, não obstante o fato de o analista preservar a necessária distância, ele é mais espontâneo, informal e de afeto mais modulável. Uma significativa parcela de analistas atuais já está aceitando a inclusão de alguns *parâmetros*, como o uso de medicação concomitante ao curso da análise, alguma redução do número de sessões semanais, etc.

3. Decorre daí que o analista contemporâneo, não obstante persista valorizando os movimentos transferenciais do paciente, não esteja se colocando de forma sistemática e reducionista, unicamente como sendo o centro do universo da vida do analisando. Essa postura analítica vem tornando o terapeuta uma pessoa mais simples e com uma atitude de maior abertura para escutar as múltiplas dimensões que estão embutidas nas narrativas do paciente.

4. Na atualidade, então, cresce de vulto uma velha polêmica: se, na situação analítica, o psicanalista representa unicamente uma pantalha transferencial dos múltiplos e diversificados objetos que habitam o interior do psiquismo do paciente ou, indo muito além disso, ele também influi decisivamente nos destinos da análise, pela sua condição de *pessoa real*, como, particularmente, acredito.

5. Caso admitamos a legitimidade da última hipótese, aumenta a importância dos *atributos* da pessoa real do analista, como é o caso do seu código de valores (morais, culturais, éticos, etc.), seus referenciais psicanalíticos, suas capacidades intrínsecas de continente, empatia, intuição, etc.

6. Partindo da possibilidade de ser válida a importância da "pessoa real do analista", igualmente ganha relevância aquilo que alguns psicanalistas norte-americanos chamam de *match*, ou seja, um "encontro" das características de um determinado paciente com as de um determinado analista, de maneira que a análise de um mesmo paciente diante de dois analistas de igual competência e mesma corrente psicanalítica pode evoluir bem com um e mal com o outro e vice-versa.

7. Em relação à *atitude psicanalítica interna* do terapeuta, convém destacar o fato de que, na psicanálise contemporânea, a posição racional do analista que classicamente busca conexões lógicas e conseqüentes entre causas e efeitos vem cedendo lugar ao que não é formalmente lógico, tal como aquilo que está presente no princípio da negatividade, nas contradições, nos paradoxos, na concomitância dos opostos daquilo que o paciente nos traz, por vezes sob uma forma caótica, à espera, inconsciente, de que o analista possa fazer uma integração.

8. Como decorrência, o analista contemporâneo não mais está se obrigando a obedecer fanaticamente aos conceitos emanados pelas autoridades superiores a ele, como sendo as sagradas escrituras da psicanálise, de forma que valoriza o que aprendeu, porém passou a respeitar mais o seu consenso racional, afetivo e intuitivo, diante de cada paciente em separado, na sua prática cotidiana.

9. A recomendação de que o analista se ativesse a uma determinada escola, sob o argumento de que assim evitaria se dispersar em um "ecleticismo" diluidor e, portanto, empobrecedor, está sendo substituída pela valorização de uma *formação múltipla*, ou seja, a vantagem de o analista conhecer as contribuições de distintos autores, de variadas correntes psicanalíticas, a fim de construir, livremente, a sua verdadeira identidade de psicanalista, respeitando o seu *estilo* pessoal.

10. Também deve ser altamente considerado o fato de que as mudanças econômicas e culturais e a concorrência que métodos alternativos, principalmente o da moderna psicofarmacologia, estão impondo à psicanálise fazem

com que muitos consultórios de analistas, incluídos muitos daqueles reconhecidamente veteranos e competentes, estejam com preocupantes espaços vagos, em flagrante contraste com uma recente época anterior, quando era comum uma longa fila de espera para algum renomado psicanalista liberar uma vaga. Especialmente entre os candidatos e analistas jovens, existe um indisfarçável medo de perder pacientes, fato que, de alguma forma, influi no desenvolvimento da análise.

11. Um outro fato que caracteriza a transformação do perfil do analista, comparando com épocas passadas, é que, acompanhando o movimento de mudanças da própria ideologia da psicanálise, o terapeuta atual está procurando fazer uma mais abrangente e sólida integração da psicanálise com as demais disciplinas do saber humano.

12. Creio ser útil refletirmos sobre o fato de que, às vezes, as transformações são cíclicas. Assim, desde antes de Cristo, não havia uma discriminação rigorosa entre as noções de orgânico/psicogênico; sagrado/profano; material/espiritual; objetivo/subjetivo; real/imaginário; convencional/místico. A partir do racionalismo de Descartes, as respectivas distinções começaram a se impor na filosofia e nos incipientes movimentos científicos. No entanto, decorridos alguns séculos, a tendência científica atual é de voltar a integrar em uma unidade os aspectos manifestamente opostos e aparentemente contraditórios, sem uma radical distinção como era outrora.

O processo analítico

Ninguém mais contesta que a psicanálise vem sofrendo sucessivas transformações, não obstante conserve a essência dos princípios fundamentais legados por Freud. Diante da impossibilidade de, aqui, desenvolver essa temática de forma profunda e detalhada, como seria o merecido, limitar-me-ei a enumerar alguns dos pontos que, a meu critério, sejam os mais relevantes, e o faço baseado nas mudanças que se processaram (e continuam se processando) na minha forma de entender e praticar a psicanálise ao longo de uma experiência de mais de quatro décadas de prática clínica e de supervisão com colegas mais jovens.

A multiplicidade de correntes psicanalíticas

No início da minha formação psicanalítica – há 40 anos –, os referenciais que compunham nosso ensino-aprendizagem praticamente fundamentavam-se quase que unicamente na metapsicologia, na teoria e na técnica provindas de Freud e de M. Klein, com esparsas referências a autores pioneiros da escola da *psicologia do ego*, como Hartmann. Na verdade, o que na época de longe predominava era a fundamentação da escola kleiniana que dissecávamos à exaustão. Na atualidade, os institutos de psicanálise abrem as portas às demais escolas psicanalíticas que foram se formando a partir das raízes e do grande tronco de Freud. Assim, os candidatos entram em contato com as principais contribuições advindas das *sete escolas* de psicanálise, a saber: freudiana, kleiniana, autores da psicologia do ego, os da psicologia do self, a escola estruturalista de Lacan, as concepções provindas de Winnicott e as de Bion.

Novos paradigmas

Durante longas décadas, o paradigma vigente na psicanálise foi o modelo freudiano que se pode denominar *pulsão-repressão* (o embate entre as pulsões, principalmente os desejos libidinais proibidos, e os mecanismos de defesa do ego).

Por volta do início da década de 60, M. Klein e R. Fairbairn, desenvolveram, separadamente, a *teoria das relações objetais*, a qual ganhou um enorme espaço em importância, principalmente nas sociedades britânicas e nas do cone latino-americano. Este segundo modelo de paradigma pode ser chamado de *objetal-fantasmático*, tal foi a ênfase nas fantasias inconscientes ligadas aos objetos parciais internalizados.

O terceiro paradigma é aquele que, baseado na obra de Bion, proponho chamar de *vincular-dialético*, o qual baseia o trabalho analítico nos vínculos intra e intersubjetivos, de modo que o analista deve estar em permanente interação dialética com seu paciente, ou seja, à tese do paciente (a sua realidade psíquica), o analista propõe sua antítese (atividade interpretativa), do que resulta uma síntese (*insights*), que, por sua vez, funciona como uma nova tese, e assim por diante, em um movimento espiralar ascendente e expansivo, promovendo um crescimento mental.

Na atualidade está sendo bastante valorizado um quarto paradigma, o qual se refere aos *déficits-vazios*, ou seja, à formação de verdadeiros "buracos negros" psíquicos decorrentes das falhas primordiais no decurso do desenvolvimento emocional primitivo, do que resulta uma grande demanda de pacientes portadores do que se denomina "patologia do vazio", os quais, acima de tudo, ficam à espera de que o analista consiga preencher tais vazios. É claro que esses quatro paradigmas não se excluem, pelo contrário se complementam, embora cada um deles tenha uma maior aplicabilidade, conforme a singularidade da psicopatologia de determinada situação clínica.

Psicanálise e psicoterapia

Na época em que iniciei a minha formação psicanalítica, a distância imposta entre psicanálise e psicoterapias analíticas era enorme, a ponto de que, caso um terapeuta, sem formação psicanalítica oficial, se "atrevesse" a fazer alguma interpretação transferencial, mesmo que essa fosse obviamente necessária, corria o sério risco de ser rotulado como "atuador". Essa situação vem mudando significativamente, embora ainda persistam fortes grupos de psicanalistas que insistem em manter uma posição maniqueísta, por meio do "surrado" recurso denegridor de proferir a cruel sentença "isso não é psicanálise" a tudo aquilo que não se enquadra em seus pressupostos.

A esse respeito, a posição predominante na psicanálise atual está bem sintetizada na metáfora que enfatiza o fato da existência inequívoca das diferenças totais entre o que caracteriza o dia e a noite. No entanto, existem os estados de aurora e de crepúsculo, nos quais as diferenças desaparecem porque a noite e o dia interpenetram-se e se confundem. Pois bem: o mesmo se passa com algumas diferenças óbvias entre psicanálise e psicoterapia, porém é inegável que, cada vez mais, a zona de confluência crepuscular, ou de aurora entre ambas, está se ampliando notoriamente.

Assim, os critérios externos que costumam ser utilizados para definir o que é "psicanálise verdadeira" (mínimo de quatro sessões semanais, uso compulsório do divã, emprego sistemático de interpretações transferenciais...) estão perdendo a legitimidade, cedendo lugar a critérios intrínsecos, como são os de uma maior ou menor *acessibilidade* que o paciente confere ao seu inconsciente e, principalmente, se estão ou não se processando verdadeiras *mudanças* psíquicas.

Como respaldo dessa afirmativa, vale citar duas passagens, uma de Winnicott e outra de Bion. Contam que uma vez alguém perguntou a Winnicott se ele também fazia "psicoterapia", ao que ele respondeu que não sabia bem o que era aquilo, mas sabia, sim, que era psicanalista e que fazia, sim, psicanálise de duas, uma vez por semana, ou com uma sessão quinzenal... Igualmente, um prestigiado psicanalista conta que na época em que supervisionava com Bion, este lhe encaminhou um paciente com as seguintes palavras: "Estou lhe remetendo uma pessoa para tratares, porém, como não tem condições financeiras, peço-lhe que faça com ele uma psicanálise de uma vez por semana".

Campo analítico

Uma série de elementos e de fenômenos psíquicos – como o *setting*, a resistência e contra-resistência, a transferência e contratransferência, a comunicação, a interpretação, os *actings*, as identificações, o *insight*, a elaboração e a cura, além de outros – compõe o campo analítico, em uma permanente bidirecionalidade interativa entre paciente e analista. Como não cabe, aqui, esmiuçar cada um dos referidos aspectos – até porque cada um dos respectivos tópicos será detalhado em um capítulo específico –, limitar-me-ei a fazer não mais do que uma referência telegráfica a cada um deles, no que tange fundamentalmente ao que, em meu entender, representa ser uma transformação significativa de ontem para hoje.

Setting *(ou Enquadre)*

Indo muito além do significado que alude à necessária combinação de regras, arranjos e combinações que favoreçam o desenvolvimento de uma análise, na atualidade, entendemos o *insight* como a criação de um novo espaço – singular, raro e único –, em que o paciente vai reexperimentar, com o seu analista, velhas experiências emocionais que na época foram mal-resolvidas pelo seu entorno ambiental e, em conseqüência, por ele próprio, quando criança.

Assim, diante de um novo modelo de empatia e de continência que ele vivencia com seu analista, em uma atmosfera emocional que ainda não conhecia, o paciente vai promovendo ressignificações e desidentificações, seguidas de novos significados a fatos e fantasias passadas, assim como de novas identificações sadias no lugar das patogênicas. Também a utilização das *regras técnicas*, recomendadas por Freud, que constituem um pilar básico do *setting*, sofreu transformações bastante significativas, tal como aparece no capítulo que enfoca as mudanças nas regras técnicas. Dentro dessa concepção, é possível afirmar que o *setting*, por si só, constitui-se em um importante fator terapêutico psicanalítico.

Resistência

Até há pouco tempo, o surgimento (inevitável) de algum tipo de resistência do paciente no curso da análise era considerado um fator obstrutivo que deveria ser vencido, como fator prioritário. Na psicanálise atual, não obstante estar claro que realmente existem resistências obstrutivas e, às vezes, deletérias para o livre curso de uma análise, na grande maioria das situações analíticas, as resistências constituem-se em uma excelente amostragem (assim como os frutos esclarecem qual é a árvore original) de como o paciente construiu o seu mundo interior e de como ele age no mundo exterior. Assim, costumo sintetizar a importância benéfica das resistências com a frase: “dize-me como resistes e dir-te-ei quem és”.

Contra-resistência

É útil destacar a diferença que o terapeuta atual deve fazer entre a resistência que procede *do* próprio analista e a resistência despertada *no* analista pelo paciente. O importante a registrar é a possibilidade de surgimento no par analítico de *conluios inconscientes*, como, por exemplo, o de uma “recíproca fascinação narcisista”.

Transferência

O fenômeno transferencial foi considerado por Freud como exemplo de um dos eventos relativos a uma, compulsória, *necessidade de repetição*; hoje ele é encarado como sendo basicamente o inverso disso, ou seja, uma *repetição de necessidades*, malresolvidas, à espera de uma nova chance. Existe transferência em tudo, mas nem tudo é transferência a ser trabalhada na situação analítica. Também cabe assinalar que, em muitos casos, o analista terá necessidade de se dedicar à “construção da transferência”.

Contratransferência

Trata-se de um fenômeno analítico que deve ser entendido como indissociável da transferência. Nos primeiros tempos da psicanálise, a contratransferência não mereceu o crédito de Freud nem de M. Klein. No entanto, hoje é considerada como um provável canal de comunicação primitiva, bem como um potencial instrumento de empatia com o paciente. Da mesma forma como foi dito em relação à contra-resistência, também aqui cabe ao analista atual discriminar quando o seu sentimento que emerge nas sessões, às vezes muito difíceis, é de responsabilidade unicamente sua ou quando a reação emocional emerge nele porque o paciente, de alguma forma, “coloca dentro dele”.

Comunicação

A comunicação deixou de ser unicamente a dos relatos verbais do paciente, de sorte que a comunicação não-verbal, nas suas diferentes modalidades, ganhou uma alta relevância na técnica atual. É sabido que o maior mal da humanidade é problema dos mal-entendidos da comunicação, e isso se deve fundamentalmente ao problema dos transtornos dos seus três fatores componentes: emissão, recepção e canais de comunicação. Um aspecto particularmente relevante na psicanálise contemporânea refere-se à forma de comunicação primitiva que se expressa sob a forma de *imagens* (ou "ideogramas", hologramas", "fotogramas") que irrompem na mente do analista, despertadas por "algo" que está contido na narrativa do paciente.

Interpretação

A arte de o analista interpretar está passando por profundas transformações. Sou do tempo em que nossa atividade interpretativa recaía sistematicamente em decodificar de forma simbólica, inclusive na transferência, tudo aquilo que o paciente dissesse. Assim, se ele chegasse atrasado, alegando que o trânsito estava congestionado, era comum que o analista interpretasse que "o que estava congestionado era o seu trânsito mental, em decorrência de...". Se o paciente iniciasse a sessão dizendo que fez um lanche, no bar perto do consultório, antes de vir à sessão, é provável que interpretássemos que era tão grande a sua fome (quase sempre atribuída à sua inveja) que, para se precaver e nos poupar, ele a saciava lá fora. E assim por diante (mesmo dando desconto à possibilidade de que eu esteja exagerando um pouco).

Igual absurdo, que em certos setores ainda persiste bastante, é a interpretação sistemática reduzida ao "aqui-agora-comigo", independentemente do teor qualitativo, do significado, daquele momento especial, daquilo que o paciente falou. Na atualidade, parece que as coisas estão mudando bastante: o analista já percebe que a sua interpretação não é sentença categórica, uma verdade final, mas, sim, que a sua interpretação não é mais do que uma hipótese que pode ser aceita ou refutada pelo paciente.

É necessário destacar que hoje a atividade da interpretação continua ocupando um papel fundamental no processo analítico, porém está ganhando uma convicção crescente de que muitos outros fatores, "mais além da interpretação", também desempenham uma função importante.

Funções do ego consciente

A psicanálise valorizava quase que exclusivamente os aspectos inconscientes. Hoje, é imprescindível também analisar o ego consciente, como são as funções de perceber, comunicar, conhecer (ou não querer conhecer), pensar, juízo crítico, etc. Ademais, é fundamental que o paciente se *responsabilize conscientemente* por aquilo que diz, pensa e faz, de maneira que mais importante do que simplesmente levar o paciente a ter acesso ao que está oculto no seu inconsciente, é ele adquirir a capacidade de liberar um trânsito de comunicação, em uma via de duas mãos, entre o consciente e o inconsciente.

Atuações

Hoje em dia, as atuações deixaram de necessariamente ser consideradas como equivalente a um "nome feio" e podem ser utilizadas como um excelente meio de compreender como o paciente está comunicando aspectos que ele ainda não consegue entrar em contato. Esta dificuldade está de acordo com as causas que promovem as atuações, como a de que ele não consegue recordar, pensar, verbalizar e conter determinados sentimentos angustiantes.

Insight, *elaboração, cura*

São diversos os tipos de *insight*. Na atualidade, o *insight* de natureza cognitiva (é bem diferente de "intelectiva") está sendo bastante valorizado. Em relação à "elaboração" dos *insights* parciais, o analista de nossos dias está atribuindo uma importância fundamental ao fato de o paciente desenvolver a capacidade de "aprender com as experiências" da vida e do ato analítico, as boas e as más.

A "cura" analítica nunca é total, de acordo com Freud, para quem podemos resolver as misérias neuróticas, mas jamais os infortúnios da vida. O importante é que tenha havido no paciente um significativo *crescimento mental*, um fortalecimento do ego, suficientemente equipado para enfrentar as vicissitudes naturais da vida, além de despertar um sentimento de liberdade, aquisição de capacidades latentes, de criatividade e fruição de prazeres e lazeres.

PARA ONDE VAI A PSICANÁLISE?

Segue uma enumeração de aspectos que, a meu juízo, deverão determinar novas transformações e caminhos na trajetória da ciência psicanalítica.

1. *Saída do hermetismo.* Ninguém contesta que a psicanálise durante um longo tempo ficou encastelada na sua torre de marfim, não facilitando uma maior aproximação com as demais ciências e de certa forma assumindo uma atitude de arrogância em relação a elas. Isso tem representado dois custos: um, mais evidente em época mais passada, é o revide das demais disciplinas, sob a forma de algum desprezo, deboche e um afastamento científico. O outro é que a formação do analista ficou sensivelmente prejudicada, limitada a girar em torno do seu próprio umbigo.

Freud percebeu isso, tanto que, já em 1926, no seu clássico *A questão da análise leiga* (p. 278), ele sabiamente profetiza que se tivesse que fundar uma escola de psicanálise, muito teria que ser ensinado pelo corpo médico, junto com a psicologia profunda que permaneceria sempre como disciplina principal; deveria haver uma Introdução à Biologia, incluindo o máximo possível da ciência da vida sexual, assim como familiarização com a sintomatologia da psiquiatria. Por outro lado, o ensino dialético incluiria ramos do conhecimento que não estão relacionados com a medicina e com os quais o médico não tem que lidar na sua prática: história da civilização, mitologia, psicologia da religião e ciência da literatura. A não ser que se sinta à vontade nestes domínios, um analista não será capaz de entender uma grande parte de seu trabalho. Não é necessário dizer que não passa de um sonho utópico que está longe de vir a materializar-se algum dia.

Creio que se Freud escrevesse hoje o mesmo texto, incluiria outras disciplinas, como a filosofia e as neurociências, e daria um enfoque transdisciplinar. Em relação a este último aspecto, para ficar em um único exemplo, atualmente não é difícil fazer a constatação de que existem surpreendentes paralelos entre as mais antigas tradições místicas e as atuais descobertas da física moderna e, indo ainda mais longe, destas últimas com as da metapsicologia psicanalítica.

2. *Uma maior abertura para as neurociências e para a moderna psicofarmacologia.* Até há muito pouco tempo, a psicanálise fundamentava-se em princípios da neurologia da época de Freud, os quais estão obsoletos, diante das atuais comprovações rigorosamente científicas, no que diz respeito às íntimas e recíprocas conexões entre corpo e mente. Igualmente, estudos modernos comprovam que a afetividade e a cognição são indissociáveis. Da mesma forma, não mais se justifica a resistência de importantes setores da psicanálise que se opõem a um eventual uso de medicação específica, concomitantemente ao curso normal da análise de seus pacientes.

Os resultados da moderna psicofarmacologia estão suficientemente comprovados (por exemplo, o uso de antidepressivos nas depressões endógenas e na doença do pânico) e, pelo menos em minha opinião, salvo em inegáveis situações de uso abusivo, em nada prejudicam o normal desenvolvimento da análise, pelo contrário, muitas vezes auxiliam. Aliás, foi o próprio Freud que, no seu trabalho póstumo *Esquema de psicanálise*, profetizou *...que o futuro nos ensinasse a influir de forma direta, por meio de substâncias químicas específicas...*

Especialmente o campo das *neurociências* (já existe, entre alguns psicanalistas, um movimento chamado de "neuropsicanálise") está ganhando uma crescente respeitabilidade no que tange às pesquisas que esclarecem um progressivo mapeamento das zonas cerebrais e dos sistemas nervosos responsáveis por determinadas respostas orgânicas e, reciprocamente, a forma de como as emoções estimulam os referidos circuitos neuronais, com a respectiva liberação de substâncias, como as serotoninas, entre outras.

3. *Uma abertura para as teses propostas pelos psicólogos das formas.* Alguns pensadores importantes, como Cassirer, Merleau-Ponty e Sartre, dedicaram instigadoras e interessantíssimas reflexões sobre os fenômenos da percepção e da imaginação, os quais, acredito, po-

dem enriquecer bastante a teoria e técnica psicanalítica. Para os leitores interessados no assunto, sugiro, como leitura inicial, o excelente trabalho de I. Melsohn publicado no "Jornal de Psicanálise", v. 33, n°s 60-61, 2000.

4. *Enfrentamento de avanços na área científica.* Novas descobertas como as da engenharia genética, a clonagem e a conclusão do seqüenciamento do genoma humano, no mínimo, estão acarretando problemas de ética, os quais exigirão uma tomada de posição dos psiquiatras e psicanalistas. Descobriu-se que no centro de cada uma das células vivas está o genoma, termo que se refere ao conteúdo total do material genético de um organismo, seja este uma bactéria, uma mosca, um símio ou um ser humano. O número de genes encontrado no homem é de 30.000, ou seja, um terço do que sempre foi estimado (uma minhoca tem 19.000). Tal resultado surpreendente mostra que a complexidade de uma espécie não é diretamente proporcional ao número de genes. Provavelmente a diferença reside na multiplicidade de possíveis combinações de complexidade crescente. Não se é muito diferente de uma minhoca ou de uma mosca (a *drosophila*, por exemplo, tem 15.000 genes). Isso fere a fantasia de grandiosidade do homem, tanto que só muito recentemente está se deixando de negar as evidências óbvias da existência de vida psíquica no feto e no reino animal. Embora exagerando, atrevo-me a dizer que essa descoberta relativa ao genoma tem um certo sabor de *quarto rude golpe* desfechado contra o narcisismo humano.

5. *Enfrentamento de mudanças sociais.* Grande parte da assistência médica e psicológica está sendo, cada vez mais, entregue a entidades, privadas ou governamentais, prestadoras de serviços, sob a forma de seguro-saúde, nas quais predomina a ideologia monetária na equação custo-benefício. Além de episódicas crises internas institucionais, os psicanalistas também enfrentam desafios da praticidade, como são os custos de um tratamento analítico bem feito, as maiores distâncias que separam o paciente do analista, a demanda por resultados imediatos, uma certa pressão pela diminuição de sessões semanais, a comparação com os resultados obtidos com medicação, uma certa desinformação por parte da mídia... O maior desafio para o analista é que ele possa enfrentar esses problemas sem perder a manutenção do necessário nível de profundidade da análise.

6. *Mudanças na formação do psicanalista.* Uma significativa parcela de importantes psicanalistas, dentro da própria IPA, não obstante haver uma tenaz oposição de outra parcela igualmente significativa, está se apercebendo que o atual sistema de formação tolhe bastante a liberdade e a criatividade do candidato. Alguns chegam a comparar o ensino ao candidato à condição de um aluno de colégio. Aos poucos, entre os responsáveis, uma nova mentalidade está se criando, bem mais aberta, sem renunciar aos princípios básicos da psicanálise.

7. *Outros pontos* que já estão em andamento de uns tempos para cá referem-se à necessidade de, sem alterar substancialmente o obrigatório currículo atual, propiciar e estimular o acesso do candidato a outros ramos do conhecimento em geral, tal como já está acontecendo com a filosofia, a lingüística e a física. A importantíssima função de *supervisão* deve ser reformulada em alguns aspectos. Os institutos formadores de analistas provavelmente deverão abrir as portas para uma formação paralela de psicoterapia psicanalítica, em moldes diferentes. Deverá haver um melhor aproveitamento da mídia, com a finalidade de esclarecer a população em geral, assim como instituir debates públicos multidisciplinares. Uma questão ainda controvertida em relação ao ensino-aprendizagem do tratamento psicanalítico é a que diz respeito à política de um recíproco aproveitamento, tanto ligação quanto de habilitação, da psicanálise com a universidade.

8. *A psicanálise atual está em crise?* Partindo do significado que a palavra "crise" designa que as coisas atingiram um ponto intolerável – o que não significa necessariamente que esteja havendo uma deterioração –, a resposta é *sim*, a psicanálise está em crise, exigindo sérias mudanças para acompanhar as transformações do mundo. Ao mesmo tempo, a resposta é que a psicanálise *não* está em crise (no sentido negativo), pois existem claras evidências de que está muito *viva*, como no meio da educação, no qual a criança é escutada e seus direitos reconhecidos; nas artes em geral, notoriamente em produções teatrais e cinemato-

gráficas, com um crescente debate participativo com públicos leigos; na saúde mental; na medicina; e, de modo geral, em todas as ciências humanísticas, como no direito e na sociologia, entre outros.

Um ponto final que cabe para todas as transformações aludidas no presente capítulo é o fato de que, até o início do século XX, os avanços científicos inovadores dobravam a cada 50 anos; a partir da década 40, os avanços começaram a dobrar a cada 10 anos; e nos últimos tempos, em uma média de cada três anos. Nesta rapidez, o que o futuro próximo e o futuro remoto reservam para todas as áreas da psicanálise?

2

Os Principais Autores das Sete Escolas de Psicanálise e sua Contribuição à Técnica. Méritos e Críticas

A essência da sabedoria da psicanálise
não está neste ou naquele autor; está entre eles.

O maior mal da humanidade está no problema
do mal-entendido da comunicação entre as pessoas.

Dando continuidade ao assunto tratado no capítulo anterior, de modo sumarizado, cabe traçar um quadro sinóptico das contribuições à técnica psicanalítica, por parte de autores de distintas épocas, geografias e escolas, discriminando-os individualmente, com as particularidades que tornam a prática clínica bem distinta uma da outra, embora, de alguma forma, todas as contribuições estejam, de algum modo, entrelaçadas, conservando a essência da ciência psicanalítica. A obra técnica de cada autor será descrita, de forma resumida, tanto nas contribuições que são julgadas consensualmente como meritórias quanto, de igual modo, em separado, nos aspectos que constituem o alvo de críticas.

Antes, porém, é necessário enfatizar que, não obstante a técnica psicanalítica venha, desde a criação da psicanálise até hoje, sofrendo ininterruptas e profundas transformações, a ponto de parecer irreconhecível se se fizer comparações entre distintas épocas com a atual, a posição que assumo neste capítulo é que não se deve abandonar ou negligenciar as técnicas mais clássicas, inclusive as pioneiras. Até porque muitas inovações técnicas que são propostas às vezes não passam de modismos – portanto, passageiros – ou de uma renovação ilusória. Assim, pelo contrário, no lugar de renegar técnicas anteriores, uma visão contextual integradora do passado com o presente representa ser muito enriquecedora. Igualmente, um outro ponto a considerar é o fato de que, qualquer que seja o modelo técnico empregado pelo analista, ele sempre estará submetido à sua personalidade real, ou seja, às suas qualidades, defeitos, idiossincrasias, valores, desejos, assim como ao seu tipo básico de personalidade.

FREUD

Como quase tudo em psicanálise começa com Freud, serão rastreados os seus passos mais de perto.

Méritos

1. Nos primórdios da psicanálise, no seu período pré-científico, Freud tentou o método da *hipnose induzida*, principalmente para possibilitar uma *catarse* (método ab-reativo) dos traumas reprimidos.

2. Desiludido com o método (até porque Freud não era um bom hipnotizador), substituiu-o pela *livre associação de idéias*, também conhecida como *regra fundamental*. Nos primeiros tempos, não era tão livre como o nome sugere porque, deslumbrado com a idéia de fazer um levantamento *arqueológico* da mente, camada por camada dos recalcamentos, ele forçava suas pacientes histéricas, mediante uma pressão na fronte, a que elas "espontaneamente" falassem tudo o que lhes viesse à cabeça, quer elas achassem importante quer não. Posteriormente, em 1896, entendeu o apelo de uma paciente, Emmy Von N., para que ele "a deixasse em paz", pois assim ela cumpriria melhor o papel que lhe cabia na análise.

3. Sempre visando a acessar as camadas do inconsciente que retinham repressões, agora não só traumas que realmente teriam acontecido, mas também fantasias e desejos, Freud formulou uma série de recursos técnicos, que continuam vigentes, e, além da livre associação de idéias, também o da interpretação dos sonhos, o significado de sintomas, atos falhos, lapsos de linguagem e outras incidências da psicopatologia da vida cotidiana.

4. Gradativamente, foi propondo, formulando e recomendando – especialmente no período de 1912 a 1915 – aos "médicos que exercem a psicanálise" uma necessária obediência às suas cinco regras técnicas: a aludida regra da *livre associação de idéias,* a da *abstinência, a da atenção flutuante, a da neutralidade e a do amor à verdade.*

5. Coube a Freud a primazia de conceituar algumas das mais importantes concepções técnicas que constituem o coração e a alma da psicanálise, que plenamente perduram na atualidade, não obstante com significativas e, às vezes, profundas transformações. Entre outras dessas contribuições, é imprescindível mencionar a *construção de um setting* especial, com um número mínimo de sessões semanais (nos primeiros tempos, eram seis), com uma série de combinações de ordem prática, com uma ênfase em trabalhar com um conjunto de fenômenos que necessariamente estariam sempre presentes na análise.

6. Dentre tais fenômenos, foi Freud quem primeiro estudou e descreveu as diversas fontes e formas de *resistência* do paciente à análise (hoje também se valoriza o surgimento, no analista, da *contra-resistência).* Igualmente, ele concebeu a presença permanente no ato analítico de uma *neurose de transferência* (no início, Freud considerou o surgimento da transferência como uma forma de resistência: "o paciente transfere para não ter que se lembrar..."). Também foi ele quem pela primeira vez descreveu, e nominou, o fenômeno da *contratransferência,* embora tenha mantido até o fim de sua obra uma certa reserva com relação ao surgimento da mesma na análise, pois sempre persistiu em Freud uma dúvida se um sentimento de contratransferência não seria nada mais do que uma constatação de que a análise do analista em questão fora malsucedida ou incompleta. Também foi quem descreveu primeiramente o importante fenômeno dos *actings,* como sendo uma forma de o paciente "agir", em vez de recordar o que estava recalcado no inconsciente e no pré-consciente. Igualmente, coube-lhe dar destaque fundamental à atividade da *interpretação,* junto com a aquisição de *insights* e o trabalho de *elaboração.*

7. Além disso, dentro de uma visão estruturalista, Freud preparou os analistas a observarem a contínua interação entre o *id, o ego e o superego* (a este último ele também chamava de "ego ideal" e "ideal do ego", os quais, na atualidade, adquiriram significados próprios e específicos) com a realidade exterior.

8. Descreveu a importância, na prática clínica, dos fenômenos da *fixação, da regressão e da representação.* Partindo desses conceitos, foram suas as pioneiras considerações sobre as neuroses em geral e as perversões, enfatizando as manifestações do masoquismo, do exibicionismo e do voyeurismo.

9. Descreveu um importantíssimo fenômeno, de grande relevância na técnica, a que emprestou o nome de *reação terapêutica negativa,* a qual essencialmente atribuía à culpa do paciente, para quem um êxito analítico representava um *triunfo edípico* e, por isso, não se sentia merecedor de usufruir do seu sucesso.

10. Ademais, foi Freud quem lançou as primeiras sementes dos problemas técnicos ligados aos *transtornos narcisistas* – hoje amplamente valorizados na psicanálise – referentes à persistência da fixação, no paciente adulto, daquela fase do psiquismo primitivo que ele chamou de "sua majestade, o bebê".

11. No que se refere aos aspectos psicanalíticos da *linguagem* – hoje, por justiça, tão valorizados na técnica psicanalítica –, cabe lembrar o pioneirismo de Freud em quatro aspectos, no mínimo.

Um deles, refere-se *aos significados opostos* que estão contidos em uma mesma palavra. Vamos nos restringir a um único exemplo, dado pelo próprio Freud: o termo latino *sacer* ("sagrado", em português), que no original alemão de Freud aparece como *gantz andere,* significa uma força que por um lado desperta um sentimento de *pavor,* mas, por outro, alude a um poder de *atração* quase irresistível. De *sacer* deriva a palavra "sacramento", isto é, uma maneira de tornar sagrado, de fortalecer os vínculos entre os homens e Deus. Inúmeros outros exemplos de palavras com significados simultaneamente opostos poderiam ser mencionados, mas o que importa é o fato de que quando o analista está atento à semântica relativa à narrativa do paciente (isto é, aos *significados* que podem ser atribuídos a um mesmo vocábulo) enriquece bastante a sua *escuta analítica*.

Um segundo aspecto é que, além da clássica importância na técnica analítica que Freud atribuiu aos lapsos, atos falhos e certos bloqueios do pensamento, ele também nos demonstrou como uma *afirmativa* ou *negativa*, por parte do paciente, pronunciada de uma forma impulsiva e exageradamente categórica, costuma ser um seguro indicador de que o significado deve ser exatamente o oposto daquilo que foi dito. Por exemplo, se o paciente afirma de forma peremptória, sem ser perguntado, que nunca sentiu inveja do fulano..., é bastante provável que essa afirmativa esteja encobrindo uma forte inveja, a qual está negada.

Em terceiro lugar, cabe mencionar os *significados* de como determinadas experiências emocionais ficaram *representadas* no ego primitivo da criança – um conceito original de Freud. Essas idéias foram brilhantemente resgatadas e ampliadas por Lacan, a ponto de este aspecto constituir-se como uma viga-mestra de sua obra.

O quarto aspecto referente à linguagem concerne à *gramática do psiquismo*, nome que proponho para lembrar o notável esquema que Freud apresentou no seu clássico "Caso Schreber" (1911). Assim, partindo de um pensamento (desejo) – *eu o amo* –, repudiado pelo consciente devido à sua conotação com desejo homossexual, Freud mostrou que simplesmente mudando o sujeito, o verbo ou o complemento daquela oração, para fins de, inconscientemente, defender-se pela negação e a evasiva, Schreber desenvolveu pensamentos como: *não, eu não o amo, eu o odeio*; *odeio porque ele me odeia*; *eu a amo, e não a ele*; *tenho certeza de que ela me ama*; *não sou eu, é ela que o ama*; ele *a ama e, por isso, me odeia*... Como é fácil perceber, o pensamento original pode ficar irreconhecível, por meio de negação e de projeções, de forma a ficar transfigurado em uma configuração paranóide, erotomania, delírio de ciúme, etc.

12. Outro mérito da obra de Freud – com importantes repercussões na técnica – é o verdadeiro tesouro que representa a descoberta do seu *Projeto para uma psicologia científica* (1895), trabalho que só veio a ser descoberto (Freud o escondera receoso de que seria malrecebido) em 1950. A indiscutível importância atual reside no fato de que suas especulações, na época passada, estão encontrando respaldo científico nas modernas investigações que consubstanciam as neurociências contemporâneas, de maneira que ampliam a compreensão do analista, possibilitando uma melhor empatia com muitas das manifestações emocionais do paciente.

Críticas

Freud preconizava análises de curta duração, de alguns meses (a análise do "Homem dos Lobos" constituiu uma significativa exceção: durou quatro anos), com seis sessões semanais, sendo que, sob uma perspectiva atual, as análises que ele praticava pecaram por um excessivo afã investigatório, com vistas a provar as pressupostas teses, com uma ênfase quase que exclusiva nos conflitos ligados ao drama edípico.

Ademais, sempre persistiu em seu trabalho prático uma nítida valorização da importância da figura paterna. Os estudiosos de seus historiais clínicos consideram os seus textos de uma beleza literária e científica ímpar, porém prevalece a opinião de que ele não teria sido um bom clínico.

A análise terminava quando, além do esbatimento dos sintomas manifestos, o analista conseguia fazer uma reconstrução genética, a mais próxima possível da completude, algo no estilo arqueológico, da história evolutiva, dinâmica, da paciente.

Em relação a algumas posições técnicas que radicalizou até o fim, praticamente ninguém mais concorda, hoje, como é o caso da sua insistência na generalização da existência de uma "inveja do pênis" por parte de qualquer mulher. Aliás, inserido nos padrões culturais da época, Freud desqualificou bastante a mulher (levando a um exagero caricatural, pode-se dizer que, para ele, "a mulher era um homem que não deu certo"). O problema é que, praticamente até o fim de sua vida e obra, não arredou pé dessa posição (é de sua autoria a frase: "a mulher é um continente desconhecido...").

Dos seguidores diretos de Freud, vou me restringir a citar unicamente quatro autores, entre tantos, que fizeram inovações técnicas: *Abraham* (considero um primor seu trabalho de 1919, sobre *resistência narcisista*, ainda perfeitamente atual), *Ferenczi* (o primeiro analista a insistir para que seus pares adotassem uma *elasticidade* na técnica analítica, não obstante ele também tenha sofrido severas críticas pelo uso de sua "técnica ativa"), *W. Reich* (introdutor da *análise do caráter*, e não só para a remoção de sintomas como era até então) e *Anna Freud* (a sua contribuição técnica, ainda que discutível, sobre a análise com crianças, a sua descrição pormenorizada e sistematizada dos mecanismos defensivos do ego e a sua importante participação na estruturação da norte-americana Escola da Psicologia do Ego).

KLEINIANOS

Dentre os indiscutíveis *méritos* da obra de Melanie Klein, merecem ser mencionados os seguintes:

Méritos

1. Abriu as portas para a *análise de crianças*, por meio da técnica lúdica, com a utilização de brinquedos e jogos, sem jamais abandonar o rigor analítico empregado na análise clássica com adultos.
2. Igualmente, também foi M. Klein quem deu início à *análise de psicóticos*, conservando a mesma técnica que a aplicada para pacientes neuróticos comuns, à medida que ela foi concebendo e divulgando os primitivos mecanismos psíquicos que acompanham o bebê desde o nascimento.
3. Dentre tais mecanismos primevos, cabe destacar a descrição de uma angústia de aniquilamento, além das primárias fantasias inconscientes no bebê recém-nascido, diante da inata pulsão de morte, com o concomitante emprego, por parte do ego incipiente, de defesas bastante mais primitivas do que aquelas que Freud e sua filha Anna descreveram.
4. Assim, a sua concepção do fenômeno da *identificação projetiva* (hoje aceito por analistas de todas as correntes) é considerada importantíssima para a técnica analítica. Da mesma forma, é fundamental para a técnica o seu conceito de *posição esquizo-paranóide* e de *posição depressiva*.
5. Contrariamente a Freud, sabidamente falocêntico, Klein deu uma ênfase *seiocêntrica, valorizando, assim, a primitiva relação mãe-bebê*, com a respectiva introjeção de objetos, totais e parciais, bons e maus, idealizados e persecutórios.
6. Também diferentemente de Freud, Klein valorizou, sobretudo, as pulsões agressivas, decorrentes de uma inata inveja primária, e as respectivas fantasias inconscientes de ataques sádico-destrutivos, sobretudo contra a figura materna (ou no analista, na situação analítica). A técnica analítica do grupo kleiniano concentrava-se na interpretação desses ataques invejosos, os respectivos sentimentos culposos daí decorrentes, além da necessidade de o paciente fazer reparações verdadeiras e construtivas.
7. Em relação à situação analítica, o grupo kleiniano notabilizou-se pela posição firme na manutenção rigorosa do *setting* apregoado e na recomendação de que os analistas deveriam trabalhar e interpretar sistematicamente a neurose de transferência.

São inúmeros os autores kleinianos, pós-kleinianos e neokleinianos que trouxeram inestimáveis contribuições técnicas. Unicamente a título de exemplificação, a kleiniana *J. Rivière* descreveu a *reação terapêutica negativa* que ocorre nas situações em que o paciente aproxima-se do seu "cemitério interno" relativo à depressão subjacente. Dentre os pós-kleinianos, é justo citar *Rosenfeld, H. Segall, Meltzer e Bion*, que foram os pioneiros no atendimento psicanalítico de psicóticos. Rosenfeld desenvolveu estudos posteriores sobre a organização patológica que ele denominou *gangue narcisista, narcisismo de pele fina e de pele grossa*, além da inestimável importância para a técnica analítica que advém do seu trabalho, de 1978, sobre *psicose de transferência*, situação que ocorre com relativa freqüência na prática clínica. Para ficar em um único exemplo de autor neokleiniano, cabe mencionar *J. Steiner*, com sua importante descrição de *organização patológica*.

Críticas

As maiores críticas, advindas principalmente dos psicólogos do ego, feitas à técnica analítica preconizada por M. Klein e seguidores diretos referiam-se aos seguintes aspectos: 1) O paciente adulto estaria sendo encarado e tratado como um bebê sempre insatisfeito, ávido, com desejos destruidores e com um certo menosprezo aos sentimentos amorosos. 2) O uso de um estilo interpretativo algo apriorístico, doutrinário e categórico, com verdades acabadas; desse modo, as interpretações só fechariam, no lugar de abrir. 3) Essa conduta analítica, paradoxalmente, conduziria a uma maior infantilização do paciente adulto. 4) Durante um bom tempo, os kleinianos não teriam valorizado os aspectos ligados diretamente ao narcisismo e à importância que representa a condição de "incompletude" do ser humano. 5) O uso de interpretações com características superegóicas (como se o paciente fosse um permanente "réu"), algo acusatórias, de certo cunho moralista, com o uso de uma terminologia na base de "bom" e "mau"..., e mescladas com expectativas do analista a serem cumpridas pelo paciente, impedindo, assim, a abertura de novos vértices de percepção e pensamento do paciente e dele próprio. 6) Uma ênfase exagerada na interpretação da inveja, além do fato de que a crença na noção de uma inveja primária inata já condiciona negativamente a "atitude psicanalítica" do terapeuta. 7) Igualmente, haveria um excessivo radicalismo no *setting* instituído, a ponto de não tolerar a introdução de qualquer parâmetro, por mínimo e necessário que ele fosse. 8) Uma não-valorização das funções e representações do ego, comparativamente ao id. 9) O uso abusivo de interpretações sistematicamente voltadas para um reducionismo, freqüentemente artificial, centrado no "aqui-agora-comigo-como lá e então". 10) Interpretações centradas em órgãos (seio, pênis...) e funções primitivas podem induzir a uma "doutrinação intelectual" do paciente. 11) Um acentuado descaso pelos fatos da realidade exterior contidos nas narrativas dos pacientes.

Os psicanalistas pós e neokeinianos têm feito sensíveis modificações na técnica que os seguidores tradicionais de M. Klein utilizavam, no sentido de uma relativa, porém bastante significativa, maior elasticidade na aplicação dos princípios técnicos rígidos, sem perder a sua essência.

PSICÓLOGOS DO EGO

Muitos psicanalistas austríacos, ao fugirem da perseguição nazista no período que antecedeu a eclosão da Segunda Guerra Mundial, instalaram-se nos Estados Unidos. Um deles, Hartmann, juntamente com Kris e Lowenstein, fundou a escola da Psicologia do Ego, a qual encontrou uma ampla aceitação no solo norte-americano, em uma mesma época em que naquele país havia uma forte inclinação pela corrente *culturalista* (Erich Fromm, Karen Horney e outros).

Anna Freud foi uma grande inspiradora, incentivadora e colaboradora desta corrente psicanalítica. Posteriormente, surgiram inúmeros autores importantes, como Erikson (estudos sobre a influência da cultura e a formação do sentimento de identidade), Edith Jacobson (descreveu os primitivos processos na formação do *self*), Margareth Mahler (juntamente com colaboradores, pesquisou, por meio de observação direta, os processos de *separação e individuação* de crianças pequenas, o que determinou significativas modificações técnicas) e, ultimamente, Otto Kernberg (representante da "contemporânea psicologia do ego", que estabelece uma ponte com os teóricos das relações objetais).

Méritos

1. Os pioneiros, Hartmann e seus seguidores, propuseram uma maior valorização do ego no trabalho do analista, que até então estava concentrado no id.

2. Partindo, então, do princípio de que nem tudo era id, os psicólogos do ego atribuí-

ram uma significativa importância às funções conscientes e às representações inconscientes do ego, além, é claro, dos mecanismos defensivos que são procedentes do ego.

3. Coube a Hartmann o mérito de ser o autor que mais claramente estabeleceu uma distinção entre *ego*, como uma instância psíquica, com as respectivas funções, e *ego*, como uma totalidade.

4. Descreveram aquilo denominado "área do ego, livre de conflitos" e também estabeleceram o conceito de "autonomia primária e autonomia secundária", além dos processos de "adaptação".

5. Na esteira dessas concepções, a psicanálise norte-americana contribuiu para a ampliação e valorização das funções *conscientes* do ego, assim como também atribuíram uma maior relevância à influência dos fatores *heredo-constitucionais* e *ambientais* na estruturação do psiquismo.

6. Os psicólogos do ego dedicam-se bastante a fundamentar as suas concepções teóricas e técnicas em pesquisas rigorosamente científicas.

7. Da mesma forma, eles abriram as portas para uma transdisciplinaridade, considerando os importantes desenvolvimentos contemporâneos da neurobiologia, da etologia e da psicofarmacologia.

Críticas

As críticas mais candentes a essa escola partiram de Lacan, o qual, sentindo-se revoltado com o que ele considerou uma traição à verdadeira psicanálise de Freud, decidiu fazer um retorno a Freud e criou a sua própria escola psicanalítica.

Muitos outros autores criticavam, e ainda criticam na atualidade, embora de forma menos intensa, o que consideravam uma forma de converter a psicanálise em uma mera "adaptação ao *american way of life*". Particularmente, estou entre aqueles que consideram esta última crítica exagerada, visto que o conceito de "adaptação" dos americanos não se refere unicamente ao mundo exterior, mas também a uma necessidade de haver uma adaptação harmônica entre as diferentes instâncias e funções da estrutura do psiquismo interior com a realidade externa.

Outra crítica refere-se ao fato de que os mais notáveis analistas dos Estados Unidos não deram de si mesmos o suficiente para manter a titularidade nas cadeiras ligadas às áreas da psicologia e psiquiatria das universidades, de modo que cederam esses lugares aos psiquiatras de orientação organicista. Como resultado, diminuiu sensivelmente a busca de candidatos a uma formação psicanalítica nas instituições ligadas à IPA, além de um crescente descrédito à psicanálise tradicional. Na verdade, costuma-se dizer que a nação norte-americana está vivendo a *era do Prozac*, tal é a busca por antidepressivos como substitutos de um tratamento psicanalítico.

PSICOLOGIA DO *SELF*

O criador e grande nome desta escola é *H. Kohut*, também um psicanalista que deixou Viena no apogeu do nazismo e refugiou-se nos Estados Unidos.

Méritos

1. Kohut recusou-se a ficar restringido quase que unicamente ao conflito edípico na análise com qualquer tipo de paciente, como, de certa fora, era a regra até então. Assim, decidiu investir nos estudos sobre o narcisismo.

2. Foi um inegável mérito de Kohut o fato de, paralelamente aos estudos sobre a patologia do narcisismo, ele haver resgatado os aspectos sadios e estruturantes que o narcisismo também representa. Assim, descreveu o narcisismo não somente como uma inerente etapa evolutiva desde o recém-nascido, como também enfatizou que o narcisismo acompanha todo ser humano pelo resto da vida, sofrendo transformações, tanto as saudáveis (empatia, sabedoria, humor, criatividade...) quanto, também, as patológicas, sob a forma de diferentes tipos de transtornos narcisistas da personalidade.

3. A partir dessa sua aproximação com os primeiros anos de vida do ser humano, Kohut descreveu a importância do que ele denomi-

nou *self-object* (objetos originais, formadores do *self* da criança pequena, chamando atenção, na técnica, a necessidade de que o analista desempenhe o importante papel de funcionar como um novo self-objeto.

4. A partir daí, enfatizou a relevância das *falhas empáticas* da mãe como responsáveis por futuros transtornos narcisistas e neuróticos em geral.

5. Dentro desse contexto, Kohut propôs a concepção do que ele chamou de *self grandioso* (a onipotência mágica do bebê e da criança pequena) e *imago parental idealizado* (os pais ficam revestidos com essa idealização onipotente), ambos de natureza bastante positiva na estruturação do self. Assim, Kohut contribuiu para que, diante de um paciente adulto, o analista veja com bons olhos uma certa permanência desses aspectos, assim reduzindo a carga de sentimentos de culpa, vergonha e fracasso.

6. No lugar de considerar "*o homem culpado*", como é clássico nas análises centradas no conflito edípico, de Freud, e nos ataques invejosos, de Klein, Kohut propôs a terminologia "o *homem trágico*", que alude a falhas muito anteriores a Édipo.

7. Kohut concebeu um tipo especial de transferência que denominou *transferência narcisista*, nas suas três graduações: transferência narcisista fusional, gemelar e especular. É justo considerar essa contribuição como um vértice de excepcional importância no emprego da técnica psicanalítica.

8. Complementando a importância que representa a função do analista como um novo self-objeto a ser introjetado, Kohut chama a mudança que então se opera no paciente de *internalização transmutadora.*

9. Indiscutivelmente, o maior mérito creditado a Kohut é o fato de que os seus enfoques nas falhas do psiquismo primitivo permitiram uma nova forma de abordagem, um significativo progresso no tratamento de pacientes excessivamente regredidos, principalmente os portadores de transtornos narcisistas da personalidade.

Críticas

A crítica mais candente que fazem a Kohut é o fato de ele desconsiderar Freud a ponto de considerar que Édipo nada mais é do que uma etapa paralela, que se configura de acordo com a evolução do eixo principal do narcisismo.

Com essa posição, Kohut pagou dois preços: o de ter desconsiderado um lugar sabidamente relevante que, sem dúvida, é o conflito edípico, nas suas múltiplas variantes e derivados psicopatológicos, facilmente revividos e evidenciados na prática analítica. O outro aspecto provocou o desprezo de um número significativo de analistas que, assim, não considerou a sua obra como sendo uma psicanálise verdadeira.

Também não resta dúvidas de que Kohut cometeu o mesmo deslize de tantos outros autores importantes: tentou aplicar suas concepções, tão significativamente válidas para certos pacientes, de forma exclusiva para todo e qualquer tipo de neurose.

LACAN

Indiscutivelmente, o grande inspirador da respeitada Escola Francesa de Psicanálise, Jaques Lacan foi sempre uma figura muito controvertida que, entre tantas outras contribuições, notabilizou-se pelas seguintes, reconhecidas como *meritórias*:

Méritos

1. A releitura que fez da obra completa de Freud permitiu rever os historiais clínicos de Freud sob outras perspectivas, muito mais amplas e instigantes.

2. Seus estudos sobre os *estágios do espelho* possibilitaram entender melhor a formação de precoces mecanismos psicóticos; a alienação do bebê no corpo da mãe, a noção de "corpo espedaçado" (*corps morcellé*); a representação do corpo no ego da criança pequena, concepção essa que permitiu uma melhor compreensão, portanto manejo técnico, de transtornos psicossomáticos.

3. Atribui uma importância especialíssima aos *desejos* e aos *discursos* dos pais e educadores em geral na formação do psiquismo da criança, que será o futuro de nosso paciente adulto. A relevância do *desejo* pode estar condensada nesta sua sentença: *a criança* (o sujei-

to) *quer ser o desejo do desejo da mãe*, logo, ser o "falo" (poder) dela.

4. A importância do *discurso* – que é feito por meio de mensagens verbais ou não-verbais, com significantes, predições, expectativas, atribuição de lugares e papéis, mandamentos e imperativos categóricos – adquire tal magnitude na obra de Lacan, que cunhou esta frase, de excepcional importância para a prática clínica: "O inconsciente é o discurso do outro". Talvez Lacan tenha-se inspirado no filósofo Hegel quando este afirma que "não é o indivíduo que cria a linguagem, mas a linguagem, no contexto histórico, é que cria o indivíduo".

5. *Os significantes* (resultam mais da audição do discurso), com os conseqüentes *significados* (referem-se mais aos conceitos dados aos significantes), constituem a coluna vertebral da técnica da psicanálise, porquanto se pode dizer, de forma extremamente reduzida, que em Lacan uma análise consiste em decodificar e nomear a *rede de significantes.* Assim, creio que cabe afirmar que, nessa perspectiva, a maior tarefa do analista é a de identificar a voz do significado patogênico, no meio da polifonia dos significantes.

6. Também pode-se creditar a Lacan o resgate da importância da figura do *pai* (que ficou muito apagada durante a hegemonia da teoria seiocêntrica de M. Klein). Assim, Lacan denominou *lei do pai* (ou *nome do pai)* a necessidade de um pai interpor-se como uma cunha delimitadora e separadora da fusão simbiótica mãe:bebê. Não é difícil darmo-nos conta da importância do papel do analista, não só no papel transferencial de mãe continente, como também na de pai, que frustra e impõe limites.

7. Em relação à *transferência* propriamente dita, Lacan tem uma posição muito autêntica, especial e diferente daquela que se constituía como um pilar invariável na psicanálise: a interpretação sistemática na neurose de transferência. Pelo contrário, ele se insurge contra o excessivo uso da interpretação transferencial, com o argumento de que essa técnica representa um sério risco de reforçar uma maior idealização e dependência do paciente, justamente o que uma análise quer impedir. Para Lacan, a transferência deve ser interpretada quando houver a evidência de algum obstáculo realmente transferencial, manifesto por angústia, sintoma ou atuação. Igualmente afirma que pode haver sessões que são psicanalíticas, sem que haja interpretações transferenciais (e vice-versa), assim como também considera que o *ato analítico* acontece, de fato, quando o analista ocupa um *lugar* – o de uma escuta privilegiada – e uma *posição* – o de fazer intervenções sem aceitar a condição de "sujeito suposto saber".

8. Em relação ao fenômeno *contratransferencial*, a partir do seu livro *Escritos: uma seleção* (1966), Lacan dispensou o termo "contratransferência" com o argumento de que esse dava a entender uma reciprocidade entre o paciente, preso na transferência, e o analista pela contratransferência, porém tal relação está longe de ser igual. Assim, em sua opinião, o desejo precípuo do paciente é que ele seja o objeto de desejos do analista; o analista, por sua vez, também tem desejos: no mínimo, ser um bom analista e que a análise evolua com sucesso. O risco é que ele se deixe envolver pelo desejo e aceite o papel de s.s.s.

9. Relativamente à *interpretação*, Lacan destaca a necessidade de o analista promover uma "*castração simbólica*" do paciente, isto é, fazê-lo transitar do plano do imaginário para o plano do simbólico. Segundo Lacan, a interrupção da fusão diádica com a mãe (reproduzida com o analista) deixa uma marca indelével de uma "*falta de algo*", algo que se deseja e se teme (lembra a sensação do "estranho" ou do "sinistro" – *unheimlich* – de Freud) e que, a partir daí, fica sendo o gerador do desejo.

10. Lacan concede uma grande valorização à linguagem – a sua afirmativa de que *o inconsciente estrutura-se como uma linguagem* já diz tudo, de modo que ele usava bastante o recurso de desdobrar os significados contidos na composição de uma palavra, nome próprio, pedaço de frase...

11. Uma observação especialmente importante é que na sua técnica analítica Lacan prioriza sobremodo os aspectos *cognitivos*.

12. Para Lacan, o momento culminante de uma sessão analítica é aquele no qual o paciente sofre uma castração do desejo imaginário, de sorte a atingir um nível simbólico. Baseado nisso, ele estipulou que não se justifica a duração de uma sessão ser obrigatoriamente cronológica, em torno dos habituais 50 minutos, mas, sim, a duração deve ser variável, de

menos ou mais deste tempo, até a obtenção da aludida transição para um nível simbólico.

Críticas

A primeira crítica que se faz a Lacan concerne à sua condição de pessoa real, que, segundo um grande número de seus críticos, revela uma personalidade extremamente narcisista, centralizadora, que, na prática clínica com os seus pacientes e no convívio com alunos e colegas, fazia justamente o oposto daquilo que ele tanto pregava, ou seja, ele funcionava como um s.s.s. e tentava submetê-los a uma indiscutível dependência eterna. Por causa desse tipo de conduta, Lacan abriu muitas dissidências, como, por exemplo, com a IPA e com a própria escola que fundou. As críticas mais acerbas dão conta de que ele seria um interesseiro, deslumbrado pelo poder, pelo dinheiro e pela conquista de mulheres, desejos esses que se refletiam significativamente nos pacientes.

Uma segunda crítica contundente alude ao fato de que sua postura psicanalítica ficou muito confundida com filosofia, devido a uma excessiva intelectualização e a uma paixão pela demonstração de ampla erudição.

Talvez a crítica mais feroz seja aquela relativa ao tempo de duração da sessão. Muitos analistas testemunharam que o tempo de duração de uma sessão dos pacientes de Lacan jamais ultrapassava os 50 minutos regulamentares, ou sequer atingia este tempo. Pelo contrário, quanto mais aumentava o número de pacientes (segundo os referidos críticos, ele manteria um número bastante excessivo de pacientes em formação, tanto para garantir um poder político, quanto para faturar mais), mais diminuía o tempo da sessão, às vezes não passando de poucos minutos, sob a alegação de que o paciente já atingira a, essencial, "castração simbólica".

WINNICOTT

Como se sabe, Direald Winnicott pertenceu durante bastante tempo ligado ao círculo kleiniano. No entanto, cada vez mais ele discordava dos conceitos teóricos e técnicos pregados por M. Klein, especialmente o conceito de inveja primária, a ponto de ele abrir uma dissidência com o grupo de Klein e ingressar no "grupo independente" da Sociedade Britânica de Psicanálise. A partir daí, Winnicott criou as suas próprias concepções originais que, resumidamente, apresentam os seguintes *méritos*:

Méritos

1. Resgatou a importância do *ambiente facilitador* (ou *complicador*, creio que cabe acrescentar), representado principalmente pela mãe da realidade exterior, em contraposição à posição preconizada por M. Klein e seguida pelos analistas kleinianos da época de atribuir uma importância quase que exclusiva às fantasias inconscientes da criança.

2. Relativamente à mãe real, de uma certa forma inspirado em Lacan, Winnicott deu uma especial importância ao *olhar materno* (penso que cabe dizer *olhar bom* ou *olhar mau*, parodiando o "seio bom e mau", de M. Klein). A seguinte frase poética de Winnicott ilustra bem como o olhar da mãe funciona como um espelho, pois o primeiro espelho da pessoa é o rosto da mãe, seu olhar, sorriso, voz, como se a criança pudesse dizer: olho e sou visto, logo, existo!

3. Igualmente, ele retirou a ênfase técnica prioritariamente dirigida às pulsões sádico-destrutivas resultantes da inveja primária, segundo a escola kleiniana. Por exemplo, Winnicott cunhou o conceito de "crueldade sem ódio" para conceituar que as manifestações agressivas de uma criança obedecem a muitas razões que não são unicamente aquelas de um ódio destrutivo. Da mesma forma, enquanto os kleinianos da época, diante de uma atitude construtiva do paciente, interpretavam que as culpas decorrentes dos ataques estavam sendo devidamente reparadas, Winnicott preferia conceituar como uma demonstração de sentimentos inatos da criança de "consideração" (*concern*) pelos outros.

4. Seu conceito de *holding*, bastante similar ao de "continente" de Bion, representa ser uma peça técnica fundamental na construção do vínculo analista-paciente. A frase cunhada por Winnicott: *a mãe suficientemente boa* tem uma significativa relevância na prática analítica.

5. Sua concepção de *objeto, espaço* e dos *fenômenos transicionais* são totalmente origi-

nais em psicanálise, esclarecendo muita coisa do desenvolvimento emocional primitivo e do que se passa no vínculo analítico.

6. Desde quando era pediatra, Winnicott utilizou com seus pequenos pacientes dois jogos que criou. Um, o jogo da *espátula* – um objeto metálico brilhante que ele deixava à vista da criança para observar como ela brincaria com ele –, o qual lhe permitiu criar o conceito de *hesitação* diante da tomada de decisões. O segundo é o *jogo do rabisco (squiglle*, no original), que consiste no ato de que ele construía com a criança um desenho; assim, ele fazia um primeiro rabisco, a criança continuava com outro rabisco e assim sucessivamente, até completarem de modo espontâneo a forma final do desenho. Particularmente, considero esse jogo de extraordinária importância como um modelo de técnica psicanalítica, no sentido de que, em uma situação analítica, o analista e o paciente devem exercer uma atividade lúdica do tipo que podemos chamar de "rabisco verbal", até construírem um *insight*.

7. Outro conceito de Winnicott de excepcional importância técnica é a sua concepção de *verdadeiro self* e de *falso self*, ambos convivendo concomitantemente no psiquismo de um mesmo sujeito.

8. Ao contrário de M. Klein, Winnicott era bastante flexível com as combinações do *setting*, inclusive no tempo de duração das sessões, que, diferentemente de Lacan, não raramente, conforme as circunstâncias, ultrapassavam bastante os clássicos 50 minutos. Contam que uma vez alguém lhe perguntou se ele também atendia casos de psicoterapia, ao que respondeu dizendo que não sabia o que era aquilo, mas sabia, sim, que era psicanalista e que fazia psicanálise de duas ou de uma sessão semanal.

9. Ao longo de seus textos, Winnicott foi um mestre na formulação de paradoxos. Por exemplo, dizia ele, referindo-se ao *setting*:

> Recria-se um ambiente íntimo e familiar, evocando um ambiente íntimo e familiar, evocando uma primitiva maternagem, a um mesmo tempo que se exclui todo o contato e gratificações diretas que não sejam as psíquicas.

Acredito que o recurso técnico de formular paradoxos para os pacientes tem-se mostrado de grande valia, porquanto estimula a reflexão e a capacidade para fazer a integração dos opostos e contraditórios.

10. Em uma época na qual poucos autores animaram-se em relatar experiências contratransferenciais, Winnicott teve a coragem de escrever *O ódio na contratransferência* (1944), um trabalho importante para a técnica analítica, simplesmente porque era verdadeiro, trouxe à lume aquilo que com determinados pacientes qualquer analista pode e deve sentir, assim desmitificando, tornando natural e, logo, trazendo alívio e maior tranqüilidade ao terapeuta.

Críticas

Muitos críticos argumentam que a empolgação de Winnicott, com a ênfase na mãe real e no ambiente exterior, em contraposição a M. Klein, fez com que ele fosse até um pólo oposto ao dela, de sorte que ele passou a subestimar a importância do papel das fantasias inconscientes.

Segundo os mesmos críticos, a atitude "humanística" de Winnicott prejudicava uma necessária imposição de frustrações necessárias, assim dificultando o surgimento de sentimentos que acompanham a vida de qualquer pessoa, como os raivosos, por exemplo.

W. BION

Bion, que foi discípulo, analisando e seguidor de M. Klein, é considerado um autêntico inovador da prática da psicanálise. Sua obra estende-se por quatro décadas: os anos 40, mostrando que, diferentemente de M. Klein, interessava-se por aspectos sociais, foram dedicados à prática e aos estudos sobre dinâmica de *grupos*; a década de 50 foi voltada para a análise de *Psicóticos;* a de 60, a mais frutífera de todas, é chamada de *Epistemofílica*, pela razão que ele demonstrou um interesse todo especial pelos fenômenos do conhecimento, pensamento, linguagem, comunicação, vínculos, verdades e falsificações, etc., tendo publicado vários livros sobre esses temas, hoje consagrados. Na década de 70, começou a viajar, atendendo a convites, por lugares do mundo (só no Brasil, esteve quatro vezes), ministrando conferências, debates, supervisões e seminários clínicos, ao mesmo tempo em que publicou textos com um teor algo místico.

Apesar do fato de Bion não ter publicado nenhum livro ou texto direta e especificamente dirigido à técnica psicanalítica, é inegável que, nas entrelinhas de seus pronunciamentos, nos quais ele sempre se referia à prática clínica, a técnica está sempre presente, com concepções originalíssimas.

Méritos

1. Bion teve a sabedoria de conservar tudo o que aprendeu de Freud e de M. Klein, e, sem contestá-los, somente adicionou uma continuidade às concepções daqueles dois (ele é o terceiro) gênios da psicanálise, porém criou novas idéias teóricas, portanto também técnicas, inteiramente originais.

2. A meu juízo, foi o autor que mais eqüidistante ficou entre M. Klein (pulsões sádicas destrutivas, fantasias inconscientes terroríficas, etc.) e D. Winnicott (valorização da mãe e do ambiente facilitador no desenvolvimento emocional primitivo da criança, etc.), além de também ter valorizado os aspectos heredoconstitucionais que variam de pessoa para pessoa.

3. O seu intenso trabalho clínico com pacientes de natureza psicótica, permitiu-lhe conceber aspectos interessantíssimos sobre a normalidade e a patologia dos fenômenos de percepção, pensamento, linguagem, comunicação e ataques aos vínculos de ligação, todos eles de extraordinária repercussão no manejo técnico com pacientes em geral.

4. A abrangência para "pacientes em geral" deve-se ao fato de que Bion concebeu, em todas as pessoas, a coexistência permanente entre uma *parte neurótica e uma parte psicótica da personalidade* (predominância de pulsões tanáticas, uso excessivo de identificações projetivas, a tríade da onipotência, onisciência e prepotência, etc.). A necessidade de o analista trabalhar para o paciente admitir um acesso a essa sua parte psicótica trouxe inestimáveis mudanças técnicas.

5. Em relação ao primário vínculo da mãe com o filho (equivale ao do analista com o seu paciente), Bion aprofundou a importância da função de *rêverie* materno, a função de *continente* da mãe (ou analista) ter condições de acolher e conter as necessidades e angústias que, por meio de excessivas identificações projetivas, os filhos (pacientes) colocam dentro dela. Assim, representa um fundamental avanço técnico a noção de que o analista deve, acima de tudo, ter bem desenvolvida essa capacidade de continência, para que, além de conter a carga nele projetada, também possa decodificar o seu significado, dar um sentido e devolver para o paciente, devidamente desintoxicada e, sobretudo, nomeada.

6. Em relação aos *vínculos*, ele descreveu três tipos: o do *amor, do ódio e do conhecimento*, sendo que ele deu uma ênfase especial a este último, particularmente quando ele está sinalizado negativamente: - *K* (vale lembrar que "K" é a inicial de *knowledge*, isto é, *conhecimento*), ou seja, quando o paciente *não quer* tomar conhecimento das verdades analíticas. Creio que está mais do que evidente a enorme importância que isto representa para a técnica analítica, especialmente no que se refere ao destino que as interpretações do analista tomam no psiquismo do paciente, por mais corretas que elas tenham sido.

7. Um mérito especial que cabe a Bion é o fato de ele haver enfatizado que toda análise é um processo de natureza *vincular* entre duas pessoas que vão enfrentar muitas angústias diante dessas verdades, e isso impõe que o analista possua aquilo que ele denomina *condições necessárias mínimas.*

8. Dentre essas últimas, cabe garimpar, em estilo telegráfico, as seguintes: *ser verdadeiro*; um permanente estado interrogativo, de *descobrimento;* a mencionada capacidade de ser continente, aliada a uma "função alfa"; uma *capacidade negativa* (isto é, uma condição de suportar, dentro de si, sentimentos negativos, como é, por exemplo, o de um "não saber"); uma capacidade de *intuição;* um estado de *paciência* e de *empatia;* a necessidade de que, na situação analítica, a mente do analista não esteja saturada por memória, desejo e ânsia de compreensão imediata, além de também ter dado a entender que o analista, como *pessoa real*, é um importante modelo de identificação para o paciente.

9. Bion propôs o modelo da mente como se fosse um mapa-múndi, composto por vá-

rias regiões distintas; daí a técnica analítica desenvolveu a necessidade de o analista abrir para o paciente novos *vértices* de percepção em relação aos significados que ele dá aos fatos que esteja narrando. Assim, igualmente, ele propõe que o analista tenha uma *visão binocular* (ou multifocal), de forma a perceber e tentar integrar os seus aspectos distintos e contraditórios.

10. No lugar da clássica expressão *cura analítica*, Bion prefere o emprego da terminologia *crescimento mental*, tendo em vista que uma análise não termina com uma cura de sintomas (como é na clínica médica), mas, sim, ela evolui em um modelo de "espiral helicoidal expansiva e ascendente, como um universo em expansão", sem um término definitivo.

11. Na atualidade está sendo bastante valorizado um aspecto inerente à *comunicação não-verbal* – tão desenvolvida por Bion ao longo de toda a sua obra –, que é aquela forma de linguagem que comunica através de *hologramas* (ou *pictogramas*, ou *ideogramas*), cuja característica maior é que ela não se processa tanto à visão, ou audição, mas, sim, por meio de *imagens*, cheias de significados, que evocam sensações e sentimentos no analista.

Críticas

Durante muito tempo (agora, bem menos), Bion foi acusado de ser mais um matemático, filósofo e místico do que psicanalista, e que, neste último aspecto, as suas contribuições seriam de natureza tautológica, ou seja, repetindo com outras palavras tudo aquilo que já teria sido dito por seus predecessores.

Assim, seus textos eram considerados confusos, herméticos, com uma terminologia dirigida a uma pequena elite de psicanalistas intelectualizados. Desta maneira – diziam os críticos – o próprio Bion seria uma pessoa muito confusa nas suas idéias, que estariam mais voltadas para um certo exibicionismo de erudição e intelectualização do que propriamente para as reações afetivas. Pelo menos em relação a este último aspecto, quem está mais familiarizado com a totalidade da obra de Bion há de discordar enfaticamente.

COMENTÁRIOS PESSOAIS

Cabe concluir este capítulo com quatro comentários que, me parecem, abrangem a todos os principais autores que foram mencionados, com suas respectivas contribuições ao desenvolvimento da técnica psicanalítica.

1. Em grande parte, aconteceu com todos eles aquilo que se costuma dizer: todas as idéias importantes e inovadoras nascem como heresias e terminam como dogmas.
2. Assim, também eles cometeram aqueles inconvenientes – e que representam um risco para todos nós – de fazer um excessivo apego ao novo, com um descaso ao velho, ou vice-versa.
3. Quando se quer comparar as análises fundamentadas nesta ou naquela escola, conforme o ponto de vista que adotamos, podemos chegar a conclusões positivas ou negativas, encontrar pontos concordantes ou divergentes, sem que a verdade de uma delas seja exclusiva e tampouco que uma delas implique na inverdade de outras. Cabe traçar uma analogia com a física mecanicista concebida por Isaac Newton e que não é mais utilizada pelos físicos da atualidade. No entanto, isso não significa que ela seja errada ou certa ou que não mais tenha uma plena validade útil para explicar determinados fenômenos, sem ter alcance para explicar a outros, como os da física quântica, por exemplo.
4. É significativo o fato de que ainda é muito difícil tentar mensurar se o emprego de técnicas de uma dessas mencionadas correntes psicanalíticas promove maiores ou melhores resultados verdadeiramente psicanalíticos, em um enfoque comparativo de umas com as outras, na prática clínica.

3

Como Agem as Terapias Analíticas?

Todos nós acabamos nos acostumando com uma coisa extraordinária: esta conversa esquisita, que denominamos [...] psicanálise, funciona. É inacreditável, mas ela funciona.

Bion (*Conversando com Bion*, p. 127)

ALGUNS QUESTIONAMENTOS

Uma das perguntas mais freqüentes que tanto pacientes quanto alunos e, de certa forma, todos nos fazemos refere-se diretamente à incerteza de qual é ou de quais são os fatores que determinam o que é a meta maior de qualquer terapia analítica: a obtenção de verdadeiras mudanças no psiquismo, logo, na conduta do paciente. Até pouco tempo atrás, a resposta era mais simples, e fundamentava-se nos efeitos das *interpretações* do analista, dirigidas ao inconsciente do paciente, levando à obtenção de *insights*, os quais, passando por um processo continuado de *elaborações*, conduziriam à *cura analítica*.

Na atualidade, com o reconhecimento de que muitos outros fatores possam intervir no processo de aquisição de mudanças psíquicas, as coisas não são mais tão simples, de sorte que nos instiga a refletir sobre uma série de questões, tais como, entre outras: continua válida a idéia de que a interpretação seja virtualmente o único instrumento técnico que efetivamente funciona? Nesse caso, ela deve ficar restrita à interpretação dirigida unicamente ao plano da "neurose da transferência"? Toda interpretação correta é eficaz? Além da interpretação, a "pessoa real do analista" também merece ser considerada um importante fator no processo de mudanças? Cabe falarmos de "análise do consciente"? Existe a possibilidade de que um mesmo paciente possa evoluir mal com determinado analista, mas muito bem com outro, mesmo que ambos tenham uma igualdade na sua formação e competência? Os conhecimentos mais amplos e aprofundados que o psicanalista contemporâneo possui acerca da gênese e da dinâmica do psiquismo implicam na necessidade de que também os analistas realizem mudanças técnicas? Os recentes avanços das neurociências representam alguma contribuição para a técnica analítica? O que fazer com "pacientes que não querem mudar"? Com vistas a perspectivas futuras, "para aonde vai a técnica que devemos utilizar nos tratamentos psicanalíticos"? Pela relevância que estas questões merecem, este capítulo pretende encaminhar algumas reflexões e tentativas de respostas.

BREVE EVOLUÇÃO HISTÓRICA

Na época pioneira de Freud e seus seguidores imediatos, o tratamento psicanalítico era de breve duração, porquanto o objetivo maior da análise consistia basicamente na remoção de sintomas inerentes a determinadas patologias clínicas. Na obra de Freud, a técnica empregada para que o analista conseguisse ter acesso ao inconsciente do paciente fundamentava-se no emprego da "regra da livre associação de idéias", especialmente no que tange à "interpretação dos sonhos" (um único sonho poderia ser analisado, nos mínimos detalhes associativos, durante semanas ou meses), considerada "a via régia do inconsciente".

Para atingir um resultado analítico, Freud preconizou uma série de recomendações técnicas aos analistas, que foram se transformando no curso de sua longa obra, e, de forma muito resumida, as referidas transformações podem ser sintetizadas nos seguintes quatro lemas, específicos de cada uma de suas quatro grandes teorias concernentes ao psiquismo:

1. Na vigência da "Teoria do Trauma", partindo de sua concepção de que "as histéricas sofrem de reminiscências que estão recalcadas", o lema analítico era: "aquilo que estiver esquecido, lembrado deve ficar".
2. Após alguns anos, Freud concebeu a "Teoria Topográfica", pela qual configurou o psiquismo com três regiões – o Consciente, o Pré-Consciente e o Inconsciente –, cujo lema passou a ser: "o que estiver no inconsciente, no consciente deve ficar".
3. Segue a concepção e a formulação da "Teoria Estrutural", com o respectivo lema analítico: "onde estiver o Id (e o superego), o Ego deve estar".
4. Creio que pode ser acrescentado um quarto lema, se lembrarmos que foi Freud quem plantou as sementes da fundamental concepção do "narcisismo", de maneira que o lema pode ser este: "onde estiver Narciso (díade), Édipo (triângulo) deve ficar". O principal – talvez o único – instrumento técnico consistia no uso da *interpretação*, principalmente dos simbolismos contidos nos sonhos e dos conflitos que se reproduziam na "neurose de transferência".

A psicanálise deu um salto de qualidade a partir do trabalho *Análise do caráter*, de Wilhelm Reich (1933), seguidor inicial de Freud que, mais tarde, veio a abrir uma dissidência, pelo fato de que esse autor, indo muito além do objetivo de remoção de sintomas, preconizou condutas técnicas, pelas quais o analista poderia modificar a "couraça caracterológica" dos pacientes.

Com o advento e o crescimento da escola kleiniana, a psicanálise adquiriu novas concepções metapsicológicas, como, por exemplo, as da existência de *mecanismos defensivos* do ego, muito primitivos (controle onipotente, dissociações, identificações projetivas e introjetivas, idealização e denegrimento); uma valoração das inatas e permanentes *relações objetais*; a atribuição de uma especial importância à existência das arcaicas *fantasias inconscientes*; e, igualmente, o fenômeno psíquico que M. Klein denominou *Posições* (as "esquizoparanóides" e as "depressivas").

Tais descobertas permitiram um aprofundado conhecimento do desenvolvimento emocional primitivo, de modo que as portas da psicanálise foram abertas para pacientes psicóticos, crianças e os seriamente regredidos, em geral. O principal instrumento da técnica psicanalítica continuou sendo o uso da *interpretação*, porém, indo muito além de Freud, os kleinianos preconizavam um emprego sistemático da interpretação no "*aqui-agora-comigo, como lá e então*" na transferência com o analista, com uma tendência (que está sendo reduzida na atualidade) de relacionar a interpretação em termos de objetos parciais e primitivos ("seio ou pênis, bom ou mau", etc.).

Ademais, o enfoque kleiniano incidia de forma enfática no tripé da "agressão" real ou fantasiada, seguida de inevitáveis "culpas" persecutórias ou depressivas, com a necessidade de o paciente atingir a posição depressiva, que o permitiria adquirir um sentimento de "gratidão" e vir a fazer "reparações verdadeiras". Ainda persiste, por parte de muitos analistas, uma posição (na verdade, uma acusação) de que o terapeuta que não estiver trabalhando na transferência sistemática do aqui-agora... "não está fazendo uma verdadeira psicanálise".

Como se pode notar até há pouco tempo a crença vigente era a de que a terapia psicanalítica agia quase que exclusivamente por meio do efeito das interpretações do analista, centradas na neurose de transferência do paciente, com uma gradativa valoração da contratransferência, de modo que predominava no *setting* analítico a ligação de duas pessoas: a do analisando, deitado no divã, cuja função era trazer o seu "material"; e a do analista, comodamente sentado em sua poltrona, cujo papel era da pessoa sadia, que deveria saber interpretar. Aos poucos, alguns autores (principalmente o casal Baranger e Bion) foram propondo a relevância da noção de "*campo analítico*", ou seja, a de uma recíproca e permanente interação entre paciente e analista.

Assim, na psicanálise contemporânea, sobretudo a partir das importantíssimas contribuições de Bion, relativas ao seu paradigma técnico, que podemos denominar "vincular-dialético": "vincular" porque em toda relação humana sempre estão presentes, sendo indissociáveis, os vínculos de amor, ódio e conhecimento, enquanto o termo "dialético" alude ao fato de que, continuadamente, os integrantes do par analítico estão em uma permanente interação dialética, ou seja, à *tese* do paciente ("...ninguém gosta de mim..."), o analista propõe uma *antítese* (convida o paciente a esclarecer e fundamentar essa sua forma de perceber e pensar, e, após, levanta outras teses possíveis, em torno dos mesmos fatos, a serem pensadas por aquele); a *síntese* do tripé dialético é representada pela aquisição do *insight*.

Cabe enfatizar, como uma decorrência do que está sendo dito, que a psicanálise moderna está fundamentalmente baseada no exercício da dúvida permanente, atitude essa que se opõe àquela de que tanto o paciente como o analista abriguem-se em um saber congelado. Assim, o constante perguntar-se é considerado um forte aliado do processo analítico.

BENEFÍCIO TERAPÊUTICO E RESULTADO ANALÍTICO

Uma importante variável que deve ser levada em conta no que diz respeito a como agem as terapias analíticas é aquela que refere mais precisamente a quais objetivos o analista e o paciente pretendem; qual é a "teoria de cura" de cada um deles. Assim, não obstante a essência do comportamento técnico do analista se conserve a mesma, alguns detalhes de manejo técnico modificam-se no caso de a pretensão ficar restrita à obtenção de "benefícios terapêuticos", perfeitamente válidos e importantes, considerando que eles promovem a resolução de crises agudas, esbatimento de sintomas, uma melhor adaptação familiar e social, porém os resultados podem ser instáveis, sujeito a possíveis recidivas. Já um "resultado analítico" designa uma profunda modificação da estrutura psíquica do paciente, a partir de uma transformação das relações objetais internas, com as respectivas identificações, e com maiores possibilidades de as mudanças adquiridas serem estáveis e permanentes.

INTERPRETAÇÃO E ATIVIDADE INTERPRETATIVA

Na psicanálise contemporânea, poucos são os analistas que ainda permanecem em uma atitude unicamente concentrada no uso exclusivo de interpretações formais, sistematicamente transferenciais, formuladas ao paciente como sendo uma espécie de "verdade final". Pelo contrário, a tendência atual é que o analista considere a *interpretação* como não mais do que uma "hipótese" que está sendo levantada por ele, cabendo ao paciente aceitá-la ou refutá-la, porém o mais importante é que ele "reflita" sobre ela.

Levando em conta tal objetivo, a técnica analítica dos nossos dias dá uma grande importância ao que se está denominando "*atividade interpretativa*", a qual designa uma liberdade para o terapeuta intervir com maior freqüência toda vez que ele julgar ser útil fazer um "clareamento" daquilo que esteja ambíguo no relato do paciente; um "confronto", por exemplo, entre o que o paciente diz e desdiz, entre o que diz e faz; um assinalamento de atos falhos, lapsos, contradições, paradoxos, dentre outros, e, sobretudo, o uso de "perguntas", não as unicamente voltadas à coleta de dados nem, tampouco, aquelas que guardam uma natureza inquisitória, mas, sim, perguntas instigantes, que possibilitem o levantamento de "novos vértices" de percepção e reflexão de um mesmo suceder psíquico.

Partindo dessa posição técnica, pode-se deduzir a importância que estamos conferindo às funções de perceber e pensar, o que permite induzir a necessidade de o analista "construir um clima de transferência", levando em conta que nem sempre um determinado paciente está em condições de receber uma carga de interpretações no "aqui-agora-comigo" da transferência, na hipótese de que ele ainda não se sinta "aí" com o seu analista.

DOIS EIXOS TÉCNICOS: INTERPRETAÇÃO E "ATITUDE PSICANALÍTICA INTERNA"

A partir da convicção de que a interpretação, por si só, não é o único fator terapêutico analítico, e que a sua eficácia está intimamente ligada a uma concomitante e autêntica "atitude psicanalítica interna", convido o leitor a imaginar um sistema cartesiano, em forma da letra "L", composto por um eixo vertical, que vamos denominar "eixo das interpretações", e um outro, horizontal, considerado o "eixo da atitude psicanalítica interna". Este último alude ao fato de um "algo mais" que, indo além da interpretação formal, transmite ao paciente uma sensação de que ele está sendo compreendido, acolhido, contido, acompanhado e respeitado pelo seu terapeuta, com quem começa a estabelecer um vínculo de uma recíproca confiança e esperança, situação analítica essa que somente se estabelece com solidez quando os referidos sentimentos despertados no paciente correspondam, de fato, a sentimentos que, *verdadeiramente*, o analista nutre em relação a ele.

Creio que quanto maior for a organização do *self* do paciente, maior será a importância do eixo da interpretação; em contrapartida, quanto maior for a sua desorganização, com um estado de regressão do paciente a níveis primitivos (estados psicóticos, *borderline*, etc.), mais cresce a relevância do eixo horizontal da atitude analítica, a ponto de, muitas vezes, sobrepujar a ação direta da interpretação formal. Deve ficar claro que um eixo não exclui o outro; pelo contrário, eles se complementam e são indissociáveis, porém cabe ao analista ter a sensibilidade para perceber qual a proporção que, para um determinado paciente, deve ser conferida para um ou outro eixo.

A partir deste ponto de vista, fica mais fácil entender por que muitas condutas técnicas que, conforme trabalhos publicados, foram utilizadas pelos nossos maiores mestres, como Freud, M. Klein e Bion – para mencionar unicamente os três gênios da psicanálise –, condutas essas que, vistas com a óptica de hoje, permitiriam acerbas críticas, em contraste com o fato de que, na maioria das vezes, eles obtiveram excelentes resultados clínicos. Creio que a eficácia terapêutica não se deveu ao conteúdo das interpretações (muitas delas esdrúxulas e altamente intelectualizadas), mas, sim, ao fato de que eles não tinham medo ou repulsa pelo paciente em estado de alto grau de regressão; pelo contrário, a atitude analítica dessas figuras mais notáveis da psicanálise era de coragem, continência, amor ao trabalho, ao paciente e à verdade, além de outros atributos equivalentes.

UM CONCEITO MAIS AMPLO DE "INTERPRETAÇÃO"

A noção mais clássica de "interpretação" visava essencialmente a atingir o conflito psíquico resultante do embate entre os mecanismos defensivos do ego contra as pulsões provindas do id, ou das ameaças e mandamentos emanadas por um superego tirânico e punitivo, ou, ainda, das fantasias inconscientes de toda natureza, especialmente as destrutivas, além da configuração interna de uma conseqüente constelação de identificações patógenas. Todos esses fenômenos psíquicos continuam plenamente vigentes e requerem ser analisados em profundidade, de acordo com as técnicas habituais.

No entanto, além desses aspectos, impõe-se agregar outros que representam um grande avanço para o objetivo analítico de promover transformações mais amplas, intensas e extensas: refiro-me às concepções de "representações, identificações patógenas e significações", seguidas da tarefa analítica de, respectivamente, serem transformadas, em um primeiro momento, em uma desocupação ("des-representações"; "desidentificações" e "dessignificações") do enorme espaço que, de forma patogênica, ocupam no psiquismo do paciente; como um segundo passo, que esse espaço, agora já liberado, seja ocupado por "neo-representações", "neo-identificações" e "neo-significações".

Talvez o uso de breves vinhetas clínicas possa esclarecer melhor o que estou pretendendo transmitir.

Assim, em relação às *representações*, recordo-me de uma paciente que, não obstante ser muito bonita, fato reconhecido por todos que a conheciam, mantinha uma absoluta convicção de que era muito feia, e que a opinião contrária de todos os outros devia-se a uma "pena" que sentiam dela. Argumentos baseados na lógica não surtiam o menor efeito, até uma sessão na qual a paciente acendeu uma "luz", ocasião em que deu a entender que seus pais, no seu processo de educação, seguidamente usavam expressões como: "criança que não se comporta bem, que incomoda, é *feia*", além de outras tantas recriminações análogas. O prosseguimento da análise comprovou que, pelo fenômeno do *imprinting*, tais significados ficaram impressos na mente inconsciente da paciente, de sorte que os seus sentimentos "menos nobres" que habitavam o seu psiquismo (ódio, inveja, ciúme, rebeldia e outros) eram automaticamente significados por ela como sendo uma "pessoa feia", situação que, a partir daí, permitiu uma *neo-representação* do seu verdadeiro corpo.

Quanto às *identificações patógenas*, tanto as que resultaram da introjeção de pais que realmente foram muito complicados, ou devido às intensas distorções da figura real dos pais, conseqüentes das fantasias inconscientes das crianças (todos temos a experiência clínica de que, decorridos alguns anos de análise, a descrição que certos pacientes faziam dos pais ficam, após, quase que totalmente irreconhecíveis), o que cabe realçar é a especial importância que adquire a pessoa do analista, como um novo (neo) modelo de identificação, de modo a favorecer o fenômeno que Kohut (1977) denominou *internalização transmutadora*, ou que Bion (1992) considerava uma importante internalização do paciente de uma *função psicanalítica da personalidade*.

Relativamente às *significações*, vou ilustrar com uma vinheta clínica trivial: um paciente, em um estado psicótico, repetia compulsivamente que ele não prestava, não merecia a atenção e o afeto das pessoas, que merecia, isso sim, que Deus o castigasse, etc. Com o decorrer das sessões, relatou que tudo isso se devia ao "abuso excessivo da prática da masturbação" quando era criança. Questionado pelo terapeuta sobre qual o mal que ele via na masturbação, narrou que sua memória estava obcecada com a lembrança de uma frase dita pelo padre-professor durante uma aula de catecismo: "Cada gota de esperma derramado no crime do onanismo corresponde a uma gota de sangue que se esvai de Nossa Senhora, a Virgem Maria". O alívio só veio com o trabalho analítico de uma *neo-significação* do mesmo fato masturbatório, ou seja, a gradual retirada dos significados de pecado diante de Deus e de crime hediondo cometido contra "Nossa Senhora, sua mãe", seguido de novos significados, mais centrados no aspecto sadio da masturbação infantil, como um despertar do erotismo natural, com uma sadia busca de saciar a curiosidade pelo conhecimento de seu corpo. Recordo que, ao utilizar o recurso técnico de abrir um outro "vértice" de percepção e compreensão dirigida ao seu lado adulto, não lhe ocorria a possibilidade de que o padre, ainda que bem-intencionado, pudesse ter dito para os alunos nada mais do que uma "besteira", o que o fez rir demoradamente.

AMPLIAÇÃO DA NOÇÃO DE ESPAÇO PSÍQUICO

Classicamente, o espaço mental de qualquer pessoa é descrito como ocupado pelas instâncias psíquicas do id, ego e superego, acrescido das representações e, especialmente, por objetos que, desde sempre, foram introjetados ou reintrojetados, em um "vaivém" entre identificações projetivas e introjetivas.

Atualmente, cabem alguns acréscimos que possibilitam ao analista uma visão mais ampla a ser trabalhada nos distintos aspectos do psiquismo do paciente, que tanto podem estar em harmonia e complementação como, também, é provável que essas distintas facetas convivam em desarmonia, com manifestações contraditórias, ou em oposição, ou em forma de "conluio perverso" entre si. Dentre os aludidos aspectos intrapsíquicos que merecem ser agregados, entre outros mais, cabe destacar os seguintes.

1. A existência de um *grupo interno*. Parto da noção de que "*todo indivíduo é um grupo*", porquanto habita no interior de seu psiquismo um conjunto de personagens, como mãe (tanto a "boa" quanto a "má"), pai (idem), irmãos, avós e outros, que não estão em um estado meramente passivo, mas, sim, em permanente e intensa interação de características singulares e peculiares para cada um. Assim, pode-se dizer que, mais do que objetos sim-

plesmente introjetados, o que na realidade releva é o fato de que se trata de uma interiorização de "relações objetais". A importância disso na técnica analítica fundamenta-se no fato de que as referidas relações objetais internas são projetadas para o mundo exterior, de modo a determinar, inconscientemente, a escolha das novas relações com pessoas com as quais poderemos viver o resto da vida e que muito possivelmente podem estar reeditando nada mais do que aquelas primitivas relações, produzindo configurações vinculares, normais ou patológicas.

2. O conceito do fenômeno de *imprinting*, observado pelos etólogos em relação ao reino animal, permite valorar o impacto de determinadas sensações e experiências emocionais primitivas, quer sejam as traumáticas e estressantes, quer as prazerosas, que ficam *impressas* em algum canto do self, sob a forma de *representações* (de "coisa" ou de "palavra", segundo Freud), acompanhadas com as devidas *significações*, determinadas pelas *fantasias inconscientes* da própria criança ou pelo *discurso* dos pais, veiculando ameaças, mandamentos e expectativas.

3. As instâncias psíquicas, na psicanálise clássica, sempre foram consideradas como de natureza tripartide, compostas pela presença de id, ego e superego, sendo útil registrar que Freud empregava os termos "ego ideal" e "ideal do ego" com um significado praticamente idêntico ao de superego. Hoje em dia, poucos contestam a necessidade de fazer uma nítida distinção conceitual entre estes três termos. Assim, o termo "superego", que, na concepção de Freud, forma-se como o herdeiro direto de Édipo, continua designando a instância psíquica encarregada de impor normas, mesmo que sejam sob a forma de mandamentos, ameaças, terrorismo e punições, às vezes de forma cruel, embora deva ser feita a ressalva de que é indispensável a presença de um superego normativo, que podemos chamar de "ego auxiliar" ou "superego bom", o qual impõe os necessários limites, contato com a realidade exterior e obediência às leis culturais e legais, além da conduta dentro de princípios éticos.

4. Já o "ego ideal" é considerado o herdeiro de Narciso, de sorte que essa instância emana aspirações ilusórias que visam à obtenção de um estado de completude, com às conseqüentes falhas na aceitação de qualquer tipo de frustração. O ideal do ego, por sua vez, alude a um estado psíquico no qual o sujeito sente-se coagido a corresponder aos seus próprios ideais e aos que foram agregados, oriundos das expectativas intensamente idealizadas que os pais – através dos seus discursos e desejos, ocultos ou manifestos – depositaram nele, nosso paciente, que, assim, se sente obrigado a corresponder, pois, caso contrário, ele é invadido por uma sensação de fracasso, vergonha e humilhação. Também é útil acrescentar a noção de "alter-ego", que se refere ao fenômeno do "duplo" (uma parte dissociada, não-assumida por um certo sujeito, é projetada numa outra pessoa, que assume este papel, como se fosse um *dublé* do outro); como, por exemplo, na política brasileira, em certa época, P. C. Farias funcionou como o alter-ego correspondente à, oculta, parte perversa do então presidente Collor. Ademais, na psicanálise contemporânea, ganha um relevo especial a instância de uma "organização patológica", a possível existência de um "contra-ego", que funciona como um sabotador da parte sadia do paciente que deseja crescer. Por fim, o espaço psíquico também pode abrigar uma outra instância, ocupada por um "supra-ego" – constante da parte psicótica da personalidade –, o qual, indo além dos mandamentos e das ameaças do superego, cria a ilusão no sujeito de que, tal qual "sua majestade, o bebê", seja ele quem faz as leis, e os demais, que são vistos como súditos dele, devem lhe obedecer fielmente, caso contrário ele fica possuído por um ódio violento.

Uma atenção especial por parte do analista para cada uma dessas instâncias – e subinstâncias – que habitam o psiquismo de nosso paciente, com o respectivo manejo técnico apropriado, representa um importante entendimento de como agem as terapias analíticas.

MAPEAMENTO DO PSIQUISMO

Em termos psicanalíticos, não é mais concebível que um analista encare o psiquismo de um paciente como um bloco unívoco e uniforme; muito pelo contrário, a mente de toda e qualquer pessoa comporta-se como um "mapa-múndi" que de tempos em tempos apresenta novos desenhos geográficos, isto é, também a geografia do psiquismo de cada sujeito vai sofrendo transformações com o correr do tempo, sobretudo após sérias turbulências e "guerras internas". Igualmente, existem pontos cardeais psíquicos que apontam para uma direção ou outra; a presença de zonas pacíficas e outras turbulentas; superfícies planas e montanhas íngremes; regiões polares glaciais e equatoriais tórridas, etc.

O importante a ser destacado é que o aludido mapeamento do psiquismo de cada paciente (para tanto, o analista já deve ter feito, suficientemente bem, o seu próprio mapeamento) funciona como um forte fator terapêutico da terapia analítica, pois facilita um "entendimento" entre as distintas e contraditórias partes da personalidade de cada um, levando o paciente a dialogar consigo mesmo, assim minimizando reações imprevisíveis e paradoxais, bem como poupando energia psíquica que pode ser muito mais bem aproveitada.

Para completar a metáfora com o mapa do globo terrestre, cabe afirmar que, da mesma forma como um navegador necessita de uma bússola para percorrer e explorar as diversas latitudes do mundo, também o analista e o paciente necessitam desenvolver uma "bússola empática", para evitar que fiquem navegando a esmo, perdidos e angustiados, sem rumo definido, na análise e na vida.

A PESSOA REAL DO ANALISTA

Trata-se de um tema polêmico e controvertido que divide os analistas. Alguns consideram que, independentemente da pessoa do analista, com seus reais atributos e valores pessoais, o que importa é a vivência transferencial que o paciente desloca e projeta nele; enquanto outros analistas – entre os quais me incluo – pensam de modo diferente, atribuindo à pessoa real do terapeuta um papel de alta relevância no curso da análise.

Um grupo de psicanalistas norte-americanos (Kantrowitz, 1989) desenvolveu o conceito de *match*, palavra que pode ser traduzida por "encontro", segundo o qual, mercê de comprovações de fundamentação científica, um mesmo paciente com determinada psicopatologia pode evoluir analiticamente bem com um analista, mas mal com outro, considerando que ambos sejam filiados a uma mesma corrente psicanalítica e sejam igualmente competentes, enquanto pode acontecer o inverso com outro paciente.

Isso estaria atestando que um "algo mais" forma-se no campo analítico, além do cumprimento formal e correto que demanda uma análise séria e bem-feita, da mesma forma como se passa na vida real, quando certos casais, sem que saibam por que, unem-se e se amam por alguma "química especial".

O ANALISTA COMO UM NOVO MODELO DE IDENTIFICAÇÃO

Penso que este fator seja um dos mais relevantes em relação ao presente tema de "como agem as terapias analíticas?". De fato, da mesma forma como uma criança desenvolve-se psiquicamente por meio das identificações, sadias e/ou patógenas, que, silenciosamente, ele vai erigindo com seus pais, também o paciente, à parte do inconteste valor das interpretações, igualmente vai construindo novos valores e posições advindas de novas identificações com a pessoa do seu analista, as quais, como um processo de osmose, vão se incorporando ao seu *self.*

Assim, de forma insensível, o paciente capta a maneira como o seu analista enfrenta situações de *angústia*, como ele utiliza a sua forma de *perceber* e de *pensar*; ele nota a permanente atitude de *amor às verdades*, demonstrada pelo terapeuta, além das evidências de como seu analista *discrimina* os fatos e sentimentos, *respeita e tolera* as diferenças e as inevitáveis limitações, *impõe limites* sem arrogância, *concede liberdade* sem licenciosidade e, sobretudo, *acredita* nele, paciente.

Este processo vale para todos os pacientes, porém, sem dúvida, ele é sobremaneira importante para aqueles que são portadores de fortes identificações patógenas ou para aqueles que apresentam "vazios", cognitivos e afetivos, que os pais não conseguiram preencher, sendo que, às vezes, com grande perplexidade, esses pacientes percebem que existem modelos bastante diferentes daqueles que desde pequenos habituaram-se a acreditar como sendo os únicos existentes na espécie humana.

ANÁLISE DO CONSCIENTE

Estou entre aqueles que pensam que a psicanálise deu uma justa e adequada importância ao acesso às áreas do inconsciente do psiquismo do paciente. No entanto, tenho dificuldades de entender por que sempre tem havido um notório descaso à "análise do consciente", talvez pela razão de que os autores creiam que toda e qualquer manifestação consciente sempre encontra alguma forma de participação do inconsciente.

Tal como está explicitado em capítulo específico, alguns dos fatores – conscientes – do paciente que influenciam sobre o curso da análise e funcionam como agentes terapêuticos são: 1) o de que o paciente venha a exprimir verbalmente, com palavras diferentes, sentimentos diferentes, de modo a desenvolver as *capacidades conscientes* de discriminação, síntese e nomeação das experiências emocionais; 2) desenvolver nele a capacidade de *reconhecer o seu quinhão de responsabilidade consciente*, por tudo aquilo que ele pensa, diz e faz!; 3) é importante que o paciente *se comprometa afetivamente* com tudo o que narra e compreende de forma intelectualizada; 4) existe um movimento crescente de valoração da *função cognitiva* do paciente, isto é, de ele querer conhecer os fatos e os fenômenos que cercam a sua vida, e a importância de sua vontade volitiva em mudar certos hábitos e conduta; 5) tudo o que está sendo dito em relação ao paciente também é *válido para o* analista, e um bom exemplo disto é o da utilização da "capacidade negativa", ou seja, mercê de um esforço consciente, o analista pode conter os sentimentos "negativos" – resultantes de uma difícil contratransferência – que, por vezes, invadem a sua mente; 6) também é inerente à "análise do consciente" a tarefa analítica de propiciar ao paciente o desenvolvimento de importantes *funções* que, em grande parte, são da órbita do ego consciente, tais como percepção, pensamento, conhecimento, juízo crítico, discriminação, comunicação, responsabilização e ação, entre outros.

NOVAS TÁTICAS NA TÉCNICA

Na atualidade – não custa repetir –, um importante fator terapêutico consiste em uma participação mais interativa do paciente em relação à tarefa analítica e ao analista, opinando, contestando, lembrando fatos e sentimentos e, sobretudo, pensando, refletindo sobre o que escuta do analista e de como este o escuta. Para tanto, cabe ao terapeuta propiciar uma atmosfera analítica que, parodiando Winnicott em relação ao seu conceito de "jogo do rabisco" (*squiglle game)*, podemos chamar de "rabisco verbal", ou seja, o paciente traz alguma informação, ou associação, a qual o analista faz alguma intervenção, propiciando ao paciente algum novo acréscimo de seus pontos de vista, de modo que, em um verdadeiro jogo dialético, ambos estão empenhados em uma construção conjunta, cada um colaborando com os respectivos "tijolos", um por um.

Assim, o analista tem o recurso de utilizar táticas que instiguem o paciente a refletir, como é o caso de formular *perguntas* que sejam de natureza "instigativas-reflexivas", assim como também é bastante útil que o terapeuta abra novos *vértices* de percepção dos mesmos fatos, de como o paciente os relata, percebe e sente.

Os exemplos seriam intermináveis, porém, a título de ilustração, cabe lembrar aquelas situações comuns nas quais o paciente tem a sua "tese" de que o analista esteja impaciente e irritado porque estaria "gritando" com ele, ao que o analista pode contrapor uma outra possibilidade (para tanto, ele deve ser sincero com o que realmente sente), como a hipótese de que aquilo que lhe pareceu "grito" não foi nada mais do que uma modulação vocal para enfatizar certo aspecto significativo.

Outro exemplo: diante de um assinalamento importante de algum aspecto negado pelo paciente, esse costuma dizer "só se for inconsciente", como se ele nada tivesse a ver com o que lhe foi mostrado, ao que o analista pode redargüir: "Mas a quem pertence o seu inconsciente?". Outro exemplo banal: com pacientes que, diante de qualquer fato adverso que aconteça, mesmo que sejam insignificantes, costumam se lamuriar: "Por que é comigo que essas coisas sempre acontecem?", justifica que o analista lhe pergunte: "E por que não também com você?". Até mesmo quando certos pacientes sinalizam claramente que estejam manifestando significativas melhoras analíticas, porém, por razões diversas, estejam negando essa evidência, embora façam relatos que demais pessoas com quem ele convive comentem de mudanças positivas, cabe fazer aquela singela perguntinha: "Quer dizer que todos à sua volta se combinaram para dizer a mesma coisa sobre você, ou todos eles mudaram, menos você?". E assim por diante, de forma mais superficial ou profunda, é importante estimular a capacidade para o paciente fazer reflexões conscientes.

NEUROCIÊNCIAS

O moderno rigor científico que está caracterizando as profundas pesquisas no campo da neurobiologia vem permitindo que muitos fenômenos psíquicos que exigiam explicações metapsicológicas estejam encontrando um entendimento por meio de circuitos neuronais, das sinapses que ligam as vias de condução entre os neurônios, e estes, com uma estreita conexão e recíproca influência com o sistema hipófise, hipotálamo e supra-renal, e também com primitivas áreas cerebrais subcorticais. Da mesma forma, tais investigações científicas estão possibilitando comprovar o fato de que os fatores ambientais – muito especialmente os que determinaram o fenômeno do *imprinting* – possam modificar os hereditários, e vice-versa. A importância direta disso na prática analítica é que os analistas, podendo ter um conhecimento consciente dos fenômenos com raízes inconscientes, com as devidas explicações das causas orgânicas, podem nomear, para si e ocasionalmente para o paciente, as arcaicas sensações e experiências emocionais primitivas que até então não tinham nome. Por exemplo, o surgimento, muitas vezes inexplicável, de terríveis sensações de angústia, que hoje adquiriu uma compreensão consciente, um nome – "síndrome do pânico" – e, portanto, um manejo clínico – analítico e farmacológico – (igualmente poderia servir de exemplo, o quadro psicopatológico da "depressão endógena"), que se constitui em um fator altamente significativo no que se refere à questão de como agem as terapias analíticas

PSICOFARMACOLOGIA

Intimamente ligada às descobertas das neurociências – ou da "neuropsicanálise", como muitos estão denominando –, deve ser dado um destaque especial à moderna *psicofarmacologia*, como os antidepressivos, por exemplo, os quais, fazendo a ressalva que freqüentemente têm sido usados de forma inadequada, representam um enorme avanço no arsenal terapêutico de transtornos mentais, inclusive em pleno andamento de algum processo analítico clássico. A propósito, é útil lembrar que até pouco tempo os psicanalistas advogavam a posição de não usar medicamentos na vigência da análise, pois desapareceria a necessária presença de angústia no paciente, além de desvirtuar os princípios básicos de uma análise; na atualidade, são poucos os que contestam que o uso apropriado da medicação, empregado concomitantemente com a terapia analítica formal, pode ser um excelente aliado do terapeuta e, pelo menos em minha experiência, auxilia uma melhor evolução da própria análise.

PATOGENIA DE MUDANÇAS PSÍQUICAS NA TERAPIA ANALÍTICA

Nem sempre as mudanças efetuadas no curso de uma terapia analítica, ou após o seu término, correspondem a verdadeiras mudanças analíticas, no sentido de um significativo crescimento mental, mesmo na hipótese de que tanto o paciente quanto também o analista mostrem-se satisfeitos com os resultados alcançados. Aliás, alguns importantes autores, como Winnicott e Bion, chamavam a atenção para esta possibilidade de resultados analíticos falsos ou incompletos.

Assim, Winnicott (1969) alertou para a possibilidade de que muitas análises são aparentemente bem-sucedidas porque tanto o paciente, seus familiares e o próprio analista estão satisfeitos com as "melhoras", porém, do ponto de vista psicanalítico, tudo não passou de um faz-de-conta, assentado em idealizações, "com o analista e o paciente coniventes na formação de um fracasso analítico" (Winnicott, p.275).

Bion, por sua vez, refere a possibilidade de uma "cura cosmética" e também utiliza duas metáforas para esclarecer a possibilidade de um "crescimento mental negativo": em uma das metáforas, compara com o "crescimento de um tumor"; na outra, faz menção ao "crescimento para baixo, tal como a cauda de um cavalo".

Cabe assinalar algumas das formas que as referidas "pseudomudanças" podem adquirir:

1. *Uma análise estagnada ou que teve resultado muito incompleto.* Geralmente, tais situações resultam da contração de alguns tipos de *conluios* inconscientes, entre paciente e analista, do que de "pontos cegos" em ambos, tornando impossível o enfoque analítico de certos aspectos importantes, como é, por exemplo, a análise da "parte psicótica da personalidade" que, em algum grau, todos somos portadores. Dentre esses conluios, vale mencionar dois deles:

a) Um *conluio de acomodação*. Nesses casos, ambos do par analítico estão em um clima de aparente harmonia, já não acontece nenhuma turbulência, nem agressiva ou erótica, paranóide ou depressiva, etc., tudo parece estar em grande paz, com o paciente sentindo-se gratificado com o analista por ele idealizado, e vice-versa. No entanto, é bastante possível que essa calmaria (em situações mais extremadas, Bion denomina "calma do desespero") possa estar indicando que o processo analítico esteja estagnado, com muitas lacunas importantes não-analisadas, e que o tratamento prossegue pela razão maior de que os dois estão acomodados, pelas suas respectivas razões pessoais, dentre elas a de evitar as angústias que resultariam de uma separação entre eles. Nesses casos, é recomendável que o analista desperte de sua acomodação, perceba que estão navegando em águas calmas demais, talvez parados no mesmo lugar, sem um rumo certo a prosseguir. Uma vez despertado para esse fato, é útil que crie uma certa "turbulência" no andamento da terapia. O termo "turbulência" é de Bion, que, para esclarecê-lo, utiliza a metáfora de um lago de águas que estão tão paradas que é necessário que se jogue uma pedrinha, a qual provocará um pequeno redemoinho, que, por sua vez, então, permitirá a comprovação da existência da água.

b) Um conluio do tipo de uma *recíproca fascinação narcisista*, em cujo caso analista e paciente estão mutuamente tão deslumbrados (vem de *des + lumbre)*, ou seja, a luz do narcisismo é tão forte que tira (des) a luz (lumbre), isto é, cega ambos, de sorte que não se forma um espaço para analisar aspectos agressivos e, muito menos, os aspectos narcisistas.

2. *Formação de um falso self.* Situação nada rara de acontecer, quando o paciente repete com o analista uma modalidade de configuração vincular análoga a que ele teve quando criança pequena com os seus pais, com os quais, desde muito cedo, aprendeu a adivinhar os desejos deles (por exemplo, ser obediente, bem comportado, aluno exemplar, presenteando com sucessivas gratificações às expectativas dos pais em relação a ele, etc.) para garantir o amor desses pais (ou o do analista, no caso da terapia analítica).

3. *Crescimento acromegálico.* Justifico a razão pela qual proponho esse termo: a palavra "acromegalia" designa, em medicina, uma doença da glândula hipófise, de cuja disfunção resulta um crescimento disforme do corpo, que é feito às custas de que as extremidades (*acros*) corporais, como nariz, queixo, membros, sofram um gigantismo (*megalo*). De forma equivalente, pode acontecer que um determinado paciente possa crescer efetivamente em áreas importantes de sua vida adulta (conseguiu casar, ter filhos, sucesso profissional...), porém seu lado infantil, que está subjacente, não acompanhou o crescimento

do seu lado adulto. Nesses casos, o mais provável é que esse paciente, embora bem-sucedido na vida real, carregue permanentemente consigo uma sensação de fragilidade, desamparo, ameaça de perder tudo o que conseguiu, além de uma instabilidade de humor, porquanto há uma alternância entre o predomínio do lado adulto e do lado da criança tímida, assustada e depressiva, que não foi suficientemente analisado.

4. *Iatrogenia.* A etimologia deste termo (originário do grego *yatros*, que significa "médico", acrescido do étimo que designa *gênese*) dá uma clara noção de que alude àquelas doenças que têm origem numa inadequada conduta médica. Igualmente, os analistas que, por definição, em grande parte, trabalham em uma larga faixa de sentimentos ocultos e abstratos, também podem, involuntariamente, contribuir para um resultado patogênico ao psiquismo do paciente. São exemplos disso, os casos em que o terapeuta envolve-se em conluios "perversos" (como envolvimento sexual, feitura de negócios, etc.) ou que, por meio de maciças identificações projetivas na mente do paciente, o analista pode usá-lo como uma espécie de "duplo" dele, terapeuta, de sorte que o paciente vai praticar *actings* (eróticos, por exemplo) que, manifestamente, o analista não tinha como praticar. Muitas outras ações iatrogênicas deletérias poderiam ser mencionadas, como a já aludida construção de um "falso *self*"; a liberação, no paciente, de um lado "perverso" ou psicopático; e, ainda, uma deficiência técnica que induza a depressões, idéias obsessivas de homossexualidade, aumento de culpas com baixa da auto-estima, fracassos analíticos que reacendem e robustecem, no paciente, uma penosa convicção de que ele fracassa em tudo o que tenta fazer, fato esse que fica muito ampliado nos casos que culminam com o surgimento de uma "reação (ou "relação"?) terapêutica negativa".

5. *É possível analisar um paciente mentiroso?* Esta instigante pergunta foi formulada por Bion. Em minha experiência, creio que não existe uma resposta única, pois cada paciente mentiroso apresenta suas singularidades específicas, com variações de qualidade, grau e, sobretudo, se as mentiras desonestas estão a serviço de uma intenção psicopática ou se refletem a reprodução de uma criança que mente para não decepcionar e apanhar dos pais, ou, ainda, a possibilidade de que as mentiras sejam de natureza algo maníaca, para aparentar que ele seja, ou possui, algo valorizado, que na realidade não possui e, tampouco, ele é, em cujo caso ele mente como recurso para negar seus vazios e depressão subjacente.

Lembro-me de uma entrevista inicial em que o pretendente ao tratamento analítico, diante de minha pergunta que visava a avaliar a sua motivação para a análise, prontamente respondeu-me: "E que sei que sou um grande mentiroso", e deu-me exemplos do exagero com que ele me pintou algumas das situações que um pouco antes relatara. Voltei a perguntar se, de certa forma, ele estava orgulhoso de sua "esperteza". Como resposta afirmou que até pouco tempo, sim, mas começou a cansar e queria (pareceu-me sincero) mudar! Sensibilizado pelo seu lado honesto que poderia ser um importante auxiliar na formação de uma "aliança terapêutica", decidi aceitar o compromisso de uma terapia analítica. Decorridos alguns anos, não me arrependi.

Os principais recursos técnicos para esses casos de pacientes que mentem são dois: tornar egodistônico para o paciente o seu uso de mentiras, toda vez que prevalece nele uma egossintonia com essa sua caracterologia. A segunda recomendação técnica é o analista manter uma visão binocular, ou seja, enfocar, de forma concomitante, tanto os aspectos inconscientes que geraram a necessidade compulsiva de mentir quanto a necessidade de o paciente assumir a responsabilidade consciente dos danos que essa sua conduta produz nos outros e, especialmente, contra si mesmo.

6. *O que fazer com um paciente que não quer mudar?* Quase todos os analistas mais experientes já tiveram pessoas em análise que, embora cumpram bastante bem as combinações analíticas, sejam assíduos, pontuais e manifestamente colaboradores, ainda assim, decorrido um certo tempo, às vezes longo, podem surpreender o terapeuta quando esse dá-se conta de que não estão acontecendo mudanças significativas, embora ele tenha a convicção de que está realizando a tarefa psicanalítica dentro da adequação das normas habituais. Por que, então, esse paciente, mesmo sen-

do uma pessoa inteligente, culta e com boa capacidade de reflexão, não faz mudanças verdadeiras?

Na maioria das vezes, trata-se de pacientes que, inconsciente e seguidamente, com uma *intencionalidade consciente*, não querem mudar! Isso se deve a uma série de fatores, variáveis de um paciente para outro, como pode ser o de uma forte couraça de defesas narcisistas (em situações mais extremas, existem aqueles pacientes que "entram em análise com um objetivo definido de provar que a análise e o analista não podem com ele"). Outras couraças defensivas rigidamente estruturadas podem ser tecidas com defesas obsessivas, maníacas, paranóides, fóbicas, perversas, etc., que, ilusoriamente, protegem o paciente de um temor muito ameaçador, como a de que ele venha a sofrer novas decepções (rejeição, traição, humilhação...) iguais às que sofreu no passado, ou que mergulhe em uma terrível depressão, ou psicose, sem que haja volta à superfície, ou, ainda, inúmeras situações equivalentes a essas. Em alguns pacientes, se pesquisarmos atentamente, vamos perceber que eles fizeram, em um certo momento sofrido de suas vidas, uma espécie de "juramento" de nunca mais se apegar ou depender de alguém e, muito menos, "dar o braço a torcer" para quem quer que seja – logo, o analista, obviamente, está incluído.

Cabe a recomendação técnica de que o analista deve evitar a manutenção de uma dissociação do tipo que ele é quem se empenha e faz questão que o paciente melhore, cresça e mude, enquanto esse, inconsciente ou conscientemente, continua, de forma sutil, aferrado à sua posição de nunca mudar (lembra o paciente "antianalisando", tal como foi descrito por J. M. Dougall, 1972). Diante desses casos, costumo usar o recurso de convidar o paciente a refletir e a assumir conscientemente se ele deseja, de verdade, fazer mudanças. Não poucas vezes, o analista poderá se surpreender que o paciente admita francamente que, de fato, *não* deseja fazê-las. A partir dessa premissa, dando a liberdade de ele permanecer como está, se assim deseja e assume, fica mais fácil ao analista trabalhar com as razões inconscientes que o levaram a adotar essa atitude consigo mesmo e com a vida em geral.

PARTE II

Os Fenômenos no Campo do Vínculo Analítico

4

O Primeiro Contato. A Entrevista Inicial. Os Critérios de Analisabilidade. O Contrato

Não existe experiência mais terrível para uma criança – futuro adulto – do que não se sentir entendida, escutada e vista; em contrapartida, nada é mais importante na entrevista inicial que o paciente saia da sessão com a sensação, em relação ao analista, de que foi compreendido, escutado e de que encontrou um amigo.

O PRIMEIRO CONTATO DO PACIENTE COM O ANALISTA

Comumente, o primeiro contato que um pretendente a tratamento analítico estabelece com o analista é por meio de uma chamada telefônica, ora falando diretamente, ora deixando um recado para que a ligação seja retornada. O que cabe consignar é que já aí começa a formação de algum tipo de vínculo, o qual pode vingar ou não. De fato, a forma como o possível paciente utiliza a sua conduta, atitude e linguagem podem estar expressando uma importante maneira de comunicação, portanto, um jeito seu de "ser", em um nível que extrapola o da linguagem unicamente verbal.

Assim, se ele vem protelando de longa data esse primeiro contato com o terapeuta que alguém lhe indicou (geralmente algum paciente ou ex-paciente desse analista, algum amigo, médico, familiar, ou por conhecimento prévio em determinadas circunstâncias, etc.), pode ser um sinal indicador de que ele ou não está suficientemente bem motivado para uma análise ou já esteja expressando temores próprios de uma caracterologia fóbica ou de uma típica indecisão obsessiva.

Da mesma forma, é possível observar quando o provável paciente emprega uma linguagem por demais tímida, entrecortada por pedidos de desculpas "por estar atrapalhando" e outras expressões similares (revelando uma personalidade possivelmente frágil e temerosa de um rechaço) ou, em outro extremo, por uma entonação vocal que desperta no terapeuta uma sensação de arrogância, de mandonismo, com um certo desprezo (em um tom categórico: "Eu só posso ir aí na quinta-feira, bem no fim da tarde..."), pode estar comunicando que se trata de alguém que esteja se defendendo de suas angústias por intermédio de uma configuração narcisista da personalidade.

Outras vezes, as evidências são de natureza paranóide (fazem uma série de perguntas, de modo um tanto desconfiado e defensivo), depressiva (a tonalidade vocal, às vezes, chega a ser inaudível), extremamente dependente (induzem a que outras pessoas façam o primeiro contacto), ou, mesmo à distância, já despertam uma empatia no analista, e assim por diante. Há inúmeras outras possibilidades de uma significativa forma de comunicação, embora algo virtual.

A ENTREVISTA INICIAL

Independentemente se o tratamento será sob a forma de uma análise clássica, com os seus conhecidos parâmetros mínimos, ou de alguma modalidade de terapia de base psicanalítica, é necessário que o analista tenha uma idéia razoavelmente clara das condições psíquicas e pragmáticas que tanto ele quanto o pretendente à análise possuem antes de enfrentar uma empreitada dessa envergadura, tendo em vista que provavelmente será longa a duração da terapia, possivelmente bastante custosa para as possibilidades econômicas do paciente, sem garantia de sucesso, em uma trajetória que, à parte das gratificações, inevitavelmente também passará por períodos difíceis, com muitos imprevistos, incertezas e sofrimentos.

Também é útil destacar que no primeiro contato já se instala um estado de, digamos assim, *pré-transferência*. Isso está de acordo com a palavra "contato", que em nosso idioma forma-se de "com" (significa "junto com") + "tato" (trata-se de um "pele a pele" emocional, que tanto pode evoluir para um rechaço quanto para uma empatia), ou seja, alude a como, mutuamente, cada um está "sentindo" o outro, não obstante a possibilidade de que o intuitivo contato inicial, quer no extremo de uma idealização ou de um certo denegrimento, não se confirme no curso posterior da terapia psicanalítica.

Conceituação de entrevista inicial

Esta expressão, embora apareça na forma singular, não deve significar que se refira, sempre, a uma única entrevista prévia à efetivação do contrato analítico, ainda que, muitas vezes, possa ser assim, porém, em muitas outras situações, essa necessária avaliação pode demandar um período mais longo, com um número bem maior de entrevistas preliminares.

Em certas circunstâncias, o terapeuta já sabe antecipadamente que não terá condições (por exemplo, por falta de horário disponível) de assumir o compromisso de um tratamento analítico, porém pode se mostrar disponível – sempre que o paciente insista, mesmo tendo ficado claro que ele não o atenderá de forma sistemática – para fazer uma *entrevista de avaliação*, com o objetivo de traçar uma orientação ou de ter melhores condições para proceder a um encaminhamento. Neste último caso, em minha experiência pessoal, quando avalio uma pessoa, ao vivo, sinto uma espécie de *feeling* de que para um tal paciente tal terapeuta deva ser a pessoa mais indicada. Igualmente, é útil estabelecer uma diferença conceitual entre "entrevista inicial" e "*primeira sessão*". A(s) "entrevista(s) inicial(ais)" antecede(m) o *contrato*, enquanto a "primeira sessão" concerne ao fato de que a análise já começou formalmente.

É claro que a duração da entrevista inicial depende das circunstâncias que cercam o encaminhamento do paciente, de modo que é muito diferente se ele já tem uma idéia razoavelmente clara do que consiste uma análise, com a probabilidade de que tenha sido avaliado por um colega reconhecidamente competente e que já tenha feito uma sondagem e troca de impressões com o analista para quem está encaminhando; ou, então, trata-se de um paciente que não foi avaliado por ninguém, unicamente quer livrar-se dos sintomas que o atormentam e não tem a menor idéia do que é enfrentar uma análise *standard*. No entanto, em qualquer dos casos, é imprescindível que essa entrevista inicial seja levada a sério e com profundidade, até mesmo pela razão singela e ao mesmo tempo profunda de que tanto o analista quanto o paciente têm o direito de decidir se é com essa pessoa estranha que, reciprocamente, cada um deles têm à sua frente, desejam partilhar um convívio longo, íntimo e imprevisível.

Finalidades da entrevista inicial

Além dos objetivos mencionados, o propósito fundamental do contato preliminar é de o psicanalista avaliar as condições mentais, emocionais, materiais e circunstanciais da vida do paciente que o buscou; ajuizar os prós e os contras, as vantagens e as desvantagens, os prováveis riscos e os benefícios; o grau e o tipo de psicopatologia, de modo a permitir alguma impressão diagnóstica e prognóstica e reconhecer os efeitos contratransferenciais que lhe estão sendo despertados. Assim, balanceando todos esses fatores, poder discriminar qual a modalidade de terapia psicológica será a mais indicada para esse paciente e, mais ainda, no caso de a indicação ser uma análise, se ele realmente sente-se em condições e se, de fato, *quer* ser o terapeuta desse paciente.

Partindo do que foi dito, pode-se depreender a importância de que o terapeuta na entrevista inicial construa uma razoável *impressão diagnóstica* do paciente, sempre levando em conta que existem diferentes tipos, níveis e perspectivas de diagnóstico clínico, conforme for o *"eixo"* adotado, de acordo com as modernas classificações do DSM-IV-TR (assim; o eixo I refere-se aos aspectos *sindrômicos;* o eixo II, aos de tipos e transtornos de *personalidades;* o III, aos transtornos *físicos;* o eixo IV, aos *estressores*; enquanto o eixo V alude ao nível de *funcionamento).*

Uma outra abordagem para a elaboração de uma impressão diagnóstica consiste em considerar, distintamente, entre outros enfoques: 1. *Nosológico* (uma determinada categoria clínica). 2. *Dinâmico* (a lógica do inconsciente), 3. *Evolutiva* (cada etapa, com preponderância de vazios, carências orais, defesas obsessivas anais, etc., implica alguma adequação técnica específica). 4. *Funções do ego* (por exemplo, a "capacidade sintética do ego" já é um nível elevado que permite simbolizar simultaneamente significações opostas e ou contraditórias). 5. *Configurações vinculares* (dentro da família ou fora dela, nos grupos em gerais, etc.). 6. *Comunicacional* (na atualidade, esse aspecto adquire uma grande relevância). 7. *Corporal* (cuidados corporais, auto-imagem, presença de hipocondria ou de somatizações...). 8. *Manifestações transferenciais e contratransferenciais*, etc.

Um outro objetivo essencial da entrevista inicial é a possibilidade de o analista avaliar a *veracidade* do paciente, além da qualidade de sua *motivação*, tanto aquela que ele externaliza conscientemente quanto a que está oculta nas dobras de seu inconsciente. Em outras palavras, sem exigir um comprometimento absoluto do paciente para a árdua tarefa que o aguarda – até porque os seus, ainda desconhecidos, fatores inconscientes, alguns de possível natureza fóbica ou sabotadora, tornam impossível que ele assuma um compromisso definitivo –, impõe-se, no entanto, a necessidade mínima de o terapeuta conferir se a sua *teoria de tratamento e de cura* coincide com a do paciente.

De fato, não é nada incomum a possibilidade de que o analista tenha em mente um projeto terapêutico verdadeiramente psicanalítico, isto é, que ele esteja voltado para a obtenção de verdadeiras mudanças estruturais, de caracterologia, de conduta e do desabrochar de capacidades, enquanto a expectativa do paciente não vá além de uma busca de alívio de sintomas, ou de uma "cura mágica", ou ainda a de contrair um vínculo com o analista pelo qual este, como um mero substituto da mãe simbiótica ou faltante, resolverá todos os seus problemas, sem que ele tenha de fazer o mínimo esforço, e assim por diante.

Não obstante a possibilidade de que a impressão transmitida pelo paciente em relação à sua motivação para um tratamento analítico possa parecer espúria, o analista nunca deve perder de vista a probabilidade de que possa se tratar da única maneira que aquele encontrou para, cautelosamente, abrir as portas para uma análise, tal como costuma aparecer em pacientes que estruturaram defesas narcisistas. Em contrapartida, outros pacientes, em especial os fortemente histéricos, podem dar uma impressão inicial de que estão muito motivados para se analisar, mostram-se colaboradores e encantam o analista com seu verbo fluente e florido. No entanto, diante das primeiras desilusões e decepções, podem desistir, muitas vezes de maneira abrupta.

Igualmente, o terapeuta deve ter uma clara noção de seus próprios *alcances e limitações.* Para tanto, deve possuir a condição de reconhecer os sentimentos transferenciais e contratransferenciais que surgiram no curso da entrevista; a natureza de sua provável angústia; o grau de sua empatia ou rejeição pelo paciente; uma sensibilidade para perceber se é com ele que esse paciente está desejando se analisar; se ele vai trabalhar de forma confortável diante das combinações feitas, como, por exemplo, os valores que o paciente pode pagar, os horários esdrúxulos das sessões, que venham a perturbar o seu estilo de viver, etc. Caso contrário, se o analista não medir adequadamente as suas condições de trabalhar com o provável paciente, existirá a possibilidade de que o analista comporte-se na entrevista inicial por uma destas duas formas inadequadas: um excesso de informalismo, que, muitas vezes, está correspondendo a uma necessidade de seduzir o paciente ou um excesso de rigidez e hermetismo, que pode estar refletindo um distanciamento de natureza fóbica.

Também há o risco de que o analista defina a sua avaliação por uma única impressão dominante: assim, por vezes, o paciente apresenta-se de uma forma inicial bastante diferente do que realmente ele é. Isso pode se dever tanto ao fato de que o paciente quer impressionar bem o terapeuta, para ser por ele aceito (bastante comum em casos de *falso self* e de histerias), como também para impressionar mal o psicanalista (por parte daqueles que são portadores de uma baixa auto-estima, com um forte temor de rejeição, razão pela qual precisam testar se serão aceitos, mesmo portando aquilo que eles julgam ter de feio e de mau).

Uma outra finalidade da entrevista inicial consiste na possibilidade de o terapeuta poder observar, e pôr à prova, a forma de como o paciente reage e contata com os assinalamentos ou as eventuais interpretações que lhe sejam feitas; como ele pensa e correlaciona os fatos psíquicos, se demonstra uma capacidade para simbolizar, abstrair, dar acesso ao seu inconsciente, e se revela condições para fazer *insights.*

Da mesma forma, igualmente é útil observar a *aparência exterior* do paciente, incluída a forma de como ele está vestido, como saúda, se ele manifesta algum sinal ou sintoma visível, como é a sua postura corporal, gesticulação, movimentação, linguagem empregada e tom de voz ao discursar. Para dar um único e trivial exemplo em relação à linguagem contida na vestimenta: em uma entrevista inicial, o paciente, homem por volta dos 30 anos, apareceu com uma camisa na qual estava estampada com letras garrafais a inscrição "Comigo ninguém pode", que fielmente transmitia sua mensagem não-verbal – que veio a se confirmar na evolução da análise – de que, ao longo da sua vida, ele erigiu uma couraça caracterológica narcisista, de sorte a defender-se de qualquer apego afetivo.

Igualmente, é necessário avaliarmos a *realidade exterior* do paciente, isto é, as suas condições socioeconômicas, o seu entorno familiar, a sua posição profissional, o seu projeto de vida próximo e futuro, a existência de fatos particularmente traumáticos, etc. Considero sobremaneira importante que, diante da afirmativa do paciente de que ele já teve anteriores experiências de tratamento analítico frustras, o analista pesquise as razões da interrupção, tendo em vista que ele nos fornecerá significativas informações daquilo que espera que não sejamos...

Enfim, sou dos que acreditam que a entrevista inicial funciona como uma espécie de *trailler* de um filme, que posteriormente será exibido na íntegra; isto é, ela permite observar, de forma extremamente condensada, o essencial da biografia emocional do paciente e daquilo que vai se desenrolar no campo analítico.

Para sintetizar, guardo uma absoluta convicção de que o objetivo mais importante da entrevista inicial é o de estabelecer um *rapport* com o paciente, isto é, o início de uma relação pautada pela construção de um vínculo *empático*, de uma atmosfera de veracidade e confiabilidade. Dizendo com outras palavras: o ideal a ser atingido é que o paciente saísse da entrevista inicial com a sensação de que "fui entendido, o doutor me ´sacou´ e gostou de mim, está sinceramente interessado e acredita em mim, tal qual eu realmente sou".

CRITÉRIOS DE ANALISABILIDADE E DE ACESSIBILIDADE

Conceituação

Na entrevista inicial, para avaliar as *indicações e contra-indicações* de uma análise para o paciente que buscou auxílio, é útil diferenciar os significados conceituais de *analisabilidade* e de *acessibilidade.* O primeiro é o critério clássico empregado para a referida indicação de análise, o qual se baseia fundamentalmente nos aspectos do *diagnóstico clínico* (pacientes psicóticos ou aqueles portadores de uma estrutura altamente regressiva, como *borderlines*, psicopatas, perversos, etc., eram quase sempre recusados, salvo nos casos de psicanalistas investigadores, como Rosenfeld, Segal, Meltzer e Bion, pioneiros na análise de psicóticos), e *prognóstico*, como uma antecipação de possíveis riscos e frustrações.

Acessibilidade, por sua vez, não valoriza unicamente o grau de patologia manifesta pelo paciente; antes, o interesse maior do analista também não é sobremaneira dirigido para a doença, mas muito mais para a sua "personalidade total", notadamente para a reserva de suas capacidades positivas que ainda estão latentes, ocultas ou bloqueadas. Em relação ao "diagnóstico" do paciente, a impressão do analista deve ser mais um "diagnóstico psicanalítico" do que um diagnóstico puramente clínico, rigorosamente enquadrado nos códigos de classificação das doenças mentais, não obstante tal tipo de diagnóstico também deva ser levado em consideração. Relativamente a uma previsão do "prognóstico", como fator decisivo na indicação da análise como tratamento de escolha; na atualidade, a tendência predominante é deixar que o prognóstico seja avaliado durante o próprio curso da análise, o que, às vezes, revela grandes surpresas para o analista, tanto de forma positiva quanto negativa. Em resumo, o critério de "acessibilidade" atenta principalmente para a motivação, a disponibilidade, a coragem e a capacidade de o paciente permitir um acesso ao seu inconsciente, para o analista e para ele mesmo.

Este aspecto relativo ao critério de "acessibilidade" adquiriu tal relevância na psicanálise atual que os analistas estão atentos a um grande contingente de pacientes, uns muito regressivos, outros aparentemente bem-estruturados psiquicamente, que vêm sendo denominados *pacientes de difícil acesso*, os quais requerem algumas particularidades técnicas e táticas especiais.

Indicações e contra-indicações para análise

Assim, à medida que a ciência psicanalítica evolui e expande os conhecimentos teóricos e técnicos, resta inquestionável o fato de que, cada vez mais, os critérios de contra-indicações estejam diminuindo, conforme já foi referido, principalmente em relação à abertura das portas da terapia analítica para pacientes muito regredidos. No entanto, também muitos critérios formais sofreram transformações, progressivamente ampliando a abertura para as indicações. Um bom exemplo, é o critério de *idade*, o qual deixou de ser excludente e é encarado com bastante relativismo, tanto que, desde M. Klein, a psicanálise ficou extensiva às crianças e, além disso, de uns tempos para cá, ela também é praticada com pessoas de idade bastante avançada, aliás, com bons resultados. Um outro exemplo pode ser a dúvida que existia quanto à adequação de iniciar uma análise em pleno *período crítico* de um quadro clínico com sintomas emocionais agudos, situacionais, neuróticos ou psicóticos. Hoje, os psicanalistas não receiam enfrentar tais situações com todo o processamento psicanalítico habitual, até porque a maioria dos analistas está se inclinando, na atualidade, a não excluir a possibilidade do eventual emprego de alguns "parâmetros" (conceito de Eissler, 1934), como pode ser o de um possível uso simultâneo de modernos psicofármacos.

A propósito, também o diagnóstico clínico comporta um acentuado relativismo, tanto que, por exemplo, o diagnóstico de uma "reação esquizofrênica aguda" pode assustar em decorrência do nome alusivo à esquizofrenia e, no entanto, pode ser de excelente prognóstico psicanalítico, se for bem manejado (como, aliás, acontece com todos os quadros "agudos"), enquanto uma "simples" neurose, fóbica, por exemplo, se for de organização crônica, pode resultar em um prognóstico desalentador.

Persistem como contra-indicações indiscutíveis para a análise como escolha prioritária os casos de alguma modalidade de degenerescência mental ou aqueles pacientes que não demonstram a condição mínima de abstração e simbolização, bem como também para os que apresentam motivação esdrúxula, além de outras situações afins.

Não raramente, os psicanalistas confrontam-se com situações nas quais a pesagem dos fatores favoráveis e desfavoráveis revelados pela entrevista inicial não foi suficiente para que se definissem convictamente se convém ou não assumir formalmente o compromisso da análise. Nesses casos, apesar de alguns previsíveis inconvenientes, muitos psicanalistas defendem a combinação de uma espécie de "análise de prova", que consiste em prolongar a entrevista inicial por um período relativamente mais longo para que só então ambos do par analítico assumam uma posição definitiva quanto à efetivação formal da análise. Um exemplo que me ocorre foi colhido em uma supervisão: a candidata trouxe uma entrevista inicial de um jovem paciente masculino para juntos avaliarmos a adequação da indicação para uma análise formal. Aparentemente, o paciente em avaliação preenchia todos os requisitos necessários, porém ele despertava na terapeuta um certo desconforto contratransferencial, que ela não conseguia definir com clareza, mas parecia que provinha de uma "maneira algo estranha de ele me olhar, acompanhada de um sutil sorriso, também estranho", dizia a candidata. Sugeri que ela prolongasse a entrevista inicial com mais sessões de avaliação, até que tivéssemos uma idéia mais clara do que estava sucedendo, e que, se o desconforto continuasse, seria útil que ela apontasse diretamente se era uma falsa impressão dela ou se ele escondia algo atrás de um sorriso, algo debochado. Quando a supervisionada fez esse assinalamento, o possível paciente soltou uma sonora risada e confessou que estava concomitantemente fazendo terapia com outro analista, que ele dizia as mesmas coisas para ambos, e estava se divertindo em fazer comparações entre os dois, para ver qual deles "era o menos louco". Todos os leitores hão de concordar que seria muito frustrante para a analista, em início de formação, contratar formalmente uma análise nessas condições.

Cabe interpretar na entrevista inicial?

Este é um aspecto que costuma ser bastante controvertido entre os psicanalistas. É consensual que as clássicas interpretações alusivas à neurose de transferência devam ser evitadas ao máximo; no entanto, penso que aquelas que particularmente denomino "interpretações compreensivas" (dizer o suficiente para que o paciente sinta que foi *compreendido*) não só são permissíveis, mas também necessárias para o estabelecimento de um necessário *rapport*, de uma necessária "aliança terapêutica". Assim, por exemplo, se o paciente em uma entrevista inicial está relatando queixas generalizadas de que ele está "cansado de ser explorado em sua boa-fé e no seu dinheiro por pessoas que aparentavam ser suas amigas e depois o traíram e decepcionaram", é certo que todos entenderíamos que ele está expressando, embora de forma não-consciente, um temor de que, mais cedo ou mais tarde, a mesma decepção venha a ocorrer com a pessoa do analista, que também está aparentando ser uma pessoa amiga, porém... No caso, se o terapeuta fizer uma "interpretação compreensiva" desse temor inconsciente, mesmo que o paciente possa discordar dela, sentir-se-á muito aliviado e disposto a fazer novas aproximações. É claro que se trata de uma ilustração por demais simples; no entanto, inúmeras situações similares poderiam servir de exemplos.

O CONTRATO

A palavra *contrato* pode ser decomposta em "con" + "trato", isto é, ela significa que, além do indispensável acordo manifesto de algumas combinações práticas básicas que irão servir de referência à longa jornada da análise, há também um acordo latente que alude a como o analista e o paciente *tratar-se-ão* reciprocamente. Por essa razão, cabe reiterar, a entrevista inicial que precede a formalização do compromisso contratual tem a finalidade não unicamente de avaliação, mas também a de uma mútua "apresentação" das características pessoais de cada um e a instalação de uma atmosfera empática de trabalho.

O contrato, portanto, exige uma definição de papéis e funções, centrada na natureza de trabalho consciente (direitos e deveres de cada um, combinação de valores e forma de pagamento, horários, plano de férias, etc.), respectivamente por parte do psicanalista, do analisando e da vincularidade entre ambos, sendo útil considerá-los separadamente, sempre levando em conta que, subjacente às combinações conscientes, existem poderosos e ativos fatores inconscientes.

Assim, *o que se espera por parte do analisando?* Em primeiro lugar, voltando a enfatizar o que já foi dito, que ele esteja suficientemente bem motivado para um trabalho árduo e corajoso; no entanto, o analista deve estar atento à possibilidade de que um aparente descaso do paciente pode estar significando uma maneira que ele tem de se defender na vida diante de difíceis situações novas, e que essa atitude, manifesta como se fosse uma escassa motivação, pode estar representando a sua forma de "abrir uma porta de entrada" para uma análise de verdade. A recíproca disso também é verdadeira, ou seja, uma motivação aparentemente plena pode estar encobrindo um antecipado rechaço para enfrentar momentos difíceis, de sorte que posteriores motivos fúteis poderão servir como racionalizações para abandonar a análise prematuramente.

Em segundo lugar, espera-se que o analisando reflita com seriedade sobre todos os itens das combinações que estão sendo propostas para o contrato analítico e que, desse contrato, ele participe ativamente e não de uma forma passiva e de mera submissão ao analista. Não obstante o fato de que o paciente tem o direito de se apresentar com todo o seu lado psicótico, narcisista, agressivo (jamais a agressão física, é óbvio), mentiroso, atuador, etc. – afinal, é por isso que ele está se submetendo a uma análise –, faz parte do seu papel mostrar, pelo menos, um mínimo de comprometimento em "ser verdadeiro" e que dedique a indispensável parcela de seriedade a um trabalho tão sério como é o de uma terapia analítica.

O que se espera do psicanalista? Espera-se que ele tenha bem claro para si os seguintes aspectos:

1. Qual é a natureza de sua *motivação* predominante para aceitar tratar analiticamente uma certa pessoa: se é por um natural prazer profissional, ou prevalece uma oportunidade para uma determinada pesquisa; uma necessidade única de prover os ganhos pecuniários; uma obrigatoriedade devido a uma certa pressão de pessoas amigas ou, no caso de candidatos, unicamente pelo compromisso da obrigação curricular do instituto, ou é um pouco de cada um desses fatores, etc.

2. Ele deve ter definido para si qual é o seu projeto terapêutico, se o mesmo está mais voltado para a obtenção de "benefícios terapêuticos" ou de "resultados analíticos".

3. Diante de um paciente bastante regressivo, o analista deve ponderar se ele reúne as condições de conhecimento teórico-técnico, notadamente das primitivas fases do desenvolvimento emocional primitivo e se está preparado para enfrentar possíveis passagens por situações transferenciais de natureza psicótica.

4. Da mesma forma, ele deve avaliar se preenche aqueles atributos que Bion (1992) denomina "condições necessárias mínimas" e que aludem à empatia, continente, amor às verdades, etc.

5. Partindo da assertiva de que não deve haver uma maneira única, estereotipada e universal de psicanálise, e que uma mesma técnica pode – e deve – comportar muitas e diferentes *táticas* de abordagem e *estilos* pessoais de interpretação, faz parte do papel do analista reconhecer se ele domina o eventual uso de "parâmetros" (diz respeito a possíveis intervenções do analista que, embora transgridam algumas regras analíticas, não alteram a essência do processo analítico).

6. O terapeuta deve estar em condições de reconhecer a natureza de suas contra-resistências, contratransferências e possíveis contra-*actings*.

7. Ele deve ter condições de envolver-se afetivamente com seu paciente, sem *ficar envolvido*; ser firme sem ser rígido, além de, ao mesmo tempo, ser flexível, sem ser fraco e manipulável.

8. Também entrou em voga, desde Bion (1970), a questão referente a se a análise deve se desvincular de toda pretensão terapêutica, tal como essa é concebida e praticada no campo da medicina.

9. Assim, creio que existe um risco de o analista levar exageradamente ao pé da letra a recomendação de Bion de que a mente do analista não fique *saturada* de desejos de cura (grifei a palavra "saturada" porque muitos interpretam mal essa recomendação e pensam que ele fez uma apologia da abolição de qualquer tipo e grau de desejo). Nesse caso, o analista corre o risco de suprir um natural desejo de que seu paciente melhore, e, no lugar disso, ele pode adotar uma atitude de distanciamento afetivo.

10. Penso ser muito importante que o analista, por maior que seja a sua demanda de pacientes, trabalhe em condições de *conforto* físico, emocional e espiritual. Para tanto, é imprescindível ele conhecer os limites de sua resistência física (o número de horas que trabalha; se os seus horários não interferem com sua vida privada; se não é excessivo o número de pacientes regressivos que lhe provocam um grande desgaste e preocupações...), assim como deve reservar uma parte do seu tempo para prazeres e lazeres.

11. É útil que o terapeuta observe atentamente "que perguntas o paciente se faz e que respostas ele se dá" e, da mesma forma, se o analista tiver um claro conhecimento de "com quem" e "como" o seu paciente se relaciona, fica aberto o caminho para ele reconhecer a estrutura básica da personalidade do paciente em avaliação.

Em relação ao *campo analítico vincular*, a primeira observação que cabe é a de que a contemporânea psicanálise vincular implica no fato de que já vai longe a idéia de que cabia ao paciente unicamente a obrigação, de certa forma passiva, de trazer "material", enquanto ao analista caberia a função única de interpretar adequadamente aquele material clínico, a fim de tornar consciente aquilo que estava reprimido no inconsciente. Pelo contrário, hoje tende a ser consensual que ambos, de forma igualmente ativa, interajam e se interinfluenciam permanentemente. Assim, o que se deve esperar é que, no contrato analítico, haja uma suficiente clareza nas combinações feitas, para evitar futuros mal-entendidos, por vezes de sérias conseqüências. Da mesma maneira, ambos devem zelar pela preservação das *regras* do contrato (embora faça parte do papel do paciente o direito de, eventualmente, tentar modificá-las), com as quais eles estão construindo um importantíssimo *espaço novo*, no qual antigas e novas experiências emocionais importantes serão reeditadas.

Um tópico que persiste polêmico e controvertido entre os psicanalistas é quanto ao *conteúdo* das combinações a serem feitas no contrato, notadamente no que diz respeito às *regras técnicas* legadas por Freud, as quais continuam ainda plenamente vigentes em sua essência, embora bastante transformadas em muitos detalhes, tal como está descrito no próximo capítulo.

Na atualidade, alguns psicanalistas ainda adotam o critério original que regia as combinações do contrato e, assim, eles impõem, de modo esmiuçado, uma série de recomendações; enquanto a tendência da grande maioria é simplificar a formulação das combinações para um "mínimo indispensável", ficando no aguardo que as demais situações surjam ao natural no curso do tratamento, sendo que a análise de cada uma delas é que vai definindo as necessárias regras e diretrizes.

O critério de "mínimo indispensável", antes mencionado, alude às combinações que devem ser feitas relativamente ao *número de sessões semanais, horários, honorários* (incluir a possibilidade de reajustes periódicos, além de dar a entender que o paciente está conquistando um espaço exclusivamente seu e que, por isso, será o responsável por ele), bem como o *plano de férias*. Essa orientação contrasta a daqueles outros psicanalistas que argumentam que, quanto mais especificarem as diversas situações de surgimento bastante provável no curso da análise, mais condições terão de confrontar o futuro analisando com as transgressões daquilo que foi combinado.

Assim, os analistas que adotam essa última posição devem combinar detalhes, como, por exemplo, o direito que eles se reservarão de responder ou não às perguntas do paciente; atender ou não o pedido de mudança de dias ou horários das sessões; como fica o pagamento em caso de doenças ou necessárias viagens do paciente; qual será o dia para pagar, e se o fará no começo ou no fim da sessão; se o pagamento pode ser com cheque ou unicamente com dinheiro-moeda; incluir, ou não, uma cláusula de advertência quanto ao compromisso de sigilo, ou a obrigação de analisar algum ato importante antes de o paciente efetivá-lo, como uma forma de prevenir o risco de *actings*, e assim por diante, em uma longa série de detalhes impostos à medida que aparecerem (permissão ou proibição de fumar durante a sessão; aceitação de presentes; encontros sociais; forma de cumprimentar (por exemplo, trocando beijos ou não); silêncios, faltas ou atrasos excessivos...).

Reitero que, particularmente, entendo que existem algumas, poucas, combinações *explícitas* que são indispensáveis, e as demais são *implícitas* ao processo analítico, devendo ser analisadas à medida que surgirem; elas variam de caso para caso, e devem ser encaradas pelo analista da forma menos rígida e mais flexível possível.

Um importante ponto do contrato que não encontra uniformidade entre os psicanalistas, inclusive dos que pertencem a uma mesma corrente psicanalítica, é o que diz respeito às combinações de que "a análise deverá ser feita no *divã*". Muitos preferem incluir essa condição desde a formalização do contrato, enquanto muitos outros psicanalistas (entre os quais, me incluo) optam por não aludir de forma direta ao uso compulsório do divã, aguardando a oportunidade que, certamente, surgirá no transcurso das sessões, assim possibilitando uma análise mais aprofundada das possíveis dificuldades em deitar ou permanecer sentado, assim como também para diminuir o risco de o paciente, desde o início, conduzir-se passivamente, cumprindo mandamentos e expectativas dos outros, no caso o seu psicanalista.

Entendo que o mesmo critério de evitar uma imposição do analista também deve, tanto quanto possível, prevalecer no ato de combinar o *número de sessões semanais*. O ideal seria que analista e paciente, juntos, escutassem as mútuas necessidades e possibilidades e chegassem a um consenso, mesmo que temporário, a fim de evitar futuros dissabores.

A propósito da forma de o psicanalista propor ou deixar a critério do analisando o uso do divã, é oportuno frisar que a contemporânea psicanálise vincular evita ao máximo as *imposições*, salvo aquelas absolutamente necessárias, antes referidas, preferindo as *proposições*, ou seja, que o analisando participe ativamente das combinações.

As contingências socioeconômicas da atualidade têm trazido um fator complicador na efetivação do contrato na cláusula que se refere à possibilidade de o terapeuta ter um valor de preço único, independentemente se ele fornece ou não um recibo (este é um outro problema à parte, que merece uma aprofundada reflexão), que o paciente utilizará na sua declaração do Imposto de Renda, ou ter dois valores diferentes, sendo que, não é nada incomum, existe a possibilidade de que o analista defina claramente que não costuma emitir recibos. Igualmente, varia de um analista para outro a conduta quanto a manutenção de um mesmo valor para todos os seus analisandos, ou se ele se dá o direito de estabelecer valores diferentes de acordo com as circunstâncias pessoais de cada paciente em particular.

O importante, cabe enfatizar, não é tanto o cumprimento fiel de cada uma das cláusulas combinadas, mas, sim, o estado de espírito de como elas foram aceitas por ambos, sem alterar um necessário clima de respeito mútuo, e assim começar a pavimentar o caminho para a estruturação de uma indispensável *confiança básica*. Sem ser necessário esclarecer explicitamente, deve ficar bastante claro para o psicanalista e para o analisando – neste último, às custas de muita frustração e sofrimento – o fato de que, embora o vínculo analítico seja uma relação nivelada pelos aspectos humanos de respeito, consideração e partilha de um objetivo comum, na verdade a inter-relação do par analítico obedece a três princípios básicos:

1. Ela *não é simétrica* (ou seja, os lugares ocupados e os papéis a serem desempenhados são desiguais, assimétricos, e obedecem a uma natural hierarquia, com direitos, deveres e privilégios distintos).
2. *Não é de similaridade* (isto é, os dois do par analítico não são iguais, diferentemente do que imaginam muitos pacientes regressivos, notadamente os de uma forte organização narcisista, que têm dificuldade em admitir que o terapeuta é uma pessoa autônoma, tem a sua própria técnica e o seu próprio estilo de trabalhar, pensar e viver).
3. A relação que o paciente reproduz com o analista é *isomórfica* (ou seja, na essência, eles se comportam de uma "mesma forma", como seres humanos que são). No entanto, o conceito de isomorfia não deve ser confundido com a idéia de que o analista será um *substituto* para uma mãe ou pai, ou ambos, que foram ausentes ou falhos, mas, sim, que ele desempenhará – transitoriamente – as *funções de maternagem* (ou outras equivalentes) que o paciente carece.

5

O *Setting:* A Criação de um Novo Espaço

O *setting* é um novo espaço, muitíssimo especial, que está sendo conquistado pelo paciente, no qual ele concede ao seu analista uma nova oportunidade de poder reviver com esse – à espera de outros significados e soluções – as antigas e penosas experiências afetivas que foram malsolucionadas em seu passado remoto.

CONCEITUAÇÃO

Toda terapia psicanalítica deve se processar em um ambiente especial, tanto do ponto de vista físico quanto de uma atmosfera emocional apropriada para a efetivação de continuadas e prolongadas experiências emocionais, em uma situação rara, única e singular. Tudo isso configura a formação de um *setting* (comumente traduzido em português por "enquadre"), que pode ser conceituado como a soma de todos os procedimentos que organizam, normatizam e possibilitam o processo psicanalítico.

Assim, o *setting* resulta de uma conjunção de regras, atitudes e combinações, tanto as contidas no "contrato analítico" (conforme descrito no capítulo anterior) como também aquelas que vão se definindo durante a evolução da análise, como os dias e horários das sessões, os honorários com a respectiva modalidade de pagamento, o plano de férias, etc.

É o conjunto das combinações que, cabe frisar – não deve ser o de uma mera *imposição* do analista, mas, sim, o de *proposição*, de sorte a, junto com o paciente, fazerem, dialeticamente, uma construção a dois –, constitui-se "nas regras do jogo", mas não no "jogo propriamente dito", porque, além de que ao longo da análise quase sempre acontecem algumas alterações em relação às combinações originais, também há muitas outras variáveis que pertencem ao *setting* e que compõem o "campo analítico", o qual é uma estrutura diferente de uma soma de seus componentes, da mesma forma como uma melodia não é uma mera soma de elementos musicais.

O relevante a destacar é que o *setting* não se deve comportar como uma situação meramente formal e passiva. Pelo contrário, ele tem uma função bastante ativa e determinante na evolução da análise, serve de cenário para a reprodução de velhas e novas experiências emocionais, além de estar sob uma contínua ameaça em vir a ser desvirtuado tanto pelo analisando quanto também pelo analista, em função do impacto de contínuas e múltiplas pressões de toda ordem. A propósito, penso que o paciente está no seu direito de *tentar* transgredir o enquadre, porém é inadmissível que transgrida os princípios básicos, que se assentam em uma confiabilidade, regularidade, estabilidade e no cumprimento das combinações prévias, embora com uma relativa flexibilidade.

Destarte, o *setting*, por si mesmo, funciona como um importante fator terapêutico psicanalítico, pela *criação de um novo espaço* que possibilita ao paciente reproduzir, no vínculo transferencial, seus aspectos infantis e, a um mesmo tempo, poder usar a sua parte adulta para ajudar o crescimento daquelas partes infantis, possivelmente frágeis e algo desamparadas. Igualmente o enquadre age como modelo de um provável novo funcionamento parental, no interior do psiquismo do paciente, que consiste na criação, pelo analista, de uma atmosfera de trabalho, a um mesmo tempo de muita firmeza (é diferente de rigidez) no indispensável cumprimento e na preservação das combinações feitas, juntamente com uma atitude de acolhimento, respeito e empatia.

Em se tratando de pacientes muito regressivos, como é o caso de crianças autistas, F. Tustin (1981) sugere que o *setting* analítico deve ser visto como uma *incubadora*, na qual o "prematuro psicológico" possa encontrar as gratificações básicas – calor, compreensão, amor e paz – que a criança ainda não realizou, porquanto, desde o nascer, ela ainda não teve as condições ambientais mínimas para satisfazê-las. Trata-se de pacientes que necessitam da presença viva de um objeto externo (no caso, o terapeuta) que, tal como um "útero psicológico", acolha, aqueça, proteja e estimule a criança e que, da mesma forma como uma "pele psíquica", mantenha unidas as partes do *self* que ainda estão dispersas e desunidas.

O destaque que está sendo dado à participação do analista no enquadre e no respectivo campo analítico visa a enfatizar que já vai longe o tempo em que ele se conduzia como um privilegiado observador neutro, atento unicamente para entender, decodificar e interpretar o "material" trazido pelo paciente. Pelo contrário, hoje é consensual que a estrutura psíquica do terapeuta, sua ideologia psicanalítica, empatia, conteúdo e forma das interpretações, demais atributos de sua personalidade e modo de "ser", enfim, a sua *pessoa real* contribuem de forma decisiva nos significados e nos rumos da terapia analítica.

Isso está de acordo com o "princípio da incerteza", uma concepção de Heisenberg que postula o fato de que o observador muda a realidade observada, conforme for o seu estado mental durante uma determinada situação, a exemplo do que se passa na física subatômica, na qual uma mesma energia em um dado momento é "onda" e em outro é "partícula". Nesse contexto, analista e analisando fazem parte da realidade psíquica que está sendo observada e, portanto, ambos são agentes da modificação da realidade exterior à medida que modificam as respectivas realidades interiores.

FUNÇÕES TERAPÊUTICAS DO *SETTING*

O enquadre, conforme já destacado, formado com o paciente, vai muito além de uma mera medida prática, resumida a uma série de combinações que possibilitem a realização do tratamento analítico. Pelo contrário, há muitas particularidades invisíveis – sutilezas, armadilhas, transgressões, a pessoa real do analista como um novo modelo de identificação, etc. – que tanto podem agir de uma forma terapeuticamente positiva quanto negativa, conforme for o manejo técnico do terapeuta. Seguem, enumeradas, algumas das características que me parecem ser sobremodo relevantes na prática clínica:

1. De uma maneira geral, o *setting* analítico é o mesmo para qualquer tipo de paciente; no entanto, no caso de crianças autistas ou qualquer outro paciente que esteja protegido por uma densa cápsula autística, como já foi acentuado, é possível que o profissional seja mais ativo, aceite algumas mudanças em relação às medidas habituais, interaja mais com os familiares e tenha a liberdade para criar algumas formas de aproximação, incentivo e comunicação não unicamente verbal. Assim, na base do ditado "se Maomé não vai à montanha, a montanha vai a Maomé", o analista deve sair em procura desse paciente autista, tendo em vista que ele não está fugindo, mas, sim, que ele está realmente perdido!

2. O fato de o paciente com autismo psicógeno estar à espera de que seus vazios sejam preenchidos e que o *setting* funcione como uma verdadeira incubadora ou "útero" psicológico" não significa que o analista deva se comportar como uma "mãe substituta", mas, sim, com uma nova *condição de maternagem*, que permita, por meio de sua atividade analítica, a suplementação de falhas e vazios originais, assim possibilitando a internalização de uma figura materna suficientemente boa, que sempre lhe faltou.

3. Uma vez instituído, o *setting* deverá ser *preservado ao máximo*. Diante da habitual pergunta "se isso também vale para pacientes muito regredidos, como os psicóticos", penso que uma resposta adequada seja a de que tal recomendação vale principalmente para esse tipo de pacientes – desde que não

haja, por parte do analista, uma rigidez ou uma surdez às proposições e necessidades desse paciente.

4. A vantagem de preservar ao máximo o enquadre combinado encontra respaldo em argumentos analíticos como o de estabelecer o aporte da *realidade exterior* (a qual, comumente, está muito prejudicada nos pacientes severamente regredidos, visto que eles ainda funcionam muito mais no "princípio do prazer" do que no da "realidade"), com as suas inevitáveis privações e frustrações, próprias da vida real.

5. Assim, as regras do *setting* ajudam a prover uma necessária *delimitação entre o "eu" e "os outros"*, por meio de desfazer a indiscriminação e indiferenciação e, portanto, facilitando a obtenção das capacidades adultas de *diferenciação, separação e individuação*.

6. Igualmente, as regras que foram instituídas no enquadre auxiliam a definir a noção de *limites, limitações, lugares e diferenças* que provavelmente estão algo borradas pela influência da onipotência e onisciência, próprias da *parte psicótica da personalidade*, segundo Bion (1967), a qual sempre existe em qualquer paciente.

7. Neste contexto, o enquadre auxilia a desfazer as fantasias daquele analisando que, de alguma forma, sempre está em busca de uma *ilusória simetria* – pela qual ele busca a mesma hierarquia de lugar e de papéis que o analista tem – e de uma *similaridade*, ou seja, a crença do paciente de que ele tem uma igualdade nos valores, funções e capacidades do seu analista.

8. Da mesma forma como pode haver um desvirtuamento do enquadre em decorrência de uma excessiva rigidez do analista, também não podemos ignorar os inconvenientes, por vezes graves, que decorrem de uma *exagerada permissividade* na aplicação e na indispensável preservação – da essência – das condições normativas que foram combinadas no contrato, e se essas não foram claramente definidas, torna-se ainda mais sério o *erro técnico*.

9. Deve ficar claro que, como seres humanos, não deve existir uma distinção entre analista e paciente, porém, na *situação analítica*, é fundamental que os direitos, deveres, papéis, lugares a serem ocupados, atribuições e funções a serem desempenhadas por cada um do par analítico devem, necessariamente, ser diferenciados; caso contrário, haverá um clima de confusão, que age como um caldo de cultura para que a terapia analítica fracasse.

10. A propósito, é corrente a idéia de que o analista deve ser "humano", o que, obviamente, é inquestionável. No entanto, uma grande parte das pessoas (inclusive, muitos terapeutas) confunde a condição de ser uma pessoa humana com a de não frustrar os pacientes, atender todos os pedidos dele, não lhe provocar dores, etc., como se isso fosse uma "desumanidade". Creio que, do ponto de vista psicanalítico, há um significativo equívoco nessa crença, pois é imperioso estabelecer uma nítida distinção entre o que é ser um analista "bom" (frustra adequadamente, quando necessário) e "bonzinho" (nunca frustra).

11. Assim, no caso do terapeuta "bonzinho", ele não só não saberá provocar eventuais frustrações a certos pedidos e expectativas do paciente como também não terá condições de colocar limites e definir limitações, nem propiciar a possibilidade de analisar sentimentos difíceis (mergulhar na depressão do paciente ou nas suas partes psicóticas, etc.) e, tampouco, despertará o lado adulto do paciente que deve aprender a *enfrentar* as dificuldades, no lugar de *fugir* delas por meio de diferentes táticas de evitação e de fuga, o que perpetua o estado de onipotência, ou, ainda, a de usar o recurso de *acionar* a que outros enfrentem as dificuldades por ele, o que vai reforçar a condição de criança dependente.

12. Também devemos considerar o fato de que o analista, que evita ao máximo frustrar o paciente em seus pedidos por mudanças nas combinações do *setting*, chegando a ponto de fazer alguns sacrifícios pessoais, pode estar encobrindo uma atitude sedutora a serviço de seu narcisismo ou o seu medo diante de uma possível revolta e rejeição por parte do analisando. Além disso, também acresce o inconveniente de um reforço no paciente, de uma falsa concepção de que a frustração é sempre má e que deve ser evitada, assim como também a de que o analista deve ser poupado de suas cargas de avidez; nesses casos, o enquadre corre o risco de ficar estruturado em uma busca única de gratificações recíprocas, o que desvirtua a essencialidade do processo analítico.

13. Em contrapartida, outras vezes pode ocorrer o inverso, isto é, o analista cria exagerados obstáculos para atender certos pedidos dos pacientes, por mais justos e inofensivos que sejam (por exemplo, mudar a hora de uma sessão para uma outra possível, em uma mesma semana, pois aquele horário coincide com um exame que deve prestar...), de sorte a repetir uma provável conduta similar a que o paciente, quando criança pequena, teve com os pais. Trata-se de pacientes que, desde pequeninos, foram condicionados pelos pais a ganhar as coisas com muito choro, luta, promessas, formações reativas e prováveis humilhações, de modo que uma atitude análoga por parte do analista pode incrementar no paciente a crença de que para que ele consiga ganhar algo, deve ser como prêmio pelo sofrimento, ou merecimento pelo seu esforço, ou por um bom comportamento.

14. Em outras palavras, o controle sádico, inconsciente, por parte do analista (não é a mesma coisa que impor frustrações necessárias) pode levá-lo a utilizar frustrações e privações severas e desnecessárias, podendo ele pensar que está acertadamente obedecendo à regra da abstinência e que Freud se orgulharia dele.

15. É relevante que o analista reconheça que é unicamente sofrendo as *inevitáveis frustrações* impostas pelo *setting*, desde que essas não sejam exageradamente excessivas, escassas, incoerentes e injustas, que o analisando (tal como no passado evolutivo da criança com seus educadores) pode desenvolver a, fundamental, *capacidade para pensar e simbolizar*.

16. Pode-se dizer que a função mais nobre do *setting* consiste na criação de um *novo espaço* onde o analisando terá a oportunidade de reexperimentar com o seu analista a vivência de antigas, e decisivamente marcantes, experiências emocionais conflituosas que foram malcompreendidas, atendidas e significadas pelos pais do passado e, por conseguinte, malsolucionadas pela criança de ontem, que habita a mente do paciente adulto de hoje. Cabe ilustrar com uma situação muito freqüente na prática analítica cotidiana de todos nós: refiro-me aos pacientes que têm uma dificuldade enorme em expressar, em relação ao terapeuta, qualquer sentimento de natureza agressiva, mesmo que essa seja benéfica. Explico melhor, lembrando que esse paciente quase nunca sabe estabelecer uma diferença entre o que é uma "agressividade" (boa e construtiva, porque dá garra, ambição, tenacidade...) e uma "agressão" (destrutiva, com a predominância de inveja maligna...). Para uma melhor distinção conceitual entre estes dois termos, sugiro que o leitor consulte o glossário de expressões analíticas que proponho.

17. Como exemplo trivial, recordo de um paciente que se mostrava algo apático e conformado em sua vida profissional monótona, em flagrante contraste com a evidência de notórias capacidades, e que não conseguia expressar um mínimo de sentimento mais rancoroso em relação a mim, embora a sua vida exterior estivesse sendo pautada por emoções muito rancorosas e vingativas que ele retinha, mas que se expressavam por uma retocolite ulcerativa. Tal situação persistiu até que ele lembrou-se de um violento tapa na boca que, quando menino, ao pronunciar um desaforo raivoso, levou do pai para aprender a "respeitar os mais velhos". Isso permitiu que analisássemos o quanto persistia nele uma significação de perigo diante de qualquer sensação raivosa, de sorte que as reprimiu todas, inclusive as construtivas. Por meio de um trabalho analítico de *ressignificação* dessas experiências emocionais, o paciente foi resgatando a capacidade de fazer um bom uso da agressividade sadia.

18. Esse exemplo também serve para ilustrar que a capacidade de o *analista sobreviver* a possíveis ataques dos pacientes (agressivos, eróticos, narcisistas, perversos...) constitui-se em um dos fatores mais importantes do clima emocional do *setting*.

19. Levando-se em conta que virtualmente todo paciente é, pelo menos em parte, um sujeito que passou toda a sua vida sujeitado a uma série de mandamentos, sob a forma de expectativas, ordens e ameaças, as quais, em certas épocas, provieram do meio exterior, mas que agora estão sedimentadas no interior de seu psiquismo, acredito que dificilmente haverá uma experiência mais fascinante do que aquela que ele está revivendo com o seu analista fortes emoções, os aspectos agressivos-destrutivos incluídos, e que os resultados podem ser bem diferentes daqueles que imaginava e aos quais ele já estava condicionado.

20. A importância disso decorre do fato de que, apesar de todos os sentimentos, atos e verbalizações, significados pelos pacientes como proibidos e perigosos, o *setting* mantém-se inalterado. O analista não está destruído, nem deprimido, tampouco colérico, não revida nem retalia, não apela para a medicação quando essa não está indicada e, muito menos, para uma hospitalização, não o encaminha para outro terapeuta, sequer modificou o seu estado de humor habitual e ainda se mostra compreensivo e o auxilia a dar um novo significado, um nome, proporcionando-lhe, ainda, extrair um aprendizado com a experiência que, de forma tão sofrida, ele reexperimentou no campo analítico, tanto diretamente, na transferência com o analista, ou, simplesmente, por meio da verbalização, carregada de afetos, de experiências antigas, fato que, mais do que uma simples catarse, possibilitará a realização de novos significados, com outros sentimentos em torno daquelas recordações traumáticas.

21. Às vezes, por razões distintas, o enquadre instituído sofre algumas transgressões, em grau maior ou menor, porém o importante é que o analista sinta que está com o controle da situação, e que possa voltar à situação original, sempre que julgar necessário. Em situações mais extremas, o *setting* pode ficar desvirtuado a um tamanho tal que cabe a expressão *perversão do setting*, em cujo caso formam-se diversos tipos de *conluios inconscientes* e até, por vezes, conscientes, sendo o mais freqüente deles aquele que foi determinado pela recíproca necessidade de sedução, para agradar e ser agradado, um "faz-de-conta" que a análise está evoluindo quando ela pode estar totalmente estagnada, além daqueles casos mais graves do ponto de vista de uma terapia analítica séria, nos quais há uma quebra de ética e uma total perversão analítica, sob a forma de envolvimento erótico, negócios em comum, programas duvidosos fora do enquadre, etc.

22. Uma forma nada rara de perversão do *setting* é aquela na qual determinados pacientes, mais comumente por parte dos narcisistas de "pele grossa" (ver o capítulo referente aos transtornos do narcisismo), tentam, e muitas vezes conseguem, efetivar uma mudança de lugares e de papéis que, normalmente, o analista e o paciente devem desempenhar. Vou *exemplificar* com uma terapia analítica que, nos primeiros anos de minha formação, devido à minha inexperiência de então, permiti descambasse para uma perversão do enquadre analítico. Por alguma razão que não vem ao caso, recebi o encaminhamento de um paciente que ocupava um alto nível social e profissional. Ele trajava ternos elegantes, falava com fluência, empostação e cor, quando adentrava no consultório para iniciar a sessão, já ia exclamando em tom jubiloso: "Como vai o preclaro mestre?", e coisas parecidas. Começava a sessão discorrendo sobre os fatos cotidianos e, diante de minhas "interpretações", ele, com seu polegar direito, dava sinais de aprovação ou reprovação. Nos primeiros tempos, quase que sistematicamente, ele erguia o polegar de forma incisiva, concedendo-me plena aprovação, assim conseguindo um dissimulado, porém enorme, júbilo meu; mais tarde, o polegar ficava balançando na linha horizontal, num gesto de "mais ou menos", e, por fim, ele se animava a pôr o seu polegar voltado para baixo, sinalizando que reprovava o que eu pensava que interpretava. Para um desconforto crescente em mim, esse paciente começou a alternar, em sucessões que me pareciam rápidas, as três posições do seu polegar – para mim, o representante de um superego –, a ponto de que, olhando retrospectivamente, com uma óptica crítica atual, eu estava quase que completamente hipnotizado pelo dedão do suposto paciente. Partindo dessa crítica atual, não tenho dúvidas de que, em um legítimo movimento perverso, não importa se consciente ou inconsciente, ele tomou o meu lugar, enquanto eu fiquei no dele, de modo que não era ele quem dependeria de mim ou ficaria ansioso com o que eu dissesse ou pensasse dele; pelo contrário, os papéis da situação analítica ficaram invertidos.

23. Um ponto importante em relação à preservação do *setting* é o que diz respeito à inclusão, ou não, de *parâmetros* por parte do analista. O termo "parâmetro" foi cunhado por Eissler (1953), com o qual ele reafirmou a sua posição de que tudo aquilo que transgredia o enquadre (dentro do rigor de sua época) deveria ser considerado um parâmetro. Na atualidade, o critério de "transgressão" do enquadre está bastante flexível de modo que, ao contrário dos primeiros tempos, o analista permite-se responder a certas perguntas que

os pacientes fazem, sugerir nomes de médicos especialistas no caso de os pacientes desconhecerem e solicitarem, providenciar o uso de medicação concomitante com o curso da psicanálise, recomendar determinadas leituras ou filmes e demais coisas do gênero. No entanto, é necessário que o analista fique atento à possibilidade de estar cometendo pequenas, mas reiteradas, transgressões, como faltar muito, atrasar-se sistematicamente, ou se, continuadamente, muda os horários, encurta ou prolonga excessivamente o tempo da sessão, faz espúrias combinações relativas ao pagamento, estimula os contatos telefônicos de forma ilimitada, envolve-se exageradamente com as circunstâncias externas da vida do analisando, expõe demais a sua vida íntima para o paciente, usa o analisando para satisfazer a sua curiosidade particular, ou para atraí-lo como aliado contra algum colega desafeto seu, ou rival, detrator, etc.

24. Relativamente às combinações formais que devem reger o *setting*, perdura uma polêmica, inclusive no seio próprio da IPA, quanto ao *número de sessões mínimas*, para que o tratamento possa ser considerado uma "análise de verdade". Na época pioneira da psicanálise, o mais comum era a prática de seis sessões semanais; após algumas décadas, o número oficial ficou reduzido para cinco, posteriormente passou a prevalecer um consenso de quatro sessões e, na atualidade, por razões de custo econômico e coisas afins, existe um grande movimento nas sociedades psicanalíticas no sentido de oficializar o número mínimo de sessões para três, medida essa que já vige em algumas instituições, como na França, entre outras. Essa posição, de um rigor no cumprimento de um número mínimo de sessões por semana, na atualidade, está quase que restrita às análises que estejam diretamente ligadas aos candidatos em formação psicanalítica. Premidos por diversas circunstâncias, os analistas contemporâneos, que já têm suficiente experiência e segurança, estão bastante mais flexíveis a esse respeito.

25. Assim, a aludida "flexibilidade", no significado positivo dessa palavra, está sendo cada vez mais necessária, até pela incontestável razão de que, em todo mundo psicanalítico, existe uma crise na demanda de pacientes, e não só nos consultórios dos analistas mais jovens, e não só no Brasil... Dessa forma, a clara evidência de um certo esvaziamento dos consultórios está obrigando os analistas a repensarem o problema do modelo tradicional de quatro ou cinco sessões semanais, de modo a não se prender rigidamente nesse número mínimo e, em seu lugar, pensar, prioritariamente, em como viabilizar um espaço de análise *de acordo com as necessidades de cada paciente em particular.*

26. Algo equivalente poderia ser dito quanto à possibilidade de serem feitas mais de uma sessão em um mesmo dia; a obrigatoriedade, ou não, do uso do divã, etc. Penso que, indo muito além desses aspectos exteriores, o fundamental é o fato de que o *setting*, levado a sério, comporta-se, por si só, com uma importante função de "continente", em que o paciente sabe que conquistou um espaço sagrado, unicamente seu, que será contido nas suas angústias, entendido (é diferente de "atendido") em suas necessidades, desejos e demandas, respeitado no ritmo de análise que ele é capaz e respirará uma atmosfera de calor e paz, não obstante a possibilidade de que esteja em plena transferência negativa, caso já tenha se desenvolvido uma "aliança terapêutica" entre o par analítico.

27. O campo analítico deve ser regido por algumas *regras técnicas* que foram originalmente legadas por Freud e que, embora conservem muito da sua essência, sofreram profundas transformações, razão por que decidi que cabe um capítulo específico – o sexto – para abordar especificamente esse tema de especial relevância para a prática analítica.

6

Uma Re-visão das "Regras Técnicas" Recomendadas por Freud

Não devemos confundir ter amor às verdades com um desejo de certeza. Em nosso mundo relativo, toda certeza absoluta é uma mentira. Muito mais do que ser um obsessivo caçador de verdades, o que importa é que sejamos pessoas verdadeiras.

Nestes pouco mais de 100 anos de existência da psicanálise como ciência, entre avanços e recuos, ampliações e supressões, integrações e cisões, créditos e descréditos, acima de tudo ela vem sofrendo ininterruptas e profundas transformações, em que os sucessivos avanços na teoria repercutem diretamente na técnica, e a recíproca é verdadeira.

Ao longo dos seus trabalhos sobre técnica psicanalítica, mais consistentemente estudados e publicados no período de 1912 a 1915, Freud deixou um importante e fundamental legado para todos os psicanalistas das gerações vindouras: as regras mínimas que devem reger a técnica de qualquer processo psicanalítico. Muito embora Freud as tenha formulado como "recomendações", elas são habitualmente conhecidas como "regras", talvez pelo tom pedagógico e um tanto superegóico com que ele as empregou nos seus textos.

Convém lembrar que, classicamente, são quatro essas regras: a *regra fundamental* (também conhecida como a regra da *livre associação de idéias*), a da *abstinência,* a da *neutralidade* e a da *atenção flutuante.* Creio que é legítimo acrescentar uma quinta regra: a do *amor à verdade,* tal foi a ênfase que Freud emprestou à verdade e à honestidade como uma condição *sine-qua-non* para a prática da psicanálise.

Essas regras permanecem vigentes em sua essencialidade, porém vêm sofrendo muitas e significativas transformações, por meio de algumas rupturas epistemológicas e inevitáveis mudanças que sucessivamente vêm se processando no perfil do paciente, do analista e da própria ideologia do processo analítico, com óbvias repercussões na prática clínica.

REGRA FUNDAMENTAL

Embora essa regra apareça clara e explicitamente formulada por Freud em dois artigos técnicos – *A dinâmica da transferência* e *Sobre o início do tratamento*, respectivamente de 1912 e 1913 (v. XII) –, ela já transparece bem delineada em 1904, em seu trabalho *Sobre a psicoterapia.*

Essa regra consistia fundamentalmente no compromisso assumido pelo analisando em associar livremente as idéias que lhe surgissem de forma espontânea na mente e verbalizá-las ao analista, independentemente de suas inibições ou do fato se ele as julgasse importantes ou não. O termo "fundamental" era apropriado porquanto não seria possível conceber uma análise sem que o paciente trouxesse um contínuo aporte de verbalizações que permitissem ao psicanalista proceder a um levantamento, de natureza arqueológica, das repressões acumuladas no inconsciente, de acordo com o paradigma vigente na época.

Como sabemos, nos primeiros tempos, na busca do "ouro puro da psicanálise", contido na lembrança dos traumas psíquicos, Freud instruía seus pacientes no sentido de que contassem "tudo que lhes viesse à cabeça", sem omitir nada (1909, p. 164), e, para tanto, forçava a "livre associação de idéias" por meio de uma pressão manual de sua mão na fronte do analisando. Posteriormente, ele deixou de pressionar fisicamente, porém continuava impondo essa regra por meio de uma condição obrigatória na combinação inicial do contrato analítico, assim como por um constante incentivo às associações de idéias no curso das sessões.

No trabalho *Dois artigos para enciclopédia* (1923), Freud definiu com precisão as suas três recomendações fundamentais que, no início de qualquer análise, devem necessariamente constituir essa "regra da livre associação de idéias": 1) o paciente deve se colocar em uma posição de "atenta e desapaixonada auto-observação"; 2) comprometer-se com a mais absoluta honestidade; 3) não reter qualquer idéia a ser comunicada, mesmo quando ele sente que "*ela é desagradável, quando julga que ela é ridícula, não tão importante ou irrelevante para o que se procura*".

A regra fundamental, nesses primeiros tempos, não se restringia unicamente à imperiosa obrigação de o analisando cumprir com a livre associação dos pensamentos e idéias; antes disso, ela se comportava como sendo a caudatária de uma série de outras tantas "recomendações" menores que os analistas impunham desde a formalização do contrato analítico, como a de que o paciente usasse imediatamente o divã, se comprometesse com seis ou, no mínimo, cinco sessões semanais, não assumisse nenhum compromisso importante sem antes analisá-lo exaustivamente, o rígido emprego de definidas fórmulas quanto ao modo de pagamento, e assim por diante.

Tudo isso, somado às demais regras que a seguir serão abordadas, eram formuladas longa e detalhadamente para o pretendente à análise, à espera de sua concordância e comprometimento, constitua o "*contrato*" do trabalho psicanalítico, o qual, na época, costumava durar alguns meses, ou, no máximo, alguns poucos anos. A esse respeito é oportuno destacar que muitos autores atuais ainda mantêm um mesmo rigor na formulação inicial do contrato analítico, sob o respeitável argumento de que facilita o trabalho do psicanalista o fato de ter um referencial seguro para estabelecer confrontos com os desvios que, certamente, o analisando fará no curso da análise.

No entanto, outros psicanalistas – parece-me que a grande maioria na atualidade – preferem se limitar a deixar bem claramente combinados os aspectos referentes ao quinhão de responsabilidade que o paciente deve assumir, quanto aos horários, honorários e férias, sendo que as demais questões (inclusive a do uso do divã; a eventualidade de algum *actings*; o uso simultâneo de medicamentos; etc.) serão examinados à medida que surgirem no curso do processo analítico, hoje de duração bem mais longa do que aquelas análises pioneiras.

Aliás, como já referimos, muita coisa mudou hoje, a começar pelo *perfil* do paciente que procura análise. Assim, raramente nos confrontamos com aqueles pacientes que apresentavam unicamente sintomas neuróticos "puros", como costumavam ser os histéricos, os fóbicos, os obsessivos... O atual contingente de pessoas dispostas a submeter-se a um longo processo psicanalítico é constituído pelos pacientes que são portadores de transtornos da auto-estima, "falso *self*", sofrimento narcisista, além do fato de que os extraordinários avanços teórico-técnicos possibilitaram que a psicanálise estenda-se para um nível bem mais pretensioso de obtenção de um crescimento mental caracterológico profundo, e não só sintomático e adaptativo, como o era nas primeiras décadas. Além disso, a psicanálise hodierna cobre um espectro bem mais amplo, especialmente o de pacientes bastante regressivos, como os psicóticos, *borderlines*, somatizadores, perversos, drogadictos, etc.

Também houve significativas transformações nos fatores socioeconômicos e culturais que, somados aos anteriores, também concorrem para outras mudanças, como a da duração do tempo das análises, tal como foi ilustrado por Jacobs (1996), de forma jocosa, ao dizer que antigamente os casamentos eram de longa duração e as análises breves, enquanto hoje as análises são longas e os casamentos breves...

No entanto, a principal transformação diz respeito ao fato de que os notáveis e progressivos avanços teórico-práticos dos fenômenos pertinentes à área da comunicação vêm possibilitando que o psicanalista compreenda de forma muito mais acurada a metacomunicação que está contida nas diversas formas de linguagem não-verbal, como é o caso dos silêncios, das somatizações, da entonação vocal, da linguagem corporal e gestual, dos *actings* e, muito particularmente, a primitiva linguagem que o paciente emite pela provocação de efeitos contratransferenciais na pessoa do analista.

Também deve ser incluído o fato de que a comunicação verbal do paciente por meio da sua "livre associação de idéias" pode estar sendo muito mais "livre" do que "associativa", de modo a ficar a serviço de "-K", conforme Bion (1962) ensinou, isto é, ela inconscientemente pode visar a uma mera "evacuação" ou à mentira, ao engodo e às diversas formas de falsificação das verdades. Da mesma forma, a verbalização das idéias do paciente pode obedecer ao propósito prioritário de atacar as capacidades de seu analista, como a de percepção e a de estabelecimento de correlações entre os vínculos associativos, assim como o discurso do analisando também pode ter como meta provocar efeitos no analista que o levem à prática de contra-atuações, e assim por diante.

Tudo isso permite afirmar que a "associação livre" – componente principal da "regra fundamental" – não é encarada na atualidade como a única e tão fundamental forma de o analisando permitir um acesso ao seu mundo inconsciente. Ao mesmo tempo, ela evoluiu da idéia de uma *imposição* do psicanalista para a de uma *permissão*, com a finalidade de que o analisando fique realmente *livre* para recriar um novo *espaço* no qual ele possa voltar a vivenciar antigas experiências emocionais, pensar, sentir, muitas vezes atuar e, acima de tudo, silenciar ou dizer tudo que lhe vier à mente, no seu ritmo e à sua moda.

Igualmente, na atualidade, a "associação livre" também é um requisito importante na pessoa do analista, ou seja, antes de formular a sua interpretação, ele deve proceder a um trabalho de elaboração interna, a partir de uma forma livre de processar as suas próprias associações de idéias e sentimentos.

Em relação ao conteúdo e à forma de como o paciente traz suas comunicações ao analista, verbais ou não-verbais, creio que o terapeuta deve partir do princípio de que o "paciente sempre tem razão", isto é, ele pode falar ou silenciar, ser claro ou confuso, verdadeiro ou mentiroso, colocar afeto no que diz ou fazer narrativas intelectualizadas, etc. Tal afirmativa sustenta-se no fato de que essa é a forma de o paciente ser na sua vida, tal como se expressa na análise, de sorte que cabe ao analista decodificar o que está sendo comunicado e correlacionar com as causas e propósitos dessa forma de o analisando usar a sua livre associação de idéias e sentimentos.

REGRA DA ABSTINÊNCIA

Essa "recomendação de abstinência", pelo menos de forma clara, foi formulada pela primeira vez por Freud, em *Observações sobre o amor transferêncial* (1915, p. 214), em uma época na qual as análises eram curtas e na clínica dos psicanalistas predominavam as pacientes histéricas, que logo desenvolviam um estado de "paixão" e de atração erótica com o analista. A isso, acresce o fato de que, à medida que a psicanálise se expandia e ganhava em reconhecimento e repercussão, paralelamente também aumentavam as críticas contra aquilo que os detratores consideravam um uso abusivo e licencioso da sexualidade.

Preocupado com a imagem moral e ética da ciência que ele criara, além da científica, e com o possível despreparo dos médicos psicoterapeutas de então, quanto ao grande risco de envolvimento sexual com as suas pacientes mergulhadas em um estado mental de "amor de transferência", Freud viu-se na obrigação de definir claros limites de abstenção, tanto para a pessoa do analista como também para a do analisando. Na verdade, Freud começou a postular essa regra a partir dos seus trabalhos técnicos de 1912, quando se intensificaram as suas preocupações com a imagem e a responsabilidade da expansão da psicanálise, porquanto, até então, ele mantinha uma atitude de muita permissividade, como pode ser comprovado com a análise, em 1909, do "homem dos ratos", a quem Freud, em algumas ocasiões, no transcurso das sessões, servia chá, sanduíches ou arenque.

Tal como o nome "abstinência" sugere, essa regra alude à necessidade de o psicanalista abster-se de qualquer tipo de atividade que não seja a de interpretar, portanto ela inclui a proibição de qualquer tipo de gratificação externa, sexual ou social, a um mesmo tempo que o terapeuta deveria preservar ao máximo o seu anonimato para o paciente. Dessa forma, em 1918, no trabalho *Linhas de avanço nas terapias psicanalíticas* (p. 204), Freud reitera que, "na medida do possível, a cura analítica deve executar-se em estado de privação, de abstinência". Fica claro nesse texto que Freud também se referia ao risco de que o analista atendesse às gratificações externas que o paciente busca, como um substituto dos conflitos internos.

Por essa última razão, Freud estendeu à pessoa do analisando a imposição de que ele se abstivesse de tomar qualquer iniciativa importante de sua vida sem uma prévia análise minuciosa da mesma. Na sua formulação original (pode ser encontrada na página 200 do volume XII), Freud afirma textualmente que "[...] protege-se melhor o paciente dos prejuízos ocasionados pela execução de um de seus impulsos, fazendo-o *prometer (o grifo é meu)* não tomar quaisquer decisões importantes que lhe afetem a vida durante o tempo de tratamento, por exemplo, não escolher qualquer profissão ou objeto amoroso definitivo, mas adiar todos os planos desse tipo para depois do seu restabelecimento".

É claro que essa recomendação continua sendo muito importante, especialmente quanto ao fato, acrescento eu, de que a melhor forma de o analista *atender* ao seu paciente é a de *entender* as suas necessidades, desejos e demandas, única forma de evitar o risco de que essas sejam substituídas por *actings*, por vezes de natureza maligna

Tamanha era a preocupação de Freud com a possibilidade de o analista ceder à tentação de um envolvimento sexual com as pacientes que ele utilizou a *metáfora* de um radiologista que deve se proteger com uma capa de chumbo contra a incidência dos efeitos maléficos dos raios X. Sucessivas gerações de psicanalistas levaram essa recomendação ao pé da letra e, tal como a metáfora sugere, carregaram para o campo analítico essa pesada proteção plúmbea, de forma a manter-se o mais distante possível, de forma rígida, de qualquer aproximação mais informal, quer dentro quer fora do consultório.

Acredito que essa obediência à evitação de uma aproximação com o paciente, levada ao extremo, contribuía para a instalação de um campo fóbico entre o analista e o analisando, muitas vezes servindo como uma racionalização científica a serviço de uma – real – fobia por parte do psicanalista, ou seja, o medo dele chegar mais perto de aspectos, temidos por ele como sendo perigosos. De igual modo, não deve ser descartada, também, a possibilidade de que, além de um distanciamento fóbico, não poucas vezes uma excessiva abstinência por parte do terapeuta pode estar a serviço de uma, inconsciente, retaliação ou de um disfarçado sadismo seu em relação ao paciente. Assim, esse analista, sem se dar conta, pode estar machucando o paciente, enquanto pensa que está, admiravelmente, aplicando a preconizada regra da abstinência, e que Freud orgulhar-se-ia dele.

No entanto, na atualidade, muita coisa mudou na prática psicanalítica: o perfil emocional e situacional do paciente que procura análise é bem diferente daqueles dos primeiros tempos, as condições sociológicas e econômicas também são completamente diferentes, os conhecimentos teóricos e técnicos dos psicanalistas ampliaram-se em extensão e profundidade, os objetivos a serem alcançados também sofreram profundas modificações, as análises são mais longas e, por conseguinte, temos mais tempo, mais liberdade e menos medo para interagir intimamente com os analisandos.

Assim, sem nunca perder a necessária preservação do *setting* normatizador e delimitador, a maioria dos analistas atuais trabalha de uma forma algo mais descontraída, o clima da análise adquiriu um estilo mais coloquial, com uma menor evitação de aproximação (que, como já aludimos, adquiria uma natureza fóbica). Além disso, há um certo abrandamento do "superego analítico" (o qual é herdeiro das instituições que o formaram e modelaram como psicanalista), de modo a possibilitar que o analista possa sorrir, ou rir, durante a sessão, responder a algumas inócuas perguntas particulares, dar algum tipo de orientação, evidenciar algum tipo de emoção, não ter pavor de que apareça alguma fissura no seu anonimato, etc.

Em outras palavras, aplicar rigidamente a regra da abstinência e do anonimato, nos termos em que foram originalmente recomendadas por Freud, nas análises mais longas de hoje, seria impossível e conduziria para um clima de muita falsidade, além de um incremento da submissão e paranóia.

Pode-se dizer que, na psicanálise praticada hoje, o eixo em torno do qual deve girar a abstinência por parte do analista não é tanto o que se refere ao "amor de transferência" – até porque as pacientes histéricas típicas da época de Freud não são as que prevalecem na clínica atual dos psicanalistas e, além disso, a psicanálise avançou muito em compreensão e manejo desses casos, embora, é claro, esse risco de envolvimento continua existindo e preocupando. O significado maior da necessidade atual do cumprimento da regra da abstinência, por parte do psicanalista, inclina-se mais para os riscos que estão ligados à configuração narcisista deles próprios.

Assim, vale destacar alguns desses riscos, como é o caso de o analista gratificar os desejos manifestos pelo paciente – nos casos em que tais desejos estão visando a compensar deficiências internas suas –, assim impelindo o terapeuta a substituir um necessário *entender* por um infantilizador e narcisístico *atender*. Da mesma forma, deve ser levada em conta a possibilidade, nada rara, de o psicanalista impor a sua grandiosidade narcisística como uma forma de usar o analisando como um prolongamento dele, com o objetivo de conseguir uma realização pessoal, embora às custas de uma atrofia da autonomia e autenticidade do paciente. E assim por diante.

Deve ficar claro que, não obstante a "abstinência" aludir diretamente à suspensão do desejo do analista, isso não significa a morte do desejo, a desistência de desejar e, da mesma maneira, não significa que ele vá anular os desejos do analisando. Um bom exemplo para essa última situação é a que se refere à *curiosidade* do analisando, a qual, curiosamente, foi considerada pelos nossos maiores autores, de forma genérica, a partir do ângulo da patogenia, e não daquilo que a curiosidade também tem de saudável e estruturante.

Assim, Freud abordou a "curiosidade" sob a perspectiva da criança excluída da "cena primária"; M. Klein privilegiou o enfoque centrado no desejo da criança pequena em invadir o interior do corpo da mãe para poder controlar e tomar posse dos tesouros que a sua curiosidade, tecida com as fantasias inconscientes, faz ela imaginar que a mãe os possui, como forma de pênis do pai, de fezes idealizadas e de bebês; Bion acentuou os aspectos da curiosidade ligada à arrogância, tal como foi a de Édipo ao desafiar aos deuses e querer chegar à verdade a qualquer custo, pelo que pagou o altíssimo preço que o mito nos relata.

O importante é que o psicanalista, mercê de uma abstinência firme e coerente, porém benevolente e não-intrusiva, consiga discriminar quando uma manifesta curiosidade do paciente em relação a ele está a serviço de uma patologia ou guarda um propósito sadio. No primeiro caso, é possível observar que o paciente não está interessado nas interpretações do analista que o levassem a fazer reflexões, mas, sim, que a sua curiosidade, tal como uma sonda meteorológica, procura penetrar na mente do terapeuta para descobrir o que este quer ou não quer, para assim manipulá-lo, ou com fins de sedução e submetimento, ou para triunfar sobre ele.

No caso de uma curiosidade sadia, nada é mais desastroso que o analista responder com um silêncio gélido ou com uma – forçada – pseudo-interpretação a uma pergunta inócua do paciente que, como hipótese, pode justamente estar expressando um enorme esforço para vencer uma inibição, um passo para ensaiar uma aproximação mais livre e afetiva ou um exercício para reexperimentar uma curiosidade que, no passado, lhe foi proibida e significada como daninha.

Uma faceta correlata ao aspecto exposto é o que diz respeito aos *encontros sociais*, nos quais o psicanalista e o analisando partilharão de um mesmo espaço fora do *setting* psicanalítico. Até certo tempo atrás, os psicanalistas, de modo geral, evitavam ao máximo um encontro dessa natureza, e muitos, inclusive, incluíam no andamento do contrato analítico uma cláusula para que o paciente se abstivesse de tais aproximações. Isso era mais freqüente nas situações das análises "didáticas" e, funcionando como um modelo de identificação, os sucessivos analistas costumavam adotar a mesma atitude com todos os seus outros pacientes comuns.

Os psicanalistas mais veteranos são testemunhas do quanto, em muitas sociedades psicanalíticas, a referida evitação, inclusive em eventos científicos, atingia um grau de fobia em ambos do par analítico. A organização de algum encontro social exigia uma verdadeira ginástica por parte do anfitrião para manter as devidas evitações de qualquer aproximação. Na atualidade, continua sendo recomendável que se evite uma aproximação que represente ser demasiado íntima, porém os psicanalistas encaram esses encontros ocasionais com uma naturalidade muito maior, pois estão conscientes de que os pacientes não são "bichos", não há por que temê-los (a recíproca é verdadeira). Ademais, o analista aprendeu a melhor utilizar uma discriminação entre circunstâncias distintas, e mesmo na hipótese de que o aludido encontro promova uma turbulência ou esteja se prestando a um *acting*, é perfeitamente possível isso ser analisado como qualquer outra realidade psíquica do vínculo analítico.

Igualmente, a situação relativa aos *presentes*, com que muitos pacientes brindam seus analistas, merece uma consideração, dada a freqüência com que acontece. É evidente que em muitas situações analíticas o presentear pode estar a serviço de alguma forma de *acting*, submissão ou defesa maníaca; no entanto, em inúmeras outras ocasiões, como no Natal, por exemplo, um presente de dimensões adequadas pode ser naturalmente aceito pelo analista, sem a obrigação de uma sistemática análise do porquê daquele presente.

Assim, creio que é um equívoco técnico fazer uma rejeição pura e simples de qualquer forma de presente sob a alegação, por parte do analista, de que ele está obedecendo à regra da abstinência, até mesmo pela singela razão de que muitas vezes, para determinados analisandos, o ato de ele presentear o terapeuta pode estar representando um sensível progresso, o qual deve ser analisado e reconhecido.

Como se pode deprender, a regra da abstinência também era extensiva aos analisandos, tanto que, no início do movimento da psicanálise, fazia parte do contrato analítico que eles se comprometessem a se abster de tomar a iniciativa de qualquer ato importante, sem antes submetê-la à análise com o analista.

Ainda em relação à regra da abstinência, e intimamente ligada a ela, ganha relevância a recomendação de Bion de que o psicanalista deve se abster de funcionar com o seu psiquismo saturado por memórias, desejos e ânsia de compreensão, sendo que tal postulação nos remete à seguinte regra de Freud, a da "atenção flutuante". Nesse contexto, isso implica em que o analista também deveria se abster de fazer apontamentos no transcurso das sessões, ou de gravá-las, embora com o consentimento do analisando, pelo fato de que, de alguma forma, essa prática influi negativamente na referida atenção flutuante.

REGRA DA ATENÇÃO FLUTUANTE

Freud estabeleceu, como equivalente à regra fundamental para o analisando, uma também para o analista, a conhecida "regra da atenção flutuante". Essa expressão, na *Standard Edition* brasileira, está traduzida ora como "atenção uniformemente suspensa" (1912, p. 149) ora como "imparcialmente suspensa" (p. 291).

De forma análoga a Bion – e antecipando-se a este autor –, em *Recomendações...* (1912), Freud postulou que o terapeuta deve propiciar condições para que se estabeleça uma comunicação de "inconsciente para inconsciente" e que o ideal seria que o analista pudesse "cegar-se artificialmente para poder ver melhor".

Ao complementar essa regra de Freud, Bion argumenta que esse estado de "atenção flutuante" é bastante útil para permitir o surgimento, na mente do analista, da importante capacidade, latente em todos, de *intuição* (vem dos étimos latinos *in* + *tuere*, ou seja, "olhar para dentro"; uma espécie de "terceiro olho"), a qual costuma ficar ofuscada quando a percepção do analista é feita unicamente pelos órgãos dos sentidos.

Uma questão que comumente costuma ser levantada refere-se à possibilidade de o analista atingir a real condição de "cegar-se artificialmente" e despojar-se de seus desejos, da memória e de seus prévios conhecimentos teóricos. A resposta que me ocorre é que não há nenhum inconveniente que o terapeuta sinta desejos ou quaisquer outros sentimentos, assim como a memória de fatos ou teorias prévias, *desde que* ele esteja seguro que a sua mente *não está saturada* pelos aludidos desejos, memórias e conhecimentos.

Igualmente, é necessário que o terapeuta tenha uma idéia bem clara desse risco, de modo a que consiga manter uma discriminação entre os *seus próprios sentimentos* (pode ser um estado de expectativa da realização de desejos, como também pode ser o de uma apatia, medo, excitação erótica, tédio, sensação de paralisia e impotência, etc.) e aquilo que é próprio da situação analítica.

Essa condição é conseguida pela capacidade de manter uma "dissociação útil" da função do seu ego psicanalítico, de modo a estabelecer as diferenças e o reconhecimento das diversas áreas do seu mapa psíquico, inclusive daquelas que são de sua vida particular, por vezes com emoções intensas e que nada têm a ver com a situação analítica. Ao mesmo tempo, essa "dissociação útil" possibilita-lhe conservar um estado de "teorização flutuante" de seus conhecimentos teórico-técnicos, ao lado de uma "atenção flutuante" também dirigida aos seus próprios sentimentos, sem prejuízo da sua função de *rêverie.*

Pensa-se que tanto a "atenção flutuante", de Freud, quanto o "sem memória, sem desejo...", de Bion, equivalem a um estado mental de "pré-consciência" que, portanto, propicia ao analista estar ligado ao mesmo tempo aos fatos externos e conscientes, assim como a uma área do inconsciente que lhe possibilita uma "escuta intuitiva", a qual favorece a arte e a criatividade psicanalítica.

O contrário de uma "atenção livremente flutuante" seria o estado mental do psicanalista de uma "atenção excessivamente dirigida", a qual pode ser patogênica, tal como pode ser exemplificado com uma participação ativa do analista, com a qual ele pretende colher informações que não sejam pertinentes à situação analítica, mas, sim, que mais atendam à sua curiosidade pessoal, inconsciente ou mesmo consciente. Nesse mesmo contexto, em alguma situação mais extrema, este analista estará atuando como uma criança escopofílica (*voyeurista)*, o que pode gerar um vínculo transferencial-contratransferencial de natureza perversa.

Convém destacar que o analista que tentar levar a regra da atenção flutuante rigorosamente ao pé da letra trabalhará um estado de desconforto, devido a culpas, e com uma sensação de fracasso pessoal, pois é impossível sustentar essa condição durante todas as sessões – e sempre –, sem que eventualmente ele tenha suas distrações, divagações, desejos, cansaço, algum desligamento... Aliás, o possível surgimento de imagens na mente do analista enquanto o paciente fala sempre foi considerado como sendo uma provável distração e alheiamento do terapeuta, no entanto, na atualidade, isso está sendo valorado como uma possibilidade de que se trate de "ideogramas" (termo empregado por Bion), ou seja, uma importante forma onírica de comunicação por intermédio de imagens, por parte do paciente, de algo que vai além das suas palavras e da captação pelos órgãos dos sentidos do analista.

REGRA DA NEUTRALIDADE

A abordagem mais conhecida de Freud a respeito dessa regra é aquela que consta em suas *Recomendações...*, de 1913, na qual ele apresenta a sua famosa *metáfora do espelho*, pela qual ele aconselhava aos médicos que exerciam a terapia psicanalítica que "o psicanalista deve ser opaco aos seus pacientes e, como um espelho, não lhes mostrar nada, exceto o que lhes é mostrado" (p. 157). Freud representava essa recomendação como sendo a contrapartida da regra fundamental exigida ao paciente.

O termo "neutralidade" (deriva do étimo latino *neuter* que significa *nem um, nem outro)*, embora designe um conjunto de medidas técnicas que foram propostos por Freud no curso de vários textos e em diferentes épocas, não figura diretamente em nenhum deles. Nas poucas vezes em que esse termo aparece nos escritos de Freud, a palavra original em alemão é *indifferenz*, cuja tradução mais próxima é "imparcial", porém não vamos ficar indiferentes à possibilidade, não tão incomum, de que muitos terapeutas confundam um sadio estado mental de imparcialidade neutra com o de uma verdadeira *indiferença*, bastante deletéria para a análise, até mesmo porque muitos autores acreditam que a recomendação que Freud fazia acerca da neutralidade era tão rigorosa que o analista praticante era incitado a, de fato, manter uma indiferença.

Por outro lado, o conceito de neutralidade deve se estender aos próprios desejos e fantasias do analista (de uma forma equivalente ao "sem memória..." de Bion), de modo a possibilitar que ele esteja disponível para os pontos de vista dos seus analisandos, diferentes dos seus, sem ter que apelar para um reducionismo sistemático aos seus valores prévios, assim como, também, para que ele ocasionalmente aproveite a profunda interação com o seu analisando e possa ressignificar as suas próprias experiências emocionais antigas.

Classicamente, essa regra refere-se mais estrita e diretamente à necessidade de que o analista não se envolva afetivamente com o seu paciente, tal como sugere a metáfora do espelho, já mencionada. Penso que essa comparação de Freud peca pelo inconveniente de fazer supor que ele recomendava que o analista deva se comportar na situação analítica exatamente como um espelho material, ou seja, como a fria superfície de um vidro recoberta com uma amálgama de prata, unicamente pesquisando, decodificando e interpretando mecanicamente. A partir da compreensão de que essa metáfora do espelho não podia ser levada ao pé da letra, pode-se dizer que a concepção da regra da neutralidade vem mudando substancialmente.

Hoje acredita-se que o analista deve funcionar como um espelho, sim, porém no sentido de que seja um espelho que possibilite ao paciente mirar-se de corpo inteiro, por fora e por dentro, como realmente ele é, ou que não é, ou como pode vir a ser! Além disso, também penso que o terapeuta *deve se envolver* afetivamente com o seu analisando, desde que ele *não fique envolvido* nas malhas da patologia contratransferencial, sendo que essa última condição de estado mental do analista é fundamental para possibilitar o *desenvolvimento* do analisando, tal como nos sugere a formação dessa palavra: *desenvolvimento* alude à retirada *(des)* de um envolvimento patogênico.

No sentido absoluto do termo, a neutralidade é um mito, impossível de ser alcançado, até mesmo porque o psicanalista é um ser humano como qualquer outro e, portanto, tem a sua ideologia e o seu próprio sistema de valores, os quais, quer ele queira ou não, são captadas pelo paciente. Além disso, as palavras e atitudes do analista também funcionam com um certo poder de sugestionabilidade (é diferente de uma sugestão ativa), como pode ser exemplificado com o simples fato de que a escolha que o analista faz daquilo que ele julga que merece ser interpretado, em meio a outras possibilidades de enfoque interpretativo, propiciadas pelo discurso do analisando, e mais o seu modo e estilo de interpretar fazem transparecer a sua personalidade e exercem uma certa influência no destino do processo analítico. A questão que merece uma reflexão mais acurada é se a neutralidade absoluta é desejável ou se, pelo contrário, ela condiciona a uma atividade analítica asséptica e fria. A neutralidade, suficientemente adequada, somente surge quando o analista resolveu a sua contratransferência acerca de determinado conflito provindo do paciente, assim podendo integrála à sua função interpretativa.

Resta acrescentar que, aliado a um reconhecimento dos seus sentimentos contratransferenciais, também os conhecimentos teóricos do analista favorecem um adequado desempenho da regra da neutralidade.

REGRA DO AMOR ÀS VERDADES

Em diversas passagens de seus textos técnicos, Freud reiterou o quanto considerava a importância da verdade para a evolução exitosa do processo psicanalítico. Mais exatamente, a sua ênfase incidia na necessidade de que o psicanalista fosse uma pessoa veraz, honesta, *verdadeira*, e que somente a partir dessa condição fundamental é que a análise poderia, de fato, promover mudanças verdadeiras nos analisandos. Dessa firme posição de Freud, podemos tirar uma primeira conclusão: a de que mais do que unicamente uma obrigação de ordem *ética*, a regra do amor às verdades também se constitui como um elemento essencial de *técnica* de psicanálise.

Em relação ao compromisso com a *ética*, é oportuno incluir que também diz respeito à necessidade de o psicanalista não emitir julgamentos a respeito de terceiras pessoas, muitas vezes inclusive de colegas, tendo em vista que os pacientes os convidam para tal quebra de ética por meio de um inconsciente jogo sutil e provocador veiculado por intrigas, insinuações, proposição de negócios, envolvimento amoroso e afins.

Talvez o problema ético mais sério de todos e que, esporadicamente, acontece em todas as sociedades psicanalíticas seja aquele concernente aos envolvimentos amorosos entre terapeuta e paciente. No mundo analítico, algumas sociedades são mais intransigentes quanto a essa transgressão ética, a ponto de execrarem e punirem o filiado com a suspensão das atividades e até mesmo com a expulsão do corpo societário, enquanto outras instituições são mais brandas e procuram discriminar cada situação em separado.

Mas não resta dúvida que este é um tema altamente polêmico e controvertido entre os analistas, e tudo indica que são de ocorrência mais freqüente que possa parecer, já que os escândalos mais ruidosos acontecem quando se torna público o envolvimento sexual do analista com o paciente ou quando, paradoxalmente, de forma corajosa, o casal decide assumir publicamente o seu enlace. Em relação a esse tão delicado assunto, creio ser bastante oportuno reproduzir o ponto de vista de Daniel Widlocher, atual presidente da IPA, que, em um artigo publicado no *Livro anual de psicanálise*, XIV (2000, p. 15), assim se pronunciou: "[...] O que importa é que os limites da transgressão sexual não sejam, necessariamente, um deslize trivial nem um pecado imperdoável". Ademais, o mesmo autor ressalta que, embora só as transgressões sexuais repercutam intensamente, existem, com relativa freqüência, outras, as transgressões éticas, dissimuladas por parte de analistas, como são os platônicos "vínculos românticos", além do fato de que poder e dinheiro são motivos tão fortes de sedução quanto o sexo.

Freud estendia a sua postulação da indispensabilidade da honestidade e verdade tanto à pessoa do terapeuta quanto à do paciente. Em relação ao primeiro, ninguém contesta a validade dessa assertiva de Freud, a ponto de podermos afirmar que se o técnico que labora como analista não tiver suficientemente esse atributo de ser verdadeiro, o melhor que ele tem a fazer é mudar de especialidade.

Quanto à pessoa do analisando, as coisas têm mudado um pouco, se partirmos do vértice de que o paciente está no seu papel de fazer aquilo que ele sabe fazer, e no seu ritmo, cabendo ao analista a responsabilidade de tentar tornar egodistônica uma caracterologia falsa e mentirosa do analisando e, a partir daí, procurar modificar essa patologia, tanto através de uma análise profunda das motivações inconscientes de tal comportamento como por meio de uma identificação com a postura de amor às verdades que o analista vier a demonstrar de forma consistente e coerente.

Tais aspectos vêm merecendo uma consideração especial, a ponto de Bion, em um dos seus textos, lançar a pergunta, hoje clássica: *É possível analisar um mentiroso?*, e, como resposta, dá a entender que, em certos casos, é possível. Aliás, Bion foi o autor que mais se aproximou dos problemas referentes às *verdades, às falsidades e às mentiras* na situação psicanalítica, principalmente nos escritos em que ele estuda o *vínculo do conhecimento* ("K") ou o seu oposto ("-K") quando a mente do analisando (e, muitas vezes, a do analista) estiver mais voltada para o *não* conhecimento de verdades penosas, as externas e as internas. Por outro lado, também enfatizou o fato de que todo e qualquer indivíduo, em algum grau, faz uso de mentiras, falsificações e evasão de certas verdades.

A importância que Bion dedicou às verdades foi tamanha, que ele chegou a afirmar que "[...] as verdades representam para o psiquismo o mesmo que os alimentos representam para o organismo; isto é, sem o alimento da verdade o psiquismo morre". Da mesma forma, em *Cogitations* (1990), afirma, entre outras coisas em relação à verdade, que ela "é algo que o homem precisa sentir na atitude que as outras pessoas têm em relação a si" e que, podemos acrescentar, um sujeito (como algum paciente na situação analítica) pode sentir que lhe falta uma *capacidade para as verdades*, quer seja para escutá-las, para o exercício da curiosidade, para comunicá-las ou até mesmo para desejá-las.

No entanto, é necessário esclarecer que a verdade a que estamos nos referindo não tem conotação de ordem moral e, muito menos, representa uma recomendação para que o analista saia a uma obsessiva caça às verdades negadas ou sonegadas pelo paciente, até mesmo porque o conceito de verdade absoluta é muito relativo. A propósito, cabe lembrar que, já no início do século XX, o matemático Poincaré recomendava que "não se deve confundir amor à verdade com um desejo de certeza, pois, em nosso mundo relativo, toda certeza é uma mentira". Antes dessa caçada à verdade, como foi frisado, o importante é a aquisição de uma *atitude de ser verdadeiro*, especialmente consigo, único caminho para atingir um estado de liberdade interna, o que seguramente é o bem maior que um indivíduo pode obter. De fato, verdade e liberdade são indissociáveis entre si e não é por nada que na *Bíblia Sagrada* consta um trecho de uma profunda e milenar sabedoria: "[...] só a verdade vos libertará [...]".

Esta regra técnica inerente ao amor à verdade é parte de uma condição mais ampla na pessoa do analista – que vai muito além de unicamente uma capacidade para entender e habilidade para interpretar – podendo ser denominada *atitude psicanalítica interna* – e que, na contemporânea psicanálise vincular, assume uma importância fundamental, pois implica a indispensabilidade de demais atributos mínimos, como são os de empatia, de intuição, de *rêverie* e outros.

UMA OUTRA REGRA: A PRESERVAÇÃO DO *SETTING*

Além dos aspectos destacados, é inegável que um uso adequado das "regras técnicas" implica necessariamente a preservação do *setting* instituído. Como já foi visto, cabe ao enquadre a primacial função de normatizar, delimitar, estabelecer a *assimetria* (os lugares, os papéis e as funções do analista e do paciente *não são simétricos*), bem como a *não-similaridade* (eles *não são iguais*). Caso contrário, o analista tenderá a contra-atuar, e haverá uma confusão entre os lugares e os papéis de cada um dos integrantes do par analítico. Assim, também é função do enquadre manter um contínuo aporte do "princípio da realidade", que se contrapõe ao mundo das ilusões próprias do "princípio do prazer" do paciente.

Por todas essas razões, não deve caber dúvida quanto à relevante necessidade de que as combinações feitas no contrato analítico – e que compõem o *setting* – devam ser preservadas ao máximo, o que não é o mesmo que apregoar o uso de uma rigidez obsessiva cega e surda. Embora possa parecer paradoxal, essa preservação do enquadre é particularmente necessária para com os pacientes bastante regressivos, tendo em vista que eles têm um acentuado prejuízo na noção de limites e na aceitação das inevitáveis privações, das frustrações e no reconhecimento das, também inevitáveis, diferenças entre eles e os outros.

A propósito dessa afirmativa, isto é, de que a manutenção do enquadre não deve ser obsessivamente rígida, é oportuno lembrar o fato bem conhecido de que Freud, na prática do seu trabalho clínico, não apresentou uma coerência entre o que ele professava (o cumprimento rigoroso das "recomendações" técnicas que aqui são enfocadas) e o que ele praticava (é sabido que Freud algumas vezes analisava durante uma caminhada com algum paciente, outras vezes ele charlava amenidades, trocava presentes, aconselhava, admoestava, de forma indireta forçava os pacientes a trazerem associações que confirmassem suas teses prévias). Isso, sem levar em conta o fato de ele ter "analisado" o pequeno Hans por meio do método de usar o pai do menino como "porta-voz" de suas interpretações, assim como ele também utilizou a introdução de um "parâmetro" com o seu paciente conhecido como "o homem dos lobos", ao fixar-lhe uma data de término da análise, caso ele continuasse não melhorando... e assim por diante.

É claro que eram outros tempos e outros eram os paradigmas psicanalíticos, no entanto, grande parte dessa incoerência de Freud entre o que ele escrevia e o que fazia deve ser creditada ao fato, antes assinalado, de que ele se sentiu obrigado a coibir abusos de outros terapeutas ainda muito malpreparados, sendo que sua responsabilidade pela preservação da nova ciência aumentou, pois nessa época aconteceram as dissidências de Adler e Jung, e a psicanálise estava em grande expansão em meio a muitas críticas e um certo halo de libertinagem.

Assim como Freud utilizou com o "homem dos lobos" recurso não-convencional em psicanálise, o qual, desde a contribuição de K. Eissler (1953), podemos chamar de "parâmetro", cabe indagar um ponto que sempre se manteve controvertido entre os psicanalistas: é desejável ou indesejável o uso de "parâmetros" por parte do psicanalista? Recordemos que esse termo foi utilizado por Eissler para referir-se às intervenções que, embora sejam extra-analíticas, não alteram a essência do processo psicanalítico. No entanto, muitos autores têm argumentado que é muito difícil estabelecer os limites entre o que seja, ou não, uma alteração da essência psicanalítica, sendo que, para evitar precedentes que possam desvirtuar a necessária preservação das regras técnicas e do *setting*, eles se posicionam contra a inclusão de parâmetros que se afastem da neurose de transferência.

Pessoalmente, penso como Green, que, ao estudar a obra de Winnicott, afirma: "O essencial não é a eventual ruptura do setting, mas o fato de que este possa ser sempre retomado", sendo óbvio, creio, que isso implica a condição mínima de que o psicanalista tenha uma sólida experiência clínica e que domine muito bem aquilo que ele está fazendo.

Também concordo com Loewenstein, que, já em 1958, afirmou duvidar que alguma vez alguém tenha conseguido levar a cabo uma análise ter feito mais do que interpretar. De igual modo, gostaria de fazer minhas as palavras de Theodore Jacobs (1996, p. 79-80) quando ele afirma que:

> [...] Há situações em que a aderência estrita à postura analítica pode, ironicamente, trabalhar contra o progresso analítico [...] Há momentos em que é necessário fazer um comentário que relaxa uma tensão insuportável, que reconhece uma realização, que soa como um sinal de precaução, que sutilmente aponta uma direção ou que oferece uma palavra de incentivo. Para aliviar a consciência do analista, tais intervenções geralmente contêm uma camada externa de interpretação, mas este artifício não ilude o analisando e nem o psicanalista.

Todas essas considerações tecidas acerca da importância do *setting* como uma função ativa e determinante do processo analítico permitem concluir que, para o psicanalista, representa ser uma arte conseguir manter o *setting* preservado no que este tem de essencial, a um mesmo tempo em que ele não caia no extremo de um dogmatismo enrijecido ou na cega obediência aos cânones oficiais. Essa última condição é a única forma de ele propiciar um espaço de alguma flexibilidade e muita criatividade, para si e para o analisando. Indo mais além, coerente com a relevância atribuída ao enquadre do campo analítico, creio que seria válido considerarmos a obrigatória "preservação do *setting*", dentro dos limites assinalados, como sendo *uma sexta regra técnica*.

Como conclusão, pode-se dizer que assim como há a "violência da interpretação" – conceito de P. Aulagnier (1975), para quem a "violência" dos pais (ou do analista) tanto pode ser inevitável e estruturante quanto, também, excessiva, intrusiva e desestruturante – também há a violência da imposição de preconceitos e de regras técnicas universais, quando o psicanalista não leva em conta as peculiaridades pessoais de cada analisando e de cada situação analítica em particular.

7

A Pessoa Real do Analista no Processo Psicanalítico

Por mais tentado que possa se sentir o analista a se tornar o educador, o modelo e o ideal de seus pacientes, qualquer que seja o desejo que tenha de moldá-los à sua imagem, ele precisa lembrar-se de que esse não é o objetivo que procura atingir na análise e até de que fracassará em sua tarefa entregando-se a essa tendência. Assim agindo, ele apenas repetiria o erro dos pais cuja influência sufocou a independência da criança e substituiria a antiga sujeição por uma nova.

S. Freud (1940)

Existe uma polêmica entre os psicanalistas – um tanto recente, que, entretanto, vem se intensificando cada vez mais – relativa à seguinte questão: a interação paciente-analista que permeia o curso da análise e é a sua matéria-prima fundamenta-se unicamente nas vicissitudes e diferentes configurações do fenômeno transferencial-contratransferencial ou, indo além disso, a pessoa *real* do terapeuta, com seus atributos físicos e emocionais, conjunto de valores, jeito de ser, sua conduta na vida real e idiossincrasias pessoais, também exerce uma decisiva importância no desenvolvimento do processo analítico?

Os autores que defendem a primeira posição argumentam que as eventuais falhas e atrapalhações na atitude analítica do psicanalista devem-se a áreas de sua personalidade que não foram suficientemente resolvidas na sua análise pessoal ou se devem às inevitáveis manifestações do efeito contratransferencial inconsciente, resultantes das maciças cargas transferenciais projetadas pelo paciente, provindas de seu psiquismo interior. Nesse caso, cabe deduzir que a pessoa do analista não é mais do que uma simples pantalha transferencial, na qual são projetados os diversos elementos constituintes – pulsões e demandas do id, representações e funções do ego, ameaças e expectativas do superego, além dos objetos e configurações objetais internalizados –, independentemente de quem e como é na realidade a pessoa do seu terapeuta.

Assim, para esses autores, o vínculo analítico mantém-se inalterável na sua essência, variando, isto sim, a maior ou menor capacidade do analista em detectar e manejar os sentimentos transferenciais, concomitantes com as respectivas reações contratransferenciais, às vezes dificílimas de serem suportadas. Para a corrente que defende este ponto de vista, as eventuais falhas do analista ou uma influência negativa no andamento do processo analítico devido à sua participação sempre serão debitadas a uma contratransferência patogênica – logo, à falta de uma melhor análise pessoal.

Por outro lado, também existe um contingente de autores, menos numeroso que o anterior, é verdade, que defende uma idéia contrária, ou seja, eles consideram que a pessoa real do analista empresta uma característica singular, muito especial, para cada paciente em particular, o que, por si só, também funciona como um importante fator que concorre para o êxito ou o fracasso analítico.

Fundamentado na minha experiência pessoal de aproximadamente quatro décadas no trato psicanalítico de pacientes os mais distintos possíveis, juntamente com uma longa experiência de supervisor, e de uma gradativa, porém continuada, transformação pessoal ao longo destes anos no que se refere aos vértices teóricos e ao manejo técnico, integro-me na segunda corrente. Os principais argumentos dos analistas que defendem esse segundo ponto de vista fundamentam-se em múltiplos aspectos, como os seguintes:

O primeiro deles baseia-se em trabalhos de alguns psicanalistas norte-americanos, como, por exemplo, os de Judith Kantrowitz e colaboradores (1986). Esses, em Nova York, pesquisaram durante longos anos o que denominam *match* (a melhor tradução para o português é *encontro*), cujo conceito alude ao fato de que, indo além dos fenômenos transferenciais e contratransferenciais, as características reais de cada um do par analítico, quer de afinidade, de rejeição e, principalmente, da presença de possíveis *pontos cegos* no analista, segundo pesquisas de longa duração (por meio de pré e pós-testes psicológicos, manutenção de uma correspondência continuada, com eventuais entrevistas de avaliação) que esses especialistas realizaram, podem determinar uma decisiva influência no curso de qualquer análise. Assim, conforme a reconhecida seriedade dessas pesquisas, ficou constatado que um mesmo paciente analisado por dois psicanalistas, de uma mesma competência e seguidores de uma mesma corrente psicanalítica, pode evoluir muito mal com um deles e de forma muito bem-sucedida com o outro, e vice-versa.

Também pode acontecer que determinados níveis da estruturação psíquica do paciente (por exemplo, a sexualidade) podem muito bem evoluir com um analista e estagnar com o mesmo profissional em um outro nível (por exemplo, a área do narcisismo), podendo o inverso ocorrer em uma análise feita com outro psicanalista, ou seja, a evolução da análise em grande parte depende bastante da peculiaridade do *encontro analítico*. É um fenômeno equivalente ao que se passa no campo amoroso, no qual uma determinada pessoa cortejada por vários pretendentes apaixona-se por um deles unicamente, muitas vezes contrariando a expectativa de todos que acompanhavam a sua trajetória afetiva, mas que o apaixonado explica com o sentimento de que se formou uma "química especial".

Cabe estabelecer uma distinção entre dois significados que a expressão "pessoa real do analista" comporta. A primeira delas é aquela que leva em conta aspectos exteriores, visíveis, tais como o seu sexo, a sua idade, se o analista é solteiro, casado ou separado, como são seu cônjugue e os eventuais filhos, qual é a imagem que o analista passa aos demais, a corrente psicanalítica que segue, sua etnia, sua ética, sua estética, seu conceito junto aos seus pares, a sua participação em congressos, o seu comportamento em situações sociais, a imagem que desperta nos pacientes que analisa e que a transmitem a outras pessoas, nem sempre em uma linguagem verbal, mas que definem uma maneira de ser real do analista como pessoa.

A fim de comprovar essas afirmativas, lanço uma pergunta: não é verdade que quando escolhemos um analista para algum familiar, ou amigo particularmente querido nosso, mais do que o seu prestígio profissional, optamos por eleger um terapeuta que nos passa uma sensação boa de como ele é como "gente", se o "jeito real" dele vai "encaixar" bem com aquela pessoa que, cheios de esperança, estamos encaminhando para um tratamento analítico?

Um segundo significado psicanalítico de "pessoa real" é aquele que, indo além dos sinais e fatores exteriores aludidos, refere ao fato de que uma adequada, ou não, conduta psicanalítica depende bastante de sua maneira de decodificar o "material" do paciente e formular a interpretação. Trata-se, na verdade, de um *algo mais* que lhe é imanente (isto é, aquilo que existe sempre em um determinado objeto e é inseparável dele), autêntico, que é forjado, desde sempre, na formação do seu psiquismo e do seu espírito e que, provindo das profundezas da pessoa do analista, consegue transmitir algo mais transparente do que as características que estão mais manifestas na superfície. Com outras palavras: o conceito de "pessoa real do analista" adquire validação e significativa importância na prática analítica, segundo o critério primordial de que isso acontece quando *a essência do analista impõe-se à sua aparência*.

ASPECTOS REAIS, *EXTERIORES*

Relativamente aos aspectos que caracterizam a pessoa real baseada nas suas manifestações exteriores, vale a pena esmiuçar alguns deles. Assim, quanto à *idade* do terapeuta, sempre cabe a pergunta relativa ao fato de se um terapeuta jovem pode ser adequado para atender uma pessoa de bastante mais idade ou se, pelo contrário, um analista relativamente idoso pode tratar uma criança ou adolescente, por exemplo. No meu modo de entender, deve ser respeitada a vontade inicial que o(a) provável paciente manifesta diante da idade de um determinado analista a quem foi encaminhado. Cabe ao terapeuta que o está avaliando com vistas a tomá-lo em tratamento ser sensível a ponto de abrir um espaço para o paciente ter a liberdade para opinar e se posicionar, de acordo com os seus sentimentos, o que não significa que sua decisão não deva ser discutida.

Com essa ressalva, acredito que a idade não faz a maior diferença: por exemplo, tenho notado que pacientes adolescentes, ao contrário do que pode parecer a uma primeira vista, até gostam da idéia de se tratar com analista algo idoso, porquanto, no fundo, estão à espera de um novo modelo parental, alguém que preencha as *faltas* que foram decorrentes de limitações dos pais. A outra hipótese, a de uma pessoa mais velha vir a se tratar com um jovem, pode representar um entrave se houver significativa diferença intelectual, na experiência de vida e cultural a favor do paciente; caso contrário, não vejo maior contra-indicação.

Em relação ao *sexo* biológico do terapeuta, faço as mesmas considerações iniciais que destaquei na abordagem da idade. Também é útil levar em conta o fato de que muitos critérios de encaminhamento de pacientes sofrem mudanças a partir dos renovados conhecimentos relativos ao desenvolvimento emocional primitivo e outros aspectos mais de teoria e de técnica. Para ficar em um único exemplo, baseado em minha experiência como analista clínico e supervisor, atrevo-me a afirmar que até algum tempo atrás, nos casos de homossexualidade masculina, eu sempre indicava um analista do sexo masculino para que ele pudesse servir como um novo modelo de identificação dos atributos de homem. Aos poucos, fui experimentando e aprovando a constatação de que esses pacientes, homossexuais masculinos, melhor respondem a um tratamento analítico realizado com terapeuta do sexo feminino, pela simples razão de que os conflitos mais primitivos do paciente homossexual radicam essencialmente em uma precoce relação patogênica com a mãe, invariavelmente de natureza de uma díade fusional simbiótica, com uma prematura e excessiva estimulação narcísica e erótica da criança, acompanhada de um discurso, por parte da mãe, que sistematicamente desqualifica a figura do pai do menino e impede uma maior aproximação entre ambos.

A razão maior por que creio que o sexo biológico do analista, a sua idade, a ideologia pessoal, a fundamentação teórica, entre outros aspectos, não influem mais acentuadamente no curso da análise, quando se trata de um terapeuta mais experimentado ou com um iniciante em supervisão, reside no fato de que um mesmo indivíduo repetirá com o seu analista tanto a transferência materna (a qual transparece sobretudo nas funções de uma maternagem suficientemente boa, em especial a de um adequado "continente") quanto a transferência paterna, em cujo caso o analista será o representante de quem deve frustrar certas demandas do paciente, Sobretudo, cabe ao pai impor os limites relativamente a uma exagerada simbiose com a mãe e estabelecer aquelas leis adaptativas que são exigidas pela realidade exterior, função essa que o pai primitivo provavelmente não soube executar porque as frustrações impostas devem ter sido demasiado escassas, ou excessivas, ou incoerentes, ou injustas...

O mesmo cabe dizer em relação à idade do analista: o importante é que ele conheça a sua geografia psíquica, assim sabendo reconhecer e discriminar as partes bebê, criancinha, criança, púbere ou adolescente, as quais, ao lado de sua condição de adulto, ainda remanescem e agem dentro dele. Na hipótese de que o terapeuta discrimine esses diversos aspectos seus, estará apto a construir um vínculo de empatia com pacientes de qualquer idade.

Algumas condições reais exteriores da pessoa do analista que podem surgir no decurso de uma análise são incontestavelmente importantes, como o são as situações, nada raras, em que o analista *adoeça gravemente*, porém que, durante algum tempo relativamente longo, não o impeçam de trabalhar (por exemplo, uma doença maligna de evolução incurável; uma síndrome de doença cerebral lentamente degenerativa; etc.), situações essas que costumam causar nos pacientes um grave problema de constrangimento e conflitos de lealdade. Uma outra situação igualmente séria e difícil para os pacientes é quando estoura algum escândalo, de *infração ética*, que denuncia o envolvimento amoroso de um(a) analista com algum paciente, além de outras situações equivalentes.

Ainda dentro das características exteriores do analista, também cabe fazer uma consideração relativa ao fato de que o *tipo de formação* que o então candidato realizou no seu respectivo instituto de psicanálise constitui um fator de significativo peso na sua condição quanto ao modo real de ele agir na sua conduta como analista. Assim, as instituições psicanalíticas são, obviamente, necessárias e imprescindíveis, existindo um paradoxo no fato de que a formação prega a liberdade e, ao mesmo tempo, de certa forma – um pouco mais em alguns institutos, um pouco menos em outros –, tolhe a liberdade e a espontaneidade dos candidatos, dificultando a criatividade, colocando uma série de restrições e, principalmente nos anos 50, 60 e 70, impondo um conjunto numeroso de regras, às vezes sufocantes e intimidadoras, organizando aquilo que proponho chamar de um rígido *superego analítico*. Por exemplo, em um grau menor do que já foi, ainda persiste na maioria das instituições psicanalíticas uma atitude de que a validade da situação não encontra legitimidade psicanalítica se a sessão não é interpretada (às vezes, sistematicamente) no "aqui-agora-comigo" transferencial.

Daí decorrem dois prejuízos: um é que a interpretação fica banalizada e, muitas vezes, intelectualizada; o segundo, bastante freqüente, consiste no fato de que os analistas, principalmente os candidatos em formação, se tornam verdadeiros *caçadores de transferência*, para então poderem interpretar com o fito de corresponder às expectativas de alguns dos que os ensinam e avaliam, de sorte a receberem deles a unção que, então, legitimará os seus trabalhos como "psicanálise de verdade"

Da mesma forma, ainda persiste em algumas áreas de formação psicanalítica a recomendação enfática de seguir ao pé da letra as regras formuladas por Freud, como as "da abstinência, da neutralidade e a do anonimato" que, em grande parte, estão contidas na sua famosa metáfora do *espelho* (Freud, 1913, v. XII, p. 157): "O analista deve ser opaco aos seus pacientes e, como um espelho, não lhes mostrar nada, exceto o que lhe é mostrado". Hoje, ninguém mais contesta que um analista não mais pode ser representado pela imagem de uma tela em branco e, tampouco, como um mero espelho refletor. Os psicanalistas da atualidade, na sua grande maioria, não aplicam essas regras com a rigidez de décadas passadas; pelo contrário, valorizam a relação vincular entre ambos, permitem maior intimidade e envolvimento, sob a condição óbvia de que o terapeuta não vá perverter o seu lugar e igualmente não vá confundir a diferença que deve existir entre o aspecto positivo de ele "se envolver" afetivamente com o seu paciente e o aspecto catastrófico de vir a "ficar envolvido" nas malhas de uma sedução amorosa ou de um conluio de uma "recíproca fascinação narcisista", por exemplo.

Creio que existe um consenso geral entre os psicanalistas mais veteranos no sentido de que, quanto mais avançamos na experiência de nossa prática clínica, quanto mais perdemos o medo de nossos pacientes – e, conseqüentemente, mais gostamos deles – independentemente da forma de como eles se apresentam na análise, tornamo-nos mais flexíveis e tolerantes, de sorte que nos permitimos incluir alguns "parâmetros" técnicos, pois temos convicção de que a situação analítica está sob controle, que a condição básica de preservação dos respectivos lugares da relação assimétrica que deve existir entre paciente e analista está assegurada e que não permitiremos qualquer desvirtuamento da função básica de promover ao paciente verdadeiros resultados analíticos.

Uma maior flexibilidade do analista não deve ser confundida com negligência, descaso, resistência, indiferença ou qualquer outra forma de ataque à psicanálise; pelo contrário, deve corresponder a um estado mental de maior segurança e credibilidade nos princípios essenciais do ato analítico.

A PESSOA REAL DO ANALISTA NA SUA ESSÊNCIA, *INTERIOR*

Minha posição é a mesma daqueles autores que consideram a "pessoa real do analista" sob o prisma de como, autenticamente, ele é por dentro, no que diz respeito à sua personalidade básica, sentimentos, ideologia, sistema de valores, se ele é dogmático ou flexível a mudanças nas suas crenças, no seu estilo de ser e de trabalhar, na forma de perceber, de pensar e de se ligar às verdades, tanto as de fora quanto as de dentro dele, amor ou desamor à vida, se gosta e acredita na sua tarefa de analisar ou se está unicamente cumprindo uma obrigação, entre outros aspectos.

Em outras palavras, seguindo a "série complementar" (ou "equação etiológica") de Freud (1916), está-se valorizando, sobretudo, os atributos imanentes a um determinado analista, que resultam de uma conjunção dos três fatores: os heredoconstitucionais, os que provêm da influência dos educadores e os originários das experiências emocionais experimentadas e aprendidas (ou não) ao longo da vida.

A valorização que está sendo dada às reais características pessoais do analista tem justificativa porque elas podem influir decisivamente no curso da análise. Vou exemplificar com duas situações. A primeira é a constatação – que um continuado exercício como supervisor me propicia – de que, muitas vezes, a conhecida *reação terapêutica negativa*, quando examinada mais detidamente, revela-se, na verdade, uma *relação terapêutica negativa.* Vou aventar uma outra hipótese que, em meu entender, pode ocorrer na situação analítica e que não me lembro ter sido enfocada na nossa literatura técnica. Refiro-me à possibilidade de que, da mesma forma como sabidamente o paciente desperta reações contratransferenciais no analista (cuidado: não vamos confundir sentimento contratransferencial, induzido pelo paciente, com uma reação transferencial provinda unicamente do interior do próprio analista), o terapeuta também possa induzir um determinado tipo de transferência no seu paciente, assim determinando um rumo diferente para a análise, caso ela fosse realizada com outro profissional, e vice-versa.

Isso faz lembrar a famosa metáfora que, em seus escritos técnicos, Freud estabeleceu entre a psicanálise e o jogo de xadrez, isto é, que ambos os processos seguem sempre as mesmas regras do começo ao fim; obedecem a um mesmo início; são seguidos de diferentes jogadas, conforme a experiência e a criatividade do enxadrista (ou do analista, e aí também cabe incluir as suas reais condições como pessoa que ele é); conforme for o andamento dessas jogadas pessoais, os desfechos, do xadrez ou da análise, resultarão bastante diferentes.

Nesta altura do trabalho, cabe adotar um esquema didático, no sentido de enfatizar, separadamente, dois aspectos gerais que definem a influência da pessoa real do analista: 1) os seus *atributos pessoais*, que devem configurar aquilo que Bion (1992) conceitua como *condições mínimas necessárias* para o exercício da psicanálise; 2) a pessoa do terapeuta como um novo *modelo de identificação* para os seus pacientes.

ATRIBUTOS PESSOAIS

1. Inicialmente é imprescindível enfatizar a importância do *estado mental* de modo que o analista encara a psicanálise como método de tratamento da saúde psíquica, além de como ele se posiciona diante de seus pacientes. Assim, o ideal é que ele não tenha a sua mente saturada por preconceitos, dogmas, desejos, ânsia de compreensão imediata e de intolerância àquilo que se apresentar diferente do que ele espera. Pelo contrário, o ideal é que seu estado mental seja de tipo "permanentemente interrogativo", baseado no, assim chamado, *princípio da incerteza*, isto é, as verdades sempre são relativas e nunca estão totalmente e definitivamente acabadas.

2. Isso significa que o analista deve, sim, ser uma pessoa *curiosa*, desde que fique claro que existe uma diferença entre uma curiosidade "patogênica" e uma curiosidade "sadia". Na primeira, predomina uma forma controladora e intrusiva; a segunda vai ajudar a desenvolver um amor ao conhecimento de verdades, por mais penosas que essas sejam; vai ajudar a clarear pontos cegos; e estimular o exercício da capacidade para *pensar* as dúvidas, as incertezas e os conflitos em geral, ao mesmo tempo em que ele prepara a sua mente para um estado de abertura que permita mudanças, com uma renovação de valores, conhecimentos, atitudes e, sobretudo, aprendizado *com as experiências* que o seu paciente está lhe propiciando.

3. É claro que essa aludida curiosidade do analista deve respeitar o ritmo e as capacidades momentâneas do paciente, o que vai exigir dele o atributo de *tolerância* às falhas, às faltas e às diferenças, assim como também requer que o terapeuta tenha uma boa condição de *paciência.* Este último atributo não deve

ser entendido como um conformismo passivo, um cruzar de braços à espera que algo mágico aconteça; pelo contrário, um estado de paciência do analista deve ser de natureza ativa, de respeito não somente às condições do paciente, mas também às suas próprias limitações, seu estado de dúvida, não sabendo o que está se passando na sessão, com humildade para reconhecer que possa estar sendo invadido por difíceis sentimentos contratransferenciais, etc. Essa condição de paciência pode ser parodiada com a conhecida passagem do *Eclesiastes* (3:11), que aparece no Velho Testamento bíblico, de sorte que se pode afirmar relativamente ao analista que "existe um tempo para tudo: um tempo para procurar e outro para encontrar, tempo para semear e colher, para silenciar e falar, para guerra e paz, para amar e odiar...".

4. A paciência, por sua vez, constitui apenas um dos aspectos que pertence a um atributo bastante mais abrangente, o da capacidade de o analista funcionar como um adequado *continente* para conter a contínua carga de identificações projetivas provindas dos pacientes, sob a forma de vazios, necessidades, desejos, demandas, dúvidas, angústias, entre outros, as quais são colocadas dentro dele. Se o analista possui de forma bem-estabelecida esta condição de continência (atenção: não confundir "continente" com "recipiente", em cujo caso o analista não passaria de um mero depositário passivo de dejetos), ele estará em condições de conter, decodificar, dar um sentido, significado e uma nomeação aos sentimentos dos pacientes, de modo a poder devolvê-los devidamente desintoxicados e compreendidos, por meio da sua atividade interpretativa.

5. É importante levar em conta que o fenômeno da identificação projetiva por parte do paciente não é somente uma fantasia inconsciente, mas, sim, que ela produz efeitos e reais modificações num objeto também real, o analista! Um aspecto que julgo importante destacar é o fato de que o atributo de continência deve também abarcar a condição de *autocontinência*, isto é, o analista necessita estar apto a conter suas próprias e variadas dificuldades e, se possível, fazer uma boa limonada de seus eventuais azedos limões. Indo mais longe, venho preconizando a necessidade de que o psicanalista reconheça muito bem os seus *subcontinentes*, ou seja, ele pode, por exemplo, ser um adequado continente para sentimentos amorosos, agressivos e narcisistas, enquanto evidencia uma inadequação para conter sentimentos depressivos ou psicopáticos, enquanto a recíproca também pode ser verdadeira, pois é evidente que outras múltiplas combinações de subcontinentes são possíveis em cada um de nós.

6. Diante dos estímulos provocados pelo paciente na mente do analista, a psicanálise sempre enfatizou a resposta dos *sentimentos*; na atualidade, além dos sentimentos, também importa bastante as *atitudes* (principalmente as internas) e os *comportamentos*, que devem ser reconhecidos pelo terapeuta, com o objetivo técnico e ético de ele manter uma *mente própria*.

7. Uma adequada capacidade de continência permitirá uma melhor função egóica de discriminar, estabelecer limites e definir as diferenças entre uma pessoa e outra do par analítico, de sorte a estabelecer uma contratransferência útil, o que possibilita o surgimento da importantíssima capacidade de *empatia*, ou seja, aquela que dá condições para o analista de, a partir de suas próprias vivências existenciais, poder se colocar na pele de seu paciente e, sem que ambos se misturem, junto e dentro dele (*em*, em grego), conseguir sentir o mesmo sofrimento e dor mental (*pathos, patia*, em grego) daquele. É tão indispensável este atributo que cabe afirmar de forma enfática que o analista que não reúne suficientes condições de empatia deveria mudar de profissão.

8. Em continuidade, o exercício combinado das funções de continente e de empatia implicam um outro atributo indispensável ao terapeuta: o de uma boa capacidade para saber *escutar* (não é demais acentuar que "escutar" não é o mesmo que a mera função fisiológica de "ouvir"). Cabe complementar essa afirmativa com a feliz expressão de Fainberg (1995) – *a escuta da escuta* –, que diz muito bem da importância que, em uma relação vincular, tal como propõe a psicanálise contemporânea, representa o fato de que não basta o analista escutar e interpretar corretamente, se ele não escutar como o paciente escutou a sua interpretação e que destino deu a ela.

9. Um outro atributo minimamente indispensável à pessoa do analista é que mantenha

sempre uma atitude de *respeito* pelo seu paciente. Cabe esclarecer que não me refiro estritamente ao respeito no sentido corriqueiro que a palavra inspira, pois parece óbvio que nenhum analista vai deixar de tratar o seu paciente de forma respeitosa, com urbanidade e simpatia, sem nenhuma manifestação de grosseria ou algo parecido. Antes, prefiro me apoiar na etimologia da palavra "respeito", a qual provém dos étimos latinos *re* (quer dizer "de novo") + *spectore* (significa "olhar", como na palavra "espectador"...), para definir que o terapeuta deve possuir a condição de olhar o seu paciente com um olhar renovado, com outros olhos, diferentes daqueles que seus pais primitivos o olharam. Esta nova forma de como o paciente está se sentindo olhado tem o objetivo de possibilitar um reconhecimento de suas reais qualidades que possam estar ocultas, desbotadas e congeladas, pois desde a sua infância elas ficaram desqualificadas pelos pais. Da mesma maneira, deve-se ficar atento ao risco de não conseguirmos enxergar que o nosso paciente, hoje, graças à análise que está fazendo, já não é mais a mesma pessoa que nos procurou no primeiro dia e transmitiu determinada impressão. A pessoa real do analista, como qualquer outra pessoa sensível aos outros, deve saber que não há nada pior para alguém do que a sensação de não estar sendo reconhecido nos progressos que fez e está fazendo, por mínimos que possam parecer para o terapeuta, porém que são altamente significativos.

10. Da mesma forma, tenho convicção na afirmativa de que se a precisão técnica das interpretações do analista não vier acompanhada de sua forma real de *ser*, no sentido de ele ter tolerância às falhas, às limitações, às resistências, às diferenças e, sobretudo, às possíveis decepções e desilusões que o paciente vier a lhe causar, a sua correta atividade interpretativa perde o que é mais importante – a eficácia –, além do risco de vir a se constituir como um fator iatrogênico (etimologicamente, este termo vem de *yatros*, que significa "médico" e "gênese"; ou seja, esta palavra designa o fato de que foi o próprio médico quem induziu a doença no paciente).

11. Ainda relativamente aos aspectos caracterológicos reais da pessoa do analista, é sabido que na vasta literatura existente sobre a contratransferência, pelo menos até há muito pouco tempo, o narcisismo do analista é muito pouco enfatizado, o que pode servir como um indicador de desconforto dos autores em expor as próprias reações de vergonha, culpa e desejo, encobrindo a importância que esse aspecto da pessoa real do analista representa na evolução da análise.

12. Uma outra condição singular da pessoa real que cada terapeuta é consiste na sua capacidade de manter uma *dissociação útil do ego*, isto é, mesmo premido por preocupações existenciais alheias ao ato analítico, ele consegue fazer uma dissociação temporária entre a pessoa com problemas que ele é e o analista que está exercendo uma função difícil, séria e inteiramente voltada ao seu paciente. Assim, durante o trabalho analítico, as crenças, desejos e sentimentos pessoais do analista não devem influenciar na compreensão dos sentimentos próprios do paciente. Isto lembra a afirmativa do escritor Umberto Eco, para quem "até os ginecologistas podem se apaixonar", em uma clara alusão a que os profissionais da área humanística funcionam dissociados, sem sobrepor a pessoa do paciente e o ato médico à sua condição de vida normal.

13. Creio ser importante incluir entre os traços caracterológicos reais do terapeuta a sua indispensável condição de ser uma pessoa generosa, desde que estabeleçamos uma clara distinção entre o que é alguém ser um "objeto" (pessoas, como o analista, os pais, algum educador...) *bom* ou *bonzinho*. Objeto *bom* não é aquele que nunca frustra, confundindo ser uma pessoa amiga do paciente e ficar "amiguinho" dele; pelo contrário, é o que dá limites, define limitações, assim impondo realísticas frustrações inevitáveis, procurando desenvolver a capacidade de o paciente suportá-las e contê-las. Por sua vez, objeto "mau" não é o que frustra quando é necessário, mas, sim, aquele que frustra inadequadamente (por excesso de rigidez, de escassez, ou de incoerência e injustiça), assim potencializando e amplificando, respectivamente, a onipotência, o ódio, a aversão à dependência, com o cortejo de narcisismo, ou construindo um falso self.

14. *O estilo é o homem!* Esta frase define com precisão a enorme importância que representa o estilo pessoal de cada um de nós na forma de nos comunicarmos com os pacientes, sobretudo no ato interpretativo. Assim,

mesmo na hipótese de que diferentes analistas trabalhem embasados com os mesmos princípios técnicos, é necessário considerar que sempre haverá uma diferença na forma de cumprimentar e de se despedir, nos gestos, na forma de se vestir, na forma de falar, no tom de voz, na escolha de palavras e, sobretudo, no estilo de ter acesso ao inconsciente do paciente e, daí, interpretar. Pequenas variações no estilo de interpretar não atingem repercussão no desenvolvimento da análise, porém existem determinados exageros ou estilos patogênicos – tal como está descrito no capítulo específico deste livro – que determinam significativas mudanças no curso da análise.

15. Ainda em relação aos atributos pessoais do analista, impõe-se mencionar duas frases de Freud, proclamadas em 1937, que definem com precisão as naturais limitações que todo e qualquer analista tem, por mais competente que seja. Na primeira dessas frases, Freud afirma que:

> Os analistas são pessoas que aprenderam a exercer determinada arte, mas que nem por isso perderam o direito de permanecerem homens semelhantes aos outros homens. Exige-se de um médico que trata de doenças internas que seus órgãos estejam em perfeito estado?

Na segunda citação, ele complementa:

> [...] O analista deve possuir certa superioridade (*creio convictamente que Freud aludiu no sentido de uma hierarquia na ocupação de lugares e papéis*), de maneira a poder, em diversas situações analíticas, servir de *modelo* para seus pacientes e, às vezes, guiá-los.

O ANALISTA COMO UM NOVO MODELO DE IDENTIFICAÇÃO

Nas considerações seguintes, vou partir da convicção de que a ação terapêutica analítica não depende unicamente das interpretações dirigidas ao inconsciente do paciente que levam aos *insights*, cuja elaboração continuada abre o caminho para a "cura", tal como preconiza a psicanálise clássica. Creio que, além do trabalho interpretativo, também a pessoa real do analista, por si só, influi decisivamente no crescimento mental do analisando, não só por ele poder preencher alguns vazios existenciais, verdadeiros "buracos negros" (por exemplo, o da falta de uma figura materna que tenha uma representação psíquica boa e estável; com a função de continente, que foi falha no desenvolvimento emocional primitivo; com a implantação de núcleos de confiança básica que não se formaram no passado, etc.), mas também porque o terapeuta, de forma insensível, mas fundamental, funciona como um *novo modelo de identificação.*

Tais afirmativas são tanto mais verdadeiras quanto mais regressivos forem os pacientes, caso de psicóticos, *borderlines*, depressivas severas, etc. Para clarear, proponho que imaginemos um sistema de coordenadas cartesianas, em que o eixo vertical seja considerado o eixo das *interpretações* e o eixo horizontal o da *pessoa real do analista*, portanto o eixo relativo à sua autêntica "atitude interna". Quanto mais evoluído e estruturado estiver o *self* de nosso paciente, mais importa o eixo das interpretações, enquanto que, tanto mais ele estiver com faltas e falhas primordiais no seu *self*, mais importante é o eixo horizontal, embora, é claro, ambos os eixos se complementem e estejam em permanente intersecção.

No que tange ao papel da pessoa real do analista como um novo e importantíssimo modelo de identificação transformacional, cabe estabelecer uma analogia das crianças que se identificam com os seus respectivos pais, tanto de forma sadia quanto patogênica: a identificação não se dá prioritariamente pelo que eles dizem, mas, sim, principalmente, pela observação que os filhos fazem da atitude e da conduta dos pais, de como eles se posicionam diante de certas situações, o que eles fazem e o que, de fato, são.

De forma equivalente, à parte das interpretações propriamente ditas, o paciente absorve e, aos poucos, de forma não aparente, vai se identificando introjetivamente com a forma como seu analista *pensa* os problemas emocionais; como *discrimina, comunica e verbaliza* os sentimentos e idéias; como se *posiciona* diante de situações de forte angústia;

como cumpre respeitosamente as combinações do *contrato e do setting;* o quanto transparece no terapeuta um amor às verdades, ou seja, no jeito de ele *ser verdadeiro* ou não; a sua capacidade para sobreviver aos ataques agressivos, eróticos ou narcisista e, sobretudo, vale destacar, a importância de o paciente identificar-se com a condição de o analista conseguir funcionar como um adequado *continente*, no qual o paciente pode confiadamente (o que, muitos deles, no passado, não encontraram nos pais) projetar todas as suas angústias, pulsões, objetos, vazios, etc., além da função *alfa* do terapeuta, que vai servir de modelo para o analisando poder transformar e dar um nome às, ainda inominadas, sensações e experiências emocionais primitivas, de sorte a abrir caminho para a simbolização e para o pensamento!

Ainda com relação à influência identificatória do analista como pessoa real, cabe destacar a relevância de como é a imagem que o analista, dentro de seu psiquismo, tem do seu paciente. Assim, não é nada rara a possibilidade de o terapeuta ficar aferrado aos próprios modos de entender o paciente, unicamente através das ópticas teórica e técnica que lhe é familiar, e ainda conserva para o analisando o mesmo rótulo que lhe marcou o início da análise. Como conseqüência, o analista pode não reconhecer que seu paciente não é mais o mesmo de alguns anos atrás (justamente graças à análise com ele, em cujo caso, ele vai reincidir em uma percepção equivocada, que levará a interpretações ainda centradas na neurose inicial, podendo cometer uma séria injustiça contra o paciente por não *reconhecer* o esforço que ele fez em obter mudanças, por mínimas que aparentem ser.

A ênfase que foi dada à pessoa do analista como um novo modelo de identificação fica justificada pelo fato de que toda análise bem-sucedida deve necessariamente transitar por processos de algumas *desidentificações*, seguidas de *re-*(ou *neo)-identificações.* Assim, à medida que o paciente vai conhecendo as identificações parentais primitivas que estão arraigadas no seu psiquismo – e que determinam o seu modo de sentir, agir e ser –, ele deverá estar apto a discriminar quais são as identificações patógenas da mãe, ou do pai, ou de alguém equivalente, de modo que ele poderá decidir quais são os aspectos daquelas pessoas que ele admira e quer conservar para si e quais são os aspectos que ele detesta, que quer abandonar e modificar.

Nesse último caso, as desidentificações abrem um significativo espaço no psiquismo do paciente, o qual, então, está à espera de novos modelos de identificações substitutas que sejam harmônicas com aquilo que ele, de fato, é ou com o que ele quer vir a ser – ou seja, ele necessita de reidentificações –, sendo justamente aí que a figura real do terapeuta adquire uma importância capital.

Desejo fazer uma reflexão final relativa à importância da pessoa real do analista no andamento e nos resultados finais do processo analítico, a partir de dois questionamentos que sempre me fiz e ainda me faço.

A primeira dúvida que me intriga é como explicar o fato de que várias pesquisas de resultados analíticos não conseguem achar diferenças significativas na qualidade da "cura" (mesmo dando o desconto que é muito difícil fazer uma avaliação totalmente fidedigna, sendo sobremaneira delicada a tarefa de distinguir quando foram obtidos *benefícios terapêuticos* ou *resultados analíticos*) quando os tratamentos analíticos advêm de terapeutas procedentes de escolas analíticas com embasamentos teóricos e técnicos, às vezes, bastante diferentes na sua essência.

A segunda questão, igualmente intrigante e instigante, é por que certas análises relatadas por psicanalistas – os mais ilustres possíveis –, como Freud, M. Klein, Rosenfeld, Bion, entre outros mais, quando são relidas com os nossos conhecimentos e recursos técnicos atuais, despertam uma sensação de certa incredulidade e de estranheza sobre como os respectivos pacientes puderam melhorar tanto.

Cabe exemplificar. Todos nós sabemos que o clássico historial clínico de Freud acerca da análise do "pequeno Hans", que apresentava uma fobia por cavalos, refere claramente que a análise foi feita pelo *pai* do menino, enquanto o papel de Freud limitou-se a dar uma consultoria ao pai. Ainda assim, com um recurso inimaginável hoje, Hans ficou curado. Por quê?

Vamos à M. Klein e ao seu relato da análise do menino Richard, tal como ela descreve em *Narrativa de uma análise infantil* (1961).

Richard é um menino que foi analisado por Klein durante a II Grande Guerra, em uma época na qual os aviões alemães bombardeavam duramente Londres. Trata-se de uma análise exaustiva, minuciosamente relatada, com a reprodução de desenhos de Richard. Para ficar em um único trecho de sessão, vale exemplificar que Richard desenhou uns aviões no céu, dos quais se desprendiam desenhos de bombas. Qualquer um de nós pensaria em ajudar o menino a elaborar as suas angústias reais, com as fantasias correlatas, decorrentes das ameaças reais, que realmente estavam pairando sobre todos. No entanto, M. Klein, aparentemente desconhecendo a realidade exterior, interpretava prioritariamente as fantasias inconscientes de Richard que estariam ligadas aos seus impulsos sádico-destrutivos (as bombas) contra a mãe ou o pai, por inveja deles e coisas equivalentes. Na verdade, por mais que nós, hoje, possamos estranhar, o menino Richard teve um enorme benefício analítico. Por quê?

Se algum de nós consultar o livro de Bion – *Estudos psicanalíticos revisados* (1967) – no qual ele revisa artigos escritos na década de 50, a partir de sua experiência clínica com pacientes em condições psicóticas, também estranhará o teor e o modo como foram concebidas e formuladas algumas de suas interpretações, seguindo o modelo kleiniano da época de interpretar prioritariamente as pulsões sádicas ligadas aos objetos parciais, seio, pênis, etc. Vou transcrever literalmente uma vinheta do próprio Bion: "Paciente: Arranquei um pequeno pedaço de pele de meu rosto e me sinto bastante vazio. Analista: O pedaço de pele é seu pênis, você o arrancou e todo o seu interior se foi com ele. Paciente: Não entendo... pênis ... só sílabas. Analista: Você dissociou minha palavra pênis em sílabas e agora não significa nada". As sessões seguem neste nível, possibilitando que Bion extraísse interessantíssimas concepções originais acerca do pensamento e da linguagem. Em uma outra passagem deste mesmo livro, no artigo "Diferenciação entre as personalidades psicóticas e as não-psicóticas", Bion interpretou para o paciente que ele "se sentia rodeado por pedaços de coisas más e malcheirosas de si mesmo, incluindo seus olhos, que ele sentia haver expulsado pelo seu ânus". Sei que não é justo com algum autor fazer o que fiz, ou seja, pinçar algumas frases soltas sem dar o contexto completo, porém creio ser óbvio que de forma alguma estou criticando ou, muitíssimo menos, denegrindo Bion, porém somente viso a ilustrar a mudança que a atividade interpretativa sofreu ao longo dos tempos, com o próprio Bion inclusive. Da mesma forma, também pretendo destacar o fato de que igualmente os pacientes referidos nas vinhetas obtiveram significativas melhoras analíticas. Por quê? Foram as interpretações que promoveram o caminho da "cura"? Particularmente, penso que não!

Em todas as situações mencionadas, creio que existe um fator comum: independentemente do conteúdo das interpretações, M. Klein e Bion (entre tantos outros que poderiam ser citados) trabalhavam com amor, com um interesse verdadeiro, acreditavam no que faziam, não tinham medo dos pacientes, funcionavam como magníficos continentes das cargas psicóticas que esses projetavam neles e sobreviviam plenamente a qualquer tipo de pânico ou de ataque agressivo. Dizendo com outras palavras, acredito que foi a atitude psicanalítica interna – espelho das condições desses analistas como pessoas reais que eram – a maior responsável pela análise exitosa com seus pacientes.

8

Resistências. A Reação Terapêutica Negativa

Dize-me como resistes e dir-te-ei como és!

VISÃO HISTÓRICO-EVOLUTIVA

Desde os primórdios da psicanálise, o fenômeno *resistência* tem sido exaustivamente estudado em sua teoria e em sua técnica, mas, nem por isso, na atualidade, perdeu em significação e relevância. Pelo contrário, continua sendo considerado a pedra angular da prática analítica, e, cada vez mais, os autores prosseguem estudando-o sob renovados vértices de abordagem e de conceituação.

Na qualidade de conceito clínico, a concepção de *resistência* surgiu quando Freud discutiu as suas primeiras tentativas de fazer vir à tona as lembranças "esquecidas" de suas pacientes histéricas. Isso data de antes do desenvolvimento da técnica da associação livre, quando ele ainda empregava a hipnose, e a sua recomendação técnica era no sentido de *insistência*, por parte do psicanalista, como uma medida contrária à *resistência*, por parte do paciente. Este *método de coerção associativa*, empregado por Freud, incluía uma pressão de ordem física (mão na testa do paciente) que ele próprio procedia e recomendava, a fim de se conseguir a recordação e a verbalização dos conflitos passados.

Freud empregou o termo *resistência* pela primeira vez ao se referir a Elisabeth Von R. (1893), usando a palavra original *widerstand*, sendo que em alemão *wider* significa "contra", como uma oposição ativa. Até então, a resistência era considerada exclusivamente *obstáculo* à análise, e a sua força corresponderia à quantidade de energia com que as idéias tinham sido reprimidas e expulsas de suas associações.

O termo *resistência* foi empregado, por longo tempo, com uma conotação de juízo pejorativo. A própria terminologia utilizada para caracterizá-la, em épocas passadas (e, de certa forma, ainda persiste no presente), era impregnada de expressões típicas de ações militares, como se o trabalho analítico fosse uma beligerância do paciente contra o analista e vice-versa. Um exemplo disso é uma antiga referência de Freud, comumente bastante citada: "O inimigo não pode ser vencido *in absentia* ou *effigie*" (1912, p.199). Um outro exemplo é aquele em que, para ilustrar o quanto a caminhada de uma pessoa para obter êxito na sua vida pessoal pode ser altamente retardada devido às forças inimigas (na situação psicanalítica, os seus recalques neuróticos) que funcionam como "resistências inconscientes", ele ilustrou com a seguinte metáfora (aliás Freud utilizava bastante, e muito bem, as metáforas) relativa à primeira Guerra Mundial:

> Dificilmente se leva mais de um dia e uma noite para ir de Berlim a Verdun de trem. Mas o exército alemão teve que levar vários meses para fazer a viagem porque havia divisões francesas que tornavam a marcha consideravelmente mais lenta.

Visto da perspectiva atual da concepção de resistência, cabe afirmar que essa metáfora também serve para ilustrar o aspecto positivo da resistência, como foi o da "resistência francesa" contra as tropas invasoras.

Em *A interpretação dos sonhos* (1900), os conceitos de *resistência* e de *censura* estão intimamente relacionados: a *censura* é para os sonhos aquilo que a *resistência* é para a associação livre. Neste trabalho, em suas considerações sobre o esquecimento dos sonhos, Freud deixou postulado que "uma das regras da psicanálise é que tudo o que interrompe o progresso do trabalho psicanalítico é uma resistência"(p. 551).

Aos poucos, com a tática de ir da periferia em direção à profundidade, Freud foi entendendo que o reprimido, mais do que um corpo estranho, era algo como um *infiltrado*. Assim, ele começa a deixar claro que a resistência não era dirigida somente à recordação das lembranças penosas, mas também contra a percepção de impulsos inaceitáveis, de natureza sexual, que surgem distorcidos. Com isso, Freud conclui que o fenômeno resistencial não era algo que surgia de tempos em tempos na análise, mas, sim, que ele está permanentemente presente.

Freud aprofundou bastante o estudo sobre as resistências em *Inibição, sintoma e angústia* (1926), quando, utilizando a hipótese estrutural, descreveu cinco *tipos* e três *fontes* das mesmas. Os tipos derivados da fonte do ego eram: 1) *resistência de repressão* (consiste na repressão que o ego faz de toda percepção que cause algum sofrimento); 2) resistência de *transferência* (neste caso, o paciente manifesta uma resistência contra a emergência de uma transferência "negativa" ou "sexual" com o seu analista); 3) resistência de *ganho secundário* (pelo fato de que a própria doença concede um benefício a certos pacientes, como os histéricos, as personalidades imaturas e aqueles que estão pleiteando alguma forma de aposentadoria por motivo de doença, essas resistências são muito difíceis de serem abandonadas, eis que egossintônicas); 4) *resistências provindas do Id* (Freud as considerava como ligadas à "compulsão à repetição", sendo que, juntamente com uma "adesividade da libido", promovem uma resistência contra mudanças); 5) *resistência oriunda do superego* (a mais difícil de ser trabalhada, segundo Freud, por causa dos sentimentos de culpa que exigem punição).

No clássico *Análise terminável e interminável* (1937), Freud introduz alguns novos postulados teórico-técnicos. Na minha opinião, aí ele formula um sexto tipo de resistência: aquela provinda do *ego contra o próprio ego*: "[...] em certos casos, o ego considera a própria cura como um novo perigo" (p. 271). A meu juízo, Freud está aqui intuindo e prenunciando aquilo que Rosenfeld (1965) veio a chamar de "gangue narcisista", já Steiner (1981) denominou "organização patológica", conceitos que me parecem equivalentes ao que, particularmente, em muitos textos, venho denominando "contra-ego", tal como descrevo no Capítulo 10 deste volume.

Nesse mesmo trabalho de 1937, Freud aporta outras importantes contribuições acerca de resistências, como: o conceito de *reação terapêutica negativa (RTN)* como sendo aderido ao instinto de morte; a valorização do papel da contratransferência, de modo que ele aponta que a resistência do analisando pode ser causada pelos *erros do analista*; a observação de que a resistência no homem deve-se ao medo dos desejos passivo-femininos em relação a outros homens, enquanto a resistência das mulheres deve-se em grande parte à "inveja do pênis"; Freud também alude ao surgimento de uma "resistência contra a revelação das resistências" (p.272).

Muitos outros autores, contemporâneos ou posteriores a Freud, trouxeram importantes contribuições ao estudo das resistências, que foram conceituadas sob diferentes pontos de vista; todavia, as sementes de Freud continuam frutificando. O que, em resumo, de mais importante pode ser dito é que a evolução do conceito de resistência, na prática analítica, sofreu uma profunda transformação, desde os tempos pioneiros, em que ela era considerada unicamente um obstáculo de surgimento inconveniente, até a psicanálise contemporânea, na qual, embora se reconheça a existência de resistências que obstruam totalmente o curso exitoso de uma análise, na grande maioria das vezes, o aparecimento das resistências no processo analítico é muito bem-vindo, pois elas representam com fidelidade a forma como o indivíduo se defende e resiste no cotidiano de sua vida.

Assim, de modo genérico, a *resistência no analisando* é conceituada como a resultante de forças, dentro dele, que se opõem ao analista ou aos processos e procedimentos da análise, isto é, que obstaculizam as funções de recordar, associar, elaborar, bem como ao desejo de mudar. Nessa perspectiva, continua vigente o postulado de Ana Freud (1936), para quem a análise das resistências não se distingue da análise das defesas do ego, ou seja, da "permanente blindagem do caráter" (p. 46).

RESISTÊNCIAS NA PRÁTICA ANALÍTICA

Não é possível uma clara classificação, ou sistematização, das resistências por três razões: as diferenças semânticas entre os autores, os múltiplos vértices de abordagem e a sua multideterminação. Faz-se, a seguir, uma enumeração de algumas das principais características de como as resistências aparecem no cotidiano da prática analítica.

1. A resistência tanto pode ser inconsciente quanto consciente, mas sempre provém do ego, ainda que possa vir orquestrada pelas demais instâncias psíquicas. Ela pode se expressar por meio de emoções, atitudes, idéias, impulsos, fantasias, linguagem, somatizações ou ações. Ou seja, todos os aspectos da vida mental podem ter uma função de resistência; daí a sua extrema complexidade. Clinicamente, elas aparecem numa variedade de maneiras: claras, ocultas ou sutis; simples ou complexas; pelo que está acontecendo e pelo que está deixando de acontecer. Além disso, cada indivíduo tem uma pletora de recursos resistenciais, os quais variam com os distintos momentos do processo analítico.

2. As resistências poderiam ser sistematizadas a partir da teoria estrutural, como fez Freud (1926), na qual postulou os cinco tipos clássicos, já referidos. Na atualidade, além das intra e inter-relações entre id, ego e superego, é imprescindível incluir o ego ideal, o ideal do ego, o ego, o alter-ego, o contra-ego e o ego real, nas suas múltiplas formas de combinação entre si e com a realidade exterior.

3. Um outro critério de classificação válido é aquele que está baseado em *manifestações clínicas*, tais como: faltas, atrasos, intelectualizações, exagero de silêncio ou prolixidade, segredos, sonolência, ataque às funções do ego em si próprio ou no analista (confundindo-o e dificultando-lhe a capacidade de perceber, sentir, pensar e discriminar), fuga para a extratransferência, dentre outros. A partir deste enfoque clínico, o importante é que, em um dos passos cruciais da análise, se possa *transformar as resistências, de egossintônicas em egodistônicas*, para que o paciente se alie ao terapeuta, no objetivo comum de analisá-las e superá-las.

4. Uma forma também muito simplificada de sistematizar as resistências é por meio do critério de suas *finalidades*. Assim, além daquelas descritas por Freud (1926 e 1937), vale acrescentar: resistência contra a *regressão* (medo da psicose); contra a renúncia às *ilusões* de uma eterna simbiose; contra o abandono do pensamento mágico (do vértice analítico, a magia consiste numa tentativa de controlar os poderes e as forças que operam na natureza), contra as *mudanças* verdadeiras (pavor de uma catástrofe, caso o paciente abandone as suas familiarizadas soluções adaptativas); contra a vergonha, culpa e humilhação do *colapso narcisista*; contra a elaboração da *dor* da posição depressiva; contra os temores persecutórios próprios da posição esquizoparanóide; contra os *progressos analíticos* (o grau extremo é a RTN) e também deve ser incluída a resistência que se manifesta como um sadio movimento do paciente contra as possíveis *inadequações do seu analista*.

5. Uma outra tentativa de sistematização seria a de baseá-la no tipo, grau e função das *defesas mobilizadas*. Assim, as organizações defensivas podem se constituir em: inibições, sintomas, angústia, estereotipias, traços caracterológicos, falsa identidade, formas obstrutivas de comunicação e linguagem, *actings* excessivos, etc.

6. Pode-se classificar as resistências relacionando-as aos *pontos de fixação patológicos* que lhes deram origem. Assim, ter-se-ia, por exemplo, resistências de natureza narcisista, esquizoparanóide, maníaca, fóbica, obsessiva, histérica, etc. É claro que isso, se fosse tomado de modo absoluto, geraria grande imprecisão, tão óbvio é, por exemplo, que subjacente a toda fixação edípica pode estar perfilada a criança ávara da fase anal, a criancinha ávida da fase oral ou o bebê mágico da fase narcisista.

7. É útil considerar as resistências em relação às *etapas evolutivas do desenvolvimento emocional primitivo*. Dessas, a *Narcisista* é particularmente importante, por se constituir no crisol da formação da personalidade e da identidade. Assim, a maioria das pessoas que hoje procura análise apresenta importantes problemas caracterológicos, de baixa auto-estima e

de prejuízo do sentimento de identidade, derivados da permanência de um estado depressivo subjacente, muitas vezes resultante das primitivas feridas narcisistas.

8. Mais especificamente em relação à "resistência narcisista", muitíssimo freqüente em nossa prática clínica, conforme o grau e a qualidade patológica, ela tanto pode ser bem trabalhada e removida, quanto existe uma alta probabilidade de as defesas narcisistas terem se constituído uma poderosa armadura contra toda e qualquer possibilidade de dependência da análise, como contra qualquer mudança psíquica verdadeira.

9. Essa rígida armadura, com uma viseira que só permite uma visão limitada e unifocal do mundo que a cerca, é forjada com defesas narcisistas de natureza psicótica, como são a onipotência, a onisciência, a prepotência, a confusão entre o que é verdade e ilusão, maciça negação da dependência, etc.

10. Assim, cabe sublinhar que a manifesta aparência de auto-suficiência narcisista é paradoxal, pois esse paciente necessita de um objeto para demonstrar que pode prescindir do mesmo, a ponto de alguns pacientes procurarem a análise com a finalidade precípua de abandoná-la em pouco tempo e, assim, proclamar, triunfante, que a análise e o analista não valem nada, que não puderam com ele. Um segundo paradoxo ocorre quando o sujeito narcisista pode prescindir desse objeto com mais facilidade, de forma bem-sucedida para essa patologia, se, de alguma maneira, o objeto (o analista, por exemplo) demonstrar que está sendo afetado pelo desdém demonstrado por ele.

11. Tais pacientes muito regressivos, para garantir a sua sobrevivência psíquica, podem buscar refúgio *dentro* do outro ou *fugindo do outro*. No primeiro caso, na situação analítica, na busca por uma aliança simbiótica com o seu terapeuta, o paciente recorre a um excessivo emprego de identificações projetivas, de modo a enfiar-se dentro do analista, tanto que, segundo Meltzer (1967, p. 13) essas últimas se constituem "a única defesa infalível contra a separação". Em relação a essa afirmação de Meltzer, recordo um *exemplo* ocorrido na minha prática clínica, quando uma paciente, após o término da última sessão que precedia o longo período de um mês de férias que seguiria, ao se despedir, de forma carinhosa, já na porta de saída, me disse, sorrindo: "até o começo de março" e, logo ela completou, agora séria: "Isto é, se até lá eu não me matar". Confesso que nos primeiros dias eu não conseguia aproveitar plenamente as férias porque a lembrança dela ocupava a minha mente, em meio a preocupações e fantasias trágicas. Só consegui sair dessa situação quando me ficou claro que, objetivamente, essa paciente não representava nenhum risco real, e que, mesmo sendo de forma inconsciente, ela empregou o recurso de resistir a sentir a angústia do desamparo, que foi acionada pela situação da separação, a qual, por sua vez, lhe evocava antigos e penosos abandonos dos pais. Conseguiu seu intento de resistir ao surgimento da angústia, por meio do recurso de me forçar a não me separar dela, trazendo-a presente em meu psiquismo consciente.

12. Quando o refúgio consiste em *fugir* do outro, esse tipo de analisando mais regressivo o faz por meio de evitações fóbicas, *actings* malignos (perversões, psicopatias) ou pela criação de uma autarquia narcisística própria (*borderline*, por exemplo).

13. Essas últimas situações representam organizações defensivas, rigidamente estruturadas, porquanto a *necessidade de sobrevivência* ocupa um espaço psíquico muito maior que o dos desejos edípicos. Dessa forma, na análise, resulta que *quanto mais frágil for o ego do paciente, mais forte ele o é para resistir ao analista*.

14. Pacientes que resistem à demonstração de emoções: muito comumente isso se deve ao fato de que, quando eram crianças, as mães podem ter sido muito dedicadas aos cuidados materiais (higiene, alimentação...), porém muito distanciadas afetivamente do filho, de modo que esse pode ter desenvolvido o uso dos órgãos sensoriais, e intelectivos, em detrimento dos emocionais. Foram crianças muito quietinhas (às vezes, em graus mais extremos, dão a falsa impressão de que sejam débeis mentais), que se acostumaram a suprir sua ansiedade por intermédio de aportes materiais. A conseqüência disso, no futuro adulto, é que esse paciente substitui a manifestação da emoção nas situações de angústia pela prática de atuações, voltadas às aquisições materiais, como no consumismo compulsivo de roupas, jóias, conquistas amorosas, etc.

15. Tais pacientes mais regressivos opõem sérias resistências às mudanças e desejam manter as coisas como elas estão, não porque não desejem se curar, mas, sim, por não acreditarem nas melhoras, ou que as mereçam, ou porque eles correm o sério risco de voltar a sentir as dolorosas experiências passadas, de traição e humilhação. Por tudo isso, seu objetivo de vida é para sobreviver e não para viver!

16. A propósito, penso que a forma resistencial mais grave é justamente a de um estado mental de *Desistência* do analisando, em cujo caso ele procede unicamente de maneira formal e mecânica, sendo que o "seu único desejo pode ficar reduzido ao extremo de não ter desejos", às vezes com um cerrado namoro com a morte, assim esterilizando a eficácia analítica.

17. Isto se deve ao fato de que, nos pacientes seriamente regredidos, antes da presença de *desejos* existe um estado de profundas *necessidades*, que, se não forem intuídas e satisfeitas pelo analista, reforçarão um estado anterior de sua vida, pelo qual, muito mais do que ódio, elas geram um sentimento de *decepção* pelo novo fracasso do meio ambiente. Isso interrompe o crescimento do *self* e prejudica a capacidade de desejar, o que conduz a uma sensação de *futilidade* e a uma *desistência de desejar e de ser*. Assim, a desistência vem acompanhada de um estado afetivo de *indiferença*, provavelmente nos mesmos moldes da indiferença que o sujeito acredita que tenha sofrido por parte de todas as pessoas mais significativas de sua vida. A indiferença dessas pessoas consiste em, aparentemente, não desejar ver e nem ser visto, notado e reconhecido, sendo que nos casos mais graves forma-se um investimento aditivo ao "nada", e o exagero de uma "onipotência do masoquismo" torna-os suicidas em potencial.

18. Dizendo com outras palavras, na situação psicanalítica, enquanto houver *resistências que pugnam pela existência* (como na metáfora da "resistência francesa"), ainda persiste a chama da esperança, sendo que a pior forma de resistência é a do referido estado mental de desistência, que cronifica a *des-esperança* (ou seja, o paciente nada mais espera da análise e da vida). Aqui, cabe fazer, de forma categórica, a afirmativa de que, na situação analítica, *enquanto houver resistência, há um desejo de existência; o funesto é quando o estado mental é de desistência.*

19. Assim, psicanaliticamente, é útil que o analista consiga discriminar dois estados mentais do paciente que são muito parecidos, porém que, essencialmente, são diferentes, de formas bem opostas: 1) um é a condição de *resistência*, para o fim de não mudar!; 2) o outro é um estado de "resiliência", quando, então, o paciente parece que está resistindo, porque fica contestando e polemizando, porém faz isso com o propósito de se fazer escutar, de avançar na vida! Tal situação é bastante freqüente nos adolescentes, quando estão lutando em prol da aquisição de um definido sentimento de identidade.

20. Em relação ao *setting*, a resistência do paciente pode se manifestar por meio de distintas formas de transgredir as combinações feitas de comum acordo com o analista, desferindo ataques – que, na verdade, são defesas resistenciais – contra a necessária manutenção do *setting*. Embora esses ataques possam ser desferidos, de uma forma ou outra, contra todas as "regras técnicas" legadas por Freud, as quais, devidamente transformadas, continuam vigentes na atualidade, quero me alongar mais nas resistências do analisando contra a regra que podemos chamar de "amor às verdades".

21. A resistência ao conhecimento da verdade tem uma ampla gama de variações no cotidiano clínico, desde a mentira com intencionalidade consciente até as falsificações de natureza totalmente inconsciente, passando por situações intermediárias, como meias-verdades, sonegações, reticências, enigmas, mensagens ambíguas, etc. A exagerada idealização inicial, ou o denegrimento, que o analisando faz do seu analista pode representar uma distorção resistencial necessária e útil, desde que fique claro que isso *não vá se constituir num clima permanente da análise.*

22. Um importante fator para um clima eficaz do *setting* é a *motivação*, tanto a consciente quanto a inconsciente, concernente aos objetivos relativos a que ambos, analista e analisando, esperam da análise. É bastante freqüente que, na motivação inicial do paciente para o tratamento analítico, a busca pela manutenção do *status quo* seja bem maior do que a de mudanças verdadeiras. Neste tipo de resistência, a procura do objeto externo – o analista –

pode servir como forma de eludir o contato com os ameaçadores objetos internos.

23. Para clarear as reflexões feitas, como *exemplo*, vou referir uma situação clínica do início da minha atividade psicanalítica. Trata-se da paciente A., cuja análise prolongou-se por muitos anos, com significativas melhoras nos planos de esbatimento de sintomas e nos aspectos adaptativos, porém com pobres resultados no tocante às modificações dos seus núcleos caracterológicos mais regressivos (correspondia ao que Bion chamou de "parte psicótica da personalidade"). Na entrevista inicial, ela disse que viera de uma interrompida psicoterapia anterior, que resolvera "trocar por análise" para "se aprofundar mais" e que escolhera a minha pessoa por me achar "muito humano". Mais adiante, ela referiu que resolvera fazer o vestibular para a faculdade X, em vez da Y, que era muito melhor, porque na primeira "era muito mais fácil para passar". O curso da análise foi muito penoso e incidentado, sempre que eu insistia em trabalhar mais incisivamente no nível da dimensão psicotizada de sua personalidade. Hoje entendo que a paciente estava coerente com a sua forte resistência a um trabalho analítico mais sério, já que em nosso contrato ficara implícito que ela me escolhera por acreditar que comigo seria "muito mais fácil", que ela poderia aprofundar um vínculo que chamara de "humano" e que muito cedo mostrara que o queria de natureza simbiótica. A paciente rebelara-se porque eu é que não estava cumprindo nosso acordo latente, paralelo ao manifesto, de que a confiança que ela depositara em mim o fora nas minhas prováveis limitações e incapacidades.

24. Relativamente à *transferência*, continua válida a afirmativa de Freud de que "toda resistência é uma forma de transferência", de sorte que cabe ao analista decodificar os significados que estão presentes justamente naquilo que está sendo "resistido".

25. Assim, é tão importante a manifestação da "resistência", com a respectiva significação do "resistido" que está embutido, que se pode dizer que as resistências se constituem em um excelente instrumento de técnica, pois mostra, na situação analítica, como o ego equipou-se para enfrentar as vicissitudes da vida.

26. Em relação à *atividade interpretativa*, cabe afirmar que a eficácia de toda interpretação do analista, além da importância do seu conteúdo, forma, oportunidade, finalidade e estilo de como ela é comunicada ao paciente, depende fundamentalmente do *destino* que a mesma toma na mente deste último. Isto nos remete a um problema muito sério relativo à resistência na prática analítica: o de que as interpretações do analista, apesar de estarem *certas* do ponto de vista de compreensão dos conflitos inconscientes, possam ser *ineficazes*.

27. Isso se deve ao fato de que a transmissão do conteúdo verbal do paciente para o analista, e vice-versa, implica tantas variáveis, de tantos vértices teóricos, que se torna impraticável fazer, aqui, um estudo minucioso. Vou-me limitar à observação de algumas costumeiras formas de resistências no ato interpretativo, como são, entre outros tantos, os seguintes assinalados por Bion: os *distúrbios da comunicação*; *os ataques aos vínculos perceptivos*; e o fenômeno da "reversão da perspectiva".

28. Assim, uma primeira observação que se impõe é que nem sempre a comunicação verbal do paciente tem a finalidade de realmente comunicar algo ao psicanalista; pelo contrário, muitas vezes, tal como nos ensinou Bion, o propósito inconsciente visa a confundir o terapeuta e a atacar os seus vínculos perceptivos. O mesmo autor enfatiza que o dom da fala pode ter o propósito de elucidar e de comunicar pensamentos, assim como também o de escondê-los por meio da dissimulação e da mentira. Todos conhecemos indivíduos fortemente narcisistas, para os quais é muito gratificante usar uma linguagem na qual o *bien dire* (falar bonito) prevalece sobre o *vrai dire* (dizer a verdade), o que, na situação analítica, se coloca a serviço da resistência.

29. Da mesma maneira, pacientes em condições regressivas podem resistir a verbalizar claramente suas necessidades e desejos; sendo movidos pela ilusão simbiótica de que o terapeuta tem a obrigação de adivinhá-los, da mesma forma como ocorre com as criancinhas, ser obrigado a falar se constitui, para eles, numa ferida narcísica profunda.

30. De forma análoga, conforme assinala Ferrão (1974, p. 80), "há o tipo de paciente que se dá o papel de 'supervisor' do analista: fala por subentendidos, estimulando a curiosidade de seu analista para decifrá-los, elogia quando este consegue acertar e o critica quando supõe que ele

erra; [...] e há pacientes que procuram transformar a sessão numa verdadeira polêmica, como se a análise fosse um jogo de opiniões".

31. Com o termo "ataque aos vínculos" – título de um trabalho seu (1967) considerado dos mais originais e criativos da literatura psicanalítica –, Bion refere-se aos ataques que "a parte psicótica da personalidade" do paciente dirige contra qualquer coisa que ele sente como tendo a função de vinculação, que tanto pode ser de um objeto ao outro, um pensamento com outro, um pensamento com o sentimento e assim por diante.

32. Segundo Bion, tais ataques ao analista devem-se não tanto ao conteúdo das interpretacões, mas ao fato de que esse analista está compreendendo e revelando o íntimo do paciente por meio da tarefa de interpretar, pois a interpretação exitosa representa um elo, uma ligação, entre dois pensamentos, assim caracterizando uma interação humana. Os pacientes que priorizam os ataques aos vínculos das interpretações são justamente aqueles que se mostram empenhados em desunir ou estabelecer uniões estéreis deles com o seu analista e deles consigo próprios.

33. Bion também fez uma importante contribuição relativa ao destino da interpretação nos pacientes portadores de uma forte *parte psicótica da personalidade* quando descreve o fenômeno da "reversão da perspectiva". Esse fenômeno consiste basicamente no fato de que o paciente que o utiliza mantém com o analista um "acordo manifesto e um desacordo latente", tendo em vista o fato de que, formalmente, possa tratar-se de um paciente assíduo, colaborador, gentil, que assente com a cabeça confirmando que está aceitando as interpretações, porém, no fundo, ele as desvitaliza, revertendo o significado dessas interpretações às suas próprias premissas, que lhe são familiares e que lhe servem como defesas, logo, como resistências.

34. O conceito de *reversão da perspectiva* não tem o mesmo significado que o de um transtorno paranóide do pensamento, ou de um controle obsessivo, e igualmente não alude ao problema da falsidade; na verdade, está mais próximo ao de um perverso que quer impor as suas premissas, de forma sutil. Segundo Bion, esse tipo de resistência à interpretação também não equivale àquela que habitualmente é conhecida como "intelectualização"; antes, ela é devida à incapacidade de *pensar* desses pacientes.

35. Ainda em relação ao destino da interpretação, Rosenfeld (1965, p. 201) assinala como os pacientes narcisistas "podem aceitar e usar as interpretações do analista, mas imediatamente as despojam de vida e significação, de maneira que apenas restam palavras sem sentido" (p. 201).

36. Em relação à *elaboração*, pode-se dizer que, no curso da análise, um fluxo continuado e crescente de *insight*, sem mudanças autênticas na vida real, está se revelando como um sério indicador de resistência à análise, talvez uma das mais sérias seja a da *resistência às mudanças*. Fora de dúvidas, os pacientes que apresentam o maior grau de resistência às verdadeiras mudanças são aqueles que, mercê de uma forte caracterologia narcisista defensiva, funcionam no processo analítico na condição de "pseudocolaboradores".

37. Esta última denominação já aparece no magistral trabalho de Abraham, que aborda a temática de resistências narcisistas (1919). Mais recentemente, também Meltzer (1973, p. 31) considera esses falsos colaboradores como pacientes que desenvolveram o que ele denominou "pseudomadurez". Também Betty Joseph (1975, p. 414) retoma o termo original de Abraham (estranhamente sem citá-lo) e faz a interessante observação de que o que caracteriza tais pacientes é que

> [...] eles mantêm esplitada (splite OFF) a sua parte paciente, a comunicação verbal como uma forma de *acting*. Aparentemente, são bastante cooperadores e adultos, mas essa cooperação é uma pseudocooperação, destinada a manter o analista afastado das partes infantis do *self*, realmente desconhecidas e mais necessitadas.

38. Uma das formas de resistência que pode ocorrer, na esteira do narcisismo, é a que encontramos nos pacientes que desenvolveram uma transferência imitativa (Gadini, 1984, p. 9), a qual se constitui em uma situação "das mais temíveis e insidiosas" para o processo analítico. *Temível* porque se organiza como resistência poderosa e tácita. *Insidiosa* porque se apresenta com todas as aparências de uma

transferência positiva. Usam a imitação, ao invés da introjeção, razão pela qual não conseguem a estruturação de uma identidade bem definida.

39. Ainda um outro tipo de resistência decorrente de fixações narcisistas é aquele de natureza que se poderia denominar "transferência de vingança" (em alusão à expressão que Freud utilizou para caracterizar sua paciente Dora, 1905, p. 116), a qual está presente em pacientes que, embora de forma latente, são cronicamente ressentidos e rancorosos. Em geral, trata-se de analisandos que tiveram, muito precocemente, uma importante perda parental e que, por isso mesmo, se acham no direito de, pelo resto da vida, reivindicar o retorno do anelado e do impossível estado anterior. Compensam esse fracasso, e as conseqüentes traições que julgam ter sofrido, desfigurando as situações reais e configurando outras, nas quais aparecem como, privilegiadas, vítimas de injustiças e humilhações, as quais ruminam de forma obsessiva e prazerosa, com fantasias e planos de ressarcimento e vingança. Essa caracterização coincide com o que Bergler (1959) chama de "colecionadores de injustiças". A compulsão rancorosa, ainda que seja um derivado indireto da inveja, diferencia-se dessa, pois não visa primariamente a destruir as capacidades do analista invejado, mas, sim, castigá-lo. Essa forma de resistência processa-se de maneira egossintônica, pois o analisando acha-se com pleno direito para tal, podendo, no triunfo sobre o analista, representante do antigo objeto abandonante e humilhador, passar a ser, na análise, um objetivo mais importante que a própria cura.

40. Como exemplo, recordo-me de um analisando que se dizia sempre amedrontado ante mim, configurando tal sentimento com uma imagem que repetia com freqüência: ele se sentia como um pobre ratinho, fraco e humilde, enquanto eu lhe aparecia como um gato, grande, forte, capaz e detentor do poder. Movido por um sentimento contratransferencial, em certo momento, perguntei a quem o gato e o rato lhe lembravam. Respondeu, prontamente: Tom e Jerry. A continuidade do trabalho foi em torno do quanto ele se imaginava vingando-se de todas as figuras autoritárias – do presente e do passado – que o teriam submetido e humilhado. Secreta e sutilmente, e fazendo da astúcia a sua principal arma, qual Jerry, sempre levando vantagem final sobre Tom, sentia-se passando de submetido a submetedor, de humilhado a humilhador.

41. Esse paciente ilustra outros tantos que, como ele, polidos sem afetação e com um educado ressentimento e sarcasmo, ante o temor de sofrer um novo abandono agressivo, resistem à análise, reagindo com um "furor narcisista" (termo de Kohut, 1971), para dar uma boa lição a quem representa essa injuriosa ameaça. Ocorre que tais analisandos ressentidos, sem motivos aparentes, fazem uma oposição sistemática, pois para o endosso de sua tese precisam configurar o analista como um objeto mau. Agem, como me disse esse mesmo paciente que ilustrei anteriormente: "para mim, a lei mais importante da vida é a de Talião". Não se julgam primariamente agressivos porquanto estão unicamente justiçando através dessa lei. Ou seja, como mostra a etimologia da palavra, estão de novo e mais uma outra vez ("re")-"taliando". Quanto mais melhoram, mais se queixam, e isso costuma despertar reações contratransferenciais dolorosas, uma sensação no analista de vazio, desânimo e de estar sendo vítima de ingratidão. Essas situações não são raras e podem contribuir para a formação de impasses.

42. O negativo da elaboração é o *impasse*, ou seja, este surge quando aquele se detém. O impasse pode ser entendido como "toda situação suficientemente duradoura, na qual os objetivos do trabalho psicanalítico pareçam não ser atingíveis, embora se mantenha conservada a situação analítica standard". Comumente, os impasses manifestam-se por uma dessas formas: *estagnação* (aparentemente a situação está tranqüila, analista e analisando supõem que a análise está se desenvolvendo bem, porém ela está dando voltas em torno do mesmo lugar e nada de mais acontece, nem de mau ou de bom); *paralisação* (o analisando não sabe mais o que dizer, e o analista sente-se manietado em uma desconfortável sensação de impotência e paralisia, enquanto no par analítico vai crescendo um sentimento de esterilidade); *reação terapêutica negativa (RTN)*.

43. Enquanto as duas formas anteriores de impasse costumam ser silenciosas, a RTN

habitualmente é ruidosa, por vezes dramática, de sorte que, não raramente, o paciente pode interromper a análise abruptamente. Também, contrariamente às formas de paralisação e de estagnação, o abandono da análise devido a uma RTN pode vir acompanhado de uma total perda dos benefícios analíticos que, até então, o paciente vinha conseguindo.

44. É útil consignar que a RTN foi definida por Freud como uma reação paradoxal que surge no curso da análise, pois justamente quando o paciente está fazendo sensíveis progressos, com importantes mudanças, é quando ele começa a piorar. As causas mais freqüentes do surgimento de uma RTN, muito resumidamente, são as, clássicas, três seguintes: insuportáveis culpas devidas ao fato de que o sucesso representa-lhe um *triunfo edípico* (Freud, 1923); o aprofundamento da análise faz o paciente entrar em contato direto com os sentimentos de *depressão*, muitas vezes associado a uma espécie de "cemitério interno" (Joan Rivière, 1936); um *ataque invejoso* do paciente ao analista, por não suportar que sua melhora represente um sucesso do terapeuta (M. Klein, 1957). Creio ser possível acrescentar mais dois vértices: a RTN que decorre de falhas do analista (por exemplo, vê tudo sob o prisma exclusivo de inveja destrutiva), de sorte que a sigla RTN, no caso, deve ser entendida como "relação terapêutica negativa"; e quando o surgimento do fenômeno é conseqüente de uma forte presença de uma das variadas modalidades de *contra-ego*.

45. É importante que o analista saiba discriminar entre "reação terapêutica negativa" e "relação terapêutica negativa", visto que, nesta segunda possibilidade, o terapeuta terá de revisar se a sua conduta analítica possa estar sendo inadequada e, portanto, também responsável por essa situação tão difícil e penosa para ambos do par analítico.

46. Outra forma ruidosa de impasse é aquela que emerge em períodos da análise nos quais predomina fortemente uma *psicose de transferência* (Rosenfeld, 1978), que não deve ser confundida com uma "transferência psicótica", própria de pacientes psicóticos. A *psicose de transferência* pode surgir em pacientes normais, é de duração curta e transitória, e as distorções em relação ao analista são tamanhas que atingem um grau de ideação delirante, porém, ao sair da sessão, o paciente retoma normalmente suas funções rotineiras, por mais complexas e importantes que elas sejam.

47. Um certo grau de impasse sempre aparece ocasionalmente em qualquer análise. Existe, porém, uma forma crônica de impasse, nem sempre perceptível pelo paciente e pelo analista, pois o paciente é sério, esforçado, cumpre com todo o protocolo analítico, no entanto, passam-se os anos e, embora o analista seja igualmente sério e competente, não acontece nenhuma mudança psíquica significativa. Isso acontece com os pacientes que J. Mac Dougall (1972, p.22) denomina *antianalisandos*, que se caracterizam por colaborarem com o analista, aceitam bem o protocolo analítico, falam de coisas e pessoas (nisso se diferenciam dos clássicos pacientes "não-analisáveis", como são os excessivamente atuadores, psicóticos, narcisistas, os que não aceitam as combinações do *setting)*, mas não estabelecem as relações e nem as ligações entre as mesmas. Apesar disso, mantêm uma estabilidade em suas relações objetais e recusam qualquer idéia de separação de seus objetos de rancor. A autora salienta que a *transferência* nesses casos é natimorta na análise, eles jamais se arriscariam a ficar nas mãos de um outro, e nisso são fiéis ao provérbio espanhol: "Antes morrer que mudar". A *contratransferência*, mais do que decepção, é de enfado, e o analista tem a sensação de que representa para esse paciente mais uma "condição" do que propriamente um objeto a ser "bem-aproveitado".

48. Na atualidade, os analistas devem manter uma especial atenção a um tipo muito tenaz de resistência de certos pacientes a fazer mudanças, a qual se deve a uma *luta interna* entre o seu lado sadio que quer progredir e o seu lado doente que, qual um ímã, o atrai continuamente para regredir, de modo a se manter fiel e apegado aos seus objetos patogênicos que o obrigam a cumprir os papéis que desde a infância foram-lhe designados e programados.

49. Um primeiro exemplo que me ocorre é o de uma paciente do perfil de uma "antianalisanda", a qual, sempre pontual, assídua e ativa verbalmente, cumpria as suas sessões por meio de uma aparente indiferença e frieza nos seus relatos lineares, lógicos e seqüenciais,

tampouco manifestava significativas mudanças no seu modo de ser e de se relacionar. Ao ser confrontada por mim quanto ao fato de que, apesar de ela realmente demonstrar adquirir *insights* (no caso, muito mais intelectivos do que afetivos e integrativos), se ela queria, mesmo, fazer mudanças efetivas. Respondeu com um silêncio relativamente longo e, aparentemente ignorando minha colocação e mudando de assunto, disse que, sem saber por que, começou a lhe vir à mente o filme *A escolha de Sofia* (para quem não viu ou não lembra, cabe recordar que Sofia era uma mãe que, com seus dois filhos, estava presa em um campo de concentração nazista, a qual, durante um rotineiro transporte de prisioneiros – supunha-se que era para a morte –, os guardas representantes da besta nazi impuseram-lhe a condição de que um dos dois filhos teria que obrigatoriamente seguir com eles, concedendo-lhe o "direito" de escolher qual dos dois seguiria. Assim, a mãe ficou no cruel dilema de qual filho ela salvaria e qual ela condenaria à morte). Voltando à paciente do exemplo, não obstante o seu consciente tenha ignorado a minha colocação quanto ao seu real interesse de fazer ou não fazer mudanças, ela respondeu por intermédio de seu inconsciente, que produziu um ideograma com imagens, de sorte a me comunicar que ela também estava num cruel dilema entre escolher a morte de seu, muito familiarizado, lado doentio e, assim, permitir a sobrevivência e o crescimento de seu lado sadio ou escolher o inverso.

Dentro da concepção da contemporânea análise vincular, não é possível dissociar a resistência da contra-resistência; elas aparecem em capítulos separados unicamente com um propósito didático, como é o seguinte que abordará o fenômeno contra-resistencial na prática analítica.

9

Contra-resistência. Os Conluios Inconscientes

Quase sempre há fogo oculto sob as cinzas silenciosas,
com uma enganadora aparência de inatividade.

CONCEITUAÇÃO

É necessário reiterar que assim como a resistência pode partir unicamente do paciente, também pode proceder do analista, embora o que, sobretudo, vai nos interessar no presente texto é a interação resistencial-contraresistencial que se processa *entre* ambos, no campo analítico.

A contra-resistência chegou a ocupar um significativo espaço na literatura psicanalítica, como pode ser constatado nas vezes em que Racker (1960) emprega o termo e nas conceituações que ele faz acerca deste fenômeno, em seu consagrado livro sobre técnica psicanalítica. Gradativamente, os autores foram deixando de abordar e de nomear diretamente a presença das manifestações da contra-resistência, talvez pela possibilidade de que as considerassem enquadradas no fenômeno da contratransferência. Não há dúvida quanto ao fato de que os fenômenos de resistência e transferência – e por conseguinte, os de contra-resistência e contratransferência – estão intimamente conectados, como Freud estudou exaustivamente; não obstante, acompanhando muitos autores, também entendo que existe uma nítida diferença conceitual, sendo útil estudar e nomeá-los separadamente.

A partir dos trabalhos do casal Baranger (1961-2), acerca do *campo analítico,* e os de Bion (1959), relativos à *psicanálise vincular,* embora sem que eles tenham usado especificamente a denominação de contra-resistência, tem havido um renovado interesse dos psicanalistas quanto aos aspectos contra-resistenciais.

Inicialmente, impõe-se estabelecer a distinção de quando a resistência do analista tem origem nele próprio ou quando ela decorre de um estado de "contra-identificação" com o seu analisando. No primeiro caso, estamos falando de *resistência* do *analista*, enquanto no segundo, trata-se de *contra-resistência.*

1. *Resistência oriunda do próprio analista.* O melhor indicador de que as resistências procedem unicamente de dentro do analista é quando elas se repetem de modo sistemático com todos os seus pacientes, independentemente de como eles sejam, diante de uma complicação emocional equivalente. Por exemplo, se, com qualquer paciente de uma determinada categoria (idoso, adolescente, mulher bonita, psicopata...), sem levar em consideração a estrutura emocional de cada um deles individualmente, o analista vier a experimentar as mesmas reações emocionais e, assim, formar "pontos cegos" em sua mente, é certo que ele "resistirá" em aprofundar a análise daquilo que ele não está suportando em si próprio.

2. Psicanalistas norte-americanos (Kantrowitz, 1989) estudaram e pesquisaram com profundo rigor científico o que denominam *match*, isto é, o fato de que, indo muito além de uma simples repetição transferencial entre terapeuta e paciente, estabelece-se entre ambos um "encontro", singular, decorrente das características próprias e reais de cada um, de sorte que pode resultar uma harmonia produtiva ou uma desarmonia estagnadora no trabalho do par analítico. O interessante desta pesquisa é que foi possível observar que, em

uma análise, feita com psicanalistas igualmente competentes e forjados por uma mesma formação oficial, os analisandos poderiam dar-se mal com um deles e se entrosar muito bem, do ponto de vista psicanalítico, com o outro; sendo que a recíproca era verdadeira. Mais ainda: muitos analisandos da pesquisa beneficiaram-se claramente em uma área de seu psiquismo – digamos, para exemplificar, a sexualidade –, enquanto em uma outra área, como podia ser a de uma primitiva organização narcisista, o processo analítico ficava detido. No entanto, uma eventual troca deste analisando, em uma escolha por um outro analista, poderia apontar para um resultado totalmente inverso, embora equivalente no balanço dos avanços e da estagnação.

3. Fatos como esses, nada raros na experiência cotidiana da clínica psicanalítica, permitem deduzir não só que a pessoa *real* do terapeuta exerce uma significativa influência no processo analítico, mas também que existem, virtualmente em todos os analistas, determinados pontos-cegos que se constituem em resistências, por vezes muito rígidas e imutáveis.

4. A resistência de um psicanalista também pode estar manifesta fora da situação analítica propriamente dita, como é o caso em que ele se nega a tomar conhecimento de outros vértices teórico-técnicos da psicanálise ou toma conhecimento, porém os desvitaliza, na maior parte das vezes recorrendo a um sistemático reducionismo para os valores e conhecimentos com os quais ele está bastante familiarizado, porém que *saturam* a sua mente.

5. *Contra-resistência*. A distinção que estamos propondo, entre o que se trata de uma "resistência própria do analista" e de uma "contra-resistência", em razão da influência do analisando por meio de uma carga de identificações projetivas que inundam a mente do analista, pode ser exemplificada com a maneira de como o terapeuta utiliza aquilo que Bion chama de uma mente saturada por "memória, desejo e ânsia de compreensão". Assim, pode acontecer que o analista, durante a sessão, fique confuso, com uma hipertrofia ou atrofia de seus desejos, com a sua memória atrapalhada e, por conseguinte, com um prejuízo de sua indispensável capacidade perceptiva, em razão dos "ataques aos vínculos perceptivos" (Bion, 1967) desferidos pelo inconsciente do paciente, de tal sorte que ele pode ficar enredado no jogo resistencial deste último. Tal condição caracteriza um estado de contra-resistência. A mesma pode estar a serviço de uma sutil resistência de certos pacientes, a qual consiste no fato de em vez de atacar a sua própria percepção de verdades intoleráveis, consegue o mesmo resultado, fazendo com que se multipliquem as resistências de seu analista.

6. Em contrapartida, o analista pode estar utilizando a sua memória como uma forma de posse e de controle sobre o seu analisando, a partir da *saturação da sua memória* com conhecimentos de fatos já passados, e que podem não coincidir com o momento afetivo presente naquele instante na mente do paciente. Da mesma forma, o *desejo* do terapeuta pode ser exclusivamente seu, como seria o caso dele querer que a hora da sessão analítica termine logo porque está cansado ou perdido; almejar se gratificar com notáveis sucessos imediatos do seu paciente, mais atendendo aos seus interesses narcisistas do que a qualquer outra coisa; e assim por diante em uma infinidade de possibilidades.

NA PRÁTICA ANALÍTICA

Vale tentar rastrear o surgimento de resistências do analista ou de contra-resistências que acontecem no campo analítico – de uma forma muito sumária – desde os primeiros passos, ou seja, desde a entrevista inicial de avaliação até as fases de término de uma análise.

1. Entrevista inicial. Não é nada rara a possibilidade de que o surgimento da "resistência" no campo analítico, conforme destacado, deva-se unicamente às resistências do próprio analista. Assim, já na situação de *seleção* de pacientes para enfrentar uma longa análise, é possível que, sob distintas racionalizações para não aceitar determinado paciente, o psicanalista possa estar se evadindo do seu medo de enfrentar uma situação regressiva, como, por exemplo, a da presença de um estado depressivo do consulente; a prática de *actings* que os desconforta; uma forte sedução de alguma paciente histérica; ou sinais indicadores de uma "parte psicótica da personalidade"; etc.

2. É claro que em geral também ocorre que o pretendente à análise possa estar com a sua motivação dividida, e a sua parte que está resistindo a enfrentar essa ameaçadora situação nova visa, inconscientemente, a provocar uma contra-resistência do tipo de *desistência* na pessoa do analista, para este não aceitar o desafio de iniciar a análise.

3. *Setting*. As combinações que compõem a instituição de um necessário *setting* que possibilite uma análise bem-sucedida podem ser resumidas no regular funcionamento das *regras técnicas* legadas por Freud – tal como elas foram descritas no capítulo específico –, sendo que cada uma delas pode, eventualmente, ficar desfigurada na sua essência e, por conseguinte, servir como uma posição resistencial do próprio analista. Assim, o método da "associação livre", que se tornou conhecido como a *regra básica* ou a regra *fundamental* da técnica psicanalítica (1913, p. 177), pode servir como exemplo da afirmativa aqui feita. Freud instruía seus pacientes no sentido de que contassem "tudo que lhes viesse à cabeça" (1909, p. 164), sem selecionar ou suprimir pensamentos e sentimentos, pois, do contrário, eles estariam resistindo, e o resistido devia ser vencido acima de tudo. Isso, hoje, se tomado ao pé da letra pelo analista, estaria revelando uma resistência dele, pois faria crer que o único item importante da análise seria a exigência de o paciente falar, e, portanto, seus silêncios e atuações, além de tantas outras formas de comunicação não-verbal, seriam sempre maltolerados, malcompreendidos e, portanto, não utilizados para um aprofundamento do vínculo com o lado de difícil acesso do analisando. Aos poucos, foi se firmando a crença entre os analistas de que mais importante que o compromisso do paciente em não opor resistências ao livre fluir dos seus pensamentos, o que mais passou a ser valorizado, é o labor voltado para a maneira de como ele os observa, correlaciona, comunica e age.

4. As livres associações do paciente exigem, por parte do analista, o cumprimento da regra da *atenção flutuante* (1919, p.326), a qual costuma sofrer a interferência resistencial, tanto que, conforme diz Cesio (1975, p. 188), "ao contrário do que pode sugerir sua denominação, manter a atenção flutuante exige do analista uma constante aplicação de energia *para sobrepujar resistências* que se opõem à sua existência". Partindo de um outro vértice, Bion utiliza essa regra de Freud para asseverar que o analista pode estar com a sua mente *saturada* de memórias e desejos que objetivam, sobretudo, que ele utilize os seus órgãos sensoriais para não perder o controle sobre o paciente e sobre si próprio, portanto, acrescento, de uma forma resistencial, razão pela qual ele paga o alto preço de não propiciar a emergência de uma subjacente capacidade de *intuição*.

5. A *regra da neutralidade* ficou condensada na clássica "metáfora do espelho", de Freud; porém se essa indispensável neutralidade estiver a serviço das resistências do analista, ela estará desvirtuada. Nesses casos, a neutralidade pode se confundir com um distanciamento fóbico, em cujo caso, em nome de uma pretensa neutralidade, o analista adota a atitude de uma fria superfície de espelho, em uma equivocada interpretação e aplicação da analogia de Freud, que fica a serviço de sua resistência a uma aproximação maior.

6. É possível ocorrer o inverso, ou seja, que o analista não tenha resolvido sua emancipação de uma má dependência interna, e *resistirá com defesas de ordem maníaca*. Nesse caso, ele atuará no sentido de uma falsa independência, por meio da racionalização de "dar maior liberdade à rigidez do *setting*, imposta pelas sociedades psicanalíticas". Ao mesmo tempo, dirigirá o paciente a uma falsa libertação dos objetos externos, delegando-lhe um estímulo às pulsões do id, bem como a um rompimento bélico com o superego.

7. Da mesma forma, se o analista tiver uma estrutura marcadamente obsessiva, fará uma *resistência a um clima de liberdade* e levará o *setting* a extremos de rigidez, em uma ênfase a que o paciente (projeção dele próprio, analista) "comporte-se bem". Assim, o apregoado comportamento "muito humanitário" de certos terapeutas, que evitam ao máximo frustrar o paciente em seus pedidos por mudanças nas combinações do *setting*, pode-se configurar como uma resistência do próprio analista, por estar encobrindo uma atitude sedutora a serviço de seu narcisismo ou do seu medo de despertar o repúdio do analisando.

8. Os inconvenientes dessa conduta, na qual o analista não consegue fazer nenhuma frustração suficientemente necessária, são cla-

ros, sendo que o principal deles é o imediato estabelecimento da falsa crença de que a frustração é sempre má e deve ser evitada, assim como a de que o analista deve ser poupado das cargas agressivas do paciente. Nesses casos, o *setting* corre o risco de transgredir a neutralidade, de modo a ficar se estruturando em uma prioritária *busca por gratificações recíprocas*.

9. Por outro lado, Etchegoyen (1987, p. 9) alerta para o fato de que "quando o analista pretende obter informações do paciente, que não sejam pertinentes à situação analítica, é porque ele está funcionando mal, transformou-se numa criança (quando não em um perverso) escoptofílica".

10. Uma importante – e bastante comum – forma de resistência procedente do analista é aquela que resulta de um possível *excesso de narcisismo* dele, de maneira que resistirá a qualquer contestação ou tomada de posição de seu paciente que não estiver enquadrada nos seus valores próprios, idealizados por ele.

11. *A regra da abstinência*, complementar da regra da neutralidade, recomenda que o analista não satisfaça os desejos regressivos do paciente (e os seus próprios), excluídos, obviamente, os da compreensão analítica. Em obediência a essa regra, no início do movimento psicanalítico fazia parte do contrato que os analisandos se comprometessem a não tomar nenhuma responsabilidade importante durante o curso da análise. A aplicação rígida disso, hoje, indicaria um *temor do analista aos imprevistos da viagem analítica* e se constituiria como uma resistência bastante prejudicial, tanto que há uma concordância geral de que, com a atual duração das análises, aquele princípio é inútil e até maléfico, pois leva à falsa crença de que somente a vida analítica é importante e que o paciente deve fazer uma pausa na sua vida real, com a promessa de que a reassumirá, posteriormente, em condições idealizadas.

12. Um contrato com muitas cláusulas normativas tem o inconveniente de reforçar, desde o início, um vínculo tipo "dominador *versus* dominado", o que pode vir a endossar a teoria do analisando de que, para conseguir tudo que almeja da análise, basta se esforçar, não faltar, não se atrasar, pagar direitinho, etc. Com isso, a *resistência a um verdadeiro trabalho de análise* vai se estruturando em torno da ilusão de que o trabalho deve ser valorizado, não tanto pelo resultado alcançado, mas, sim, pelo sofrimento, pelo esforço despendido ou pelo bom comportamento, mas isso entra em conflito com os valores reais da vida. Isso acontece mais comumente com pacientes e, em contrapartida, com analistas que desde crianças foram condicionados pelos pais a ganharem as coisas com muito choro, lutas e formações reativas.

13. A contra-resistência também pode se manifestar por um controle sádico, inconsciente, por parte do analista, o que pode levá-lo a utilizar privações severas e desnecessárias, sob a racionalização de que está fielmente cumprindo a regra da abstinência, quando, na verdade, ele pode eventualmente estar resistindo a movimentos de busca de uma liberdade de aproximação sadia por parte do analisando.

14. A regra do amor às verdades, como já foi anteriormente destacado, pode ser incluída entre as demais regras técnicas de Freud, tal como pode ser exemplificada nesta passagem, entre tantas outras mais dele: "a relação entre analista e paciente se baseia no amor à verdade – isto é, no reconhecimento da realidade –, e isso exclui qualquer tipo de impostura ou engano" (1937, p. 282). Entendo que Freud referiu-se tanto à pessoa do paciente como a do analista, e talvez principalmente a um necessário clima de *veracidade* entre ambos. Destarte, a negação ou a evitação das verdades (na terminologia de Bion corresponde a "-K"), por parte do analista, é utilizada pelos pacientes como uma autorização para as suas próprias falsificações resistenciais e, por isso mesmo, o psicanalista "ser verdadeiro" vai além de um dever ético, além de se constituir como uma imposição técnica, caso contrário estará minando os núcleos básicos de confiança do paciente, a um mesmo tempo em que estará reforçando as resistências deste que estejam baseadas na sua função "-K".

15. Além disto, deve-se considerar que o analista pode estar utilizando esse aspecto relativo às verdades com finalidades resistenciais próprias dele, tal como acontece nas situações em que ele confunde "ser verdadeiro" com uma crença de que ele "tem a posse da verdade" ou quando de forma obsessiva ele manifesta uma intransigência por qualquer arranhão do analisando que lhe pareça não-condizente com a verdade, sem se aperceber que ele é que pode

estar equivocado, até mesmo porque a verdade é sempre relativa, nunca absoluta ou imutável.

16. Atividade interpretativa. Uma primeira observação é a de que a tão freqüente forma de muitos analistas interpretarem tudo o que o paciente disser, em um sistemático reducionismo ao "é aqui, agora, comigo...", pode estar representando uma forma de o analista poder racionalizar, e assim resistir a um maior envolvimento afetivo, por meio do uso de uma recomendação técnica de trabalhar na neurose de transferência, sem se aperceber que a executa de forma equivocada e inadequada, pois, muitas vezes, essa interpretação irá resultar um mero chavão, repetido de forma mecânica.

17. O grande risco, que surge no par analítico, com muito maior freqüência do que possa parecer, é a contração de um *conluio resistencial-contra-resistencial*, porquanto o analisando pode estar induzindo o seu psicanalista a lhe "interpretar" exatamente aquilo que ele quer ouvir e que já sabe por antecipação, de modo a assim perpetuar um controle sobre a análise e o analista.

18. O que, acima de tudo, deve ser destacado é o fato de que uma interpretação do analista somente será *eficaz* (é diferente de *correta*, exata) se ela tiver origem *empática*, caso contrário sua transmissão far-se-á pela via do intelecto – portanto, fria e estéril –, denotando um movimento resistencial.

19. Uma consideração a ser feita é que em casos nos quais o inconsciente do analista se identifica, de forma patológica, com as projeções do paciente, ele não terá condições de interpretar. Nesse caso, pode nada lhe ocorrer e, com a mente em branco, em estado de contra-resistência, vier a se socorrer da teoria e pseudo-interpretar as "resistências" do seu paciente. A persistência disso costuma provocar no paciente uma descarga ansiosa, que se expressa por *actings*, a busca de outras pessoas para transferências colaterais e o incremento de crescentes resistências, agora verdadeiras, que passam a ocupar todo o espaço que possibilitaria o uso da capacidade para pensar as experiências emocionais.

20. Em suma, quando analista e analisando não trabalham em um mesmo plano, todo o sistema de comunicação entre ambos falha, e os campos resistencial e contra-resistencial se incrementam, de modo que, nesses casos, o paciente, frustrado por não estar sendo compreendido pelo seu analista, vinga-se deste, castrando-o em sua potência, e assim o introjetará. A recíproca também é verdadeira. Isso configura uma situação bastante desesperante, na qual um necessita da ajuda e o outro não pode dar, do que resulta que nenhum dos dois sente ter o necessário "seio bom" ou "pênis fertilizante".

CONLUIOS INCONSCIENTES

21. Não é demais repetir que, cada vez mais, tem sido enfatizado que o tratamento psicanalítico não é a análise isolada de um indivíduo, mas sim a de um vínculo humano, com múltiplos vértices. Aliás, a própria resistência, ou a contra-resistência, ou, ainda, a conjugação de ambas, é uma forma de vínculos. Pode ocorrer um desvirtuamento analítico desse vínculo, o que, às vezes, se cronifica, tornando-se difícil de desfazer, nos mesmos moldes que sabemos o quanto é difícil desfazer certas parelhas relacionais, quando as mesmas constituem um sistema que se alimenta a si mesmo, casos nos quais cada membro, mantendo as suas dissociações, é inseparável do outro, com o qual forma uma unidade.

22. Na clínica cotidiana, vemos isso em uma infinidade de parelhas que se estruturam de formas complementares, tipo sadomasoquista; forte-fraco; rico-pobre; feio-bonito; ávaro-ávido; sadio-doente; sedutor-seduzido; adulto-criança; etc. Um paciente com tais características tentará reproduzir com o seu analista algumas dessas modalidades inter-relacionais, e é isso que se constitui no risco do estabelecimento no processo analítico de um irreparável conluio de recíprocas resistências.

23. Esses conluios são denominados pelo casal Baranger (1961- 62) como "baluartes" existenciais, os quais se constituem em um sistema de "resistência organizada", que se comporta como um refúgio inconsciente de poderosas fantasias de onipotência. Esse "baluarte" pode estar configurado tanto por uma perversão aparentemente muito prazerosa quanto por uma superioridade intelectual ou moral, por uma relação amorosa idealizada, por dinheiro, profissão, poder, prestígio, etc. Para não

correr o risco de cair em um estado de desvalia, fragilidade e desesperança, o paciente evita pôr em jogo e analisar aquilo que constitui o seu baluarte, e, para tanto, é necessário conseguir a cumplicidade do analista.

24. Importa consignar, sobretudo, que o estado de resistência-contra-resistência mais séria e esterilizante de uma análise é aquela que se manifesta sob a forma de *conluios inconscientes* (aos conscientes, fica mais apropriado chamá-los de "pactos corruptos") entre o paciente e o analista. Esses conluios podem adquirir muitas modalidades, como é o caso de uma muda combinação inconsciente entre ambos de eles evitarem a abordagem de certos assuntos ou a de uma recíproca fascinação narcisista, entre tantos outros conluios mais, que serão detalhados mais adiante, cabendo ressaltar, desde já, que o conluio inconsciente que se configura como uma "relação de poder" sob uma forma sadomasoquística bem-dissimulada é, de longe, a mais freqüente.

25. *Colusão*. Este termo – que tem uma evidente sinonímia com "conluio inconsciente" –, sendo cada vez mais empregado na literatura psicanalítica, designa uma condição vincular pela qual os dois, ou mais, participantes de um vínculo compartilham as mesmas fantasias, necessidades, desejos e demandas inconscientes, de forma que um complementa ao outro. Em casos mais extremos, as colusões podem adquirir uma *configuração perversa*, em grau maior ou menor. A natureza do conceito de colusão, que implica em cumplicidade, está bem expressa na etimologia da palavra, pois os prefixos latinos "co" (com, junto de...) + "ludere" (brincar) traduzem fielmente que as pessoas envolvidas na colusão estão brincando de "faz-de-conta-que...".

26. Pode-se dizer que, de modo geral, uma transferência fortemente idealizada, já no início da análise, constitui-se em um claro indicador da presença de uma "posição narcisista". Dito de outra forma: a transferência "negativa", a mais difícil de ser detectada, de uma forma ou outra, existe sempre, e a sua ausência, ou o seu aparecimento, ao longo da análise, apenas em reações esporádicas e passageiras, é indício de uma análise incompleta. Se houver uma contra-resistência por parte do analista na detecção, aceitação e manejo dos sentimentos agressivos, o conluio se perpetuará.

27. Assim, é bastante freqüente um conluio resistencial que consiste em manter a agressão encoberta por um manto de idealização, para evitar penosas desilusões, as quais provocariam uma *injúria narcisista* (termo de Kohut, 1971) e levariam a uma inevitável irrupção de ódio, com o risco de a lua-de-mel passar a ser de fel. Em casos extremos, esse tipo de conluio adquire as características de uma "aliança simbiótica", quando, em uma busca de novas-velhas ilusões, ambos se empenham em promover recíprocas e inesgotáveis gratificações, reforçando a fantasia de que a eterna espera do impossível um dia se concretizará.

28. Winnicott (1969, p. 275) alude a essa situação, em um enfoque com pacientes muito regredidos, dizendo que "a análise vai bem e todo mundo está contente, mas o único inconveniente é que ela nunca termina ou pode terminar num falso self, com o analista e o paciente *coniventes na formação de um fracasso analítico*" (o grifo é meu).

29. Grumberger (1961) assinala que a regressão narcisista na situação analítica pode se constituir em um estado de "paraíso", no qual o paciente procura substituir um fracassado processo de superego (a sua neurose) por um novo superego (a análise), dotado de uma onipotência narcisista. Resulta, então, um estado de euforia e elação, com o analisando fazendo de sua análise, especialmente no início, o tema central de sua vida, em termos de uma nova religião. Essa situação de encantamento, que no fundo é resistencial, pode se cronificar se houver escotoma ou escamoteio contra-resistencial. Nesses casos, o analista fica interpretando, de forma inócua, o conflito edípico, costumeira cobertura da regressão narcisista, sem aprofundar o interjogo projetivo-introjetivo da onipotência, do narcisismo e do "ideal do ego infantil" (representa o pólo das ambições e das expectativas ideais a serem cumpridas), com a respectiva agressão latente.

30. Quando a recíproca é verdadeira, vai partir desse analista, narcisista, contrair um pacto com o seu paciente "brilhante"; fica fascinado por este, o qual passa a ter o papel do ideal do ego de ambos. Pelo fato de que o ideal do ego está alicerçado na *onipotência*, na perfeição e na grandiosidade infantil, resulta que esse tipo de conluio também se caracteriza pelo fato de analista e paciente poderem estar mui-

to satisfeitos com o seu trabalho, enquanto que, na verdade, seja provável que eles estejam dando voltas, sem sair do mesmo lugar, sem que nada mais se produza.

31. Etchegoyen (1976) assinala que uma recíproca idealização excessiva é um momento crucial para a análise, porquanto a pressão para chegar a um *happy end* dessa fascinação por meio de sutis formas de *actings*, tanto dentro da situação analítica (erotização) quanto fora dela (apresentação de progressos), é sempre muito forte e nenhum analista é imune a esse chamamento sutil e persistente, "pois é tão sintônico com o ego e tão aceito socialmente, que convence" (p. 626).

32. Esta afirmativa encontra respaldo na advertência de Chasseget Smirgel e Grunberger (1979, p.143):

> Sendo como somos, débeis e medíocres, pelo menos em relação às imagens, a miúdo grandiosas, que os pacientes projetam sobre nós – podemos sentir o desejo inconsciente de perpetuar essa gratificante situação.

33. Igualmente, é importante destacar as contra-resistências que resultam de fixações narcisistas, não-resolvidas no analista, e que podem se constituir em *arrogância*, cuja finalidade maior é reforçar a sua frágil auto-estima, bem como manter afastado do seu ego qualquer coisa que possa, às vezes, diminuí-lo. Desde o trabalho de Bion sobre *A arrogância* (1967), ficou claro que esse sentimento deriva diretamente de uma incapacidade básica para tolerar a frustração, especialmente a do "não-saber". Nessas condições, o analista arrogante, ainda que exteriormente possa ser amável e até de aparência humilde, assume na relação analítica uma atitude prepotente, *rempli de soi même* (cheio de si mesmo), enfatuado na sua convicção de ser superior ao seu paciente, ser dono das verdades (isso equivale ao que Lacan [1961] denomina como SSS: *sujeito suposto saber*). Assim, esse terapeuta não terá capacidade de empatia, disposição para escutar, para tolerar frustrações e, então, aliado com as resistências do seu analisando, anulará as capacidades positivas deste último, total ou parcialmente.

34. Na prática clínica, isso se traduz pelo fato de que o analista, cometendo o grave erro de tomar a parte pelo todo, vir a trabalhar unicamente com a "parte infantil" do paciente, despojando-o de suas capacidades adultas e discriminativas, bem como de seu direito às críticas e réplicas, as quais serão interpretadas como "resistências". É claro que também existe a possibilidade oposta a essa, na qual o analista, por ser cauteloso demais, só trabalha com o lado adulto do paciente, sem levar em conta que ele tem também um lado infantil, assustado, desamparado, que está em uma espera ansiosa de ser compreendido e estimulado para encarar sua fragilidade com naturalidade, sem ter que despender o alto montante de energia psíquica que uma negação maciça demanda.

35. Um analista arrogante não pode tolerar dúvidas e incertezas, ao que resiste por meio de um controle submetedor de natureza sádica, o que leva a configurar o seu vínculo com o analisando como uma *relação de poder*. Essa submissão, somada aos objetos internos que subjugam o paciente, reforça um surdo ódio e uma rebelião inconsciente que, quando totalmente reprimidos, podem se manifestar por uma melancolização, somatizações ou até por acidentes.

36. Ainda em relação a uma possível arrogância do analista, é útil lembrar a metáfora de Freud, em seu trabalho *Construções em análise* (1937), no qual ele compara o poder do analista sobre o paciente com o jogo de "cara ou coroa", ao se atirar uma moeda para o alto para decidir uma vantagem, ou desvantagem, para alguém. Assim, ironiza Freud, o analista pode agir da seguinte maneira: *se der cara, ganho eu; se der coroa, perde você.* Penso que, igualmente, um analista exageradamente narcisista, que, de modo vital, necessita sempre ter a razão, tomará o seguinte e pernicioso estado mental diante do paciente: "Se a análise andar bem, o mérito é meu; se andar mal, é porque você está resistindo...".

37. De forma equivalente, se esse analista, sem exercer uma função de *continente*, interpretar tudo somente em termos de identificações projetivas, poderá estar cronificando a impotência e a desesperança de seu analisando. Os casos mais graves são aqueles nos quais essa atitude do analista encontra uma complementaridade no paciente de dependência masoquista, que inclusive se gratifica com esse tipo

de conluio sadomasoquista, e que não tem desejo por modificações verdadeiras.

38. Também Bion chama a nossa atenção para uma outra forma de conluio resistencial-contra-resistencial que é muito daninha devido à sua natureza silenciosa e deteriorante, além de consistir em um conformismo com a estagnação da análise, portanto em um estado de *a-patia* em ambos. Em tais casos, Bion recomenda que o analista deva ter a suficiente coragem para aperceber que a aparente harmonia e tranqüilidade da situação analítica não são mais do que uma estagnação estéril e que, a partir dessa percepção, ele pode provocar um estado de "turbulência emocional", de tal sorte que aquilo que é egossintônico passe a ser egodistônico.

39. Costumo chamar esse tipo de vínculo – também bastante freqüente – em que analista e paciente estão aparentemente satisfeitos, porém nada mais está acontecendo na análise em termos de transformações, de *conluio de acomodação*, que adquire uma dimensão máxima quando o analista acomoda-se em um estado de "desistência", o qual resulta da invasão que o paciente faz desse seu estado mental no psiquismo do terapeuta. A epígrafe deste capítulo: "quase sempre há fogo oculto sob as cinzas silenciosas, com uma enganadora aparência de inatividade", enquadra-se como uma luva nesse "conluio de acomodação".

40. Meltzer (1973, p. 159) alerta para o risco de um *conluio perverso*, que consiste em um jogo de seduções, por parte de pacientes com características perversas. Se esse conluio chega a se estabilizar, conclui o autor, torna-se claro que o paciente, ao invés de reconhecer suas limitações, verá seu analista "como uma prostituta, uma ama-de-leite, viciada na prática da psicanálise e incapaz de conseguir melhores pacientes".

41. É indispensável registrar um tipo de conluio, resistencial-contra-resistencial, nada raro, que pode ser chamado de *conluio erotizado*, pelo qual analisando e analista se comprazem, bem como se gratificam reciprocamente, com a erotização na transferência. Essa situação pode ocorrer com um analista que sinta seu ego reforçado diante da comprovação de que ele é atraente e inspirador de paixões. O risco, nesses casos, é que esse analista, por meio de atitudes e interpretações – essas próprias podendo servir como carícias verbais! – pode estimular e perpetuar esse estado de coisas.

42. Os prejuízos analíticos, nesses casos, são óbvios. Por um lado, não se fará a elaboração da transferência negativa, a qual, como se sabe, muitas vezes está dissimulada por um erotismo por parte daqueles pacientes que são muito propensos a atuações muito destrutivas.

43. Por outro lado, também pode ficar prejudicada a elaboração de um outro aspecto, veiculado pela transferência erótica e que, de maneira estranha, é relativamente pouco lembrado na literatura psicanalítica: trata-se do *erotismo transferencial positivo*, quando manifesto em um contexto no qual o analisando está se permitindo a ter fantasias, desejos, sensações e emoções a que sempre se proibira e coibira. Se o analista não se aperceber disso, por estar em estado resistencial defensivo ou pelo seu temor da irrupção de uma transferência-contratransferência erótica, pode levar ele – e, por conseguinte, o analisando – a se refugiar atrás de uma cortina de *aparente agressividade*, pela qual esse tipo de paciente vai então procurar, falsamente, se mostrar hostil, uma isca para o analista ficar lhe interpretando agressão, em vez de seu enorme medo de uma relação de amor, pelo fato de isso representar, para ambos, um sério risco de destruição de si, do outro ou do vínculo entre ambos. Trata-se de um conluio que pode ser chamado de *pseudo-agressivo*.

44. É evidente que outras variantes de conluios resistenciais-contra-resistenciais poderiam ser descritos. No entanto, o que vale destacar é que o paciente está rigorosamente dentro do seu papel de analisando, sendo que a responsabilidade pela formação do conluio inconsciente cabe ao psicanalista. Mais ainda: se ele não se der conta disto ou não tiver condições de reverter a existência no campo analítico de um desses conluios mencionados, aumentará a possibilidade de que o processo analítico se cronifique em uma circularidade estéril ou que desemboque em *impasses psicanalíticos*, inclusive na tão temida *reação terapêutica negativa*.

10

O Contra-ego: Uma Estrutura Resistencial Patológica

Eu vi a face do inimigo: era a minha própria.
Da sabedoria oriental

O ego trata o próprio restabelecimento como um novo perigo [...]
Há uma resistência contra a revelação das resistências.
S. Freud (1937)

Neste capítulo pretendo propor o termo "contra-ego" para designar, de forma genérica, um complexo jogo dinâmico oriundo de alguma forma de organização patológica que, a *partir* do próprio ego do sujeito, no qual ela está sediada, e agindo desde *dentro* dele, processa um verdadeiro ato de constante ataque, boicote e sabotagem contra as capacidades sadias e criativas e a ânsia de crescimento dele mesmo. Esse fenômeno psíquico representa ter uma significativa relevância na prática analítica, não só pela sua importância na evolução do tratamento analítico, mas também pela alta freqüência de seu surgimento na prática clínica cotidiana.

UM ESCLARECIMENTO SEMÂNTICO DE TERMOS REFERENTES À ESTRUTURA DO PSIQUISMO

Na literatura psicanalítica, os termos alusivos às instâncias psíquicas, que muitas vezes aparecem assemelhados entre si, nem sempre guardam o mesmo significado semântico, o que pode causar uma imprecisão, quando não uma certa confusão (por exemplo: Freud utilizou *ego ideal, ideal do ego* e *superego,* de forma superposta e algo indistinta). Por isso, entendi ser útil situar o leitor quanto à significação que cada um dos termos mencionados representa neste capítulo e ao longo do livro.

Distinção entre ego e *self*

Até algum tempo, as palavras *ego* e *self* eram utilizadas de forma indistinta. Na atualidade, a tendência é considerar o *ego* como uma das instâncias da estrutura psíquica, tal como foi descrito por Freud, isto é, designa um conjunto de *funções,* tanto conscientes quanto inconscientes, sendo também ele quem forma e é sede de *representações,* de sorte que o ego atinge à imagem de *si-mesmo,* ou seja, do *self.* Ambos aspectos são indissociados e criam um paradoxo intelectual: embora seja mais abrangente e amplo do que o *ego,* é o *self* que está representado (como que fotografado e contido) dentro do primeiro. Na obra de Hartmann, a ênfase predominante recai no *ego-função,* enquanto na de Lacan a prioridade cabe ao *ego-representação.* Alguns autores utilizam inicial minúscula – ego – para designar a instância psíquica, e reservam a grafia com inicial maiúscula – Ego – para indicar o que atualmente se entende por *self.*

Ego ideal

Herdeiro direto do narcisismo primário, é inerente ao plano do imaginário, do mundo das ilusões. Na clínica, ele aparece conjugado no presente do indicativo (Eu sou!), alicerçado na fantasia onipotente, ilusória, própria da fusão diádica em que "ter" é igual a "ser" e que, por isso, o sujeito sempre espera o máximo de si mesmo. As identificações são primárias, do tipo adesivas ou imitativas, e o sentimento de identidade predominante é o de um "sentimento de falsidade" e, diante de frustrações, o sentimento que emerge é o de "humilhação". Requer o uso de mecanismos de negação onipotente, como o da renegação ou o da forclusão, de modo que o ego ideal está mais vigente nos estados narcisistas, de forma total (como nas psicoses) ou de forma parcial (nas perversões).

Ideal do ego

É o herdeiro do *ego ideal*, projetado nos pais, somado às aspirações e expectativas próprias destes. Dentro do sujeito, o ideal do ego é conjugado no tempo futuro do verbo e condicional ("Eu *deverei* ser assim, se não..."). As identificações são secundárias e triádicas, mas ainda não se constituíram com uma "constância objetal", nem com uma coesão do self e, tampouco, com um definido sentimento de identidade. Uma forte presença do ideal do ego se observa nos estados narcisistas e fóbicos. O sentimento predominante diante de frustrações é o de culpa pelo "fracasso" e, sobretudo, o de um estado de "vergonha".

Superego

Herdeiro direto do complexo de Édipo, conforme Freud, o *superego,* classicamente, constitui-se como uma instância proibidora, ameaçadora e punitiva (a parte boa do superego, por ser necessária e normativa, costuma ser denominada como *ego auxiliar*). A formação do superego provém de várias vertentes. O tempo no qual ele é conjugado é o pretérito perfeito ("Vou ser punido porque transgredi tal norma ou mandamento; portanto eu fui, logo, *sou* mau, e mereço o castigo"). A excessiva pressão do superego é a maior responsável pelos quadros melancólicos e obsessivos graves. O sentimento predominante é o de permanente estado de *culpa.*

É claro que as funções do ego ideal, do ideal do ego e do superego não são totalmente estanques; pelo contrário, imbricam-se e participam do superego propriamente dito, como uma totalidade. Não obstante, creio serem de grande utilidade na prática clínica, sendo que não é demais ressaltar que cada uma dessas subestruturas tanto pode funcionar de forma patológica quanto pode vir a ser incorporada ao ego, como função sadia e estruturante.

"Super"-superego

Este termo foi cunhado por Bion (que, às vezes, usa a grafia de "super"-ego, enquanto, particularmente, com frequência emprego a expressão *supra-ego,* nome que proponho por achá-lo o mais adequado) para designar o seu conceito – que difere e não tem uma conotação direta do significado clássico de *superego* – de que se trata de uma instância psíquica bastante presente na "parte psicótica da personalidade", na qual o sujeito cria a sua própria moral e ética, que ele pretende impor aos demais. A pessoa portadora de um "super"-superego com características psicóticas está crente de que "tudo sabe, pode, controla e condena", de sorte que ele substitui a capacidade de pensar pela onipotência; o aprendizado pela experiência cede lugar à onisciência; o reconhecimento da fragilidade e da dependência é substituído pela prepotência; a capacidade de discriminação entre o verdadeiro e o falso fica borrada por um radicalismo arrogante, e assim por diante.

Alter-ego

Termo que já esteve muito em voga no jargão psicanalítico; depois praticamente desapareceu, e agora está ressurgindo. Designa uma gemelaridade, ou seja, que um outro ("alma gêmea") é o portador dos aspectos que o sujeito não diferencia daqueles que são exclusivamente seus próprios. O termo *alter-ego* caracteriza o fenômeno do "duplo" (análogo ao de uma "especularidade"), que vem ganhando muita relevância na teoria e prática analíticas, especialmente para a compreensão dos pacientes muito regressivos, que ainda não conseguem distinguir satisfatoriamente o "eu" do "não-eu".

Contra-ego

Como antes já foi referido, com esta expressão pretendo designar uma subestrutura "intra-ego", que se organiza como uma oposição às partes sadias e verdadeiras do ego, embora algo frágeis, a partir do princípio de que são essas partes do ego que levam o sujeito a um estado de sofrimento, desamparo e humilhação. Igualmente, o contra-ego se opõe com tenacidade que a pessoa portadora faça uma renúncia a uma série de expectativas e de mandamentos que estão inscritos e representados em seu ego, constituindo-se como o *script* de uma peça teatral, que pode voltar a ser encenada eternamente, às vezes.

Ainda que o termo *contra-ego* pareça-me original (compulsei uma extensa bibliografia e nada encontrei assim), os conceitos nele embutidos não o são e, sob denominações diferentes, conforme será explicitado mais adiante, aparecem claramente conceituados em diversos e importantes autores que estudaram os fenômenos psíquicos inerentes à "cisão do ego".

UMA BREVE REVISÃO CONCEITUAL

Freud, desde os seus primeiros trabalhos com pacientes histéricas, já falava de uma *cisão, intersistêmica*, da qual resultam núcleos psíquicos independentes que não entram em contato em conjunção afetiva com o resto do psiquismo. No entanto, é a partir de seus trabalhos de 1927 (*Fetichismo*), de 1933 (*Novas conferências*), em que aparece a sua frase "uma parte do ego enfrenta a outra...", e de 1940 (*Clivagem do ego no processo de defesa*), que ele estudou a, ativa, cisão *intra-sistêmica*, que ocorre no próprio seio do ego e não somente entre o ego e as demais instâncias da estrutura psíquica. Aí, então, Freud fala-nos dos núcleos do ego que têm existência autônoma e, até certo ponto, independentes, que coexistem em uma convivência pacífica, com lógicas diferentes, de sorte que um desses núcleos relaciona-se com a *realidade* (aceita as diferenças de sexo e a castração), enquanto o outro núcleo cindido persiste fortemente apegado com o *desejo*, em um plano imaginário.

Abraham, em seu perdurável artigo de 1919, faz uma magistral descrição do paciente narcisista que, na situação analítica, está cindido em uma parte que ele denominava de "falso colaborador".

R. Sterba, em 1932, durante o 12º Congresso, realizado em Wiesbaden, falou do "Destino do Ego no Processo Analítico", referindo-se ao, então pouco aceito, conceito de cisão terapêutica do ego em diversos núcleos distintos.

Fairbairn, em 1940 (*Estudos psicanalíticos da personalidade*), postula a existência de um *ego total*, desde o início, que, em conseqüência das experiências negativas com os "objetos maus", vem a se cindir em outros *egos*, aos quais denomina *ego central*, de um lado, e *egos subsidiários* ("excitante"; "sabotador interno"...) de outro lado.

Winnicott, em 1960, estudou a cisão do ego, fazendo a distinção entre um *self verdadeiro* e um *falso self*. Essa conceituação de Winnicott difere daquela "personalidade *como se*...", descrita por H. Deutch, no início da década de 40, pelo fato de que o falso *self* organiza-se de forma mais estável, sutil e permanente, enquanto o "como se..." é de natureza mais camaleônica, ou seja, o sujeito sempre vai se adaptando à cor do ambiente em que convive.

Bion, ao longo de sua obra, estudou com profundidade a clivagem intra-psíquica, a qual considerou como a de uma "parte psicótica da personalidade" e outra, não-psicótica (ou neurótica) da personalidade", sendo que, na primeira delas, o ego utiliza-se do recurso dos "ataques aos vínculos perceptivos", com a finalidade de bloquear a função do "conhecimento" (K) das penosas realidades, as externas e as internas.

Meltzer, em 1966, descreveu uma "*pseudo-madurez*" que resulta de uma cisão do ego entre uma parte "adulta" e uma outra, "bebê".

Rosenfeld, em 1965, nos seus estudos sobre o narcisismo, descreveu, de forma clara e convincente, a cisão do ego, da qual resulta uma parte que se organiza como uma verdadeira *gangue narcisista (bad self)*. Essa organização intimida o restante do ego sadio, ao qual ela acusa de ser uma perigosa dependência patológica, advertindo-o continuamente que o sujeito sofrerá inevitáveis decepções e sofrimentos.

B. Joseph, por sua vez, em 1975, em seu importante trabalho sobre *O paciente de difícil acesso,* enfatizou a parte cindida, oculta, que ela chamou de *pseudo-cooperativa*, que faz de tudo para que o paciente não tenha acesso à sua parte doente. Em um outro trabalho (1988), ela estudou a clivagem entre as partes destrutivas e as dependentes do *self*, de modo a considerar que as mesmas relacionam-se de forma que cria uma situação masoquista na qual o paciente fica preso e na qual tenta enredar o seu analista.

J. Steiner, mais recentemente (1981), também estudou, com muita profundidade, sob o nome de "organização patológica da personalidade", a relação perversa e viciosa que se estabelece entre os – dissociados – aspectos destrutivos e sadios, de modo que essa organização mantém-se estável porque as duas partes estão conluiadas entre si. Assim, o autor diz ser "uma visão distorcida considerar isto como se houvesse um *self* inocente capturado pelas garras de uma organização maléfica" (p. 257).

Bollas, há bem pouco tempo (1997), refere o *estado fachista*, uma organização interna que promete o paraíso, se o sujeito comportar-se de determinada maneira, porém o ameaça se, de alguma forma, desobedecer aos ditames impostos.

O CONTRA-EGO COMO APARECE NA PRÁTICA ANALÍTICA

Não cabe, aqui, tecer considerações mais extensas acerca das evoluções dos tratamentos analíticos que terminam em abandonos prematuros, ou os que, sob a aparência de uma análise exitosa, consolidam um *falso self*, ou ainda as análises que avançam bem, mas que, diante da perspectiva de êxito significativo, empacam em *impasses*, a ponto de poder vir a desembocar numa *reação terapêutica negativa*.

Os conflitos inconscientes responsáveis por esses fracassos analíticos são bem conhecidos, estão descritos em alguns capítulos deste livro, mas cabe destacar os seguintes, que merecem ser lembrados: 1) o medo do paciente em vir a perder a sua identidade, por um imaginário risco de ficar fundido ou engolfado pelo analista; 2) o receio de se desintegrar psicoticamente, devido a uma subjacente ansiedade de aniquilamento; terror em afrouxar a organização defensiva e submergir na posição depressiva, pela razão principal de que ele ainda não tem confiança em suas capacidades de fazer verdadeiras reparações; 4) um temor paranóide exagerado em ingressar no mistério de situações desconhecidas; 5) excessiva inveja que impede o paciente de reconhecer o sucesso de seu analista com ele; 6) sentimentos de culpa, provindos de um superego que acusa o paciente de ele não ser merecedor de uma boa qualidade de vida; 7) sentimentos de vergonha, ditados por um ideal de ego que espera o cumprimento de expectativas inalcançáveis; 8) sentimentos de humilhação, oriundos de um ego ideal narcisista que se vangloria (*vã glória)* de ele, paciente, ser auto-suficiente; 9) a realidade mostra que o sujeito é vulnerável, que ele tem limites e limitações, que inevitavelmente ele é dependente e que não é imortal. Igualmente, ele não tolera reconhecer que existem muitas diferenças entre ele e outras pessoas, e que essas têm direito a gozar de uma autonomia, independente da vontade dele.

Muitos desses aspectos, especialmente os últimos, infiltram-se no ego, que, diante do receio de vir – novamente – a ser enganado, traído e humilhado, mobiliza recursos defensivos e ofensivos que se organizam como um *contra-ego*, que, na prática clínica, se manifesta em modalidades específicas, de acordo com certos modelos, como são os que seguem, acompanhados com respectivas ilustrações de vinhetas clínicas.

O CONTRA-EGO SABOTADOR (MODELO DA *GANGUE NARCISISTA)*

Fairbairn (1940) apresentou o conceito de "funcionamento psíquico desunido", segundo o qual o *self* não se fragmenta, porém se dissocia em três partes, ou egos, os quais funcionam em uma relação de uns com os outros, de forma persistente e característica. Essas três partes são: 1) O *ego libidinal*, que se reconhece como imaturo e dependente e que, por isso, se constitui como um "buscador de objetos" para as suas necessidades e desenvolvimento. 2) O ego *antilibidinal*, inicialmente denominado por Fairbairn "sabotador interno", e que se caracteriza por menosprezar e debochar do ego libidinoso. 3) O ego *central*, que é a parte consciente que tenta se amoldar às exigências do mundo externo, porém o sujeito paga um preço por isso: o que ele ganha em segurança, perde em liberdade e criatividade.

Tanto o ego central quanto o ego antilibidinal podem se constituir como sérios opositores ao crescimento do ego sadio, mas é sobretudo o último destes (o sabotador) que lembra muito de perto um tipo de organização contra-egóica, como a que foi estudada por Rosenfeld e por Meltzer. Esses autores, assim como Green (1976), cada um à sua moda, apontam para um "narcisismo destrutivo" que é uma organização baseada na idealização do "*self* mau" e que, da mesma forma como se comporta uma máfia (Rosenfeld, 1971, chama de *gangue narcisista*), sabota e domina o "bom *self*" infantil. Isso pode ir ao extremo de o sujeito abandonar tanto a realidade psíquica interior quanto a realidade exterior e se submeter ao voluptuoso desespero que ele, o *self* mau, lhe oferece. Por outro lado, o contra-ego que foi erigido narcisisticamente costuma sabotar e bloquear o aproveitamento de oportunidades que surgem na vida do sujeito, toda vez que essas não forem grandiosas.

Vinheta clínica 1

Este exemplo talvez possa clarear melhor o significado de "ego sabotador". Na primeira sessão de uma análise que se prolongou por muitos anos, o paciente A. – que, embora muito talentoso e trabalhador, não se realizava em sua carreira e na vida – reportou-se a uma folhagem que, segundo ele, ocupava um enorme espaço em seu gabinete de trabalho. Era a "comigo ninguém pode". Ao mesmo tempo em que A. exaltava a sua genialidade e prometia que seria um paciente muito gratificante para mim, ele dava a entender que esperava uma reciprocidade.

O curso da análise evidenciou que o paciente já havia construído, e organizado, um contra-ego do tipo "ninguém vai poder comigo", o qual ocupava, igualmente, um enorme espaço em seu ego e que operava como uma autarquia narcisista contra o reconhecimento de suas fraquezas e limitações e contra a emergência de sentimentos de dependência e de amor, os quais lhe representavam correr um sério risco de vir a sofrer abandonos e humilhações, como teria sido o seu conflito com o pai, no passado.

O trabalho analítico ficou centrado na sua busca de estabelecer comigo, de forma inconsciente, um *conluio,* na base de uma *recíproca fascinação narcisista*, em moldes equivalentes ao conluio que ele construiu internamente, conseguindo uma *convivência* pacífica (na verdade uma *conivência* pacífica, logo, *perversa)* entre o ego da ilusão e o da realidade, com as conseqüentes mutilações deste último, sabotado em seu crescimento. Esse autoboicote caracterizava-se pelo ato repetitivo de sabotar e destruir todas as boas oportunidades que lhe apareciam, mas que não eram grandiosas ou que representavam um risco de desmascarar a sua aparente grandiosidade.

O CONTRA-EGO REIVINDICADOR (MODELO DE UMA ARRAIGADA *RECUSA AO CRESCIMENTO*)

Determinadas pessoas julgam-se no eterno direito de reivindicar privilégios e o pronto cumprimento de um atendimento de suas necessidades, desejos e demandas, por parte de outros que, então, têm a obrigação de preencher tudo que esses pacientes querem e julgam ser um direito inquestionável. Essa situação decorre da absoluta convicção deles – em sua maior parte, de origem inconsciente – de que têm o direito de ser ressarcidos daquilo que lhes teria sido sonegado e privado, desde que eram crianças bem pequenas.

O ego sadio de pessoas assim, em geral, funcionou suficientemente bem para as funções adaptativas mínimas (foram bons alunos, casaram, tiveram filhos, algum talento especial, etc.), porém, embora possam ter sido bem dotados de capacidades legítimas, nunca se realizaram plenamente.

Permanentemente, sentem-se portadores de um vazio, de uma sensação de que "falta algo" que lhes teria sido recusado, e tudo isso os torna muito queixosos, polêmicos e reivindicadores. Esse estado psíquico costuma ocorrer mais comumente com pessoas que tiveram importantes perdas precoces ou que, no contexto familiar, teriam sido relegados a uma marginalização, em meio a falhas e faltas parentais.

Vinheta 2

B. é uma paciente que, já em sua segunda sessão, ao mesmo tempo que esboçava um gesto de que ia se mover da poltrona, me perguntou: "É para eu deitar, não é?" À minha resposta de que ficava a critério dela, recuou, voltou a se sentar e somente após alguns anos de análise sentada na poltrona, face a face comigo, ela, por livre e espontânea vontade, decidiu deitar-se no divã. O que caracteriza a paciente B. é, sobretudo, um forte contraste entre as suas evidentes capacidades de inteligência, criatividade e tenacidade, com uma total incapacidade em se realizar em qualquer área de sua vida, especialmente na do trabalho. Assim, ela gasta mais do que ganha, de sorte que sempre tem uma irmã ou pessoa amiga que a ajuda a pagar as dívidas, sob a promessa que nunca mais vai abusar de um consumismo exagerado para as suas posses reais. Outro traço seu muito importante é a forma de ela se relacionar com as pessoas na base de "mandar ou ser mandada".

Um exame retrospectivo em relação à evitação do uso do divã por parte de B. permite-me afirmar que a mesma não se deveu a nenhuma das seguintes costumeiras possibilidades: uma reação de natureza fóbica (ela vinha de uma análise prolongada com outro analista, na qual ela se deitara do primeiro ao último dia); também não foi uma reação de birra, revide, ou um desafio de natureza narcisista; tampouco representava um temor paranóide que resultasse de excessivas projeções de pulsões agressivas e/ou eróticas; nem se constituía como uma forma de uma obsessivo controle onipotente. O que era então? A própria paciente dá resposta, a partir de uma colocação sua em um determinado momento da análise: "Se me mandares deitar, como o Dr. X fez, eu termino com essa minha amarração e deito logo, com um sincero prazer".

O curso da análise evidenciou que B. propunha-se em se comportar como uma perfeita cumpridora de deveres, o que para ela representava ser uma excelente e querida analisanda (filha). Assim, deitar-se no divã, nas circunstâncias descritas, não seria mais do que uma obediência a uma ordem ou expectativa de um outro. Pelo contrário, a iniciativa em espontaneamente optar pela utilização do divã representava para esta analisanda como sendo um movimento de liberdade, de autonomia, o que se opunha ao seu contra-ego, que exigia atenção e preocupação permanente de uma outra pessoa significativa, como uma forma ilusória de ela se ressarcir dos cuidados que não tivera no passado com os pais.

Com outras palavras: o *contra-ego* a convencia de que a conquista de uma autonomia seria o mesmo que renunciar a um direito líquido, certo e inalienável em ser recompensada por tudo que deixou de lhe ser dado no passado. Tomando como referência esse "episódio do divã", pode-se entender por que a paciente dava um jeito inconsciente de ganhar pouco ou gastar mais do que ganhava: era uma forma de o contra-ego reivindicador forçar a crônica solicitação de ser amparada, "ajudada" por alguém. A propósito, essa última situação é muito freqüente na clínica analítica de todos nós.

O CONTRA-EGO RETALIADOR (MODELO DA *LEI DE TALIÃO*)

Trata-se de uma modalidade de organização intra-egóica, de certa forma derivada do modelo anterior, que se institui em pessoas que se julgaram, desde sempre, incompreendidas, preteridas e frustradas em suas necessidades e desejos básicos. O conseqüente ódio acumulado tomou a forma de um intenso desejo de vingança contra as primitivas figuras parentais – agora internalizadas e projetadas no mundo exterior – que tanto sofrimento e humilhação lhes teriam causado. Tais sentimentos organizam-se como uma facção contra-ego, que assume a hegemonia do ego e o mutila, pois consegue mobilizar no sujeito os seus melhores recursos de capacidades e de energia, em prol de uma obcecada vingança, à moda do *conde de Monte Cristo,* isto é, a ânsia de vingança deixa de ser um meio e se assume como uma finalidade de vida.

Vinheta 3

O paciente C. – um advogado com marcantes traços narcisistas – gostava de repetir que, dentre todas as leis que conhecia, a mais importante, sem dúvida, era a de *Talião*. Na realidade, ele cumpria essa lei a rigor, já que desperdiçava as suas funções do ego, as de pensamento principalmente, em continuadas maquinações de planos de retaliação, assim fazendo jus à etimologia desta palavra: *re* (de novo; mais uma vez) + *taliação* (lei de Talião). O seu estilo de viver pode ser sintetizado na seguinte situação transferencial: ele se dizia sempre amedrontado ante mim, e configurava este sentimento com uma imagem repetida com freqüência, em que ele aparecia como um pobre ratinho fraco e humilde, enquanto eu lhe aparecia como um gatão forte, capaz e detentor do poder.

Movido por um intuitivo sentimento contratransferencial, em certo momento perguntei-lhe a quem o gato e o rato lembravam, ao que respondeu prontamente: Tom e Jerry. A continuidade do nosso trabalho foi em torno do quanto ele se imaginava vingando-se de todas as figuras autoritárias, do presente e do passado, que o teriam submetido e humilhado. Secreta e sutilmente, fazendo da astúcia a sua principal arma, qual o ratinho Jerry, sentia-se passando de submetido a submetedor, de enganado a enganador, de humilhado a humilhador, ainda que tudo isso lhe custasse muitos desafetos e muitas oportunidades perdidas.

Esse paciente somente começou a se permitir fazer mudanças, após reconhecer claramente que as vitórias que ele (o seu contraego), até então, conseguia eram, na verdade, do tipo de "Triunfo de Pirro". Convém diferenciar que "êxito" é diferente de "triunfo" (em cujo caso predomina a pulsão sádico-destrutiva); cabe lembrar que a expressão "triunfo de Pirro" designa a lenda de um imperador que, após uma guerra de morticínio de ambos lados oponentes, finalmente conquistou a cidadela em disputa. Só depois da conquista, ao deparar-se sozinho, rodeado de cadáveres por todos lados, é que se deu conta que a cidadela era de valor insignificante e que seu triunfo foi totalmente em vão.

O CONTRA-EGO DO TIPO MUTILADOR (MODELO: O *ANTIANALISANDO*)

É bastante bem conhecido o efeito mutilador causado ao ego quando ele próprio é obrigado a se defender com um uso exagerado e indiscriminado de mecanismos defensivos (negação, dissociações, identificações projetivas, etc.) que, por outro lado, são importantes e sadios quando usados nas incipientes etapas evolutivas da estruturação da personalidade, ou em doses adequadas em adultos.

Os estudos de Bion, especialmente os referentes aos *ataques aos vínculos*, possibilitam uma compreensão mais clara e profunda acerca da verdadeira autotomia que o ego pode realizar contra si próprio. Na base de "entregar os anéis para não perder os dedos", a parte do ego que tem horror ao conhecimento (-K) organiza-se rigidamente no sentido de rejeitar qualquer verdade, no mundo exterior ou interior, que lhe possa significar como sendo um desamparo, ou representar uma ameaça à sua frágil auto-estima.

Para manter esse estado mental, uma parte do ego organiza-se como um contra-ego, que se encarrega de atacar destrutivamente qualquer função do ego que possa propiciar a vinculação das distintas funções do ego, dos objetos ente si e o reconhecimento de sentimentos humilhatórios. No entanto, é elevado o preço que o ego paga ao contra-ego para a manutenção dessa escamoteação. Cabe citar, pelo menos, quatro importantes áreas do ego que ficam desvirtuadas: a percepção, o pensamento, a comunicação e a destruição da capacidade para a curiosidade. A conjunção de tais funções prejudicadas promove uma séria incapacidade para o aprendizado, especialmente aquele que decorre de experiências frustrantes e que implicariam em uma dolorosa *aprendizagem com a experiência.*

A melhor ilustração clínica para este contra-ego automutilador está na experiência particular de cada analista que, muito provavelmente, já passou pela experiência de analisar um paciente que, mesmo mantendo uma irretocável colaboração com a tarefa analítica, quase não produz verdadeiras modificações estruturais. Isso vem aliado ao fato de que este tipo de paciente mostra facilidade para adquirir *insight* intelectual, além de uma grande dificuldade para o *insight* afetivo. Isto se deve ao fato de que freqüentemente o ego desse paciente lança mão do recurso que Bion denominou *reversão da perspectiva*, o qual, como é sabido, consiste em um processo pelo qual tudo o que provém das interpretações do seu analista é desvitalizado pelo paciente e revertido às suas categóricas premissas anteriores.

É possível que o tipo de paciente que J. MacDougall (1972) chamou de *antianalisando* – formalmente, trata-se de um excelente colaborador no processo analítico, mas que, em pouco tempo, revela-se incapaz de fazer associações entre fantasias, pensamentos e sentimentos – represente ser uma forma extremada dessa função desvinculadora e mutiladora do contra-ego.

O CONTRA-EGO DO TIPO PERVERSO (MODELO: *A VIA CURTA* DO NARCISISMO)

A expressão *via curta* é de Janine Ch. Smirgell (1978), que a emprega para caracterizar um tipo de estado mental, mais típico das perversões, no qual o paciente, desde pequeno, julga que não necessita percorrer a "via longa" de um amadurecimento lento, gradual e difícil, que conduz à verdadeira condição de um desenvolvimento adulto. A "via curta" garante-lhe a eternização da fantasia do paraíso simbiótico, a um mesmo tempo que o poupa de entrar em contato com as inevitáveis frustrações, desilusões e tempo de espera, que são inerentes à realidade objetiva. A autora mostra-nos como essa condição psíquica se forma a partir de um exclusivo vínculo diádico que a mãe estabelece com o seu filho, em que ela designa o papel de a criança a ocupar o lugar do pai, de modo que este último fica excluído da relação triangular.

No curso do tratamento analítico desses casos, o contra-ego utiliza-se dos mais diversos recursos para reproduzir essa primitiva situação, vivida pelo paciente como sendo privilegiada, sendo que, por isso mesmo, ele se opõe de forma tenaz a qualquer tentativa do analista em tratá-lo. Paralelamente, há um prejuízo na capacidade de simbolização e de comunicação por meio da linguagem verbal, razão pela qual esse paciente recorre freqüentemente à primitiva linguagem dos *actings*, os quais podem ser de natureza maligna, às vezes seriamente preocupantes. Uma das finalidades inconscientes dessa atuação maligna pode ser a de provar ao analista que este deve desistir de acreditar nas capacidades adultas do seu ego e estabelecer um "conluio de acomodação" em uma situação extremamente primitiva.

Vinheta 4

A paciente D. desenvolveu uma intensa transferência erotizada, porém estava evidente que, por intermédio da mesma, pretendia encurtar a insuportável distância, temporal e espacial, com o analista. Em sua fantasia, o objetivo maior da análise seria o de conseguir o amor incondicional de seu terapeuta e... "então, por que perder tempo?".

Existiam nítidas evidências de que uma parte de seu ego preferia que os seus desejos (necessidades) fossem *entendidos*, e não *atendidos*, porém uma outra parte do ego – justamente, o contra-ego – desejava o contrário. Assim, ela acusava a minha atitude analítica de neutralidade, como sendo um insulto à sua condição de "mulher adulta". Por diversas vezes, D. ameaçou abandonar a análise, até que, certa ocasião, combinamos a interrupção definitiva da mesma. Dois dias após, ela me telefonou e, aos prantos, pediu-me para retomá-la, o que foi feito.

Seguiu-se então um período analítico em que ela tratava de seduzir qualquer homem que cruzasse por ela, sem medir cor, estética ou condição social. Estava se expondo de forma séria e pondo a situação profissional e conjugal em grave risco. De nada adiantavam as interpretações centradas no deslocamento transferencial, sendo que a situação, mais aguda, somente foi superada mediante uma consistente e exaustiva tática de fazer confrontos, colocando o seu ego-realidade, simbólico, a dialogar com o contra-ego. Este último estava empenhado em funcionar em um registro imaginário, em moldes de uma ilusória busca de uma, perdida, díade simbiótica, com as conseqüentes manifestações clínicas de sadismo e masoquismo.

O CONTRA-EGO QUE OBRIGA AO CUMPRIMENTO DE PAPÉIS DESIGNADOS PELOS PAIS (MODELO: PAPEL DE SER O *SEGURO-SOLIDÃO* DA MÃE)

O discurso dos pais, o desejo que eles têm em relação ao filho – muitas vezes os projetos de que, quem e como o filho deverá ser já vêm traçados pelos pais antes do nascimento ou da gestação – constituem o *ideal do ego* da criança (primeiro, as expectativas provindas dos pais, em seguida, as exigências do próprio sujeito consigo mesmo) – que persiste no adulto. O ideal do ego, pois, caracteriza-se por *expectativas,* com uma sutil designação de papéis a serem cumpridos pelo filho, ao longo de toda a sua vida. Tais papéis, designados, variam bastante com a cultura familiar em que a criança está inserida, adquirindo múltiplas formas, como a de ser um "geniozinho", um "bode expiatório", um "apaziguador" das brigas dos pais; uma criança dócil e obediente ou, o papel de ser o eterno "filho querido da mãe", etc.

Mais restritamente em relação ao último aspecto mencionado, vale afirmar que é bastante freqüente na clínica de todo analista que certos pacientes crescem significativamente em muitas áreas de sua vida, porém permanecem solteiros, desfazendo à última hora algum casamento que já tinha data marcada, sob argumentos variados. No entanto, a análise desses casos evidencia que existe uma proibição interior dessa mãe (pode ser o pai, ou ambos), provavelmente portadora de uma fobia de ficar só e desamparada, que, por isso, desde sempre, preparou esse filho (às vezes, todos os filhos foram catequisados para exercer essa função, porém, comumente, por razões diversas, os outros "escapam", enquanto resta um dos filhos) para exercer o papel de garantir a retribuição do longo investimento que essa mãe, insegura, fez, na pessoa do filho, no seu "seguro" contra o grande risco de desamparo de uma possível futura solidão, dela.

Não foram poucas as vezes que, quer com analisandos meus ou casos de supervisionandos, foi possível reverter alguma situação de *reação com terapêutica negativa* – que costuma surgir em tais situações, pela enorme carga de culpa que a transgressão deste tipo de papel provoca no paciente quando ele está muito próximo de se libertar e decretar a sua autonomia da mãe real e/ou internalizada, que lhe sabota, ameaça e o acusa de ser traidor e ingrato. A reversão dessa situação tornou-se possível a partir da análise exaustiva desse aspecto que foi enfocado.

O CONTRA-EGO QUE RESULTA DE IDENTIFICAÇÕES PATÓGENAS (MODELO: *IDENTIFICAÇÃO COM A VÍTIMA*)

Todos conhecemos a importância vital que as "identificações" representam na estruturação do psiquismo da criança, tanto no seu aspecto positivo (quando as identificações de forma predominante se realizam por "admiração" pela figura com quem se identifica) quanto no aspecto negativo (nesse caso, as identificações são tumultuadas, com um misto de sentimentos de amor e ódio, idealização e denegrimento, prêmios e castigos, gratificações e culpas, etc.).

Entre as muitas formas de identificações patogênicas, vou me restringir, aqui, a uma delas, freqüentíssima na clínica de todos nós: é a modalidade que, particularmente, denomino *identificação com a vítima.* Essa expressão designa o fato de que o sujeito pode abrigar em seu psiquismo uma (ou mais de uma) figura significativa que está representada no seu ego, como sendo uma "vítima" de seus presumíveis ataques (invejosos, vorazes, narcisistas...). A sensação do paciente de que ele causou vítimas também se deve a culpas que lhe foram imputadas, muitas vezes de forma injusta. Esse sentimento, habitualmente, costuma acontecer quando esse paciente tem algum irmão deficiente, ou muito malsucedido, ou a sua mãe é uma deprimida crônica, transmitindo um constante queixume, desde que os filhos eram pequenos, de que ela se sacrifica, se "mata" por eles, de tanto que esses a incomodam.

Nesses casos, tangido pelas culpas, o sujeito sente-se na obrigação de seguir o mesmo destino de suas supostas vítimas, em um pretenso movimento de solidariedade com eles, por meio de um nivelamento, por baixo. Usando uma metáfora, pode-se dizer que esse nivelamento processa-se conforme o que se passa na lei física no fenômeno de que, quando um líquido é colocado em vasos comunicantes, independentemente do diâmetro de cada um dos vasos, que se comunicam em forma de "U", a água mantém-se sempre no mesmo nível em ambos. Essa compulsão é, muitas vezes, tão forte que as defesas do paciente organizaram-se de forma patológica, adquirindo a configuração de um "contra-ego" que proíbe o paciente de ser bem-sucedido e feliz, porque atingir essa condição de bem-estar equivale, no inconsciente, a um ato de deslealdade ou de tripúdio contra o ente querido que jaz morto num caixão ou que leva uma péssima qualidade de vida e que, de alguma forma, exige uma reparação, nem que seja a do aludido nivelamento na desgraça.

Vinheta 5

Em uma supervisão de uma das primeiras sessões de um paciente, senhor E., arquiteto de 40 anos, o colega candidato fez o relato do caso a ser supervisionado, dizendo tratar-se de um homossexual que vinha se analisar, não tanto pela condição da homossexualidade, mas, sim, porque se envolveu em um novo caso com um rapazinho adolescente em condições de miserabilidade econômica, por quem se sentia apaixonado, porém não-correspondido; pelo contrário, o rapaz só queria saber de tirar vantagens do seu dinheiro. Também relatou que outro motivo para se analisar é que embora ele seja reconhecido como sendo um excelente profissional, ele "dá um jeito de desperdiçar todas as oportunidades" que se abrem para ele. No curso dessa sessão, em meio a um misto de queixumes e de uma idealização do seu jovem companheiro, o paciente referiu-se a ele com um apelido carinhoso que lhe deu: "Maninho". A sessão prosseguiu com E. fazendo projetos de "arrumar a vida do parceiro, conseguir um bom emprego para este, dar-lhe boas condições de vida, tirá-lo da miséria, em resumo, dar-lhe um sopro de vida".

Durante a supervisão, chamei a atenção do candidato para o fato de que o apelido de "Maninho" que o paciente dera ao seu parceiro homossexual deveria ter um significado muito relevante, especialmente levando em conta o tipo de cuidados, de proteção e da ânsia em resgatar um "sopro de vida" ao adolescente por quem se "apaixonara", embora sendo por esse repudiado. Sugeri que ficássemos atentos para a sua história familiar do passado. Transcorridas mais algumas quatro ou cinco sessões, o paciente relatou um fato trágico que aconteceu na sua vida quando ele tinha uns cinco anos de idade. Sua mãe brincava na piscina com ele e um irmãozinho de três anos, porém teve que se afastar por alguns momentos e pediu ao menino E. que cuidasse do irmãozinho. Em um descuido, distraído que ele estava por algum outro interesse, próprio de qualquer criancinha, o seu "maninho" morreu afogado.

A evolução da análise evidenciou com crescente nitidez que o seu irmãozinho ainda não estava sepultado no cemitério, mas, sim, continuava insepulto dentro do próprio paciente, em uma condição de "morto-vivo", patrulhando os seus passos e permanentemente exigindo um resgate de seu direito de estar vivo, queria de volta a vida que E. lhe roubara.

Creio que todos os leitores concordam com a evidência que o apelido "Maninho" que o paciente deu ao seu jovem *partenaire* não foi casual; pelo contrário, revela uma busca mágica de ele devolver um "sopro de vida ao irmãozinho morto", e propiciar-lhe tudo do bom e do melhor. A um mesmo tempo, o contra-ego lhe obrigava a se "suicidar em vida", levando uma péssima qualidade de vida, sabotando todas as possibilidades de crescimento pessoal e profissional, enquanto facilitava relacionamentos em que fazia, de forma sistemática e repetitiva, o papel do masoquista explorado em sua boa fé.

O CONTRA-EGO QUE REPETE UM ANTIGO *SCRIPT* DOENTIO (MODELO *VÍNCULO DE AMOR TANTALIZANTE*)

Parto do princípio, concebido por Freud, de que toda pessoa, durante todo o seu desenvolvimento psicossexual, vai recebendo sucessivos e diversificados estímulos, interiores e exteriores, que vão ficando impressos, *inscritos* no ego, sob a forma de *representações-coisa* (quando, a partir de fortes sensações primitivas, elas se formaram antes da aquisição da palavra, pois não foram representadas com nomes) ou de *representações-palavra* (as experiências emocionais foram impressas na mente, quando a criança já tinha a capacidade de compreender e utilizar palavras, logo, de nomear as aludidas experiências). Essas inscrições (penso que cabe a metáfora de uma tatuagem indelével; ou com o registro de fotografias, às vezes ainda no "negativo" do filme, à espera de uma "revelação") não são unicamente de cenas isoladas, mas, sim, elas podem ficar impressas sob a forma de cenas inteiras ou, até mesmo, de uma espécie de novela, de uma peça teatral, com um determinado *script*.

Para completar essa metáfora: o enredo dessa peça de teatro – ou da montagem de um filme – pode atravessar longas décadas de exibição, sem modificar a essência do *script* original, não obstante os atores que interpretam os personagens possam ter sido substituídos por outros, de forma parcial ou total. O mesmo passa-se com o teatro do psiquismo, isto é, um determinado enredo foi produzido com uma mescla de fatos reais e imaginários, sadios ou patológicos, internos ou externos, com uma variedade de personagens (mãe, pai, irmãos, a criança pequena ou o adolescente que o paciente já foi, etc.) que interagem entre si e que receberam a missão – inscrita no inconsciente do sujeito – de cumprir a ocupação de certos *lugares* que lhe foram designados e determinados *papéis* a serem desempenhados, fato que freqüentemente pode acontecer, ao longo de toda a vida do sujeito.

Essa peça teatral pode estar inscrita na mente com tal intensidade e precisão do enredo que, tal como se fosse um ímã, exerce um campo de imantação que atrai para si, colorindo com as mesmas cores emocionais, as futuras experiências afetivas, obrigando o sujeito a uma repetitividade do *script* que foi escrito e internalizado no passado. Assim, o "grupo interno" faz a representação da essência da mesma peça, embora os "atores" externos sejam outros. Dentre as múltiplas peças teatrais do psiquismo possíveis, quero destacar uma que se refere a uma patológica forma de amar e de ser amado, a que venho propondo denominar como "tantalizante".

Vinheta 6

A paciente F. era uma mulher muito bonita, com aproximadamente 30 anos, profissional liberal, que buscou tratamento analítico pela manifesta motivação de que enquanto a sua vida profissional e social corriam muito bem, ela "não tinha sorte" em sua vida afetiva. Não tinha dificuldades em ser cortejada por homens interessantes e começar algum namoro que inicialmente evoluía de forma apaixonada, porém, decorrido algum tempo, "eles, os homens, começavam a mostrar as garras": traíam-na com outras mulheres; humilhavam-na; sem a menor consideração, eles descumpriam compromissos combinados; faziam promessas mentirosas, e coisas do gênero.

Não existia explicação lógica que justificasse por que ela "atraía" pessoas deste perfil, como era o atual namorado, à época que procurou análise, que a fazia vibrar de felicidade quando ele reiterava juras de amor e promessas de um casamento breve, enquanto a fazia sofrer ao desespero, a imergir em fortes momentos depressivos, quando ele a rejeitava e "desaparecia" durante algum tempo, até que F. descobria que ele desfilava com alguma outra mulher. Então, rompia com ele, porém transcorrido algum tempo, ele voltava a procurá-la, sempre com métodos sutis, indiretos, e, então, renovava as promessas e tudo voltava ao estado anterior, em um círculo vicioso interminável.

A evolução da análise esclareceu que esse círculo maligno e repetido de forma estereotipada estava ancorado em um núcleo do ego no qual havia uma representação teatral do triângulo amoroso: seu pai a tratava como sendo a rainha da casa, seduzindo e fazendo todas suas vontades, fazendo "sestas", deitando junto com ela durante certas tardes, dando a entender que a menina F. era muito mais querida e desejada que a sua esposa, a mãe da paciente. No enredo dessa peça teatral, a mãe desempenhava o papel de "bruxa má", competidora ciumenta e ameaçadora. As inscrições impressas no ego da paciente ficaram centralizadas na dor e no ódio de sentir-se traída pelo pai, porque era com a "bruxa" que o pai deitava-se à noite e fazia novos filhos. Esse jogo, algo sadicomasoquista, de "dar e tirar" que ela e o pai mantinham, em um clima de permanente esperança de que um dia ela concretizaria seu sonho, funcionava como o aludido ímã, que a obrigava a repetir a mesma experiência emocional frustra, em uma vã tentativa de preencher o vazio que se formou desde a sua meninice.

MANEJO TÉCNICO EM RELAÇÃO AO CONTRA-EGO

De forma altamente sintetizada, os seguintes aspectos merecem ser mencionados:

1. A *atitude analítica interna* do terapeuta. Diante de um estado de forte resistência de algum paciente, o analista deve levar em conta a possibilidade de que ela se deva à presença – muito mais freqüente na prática analítica do que possa parecer – de uma das modalidades de um *contra-ego,* que antes foram mencionadas.

2. Nesse caso, é necessário que o analista consiga localizar onde está o "inimigo na trincheira", para então poder aclarar para o paciente as formas sub-reptícias de como e para que esse inimigo *dentro* dele está agindo *contra* ele. A localização e o reconhecimento desse inimigo interior, isto é, do *contra-ego*, permitem extrair os dois seguintes aspectos técnicos que seguem.

3. Um deles consiste em o analista formar uma aliança entre duas pessoas – ele e o lado sadio do paciente – contra uma pessoa inimiga, que é justamente o inimigo que está enquistado dentro do ego do paciente, parasitando e destruindo-o. O placar fica favorável, ficam dois contra um.

4. O segundo aspecto técnico aludido refere-se ao importantíssimo fato de que o paciente comandado por um *contra-ego* consiga desenvolver a capacidade de estabelecer um diálogo entre o seu lado sadio e este seu lado doente, de modo a encarar o seu solerte inimigo, com ele estabelecendo uma espécie de negociação.

5. A propósito de negociação, o analista deve ter bem claro para si, e então assim proceder com o paciente, que ele não é unicamente uma *vítima*, passiva, desse inimigo. Antes, o seu lado sadio aceitou fazer um *conluio perverso* com o seu lado doente, sabotador.

6. O risco maior é quando esse conluio perverso torna-se "egossintônico" no paciente, ou seja, ele se queixa, lamuria, no entanto, no fundo, está acomodado, para não dizer "satisfeito" com a situação. Nesses casos, uma tarefa fundamental do analista é conseguir transformar essa egossintonia em uma *egodistonia*, ou seja, é um bom indício quando o paciente começa a se angustiar com a situação.

7. Quando o paciente der-se conta que ele é um participante *ativo* (logo, ele também aciona a repetição de cenas do seu teatro interno), o passo seguinte é que ele assuma – de forma consciente – o seu quinhão de *responsabilidade* por tudo que de mal está acontecendo com ele. A tomada de conhecimento de que ele é participante ativo e que está acomodado à sua situação pode ser levada a um ponto de pedirmos ao paciente que pense *se, de fato, ele quer fazer mudanças verdadeiras*.

8. Essa função *cognitiva*, isto é, o conhecimento consciente do que ele está fazendo contra ele mesmo é muito importante, porém não será suficiente se não vier acompanhada de um suficiente *insight afetivo*, de raízes inconscientes, de como e por que o paciente está, masoquisticamente, atacando a si próprio.

9. Os fatores inconscientes que configuram cada uma das diferentes modalidades de *contra-ego* variam de uma situação para outra, mas é importante que consiga perceber as primitivas raízes de sua formação, além da forma como elas se organizam patologicamente. Sugiro ao

leitor que leia o capítulo referente ao "vínculo tantalizante", no qual encontrará vinhetas clínicas e um detalhamento das referidas raízes da formação desse tipo de contra-ego.

10. Assim, muitas vezes, o contra-ego se estabelece a fim de reencontrar os primeiros abandonos que lhe despertaram um misto de excitação, angústia e gozo. Por exemplo, uma mulher é abandonada pelo namorado e esse trauma a remete à cena da mãe que a deixava chorando, sozinha, no escuro, desde quando ela tinha poucos meses de vida.

11. É fundamental que o paciente – diante disso tudo que, impresso e radicado na sua mente, age ativa e continuadamente no interior de seu psiquismo – obtenha um *insight,* que, como se sabe, é adquirido por meio de *atividade interpretativa.* Porém, nos casos em que sobressai a presença de um forte *contra-ego,* o analista deve estar bastante atento à possibilidade de o paciente vir a desvitalizar a importância das suas interpretações. Trata-se, pois, de observar qual *é o destino das interpretações na mente desse paciente portador de um contra-ego.*

12. Um outro ponto de capital importância é a necessidade de o analista perceber sinais iniciais de uma possível instalação de uma *reação terapêutica negativa,* fenômeno que, seguidamente, acompanha as análises em que exista uma predominância de um *contra-ego* que sabota os movimentos de crescimento e emancipação do paciente.

11

Transferências. Transferência de Impasse. Psicose de Transferência

Na prática analítica o que é mais relevante? O clássico conceito de Freud de que a transferência resulta de uma compulsiva *necessidade de repetição* ou a tendência atual de considerá-la como uma *repetição de necessidades*, que não foram compreendidas e resolvidas no passado primitivo. Ou ambas têm a mesma importância?

EVOLUÇÃO DA CONCEITUAÇÃO

Embora o fenômeno transferencial esteja virtualmente presente em todas as inter-relações humanas, o termo "transferência" deve ficar reservado unicamente para a relação presente no processo psicanalítico, o qual, juntamente com a "resistência" e a "interpretação", constitui o tripé fundamental da prática da psicanálise, dando-lhe o selo de genuinidade psicanalítica, entre outras modalidades psicoterápicas.

De forma extremamente genérica, pode-se conceituar o fenômeno transferencial como o conjunto de todas as formas pelas quais o paciente vivencia com a pessoa do psicanalista, na experiência emocional da relação analítica, todas as "representações" que ele tem do seu próprio *self*, as "relações objetais" que habitam o seu psiquismo, bem como os conteúdos psíquicos que estão organizados como "fantasias inconscientes", com as respectivas distorções perceptivas, de modo a permitir "interpretações" do psicanalista que possibilitem a integração do presente com o passado, o imaginário com o real, o inconsciente com o consciente.

O conceito de transferência vem sofrendo sucessivas transformações e renovados questionamentos, como, por exemplo, se a figura do analista é uma mera pantalha para uma *repetição* de antigas relações objetais introjetadas ou se ele também se comporta como uma *nova pessoa, real*.

O leitor que queira acompanhar a evolução histórica do fenômeno da transferência, desde Freud até os dias atuais, passando pelos demais autores – M. Klein, Rosenfeld, Meltzer, B. Joseph, Kohut, Winnicott, Lacan e Bion –, com as respectivas concepções que adquiriram uma nomenclatura própria, pode consultar o Capítulo 31 de *Fundamentos psicanalíticos* (Zimerman, 1999).

Ainda dentro da proposta de conceitualização do fenômeno transferencial, impõe-se a necessidade de fazer uma distinção entre a transferência propriamente dita e os outros fenômenos correlatos, porém de significados distintos, que aparecem com freqüência na literatura psicanalítica com uma terminologia específica, como são os conceitos que seguem.

Extratransferência

Trata-se de um termo bastante conhecido e divulgado, que classicamente designa uma condição pela qual o analista percebe que o analisando demonstra, por meio dos inter-relacionamentos de sua vida cotidiana, a forma de como estão estruturadas as suas relações objetais internas. De modo geral, os analistas desvirtuam a extratransferência e apregoam que tais experiências emocionais só têm eficácia analítica se forem analisadas à luz da vivência do "aqui-agora-comigo" transferencial. Acredito que esteja crescendo o número de psicanalistas, entre os quais me incluo, que, diante de determinadas circunstâncias da situação analítica – mais particularmente aquela na qual uma verdadeira transferência ainda *deve ser paulatinamente construída* –, também trabalham com naturalidade e profundidade os vínculos manifestos na extratransferência, tal como essa se apresenta na vida "lá fora".

Por exemplo, no caso de um paciente que estiver narrando na sessão uma séria briga que teve na véspera com a sua mulher, existe a possibilidade, muito comum, de que o analista proceda a um automático reducionismo interpretativo de que o analisando está expressando uma briga com ele, analista. Independentemente se essa interpretação corresponde a uma realidade psíquica do paciente ou se é um equívoco de compreensão do analista, é freqüente que o paciente rejeite-a com costumeiras exclamações do tipo: "não é nada disso...; eu sabia que ias dizer isso...; tudo que eu falo, sempre trazes para ti...", não sendo rara a possibilidade que o analista queira impor a sua interpretação "transferencial", e a sessão adquira um clima polêmico.

Em uma situação como essa que foi hipoteticamente referida, creio ser perfeitamente possível um trabalho verdadeiramente analítico a partir da extratransferência, isto é, de analisar com o paciente os detalhes da briga que teve com a esposa, como tudo começou, qual foi a sua participação, o seu papel, a sua responsabilidade por uma possível provocação para uma previsível resposta daquela, e que esse episódio repete tantos outros análogos com outras pessoas, etc., de sorte a poder propiciar um importante *insight*, com a possibilidade eventual de, aí sim, poder fazer uma costura dessa briga com outras manifestas ou ocultas que se passaram no passado ou que, de fato, possa estar acontecendo no vínculo analítico.

Neurose de transferência

É útil traçar uma diferença entre o surgimento, na situação analítica, de *momentos transferenciais* e a instalação de uma *neurose de transferência*. Neste último caso, quer seja de aparecimento precoce ou tardio, o analisando vive intensa e continuadamente uma forte carga emocional investida na pessoa do psicanalista, que transborda para fora da sessão e ocupa-lhe uma grande fatia dos seus tempo e espaço mental. O comum nesses casos é que o paciente reviva suas experiências afetivas não com uma percepção de um *como se,* de que está reproduzindo antigas vivências equivalentes, mas, sim, com a convicção de um *está havendo, de fato,* um "amor" pelo analista, por exemplo. A existência desse tipo de transferência justifica plenamente o emprego sistemático de interpretações centradas no calor do "aqui-agora-comigo-como lá então".

Transferência psicótica

Conforme o nome designa, trata-se de uma transferência que caracteriza os pacientes clinicamente psicóticos, sendo que, contrariamente à crença de Freud de que eles não seriam analisáveis, porquanto nunca desenvolveriam uma transferência (ele partia da idéia de que, nesses casos, toda libido estava investida auto-eroticamente), hoje é consensual que eles desenvolvem, sim, uma clara transferência, visto que, embora muitas vezes sejam inacessíveis à análise, muitas outras vezes esses pacientes possibilitam que se desenvolva um verdadeiro trabalho analítico.

Esse conceito de "transferência psicótica" não deve ser confundido com o da transferência provinda da "parte psicótica da personalidade" (conforme Bion) e tampouco iguala-se com a conceituação de *psicose de transferência,* descrita por Rosenfeld (1978). Bion considera que a transferência que caracteriza os pacientes em nível psicótico (e um grau expressivo de pacientes histéricos, acrescento eu) apresenta três aspectos típicos, cujos nomes podese abreviar com a letra inicial "p": é *prematura* (a transferência se instala logo no início da terapia analítica), *pertinaz* (se agarram ao analista de uma forma forte, tenaz) e *perecível* (nas primeiras decepções e desilusões, distanciamse e esfriam o vínculo com o terapeuta; a transferência perece e, não raramente, abandonam a análise).

Psicose de transferência

Consiste no fato, nada infreqüente no curso das análises, de que, eventualmente, pacientes não-psicóticos ingressem em um estado transferencial de tamanho negativismo e distorção dos fatos reais, em relação ao analista, que chega a dar a impressão de uma situação psicótica, de fato. No entanto, a grande característica dessa psicose transferencial reside no fato de que fica restrita à situação da sessão analítica, finda a qual o analisando retoma a sua vida de forma completamente normal. Devido à sua importância clínica, essa forma de transferência será explicitada, de forma mais alongada, mais adiante neste capítulo.

Aliança terapêutica

Esta denominação pertence à E. Zetzel, psicanalista norte-americana que, em um trabalho de 1956, concebeu um aspecto importante relativo ao vínculo transferencial, ou seja, o fato de que um determinado paciente apresente uma condição mental, tanto de forma consciente quanto inconsciente, que permita que ele se mantenha verdadeiramente aliado à tarefa do psicanalista. Essa concepção aparece nos textos psicanalíticos com outras denominações, mas com significados equivalentes, como "transferência eficaz", por meio da construção prévia de um *rapport* (Freud,1913); "transferência racional", de Fenichel (1945), que alude a um "aspecto sensato" do paciente; "aliança de trabalho", de Greenson (1965), etc.

Cabe acrescentar que uma aliança terapêutica não deve ser tomada como um simples "desejo de melhorar", tampouco como sinônimo de "transferência positiva" e, muito menos, como antônimo de "transferência negativa"; pelo contrário, creio que o importante surgimento dessa última, em sua plenitude aparentemente negativa, muitas vezes torna-se possível devido ao respaldo de uma "aliança terapêutica" provinda, pelo menos, de uma parte da mente do paciente que está comprometida em assumir e colaborar com a profundeza da análise, enfrentando, assim, as inevitáveis dificuldades e dores.

Dizendo com outras palavras, a aliança terapêutica (A.T.) consiste no fato de que a parte observadora do paciente se alia ao analista e coopera para enfrentar seus aspectos doentes. A aliança terapêutica reproduz antigas alianças que visavam à formação do sujeito em diferentes etapas da vida, provavelmente desde a condição de feto. O aspecto da A.T. que me parece ser o mais importante refere o que representa para o paciente ele estar *dentro* do processo para o qual ele contribuiu, isto é, quando o paciente reconstrói sua experiência de estar sendo contido pelo corpo e pelo psiquismo do seu analista.

Assim, na aliança terapêutica, mais do que na *pessoa* do analista, os pacientes se ligam no *processo* da análise, de modo que a aliança sempre implica em um mútuo reconhecimento que, preliminarmente, começa quando o paciente percebe que o terapeuta está comprometido, com emoções e sua crença no processo analítico.

Match

Talvez a melhor tradução para este termo seja a de *encontro psicanalítico*. Ele alude diretamente ao que vem sendo denominado "relação real". Trata-se de uma conceituação proposta por psicanalistas pesquisadores norte-americanos, como J. Kantrowitz e colaboradores (1989), e diz respeito ao fato de que uma relação analítica vai bastante além de uma simples relação transferencial, repetidora de vivências passadas. A investigação desses autores obedeceu a uma rigorosa metodologia científica e permitiu-lhes a conclusão de que os *aspectos pessoais* de cada psicanalista em relação com os de um determinado paciente constituem um *match* singular, o qual tem uma decisiva influência na evolução, exitosa ou não, da análise.

Pessoa real do analista

Observações equivalentes a essas últimas mencionadas estão convocando os analistas para se perguntarem quanto à importância que deve ser creditada (ou desacreditada) à pessoa real do analista na construção do vínculo transferencial-contratransferencial e, por conseguinte, no destino da análise. Tenho a impressão de que, aos poucos, o pêndulo está se inclinando para a crença de que a percepção que o paciente capta das características reais da personalidade e da ideologia da pessoa que o seu psicanalista é mais do que uma mera pantalha transferencial, de fato, ele é um modelo de identificação para o paciente, tem uma significativa influência no campo analítico, até mesmo na determinação do tipo de transferência manifesta pelo analisando. Pela relevância que o tema representa na psicanálise prática, ele aparece neste livro em um capítulo especial.

TIPOS DE TRANSFERÊNCIAS

Como se sabe, Freud dividiu as transferências em *positivas* e *negativas*. Com a evolução da psicanálise, essa classificação ficou inadequada e insuficiente, e isso justifica uma explicitação, em separado, de cada uma das modalidades. Antes de tudo, quero definir a minha posição de que julgo as expressões "positivo" e "negativo" altamente inadequadas para uma compreensão psicanalítica, porquanto elas estão impregnadas de um juízo de valores, com um ranço moralístico, superegóico. No entanto, como são termos consagrados, eles devem ser mantidos, desde que bem-compreendidos sob a óptica atual.

Transferência positiva

Classicamente essa denominação referiase a todas as pulsões e derivados relativos a libido, especialmente os sentimentos carinhosos e amistosos, mas também incluídos os desejos eróticos, desde que eles tenham sido sublimados sob a forma de amor não-sexual e não persistam como um vínculo erotizado.

O que julgo importante a ser destacado é o fato de que muitas vezes o que parece ser uma transferência "positiva" pode estar sendo "negativa", do ponto de vista de um processo analítico, pois ela pode estar representando não mais do que uma extrema e permanente idealização (isso é diferente de uma – estruturante – admiração) que o paciente faz em relação ao analista.

Também pode acontecer que uma aparência de "positividade" pode estar significando unicamente um, inconsciente, *conluio* transferencial-contratransferencial sob a forma de uma, estéril, *recíproca fascinação narcisística.* Igualmente, é necessário levar em conta a possibilidade nada incomum de que uma aparente transferência positiva, pela qual o paciente cumpre fielmente todas as combinações de assiduidade, pontualidade, verbalização, uso do divã, manifesta concordância com as interpretações, etc., possa estar encobrindo uma *pseudocolaboração*. Isso geralmente ocorre com pacientes portadores de uma forte estrutura narcisista, que os leva em um plano oculto da mente a desvitalizarem as interpretações do analista, de modo a que nele, paciente, nada mude de verdade. O que mais importa destacar é o fato de que, muitas vezes, uma transferência positiva pode não estar sendo mais do que uma extrema idealização do seu analista, com a possibilidade de que isso esteja encobrindo sentimentos "negativos".

Em contrapartida, uma transferência costumeiramente chamada de "negativa" pode estar sendo altamente "positiva" para o curso exitoso da análise.

Transferência idealizadora

Tal como antes foi referida, a transferência idealizadora, mesmo que em grau exagerado, quando parte de pacientes bastante regredidos, deve ser bem aceita pelo analista, pelo fato de que ela representa uma importante e necessária tentativa de contrair um vínculo primário. Em caso contrário, isto é, quando, por meio de interpretações unicamente dirigidas "à persecução resultante da agressão que está encoberta, além de uma tentativa de manipulação e controle por parte do analisando", o psicanalista desfaz precocemente a idealização, daí resultando a possibilidade de o paciente ingressar em um estado de desamparo análogo à imagem que me ocorre de se "tirar a escada e deixá-lo seguro pelo pincel".

O inconveniente analítico dessa excessiva idealização seria no caso de o analista, por um excesso de narcisismo pessoal ou por dificuldades contratransferenciais, deixar que essa situação se perpetue. É importante termos em mente a significativa distinção (às vezes, muito sutil) que deve haver entre *idealização* (sempre muito instável) e *admiração* (muito mais estável, além de ser, para o paciente, o melhor dos "modelos de identificação").

As "transferências históricas", de início, são altamente idealizadas e pertinazes, embora elas possam ser muito instáveis e lábeis, de modo que os analistas podem se entusiasmar muito rapidamente com os resultados da psicanálise, e depois sofrer decepções. Isso lembra uma notável frase de Freud, dita em 1925:

> Considerem a maneira pela qual uma dona-de-casa distingue um bom forno de um mau forno. Os fornos ruins esquentam rápido, mas esfriam com a mesma rapidez. Os bons fornos esquentam lentamente, de modo incerto, mas conservam seu calor por muito tempo (in *Pensamentos de Freud*, de Alain de Mijolla, 1985, p.41).

Transferência negativa

Com esse nome, Freud referia aquelas transferências nas quais predominava a existência de pulsões agressivas com os seus inúmeros derivados, sob a forma de inveja, ciúme, rivalidade, voracidade, ambição desmedida, algumas formas de destrutividade, as eróticas incluídas, etc.

Na atualidade, creio ser relevante afirmar que uma análise que não transitou pela "transferência negativa", no mínimo, não ficou completa, porquanto todo e qualquer analisando tem conflitos manifestos ou latentes relacionados à agressividade. A propósito, é útil estabelecer uma diferença entre *agressão* (sádico-destrutiva) e *agressividade,* a qual, tal como a sua etimologia (*ad* + *gradior*) designa, representa um movimento (*gradior*) para a frente (*ad*), uma forma de se proteger contra os predadores externos, além de também indicar uma ambição sadia com metas possíveis de serem alcançadas.

Assim, a transferência pode ser "negativa" a partir de uma perspectiva adulta em relação à educação de uma criança que quer romper com certas regras, porém ela pode ser altamente "positiva" a partir de um vértice que permite propiciar ao paciente a criação de um espaço, no qual ele pode reexperimentar as antigas experiências que foram mal-entendidas e mal-solucionadas pelos pais, por exemplo aquelas que eles não tenham entendido os presentes-fezes ou o direito do filho de fazer uma sadia contestação aos valores deles, etc. Principalmente, o terapeuta deve levar em conta que as manifestações agressivas possam estar representando a construção de preciosos núcleos de *confiança* que o paciente esteja desenvolvendo em relação a si mesmo, ao analista e ao vínculo entre ambos.

Talvez não exista experiência analítica mais importante do que aquela na qual o paciente permita-se atacar ao seu analista, por meio das formas mais diversas, às vezes cruéis, e este sobrevive aos ataques, sem se intimidar, revidar, deprimir, desistir, contrabalançar com formações reativas, apelar para recursos medicamentosos e outros afins, mantendo-se fiel e firme à sua posição de analista. Isso repercute no paciente de duas formas estruturantes para o seu *self*: a comprovação de que ele não é tão perigoso, destruidor e mau como imaginava, e tampouco os seus objetos são tão frágeis como ele sempre temeu.

O aspecto positivo de uma transferência negativa pode ser equiparado à fase evolutiva da criança, quando ela entra no período de, sistematicamente, dizer "não" à autoridade dos pais, fato que, mais do que um ato agressivo, representa ser, em condições normais, uma tentativa de começar a construir seu sentimento de identidade, por meio de uma busca de autonomia e diferenciação.

Transferência especular

Na atualidade, é consensual entre os psicanalistas que a transferência não expressa unicamente *conflitos,* tais como aqueles que tipificam a "neurose de transferência", mas também que ela traduz os problemas de *déficit*. Neste último caso, próprio dos pacientes com fortes fixações em etapas primitivas – nas quais as necessidades emocionais básicas não foram suficientemente satisfeitas pelos cuidados de uma adequada maternagem –, a transferência assume características de uma busca de algo em alguém. Essas últimas condições podem assumir a forma de uma busca, no analista, de uma "fusão" com ele, ou a de um "continente" apropriado, ou de alguém que seja portador de seus "ideais", ou, ainda, a de um "espelho" que o reflita, etc.

Neste último caso, quando o movimento transferencial representa uma busca de um "espelho" na pessoa do analista – que o reflita, reconheça e devolva a sua imagem de autoidealização, vitalmente necessária para que o paciente sinta que, de fato, ele existe e é valorizado – estabelece aquilo que, genericamente, está sendo denominado "transferência especular".

Nestes casos, é necessário que o analista transitoriamente aceite funcionar como "ego auxiliar" do paciente, a um mesmo tempo que, gradativamente, vá construindo o processo de *diferenciação*, que possibilite o paciente a adquirir uma *separação, uma individuação* e uma posterior *autonomia*.

Transferência erótica e erotizada

Em 1915, Freud referiu-se ao "amor de transferência" como uma complicação do processo psicanalítico, que acontece com freqüência e no qual a(o) paciente diz-se "apaixonada(o)" pelo seu(sua) analista. Embora reconhecesse o caráter defensivo dessa forma transferencial, Freud alertava os terapeutas para que não confundissem essa reação com um amor verdadeiro, a um mesmo tempo em que os advertia contra as tentativas de eles reprimirem o amor desses pacientes, desde que "o tratassem como algo irreal e o rastreassem até suas origens inconscientes".

Freud também advertia quanto aos "casos graves de amor transferencial" e descrevia essas suas pacientes histéricas como "meninas que, por natureza de uma pulsão elementar, recusam aceitar o psíquico em lugar do material", sendo que ele sugeria que a única forma de tratar esses casos é com uma tentativa de mudar de analista ou, então, com a interrupção da análise.

Como se vê, a transferência de características eróticas adquire um largo espectro de possibilidades, desde os sentimentos afetuosos e carinhosos pelo analista até o outro pólo de uma intensa atração sexual por ele (ela), atração essa que se converte em um desejo sexual obcecado, permanente, consciente, egossintônico e resistente a qualquer tentativa de análise. O primeiro caso alude à transferência *erótica*, enquanto o segundo refere-se à transferência *erotizada*.

Conquanto ambas as formas, em algum grau, estejam virtual e ocasionalmente presentes em todas as análises, tanto de forma homo quanto heterossexual, é necessário estabelecer uma clara diferença entre elas. A *transferência erótica* está mais vinculada com a necessidade que qualquer pessoa tem de ser amada, sendo que essa demanda por compreensão, reconhecimento e contato emocional pode se fundir (logo, "con-fundir") com o desejo de um contato físico.

Em contrapartida, a *transferência erotizada* designa a predominância de pulsões ligadas ao ódio, com as respectivas fantasias agressivas, que visam a um controle sobre o analista e a uma posse voraz dele. Tais fantasias manifestam-se sob diversas formas, são de origem inconsciente, superam o senso crítico da realidade objetiva (a ponto de o paciente sequer reconhecer o "como se" transferencial'), aparecendo, na situação analítica, disfarçadas de legítimas necessidades amorosas e sexuais.

Dois sérios riscos podem acompanhar a instalação da "transferência erotizada" no campo analítico: uma é a de que, diante da não-gratificação do psicanalista dessas demandas sexuais do paciente, este recorra a *actings* fora da situação analítica, que, às vezes, podem adquirir características de grave malignidade. A segunda possibilidade igualmente maligna é que a análise, a partir dessa transferência de *natureza perversa*, possa descambar para uma *perversão da transferência*, inclusive com a possível eventualidade de o analista envolver-se nela, o que está longe de ser uma raridade.

Transferência perversa

O termo "perverso" deve ser entendido como um "desvio da normalidade", porém não deve ser tomado como sinônimo de uma "perversão", clinicamente configurada como tal, não obstante, não seja totalmente improvável que a análise possa descambar para uma perversão, de fato. Assim, é comum que os pacientes em geral, de alguma forma, tentem "perverter" as combinações que eles aceitaram em relação ao *setting* analítico, procurando modificar "as regras do jogo", traduzidas nas formas de pagamento, na obtenção de privilégios, em alguma forma de provocação para tirar o analista de seu lugar, etc.

Comumente, nada do mencionado aqui representa algum risco para a análise, desde que o analista, embora possa ter alguma flexibilidade em relação aos pedidos do paciente, não saia do seu lugar e função de psicanalista. No entanto, em se tratando de pacientes predominantemente *psicopatas*, essa atitude transferencial perversa pode se constituir como uma constante que exige redobrados esforços do terapeuta, sendo que, muitas vezes, as sucessivas atuações podem definir uma condição de *não-analisabilidade.*

Meltzer (1973) foi o autor que mais consistentemente estudou a *perversão da transferência*, apontando para o risco da formação de um *conluio perverso* entre o par analítico, que consiste em um jogo de seduções por parte do paciente (creio que vale acrescentar a hipótese de que as seduções podem partir do analista), sendo que, na hipótese de o terapeuta ficar envolvido e desse conluio ficar estabilizado, virá a acontecer que o paciente, em vez de reconhecer suas limitações e conflitos, verá o seu analista "como uma prostituta, uma ama-de-leite, viciada na prática da psicanálise e incapaz de conseguir melhores pacientes" (p. 159).

Transferência de impasse

Embora essa denominação não costume aparecer na literatura psicanalítica, ela parece ser válida como uma forma de designar aqueles períodos transferenciais, típicos de situações de "impasses analíticos", que, inclusive, podem culminar com a preocupante situação de uma "reação terapêutica negativa".

Nesses casos de impasse, a transferência do paciente tanto adquire uma forte tonalidade erotizada que, enquanto dura, pode impossibilitar o curso da análise, conforme foi descrito atrás, ou, como acontece mais comumente, o analisando fica invadido por ansiedades paranóides, de modo que todo o seu discurso é concentrado em queixas e acusações ao seu analista, a um mesmo tempo que fica em um estado de tamanha defensividade que não consegue *escutar* o que seu analista diz. Em casos mais extremos, essa forma de transferência pode atingir o estado conhecido como *psicose de transferência*, tal como Rosenfeld a conceitua.

Segundo este autor, essa "psicose de transferência" ou "transitória" surge em pacientes neuróticos ou fronteiriços, durante a análise, e desaparecem após dias, semanas ou talvez meses, podendo recidivar periodicamente. "Toda psicose de transferência constitui-se em grave à análise, rompe a aliança terapêutica e pode levar a um impasse analítico completo".

Durante a vigência dessa "psicose transferencial", prossegue Rosenfeld,

> O analista costuma ser percebido de uma forma distorcida, como um superego onipotente e sádico, mas a forma erótica da transferência psicótica, na qual o paciente acredita que o analista está apaixonado por ele ou ela, pode também dominar a situação analítica por um certo tempo. [...] Tais pacientes freqüentemente formam alguma aliança terapêutica com o analista, mesmo tendo presente uma "parte psicótica da sua personalidade", enquanto simultaneamente mantêm a aliança terapêutica com a "parte não-psicótica" de si mesmos, diminuindo assim o perigo de aparecerem episódios delirantes transitórios.

Pela razão declinada, essa delicada situação transferencial requer que o analista compreenda bem o que está se passando, tenha uma boa capacidade de continência e paciência, procurando se aliar à parte não-psicótica do paciente e evitando pressionar com interpretações que, embora possam ser corretas, só fazem aumentar um clima polêmico e, por conseguinte, incrementar os delírios transferenciais.

Reações dessa natureza surgem com relativa freqüência no campo analítico, sendo nem sempre fácil discriminar se elas correspondem a uma reação e possível inadequação por parte da atitude e manejo do analista, ou se traduzem um impasse prenunciador de uma ruptura com a análise, ou ainda se estão representando um difícil, porém necessário, momento analítico, como uma forma de progresso e construção da confiança básica.

Nessas situações de psicose de transferência, as reações contratransferenciais são extremamente difíceis para o analista, e, por tudo isso, esse quadro transferencial merece uma particular atenção, de modo a ser bem-conhecido por todo analista praticante.

A TRANSFERÊNCIA NA PRÁTICA ANALÍTICA

Devido à enorme amplitude deste tema, que por si só comportaria um livro, restringir-me-ei a enumerar, em um estilo telegráfico, sob a forma de afirmativas e indagações, alguns dos principais tópicos que cercam o fenômeno transferencial, tal como ele aparece na nossa clínica cotidiana, em relação aos seguintes segmentos do campo analítico.

Em relação ao *setting*

1. A transferência é um fenômeno original no qual o presente dá forma ao passado, a um mesmo tempo em que este dá forma àquele. O que é, era; e o que era, é! A transferência não é, em si mesma, uma resistência, porém pode ser usada como tal.

2. A análise *não cria* a transferência; apenas *propicia* a sua redescoberta, bastante facilitada pela instalação do *setting*, que favorece algum grau de regressão do paciente, por meio de uma intimidade, porém a análise será processada com uma certa privação sensorial, frustrações inevitáveis, assimetria de papéis, etc. Um exemplo bastante comum disso é o daquele paciente que atribui a sua relutância inicial em aceitar a indicação da análise ao seu "medo de ficar dependente", o que, por si só, já nos indica que ele, no fundo, se reconhece como um portador de núcleos dependentes; possivelmente uma "dependência má" como o seu medo expressa, e o trabalho analítico visará a transformá-la em uma "dependência boa", à medida que se desenvolverem os elementos de "confiança básica" do *self*.

3. Mais do que simplesmente fruto de deslocamento e de uma carga de projeções, a transferência é a externalização de um "diálogo no interior do psiquismo".

4. Há transferência em tudo, porém *nem tudo* é transferência a ser analisada e interpretada. Desta forma, há uma significativa diferença entre o analista trabalhar *na* transferência e trabalhar sistematicamente na análise *da* transferência.

5. Uma questão instigante, muito em voga, é aquela que indaga se a pessoa do analista é unicamente um "objeto transferencial" no qual o paciente reedita suas experiências passadas ou se ele também representa e funciona como um objeto real e novo.

6. Com outras palavras, a transferência consiste em uma *necessidade de repetição* (tal como postulava Freud, que incluía o fenômeno transferencial como um exemplo do seu princípio de "compulsão à repetição"), ou, antes, a transferência representa uma *repetição de necessidades*, como querem os autores atuais, ou, ainda, as duas são indissociadas e concomitantes.

7. A conceituação da transferência como *repetição de necessidades* – que não foram compreendidas e satisfeitas na devida época primitiva do desenvolvimento emocional – delega ao *setting* uma considerável importância no processo analítico, porquanto esse passa a representar para o paciente um *novo e singular espaço*, no qual ele poderá *reexperimentar e transformar* aquelas vivências emocionais traumáticas, malresolvidas, desestruturantes e representadas no ego de forma patogênica.

8. Levando em conta o importante fato de que a pessoa do analista também faz parte do *setting*, creio que também se impõe a afirmativa de que, assim como a transferência do analisando promove um estado contratransferencial do analista, da mesma forma, é possível refletir que a moderna psicanálise *vincular* considera que a *transferência do analista* também pode condicionar e estruturar a resposta transferencial do paciente, como é o caso, por exemplo, de quando o paciente capta os desejos ocultos que o analista tem em relação a ele...

9. Em contrapartida, diante de uma permanente transferência de características pre-

dominantemente idealizadoras, o paciente terá sérias dificuldades em detectar as falhas ou os erros de seu analista, fato que é relevante para ele desenvolver a nobre capacidade de *discriminação*. Inexiste desenvolvimento do ego sem a capacidade de juízo crítico. Assim, se o analista, por inexperiência, por uma contratransferência difícil, por inevitáveis equívocos humanos, por aspectos neuróticos seus, por uma identificação patógena com o paciente ou por inúmeras outras razões, equivoca-se com quem esteja em uma transferência idealizadora excessiva, esse analisando só tem duas saídas: ou nega e não vê essas falhas do seu terapeuta, ou as vê, porém as releva, compensando com aquilo que de realmente bom ele vê no seu analista.

10. O primeiro, desses dois caminhos, é patogênico, pois reforça um "viver com ilusões", de forma falsa, além de que sempre existe a possibilidade do objeto bom-idealizado converter-se, às vezes abruptamente, em um mau-persecutório. O segundo caminho – perceber as falhas do analista, porém perdoá-las – pode incrementar uma dependência excessiva, submissão, masoquismo, servidão amorosa e demais configurações vinculares patogênicas. Em um extremo exagerado, aceitar tudo que vem de um analista idealizado, em nome do amor a ele, com a cumplicidade do terapeuta, equivale à posição do amor masoquista do tipo *tantalizante*: "porque o amo acredito em suas mentiras, aceito a sua tirania, participo de seus jogos perversos, lhe concedo o direito de ter um apoderamento sobre mim, tudo isso porque eu me apavoro ante a possibilidade de lhe perder".

11. Os aspectos reais do analista que podem determinar uma influência na transferência do paciente dizem respeito desde os detalhes do consultório, o seu sexo, a idade, como também a sua ideologia (que o paciente logo percebe), a escolha do material a ser interpretado e a sua *forma* de interpretar. Além disso, é necessário levar em conta os aspectos da *relação real* que se expressam por intermédio do *match*, bem como também o fato muito importante de o analista igualmente funcionar como um novo *modelo de identificação, transformacional*, por via da sua forma de pensar, contatar com as verdades, enfrentar as angústias e exercer as funções que Bion denomina como *continente e função alfa*.

12. Alguns autores alertam para o fato de que a existência e a função do analista como um objeto real, novo, somente são possíveis quando a transferência manifesta já tiver sido analisada em profundidade. Outros autores, no entanto, acreditam que a importância real do analista existe desde o início da análise, alegando que vida mental começa com *interações e não com pulsões*.

13. Em relação ao sexo biológico do analista, na atualidade, há um certo consenso entre os autores que esse aspecto pode exercer uma diferença na evolução da análise, mais provavelmente no seu início, como pode ser o caso da instalação de alguma forma de "resistência" ou de "transferência-contratransferência" específicas, não obstante o fato de existirem ao mesmo tempo transferências do tipo materno e paterno, com analistas de ambos sexos.

14. Relativamente à extratransferência, é relevante que o analista considere a alta possibilidade de que alguma pessoa do mundo exterior possa estar sendo utilizada como um suporte transferencial de algum importante objeto primário do paciente que, assim, funciona como um *partenaire* a quem cabe o papel de carregar, sustentar e executar uma parte essencial da personalidade do paciente, que está negada, dissociada e projetada nessa pessoa.

Em relação às resistências

15. Embora o clássico conceito de "resistência de transferência" venha rareando na literatura psicanalítica, é necessário lembrar que Freud, primeiramente, considerou a transferência como uma forma de resistência (*...o analisando repete, em lugar de recordar* – 1914, p.196), e, em um segundo momento, ele a concebeu como aquilo que é o próprio "resistido". Em Freud, resistência e transferência aparecem muitas vezes superpostas, como se fossem sinônimos, mas elas não o são, apesar de que a primeira delas possa servir de suporte para a segunda e vice-versa.

16. É útil estabelecer uma distinção entre dois tipos de relação entre transferência e

resistência: um é a resistência *contra a tomada de conhecimento* da transferência, enquanto o outro tipo consiste em uma resistência *contra a resolução* transferencial. Da mesma forma, o surgimento da transferência no campo analítico tanto pode expressar a superação da resistência, como ela também pode funcionar a serviço da própria resistência, como um meio de evitar um acesso a outras áreas ocultas do inconsciente. Assim, muitos pacientes e inúmeros analistas, pelo medo do novo, imprevisível, preferem que o analista permaneça sempre unicamente como objeto transferencial, dentro dos parâmetros com os quais os dois já estão bem familiarizados.

17. Ana Freud descreveu a "transferência de defesa", que ela exemplifica com a possibilidade de o paciente manifestar uma transferência de hostilidade a qual o está protegendo do seu medo de amar. Um outro exemplo, nada raro, consiste na eventualidade de o analista interpretar, de uma forma enfática e repetitiva, a transferência negativa, que pode estar a serviço de uma possível fobia dele próprio em relação à transferência erótica; e assim por diante, os exemplos poderiam ser multiplicados.

18. Em resumo, continua vigente a questão que Freud levantou em *Além...* (1920): "É a resistência que causa a transferência, ou o inverso?".

Em relação às interpretações

19. Reduzir o momento da situação analítica a apenas uma única categoria transferencial, como seria, por exemplo, considerar somente a transferência "paterna" ou "materna", sem levar em conta o fato de que cada um dos pais está introjetado em cada analisando, de uma forma bastante dissociada é limitado. Assim, cabe ao analista se perguntar: "Qual é o pai que esse paciente está transferindo, para mim, nesse momento? O amigo bom, o tirano mau, um substituto das falhas da mãe? A mãe boa que velou seu sono, alimentou-o e protegeu-o ou a mãe que está representada no seu ego, como invejosa, castradora, infantilizadora, etc.?".

20. Além disso, o analista deve ter bem presente o fato de que em muitos casos, sobretudo com pacientes que ainda estão detidos em uma ligação diádica, ele funciona, na transferência, ao mesmo tempo com um papel materno e paterno. Esse tipo de paciente necessita que o analista se comporte como uma "mãe-continente", compreendendo e satisfazendo as suas necessidades básicas, concomitantemente com uma outra necessidade desse analisando, a de que o terapeuta também funcione como uma representação do pai que, seguindo uma terminologia de Lacan, lhe imponha os limites da *lei*, fazendo a *castração simbólica* da sua parte infantil que quer se apossar da mãe, a qual também está representada no mesmo analista, no mesmo momento da situação analítica.

21. Com outras palavras: independentemente do sexo biológico, o "analista-mãe" permite e facilita uma regressão do paciente a níveis simbióticos com ele(a); ao mesmo tempo que, como "analista-pai", ele frustra, regula, normatiza e delimita essa aproximação, colocando-se na condição de uma "cunha interditora", à moda de um "outro", um terceiro, que é autônomo e diferente do paciente, assim rompendo com as ilusões narcisistas que este nutre pelo "analista-mãe".

22. As considerações feitas acerca da *transferência paterna, materna* e a concomitância de ambas servem unicamente como uma exemplificação que, obviamente, não exclui outras formas transferenciais, como poderia ser a "transferência fraterna", etc. O que importa destacar é que, independentemente do sexo ou da idade do analista, ele tanto pode ser percebido pelo paciente como figura paterna, ou materna, ou fraterna, ou concomitantemente alguns deles juntos e rapidamente alternantes. Por exemplo, o analista pode estar servindo para assumir o papel transferencial de uma acolhedora mãe-continente; no entanto, a um mesmo tempo, ele deve executar, na transferência, o papel paterno que impõe os limites justamente contra uma relação por demais simbiótica com o outro papel dele, o materno.

23. O analista deve estar atento e preparado para compreender e desempenhar ambos os papéis, conforme forem as circunstâncias da situação analítica. Nem sempre os analistas

davam-se conta disso, tendo dificuldades para assumir certos papéis na transferência. Pode servir como exemplo, o seguinte trecho de uma carta que, em 1933 (Mijolla, 1985), Freud enviou a Hilda Doolittle:

> [...] para ser-lhe franco, não me agrada *ser a mãe* numa transferência. Isso sempre me surpreende e me choca um pouco. Sinto-me sendo muito masculino!

Acredito que, se fosse hoje, Freud não titubearia em afirmar que "se sentir muito masculino" não tem nada a haver com o exercício da função de maternagem suficientemente necessária).

24. Por outro lado, a permanência da transferência idealizadora além do tempo necessário representa o risco de entronizar a *fé* no lugar da *confiança*, a *evasiva* dos problemas em vez do seu *enfrentamento*, e a *sugestão* no lugar da *análise*.

25. Os seguintes aspectos também relacionados à atividade interpretativa devem ser levados em conta: o risco de um *transferencialismo* por parte do analista, ou seja, que ele promova um reducionismo para o "aqui-agora-comigo", a tudo o que o seu paciente falar, sem levar em conta as particularidades específicas de cada situação analítica em separado, assim criando uma atmosfera de uma "transferência artificial".

26. Essa situação pode gerar em analistas ainda sem uma sólida formação, mais particularmente em candidatos que devem cumprir as normas regulamentares, uma condição mental de se portar como um *caçador de transferências*.

27. Assim, é comum que o analista veja transferência em tudo (mesmo quando não é!), e quando de fato surge uma transferência negativa, embora possa estar sendo necessária e saudável, a mesma seja taxada de *acting*, agressão ou resistência...

28. Igualmente nefasta é a interpretação voltada unicamente para os aspectos "negativos" sádico-destrutivos ou exclusivamente para os "positivos", que não dá margem à análise da agressão. O mesmo pode-se dizer da interpretação dirigida exclusivamente para "a parte infantil" do analisando (muitas vezes constitui-se como um insulto ao adulto que, realmente, o paciente também é), ou inversamente dirigida somente à "parte adulta" (o paciente sabe que isso não é a sua verdade, e sente-se desamparado).

29. Inúmeras vezes, o transferencialismo do "aqui, agora..." redunda em uma esterilidade porquanto o paciente *ainda nem está aí*. De fato, freqüentemente, há uma ausência da transferência, pela razão de que esteja prevalecendo uma "ausência de vínculo", o que acontece com pacientes nos quais haja uma predominância de sentimentos de vazio, incredulidade e desesperança. Nestes casos, gradualmente, deve haver um processo de *construção da transferência*.

30. Diante de uma inicial "transferência especular" ou de uma "transferência idealizadora", o analista deve aceitá-las porquanto elas visam a preencher buracos afetivos e cognitivos do paciente, porém o terapeuta deve manter o cuidado de que tais transferências sejam transitórias o tempo suficiente para que a análise exerça a função precípua daquilo que proponho denominar uma *experiência emocional transformadora*, incluída a transformação que permita a passagem da "posição narcisista" do paciente para uma "posição edípica".

31. Tanto no caso de uma "transferência erótica" que, de uma forma ou outra, sempre aparece no processo analítico, como também no caso de uma "transferência erotizada", embora o(a) paciente mantenha absoluta convicção e determinação no seu obstinado jogo de sedução, bem no fundo ele(a) receia que o analista cometa alguma destas três possíveis falhas: 1) manter-se frio, indiferente e distante aos seus apelos e fantasias eróticas (pode estar significando uma dificuldade fóbica do analista); 2) o terapeuta ficar perturbado e defensivamente substituir as interpretações "compreensivas", que levam ao *insight*, por dissimuladas críticas, acusações, lições de moral e a apologia de bom comportamento, quando não por uma ação repressora que pode incluir a ameaça de uma interrupção da análise, uso de medicação, encaminhamento para algum colega de outro sexo, etc; 3) a possibilidade real de o analista ficar envolvido em uma inti-

midade sexual, o que caracterizaria uma total "perversão da transferência" e do processo psicanalítico, portanto o fim do mesmo, com o acréscimo de mais um sério fracasso na coleção de fracassos que esse paciente provavelmente vem acumulando ao longo de sua vida.

32. Diante do surgimento de uma "psicose de transferência" (nos termos de Rosenfeld), o psicanalista deve evitar ao máximo entrar na provocação de um clima polêmico que o levaria a ficar enredado nas malhas de uma defensividade ou ofensividade. Essa difícil situação requer que, juntamente com um entendimento da dinâmica daquilo que está se passando no psiquismo do paciente, o analista reuna as condições de uma adequada "continência", sobretudo a de uma, ativa, *paciência*.

33. Diante de uma transferência "negativa" é inegável que nós, analistas, ficamos satisfeitos quando os pacientes nos elogiam e amam, e detestamos a situação oposta a essa, o que justifica a necessidade de o terapeuta estar bem munido de uma "capacidade negativa" (termo de Bion), ou seja, poder conter os sentimentos supostamente desagradáveis despertos dentro dele, caso contrário, a capacidade para interpretar ficará muito prejudicada.

34. É evidente que inúmeros outros aspectos poderiam ser enfocados nas relações entre a transferência e a atividade interpretativa, porém as exemplificações apresentadas permitem comprovar o quanto a transferência pode se manifestar de múltiplas formas, graus e em diferentes planos do psiquismo do paciente. Esse polimorfismo justifica a adoção do esquema proposto por A. Alvarez (1992), que aponta para quatro modalidades de manifestações transferenciais, cada uma delas exigindo por parte do analista um manejo técnico especificamente apropriado, inclusive quanto à forma de interpretar ou de não interpretar.

35. Resumidamente, as referidas quatro modalidades transferenciais são caracterizadas pelo fato de que: a) há um predomínio das *repressões*, tal como acontece nas neuroses em geral, e que tão profundamente aprendemos com Freud; b) a partir das contribuições de M. Klein acerca do psiquismo arcaico, a transferência passou a ser vista prioritariamente a partir das *identificações projetivas* na pessoa do analista e, portanto, da necessidade deste perceber onde estão ocultas as partes negadas, dissociadas, fragmentadas e projetadas daquelas relações objetais internas e de tudo mais daquilo que o analisando não tolera reconhecer em si próprio; c) especialmente inspirado nas concepções originais de Bion a respeito da *relação continente-conteúdo*, o pêndulo psicanalítico inclinou-se para a relação do psicanalista com a *parte psicótica da personalidade* do paciente, com os respectivos vínculos de "amor", "ódio" e "conhecimento" e com uma ênfase no seu papel de "continente", na sua capacidade de *rêverie*; d) Alvarez, fundamentada em sua larga experiência com crianças autistas, sugere a existência de uma quarta possibilidade que consiste no fato de que essas crianças estão tão rompidas com a realidade exterior que não chegam a desenvolver uma transferência. Em tais casos, diz a autora, não adianta o terapeuta ter uma boa condição de "continente" porquanto essas crianças sequer olham para ele, mas sim *através* dele, impossibilitando um contato afetivo mínimo. As crianças que desenvolveram um autismo secundário não estão fugindo ou se ocultando, antes, elas estão, de fato, *perdidas* e necessitam que o terapeuta vá, ativamente, *ao seu encalço*.

36. Ocorreu-me a hipótese de que essa quarta possibilidade também possa estar presente na análise de certos adultos, especialmente naqueles casos em que predomina um estado mental de *desistência* (é diferente de "depressão", embora possam estar associadas), em cujo caso o *único desejo do paciente é o de não desejar,* situação essa que costuma provocar uma reação contratransferencial muito difícil.

37. Não quero encerrar este capítulo sem tentar responder à questão que levantei na epígrafe – se a transferência deve ser encarada pelo analista como uma manifestação de uma compulsão à repetição ou se, mais do que essa "necessidade de repetição", a transferência, na situação analítica, representa uma "repetição de necessidades" que não foram preenchidas no seu devido tempo passado. Em meu entendimento, ambas colocações são igualmente relevantes e complementares, se levarmos em conta o fato de que um determinado *script* – que foi produzido sob a égide de acontecimentos antigos com os respectivos significados – que esteja escrito e impresso na mente do paciente, à moda de uma peça teatral, pode se repetir ao longo de toda a vida do paciente

(daí resulta em uma "compulsória necessidade de repetição"), em uma vã tentativa de que o enredo do teatro do psiquismo cumpra a satisfação das necessidades, desejos, demandas e o desempenho de determinados papéis que constam da peça (daí se origina uma busca de "repetição das necessidades"). Na verdade, em determinados casos, na vida desse tipo de paciente, a única coisa que muda são os atores (isto é, as pessoas da realidade exterior que contracenam e desempenham os papéis de certos personagens do psiquismo interior), porém a essência do enredo permanece a mesma. É fundamental que o analista esteja atento à possibilidade de que ele possa estar atendendo ao "convite" que o paciente lhe faz para desempenhar um certo papel de protagonista, e ele esteja desempenhando, sem se dar conta disso.

12

Contratransferência

Todo terapeuta tem direito de sentir difíceis sentimentos contratransferenciais, como medo, dúvidas, raiva, excitação, confusão, tédio, etc., pois, antes de ser médico, psicólogo, psicanalista, ele é um ser humano. Isso é possível desde que tenha capacidade, coragem e honestidade de reconhecê-los, de modo a não permitir que esses sentimentos se transformem numa contratransferência patológica e, melhor ainda, que possa transformá-los em empatia. Ele pode, sim, envolver-se afetivamente, porém jamais ficar envolvido nas perigosas malhas da contratransferência.

EVOLUÇÃO DO CONCEITO

O estudo do fenômeno da contratransferência está intimamente ligado ao da transferência, de forma que ambos são indissociáveis, um não existe sem o outro, pois, muitas vezes, se superpõem e se confundem entre si. Da mesma forma também os fenômenos da "resistência-contra-resistência" podem estar superpostos e confundidos com os da "transferência-contratransferência".

A contratransferência costuma ser considerada como um dos conceitos fundamentais do campo analítico, ao mesmo tempo em que a sua conceituação é uma das mais complexas e controvertidas entre as distintas correntes psicanalíticas. Assim, discussões sobre suas possíveis inconveniências ou prováveis vantagens como um excelente instrumento da prática psicanalítica; o ocultamento ou a valorização exagerada desse fenômeno na literatura psicanalítica; problemas semânticos devido às diferentes formas de sua compreensão, a divergência quanto a se a contratransferência é um fenômeno unicamente inconsciente, ou também consciente; e a possibilidade de ela ser utilizada pelo psicanalista de forma benéfica ou inadequada e iatrogênica são alguns dos aspectos que têm acompanhado a sua história no curso das sucessivas etapas da psicanálise. Não obstante tudo isso, a importância da contratransferência continua plenamente vigente, tendo seu interesse aumentado à medida que está havendo um emprego cada vez mais generalizado da terapia psicanalítica com pacientes severamente regredidos.

Freud

A primeira menção, explícita, ao fenômeno da contratransferência, coube a Freud (1910, p. 130), que a ele se referiu, no congresso de psicanálise de Nuremberg, com a denominação original de *Gegenubertragung*, o que alguns autores traduziram como *transferência recíproca*. Nessa ocasião, Freud usou este termo para referir-se à resistência inconsciente do analista como sendo um *obstáculo* que o impedia de ajudar o paciente a enfrentar áreas da psicopatologia que ele próprio não conseguia enfrentar.

Neste trabalho de 1910 (*As perspectivas futuras da terapia psicanalítica*), Freud introduziu a sua idéia acerca da contratransferência como uma forma de oferecer conselhos técnicos a médicos não-analisados, que então praticavam a psicanálise, movido pela sua esperança de que assim se pudesse reduzir o perigo da participação emocional e o *acting-out* dos terapeutas, especificamente os de envolvimento erotizado, até mesmo porque Freud sabia dos envolvimentos incestuosos de Jung e Ferenczi com algumas pacientes e temia que o mesmo pudesse acontecer com os analistas em geral.

Em seu artigo de 1912, "Conselhos ao Médico sobre o Tratamento Psicanalítico", Freud recomenda ao analista tomar como modelo o *cirurgião*, quem

> deixa de lado todos os seus afetos e também a sua compaixão humana e concentra as suas forças espirituais numa única meta: realizar a cirurgia o mais de acordo possível com as regras da arte.

Da mesma forma, Freud também empregou a metáfora do *espelho* ("o psicanalista, tal qual um espelho, somente deve refletir aquilo que o paciente lhe mostrar").

As metáforas citadas permitem perceber os receios de Freud quanto a uma aproximação afetiva entre analista e paciente; no entanto, no mesmo trabalho de 1912, ele recomenda que o inconsciente do analista comporte-se, a respeito do inconsciente emergente do paciente, como um *receptor telefônico* se comporta com o emissor das mensagens telefônicas. É evidente que Freud emitia ao mesmo tempo duas recomendações contraditórias: uma que apontava para a necessidade de uma distância afetiva por parte do analista e a outra para que ele fosse bastante sensível ao paciente. Na verdade, Freud manteve essa ambigüidade conceitual ao longo de todos os seus textos sobre técnica, e ele evitava abordar diretamente esse assunto para *não dar armas ao inimigo* (repare, leitor, como naquela época Freud ainda concebia o processo analítico como uma "guerra" travada entre o paciente e o analista).

Ainda em 1912, a instituição da análise didática revelava a preocupação de Freud com a contratransferência, especialmente pelo mal-estar representado pela possibilidade de a psicanálise ficar desqualificada como ciência, devido às raízes subjetivas que caracterizam o seu procedimento. Nessa época, conforme aludido, o prefixo *contra* era utilizado unicamente com o significado de "obstáculo", diferentemente do significado atual que equivale ao sentido de "contraparte", ou seja, que tem a finalidade de diferenciar o que é contratransferência e o que, simplesmente, é a "transferência do analista".

Embora muitos autores, como H. Deutch (1926) e Reik (1934), reconhecessem a influência emocional recíproca entre analista e paciente, o conceito específico de contratransferência ficou relegado a um plano secundário, tendo esperado cerca de 40 anos para ressurgir, com uma outra conceituação, por meio dos trabalhos de P. Heimann (1950) e Racker (1952), que postularam a possibilidade de a contratransferência constituir-se como um *excelente recurso de o analista compreender e manejar cada situação analítica em particular*.

Esse hiato de duas gerações de analistas que, virtualmente, silenciaram sobre a contratransferência sugere que havia um medo e uma vergonha generalizada dos terapeutas de exporem publicamente os seus sentimentos, porquanto estariam transgredindo as regras vigentes da psicanálise, correndo o risco de serem "interpretados" pelos demais colegas, de que a reação contratransferencial era um indicador de que eles "deveriam retornar à análise". Ainda na atualidade, em meio a uma abundante literatura existente sobre a contratransferência, aparece com muito maior naturalidade a exposição de sentimentos do analista, como os de ódio, confusão, erotização e impotência, porém o *narcisismo do analista* dificilmente é reconhecido por ele, o que indica a possibilidade de existir não só uma negação disso, como também uma reação de vergonha e desejo de encobrir tal situação.

Assim, diferentemente do que aconteceu com o fenômeno transferencial, cujo reconhecimento trouxe muito alívio aos analistas (os riscos não sendo reais, o analista não precisaria passar por aquele sofrimento que Breuer passou com Ana O.), a contratransferência continua provocando problemas de desconforto nos terapeutas.

Embora a instituição da análise didática revelasse a preocupação de Freud com o problema da contratransferência, ele não chegou a dar o passo – que deu em relação à transferência – de ver a contratransferência como um instrumento útil ao trabalho analítico.

Para Freud, a contratransferência consistia nos "sentimentos que surgem no inconsciente do terapeuta como influência nele dos sentimentos inconscientes do paciente", e ele destacava o quanto era imprescindível que o analista "reconhecesse essa contratransferência em si próprio, e a necessidade de superá-la". No entanto, ele a abordava do ponto de vista do risco dos sentimentos eróticos e, por conseguinte, quase unicamente como uma forma de *resistência* inconsciente do analista.

Os autores não são unânimes quanto à conceitualização e à utilização, ou não, na prática analítica da contratransferência. O que pode ser afirmado é que o termo *contratransferência* adquiriu, na atualidade, o significado de um fenômeno distinto daquele descrito por Freud.

Autores kleinianos

Conquanto virtualmente todos os autores que estudam o fenômeno transferencial-contratransferencial utilizam, de uma forma ou outra, os conceitos kleinianos de *dissociação* e de *identificação projetiva e introjetiva*, a verdade é que M. Klein, da mesma forma que Freud, sempre sustentou energicamente a sua posição de que a contratransferência não era mais do que um obstáculo para a análise, pois ela corresponderia a núcleos inconscientes do analista, insatisfatoriamente analisados.

Inspirados nos conceitos kleinianos, ainda que de forma algo tímida, em uma mesma época, alguns importantes seguidores de M. Klein começaram a referir os fenômenos contratransferenciais. Assim, Rosenfeld (1947) descreveu o fato clínico de que ele somente conseguiu entender uma paciente psicótica a partir dos próprios sentimentos despertados nele pela paciente. Aliás, em muitos outros de seus textos, é possível perceber inúmeras outras alusões interessantes a respeito da contratransferência, contudo ele nunca publicou qualquer trabalho que levasse por título a palavra "contratransferência", possivelmente por respeito a M. Klein, de quem ele foi analisando, sendo sabido que ela não gostava de tal conceito.

Também Winnicott, na época em que comungava com a corrente kleiniana, em seu importante e corajoso trabalho *O ódio na contratransferência* (1947), destacava os efeitos recíprocos que o par analítico provoca um no outro.

Bion (1963) – em seus trabalhos com grupos que ele realizava na década de 40, fundamentado naquelas idéias kleinianas – fez a importante observação de que a identificação projetiva, mais do que uma mera descarga de sentimentos intoleráveis, conforme enfatizava M. Klein, também tinha a função de uma forma de *comunicação primitiva, não verbal, por meio dos efeitos contratransferenciais.*

No entanto, um estudo mais sistemático e consistente do fenômeno contratransferencial surgiu somente 40 anos após a primeira menção de Freud, a partir de dois analistas também kleinianos, P. Heimann, na Inglaterra, e H. Racker, na Argentina, os quais, sem que um soubesse do outro, quase que simultaneamente apresentaram trabalhos em que destacavam a possibilidade de o analista utilizar a sua contratransferência como um importante instrumento psicanalítico, especialmente para a sua função de interpretação, sendo que ambos distinguiram esse uso útil daquilo que pode ser uma resposta contratransferencial patológica. Da mesma forma, com palavras diferentes, ambos destacaram que a contratransferência representava a "totalidade" dos sentimentos do analista como uma "resposta emocional" ao paciente.

Tal era a oposição na época quanto à divulgação da contratransferência, que a apresentação e posterior publicação do trabalho *Sobre a Contratransferência*, de P. Heimann, apresentado no Congresso de Zurich, em 1950, custou a ela uma ruptura com M. Klein, que se sentiu desconsiderada. Na verdade, após esse episódio, P. Heimann silenciou sobre o tema da contratransferência, retomando-o somente após 10 anos (1960).

Não resta dúvida de que Racker foi o autor que mais consistentemente estudou e divulgou o fenômeno contratransferencial. Há registros que atestam a sua primeira apresentação referente ao tema na Sociedade Psicanalítica de Buenos Aires, em 1948, que, no entanto, somente foi publicado após alguns anos. Para Racker, a contratransferência consiste em uma *conjunção de imagens, sentimentos e impulsos do terapeuta durante a sessão*. Ele também descreveu dois tipos de reações contratransferenciais: a do tipo *complementar* (pela qual o analista fica identificado com os "objetos internos" do paciente) e a *concordante* (a identificação se faz com "partes do paciente" como pode ser com as pulsões e com o ego do analisando). Racker também propôs a existência na pessoa do analista de uma *neurose de contratransferência*.

Nem todos os autores concordam com a postulação de Heimann e de Racker quanto à utilização da contratransferência como sendo um importante instrumento para o trabalho do psicanalista; muitos deles apontam para o risco de que tudo o que o analista venha a sentir seja atribuído às projeções do paciente, o que nem sempre seria uma verdade. O próprio Bion, um dos primeiros a destacar a importância do fenômeno contratransferencial, assumiu, em seus últimos tempos, a posição de que a *contratransferência é um fenômeno inconsciente e portanto não pode ser usada conscientemente pelo analista, pelo menos durante a sessão.*

Assim, Bion preferia entender o fenômeno transferencial-contratransferencial por meio do seu modelo da interação *continente-conteúdo*, de modo a valorizar sobretudo a *função continente do analista* que consiste em acolher, transformar e devolver as identificações projetivas que o paciente forçou a ficarem dentro dele, analista. Bion também afirmava que a forma como o analista processa e devolve para o paciente o que lhe foi projetado, por meio das interpretações, vai formar consciente e inconscientemente no analisando alguma idéia de como o analista é como *pessoa real.*

ALGUNS ASPECTOS BÁSICOS DA CONTRATRANSFERÊNCIA

Levando em conta todas as contribuições mencionadas e fundamentado sobretudo no aludido modelo *continente-conteúdo* de Bion, entendo que os aspectos que seguem, em subtítulos, merecem enfoque mais detalhado.

Conceituação

A constante interação entre analista e paciente implica em um processo de *recíproca introjeção das identificações projetivas do outro.* Quando isso ocorre, mais especificamente na pessoa do analista, pode mobilizar nele, durante a sessão, uma resposta emocional – surda ou manifesta – sob a forma de um conjunto de sentimentos, afetos, associações, fantasias, evocações, lapsos, imagens, sonhos, sensações corporais, etc. Não raramente, essa resposta emocional pode se prolongar no analista para fora da sessão, através de sonhos, *actings*, identificações ou somatizações que traduzem a permanência de resíduos contratransferenciais. Assim, uma autora como J. McDougall (1989) chega a afirmar que "a contratransferência expressa as minhas próprias introjeções das experiências pré-verbais e pré-simbólicas do paciente [...] e que às vezes tomo conhecimento disso através de meus próprios sonhos".

Dizendo com outras palavras, o fenômeno contratransferencial resulta das *identificações projetivas* oriundas do analisando, as quais provocam no analista um estado de *contra-identificação projetiva*, segundo conceituação de Grinberg (1963), para quem os conflitos particulares do analista não são os que determinam a contratransferência; o que simplesmente acontece é que ele fica impregnado com as maciças cargas das identificações projetivas do paciente e fica sendo, passivamente, dirigido a sentir e a *executar determinados papéis* que o paciente "colocou" e despertou dentro do terapeuta.

Na atualidade, predomina entre os psicanalistas a aceitação do tríplice aspecto da contratransferência: como *obstáculo*, como *instrumento técnico* e como um *campo*, no qual o paciente pode reviver as fortes experiências emocionais que originalmente teve.

As maiores controvérsias entre os autores giram em torno das questões relativas a: a) Se o fenômeno contratransferencial, durante a sessão, é unicamente inconsciente ou também pode ser pré-consciente e consciente. b) Se não há o risco de se confundirem os sentimentos do analista como uma resposta sua às identificações projetivas do paciente quando, na verdade, esses sentimentos podem ser exclusivamente do próprio terapeuta. c) Se a contratransferência pode ficar a serviço da empatia e da intuição d) Se o analista pode interpretar a partir de seus sentimentos contratransferenciais. e) Se deve "confessar" isso ao analisando, ou não, etc. Existem outros questionamentos equivalentes que, a seguir, serão abordados separadamente.

A contratransferência é sempre inconsciente?

Mais comumente, a contratransferência é considerada o resultado de uma interação mediante a qual "o inconsciente do analista põe-se em comunicação com o inconsciente do analisando". Tal posição é compartida por autores importantes como Bion e Segal. Como já foi aludido, Bion, nos seus últimos anos, manifestou-se contra a possibilidade de que a contratransferência pudesse ser utilizada conscientemente pelo analista durante a sessão pelo fato de que, segundo ele, tratava-se de um fenômeno de formação unicamente inconsciente.

Da mesma maneira, Segal (1977) opinou que

> A parte mais importante da contratransferência é inconsciente e somente podemos reconhecê-la a partir de seus *derivados conscientes*.

Assim, os analistas seguidores da linha de pensamento desses dois autores afirmam que quando o analista diz que está angustiado, ou entediado, impotente..., isto não reflete mais do que um "conteúdo contratransferencial manifesto" e que, da mesma forma como ocorre com os sonhos, é o seu "conteúdo latente" que ele deverá decifrar, ou fora da sessão por ele mesmo, ou com a ajuda de uma análise.

Outros psicanalistas, entre os quais me incluo, acreditam ser possível em situações privilegiadas, porém que não seja feita de uma forma ininterrupta e continuada, que o terapeuta perceba conscientemente, mesmo durante a sessão, os efeitos contratransferenciais nele despertados e possa fazer um proveitoso uso disso, desde que esse analista tenha condições para discriminar entre o que foi projetado nele, daquilo que é dele mesmo.

Diferença entre contratransferência e "transferência do analista"

Desde 1910, quando Freud instituiu o conceito de contratransferência, até hoje, o entendimento desse fenômeno já passou pelos extremos opostos de tanto ser considerado altamente prejudicial para a análise quanto também houve época em que era moda atribuir unicamente às "identificações projetivas do paciente" toda a responsabilidade por tudo aquilo que o analista estivesse sentindo emocionalmente.

Creio que ninguém contesta que em ambos os extremos há um evidente exagero, sendo que a segunda possibilidade evidencia uma espécie de fobia de o analista reconhecer os seus próprios conflitos neuróticos e, por conseguinte, aquilo que ele esteja atribuindo a uma contratransferência possa estar sendo nada mais do que uma forma dele estar "transferindo" para o paciente aquilo que é a sua neurose particular. Essa última situação pode custar muitos abusos, injustiças e um resultado iatrogênico contra o paciente.

Um critério que pode ser utilizado para discriminar quando se trata de uma legítima contratransferência provinda do paciente, ou se é uma transferência própria do analista, consiste no fato de que se um mesmo paciente despertasse em qualquer outro terapeuta uma mesma resposta emocional, sugere a existência de uma contratransferência. Em contrapartida, se um mesmo analista tem uma mesma reação emocional para qualquer paciente que guarde uma estrutura psíquica análoga, muito provavelmente é dele mesmo que provêm seus sentimentos latentes, os quais ficam manifestos na situação analítica.

Assim, o fenômeno contratransferencial surge em cada situação analítica de forma singular e única, cada analista forma uma contratransferência diferente, específica com cada paciente em separado, a qual é variável com um mesmo analisando. Essa variação irá depender das condições de cada situação analítica em particular, a qual pode, algumas vezes, configurar uma situação edípica, enquanto outras vezes surge como uma díade narcisista, etc.

Continente-Conteúdo

As necessidades, desejos, demandas, angústias e defesas de todo e qualquer paciente, mais particularmente a de pacientes muito regredidos, constituem um "conteúdo", que urge por encontrar um "continente", no qual elas possam ser acolhidas. Cabe ao analista o papel e a função de ser o continente do seu analisando; no entanto, reciprocamente, também o paciente funciona como continente do conteúdo do analista, como pode ser exemplificado com o acolhimento que ele vier a fazer das interpretações daquele.

Destarte, da mesma forma como acontece com o paciente, também o analista pode fazer um uso inconsciente de suas próprias identificações projetivas patológicas *dentro da mente do paciente*, e, em contrapartida, o paciente pode fazer uso de um juízo crítico sadio dessas projeções de seu terapeuta, como um instrumento de percepção da realidade daquilo que, de fato, está se passando com a pessoa do analista. Como decorrência dessa percepção, consciente ou inconsciente, pode acontecer que, a partir de observações explícitas, ou das que estão implícitas nos sonhos ou na livre associação de idéias, ele pode auxiliar o analista a dar-se conta de seus sentimentos contratransferenciais, desde que este último esteja em condições de *escutar* o seu paciente.

Por outro lado, a noção de "continente" também alude ao fato de que o analista deva possuir as condições de poder conter *as suas próprias* angústias e desejos. Cabe afirmar que, além da transferência do paciente e os conseqüentes efeitos contratransferenciais, mais os seguintes fatores compõem o "conteúdo" da mente do analista, os quais ele mesmo deverá conter e trabalhá-los: a) A latente (às vezes manifesta) "neurose infantil" do terapeuta. b) O seu "superego analítico" (composto pelas recomendações técnicas das instituições psicanalíticas que o filiam e pelo modelo do seu próprio psicanalista), que o fiscaliza permanentemente quanto a um possível erro ou "transgressão". c) A eventualidade de sua mente estar *saturada* por memórias, desejos ou uma ânsia por compreensão imediata. d) Um "ideal de ego" que pode mantê-lo em uma permanente expectativa narcisística de que demonstre um êxito pessoal, sendo que, no caso, ele ficará dependente e subordinado às melhoras do seu paciente. e) A sua condição de manter uma *auto-análise*, dentro ou fora da sessão. f) Creio que também cabe afirmar que faz parte da *autocontinência* do analista ele encontrar um respaldo nos seus conhecimentos teórico-técnicos.

Exemplo: Uma experiência pessoal de minha prática psicanalítica pode ilustrar essa última condição apontada: há muitos anos – após um importante êxito que uma paciente obtivera na sua vida profissional, graças ao que me parecia ser fruto de uma exaustiva análise dos fatores inibitórios que antes a vinham impedindo de ser bem-sucedida –, para uma enorme perplexidade e desconcerto inicial de minha parte, ela começou a me fazer fortes acusações, dizendo que "apesar de você, de seus boicotes contra o meu crescimento, de sua descrença em minhas capacidades [...] minha tese foi aprovada e eu fui promovida [...]". A situação prosseguia por semanas nesse mesmo tom, enquanto o que unicamente eu conseguia perceber é que, quanto mais eu "interpretava", mais ela se revoltava contra mim, pinçando palavras ou frases minhas e distorcendo completamente o sentido das mesmas. A situação analítica ganhava contornos polêmicos e eu me flagrava com um estado mental de impotência e indignação diante de tamanha "ingratidão", a um mesmo tempo em que, defensivamente, eu queria lhe provar o quanto as suas evidentes melhorias deviam-se à sua análise comigo.

Busquei auxílio na literatura psicanalítica para esse *impasse* psicanalítico e encontrei em um artigo de Rosenfeld, "A Psicose de Transferência" (1978), o esclarecimento que me faltava, que mudou a minha conduta (no sentido de substituir as "interpretações" defensivas por uma atitude de continência, sobretudo de paciência), e permitiu-me compreender que ela não estava sendo conscientemente ingrata; antes, projetava em mim a sua mãe, por ela internalizada como invejosa e castradora, que não suportava o seu êxito e fazia-lhe ameaças. Percebi então que a minha defensividade, mantendo um clima polêmico com essa paciente, unicamente estava reforçando e *complementando* a esse objeto interno – mãe intolerante e invejosa – dentro dela. Somente depois dessa mudança, com a aquisição de *conhecimentos* teóricos e técnicos que me faltavam, é que foi possível reverter o impasse.

Ainda em relação à capacidade de ser "continente", torna-se indispensável mencionar aquela condição necessária para um analista, que Bion denomina *capacidade negativa* (1992), que não tem nada de negativo, mas que leva esse nome porque alude à capacidade para "suportar suas próprias limitações ou sentimentos contratransferenciais negativos". Isso pode se manifestar como uma sensação de o terapeuta *não saber* o que está se passando entre ele e o paciente, a existência de dúvidas e incertezas, ou a presença de sentimentos penosos como ódio, medo, angústia, excitação, confusão, tédio, apatia, paralisia ou impotência, etc. Caso o analista não possua essa condição, torna-se bem provável que ele vá preencher o vazio de sua ignorância com pseudo-interpretações que visam mais a aliviar a ele mesmo do que qualquer outra coisa.

A maior ou menor capacidade de continência do analista determinará o destino que a contra-identificação projetiva tomará dentro dele, se de uma forma patogênica ou construtiva, para a análise com o seu paciente.

Empatia

Cabe afirmar que as identificações projetivas do paciente podem invadir a mente do analista de modo que este fique perdido em meio aos sentimentos que lhe foram despertados, tal como no exemplo apresentado, sendo que isso pode redundar numa *contratransferência patológica*. Quando isso ocorre – o que não é nada raro – o analista trabalha com um grande desgaste emocional, é invadido por sentimentos *contra* (oposição) o paciente, por um estado de confusão e de impotência, podendo levá-lo a cometer *contra-actings*, somatizações e inadequadas interpretações, do tipo "superegóico". De alguma forma, toda essa situação corresponde e deriva daquilo que Racker conceituou como "contratransferência complementar".

Os efeitos contratransferenciais – em certos casos extremamente fortes – que o analista está experimentando durante os 50 minutos da sessão podem estar representando uma forma de *comunicação primitiva* daqueles sentimentos igualmente fortes que o paciente está abrigando, digamos, durante 50 anos, e que ele não consegue transmitir verbalmente, porquanto eles constituem um "terror sem nome" (como Bion denomina). Se o analista detectar esse estado de coisas, ele poderá utilizar os seus sentimentos contratransferenciais (às vezes dentro da sessão, mais comumente fora dela) como uma *bússola empática*, como costumo denominar. Parece-me que essa contratransferência transformada em empatia corresponde ao que Racker denominou "contratransferência concordante" (creio ser muito significativo o fato de que a etimologia da palavra "concordante" mostra que ela é composta de *con*, quer dizer: "junto de", + *cor, cordis*, que significa: "coração").

O termo *empatia*, da mesma forma como acontece com "contratransferência", também guarda designações distintas. Assim, em alguns textos de autores norte-americanos, "empatia" costuma aparecer como uma função consciente, confundindo-se com o significado de "simpatia" ou de um "superego amável" por parte do analista. Nada disso corresponde ao significado que aqui estamos atribuindo à conceituação de empatia. Entendo que "empatia" consiste na capacidade de o analista *sentir em si* (parece que essa é a tradução mais aproximada de *einfuhlung*, termo empregado por Freud no capítulo VII de *Psicologia das massas e análise do ego*, de 1921), para poder sentir *dentro do outro*, por meio de adequadas identificações, projetivas e introjetivas. Aliás, isso está de acordo com a etimologia da palavra *empatia* (*em* + *pathos*): derivados do grego, o prefixo *em* (ou *en*) designa a idéia de "dentro de", enquanto o prefixo *sym* (ou *sin*) indica "estar com" e o étimo *pathos* designa "sofrimento, dor", o que deixa clara a importante distinção entre empatia e simpatia.

Também é útil distinguir *empatia* de *intuição*. A primeira é mais própria da área afetiva, enquanto a segunda refere-se mais propriamente ao terreno ideativo e pré cognitivo, e exige uma certa "privação sensorial", uma forma de "escutar com um terceiro ouvido" (T. Reik-1948) ou, podemos acrescentar, de "enxergar com um terceiro olho" que provém de dentro da sua mente (*in* + *tuere* significa "olhar desde dentro"). *Empatia* e *intuição* não se excluem; pelo contrário, misturam-se e uma pode levar à outra. Ambas não se aprendem pelo ensino, mas podem ser desenvolvidas pelo *aprendizado com a experiência* (termo de Bion).

O estudo da *empatia* impõe que se mencione Kohut. Ele não foi o primeiro a enfatizá-la, mas certamente foi dos que mais importância deu a essa na técnica e prática psicanalítica. Kohut (1971) preconiza que a relação analítica deve ser a de uma *ressonância empática* entre o *self* do analisando e a *função de self-objeto* do analista, o que está acontecendo quando o paciente sente-se compreendido e demonstra que compreende o analista. Embora reconheçamos a importância essencial da "empatia" na prática clínica, é necessário advertir contra o risco de uma supervalorização da mesma, quando essa for resultante de *ex-*

cessivas identificações, projetivas e introjetivas, o que pode acabar se constituindo na formação de "conluios inconscientes", até o extremo de uma espécie de "folie-a-deux".

Conluios inconscientes

Toda relação transferencial-contratransferencial implica a existência de *vínculos* que, conforme Bion, são *elos relacionais e emocionais que unem duas ou mais pessoas, assim como também a duas ou mais partes de uma mesma pessoa*. Assim, os vínculos de *amor*, *ódio* e *conhecimento* (aos quais venho propondo a inclusão do vínculo do "reconhecimento", o qual alude à necessidade vital de qualquer ser humano, em qualquer etapa de sua vida, de *ser reconhecido pelos outros*) estão invariavelmente sempre presentes em toda situação analítica, ainda que em graus e modalidades distintos, com a prevalência maior de um ou de outro, etc.

No entanto, pode acontecer que o inconsciente do analisando efetue aquilo que Bion chama de "ataque aos vínculos", pelo uso de identificações projetivas "excessivas", na quantidade ou no grau de onipotência, e que acabam atingindo a capacidade perceptiva do analista e, por conseguinte, a sua condição de pensar livremente e estabelecer correlações ideoafetivas. De forma análoga, certos pacientes têm um *dom intuitivo* de projetar-se dentro do analista e atingir justamente aqueles pontos que constituem os mais vulneráveis do terapeuta, provocando-lhe escotomas (pontos cegos) contratransferenciais e um prejuízo da escuta do psicanalista, assim propiciando a formação de "conluios inconscientes" (aos que são conscientes é melhor chamá-los de "pactos corruptos").

São inúmeros os tipos de conluios transferenciais-contratransferenciais (comumente, estão superpostos com os conluios resistenciais-contra-resistenciais) que se estabelecem inconscientemente entre ambos do par analítico, sendo que, na maioria das vezes, eles se estruturam de uma forma insidiosa e pouco transparente. Pode acontecer que esses conluios adquiram uma configuração de natureza *sadomasoquista*, ou *fóbico-evitativa* de sentimentos tanto agressivos quanto eróticos, ou ainda o conluio comumente forma-se a partir de uma recíproca *fascinação narcisista* na qual não cabe lugar para frustrações, etc.

Diversos autores descreveram algumas formas peculiares de conluios inconscientes que costumam paralisar a evolução de uma análise. Assim, a título de exemplificação, vale citar Winnicott e Meltzer. O primeiro descreveu, no seu artigo "O Uso do Objeto", uma situação na qual tanto o paciente quanto o analista, familiares e amigos, etc. estão satisfeitos com a análise, pois há evidentes benefícios terapêuticos, no entanto, assegura Winnicott, como análise propriamente dita, provavelmente foi um fracasso porquanto não se processaram verdadeiras mudanças caracterológicas. Meltzer (1973), por sua vez, aponta para os riscos de o analista ficar enredado contratransferencialmente nas malhas de alguma forma de *transferência de natureza perversa*. Assim por diante, muitos outros vértices conceituais poderiam ser enfocados.

Contratransferência erotizada

Um(a) analista sentir sensações e desejos eróticos que lhe são despertados pela(o) paciente constitui situação analítica absolutamente normal, inclusive como um útil indicador de possíveis sentimentos ocultos da área da sexualidade desse paciente e que, na situação transferencial, estão sendo transmitidos pela via dos *efeitos contratransferenciais*. A normalidade dessa contratransferência *erótica* pressupõe que o analista assume o que ele está sentindo, de modo a que a sua atividade, perceptiva e interpretativa, não sofra nenhum prejuízo. No entanto, às vezes pode acontecer que o analista fique impregnado desses – recíprocos – desejos eróticos, que ocupam a maior parte do espaço analítico e que, de uma forma ou outra, interferem na sua atividade psicanalítica. Isso constitui uma contratransferência *erotizada*, a qual, não tão raramente como se possa imaginar, pode perverter o vínculo analítico com a prática efetiva de *actings e contra-actings* sexuais.

O exemplo que segue talvez ilustre melhor a "contratransferência erotizada": certa ocasião, fui procurado por um colega já com uma experiência psicanalítica muito boa. Ele queria trocar idéias comigo porquanto estava atravessando um "impasse psicanalítico" com uma paciente que ele descrevia como extremamente bonita, sensual, sedutora e que, gradativamente, o assediava sexualmente, fazendo claras propostas de um relacionamento genital. As interpretações que o psicanalista fazia em relação a tais investidas de sedução sexual dessa sua analisanda giravam em torno de que "ela necessitava preencher vazios existenciais que se formaram na infância, devido às falhas dos objetos parentais", ou de que ela "o idealizava como um "príncipe encantado" e por isso tentava gratificar a sua antiga fantasia de possuir o "papai maravilhoso", todinho, só para ela", ou ainda de que "por baixo de sua atitude amorosa, escondia-se uma intensa carga agressiva, com o propósito de denegrir a imagem, o conceito e o seu lugar de psicanalista, como forma de vingar-se da figura do pai-traidor".

Essas e outras interpretações equivalentes não faziam o menor efeito na analisanda; pelo contrário, ela não só debochava delas, como ainda afirmava provocativamente que o analista estava se "escondendo através das interpretações, mas que sentia nitidamente, pelo jeito dele, que ele estava afim dela, mas que estava acovardado". A paciente chegou a ponto de tomar a decisão de interromper a análise para livrar o analista do problema ético e poderem "transar livremente" em local mais apropriado. A iminência dessa ameaça de interrupção vir a se concretizar, além da inocuidade da atividade interpretativa, devido à desqualificação que a paciente fazia dessa, é que estavam constituindo o "impasse psicanalítico".

Como tentativa de sair do impasse, e sem cogitar diretamente dos aspectos éticos, e muito menos os de natureza moral, propus ao colega três aspectos técnicos que me pareciam essenciais: 1) que ele assumisse, para si próprio, a *verdade* do que realmente estava sentindo (ele admitiu que estava invadido por uma enorme tentação erótica e, inclusive, reconheceu que as suas primeiras interpretações, pelo conteúdo e pela voz com que eram formuladas, poderiam ter repercutido na paciente como se fossem verdadeiras "carícias verbais"); 2) a partir daí, vimos que, por mais que se esforçasse, suas interpretações, embora estivessem *corretas*, não eram *eficazes*, porquanto elas eram ambíguas (devido à sua divisão interna entre o desejo e a razão) e, portanto, estéreis. Assim, ele deveria adotar no plano *consciente* uma posição única: a critério de sua auto-análise, ele deveria optar entre ceder a sua tentação de praticar um *contra-acting* erótico e arcar com as conseqüências ou manter coerente e sólida a sua posição e função de psicanalista (ele optou pela última); 3) era imperiosa a condição de que ele conseguisse manter uma estável e firme *dissociação útil do ego* (entre a sua parte "homem", que tem direito de sentir desejos, e a do "psicanalista", que tem o dever de manter a neutralidade), juntamente com a necessidade de se manter obediente ao critério mínimo de não falsear hipocritamente a verdade dos sentimentos, tampouco desqualificando a correta percepção da paciente.

Assim, ele encontrou condições emocionais para se posicionar perante o assédio da analisanda de uma forma mais ou menos assim: *é bem possível que tenha razão quando diz que me percebe atraído por você, até mesmo porque você traz uma abundância de situações que comprovam que é uma mulher bastante atraente. O que deve ficar claro, no entanto, é que essa muito provável atração provém do meu lado homem, porém ela não é maior que o meu lado psicanalista que,* certamente, *por respeito a mim e sobretudo a você,* não *se envolverá contigo, independentemente se continuar ou se interromper a análise.* Até onde sei, parece que essa atitude desfez o impasse.

Contratransferência somatizada

Uma forma manifesta de contratransferência que é pouco descrita, embora pareça-me ser relativamente freqüente – caso a observarmos mais detidamente – é aquela que se manifesta durante determinados momentos da situação analítica sob a forma de *somatizações na pessoa do terapeuta*. Essas manifestações variam na forma e intensidade, desde algum discreto desconforto físico, até a possibilidade de o analista vir a ser tomado de uma invencível sonolência ou de fortes sensações e sintomas corporais.

Essa última afirmativa pode ser ilustrada por exemplos, colhidos em relatos de alguns colegas que supervisiono. Assim, uma candidata em formação psicanalítica traz à supervisão o fato de ela ter sentido no curso da sessão com a sua paciente uma forte sensação corporal de que estava escorrendo leite de seu seio esquerdo, o que perdurou até que a paciente deu sinais mais claros do seu estado regressivo, do quanto se sentia desamparada e necessitada de cuidados maternos. No momento vivencial da situação analítica, a analista vinha sentindo falta do seio nutridor da mãe recentemente falecida, de sorte que ela ficou contra-identificada com a paciente, a um mesmo tempo como a criança desamparada, e com a sua mãe que forneceria o leite nutridor, do corpo e do espírito.

Um outro colega relatou-me que durante um certo momento de uma sessão que considerou *pesada*, devido ao clima melancólico da mesma, ele começou a sentir uma progressiva sensação de que estava imobilizado na cadeira, talvez paralisado, pensou com horror, e ia se alarmando com a possibilidade de que lhe houvesse *rompido um aneurisma*, até que o paciente começou a lhe falar do "derrame cerebral" que deixou o seu pai hemiplégico.

Posso atestar o registro da existência de inúmeras situações equivalentes a essas, bem como de outras tantas que também permitem perceber que, por vezes, é em uma somatização contratransferencial que o analista poderá conseguir captar a profundos sentimentos que o paciente não consegue verbalizar, pois eles se formaram nos primórdios do desenvolvimento da criança, antes da formação e da *representação da palavra* dos aludidos sentimentos primitivos que ficaram impressos em algum canto do inconsciente.

Também em relação à contratransferência somatizada, é necessário distinguir quando a mesma provém das projeções do paciente, como nos dois exemplos anteriores, ou quando ela resulta de uma transferência somática que, unicamente, procede do próprio analista, sendo que o paciente não tem nada a ver com ela, apesar de ser freqüente que analistas nesse estado contratransferencial procurem encontrar a responsabilidade disso no paciente.

Um exemplo disso: no momento em que redijo este texto, acabo de concluir uma supervisão com uma analista que relatou que, desde o início da sessão com o seu paciente, ela começou a perceber que seu *estômago roncava* continuadamente e de forma bastante audível, a um ponto de o paciente fazer a observação de que a analista *deveria estar com fome*, ao que ela redargüiu com uma interpretação qualquer, de ordem intelectualizada, que o paciente deu alguma mostra de não tê-la aceito. Bem mais adiante na sessão, ao falar da sua esposa e filha, esse paciente exclamou que elas estão comendo demais, que estão engordando, e que não sabe mais o que fazer com elas, que está temeroso de que elas adoeçam, atribuindo isso a um hábito de muitas pessoas tentarem sair de um estado de angústia e de depressão por meio de comer demasiado. Fica evidente o quanto o paciente ligou o conceito de fome com o de depressão, de forma que o seu comentário inicial de que a "analista deveria estar com fome" traduz a sua sensação de que poderia estar deprimida. Resta dizer que o paciente captou, através de uma manifestação somática da analista (além de prováveis outros sinais corporais exteriores), que, realmente, diante de uma dificílima situação de doença familiar pessoal, ela estava, de fato, bastante deprimida. Ao final da sessão, o paciente começou a evocar o seu pai como um deprimido que se aposentou muito jovem, enfurnado na televisão, sempre de pijama, e que ele, paciente, quer ter o direito de não ter de seguir o mesmo destino do pai, e continuar a ser um vitorioso, como vem sendo. O interessante a registrar é que o paciente transmitia à analista o seu antigo temor de que os seus pais ficassem "secos" (agora, de forma contratransferencial, a analista sentia uma vaga imagem de uma "mãe seca", enquanto o paciente falava), ou seja, que sua analista poderia decair em uma depressão permanente, e que ele queria se dar ao direito de não ter que fazer um sacrifício pessoal, de modo a ter de permanecer solidário à depressão dela. Essa sadia posição estava de acordo com a aquisição dessa capacidade de ter autonomia sem culpas, que, justamente, ele adquiriu no curso da análise com essa mesma analista.

Da mesma forma que uma somatização, também determinados *sonhos do analista*, em momentos mais turbulentos da análise, podem ajudar a trazer à luz alguns sentimentos transferenciais do paciente que ainda não tinham aparecido manifestamente no seu discurso.

Sonolência

Creio que uma boa parte dos leitores já tenha passado alguma vez pela difícil situação de ser invadido, no curso de alguma sessão com um determinado paciente, por uma sonolência invencível, daquelas que as pálpebras parecem pesar chumbo e os minutos se arrastam, enquanto o analista faz um enorme esforço para, pelo menos, manter-se desperto. Nesse caso não se trata de uma estafa, sono atrasado ou algo equivalente, porquanto as sessões seguintes com outros pacientes decorrem normalmente.

Antes, estou me referindo a uma forma particular de contratransferência – um estado de sonolência – que comumente corresponde a uma dessas três possibilidades: a primeira é a de que o analista consome um esforço enorme devido à pressão do seu superego para manter afastadas de sua consciência algumas pulsões e ansiedades que foram despertadas pelo discurso do paciente; a segunda eventualidade é a de que o analista entre em um "estado hipnóide" diante de um paciente que apresente uma alteração do seu sensório, cujas associações adquirem um caráter estereotipado, de modo que elas são pronunciadas em um tom de voz monótono e monocórdico, principalmente quando acompanham uma dificuldade de pensar, de estabelecer conexões lógicas; a terceira possibilidade, estudada por Cesio (1960), é a que decorre das identificações projetivas do paciente, de seus objetos internos *aletargados*, ou seja, objetos que habitam o espaço depressivo do analisando sob a forma de *moribundos,* isto é, embora *mortos,* eles permanecem *vivos* dentro da sua mente. A sonolência do terapeuta estaria representando uma contra-identificação dele com esses objetos *mortos-vivos*.

IMPLICAÇÕES NA TÉCNICA

À guisa de resumo deste artigo, baseado na experiência como psicanalista e supervisor, penso ser válido dar destaque aos seguintes elementos que cercam o fenômeno contratransferencial na prática das terapias psicanalíticas:

1. A importância da origem, reconhecimento e manejo da contratransferência, após um longo período opaco na psicanálise, vem ganhando um espaço cada vez maior na medida em que o tratamento psicanalítico ampliou o alcance da analisibilidade para crianças, psicóticos e pacientes regressivos em geral, como no caso de perversões, *borderlines,* somatizadores, etc. Além disso, a contemporânea psicanálise vincular, obviamente, implica em uma especial relevância aos aspectos transferenciais-contratransferenciais.

2. As reações contratransferenciais manifestam-se como percepções físicas, emocionais e somatossensoriais.

3. Nem tudo que o analista sente ou pensa deve ser significado como sendo uma contratransferência promovida pelo paciente. Tal recomendação vale principalmente para aqueles que, diante de qualquer dificuldade na situação analítica, logo responsabilizam "a minha contratransferência me impediu de...".

4. A contratransferência costuma surgir em uma dessas três possibilidades: a) em relação à pessoa do paciente; b) em relação ao material clínico que o paciente esteja narrando e sentindo; c) à reação que o paciente esteja manifestando de forma negativa em relação ao analista.

5. Deve ficar bastante claro para todos nós que os difíceis sentimentos contratransferenciais não são exclusivos dos analistas iniciantes, como equivalentes às conhecidas "dores do crescimento". Qualquer analista, por mais veterano e experimentado que seja, também está sujeito a isso; no entanto, a provável diferença é que esses últimos têm mais facilidade de não ficar envolvido de forma patológica, pelo contrário, é bem possível que consiga transformá-la em empatia.

6. Os seguintes fatos justificam a importância da contratransferência no campo analítico: a) ela influi decisivamente na seleção de pacientes para tomar em análise, tendo em vista que a escolha tende a recair nos pacientes que gratifiquem as necessidades neuróticas do analista; b) quando bem-percebidos, os efeitos contratransferenciais podem se constituir para o analista como um relevante meio de compreender *um primitivo meio de comunicação não-verbal*, que está sendo empregado por

certos pacientes, notadamente os que estão em condições regressivas; c) os inevitáveis "pontos cegos" que acompanham qualquer terapeuta podem adquirir uma visualização através de alguma reação contratransferencial; d) a contratransferência pode servir como um estímulo para o analista prosseguir sempre em sua *auto-análise*; e) a existência da contratransferência tem uma significativa influência no conteúdo e na forma de o analista exercer a sua *atividade interpretativa*; f) da mesma forma, é bastante freqüente que o analisando esteja mais ligado à resposta contratransferencial do seu analista – de modo a perceber a ideologia deste, o seu *estado de espírito*, a sua veracidade, etc. – do que propriamente ao conteúdo das interpretações dele.

7. No curso de *supervisões* é onde melhor se pode perceber a freqüente existência das mais variadas formas de contratransferência inconsciente do terapeuta, assim como também é possível comprovar como o clareamento delas (creio ser dispensável enfatizar que de forma alguma isso implica em invadir ou competir com o eventual analista do supervisionando) pode modificar fundamentalmente o curso da análise.

8. De modo genérico, a contratransferência pode ser de natureza *concordante* – que pode ser considerada como sendo *benéfica*, pois possibilita um *contato psicológico* com o *self* do paciente – ou de natureza "complementar" – em cujo caso ela costuma ser *prejudicial*, pelo fato de que pode acarretar que o analista se contra-identifique com os objetos superegóicos que habitam o psiquismo do paciente e, por conseguinte, reforçar aos mesmos, assim impedindo que ele se liberte de suas identificações patogênicas.

9. A contratransferência "concordante" pode ficar avariada, entre outras, por essas três causas bastante comuns: a) situações muito impactantes da realidade externa, que interferem no campo analítico; b) "pontos cegos" do analista que o fragilizam e ocasionam uma maior vulnerabilidade para a transição de um estado de empatia para o de uma contratransferência "patológica"; c) a instalação no campo analítico de uma "psicose de transferência", tal como foi descrita por Rosenfeld. Podem servir como exemplo da primeira condição citada os cada vez mais freqüentes problemas de manutenção do *setting* e as dificuldades para a interpretação, diante de épocas de séria crise econômica, que acarretem no analista um medo real de vir a perder pacientes.

10. Já a contratransferência *complementar* instala-se quando começa o predomínio de um objeto interno do paciente no campo analítico, sem que o analista se aperceba disso. Em tais casos, fica diminuída a capacidade de autonomia do terapeuta, ele perde uma necessária equidistância de seus próprios conteúdos inconscientes, entra em uma confusão, embora essa quase nunca seja transparente, um estado de desarmonia, ansiedade, sonolência, sensação de impotência, etc., de sorte que resulta um sensível prejuízo na sua capacidade para pensar e interpretar. Como decorrência, instala-se o risco de sobrevir uma "contra-resistência", a qual pode assumir alguma insidiosa forma de conluio inconsciente com o seu paciente.

11. O mais comum é que haja uma alternância cíclica entre a contratransferência *concordante* e a *complementar*, e também isso aparece com muita nitidez nas supervisões. Esse "vaivém" entre ambas as formas pode estar expressando uma dissociação interna do paciente (e, possivelmente, também a do analista), como uma forma de defesa de partes do *self* que estão ameaçadas por fantasias destrutivas provindas do próprio sujeito.

12. Assim, talvez a contratransferência ideal seja aquela na qual o analista reconheça uma dupla identificação com o paciente: com o sujeito e com os seus objetos. Por exemplo, é útil que diante de um conflito mãe:filho, o terapeuta tenha condições de, empaticamente, colocar-se ao mesmo tempo nos dois lugares, ou seja, tanto se identificar com o lado criança do paciente, como também que ele possa reconhecer a sua identificação (não é a mesma coisa que "ficar identificado", de forma total) com a figura parental internalizada desse mesmo paciente.

13. À noção das contratransferências de tipo concordante e complementar, tal como foram descritas por Racker, creio que podemos acrescentar a modalidade de contratransferência *defensiva*. Essa última surge nas organizações predominantemente *narcisistas* da personalidade, nas quais a sua auto-suficiência sente-se

ameaçada. Assim, essa contratransferência defensiva consiste na existência de "pontos cegos", ou seja, o analista não conseguiu visualizar certos aspectos e sentimentos do paciente em relação a ele, porque isso lhe representaria um risco à sobrevivência de seu próprio *self grandioso*, muito idealizado por ele mesmo.

14. Cabe destacar que um dos momentos contratransferenciais mais difíceis é aquele que acompanha alguma transformação importante no estado mental do paciente, aquilo que Bion denomina como *mudança catastrófica*. Essa mudança, que pode ser, por exemplo, a passagem de uma "posição esquizoparanóide" para a de uma "posição depressiva" ou ainda a renúncia por parte do paciente a algumas ilusões próprias do "princípio do prazer", substituindo-as pelo "princípio da realidade", costuma vir acompanhada por um estado de sofrimento que, às vezes, atinge proporções muito preocupantes. Nessa última eventualidade, o analisando pode manifestar: um estado confusional; uma angústia referente à uma sensação de perdas de referenciais, inclusive corporais e do sentimento de identidade; uma descrença na incerteza do futuro ao mesmo tempo que percebe a impossibilidade de voltar a utilizar recursos do passado; uma vivência intensamente paranóide com fortes acusações contra o analista a quem responsabiliza pela "piora"; alguma depressão que, em casos mais extremos, pode atingir o grau de ameaça de suicídio, etc.

15. Tudo isso gera uma contratransferência, que deve ser muito bem-reconhecida pelo analista, pois vai exigir dele uma boa capacidade de ser "continente" dessas angústias, caso contrário, ele corre o risco de ficar contra-identificado com os medos e culpas, pondo a perder o resultado de um árduo trabalho que, embora numa forma muito penosa, pode estar expressando um momento fundamental do crescimento de seu analisando.

16. Quando o paciente mantém a crença de que o analista é, de fato, o personagem que existe nele como objeto interno, ele provocará o seu terapeuta a assumir esse papel de comportar-se exatamente como seus pais se comportavam, com "fantasias compartilhadas". Tal fenômeno é conhecido na psicanálise atual com o nome de *encenação* (*enactement*, no original inglês).

17. Para exemplificar uma encenação transferencial-contratransferencial: um paciente fortemente narcisista pode projetar suas fantasias dentro do analista, de modo a provocar que o terapeuta estabeleça com ele um *conluio inconsciente*, ora sob a forma de uma recíproca "fascinação narcisista", ora assumindo, conluiado com esse paciente, o papel de "nós contra eles". Se o analista não assumir esse papel, é muito provável que esse paciente vá induzir outras pessoas (cônjuge, adoradores, etc.), ou o uso de coisas (*drogas*...), ou busca de fetiches (poder, exibição de grandeza, conquistas amorosas...), de modo a forçar uma idealização por parte das demais pessoas que compartilhem as fantasias de sua grandiosidade. Essa última hipótese permite que o analista trabalhe analiticamente, enquanto na primeira possibilidade, ele estaria enredado numa *contratransferência patológica*, encenando juntamente com o paciente uma recíproca grandiosidade, impossibilitando uma análise eficiente.

18. É imprescindível destacar que antes de ser um psicanalista, ele é um ser humano e, portanto, está sujeito a toda ordem de sensações e sentimentos contratransferenciais, como pode ser um estado mental de angústia, caos, ódio, atração erótica, compaixão, enfado, impotência, paralisia, etc, etc. O importante não é tanto o fato de que esses sentimentos desconfortáveis irrompam na mente do analista, mas sim que eles possam ser *assumidos conscientemente* por ele, através de uma "dissociação útil do ego", juntamente com uma "capacidade negativa" para poder contê-los dentro de si próprio, durante um tempo que pode ser curto, ou bastante longo. Caso contrário, o analista vai trabalhar com culpas, medos e um grande desgaste emocional, chegando a ficar extenuado ao final de um dia de trabalho, assim tornando desprazerosa a sua atividade psicanalítica, que, pelo contrário, embora sempre muito difícil, pode perfeitamente ser gratificante e prazerosa.

19. Persiste um ponto controvertido: é vantajoso ou desvantajoso para o curso da análise que o paciente fique conhecedor das reações contratransferenciais que ele está despertando no seu psicanalista? Para definir a minha posição pessoal, tomo emprestada a seguinte afirmativa de Irma Pick (1985):

> [...] a opinião de que o analista não seja afetado por estas experiências não só é falsa, como indicaria ao paciente que, para o analista, a sua situação, sua dor e conduta não têm valor do ponto de vista emocional [...] Isso representaria não neutralidade, mas hipocrisia ou insensibilidade [...] O que aparenta ser falta de paixão na realidade pode vir a ser a morte do amor e do cuidado.

Um outro aspecto referente a isso é o que diz respeito a se o analista deve verbalizar explicitamente para o analisando esses seus sentimentos, em uma forma algo confessional, ou se os admite no bojo de sua atividade interpretativa. Penso que isso depende do estilo pessoal de cada um, desde que se mantenha a condição básica de que o analista se mantenha verdadeiro e honesto com o seu analisando. Particularmente, entendo que diante de uma percepção do paciente (por exemplo, de que o analista estava *desligado*, preocupado com algum problema particular, etc.), adoto a tática de, sem fazer detalhadas confissões explicativas, reconhecer a alta probabilidade de que o paciente esteja certo nas suas observações e, em cima dessa verdade objetiva, continuar analisando normalmente.

20. Por outro lado, é indispensável lembrar a afirmação de H. Segal (1983), para quem:

> Muitos abusos e pecados analíticos foram cometidos em nome da contratransferência... Muitas vezes vejo-me dizendo aos meus supervisionandos que a contratransferência não é desculpa; dizer que o paciente projetou em mim, ou ele me irritou, ou ainda ele me colocou sob tal pressão sedutora, deve ser claramente reconhecido como afirmações de fracasso para compreender e usar a contratransferência construtivamente.

21. Cabe dizer que na época de Freud, devido a uma equivocada recomendação técnica dele, a respeito da regra da neutralidade, em que comparava o analista como devendo se comportar como um mero espelho, ou com a frieza de um cirurgião, os analistas tinham vergonha e culpa de reconhecer suas emoções, a ponto de se tornarem frios, atemorizados e desumanos na situação analítica. Não obstante isso, na grande maioria das vezes, eles eram pessoas sensíveis e afetivas na sua vida privada, porém recorriam a mecanismos de defesa, principalmente o das diferentes formas de negação, a ponto de abusarem de interpretações intelectualizadas, numa atitude contra o paciente, assim escapando para a teoria, para o passado, e, no apogeu kleiniano, priorizavam a transferência negativa, como forma de manter o "frio desapego", que confundiam como sendo uma neutralidade. Portanto, lhes escapava que, em grande parte, a transferência negativa justamente resultava da sensação dos pacientes de que estavam sendo recriminados, rechaçados e não compreendidos.

22. Quero concluir este capítulo, a partir da citação de Segal, enfatizando os diferentes destinos que os efeitos contratransferenciais podem assumir na mente e na atitude psicanalítica do terapeuta: a) Podem se configurar em uma forma de contratransferência *patológica,* com todos os prejuízos daí decorrentes. b) Não devem ser usadas como desculpa, e muito menos com a finalidade de atribuir exclusivamente ao paciente a responsabilidade por todos os seus próprios sentimentos e pelas dificuldades que a análise esteja atravessando. c) Uma vez reconhecida conscientemente pelo analista, ela pode se transformar em uma excelente *bússola empática.*

13

A Comunicação Verbal e a Não-verbal na Situação Analítica

Nenhum mortal pode guardar um segredo. Se sua boca permanece em silêncio, falarão as pontas de seus dedos...

S. Freud
(Caso *Dora*)

Se eu pudesse te dizer/Aquilo que nunca te direi/
Tu poderias entender/Aquilo que nem eu sei.

Fernando Pessoa
(*Quadras ao Gosto Popular*)

A importância da comunicação na existência humana é tão fundamental que cabe iniciar este capítulo lembrando a afirmativa de que "o maior mal da humanidade é o problema dos mal-entendidos da comunicação". Mais especificamente no campo da psicanálise, ninguém contesta a afirmativa de que aquilo que o ser humano tem de mais primitivo e imperioso é sua necessidade de comunicação, de modo que, na situação analítica, a comunicação vai "além das palavras", pois há um campo do processo analítico no qual as palavras não dão conta do que está acontecendo.

Assim, já pertence ao passado, tal como foi transmitida e utilizada por algumas gerações de psicanalistas, a recomendação técnica de Freud de que o processo psicanalítico dependeria, unicamente, do aporte, por parte do analisando, da verbalização da sua livre associação de idéias, como parte essencial da "regra fundamental" da psicanálise. Essa recomendação enfática estava justificada, se levarmos em conta que a prática psicanalítica da época visava precipuamente a uma reconstrução genético-dinâmica, por intermédio do levantamento das repressões dos traumas e das fantasias primitivas, contidas nos relatos do paciente.

Hoje não mais se admite, por parte do psicanalista, uma reiterada "interpretação", sob a forma de uma impaciente cobrança, na base de "se não falar, nada posso fazer por você", ou "está falando disso, para não falar sobre você", etc. Pelo contrário, na atualidade, cabe ao analista não só a compreensão e a interpretação daquilo que está explicitamente significado e representado no discurso verbal do paciente, mas também cabe-lhe a decodificação das mensagens implícitas do que está subjacente ao verbo, ou oculta pelo mesmo, bem como, também, na ausência do verbo, como algum gesto, somatização, atuação, etc.

Da mesma forma, o foco de interesse dos aspectos da linguagem e da comunicação, na análise contemporânea, não está centralizado unicamente naquilo que provém do analisando, porém igualmente consiste naquilo que diz respeito à participação do terapeuta. Mais precisamente, cada vez mais, valoriza-se não tanto a comunicação *do* paciente, ou a *do* analista, mas sim a que se estabelece *entre* eles.

Além disso, a comunicação por parte do analista não se restringe ao diálogo na situação psicanalítica: é muito freqüente que as pessoas aparentemente estejam em um intercâmbio comunicativo (paciente-analista; analista-analista; analista-público leigo; etc.), porém, na verdade, eles estão utilizando discursos paralelos, nos quais as idéias e os sentimentos não se tocam. Aliás, o fato de que dois ou mais analistas compartam os mesmos referenciais teóricos, ou que falem de forma similar acerca da psicanálise, não significa que trabalhem da mesma forma na prática analítica: eles podem diferir na sua forma de *escutar* o paciente, de selecionar o que julgam relevante e, sobretudo, podem ter *estilos* bem diferentes de analisar e de interpretar, assim como, reciprocamente, analistas de filiações diferentes podem ter um estilo similar entre si.

O objetivo deste capítulo é justamente abordar as diversas formas de como ocorre a normalidade e a patologia da comunicação no vínculo das situações psicanalíticas, com ênfase nos distintos canais de comunicação entre analisando e analista (e vice-versa), principalmente os que se referem ao emprego da linguagem não-verbal.

ALGUNS ASPECTOS DA METAPSICOLOGIA DA COMUNICAÇÃO

A gênese, a normalidade e a patologia das funções da linguagem e da comunicação constituem uma das áreas em que mais confluem as contribuições de distintas disciplinas humanísticas. Assim, embora trabalhando separadamente em diferentes épocas, lugares, culturas e com abordagens muito distintas entre si, é possível encontrar uma certa convergência e complementação entre os estudos de lingüistas, antropólogos, epistemólogos, filósofos, neurólogos e, naturalmente, por parte de psicanalistas. Dentre esses últimos, a meu juízo, cabe destacar as contribuições de Freud, Bion e Lacan.

Freud

Na atualidade, ainda persistem vigentes e como uma viva fonte inspiradora as investigações que aparecem em Freud, já em 1895, no seu *Projeto...*, acerca dos aspectos formativos e estruturantes dos sons, das imagens, da memória, da sensorialidade e do desenvolvimento verbal-motor.

Uma contribuição igualmente importante de Freud aparece em seu trabalho *O inconsciente*, de 1915, no qual ele postula as duas formas de como o ego representa as sensações que estimulam a criança: como "representação-coisa" e como "representação-palavra". Como tais termos indicam, é somente na segunda dessas formas que a representação tem acesso ao pré-consciente, sob a forma de palavras simbolizadoras, ou seja, é uma linguagem *simbólica*, enquanto que na primeira forma, a da representação-coisa, a linguagem é chamada de *sígnica*, pois ela se manifesta por meio de sinais, que expressam primitivas sensações, emocionais e corporais.

Assim, a genialidade de Freud também se evidencia no campo da comunicação, no qual ele refere que a linguagem, antes do verbo, também se manifesta por meio de gestos, sintomas (como os conversivos, por exemplo), lapsos, atos falhos ou sinais corporais, por mínimos que sejam (como pode ser um fino tremor dos dedos da mão, tal como estão aludidos na citação que aparece na epígrafe), etc. Uma outra citação de Freud que merece ser mencionada em relação à sua sensibilidade de valorar a comunicação não-verbal é a que aparece no rodapé da página de seu trabalho *Três ensaios sobre a teoria da sexualidade* (1905), no qual ele reproduz a seguinte narrativa de um analista:

> Uma vez ouvi a um menino de três anos, que gritava desde um quarto escuro: "Titia, fala comigo! Tenho medo porque está muito escuro". Sua tia respondeu: "De que adianta que eu te fale se tu não podes me ver?" "Isso não importa, se alguém fala comigo é como se houvesse luz", respondeu o menino. O analista continua: Então, o medo do menino não era tanto do escuro, mas, sim, à ausência de alguém a quem ele amava e podia estar seguro de que se tranqüilizaria tão pronto tivesse uma evidência da presença desta pessoa.

Uma outra importante contribuição de Freud é aquela em que, nos seus escritos sobre técnica (1912 e 1915), estabelece uma analogia entre a comunicação concreta de um transmissor a um receptador com a comunicação direta que existe entre as pessoas, de "inconsciente a inconsciente, sem passar pelo consciente".

Bion

A partir dos fundamentos de Freud (relativos aos princípios do prazer e da realidade, de 1911) e daqueles de M. Klein (sobre inveja e ódio primários; da posição depressiva; e da formação de símbolos), Bion (1967) desenvolveu *Uma teoria do pensamento* (título de um trabalho seu, de 1962), baseado em suas observações da prática psicanalítica com pacientes psicóticos, em que ele estudou profundamente os distúrbios de *pensar* os pensamentos e os da *linguagem*, tal como eles aparecem nos esquizofrênicos.

Uma outra contribuição de Bion, que encontra uma ressonância na prática da psicanálise, é a que se refere ao que ele denomina como "terror sem nome". Trata-se de um tipo de ansiedade de aniquilamento, que o paciente regressivo *não consegue descrever com palavras* (e que, muitas vezes, de forma equivocada, o terapeuta fica insistindo para que ele o faça) pela simples razão de que esta ansiedade foi representada no ego, sem ter sido designada com o nome do que o estava aterrorizando. Embora Bion não mencione Freud a respeito da "representação coisa" e da "representação palavra", creio que essa correlação se impõe.

No entanto, a maior contribuição de Bion relativamente ao campo da comunicação no processo analítico é a que se refere ao uso que o paciente (ou, eventualmente, o analista) faz das suas narrativas verbais, isto é, se elas visam a uma comunicação objetiva, ou se elas se dirigem mais ao propósito inconsciente de uma "não-comunicação", se predomina o emprego de verdades ou de falsificações.

Lacan

Este autor, partindo do estruturalismo do lingüista Saussure e do antropólogo Levy-Strauss, desenvolveu sua teoria de que a linguagem (ou "convenção significante", como ele costumava denominar) é que determina o sentido e gera as estruturas da mente. Lacan dá uma importância primacial aos dois signos lingüísticos: o *significante* (alude à imagem acústica ou visual) e o *significado* (alude ao conceito formado), afirmando que o significante não existe sem o significado, e vice-versa. No entanto, em sua opinião, não importa tanto a relação recíproca entre ambos, mas, sim, a relação com os demais signos da estrutura.

Para facilitar o entendimento do leitor que não esteja familiarizado com os postulados lacanianos, é útil usar a metáfora de que os diversos signos da estrutura podem ser lidos como se consulta um dicionário, no qual um termo remete ao outro, e assim sucessivamente. A extraordinária dimensão que Lacan deu à linguagem como fator (des)estruturante do psiquismo de todo indivíduo pode ser medida por essas conhecidas expressões suas: "O inconsciente é o discurso do outro" e "o inconsciente estrutura-se como uma linguagem" (com uma sintaxe própria). É fácil depreender a repercussão disto na atividade interpretativa do analista, pois passa a ganhar uma relevância especial a sua função de promover "ressignificações".

Outro conceito de Lacan que ajuda o psicanalista a trabalhar com a comunicação lingüística do paciente é o de que no discurso do analisando pode haver o que ele caracteriza de "palavra vazia" e "palavra cheia" (ou plena).

Procedendo a uma síntese de vários autores, pode-se dizer que a palavra plena de significado é uma formação simbólica, e ela resulta da sinergia de dois fatores: o neurobiológico e o emocional. Nos casos em que este último tenha falhado (no referencial kleiniano, a falha alude a que não foi atingida a posição depressiva), as palavras não adquirem a dimensão de conceituação e abstração; pelo contrário, não passam de um nível de concretização. Tal fato, em seu grau máximo, é observado nitidamente em esquizofrênicos que utilizam as palavras e frases não como símbolos, mas como *equações simbólicas* (tal como é descrito por Segal, 1954). Nesses casos, resulta uma confusão entre o que é símbolo e o que está sendo simbolizado (na exemplificação de Segal, um paciente dela, psicótico, quando convidado para tocar violino, deu um significado de que ele estaria sendo convidado a masturbar-se publicamente).

Dessa confusão é possível advir uma falha de sintaxe, que pode se manifestar, nos psicóticos, sob a forma de um discurso caótico, como uma salada de palavras. Em pacientes não clinicamente psicóticos, podem aparecer formas mais sutis e não claramente percebidas desses distúrbios de pensamento e, por conseguinte, de linguagem e comunicação.

TIPOS E FUNÇÕES DA LINGUAGEM

Na atualidade, ninguém mais duvida que, desde a condição de recém-nascido, estabelece-se uma comunicação – recíproca – entre a mãe e o bebê, através da sensorialidade (visão, audição, olfato, tato, sabor...), da motricidade, assim como de sensações afetivo-emocionais que um desperta no outro, em especial no momento simbiótico e sublime do ato da amamentação. Da mesma forma, crescem as investigações que comprovam a existência de uma comunicação no período fetal, sendo que alguns autores, como Bion, fazem fortes especulações sobre a viabilidade de uma vida psíquica já no *estado de embrião*, o qual estaria fazendo um importante registro dos movimentos físicos e psíquicos da mãe.

Uma mãe, que tenha uma boa capacidade de comunicação com o seu bebê, sabe discriminar os diferentes significados que estão embutidos nos sinais emitidos por ele. Vamos exemplificar com a manifestação sígnica mais comum do bebê: o choro. Os gritos que o bebê emite são fonemas, ou seja, são sons que servem para descarregar a tensão, porém ainda não há discriminação entre o grito e o fator que o excitou (somente as "palavras" designariam discriminadamente o que estaria se passando de doloroso no bebê, mas isso se dará bem mais tarde, a partir da aquisição da capacidade de "representação-palavra", no pré-consciente da criança).

No exemplo do choro, é necessário que a mãe "interprete" os gritos do seu bebê e, no caso de ter uma boa capacidade de *rêverie*, ela será capaz de distinguir os vários significados possíveis. Assim, qualquer mãe atenta, ou qualquer pediatra experiente, irá confirmar que, de certa forma, é possível distinguir quando o choro é de fome (gritos fortes), de desconforto pelas fraldas úmidas e sujas de fezes (o odor fala por ele), de uma cólica intestinal (um ricto facial de dor, com uma contração generalizada), uma dor de ouvidos (o choro é acompanhado de um agitar horizontal da cabecinha), de medo (uma expressão assustada), de pneumonia (o choro é débil, e a respiração superficial vem acompanhada de um gemido), de quando é "manha", e assim por diante. Um choro importante é o que acompanha a dificuldade de mamar no seio, o que tanto pode ser decorrência de algum problema de ordem física, como pode estar traduzindo alguma dificuldade no clima emocional entre a mutualidade mãe-bebê.

O que importa deixar claro aqui é que, guardando as óbvias diferenças, o mesmo se passa na recíproca comunicação analista:analisando, a qual, muitas vezes, está se processando através de uma "linguagem sígnica" e não-simbólica.

O fenômeno da comunicação implica a conjugação de três fatores: a *transmissão*, a *recepção* e, entre ambas, os *canais de comunicação*, os quais determinam as diversas formas de linguagens.

A maioria dos lingüistas acha desnecessário – e até contraproducente – dividir a linguagem em "verbal" e "não-verbal", porquanto todas elas convergem para um fim maior que é a comunicação. Embora este argumento seja válido, creio ser útil traçar um esquema didático, até como um intento de estabelecer uma linguagem comum com o leitor.

Destarte, as formas de linguagem podem ser divididas em dois grandes grupos: a que se expressa pelo discurso verbal e a que se manifesta por formas não-verbais.

No discurso *verbal*, a sintaxe das palavras e frases compõe a "fala"; no entanto, é importante frisar que nem sempre as palavras têm um sentido simbólico e tampouco nem sempre o discurso tem a função de comunicar algo. Pelo contrário, segundo Bion, o discurso pode estar a serviço da *incomunicação* (na situação analítica, o termo alude ao fato de o paciente construir uma narrativa fundada em uma ilusão falsa, além de tentar passá-la ao analista, como se ela fosse verdadeira) como uma forma de atacar os vínculos perceptivos. Assim, é útil que se tenha clara a diferença entre *falar* e *dizer*, sendo que isso vale tanto para o paciente, como para o analista e para os educadores em geral.

Nessa altura, impõe-se mencionar as contribuições do antropólogo Bateson e colaboradores (1955), da Escola de Palo Alto (Califórnia), acerca dos transtornos de comunicação em certas famílias, que acarretam graves conseqüências na estruturação do psiquismo da criança. Dentre outros transtornos apontados por esses pesquisadores, merece ser destacado aquilo que eles denominam como mensagens com *duplos vínculos*, em cujo caso os pais inundam a criança com significados *paradoxais* ("eu lhe ordeno que não aceite ordens de ninguém"...) e *desqualificadores* (quando os elogios vêm acompanhados de uma crítica denegritória).

Tipos e funções da mentira

Um outro aspecto referente ao transtorno da comunicação que, embora verbal, visa a uma *não-comunicação* é o que diz respeito ao emprego de falsificações, mais particularmente do importante problema das *mentiras*. Unicamente para dar uma idéia de como o uso das mentiras comporta um universo de significações, passo a enumerar nada menos que 18 modalidades, que a mim ocorrem, como possíveis de serem observadas no curso da análise: 1) *mentira comum* (faz parte de uma inevitável "hipocrisia social", e ela é inócua); 2) *mentira piedosa*; 3) como forma de *evitar sentir vergonha*; 4) uma maneira de aplacar, de *fugir de um perseguidor*; 5) a serviço de um *falso self* (nesse caso, tanto pode ser exemplificado com o discurso mentiroso de um político demagogo, como também é necessário considerar que, muitas vezes, um "falso *self*" tem a função de proteger o *verdadeiro self*); 6) *mentira psicopática* (visa a ludibriar, primando pelo uso da "má-fé"); 7) *mentira maníaca* (a sua origem radica em um passado em que a criança gozava um triunfo sobre os pais, um controle onipotente sobre eles); 8) como uma *forma de perversão* (existe uma mistura do real com o imaginário, em que o sujeito cria histórias, vive parcialmente nelas, e quer impô-las aos demais, com o propósito de desvirtuar os papéis e objetivos de cada um); 9) a mentira do *impostor* (o sujeito cria uma situação falsa, e a vive como verdadeira, às vezes, conseguindo enganar a todo mundo, inclusive a ele mesmo); 10) como uma *forma de comunicação* (o paciente recria a sua realidade psíquica, racionalizada por intermédio de mentiras, assim exibindo os seus primitivos traumas e fantasias inconscientes); 11) a mentira que é usada como uma forma de evitação de tomar conhecimento das verdades penosas (corresponde ao que Bion denomina "-K"); 12) a mentira encoberta por um *conluio* – geralmente inconsciente – com outros (um exemplo banal é o da mocinha que já leva uma plena vida genital, mas, para todos os efeitos, os pais "acreditam" que ela se mantém "pura e virgem"); 13) a mentira que decorre de uma "cultura familiar" (em certas famílias, a mentira é um valor idealizado e corriqueiro, de tal modo que a criança se identifica com os pais que são mentirosos); 14) a mentira ligada à "ambigüidade" (em cujo caso, o sujeito nunca se compromete com as verdades, emite mensagens contraditórias e deixa os outros ficarem em um estado de confusão); 15) a mentira ligada ao sentimento de *inveja* (o sujeito pode mentir de forma auto-depreciativa, para evitar a inveja dos outros, ou ele pode usar mentiras autolaudatórias, com o fim de provocar inveja nos que o cercam); 16) a mentira utilizada como "uma forma de pôr vida no vazio" (essa bela imagem pertence a Bollas, 1992); 17) a mentira que tem uma *finalidade estruturante* (partindo da posição de que algo se revela por meio do seu negativo, pode-se dizer que, para encontrar a *sua* verdade, o paciente precisa mentir) – isso faz lembrar o poeta Mário Quintana, quando nos brindou com a frase: "a mentira é uma verdade que se esqueceu de acontecer"; 18) por fim, tendo em vista a situação da prática analítica, é sobremodo relevante que o analista esteja atento – e venha a assinalar consistentemente – aquelas afirmativas e crenças pelas quais o paciente está *mentindo para ele mesmo*! (é claro que deve ser feita a ressalva que essa afirmativa só importa quando houver um excesso das mentiras do sujeito para si próprio, porquanto, creio que todos concordamos com o dito de Bion de que toda e qualquer pessoa, em algum grau, é portador de uma parte mentirosa).

Comunicação não-verbal

A linguagem *não-verbal* (ou *pré-verbal*), por sua vez, admite uma subdivisão em formas mais específicas de como ela pode se expressar, como são as seguintes: paraverbal, gestural, corporal, conductual, metaverbal, oniróide, transverbal e por meio de efeitos contratransferenciais. Cada uma dessas formas requer uma escuta especial por parte do psicanalista, conforme será discriminado adiante.

Antes disso, é útil lembrar que um discurso tem três facetas: o seu *conteúdo*, a sua *forma* e as suas inúmeras *funções*, as quais podem ser discriminadas nos seguintes tipos: 1) *Informativa* (aporte de dados). 2) *Estética* (vem de *estésis*, que quer dizer "sensação", ou seja, diz respeito a um impacto sensorial, porém não unicamente da ordem da beleza, como geralmente se supõe). 3) *Retórica* (tem a finalidade de doutrinar ao outro). 4) *Instigativa* (estimula reflexões no outro). 5) *Negatória* (está a serviço da função "-K", isto é, da não-comunicação). 6) *Primitiva* (age através de efeitos que afetam ao outro, como pode ocorrer na contratransferência). 7) *Persuasiva* (o sujeito visa a convencer os outros de algo que, de fato, ele não é).

Para ficar em um único exemplo, considera-se a última das formas enumeradas: nesse caso, o discurso do paciente – geralmente trata-se de um portador de uma organização narcisista – pode servir como uma forma de assegurar uma auto-representação idealizada e, para tanto, ele convoca uma outra pessoa, que lhe confirme isso. Nesse tipo de discurso persuasivo, o *conteúdo* da comunicação é a sua falsa crença; a *forma* é a de uma veemência, por vezes patética; enquanto o *propósito* inconsciente do discurso é o de conseguir aliados que compartilhem e comunguem dessa referida falsa crença, a qual consiste em propagar a tese de que ele é vítima da incompreensão e da inveja dos demais. Na situação analítica, essa forma de linguagem não deixa de ser uma modalidade de resistência, sendo que a confirmação, ou omissão, do terapeuta diante dessas teses do paciente se constituiria em contra-resistência, assim compondo um conluio entre ambos.

Todas essas distintas formas e funções da linguagem têm uma enorme importância na prática psicanalítica, pois elas determinam decisivamente não só o *estilo* da fala do paciente e do analista, mas, também, o tipo de escuta por parte de ambos.

A ESCUTA DO ANALISTA

Por uma questão de espaço, vou-me restringir, aqui, unicamente aos aspectos inerentes à comunicação não-verbal.

A escuta da linguagem paraverbal

A expressão alude às mensagens que estão ao lado ("para") do verbo, sendo que o emprego da *voz*, tanto pelo paciente, mas, também, é claro, por parte do psicanalista, constitui-se em um poderoso indicador de algo que está sendo transmitido e que vai muito aquém e muito além das palavras que estão sendo proferidas.

Notadamente, as nuances e as alternâncias da altura, intensidade, amplitude e timbre da voz, ou o ritmo da fala no curso da sessão, dizem muito a respeito do que está sendo dito e, principalmente, do que *não* está sendo dito. Por exemplo, a voz do paciente ou a sua forma de falar traduzem uma arrogância, uma timidez, um constante desculpar-se, um pedido de licença, um "por favor", um jeito impositivo, querelante, dentre outros? Dentro da escuta dos sentimentos que estão ao lado do verbo, também é preciso levar em conta que a escolha das palavras e a seleção dos assuntos pode ter uma expressiva significação, assim como é a importância dos lapsos que acompanham o discurso.

Creio que muitas das formas de *silêncio* que acompanham, ou substituem, a fala podem ser incluídas como uma manifestação paraverbal; no entanto, os silêncios, por terem uma dinâmica própria e uma expressiva relevância na prática analítica, merecem uma consideração à parte.

A escuta dos gestos e atitudes

Desde o momento em que o analisando está na sala de espera, é recebido e adentra o consultório, ele já está nos comunicando algo através de sua linguagem pré-verbal: veio cedo, tarde, foi pontual, como está vestido, qual a sua expressão, como nos saudou, deita, senta, como começa a sessão, está nos induzindo a assumir algum tipo de papel...?

Da mesma forma, constitui-se em uma expressiva forma de linguagem não-verbal os sinais da mímica facial, a postura, os sutis gestos de impaciência, de contrariedade, de aflição ou de alívio. Assim como certos maneirismos, tics, atos falhos, estereotipias, o riso e os sorrisos, e, muito especialmente, por que e como chora, etc., etc. Além disso, como já foi referido, o analista deve estar, sobretudo, atento para a linguagem não-verbal contida e oculta no discurso verbal.

Diante da impossibilidade de abarcar todo o leque de possibilidades deste tipo de linguagem, vou me limitar a exemplificar com uma única situação, a da forma de cumprimentar, como é, por exemplo, a atitude de alguns pacientes que preferem não utilizar a rotina habitual do aperto de mão na entrada e na saída de sessão. Não resta dúvida de que se trata de uma forma de comunicação que deve ser respeitada, embora indispensável que ela seja entendida e interpretada. Assim, em vários pacientes meus, ficou claro que o não-cumprimento com o rotineiro aperto de mão traduzia um propósito positivo por parte do analisando, qual seja o de não se submeter a uma estereotipia formal e, pelo contrário, visava a propiciar uma atmosfera com o analista, mais informal, intimista e, sobretudo, mais livre. É claro que, por outro lado, também seria fácil exemplificar com pacientes cuja evitação deste tipo de cumprimento com o aperto das mãos devia-se a uma necessidade de manter uma distância fóbica, notadamente a de evitar uma cálida aproximação física.

A escuta do corpo

O corpo fala! Basta a observação de como o bebê comunica-se com a sua mãe para comprovar essa afirmativa. Desde as descobertas de Freud ("o ego, antes de tudo, é corporal"), além daquelas relativas aos seus múltiplos relatos de conversões histéricas, até os atuais e aprofundados estudos da, psicanalítica, Escola Psicossomática de Paris, cada vez mais, todos os psicanalistas estão atentos para fazer a leitura das mensagens psíquicas emitidas pelo corpo.

Pode-se considerar, no mínimo, como sendo cinco os canais de comunicação provindos do corpo: 1) *A imagem corporal*: o paciente tem sintomas de despersonalização? Julga-se gordo mesmo sendo magro, ou vice-versa? Julga-se feio mesmo quando os outros o acham bonito, e vice-versa? Tem problemas de transtorno alimentar, como anorexia nervosa, bulimia ou obesidade? 2) *Cuidados corporais*: como podem ser os que se manifestam nas vestimentas, nos penteados, na saúde física, etc. 3) *Sintomas conversivos*: muito freqüentes e variados, de modo que se expressam nos órgãos dos sentidos ou na musculatura que obedeça ao comando do sistema nervoso voluntário, sendo que as reações conversivas permitem, muitas vezes, a decodificação do seu significado psíquico, como será ilustrado com um exemplo mais adiante. 4) *Hipocondria*: com manifestações de sintomas físicos, erráticos, sem respaldo em uma real afecção orgânica. 5) *Somatizações*: em um sentido estrito, o termo "somatização" alude a uma conflitiva psíquica que determina uma afecção orgânica, como, por exemplo, uma úlcera péptica. *Senso lato*, o termo "paciente somatizador" abrange todas as manifestações psicossomáticas, nas quais alguma parte do corpo funciona como caixa de ressonância.

Sabemos o quanto uma somatização pode dizer mais do que a fala de um longo discurso. No entanto, nem sempre as somatizações são de fácil leitura, sendo que, nas doenças psicofisiológicas propriamente ditas (úlcera, asma, eczema, retocolite ulcerativa, etc.), os autores questionam-se se é possível encontrar um simbolismo do *conflito* inconsciente, diretamente expressado no sintoma orgânico, ou se este não é mais do que uma mesma, e predeterminada, resposta psicoimunológica a diferentes estímulos estressores.

Conforme assinalamos, as manifestações compreensivas possibilitam ao psicanalista, às vezes de forma fácil, às vezes muito difícil, a leitura dos conflitos psíquicos que estão contidos no sintoma. Exemplo: Recordo-me de uma paciente que, enquanto discorria sobre os *pesados encargos* que os familiares e amigos depositavam nela, começou a acusar um desconforto no ombro direito, que foi crescendo de intensidade, até transformar-se em uma dor quase insuportável, a qual a analisanda atribuía à possibilidade de ter deitado de "mau jeito" no divã. Após eu ter interpretado que por meio da dor no ombro ela mostrava dramaticamente o quanto vinha lhe doendo, desde longa data, o fato de ela ter aceitado (e propiciado) o papel de carregar nos seus ombros o *pesado fardo* das expectativas e mazelas de sua família (depressiva), a dor, como que em um passe de mágica, passou instantaneamente. Não custa repetir que, obviamente, nem sempre as coisas se passam assim tão facilmente...

A escuta da linguagem metaverbal

Por linguagem metaverbal entende-se aquela comunicação que opera simultaneamente em dois níveis distintos, os quais podem ser contraditórios entre si. Um exemplo banal disso pode ser o de uma pessoa que comunica algo com o verbo, a um mesmo tempo que, com uma piscadela furtiva e anuladora, ele comunica a um terceiro que nada do que ele está dizendo tem validade e que a sua mensagem é uma outra, oposta.

Da mesma forma, a importância da metalinguagem pode ser avaliada na situação analítica, por meio de uma cadeia associativa composta por mensagens ambíguas, paradoxais, contraditórias, o uso de formas negativas do discurso, que devem ser lidas pelo lado afirmativo, e vice-versa, etc.

Creio que um bom exemplo de "linguagem metaverbal", que alcança uma grande importância na situação analítica, consiste no fenômeno chamado por Bion de "reversão da perspectiva", por meio do qual o paciente, *manifestamente,* concorda com as interpretações do analista, porém, ao mesmo tempo, de forma *latente,* ele as desvitaliza e anula a eficácia delas, revertendo-as aos seus próprios valores e perspectivas prévias.

A escuta da linguagem oniróide

Neste caso, a linguagem processa-se por meio de imagens visuais, às vezes podendo ser verbalizadas, mas outras, não, podendo até mesmo adquirir uma dimensão mística. As manifestações mais correntes desse tipo de linguagem na prática analítica consistem no surgimento de devaneios, fenômenos alucinatórios e sonhos.

Cada um desses aspectos, separadamente, mereceria uma longa e detalhada exposição, que não cabe aqui. No entanto, não é demais lembrar que também os sonhos podem ser *vazios* (quando meramente representam ser a evacuação de restos diurnos), *plenos* (quando eles são elaborativos, processando-se a dinâmica psíquica por meio de transformações simbólicas) ou *mistos.*

Uma forma oniróide de comunicação que está adquirindo uma grande importância na psicanálise contemporânea é a que Bion denomina "ideograma" (ou "criptograma", fotograma, holograma, imagem onírica...), que é um súbito surgimento de imagens na mente do paciente, ou do analista, que podem estar significando que algo de muito importante provindo das profundezas desconhecidas do psiquismo – a modo do que se passa no sonho – esteja sendo comunicado ao consciente.

Um exemplo de comunicação feita unicamente por meio de imagens, sem palavras, é aquela que costuma ser praticada pelos zenbudistas. Assim, diz-se que Buda (nome que significa: "o iluminado") trouxe a iluminação para seu discípulo mais promissor simplesmente segurando uma flor diante dele, sem nada falar, porém dizendo muito por intermédio do simbolismo da flor.

A escuta da conduta

Sem levar em conta os aspectos da rotineira conduta do paciente na sua família, trabalho ou sociedade, e tampouco as particularidades de sua assiduidade, pontualidade e o modo de conduzir-se em relação à sua análise, o que mais importa em relação à linguagem conductual é o que está expresso no fenômeno dos *actings.*

Embora muitos *actings* sejam de natureza totalmente impeditiva quanto à possibilidade do prosseguimento de uma análise, a verdade é que é cada vez maior a tendência de os analistas encararem as atuações, não só as discretas e benignas, mas, também, muitas que assumem formas malignas e até seriamente preocupantes, como sendo uma primitiva e importante forma de comunicação.

Aludimos à possibilidade de que os *actings* (os quais, até há pouco tempo, eram sempre vistos pelo psicanalista segundo um vértice negativo) possam ser benignos, sendo que vale acrescentar a eventualidade de que a atuação esteja a serviço de uma função estruturante do *self,* como é o caso de uma busca de criatividade e de liberdade, de modo que o surgimento de determinados *actings* podem ser um indicador de que a análise está marchando exitosamente.

Ainda em relação ao *acting*, é necessário lembrar que a clássica equação que Freud formulou em relação às suas pacientes histéricas, de que a atuação se constitui em "uma forma de repetir para não ter que recordar", deve ser complementada com esta outra: "repetir através do *acting*, na análise, aquilo que não se consegue *pensar, conhecer* (-K), *simbolizar*, *conter* ou *verbalizar*. Na atualidade, o fenômeno da atuação também permite compreender que o paciente está repetindo compulsivamente, como uma forma de propiciar novas chances dele vir a ser entendido e atendido pelo psicanalista, em suas falhas e necessidades básicas. Este último aspecto representa, portanto, uma importante forma de comunicação primitiva, por meio dos efeitos contratransferenciais.

A escuta dos efeitos contratransferenciais

Descontando os evidentes exageros que alguns analistas cometem de, virtualmente, reduzir tudo o que eles sentem como oriundos das projeções transferenciais do analisando (e com isso eludem a possibilidade de perceber que os sentimentos despertados podem provir unicamente do próprio analista), a verdade é que o sentimento contratransferencial é um importante veículo de uma comunicação primitiva que o paciente não consegue expressar pela linguagem verbal.

O psicanalista deve ficar alerta diante dos dois caminhos que a contratransferência pode tomar dentro dele: tanto ela se pode configurar como *patológica*, em cujo caso ele ficará enredado em uma confusão, devido ao fato de que ele pode estar complementando os objetos patógenos que habitam o mundo interno do analisando, como também é possível que a contratransferência se constitua como uma excelente *bússola empática*.

Um simples *exemplo* disto, e que certamente corresponde à experiência de todo terapeuta, é o de um difícil sentimento contratransferencial de desânimo, impotência, bem como de um certo rechaço, que um paciente *borderline* provocava em mim. Embora eu percebesse e interpretasse a projeção de sua agressão e depressão, assim como a dinâmica de seu ataque aos vínculos perceptivos e a busca de um triunfo maníaco sobre mim, nada mudava, e a minha confusão aumentava. Somente consegui reverter o sentimento contratransferencial patológico para o de uma empatia a partir do reconhecimento de que o paciente insistia em repetir compulsivamente a sua atitude de arrogância narcisista, como uma forma de se proteger e de me comunicar que aqueles sentimentos que me abrumavam durante os 50 minutos da sessão eram exatamente os mesmos que lhe foram impostos, que o vinham atormentando desde sempre, mas que ele não conseguia expressar com as palavras.

A escuta intuitiva

Sabe-se que na transição entre os níveis pré-verbais e verbal-lógico situam-se as linguagens metafóricas, como da poesia, da música, dos devaneios imaginativos, dos mitos, dos sentimentos inefáveis, etc. Conquanto Freud fez a recomendação técnica de que o psicanalista deveria "cegar-se artificialmente para poder ver melhor" e trabalhar em um estado de "atenção flutuante", é a Bion que se deve o mérito de ter dado uma grande ênfase à importância da capacidade de intuição do analista (a palavra intuição vem do latim *in-tuere*, que quer dizer "olhar para dentro", como uma espécie de terceiro olho).

Dessa forma, com a sua controvertida expressão de que o analista deveria estar na sessão em um estado psíquico de "sem memória, desejo e ânsia de entendimento", Bion unicamente pretendia exaltar o fato de que a abolição dos órgãos sensoriais e a da saturação da mente consciente permitem aflorar uma intuição que está subjacente e latente. O modelo que me ocorre para ilustrar esta postulação de Bion é o do brinquedo que já esteve muito em voga, conhecido pelo nome de "olho-mágico", o qual consiste no fato de que, utilizando a forma habitual de visão, o observador não vê nada mais do que um colorido desenho comum; porém se este observador, a partir de uma distância ótima, nem perto, nem longe demais, vier a exercitar uma *outra forma de olhar*, ele ficará surpreendido e gratificado com uma nova perspectiva tridimensional de aspectos antes não revelados, que saltam daquele mesmo desenho.

A essas formas de escuta do psicanalista poderiam ser acrescidas outras tantas mais, como é o caso de uma *auto-escuta* (uma adequada leitura discriminativa entre o que é contratransferência e o que é a transferência do analista) e o da escuta *transverbal* (consiste no fato de que os mesmos relatos, sintomas, sonhos, etc., costumam ressurgir periodicamente, porém é importante que o analista perceba as "trans"-formações dos mesmos, às vezes de forma muito sutil).

É claro que todas estas formas de escuta não-verbal, embora tenham sido aqui descritas separadamente, devem processar-se de maneira simultânea. O que importa é que todas elas, obviamente somadas à indispensável linguagem verbal, estão virtualmente sempre presentes nas distintas situações analíticas, expressando-se por meio de "canais de comunicação", como as que são descritas a seguir.

A COMUNICAÇÃO NA SITUAÇÃO ANALÍTICA

As distintas modalidades da normalidade e patologia da comunicação na situação analítica, a seguir enumeradas, tanto valem para a pessoa do paciente quanto para a do analista, bem como a do vínculo singular que se forma entre eles.

1. É consenso entre os historiadores o reconhecimento de que as narrativas da história da humanidade são essencialmente subjetivas, isto é, de que o curso da história segue a projeção de nossos valores e idiossincrasias. Da mesma forma, as narrativas de cada um de nossos pacientes, por mais sinceras que sejam, também estão impregnadas de distorções subjetivas, decorrentes das fantasias inconscientes que as acompanham, além de significações patogênicas que foram atribuídas a fatos realmente acontecidos, etc.

2. A partir de alguns historiais clínicos de Freud, sabe-se que *sintomas* (a tosse histérica, por exemplo) podem funcionar como uma significativa forma de linguagem não-verbal. Cabe ao analista captar, decifrar, sentir aquilo que "não é dito". As coisas que não entendemos têm um significado, da mesma forma como é um idioma falado por um estrangeiro, o qual não entendemos.

3. De forma genérica, cabe dizer que o paciente faz narrativas, tanto verbais (relatos do cotidiano de sua vida) quanto não-verbais, sob uma das seguintes formas: gráfica (mais por parte de crianças ou psicóticos), lúdica, onírica, corporal, por meio de *actings*, somatizações, efeitos contratransferenciais.

4. Assim, é importante o terapeuta reconhecer a *posição do narrador*: de que vértice ele fala? Quais os canais de comunicação que ele utiliza? A que distância e "temperatura afetiva" ele coloca o interlocutor, no caso o analista? Qual é a tonalidade, altura e timbre de sua voz? Em relação ao seu discurso, qual é o seu ritmo, repetição de temas, silêncios, reticências, ambigüidade, clima emocional que cria, aceleração ou lentidão, entrelinhas, termos empregados (por exemplo: *não sei o que falar; nada adianta; não vejo saída; sei lá; estás me entendendo?; o que é que eu faço agora?...*), amor às verdades ou uma fuga delas, etc.

5. Relativamente à forma de se comunicar com verdades ou com evasivas, cabe exemplificar com a regra técnica da *livre associação de idéias*, que tanto pode ser extremamente útil quando o paciente faz correlações entre aquilo que esteja associando no curso da sessão quanto, também, pode servir para outros fins que não sejam benéficos, como pode ser uma dessas três possibilidades patogênicas: a) ela está servindo unicamente como uma forma de *evacuação*; b) para satisfazer prováveis *desejos do analista*, que os pacientes captam com certa facilidade; c) a associação resta mais "livre" do que "associativa".

6. É fundamental que o analista esteja atento ao problema de uma *anticomunicação*, por parte do paciente. Este termo designa a situação na qual o analisando cria uma concepção falsa e, por meio de uma narrativa convincente, tenta fazê-la passar ao analista como sendo verdadeira, o que muitas vezes ele consegue.

7. Em relação aos *silêncios*, o que é bastante freqüente na situação analítica, cabem as seguintes observações sobre o papel e a função do silêncio, tanto do paciente quanto do analista: a) O paciente pode estar em uma posição silenciosa por uma razão *simbiótica*, em cujo caso ele se julga no pleno direito de es-

perar que o analista adivinhe, magicamente, suas demandas não satisfeitas. b) Existe um *bloqueio*, passageiro ou permanente, na sua capacidade para pensar. c) Uma inibição *fóbica*, como pode ser o medo de decepcionar o analista. d) Uma forma de *protesto*, que geralmente acontece quando os anseios narcisistas do analisando não estão sendo gratificados. e) Uma forma de *controlar* o analista, como um recurso de testar a capacidade de continência do terapeuta ou de manter as rédeas da situação. f) Um *desafio* narcisista, quando o paciente fantasia que, permanecendo silencioso, ele triunfa e derrota o seu analista, invertendo os papéis. g) Um *negativismo*, que pode estar expressando um revide ou uma identificação com os objetos frustradores que não lhe respondiam ou pode estar representando aquele necessário e estruturante uso do "não", tal como foi descrito por Spitz (1957), como um meio transitório de a criança (o paciente) tentar adquirir uma autonomia e identidade próprias. h) Uma forma de *comunicação primitiva*, isto é, despertando uma contratransferência, em cujo caso cabe ao analista decodificar o que se passa, uma vez que um "nada" pode estar dizendo muito acerca de um "tudo" não-manifestado. i) Um silêncio *regressivo*, que ocorre quando o paciente chega a adormecer no divã, como se estivesse vivenciando a experiência de dormir sendo velado pela mamãe primitiva. j) Um silêncio *elaborativo*, situação em que ele se constitui como um espaço e um tempo necessários para o paciente fazer reflexões e a integração de *insights* parciais para um *insight* total.

8. Relativamente ao silêncio por parte do analista, é importante que este tenha em mente que pausas silenciosas durante as sessões podem ser muito importantes, tal como aparece nessa significativa metáfora de Bion: *a música está formada por elementos de notas-intervalos-notas, sendo que a ausência de som, isto é, a presença do intervalo* (equivale ao "silêncio na sessão") *pode representar mais vigor e expressividade que a nota musical por si só.* Creio, inclusive, que o estilo interpretativo que denomino "pingue-pongue", em que o analista, em um contínuo bate-rebate vocal com o paciente, não dá lugar a qualquer pausa silenciosa, representa uma série de prejuízos para a terapia analítica.

9. Igualmente, é fundamental a capacidade de *escuta* do analista, especialmente a de como ele "escuta a forma de como o paciente o escuta". Uma escuta adequada também refere-se a sua condição mental de saber valorar algo que vai muito além do que, simplesmente, ele está ouvindo (atenção: "ouvir" – uma função meramente fisiológica – é bastante diferente de "escutar", que é uma função empática). Uma metáfora pode explicar melhor: um sábio (pode ser o analista) está apontando uma direção com o seu dedo estendido, e o aprendiz (pode ser o paciente), de forma concreta, presta mais atenção e interesse no dedo do que nos caminhos abstratos que ele aponta.

10. A recíproca pode ser verdadeira, isto é, nem sempre o analista escuta que o paciente esteja lhe dando claras evidências de que a sua compreensão e, portanto, as suas colocações interpretativas estão seguindo um caminho equivocado. Se o analista levar a sério a sua maior, ou menor, capacidade de escuta, ele irá observar o grande número de vezes em que os pacientes estão nos corrigindo, assim colaborando com a tarefa analítica.

11. Ainda em relação ao silêncio do analista, é necessário diferenciar o silêncio de *quem sabe* do silêncio de *quem ignora*, ou que *ignora o que sabe*, ou daquele que *sabe que ignora*.

12. De forma resumida, pode-se dizer que são quatro os grandes canais que, em um movimento permanente e recíproco de ligação entre o emissor e o receptor, compõem o campo comunicativo da interação analista-analisando. São eles: a) A livre associação (e verbalização) de idéias. b) As diversas formas de linguagem não-verbal, incluída a do silêncio. c) A capacidade de intuição, não-sensorial, como podem ser o surgimento de imagens oníricas. d) Os efeitos contratransferenciais. Creio que cabe uma analogia entre o aparelho de rádio e o "sensibilômetro" do analista, porquanto tanto ele pode mover o dial e conseguir uma sintonia fina e clara, quanto pode estar com o dial fora da sintonia do canal que está emitindo, sendo que sequer falta a possibilidade da interferência dos "ruídos da comunicação", ou a de um total emudecimento transitório, resultantes dos conhecidos fenômenos da "estática".

13. O "sensibilômetro", a que aludi, implica no fato de que algumas condições míni-

mas são indispensáveis na pessoa do terapeuta, como um modelo de função a ser continuamente introjetado pelo paciente. Utilizando uma linguagem sintética, eu diria que essas condições mínimas consistem em que o analista, em um estado de atenção e de teorização flutuante, tenha bem claro para si as fundamentais diferenças que existem entre olhar e ver, ouvir e escutar, entender e compreender, falar e dizer e entre parecer e, de fato, ser!

14. Não custa reiterar que, embora a ênfase deste trabalho esteja incidindo sobre a pessoa do terapeuta, deve ficar claro que, guardando as óbvias diferenças da assimetria dos papéis do terapeuta e do paciente, tudo se passa igualmente em ambos. Um importante elemento do campo analítico que pode servir como exemplo que unifica analisando e analista é o do *estilo* da comunicação, cuja relevância, aliás, foi admiravelmente sintetizada pela clássica frase de Buffon: "O estilo é o homem".

15. Tamanha é a relevância do estilo comunicativo do paciente, que uma exposição detalhada desta temática mereceria, por si só, um trabalho à parte. De forma resumida, impõe-se, como um dever, mencionar o psicanalista argentino D. Liberman (1971) que, entre outros aspectos muito elucidativos, realizou estudos sobre os estilos da comunicação, nos quais já se tornaram clássicos os cinco estilos que ele nomeia como: *reflexivo, lírico, ético, narrativo e dramático* (neste último caso, o paciente provoca suspense, ou um impacto estético). Cada um desses estilos costuma revelar a forma de como está estruturado o *self* da pessoa.

16. Um estilo bastante comum de o paciente transmitir as suas mensagens é o de utilizar uma forma intelectualizada (resistencial) de comunicar. Nesses casos, costumo fazer o paciente comprometer-se afetivamente a refletir sobre aquilo que ele transmite de forma aparentemente fria. Como *exemplo*, recordo de um paciente que não era da área "psi", porém que lia com assiduidade capítulos inteiros em livros de minha autoria que tratavam de temas psicanalíticos que o interessavam, e os trazia para a sessão querendo esclarecer e discuti-los. No início, encarei como uma forma de *acting*, de modo que não valorava o que o paciente insistia em me mobilizar, porém o seu interesse e consistência da leitura inspiraram-me a valorizar a sua curiosidade. No entanto, eu fazia isso sempre tomando a sua própria pessoa como referência das impressões afetivas que a leitura dos textos o mobilizava e, para surpresa minha, nossa tarefa analítica ficou nitidamente beneficiada.

17. Do ponto de vista do estilo interpretativo do analista, é importante considerar que devem ser preservadas e respeitadas, ao máximo, os modos genuínos e autênticos do estilo de cada um em particular. Todavia, é igualmente importante considerar o efeito antianalítico de alguns estilos, como são alguns que estão descritos no Capítulo 16. O analista deve ter em mente que o paciente está continuamente fazendo uma leitura daquilo que ele diz, ou faz. À guisa de destacar a importância da "atitude psicanalítica" no processo comunicativo, vale repetir que a comunicação, desde os seus primórdios, está radicada na condição inata do bebê em "ler" os significantes contidos nas modulações da face, voz e corpo da mãe.

18. Para finalizar este capítulo, nada melhor do que dar um *exemplo da prática clínica*. Assim, dentre as múltiplas formas de comunicação que mereceriam ser ilustradas, pela importância que estão ocupando na psicanálise contemporânea, escolhi a que alude ao surgimento de *ideogramas* (tal como já foi descrito, e que lembra a escrita chinesa, na qual as imagens designam significados conceituais) na mente do analista. A vinheta que segue foi extraída de uma supervisão, na qual a analista-candidata saiu de uma sessão – em que o paciente se queixava de que vinha sentindo muitos medos, principalmente o de morrer – com uma forte sensação molesta de que ela "não estava cuidando bem dele".

Na sessão seguinte, o paciente prosseguia manifestando seu temor de morrer de forma trágica, enquanto a analista não sabia o que dizer para ele (além de amenidades) porque sua mente estava tomada por uma imagem de "muito sangue derramado pelo chão", sendo que se fortalecia o sentimento de que não estava cuidando do paciente ante os perigos que o rondavam. Bastam alguns dados sucintos da história desse paciente para compreendermos a importância do ideograma ("sangue derramado"): quando ele tinha cinco anos, foi encarregado pela mãe para ficar cuidando de uma irmãzinha de três, durante alguns poucos minutos, enquanto ela voltou da rua para buscar algo em casa. Esse pequeno intervalo de tempo foi o suficiente para a pequena menina desprender-se da mão do paciente, avançar para o leito da rua e ser violentamente atropelada por um carro, caindo morta em meio a uma forte poça de sangue. É útil esclarecer que o paciente sempre carregou, dentro de si, uma sensação de que "o olhar dos pais estaria sempre denunciando-o e acusando-o de que ele "não soube cuidar bem da irmã" e, dessa forma, ele sentia um terror sem nome de que teria sido um assassino e que teria que pagar um preço masoquista, que era a forma com ele estava levando a sua vida.

Ademais, *identificado com a vítima*, sua irmã que falecera tragicamente, ele estava à espera permanente de que haveria uma vingança nos mesmos moldes (ele morreria tragicamente em meio de poças de sangue), especialmente quando ele obtivesse êxitos na vida, coisa que ele estava começando a obter na sua análise, principalmente graças à excelente capacidade de continência da analista. Existem, pois, claras evidências que a imagem onírica da terapeuta foi devida à identificação projetiva que o paciente depositou nela de seus dois lados patogênicos: um, o de que ele (agora sentida pela analista) não soube cuidar da criança desamparada, correndo sérios riscos; a outra parte do paciente, também projetada pelo paciente e, assim, sentida pela terapeuta na situação analítica, era a de seu lado que teria o mesmo destino de sua vítima (morrer banhado em sangue).

Não resta dúvida de que, no processo analítico, o aspecto mais nobre do fenômeno da comunicação é aquele que, dentro do marco da permanente interação recíproca com o paciente, se refere à atividade interpretativa do analista, tal como aparece em capítulo específico.

14

As Atuações (*Actings*)

Na psicanálise atual, o *acting* deixou de ser um nome feio; pelo contrário, representa uma importantíssima forma de uma primitiva comunicação não-verbal.

CONCEITUAÇÃO

Na literatura psicanalítica, o fenômeno *acting* (neste capítulo os termos "*acting*" *e* "atuação" serão empregados indistintamente) aparece definido de forma imprecisa e designando distintas significações. O inegável é que ele se constitui como um dos aspectos mais importantes do processo psicanalítico, quer pelos múltiplos significados que comporta quer, também, pela sua alta freqüência. Assim, pode-se dizer que alguma forma de "atuação" surge em toda e qualquer análise, seja de forma benéfica ou maléfica, manifesta ou oculta, discreta ou acintosa, dentro *(acting-in)* ou fora *(acting-out)* do consultório.

Nas primeiras formulações de Freud, o conceito de *acting* aludia tão-somente a uma modalidade de *resistência* que o paciente empregava, com a finalidade inconsciente de impedir que as repressões tivessem acesso à consciência, correndo o risco de elas serem lembradas. Constituía-se, portanto, em um fenômeno essencialmente pertinente ao processo analítico que, como tantos outros, deveria ser compreendido e interpretado pelo analista. Aos poucos, esse conceito nodal foi sofrendo ampliações e sucessivas transformações, de tal sorte que adquiriu um significado moralístico, denegritório, algo ligado à perversão, chegando ao extremo de designar e se confundir com toda forma de impulsividade, psicopatia, drogadição ou delinqüência.

Embora esse ranço moralístico ainda persista em alto grau no meio analítico, bem como também fora dele, é inegável que a maioria dos analistas da atualidade tende a compreender o surgimento de "atuações" a partir de seus inúmeros outros vértices, além de considerar que um entendimento dos *actings* permite utilizá-los como um importante instrumento analítico. Essa última possibilidade implica a necessidade de que o terapeuta sempre leve em conta a condição básica de que as atuações devam ser consideradas dentro da totalidade de cada contexto em particular.

A excessiva ampliação conceitual desse fenômeno tornou-o muito diluído e, logo, menos compreensivo na sua essencialidade. Creio que, apesar das dificuldades semânticas do termo *acting*, ele pode ser definido, a partir da situação psicanalítica, como *toda forma de conduta, algo exagerada, que se manifesta como uma maneira única de substituir algum conflito ou angústia, que não consegue ser* lembrada, pensada, conhecida, simbolizada, verbalizada ou contida. Tais significados, que serão discriminados ao longo deste capítulo, estão direta ou indiretamente evidenciados nos trabalhos de autores de distintas correntes psicanalíticas, sendo que, a seguir, serão mencionadas as contribuições de alguns deles, separadamente.

Freud

Em 1901, em *Psicopatologia da vida cotidiana*, quando se referiu aos atos falhos, que poderiam ser entendidos como de uma origem inconsciente, Freud falou pela primeira vez em "atuar", empregando o termo *handein* com o significado de um simples *ato-sintoma*, que substituía alguma repressão que estava "proibida" de ser recordada. Mais tarde, ele passou a utilizar a expressão *agieren*, que no original alemão é bem menos coloquial que a anterior, traduzida para o inglês com o verbo *to act (acting-out)* e para português por *atuação*.

Em 1905, no *Caso Dora*, ele introduziu o termo de forma mais explícita, chegando a atribuir a interrupção da análise por parte da paciente Dora a um "atuar" dela, de certas fantasias não percebidas por Freud e, portanto, não interpretadas por ele. Textualmente ele admite que

> [...] Dora vingou-se de mim como quis vingar-se do Senhor K, e me abandonou como acreditava ter sido abandonada e enganada por ele. Assim, ela "atuou" uma parte essencial de suas lembranças e fantasias em lugar de relatá-las no tratamento. (1905, p. 116)

Em 1912, nas *Novas recomendações...*, emprega o mesmo termo em um contexto das relações existentes entre o "atuar" e os fenômenos da resistência e da transferência.

Em 1914, em *Recordar, repetir, elaborar*, o conceito de "atuar" aparece como uma forte tendência de se repetir o passado esquecido, sendo que, no processo psicanalítico, o paciente "atua" como forma de resistência, repetindo a experiência emocional reprimida, transferida sobre o analista. Nesse texto, Freud assevera que *o paciente não recorda nada daquilo que esqueceu e reprimiu, mas o atua, reproduzindo não como lembrança, mas como ação, repetindo-o sem, naturalmente, saber que o está repetindo. Por exemplo, o sujeito não diz que estava acostumado a ser rebelde e crítico em relação à autoridade dos pais; em vez disso, comporta-se assim com o analista.*

É interessante registrar que, já nesse trabalho, Freud intuíra que *há um tipo especial de experiência para a qual nenhuma lembrança, via de regra, pode ser recuperada. São experiências que ocorreram na infância muito remota e não foram compreendidas na ocasião, mas, subseqüentemente, foram compreendidas e interpretadas, podendo ser convincentemente comprovadas pelos sonhos e pela própria estrutura da neurose.*

Em 1920, a partir de *Além do princípio do prazer*, a "atuação" será considerada por Freud como um fenômeno ligado ao da "compulsão à repetição", portanto inerente à "pulsão de morte". É bem possível que essa conexão entre atuação e pulsão de morte tenha contribuído para que os psicanalistas tenham-na significado sistematicamente com algo destrutivo do *setting* analítico e da própria análise.

Em 1938, no seu *Esboço de psicanálise*, parece que Freud propõe limitar o termo "atuação" para as condutas do paciente que se processam fora da situação analítica, porém intimamente ligadas a ela, conforme se depreende quando assegura que *não é desejável o paciente atuar fora da transferência em vez de recordar, o que acarreta problemas em relação à realidade externa do paciente, ou seja, para aquilo que sucede a ele nas outras 23 horas do dia.*

De forma resumida: para Freud, *a atuação ocupa o lugar da recordação*. Convém lembrar que a palavra "recordar", de acordo com a sua etimologia latina (*re* quer dizer "uma volta ao passado" e *cor, cordis*, significa "coração"), mais precisamente do que uma simples lembrança ab-reativa, designa o fato de que antigas experiências emocionais estão sendo revividas, conscientizadas e ressignificadas na situação analítica. Essa postulação de Freud continua a representar uma significativa importância no processo analítico, tendo em vista que *a melhor maneira de esquecer é lembrar*".

Autores kleinianos

Em 1930, em *A importância da formação de símbolos*, M. Klein estabelece que existe uma equivalência entre o mundo externo e o corpo da mãe, sendo que a criança espera encontrar, dentro do corpo da mãe, fezes, pênis do pai, bebês e outros tesouros. Essa equivalência simbólica entre a fantasia do cenário materno e a realidade do mundo externo permite inferir algo que cerca a metapsicologia do fenômeno "atuação", no sentido de que muitas pessoas podem passar a vida inteira "atuando", como uma forma compulsiva de alcançar a algo, ou alguém, que é inalcançável.

Sobretudo a partir da sua concepção de "identificação projetiva", formulada em 1946, é que M. Klein abriu as portas para um mais amplo e mais claro entendimento de como se processam os *actings*, por meio de estudos desenvolvidos por outros autores, seguidores dela, Bion sobretudo.

Da mesma forma, as conceituações de M. Klein a respeito das "posições esquizoparanóide e depressiva", com as respectivas interações entre ambas, possibilitou uma compreensão de que uma das principais razões do surgimento da "atuação" consiste em uma forma de *fuga* do paciente ante o seu temor de enfrentar as dores psíquicas que acompanham a entrada na posição depressiva.

Igualmente, os conceitos kleinianos relativos à precoce e terrível "angústia de aniquilamento", à presença no psiquismo do bebê de objetos parciais em permanente interação, além dos relativos ao funcionamento de primitivos mecanismos defensivos, permitiram que, indo muito além de "uma forma de resistência às repressões", tal como Freud enfatizou, os psicanalistas passassem a considerar que sentimentos tais como a inveja, as ansiedades pré-edípicas, os aspectos negados, dissociados e projetados também fossem os responsáveis por muitas formas de "atuação". Nesse mesmo contexto, cabe acrescentar a conceituação de M. Klein de que a memória não se restringe unicamente a fatos, mas, sim, também pode ser uma "memória de sentimentos" (*memory in feelings*, 1957), as quais, provavelmente, podem expressar-se por meio de *actings*.

Rosenfeld, um importante analista kleiniano, traz, em 1964, uma importante colaboração ao se referir à existência de dois tipos de *actings*: um de natureza *parcial*, que pode representar ser útil para o processo analítico, e um outro de natureza *total*, ou regressiva, que pode ser ameaçador à preservação do *setting* da análise. Segundo esse autor, ambos os tipos de *atuação* dependem fundamentalmente do "grau de hostilidade de como o paciente, tal como quando era criança, distanciou-se dos seus objetos primitivos, isto é, do seio materno" (p.228).

Bion

Ao longo da obra de Bion, pode-se depreender o quanto as suas originais concepções ampliam significativamente o entendimento e a utilização do fenômeno *acting*. De forma resumida, penso que os seguintes aspectos devam ser destacados:

1. Acting *como uma forma de evacuação de elementos beta*. Para os que não estão familiarizados com as idéias de Bion, vale acentuar que "elementos beta" referem-se a "protopensamentos", isto é, a primitivas sensações e experiências emocionais que ainda não puderam ser, de fato, pensadas pela criança pequena, e que, por isso mesmo, apenas podem ser "evacuadas" tanto para dentro de si mesmo, sob a modalidade de "somatizações", ou para fora de seu corpo, por meio de uma ação motora, que no bebê adquire a forma de choro, esperneio, vômitos, enquanto no adulto caracterizam as "atuações" na conduta. Essa evacuação dos desprazerosos elementos beta estão à espera de um "continente" da mãe – ou do analista, na situação analítica – que, mercê de uma "função alfa", em um processo de verdadeira "alfa-betização emocional", possibilite que aqueles possam ser *pensados, em vez de atuados*.

2. Acting *como uma forma de comunicação primitiva*. Acredito que essa concepção de Bion constitua-se em uma importantíssima contribuição à prática analítica, tendo em vista que ela descaracteriza aquilo que costumava provocar um julgamento antecipado do analista, de enfoque negativo, depreciativo ou moralístico, possibilitando-lhe ficar em um estado mental de procurar compreender o que o paciente não está conseguindo dizer com as palavras, porém o está comunicando por meio da linguagem não-verbal da "atuação".

3. Acting *como manifestação da parte psicótica da personalidade*. Determinados pacientes, durante o seu desenvolvimento emocional primitivo, não conseguiram encontrar um adequado "continente" que os auxiliasse a suportar as frustrações provindas de dentro e de fora, razão pela qual desenvolveram um ódio contra a necessidade de dependência de outra pessoa, substituindo essa angústia por uma série de mecanismos primitivos, dentre os quais, cabe destacar, a hipertrofia de uma *onipotência* (que se instala no lugar de "pensar", pois esse paciente imagina que "pode" tudo), uma *onisciência* (no lugar do indispensável "aprendizado com as experiências", já que imagina "saber" tudo); uma *prepotência* (na verdade, uma "pré-potência" que mascara sua impotência, assim substituindo o reconhecimento de seu estado de desamparo e de fragilidade); um excessivo uso de *identificações*

projetivas, as quais aumentam à medida que não encontram um continente acolhedor e transformador; um *terror sem nome,* que refere a fortes angústias desconhecidas (pelo menos, não reconhecidas pelo paciente) que, se não forem devidamente nomeadas, serão atuadas.

4. Acting *como resultante da função* "-K". Faz parte da aludida "parte psicótica da personalidade" o estabelecimento de um *ódio às verdades penosas*, tanto as externas quanto as internas, sob a forma que Bion designou com a sigla negativa de *K* (inicial da palavra *knowledge*, no original em inglês). Assim, um paciente cuja mente está saturada por um estado mental tipo "não sei, não quero saber e odeio quem sabe" fatalmente estará propenso a substituir o conhecimento por várias formas de negação, incluída a de *acting*. Também o "-K" é responsável pelas diversas formas de mentiras, falsificações e mistificações que podem ser empregadas pelo paciente como uma modalidade de atuação.

5. Acting *por meio de uma não-comunicação verbal*. A partir dos estudos de Bion acerca da linguagem e da comunicação, os analistas passaram a perceber mais claramente que nem sempre o discurso verbal está a serviço de realmente "comunicar" algo ao interlocutor; pelo contrário, o seu propósito inconsciente pode justamente estar visando a uma não-comunicação, por intermédio de um "ataque aos vínculos perceptivos" do analista. Nesse caso, o terapeuta pode ficar confuso, sonolento, irritado, etc., tudo isso se constituindo em um *acting,* porquanto adquire a estrutura de uma tenaz e ativa resistência ao trabalho analítico.

O *ACTING* NA PRÁTICA ANALÍTICA

As modalidades, antes destacadas, podem ser resumidas no fato de que o *acting* processa-se como uma forma de substituição de uma (ou mais de uma) incapacidade, como são as sete seguintes que apresentam um significativo prejuízo das funções do ego: não poder *recordar, pensar, simbolizar, conhecer, verbalizar, autoconter* e, inclusive, a de, livremente, poder *fantasiar*. Ademais, vale acrescentar mais algumas outras possibilidades nos modos de manifestação, bem como nas causas da formação de *actings*, como são os que se seguem:

1. *Uma forma de reexperimentar, no curso da análise, velhas experiênciais emocionais malresolvidas*. Muitos autores consideram que os precursores do *acting-out* originam-se no período pré-verbal e na pré-capacidade para pensar, de sorte que o paciente adulto regride a essa etapa evolutiva, na qual o ato impulsivo-motor da criança era o seu único meio de obter gratificação e ajuda. Igualmente, o *acting* pode estar significando uma tentativa de preenchimento de lacunas afetivas; logo, a busca de uma reestruturação. Pode servir como exemplo dessa eventualidade o fato de que algumas vezes uma atuação homossexual, em um paciente masculino, esteja significando uma irrefreável "busca de um, faltante e estruturante, pênis paterno", por intermédio de uma incorporação anal, tal como apontam autores seguidores de Lacan.

2. *Uma fuga de um estado mental para outro*. Explico melhor com o exemplo dos casos de "don-juanismo", cuja intensa atuação na conquista de mulheres pode aparentar uma forte resolução edípica, quando, na verdade, ela pode estar representando não mais do que uma "*pseudogenitalidade*" encobridora de profundas feridas narcísicas que reclamam uma imperiosa necessidade de *reconhecimento* de que ele está sendo amado e desejado e, portanto, que ele existe! A recíproca disso pode ser verdadeira, isto é, um sujeito pode atuar, a partir de um regressivo refúgio em uma autarquia narcisista, como uma forma de ele fugir de uma temida sexualidade edípica.

3. *A possibilidade de que a atuação possa estar representando alguma forma de crescimento*. Particularmente, considero esse aspecto interessante e importante, não só porque ele não aparece com freqüência na literatura psicanalítica, mas principalmente pelo fato de que, se o analista não estiver suficientemente atento, poderá interpretar com um enfoque negativo aquilo que, embora oculta por uma aparência enganadora, esteja indicando alguma forma importante de "mudança psíquica".

Um *exemplo* que me ocorre, relativo a isso, é o de uma paciente que, nos primeiros tempos de análise, mostrava-se como uma excelente cumpridora de todas as combinações do *setting:* era assídua, pontual, pagava rigorosamente em dia, telefonando-me a tempo nas raras vezes que tinha que se atrasar ou faltar; após alguns anos, essa paciente começou a chegar atrasada e a faltar seguidamente, sem razões justificáveis, e deixou de me comunicar isso por telefone. Contive a tentação de interpretar essa indiscutível atuação como um ataque dela, resistência à análise ou algo equivalente, pois um sentimento intuitivo alertava-me que algo importante estava se passando com ela. De fato, ela ganhara com a análise suficiente confiança básica, nela e em mim, a ponto de fazer um movimento inconsciente de testar se as suas características de sair-se bem em tudo que fazia se deviam a uma obediência ao ideal do ego plantado por seus pais ou se eram dotes autênticos e livres. O interessante é que após a análise desses aspectos que motivavam o seu *acting,* aparentemente de rebeldia, e que se prolongou por muitos meses, a paciente retomou a sua atitude de cumpridora das combinações do enquadre analítico, com a diferença de que, agora, ela o fazia não porque estaria sendo compelida por uma ritualística obsessiva, mas, sim, com um sentimento de *liberdade,* e quando ocasionalmente me telefonava era não por uma obediência devida à sua *intimidação*, mas, sim, por uma *consideração* a mim. Embora esse exemplo de *acting* que, no caso, representava um movimento de crescimento analítico possa parecer por demais banal, acredito que ele tenha uma significação profunda, porque ele se reproduz com múltiplas variantes equivalentes no dia-a-dia dos consultórios de cada um de nós.

4. *Uma forma de dramatização do mundo interno*. Essa modalidade de atuação, também sutil e bastante freqüente, consiste no fato de que o paciente aciona outras pessoas a desempenharem e "representarem" determinados papéis que correspondem ao *script* de seu drama original, no qual os personagens que interagem são os seus objetos primitivos, enquanto o cenário é o espaço da sua mente inconsciente. É interessante assinalar que as palavras *drama* e *dramatização* vêm do grego *drama*, cujo significado é "sentimentos que se concretizam em figuras que agem com movimento e ação". Para ficar em um único exemplo, vale lembrar o quanto alguma dramatização na situação psicanalítica, que aparece nos pacientes de características marcadamente histéricas, manifesta-se não somente por meio de um "estilo dramático" e "hiperbólico", de como eles fazem suas comunicações verbais, como também, de regra, virtualmente todas as sessões desses, pacientes, são pontuadas pelo relato do "drama do dia", cuja essência, em todos eles, é a mesma, embora os personagens envolvidos variem bastante.

5. *Uma escolha de pessoas que atuam pelo paciente*. Essa modalidade de atuação nem sempre é perceptível pelo analista, pois o paciente mantém-se "inocente", enquanto ele induz outras pessoas a atuarem por ele. Todo analista conhece aquele paciente que, como "alguém que não quer nada", sutilmente introduz o assunto sobre analistas, mesmo em rodas sociais, de modo a colher informações íntimas de seu terapeuta. Da mesma forma, é comum que esse tipo de paciente atuador conte algum episódio da análise, com a sua versão pessoal, assim conseguindo manifestações desqualificatórias por parte de uma outra pessoa, que, por sua vez, leve adiante o fato de denegrir o analista, enquanto o analisando simplesmente faz o relato na sessão, de uma forma um tanto "ingênua", porém com um discreto toque de triunfo. Exemplos como esse, no qual o paciente faz um jogo de intrigas enquanto permanece protegido pelo obrigatório sigilo do analista, poderiam ser multiplicados, sendo que, muitas vezes, esses *actings*, processados por meio de outras pessoas que se prestam a esse jogo, podem adquirir características malignas.

6. Acting *devido às inadequações do analista*. Bem mais freqüente do que possa parecer, vou me limitar a apontar duas causas nas quais as falhas reais do terapeuta resultam em alguma forma de atuação do paciente. A primeira acontece principalmente com pacientes em estado regressivo, quando ele não se sentiu compreendido pelo analista ou, mais gravemente ainda, quando somado a isso ele ainda recebe "interpretações" que o fazem se sentir culpado e desqualificado. A segunda possibilidade, lamentavelmente não tão rara, refere-se ao fato de que certos desejos proibidos e reprimidos no inconsciente do analista, por meio da sua linha interpretativa, às vezes com um propósito, não reconhecido por ele, de exibicionismo, voyeurismo ou don-juanismo, por exemplo, serão satisfeitos por esse analis-

ta, por intermédio de algum *acting* praticado pelo seu paciente.

7. *Acting em crianças*. Transcrevo um trecho de um trabalho de B. S. Francisco (1995, p.140), com o qual pretendo sintetizar o presente item:

> Achamos que constitui um problema específico da psicanálise de crianças discriminar *actig-outs* de atos, pois a transição de um para o outro é sutil, diferentemente do adulto, nos quais o controle da motricidade e o uso predominante da linguagem verbal faz com que o ato se destaque. O analista de crianças tem que se prestar a brincar, representar, aceitar, limitar fisicamente, até que as possibilidades de mentalização possam ocorrer em seus pacientes. Nesses casos, a elaboração de um conflito – como ocorre no *acting-out* de adultos – coincide com o trabalho de elaboração-instauração da própria mente.

8. *Acting e mitologia pessoal*. No excelente artigo mencionado (Francisco, p.138), o autor, a partir do *mito de Atalanta*, traça um interessante paralelo com os mitos pessoais que, com configurações distintas, cada indivíduo porta dentro de si. Esse trabalho conclui afirmando que:

> [...] em tais casos a análise mostra que o *acting-out* não é um ato isolado, mas, sim, uma concatenação de atos, que se articulam entre si, como o roteiro de um conto, de uma história. É na repetição do conto e na articulação de seu encadeamento que se descobre a revelação, sob forma de metáfora, como ocorre na mitologia.

9. *Contra-acting*. É relativamente freqüente a possibilidade de que o paciente mobilize, no analista, um despertar de emoções que o deixem confuso, invadido que ele fica por sentimentos contratransferenciais que nem sempre são perceptíveis, porém que podem acioná-lo a agir de alguma forma antianalítica. Essas "contra-atuações" tanto podem ser discretas e inócuas quanto podem atingir o desvirtuamento do *setting* instituído, ou alguma transação comercial, uma excessiva intimidade social, o extremo de um grave envolvimento sexual, etc. De qualquer forma, um contra-*acting* do terapeuta sempre tem relevância na prática analítica, como a seguir será enfocado.

10. As atuações, por parte do paciente, em grau maior ou menor, de uma maneira ou outra, motivadas por alguma das diversas razões possíveis, inconscientes ou conscientes, ocorrem em toda e qualquer análise. Na hipótese que nunca ocorra alguma forma de atuação, isso pode ser um sinal preocupante, pois esse paciente ou está exageradamente escudado em uma couraça caracterológica obsessiva ou o analista está deixando de perceber algo nesse sentido.

11. Muitos textos psicanalíticos descrevem separadamente *acting-out* de *acting-in;* no entanto, como a essência de ambas as situações é exatamente a mesma, optei por chamálas com a denominação genérica de *actings*. O que importa ser bem distinguido é a diferença que existe entre "atuação", tal como está sendo conceituado no contexto deste capítulo, daquilo que não é mais do que uma "ação impulsiva" *do paciente*.

12. Até poucas décadas, o surgimento de algum *acting* era malrecebido pelo analista e sempre era significado como nocivo à análise. No entanto, da mesma forma como ocorreu com os fenômenos da "resistência", "transferência" e "contratransferência", que, igualmente, por longo tempo, foram considerados por Freud e seu seguidores como prejudiciais à análise e aos poucos foram reconhecidos como excelentes instrumentos para a prática analítica, também o *acting* está sendo reconhecido como uma importante via de acesso ao inconsciente.

13. A partir das inter-relações que Freud estabeleceu entre a "resistência" e a "transferência", cabe dizer que o *acting* se constitui como alguma forma particular de resistência contra a dor psíquica, ao mesmo tempo em que também representa ser alguma modalidade de transferência.

14. Da mesma maneira que aqueles fenômenos mencionados, a existência da atuação na situação analítica tanto pode ser maléfica, inócua ou benéfica. Ela é *maléfica* (no sentido de "destrutiva") quando pela sua intensidade, qualidade maligna e uma condição de se mostrar refratária às interpretações, em um grau extremo, pode se constituir em uma resistên-

cia poderosa que funcione como um sério empecilho, podendo, inclusive, desembocar em um irreversível "impasse psicanalítico", situação que ocorre mais freqüentemente com pacientes portadores de fortes traços psicopáticos ou perversos.

15. Todavia, na sua grande maioria, as atuações são *inócuas* porque elas não representam uma maior preocupação; e elas se constituem como *benéficas* ("construtivas") nas situações em que representam uma tentativa de mudança, como, por exemplo, é o caso de um paciente exageradamente obsessivo que se permite testar a realidade com alguma forma de *acting*, em vez de ficar em uma eterna ruminação obsessiva. Assim por diante, exemplos equivalentes poderiam ser multiplicados.

16. A "atitude analítica interna" do terapeuta, diante das atuações do paciente, não deve estar impregnada e saturada de preconceitos (pré-conceitos) de ordem moralística, que, além de fazer soar a palavra "atuação" como um "nome feio", ainda lhe confere uma conotação pejorativa e mobiliza um rechaço. Nesses casos, o analista pode estar deixando de reconhecer uma possível mensagem inconsciente do paciente, acerca de uma busca dele de vir a conseguir satisfações, ou punições, e especialmente como uma importante forma de comunicação primitiva. Além disso, também há a possibilidade, antes aludida, de que o analista, devido à saturação da sua mente, não consiga perceber quando a atuação esteja significando algum movimento construtivo.

17. Não obstante, é inegável que determinados *actings* adquirem uma perigosa natureza psicótica, maníaca, perversa ou psicopática, assim representando um grave risco de que eles possam comprometer de forma destrutiva não somente a imagem e a integridade do próprio paciente, mas também das pessoas que ele consegue envolver, inclusive a do analista, além da deterioração da sua análise.

18. Como decorrência imediata disso, cabe levantar uma importante questão: está justificado que, em certos casos, imponha-se a necessidade de o analista tomar uma atitude categórica, diretiva, até mesmo proibitiva, incluída a possibilidade de chamar os familiares desse paciente e partilhar com eles as responsabilidades pelas preocupações daquelas graves atuações que ele tomou conhecimento por meio do sigilo da situação analítica? Creio que a resposta é afirmativa, sempre que o analista consiga discriminar se a significação da atuação é inócua, construtiva ou destrutiva, sendo que, nesta última situação, a indispensável colocação de limites deve ser feita por meio de interpretações, e somente quando essas se revelarem inoperantes, a um mesmo tempo que o grau máximo de "continente" do analista estiver esgotada, é que fica justificada a sua tomada de uma medida extrema de proibição explícita dos perigosos *actings*, inclusive com o direito de o analista condicionar isso à continuação ou à interrupção da análise.

19. As causas mais comuns que disparam o gatilho dos *actings* dizem respeito a alguma forma de o paciente estar revivendo na situação analítica as primitivas experiências de "traumas", com as respectivas sensações penosas de "desamparo". Algumas dessas situações mais costumeiras, no curso do processo analítico, referem-se ao eventual surgimento de "angústia de separação"; a penosa "renúncia às ilusões narcisísticas"; a transição para o estado psíquico de uma "posição depressiva"; assim como os momentos "catastróficos" (segundo Bion) que acompanham as verdadeiras mudanças psíquicas do paciente. Em todos esses casos, os pacientes estão avidamente buscando a objetos substitutos que possam preencher os vazios que as referidas vivências de desamparo provocam em si.

20. A identificação projetiva é considerada como o mecanismo essencial do *acting*, de modo que a importância disso é complementada pelo fato de que ela pode provocar equivalentes contra-identificações no analista e, por conseguinte, induz a respostas contratransferenciais, contra-resistenciais e a *contra-actings*, sendo que a própria interpretação, eventualmente, possa estar a serviço de alguma atuação do analista.

21. É imprescindível que se leve em conta a necessidade de se fazer uma distinção entre o que é *contra-acting do analista*, provocado pelo paciente, e aquilo que está sendo acima de tudo um *acting do analista*, provindo unicamente do inconsciente dele próprio, e que pode *levar o analisando a contra-atuar*. Da mesma forma, também se deve considerar a possibilidade, nada incomum, de que a análise possa estar contaminada por um, inconsciente e

inaparente, *conluio de atuações,* entre ambos do par analítico.

22. Convém assinalar que a dinâmica principal que preside a prática de atuações – do paciente, ou do analista, ou de ambos – deve-se a uma evacuação de elementos psíquicos indigestos, daí que se pode dizer que os *actings* encontram equivalentes nas somatizações e na acidentofilia (reiterada busca inconsciente de acidentes pessoais).

23. Finalmente, é útil consignar a distinção que deve ser feita entre uma *ação* e uma *atuação.* A primeira decorre em três tempos: o *desejo*, cuja impulsividade para ser satisfeito sofre o crivo de uma reflexão com *pensamentos* críticos que consideram as seqüências dos atos, com as respectivas conseqüências, ao que se segue uma ação, sob forma de tomada de decisão, de atitude, de conduta. Por seu turno, a atuação processa-se em dois tempos: ao desejo, segue-se uma impulsividade para a ação, sem transitar pelo pensamento reflexivo, com o resultado de que existe uma *seqüência* de atos, em que não são avaliadas as *con-seqüências*.

15

A Atividade Interpretativa

Pisa, mas pisa devagar, porque estás
pisando nos meus sonhos mais queridos.

Yeats

Amor sem verdade não é mais do que paixão;
verdade sem amor não passa de crueldade.

W. Bion

Habitualmente, na literatura psicanalítica sobre técnica, a abordagem do tema relativo à atividade das intervenções do analista costuma ter o título de "Interpretação"; no entanto, na atualidade, colocar no singular um assunto tão amplo e que permite tantos vértices e dimensões de entendimento e de abordagem seria simplificar demasiado e sacrificar a riqueza do campo analítico. Prefiro a terminologia de "Atividade Interpretativa". De fato, a interpretação vem sofrendo significativas e acentuadas transformações neste primeiro século de existência da ciência psicanalítica, notadamente naqueles aspectos que dizem respeito ao paradigma da *vincularidade* que vem caracterizando a psicanálise contemporânea, ou seja, que o processo analítico não fica tão centrado *na* pessoa do analisando, tampouco *na* do analista, mas sim no campo que se estabelece *entre* eles. Por um outro lado, desde os seus primórdios até a atualidade, continuam persistindo muitos pontos bastante polêmicos e controvertidos entre os psicanalistas em relação ao *conteúdo, à forma, à finalidade e ao estilo* de interpretar.

CONCEITUAÇÃO

O termo "interpretação" está bem adequado, desde que se leve em conta que o prefixo *inter* designa uma relação de *vincularidade entre* o analisando e o analista, o que é muito diferente daquela idéia clássica de que caberia ao paciente o papel de trazer o seu "material" sob a forma de *livre associação de idéias,* enquanto ao psicanalista cabia a tarefa única de decodificar as narrativas e traduzi-las para o analisando.

A noção de vincularidade implica uma contínua interação entre analista e analisando, pela qual o primeiro deixa de ser unicamente um observador e passa a ser um participante ativo, de modo que cada um deles do par analítico influencia e é influenciado pelo outro. Assim, a *inter-pretação* formal representa ser uma das peças, embora importantíssima, de um processo bastante mais amplo, que é o da *comunicação* entre ambos, tanto a que é consciente como a inconsciente, a verbal e a não-verbal, no registro imaginário ou no simbólico, no plano intra, inter ou transpessoal, na dimensão científica, filosófica ou artística, etc.

Sabe-se que, nos primórdios da psicanálise, a interpretação valorizava, sobretudo, a decodificação do simbolismo dos sonhos como a "via régia" de acesso ao inconsciente. Em um segundo momento, a interpretação dos sonhos cedeu lugar à interpretação sistemática do "aqui-agora-comigo" da neurose de transferência. Na atualidade, todavia, a transferência não está sendo entendida unicamente como uma simples repetição do passado, de modo que a interpretação também deve levar em conta outros fatores, inclusive o da pessoa *real* do psicanalista.

Nesta perspectiva da atual psicanálise vincular, resulta ser claro o fato de que nem tudo o que o paciente diz tem a finalidade de comunicar algo à espera de uma interpretação *eficaz* por parte do analista; pelo contrário, freqüentemente o discurso do paciente visa exatamente ao contrário, ou seja, a dominar, controlar e induzir o analista a lhe "interpretar" justamente aquilo que ele *quer* ouvir, para triunfar sobre ele ou para não necessitar sofrer e fazer verdadeiras *transformações e mudanças* na sua personalidade.

Da mesma forma, nem tudo o que o psicanalista diz são interpretações que correspondam ao que realmente proveio do analisando, pois, não poucas vezes, elas não são mais do que chavões repetitivos e estereotipados ou acusações disfarçadas que, no entanto, podem adquirir um alto grau de poder de sugestão sobre o paciente, induzindo tal ao aporte de material associativo que simula uma falsa eficácia.

Por outro lado, é bem sabido que, na reciprocidade do vínculo analisando-analista, as maciças identificações projetivas do primeiro deles poderá provocar no psicanalista uma destas duas possibilidades: 1) uma *contratransferência patológica* e 2) uma transformação para o estado mental de uma – indispensável – função de *empatia*, por parte do psicanalista. A importância disto é que cada uma dessas duas possibilidades definirá a construção de um *modo* e *conteúdo* de interpretações possivelmente diferentes, conforme a égide de um ou de outro dos aludidos estados engendrados na mente do analista.

Igualmente cabe a pergunta se o mais importante é aquilo que o paciente diz e faz ou o que ele deixou de dizer, sentir e fazer. Aquilo que ele associa e verbaliza ao terapeuta ou como ele entende e significa o que se diz a ele. A resposta a esta última pergunta também deve levar em conta o fato de ser bastante comum que o analisando responda mais à *metacomunicação* do analista (aquilo que é transmitido por outros meios que não o das palavras) do que propriamente ao conteúdo contido nas verbalizações das interpretações.

A função de interpretar não é unívoca, e, pode-se dizer, guarda uma equivalência com a hermenêutica (arte de interpretar, particularmente os textos de natureza muito ambígua), sendo que essa área semiótica pode lembrar as características dos oráculos, ou seja, cada paciente emana signos e mensagens de múltiplos significados que necessitam serem decodificados diferentemente a cada vez, de acordo com a situação e o momento particular de cada intérprete, no caso, o psicanalista.

A interpretação, segundo o consenso geral entre os psicanalistas, sobretudo visa à obtenção de *insight*, de modo que a convergência e inter-relação dos diversos *insights* parciais é que vai possibilitar o trabalho de uma elaboração psíquica e, conseqüentemente, a aquisição de verdadeiras mudanças caracterológicas.

Todos estamos de acordo com essa afirmativa, porém é necessário acrescentar que a interpretação do analista não deve ficar restrita unicamente à conscientização dos conflitos inconscientes, mas sim que ela também se constitui como uma *dialética*, com uma nova conexão e combinação de significados, de modo a possibilitar que o analisando desenvolva determinadas funções nobres do ego que ou nunca foram desenvolvidas ou que foram, porém estão obstruídas, como é, por exemplo, a aquisição de uma capacidade para *pensar* as velhas – e as novas – experiências emocionais.

O mesmo vale para o desenvolvimento de outras capacidades do ego consciente do analisando, como é o caso de sua capacidade para enfrentar o *conhecimento* das verdades penosas (*função K*, segundo Bion), ao invés de simplesmente evadi-las (-K); desenvolver a capacidade de ser *continente* dos outros e de si mesmo; conseguir fazer a abertura de novos *vértices* de percepção e entendimento, de forma a possibilitar uma *visão binocular* (Bion) dos mesmos fatos psíquicos. Cabe acrescentar que essa capacidade de "visão binocular" constitui-se como uma condição básica e necessária para a correlação, confrontação e comunicação, elementos fundamentais na atividade interpretativa.

"Interpretação" é um termo consagrado na psicanálise e deve permanecer restrito a ela, embora essa função não seja exclusividade do campo psicanalítico. Assim, não me parece ser um exagero a afirmativa de que uma mãe, adequadamente boa, "interpreta" ao seu bebê quando, mercê de sua capacidade de *rêverie, escuta, compreende, significa* e *nomeia* a comunicação primitiva do seu filho. Muito embora sejam situações bem distintas, entendi ser útil esta metáfora, como uma forma de caracterizar que o ato interpretativo se forma aquém e além das palavras unicamente. Essa comparação adquire uma maior validação se se levar em conta que a mãe consegue "interpretar" seu filho somente se ela tiver aquilo que Bion denomina *função alfa*, sendo que o mesmo acontece com o psicanalista, constituindo-se como uma "condição necessária mínima" (Bion) para que ele possa interpretar adequadamente.

NA PRÁTICA ANALÍTICA

Dentre inúmeros outros aspectos que dizem respeito tanto ao paciente quanto ao analista, bem como ao vínculo entre ambos, os seguintes merecem ser assinalados:

Aspectos básicos

1) Nem tudo o que o analista diz é interpretação e tampouco nem toda obtenção de um *insight* é formulada sob o modo formal de uma interpretação. 2) Interpretação não é o mesmo que "tradução simultânea" daquilo que o paciente diz. 3) Também não é um "transferencialismo", pelo qual tudo que for dito pelo analisando, em qualquer circunstância sofre um sistemático reducionismo ao clássico *é aqui-agora-comigo-como lá e então.* 4) Mesmo que o analista não se nomeie, referindo-se explicitamente à sua pessoa, aquilo que ele diz pode funcionar como uma interpretação transferencial. 5) Há um permanente risco de que a interpretação incida sobre o que o analisando *fala* e não sobre o que, de fato, ele *diz*, *faz* e sobre quem realmente ele *é*! (não custa enfatizar que o mesmo vale para a fala do analista). 6) Acima de tudo, a importante função da interpretação, tal como insiste Bion, não é de "conhecer sobre", mas, sim, de promover, no paciente, transformações em direção a um "vir a ser". 7) A atividade interpretativa não visa unicamente a tornar consciente o conflito inconsciente entre pulsões e defesas, porquanto ela também visa a assinalar os *significados* das crenças, idéias, afetos e transformações que estão se processando. 8) De modo geral, a atividade interpretativa visa a atingir essas três metas na mente do paciente: curiosidade, reflexão e transformações. 9) Um dos mais importantes objetivos da interpretação é introduzir o paciente à pessoa mais importante com que ele jamais poderá lidar, ou seja, ele mesmo! 10) A interpretação deve sempre manter uma *visão binocular*, ou multifocal, isto é, o terapeuta deve estar atento aos diferentes aspectos (o lado sadio × doente; a parte criança × adulta, etc.) que convivem em um mesmo paciente, freqüentemente de forma contraditória e antagônica. 11) Toda interpretação, muito antes de uma verdade acabada e final, não é mais do que uma *hipótese*, a ser ou não confirmada pelo paciente. 12) "Dar interpretações" (no sentido de "alimentar na boca", o que reforça a dependência infantil do paciente) não é a mesma coisa que manter uma permanente "atividade interpretativa" (o paciente trabalha junto com o analista). 13) Mais do que uma decodificação do conflito pulsional, no clássico modelo de causa × efeito, a interpretação consiste na construção de novos sentidos, significados e na nomeação das velhas, bem como das novas, difíceis experiências emocionais. 14) Quando o paciente for capaz de evocar *imagens visuais* no analista, isso é um indicador de que ele já está produzindo e fornecendo "elementos alfa". 15) Como em tudo, também a atividade interpretativa do analista pode ser normal ou patogênica.

Formação da interpretação na mente do analista

Preliminarmente, é indispensável estabelecer que a interpretação fundamentada no vínculo interacional também deve ficar definida por aquilo que ela *não é*. Assim, vale consignar que ela não deve ser influenciada, confundida ou superposta com os inconscientes (muitas vezes conscientes) propósitos do analista: amizade, sedução, confissão, poder, apoio, moralização, catequese, aconselhamento, ser o substituto de mãe ou pai, etc.

1. Em sua essência, a interpretação é o resultado final de uma comunicação entre as mensagens, via de regra transferenciais, emitidas pelo analisando, e a repercussão contratransferencial (conceituada em um sentido genérico) que aquelas despertam no psicanalista em três tempos: o de uma *acolhida*, seguida de *transformações* em sua mente e, final-

mente, a *devolução*, sob a forma de formulações verbais, ou seja, tudo se processa no seguimento desses sucessivos passos na mente do analista: uma *empática* disposição para uma *escuta polifônica* (ou seja, são diversas as formas de linguagem); uma capacidade para *conter* as necessidades, desejos, angústias e incógnitas nele depositadas; *paciência* para permitir uma ressonância por vezes muito turbulenta em seu próprio psiquismo, em especial aquela que consiste na qual o analista se confronta com a sua impotência e ignorância.

2. Essa última requer uma condição de *capacidade negativa* (termo com que Bion designa uma necessária capacitação do terapeuta para suportar sentimentos negativos dentro de si, decorrentes de ele "não saber" o que está se passando transitoriamente na situação analítica).

3. Igualmente o analista deve ter capacidade para exercer uma *função alfa* (Bion) que o possibilite processar a decodificação das identificações projetivas do paciente e as respectivas contra-identificações, de modo a possibilitar a ativas *transformações* de entendimento e de significados, até que o psicanalista perceba estar em condições de dar um *nome* às experiências emocionais que estão sendo vividas e revividas. A partir daí, o terapeuta pode dar o passo final que é o de *verbalizar* àquelas últimas, com uma formulação que seja coerente com o momento particular de cada situação analítica, com o seu *estilo* autêntico na forma de interpretar e o propósito de promover a abertura de novos vértices de percepção e compreensão na mente do analisando, de forma a possibilitar-lhe uma *visão multifocal* dos mesmos fatos psíquicos.

4. A *atitude psicanalítica interna* do analista é fundamental para um bom exercício da atividade interpretativa. Além da *capacidade negativa* referida, também é necessário que o analista mantenha um estado de "atenção flutuante", isto é, que não esteja com a sua mente *saturada* com desejos, memória (por exemplo, daquilo que ouviu do seu supervisor na véspera) e ânsia de compreensão imediata.

5. Assim, os *sonhos contratransferenciais* podem servir como um excelente indicador da possibilidade de o analista estar enredado nas projeções que o paciente faz dentro dele e de que o terapeuta não esteja conseguindo ter uma boa *capacidade negativa* que lhe permitiria contê-las dentro de si, o que lhe facilitaria a compreensão e, logo, a interpretação.

6. Acredito que toda atividade interpretativa como que repousa em um sistema de duas coordenadas, em uma forma de letra "L": um eixo é o da *interpretação propriamente dita*, enquanto o outro é o da *atitude psicanalítica interna* do analista. Quanto mais regressivo for o paciente (psicóticos, *borderlines, etc.*), mais relevante é este último eixo mencionado.

7. Também é necessário levar em conta alguns outros fatores importantes. Um deles é o que se concerne ao surgimento espontâneo da *intuição* do analista, a qual consiste em uma espécie de "terceiro olho" [*in* (dentro) + *tuere* (olhar), em latim, significa "olhar para dentro"] que, segundo Bion, constitui-se em um elemento muito relevante na construção da interpretação, surgindo quando a mente do analista não está saturada pelo uso exclusivo dos seus órgãos dos sentidos (visão, audição...), nem pela sua memória ativa e tampouco pelos seus desejos e ânsia de compreensão imediata. Aliás, a favor do surgimento da intuição, Bion recomendava aos analistas para que deixassem livre a imaginação, a fim de promover a sua "imagem-em-ação".

8. Um segundo fator a considerar em relação à formação da interpretação consiste no fato de que um clima positivo no vínculo psicanalítico (existência de uma aliança terapêutica, empatia, respeito, paciência, *holding*, etc.), independentemente se a situação psicanalítica estiver em transferência positiva ou negativa, costuma produzir o que venho sugerindo denominar "experiência emocional transformadora". A inclusão do termo "transformadora" alude ao fato de que as transformações operadas no psiquismo do analisando, além das clássicas interpretações produtoras de *insights*, da abertura de novos vértices *afetivos* (sentir), *cognitivos* (conhecer) e *cogitativos* (pensar), também se devem ao fato de que o analista – por meio do seu modelo *real* de como ele pensa as experiências emocionais, enfrenta angústias, liga-se às verdades, enfim o seu modo autêntico de *ser* – está propiciando ao paciente a possibilidade de fazer algumas necessárias "desidentificações" e "dessignificações", substituindo-as por *neo-*

identificações e neo-significações, assim como igualmente promove novos modelos de funcionamento de capacidades de ego, no sentido de como *enfrentar*, com dor, os velhos e novos problemas, no lugar de simplesmente *evadi-los*.

9. Também vale consignar que a interpretação não se forma única e exclusivamente a partir de uma situação que, de forma definida, esteja dentro da transferência. No fundo, sempre é possível captar que *há transferência em tudo, porém nem tudo é transferência a ser sistematicamente interpretada*. Assim, conforme a situação psicanalítica, muitas vezes a interpretação não deve enfatizar tanto a presença dos sentimentos transferenciais, mas, sim, o desenvolvimento da capacidade para pensar e comunicá-los ao analista.

10. Um outro fator que exerce uma significativa diferença na formação da interpretação na mente do analista é o que diz respeito ao referencial teórico-técnico da corrente psicanalítica no qual ele está respaldado. Tal fato tem muito a ver com o critério de escolha do analista em relação a qual aspecto presente na situação psicanalítica merece a prioridade das interpretações e qual o tipo de significado será transmitido ao paciente. Aliás, todos sabemos que, entre tantas interpretações possíveis, em certos momentos é difícil saber qual delas é a mais exata ou, muito mais importante que isto, qual será a mais *eficaz*, conforme comumente fica evidenciado no curso de supervisões coletivas, em que abundam múltiplos e distintos vértices interpretativos.

11. Assim, os analistas mais ligados às raízes freudianas ficarão mais atentos à livre associação de idéias do paciente, buscando reconhecer a presença das pulsões, sobretudo as manifestações do *desejo*, intimamente ligadas às vivências edípicas, com o respectivo cortejo de ansiedades e defesas, consistindo a interpretação em trazê-las do inconsciente para o consciente. Aqueles que são seguidores mais fiéis aos postulados kleinianos privilegiarão as relações objetais internas, com o inevitável acompanhamento das fantasias inconscientes, ansiedades de aniquilamento decorrentes da pulsão de morte, defesas primitivas, com as conseqüentes culpas e necessidade de reparação. Até certa época, as interpretações dos analistas kleinianos deveriam ser sempre formuladas no "aqui-agora-comigo" transferencial, bem como costumavam privilegiar os aspectos sádico-destrutivos, ser dirigidas a objetos parciais e a órgãos anatômicos, em uma tentativa de conseguir um contato com as arcaicas experiências emocionais. Vale consignar que nas últimas décadas os principais autores kleinianos vêm gradativamente modificando a sua técnica interpretativa, em diversos aspectos. Para dar um único exemplo, vale citar a Rosenfeld, cujos primeiros trabalhos importantes com pacientes psicóticos revelam o quanto ele nitidamente centrava as suas interpretações na presença da "inveja primária" e nos acompanhantes de ódio destrutivo e controle onipotente. O mesmo autor, da idêntica forma como sucedeu com outros pós-kleinianos importantes, como Bion, por exemplo, modificou a sua posição em relação à inveja primária, conforme aparece em seu último e póstumo livro – *Impasse e interpretação* (1988, p. 32) –, no qual Rosenfeld deixa claro que a "interpretação da inveja deve se dirigir às defesas contra ela (narcisísticas, maníacas ou melancólicas) e às conseqüências dela (dor, vergonha, humilhação e culpa)... A interpretação não deve enfatizar a inveja propriamente dita, repetidamente, mas sim as conseqüências que inibem a capacidade de amar. A inveja propriamente dita somente diminui quando o paciente sente-se aceito, respeitado e sabe que tem um espaço para pensar, contestar e crescer".

12. Creio que cabe construir uma metáfora no sentido de que a formação, e a formulação da interpretação, na mente do analista, guarda uma analogia com um *espelho parabólico*. O que define esse tipo de espelho é que ele tem a propriedade de fazer com que convirjam os raios luminosos que incidem sobre ele, de forma paralela, ou seja, organiza, junta e integra elementos diferentes sob uma primazia única. De maneira análoga, incidem sobre a mente do analista uma quantidade enorme de mensagens emitidas pelo paciente e, à moda de um espelho parabólico, ele deve possuir uma boa capacidade de *função sintética do ego*, para extrair um denominador comum (Bion chamaria de "fato selecionado") que dê ordem ao caos.

13. O analista deve considerar que as palavras são *polissêmicas*, isto é, cada uma delas permite vários significados, de modo que tanto o analista pode entender de forma equivoca-

da o que o paciente lhe diz quanto também o paciente pode distorcer o real sentido das palavras que o analista usou na sua interpretação. Cabe ilustrar com um fato pitoresco que um saudoso analista professor contava-nos: quando ele fazia a sua formação em Buenos Aires, interpretou, certa vez, ao paciente que então ele analisava a emergência de um aspecto *homossexual* deste. Para surpresa do analista brasileiro, o paciente argentino pareceu ter gostado porque nada comentou, porém esboçou um discreto sorriso de satisfação. Decorrido um longo tempo, em certa sessão, coube ao paciente, algo contristado, trazer a sua angústia diante de que observava em si a emergência de pensamentos e desejos homossexuais. O analista lembrou-o de que ele já havia interpretado tal aspecto e que o paciente não ligara, ao que este, muitíssimo surpreso, redargüiu: que se lembrava do fato, mas que ele havia entendido que o analista lhe teria dito que ele, o paciente, era um *hombre muy sexual.*

Alguns questionamentos relativos à interpretação

Inúmeros aspectos relativos à arte de interpretar continuam polêmicos entre os psicanalistas, valendo a pena abordar mais detidamente alguns deles. Sempre que possível, emitirei a minha posição pessoal em relação aos mesmos.

14. *Interpretação superficial e profunda.* Comumente existe, por parte dos psicanalistas, um certo juízo pejorativo ao que se denomina "interpretação superficial" e, inversamente, uma respeitosa admiração pela "profunda". Em meu modo de entender, esta última não deve ser medida unicamente pelo grau de profundidade das evolutivas camadas primitivas da mente que a interpretação pretendeu atingir; antes disso, creio que o critério deve ser o de se ela conseguiu, ou não, ir *pro fundo* das necessidades e ansiedades emergentes no paciente, em um dado momento da situação psicanalítica. Visto por esse vértice, é interessante o fato de que as interpretações realmente "pro-fundas" são as "superficiais", no sentido de que elas entram em contato com o que está palpitando na superfície emocional do paciente. Dentro desse contexto, confesso que não consigo entender por que, ainda na atualidade, muitos autores, além de inúmeros psicanalistas de larga experiência, continuam se questionado se é válido interpretar na transferência desde as primeiras sessões. Particularmente, interpreto, inclusive nas sessões preliminares de avaliação, desde que a interpretação seja de natureza "compreensiva" (que é muito diferente de uma "disruptiva", por exemplo, como explicitarei mais adiante), ou seja, que ela tenha o dom de fazer com que o paciente se sinta profundamente entendido, assim aliviando as suas fortes ansiedades iniciais e promovendo a semeadura de uma necessária aliança terapêutica.

15. Um *exemplo* banal disto: na entrevista inicial de avaliação, uma senhora deprimida que buscava tratamento analítico, enquanto relatava os seus principais motivos, reprisava com freqüência o quanto "tem procurado por pessoas que sejam amigas de verdade, porém, mais cedo ou mais tarde, ela tem sido enganada por todos, que se fazem de bonzinhos, mas sempre a abandonam, depois de a explorarem". Creio que nenhum de nós contesta que esta paciente está "pedindo", embora de forma inconsciente, para ser compreendida (e interpretada) quanto à sua expectativa de que ela encontre no analista uma pessoa verdadeiramente amiga e prestimosa, a um mesmo tempo em que a analisanda mostra-se bastante assustada e angustiada, diante da perspectiva de que venha a sofrer um novo fracasso afetivo. Isto é, que esta pessoa nova – o analista – "mais cedo ou tarde" venha a decepcioná-la, explorando seu dinheiro, valores e esperanças para depois abandoná-la. Exemplos dessa natureza são diuturnos e infinitos. O importante é não confundir interpretação "superficial" com "supérflua", esta última com o sentido de inócua, estereotipada ou tautológica (esse último termo alude ao terapeuta repetir a mesma coisa que o paciente disse, embora o faça com outras palavras).

16. *Interpretar o conteúdo ou as defesas?* Um outro questionamento correlato ao anterior é se as interpretações devem ser dirigidas prioritariamente ao *conteúdo* (pulsões, fantasias inconscientes, etc.) ou às *defesas* (que constituem as diversas modalidades resistenciais).

Igualmente, até uma certa época pioneira, os psicanalistas discutiam se as interpretações deviam obedecer a uma ordem seqüencial, camada por camada do psiquismo, da superfície para a profundidade, como postulava Reich (1934), em uma equivocada crença de que a história do processo analítico reproduziria linearmente os passos da história do analisando. Não me parece que restem dúvidas entre os psicanalistas da atualidade em relação a estes aspectos e outros equivalentes, porquanto prevalece um consenso geral de que tudo ocorre de forma simultânea, e que tanto mais eficaz será uma interpretação quanto mais espontânea ela for, sendo que o nível, o grau e a oportunidade em que ela for formulada serão ditados pelo *sensibilômetro* do analista para cada situação analítica em particular.

17. *Usar a via* "di porre" *ou a* "di levare"? Não custa lembrar que Freud (1905), mencionando Leonardo da Vinci, afirmou que uma interpretação, tal como acontece na criação das obras de arte, pode agir tanto com o analista *pondo* algo dentro do paciente (como faz o pintor diante de sua tela: é a via *di porre*) ou retirando os excessos (como na escultura: é a via *di levare*), do que resulta o afloramento de algo que já preexistia em um estado de encarceramento, à espera de uma libertação (um notável exemplo disto é a série de esboços de esculturas de Miguel Ângelo, que compõe o conjunto *Os Escravos*, que pode ser visto no museu Uffizi, em Florença). A tendência atual dos psicanalistas é a de dar uma valorização muito superior à via *di levare*, com o que concordo, desde que fique claro que nem sempre "pôr algo" é o mesmo que praticar uma sugestionabilidade ativa ou alguma forma de imposição na mente do paciente. Igualmente, em inúmeras situações, sobretudo com pacientes muito regressivos, torna-se indispensável que o analista ponha (ou reponha) no psiquismo do paciente algo que preencha os seus vazios existenciais e que, da mesma forma, venha a suplementar algumas funções do ego que não foram suficientemente desenvolvidas na infância do paciente. A propósito da sugestionabilidade acima referida, não é possível ignorar o fato de que por mais que o analista cumpra a regra da abstinência, quer ele queira ou não, sempre o seu discurso veicula algo de sua ideologia particular.

18. *Vale a inclusão de parâmetros?* Esta questão alude à polêmica existente entre muitos autores quanto à validade, ou não, de que, indo além das interpretações clássicas, o analista também permita a inclusão de alguns *parâmetros* (conforme a conceituação psicanalítica empregada por Eissler, 1953), como é o caso de ele responder diretamente a certas perguntas do analisando, prestar algumas informações (por exemplo, indicar nomes de médicos, advogados, etc.), fazer algumas modificações do enquadre e, principalmente, trabalhar com a extratransferência, com a inclusão de outras pessoas no contexto da interpretação. Pessoalmente, mantenho a coerência com as mesmas posições anteriores, isto é, não vejo inconveniente nenhum desta prática, desde que o terapeuta esteja bem seguro da preservação do seu *lugar* e do seu *papel* de psicanalista e consiga, portanto, discriminar a possibilidade de que os parâmetros possam, de forma patogênica, ficar a serviço de atuações e contra-atuações.

19. *Interpretar sistematicamente no aqui-agora-comigo?* Esta é uma questão altamente controvertida entre os psicanalistas, sendo que, pela sua importância, mais adiante, no subtítulo "Interpretação e Transferência", farei considerações mais amplas e explícitas. Por ora, quero consignar que concordo integralmente com A. Green (1995), que afirma que o uso exclusivo desse tipo de interpretação sistemática transforma a análise em um processo terrivelmente empobrecedor.

20. *Existe análise sem interpretações?* Assim, como tantos outros, também estou convicto de que uma análise sem interpretações não é uma análise e não pode progredir; no entanto, uma análise feita exclusivamente com interpretações tampouco é concebível. Indo além, não resta dúvidas quanto ao fato de que, embora haja transferência em tudo, nem tudo na análise é transferência e que, muitas vezes, o psicanalista deve despender um largo período de tempo no processo analítico *construindo* uma "neurose de transferência", a partir de uma abordagem extratransferencial.

21. *Interpretação ou atividade interpretativa?* Creio ser útil estabelecer uma diferença entre "interpretação propriamente dita" e "atividade interpretativa". A primeira consiste no tipo de interpretação clássica que se desti-

na a tornar consciente o conflito inconsciente, com as respectivas pulsões, ansiedades e defesas, que estão sendo reproduzidas transferencialmente no campo analítico.

Atividade interpretativa, por sua vez, designa a utilização, por parte do analista, de outros recursos, como é o emprego de interpretações extratransferenciais, a valorização da realidade exterior do paciente, o assinalamento de contrastes e paradoxos, o clareamento daquilo que o analisando expressa de um modo confuso ou ambíguo, a valorização das distintas formas de linguagem não-verbal e, sobretudo, a utilização de confrontos e de perguntas, sob a forma de indagações, que promovam a abertura de novos vértices e que instiguem o paciente ao exercício da capacidade para *pensar,* sob a forma dele estabelecer correlações e fazer reflexões. Esses aspectos talvez fiquem mais claros quando abordarmos, mais adiante, o tópico referente a como agem as interpretações.

22. *Tem relevância a pessoa real do psicanalista?* Este é um outro ponto altamente controvertido entre distintos autores. Particularmente, filio-me àqueles que encaram o fato de que a análise contemporânea, sobretudo, valoriza a concepção de que ela é um *campo analítico* e, como tal, implica uma permanente interação *vincular* entre analista e analisando; portanto, o papel do psicanalista deixou de ser unicamente o de um privilegiado observador, mas, sim, ele é um ativo participante, além de um agente de modificações do referido campo analítico. Dentro dessa linha de concepção, admite-se que o próprio aporte de "material" por parte do paciente, assim como as suas manifestações resistenciais e transferenciais, pode estar sendo fortemente induzido pela influência da ideologia do analista, pela sua realidade psíquica e pela maneira real de ele *ser,* de tal sorte que teremos de concluir que a pessoa do analista não pode ficar reduzida unicamente à condição de um representante do mundo dos objetos internos do analisando. Acredito que um exemplo simples dessa influência do analista no curso da análise pode estar contido nestas perguntas: "Quais são os critérios de normalidade ou de patologia adotados pelo analista em relação aos seus pacientes"? ou ainda: "Qual o critério de cura que ele tem em mente, e este coincide com o de seu analisando?

23. *Cabe fazer perguntas ao paciente?* Acredito que uma bem colocada pergunta do analista pode funcionar como uma interpretação, enquanto, em contrapartida, uma clássica interpretação formal, em especial quando formulada em um automático transferencialismo, ou com um ranço tautológico (repetição daquilo que o paciente já dissera com as suas próprias palavras), ou ainda como um sistemático reducionismo às suas premissas teórico-técnicas, pode ter como resultado não mais do que uma intelectualização, doutrinação ou outras formas igualmente estéreis do ponto de vista de promoção de mudanças psicanalíticas.

24. *O que fazer com o paciente intelectualizador?* Em relação à intelectualização que o paciente possa fazer de suas narrativas ou do *insight – intelectivo* – que ele está adquirindo, sugiro o emprego de uma tática que consiste em, transitoriamente, o analista aceitar essa forma de o paciente ser (levando em conta o princípio de que o "paciente sempre tem razão", na sua maneira de se apresentar na situação analítica), porém procurando fazer com que o paciente se comprometa com os afetos e reflexões que estejam contidos em cada palavra-chave (amor, ódio, angústia, dor, medo, etc.) de sua narrativa. Vou dar um *exemplo* algo inusitado: um paciente culto e curioso por tudo que se referia à área da psicologia, embora não pertencesse a ela, adquiriu um livro meu, no qual ele estudava diversos temas psicanalíticos, trazendo às sessões seus apontamentos com dúvidas e comentários para discutir comigo. Em um primeiro momento, eu não as respondia e fazia as clássicas interpretações voltadas para assinalar a sua tentativa de fugir dos sentimentos para uma intelectualização, a par de fugir da condição de paciente, que ele estaria considerando como humilhante, para a de um "colega amigo", discutindo assuntos acadêmicos comigo. O máximo que eu conseguia era irritá-lo e aumentar o seu crônico sentimento de ser rechaçado e não levado a sério pelos demais. Decidi tentar outra tática: escutava com atenção os seus comentários acerca dos temas psicanalíticos, porém incentivava-o a fazer correlações daquilo que ele dizia sobre os textos que estudara com o que se passava na sua própria pessoa. Na minha forma de ver, deu excelentes resultados, no sentido de pro-

mover uma passagem do plano intelectual para o afetivo e o reflexivo.

25. *O analista deve assumir certas funções que faltam ao paciente?* Indo mais longe, acredito firmemente que a atividade interpretativa do analista também deve suplementar uma função que muitos pacientes, em particular aqueles que são muito regressivos, não exercitam, porque nunca a desenvolveram ou porque a mesma ficou estagnada e bloqueada no curso de suas etapas evolutivas. Refiro-me à *função alfa*, termo com o qual Bion designa aquela imprescindível função da mãe (ou do terapeuta na situação psicanalítica) de emprestar as suas funções de ego – como são as de perceber, conhecer, pensar, discriminar, significar, nomear, etc. – durante algum tempo, até que a criança (ou o paciente) tenha condições de utilizá-las de forma autônoma. No processo analítico, o desenvolvimento dessas capacidades egóicas não depende unicamente das interpretações, pois, de uma forma insensível, a aquisição dessas capacidades também pode acontecer como decorrência de uma *identificação* com as de seu analista, com o modo autêntico de como este as utiliza no curso das diferentes e múltiplas experiências emocionais da análise.

26. *Importa o estilo pessoal do analista?* Certamente! E importa tanto que decidi dedicar um capítulo especial – o que se segue – para explicitar com mais profundidade os aspectos normais e patogênicos do estilo peculiar que cada analista tem na maneira de formular suas interpretações.

27. *Quais são os elementos essenciais de uma interpretação. Como eles agem?* De forma sumarizada, pode-se dizer que são seis os elementos essenciais de uma interpretação, sendo que, de alguma forma, eles estão sempre presentes e vinculados entre si: 1) *Conteúdo*. 2) *Forma*. 3) *Oportunidade*. 4) *Finalidade*. 5) *Significação*. 6) *Destino* das interpretações na mente do analisando.

28. Em relação ao *conteúdo*, já foi destacado antes, o importante é que ele seja fruto de sucessivas *transformações* que as mensagens verbais e pré-verbais vão produzindo na mente do analista até que ele encontre a nomeação necessária. Não custa enfatizar o fato de que o conteúdo que ele seleciona para a sua interpretação, dentre tantas outras possibilidades, está intimamente conectada com o seu tipo de *escuta* daquilo que o paciente está emitindo e que provoca ressonâncias em sua realidade psíquica. Tal afirmativa deve ser complementada com a importância de como o terapeuta *escuta a escuta* do analisando e de como este *escuta a escuta* que o analista fez de sua fala.

29. Ainda em relação ao conteúdo das interpretações, cabe frisar que elas podem ser corretas, adequadas, mas não serem *eficazes*, assim como também podem ser inadequadas, sem que isso represente um grande dano, desde que o analista se dê conta do seu erro e possa retomar o rumo certo. Nesse caso, o terapeuta deve estar aberto ao que o paciente diz, pois, na maioria das vezes, mesmo que não se dê conta e traga associações que, aparentemente, não estejam muito claras, ele funciona como um verdadeiro auxiliar para que o analista retome o rumo perdido. Vale mencionar o depoimento de Bion, dirigindo-se a analistas:

> Se vocês estivessem praticando análise tanto tempo como eu, não se molestariam por uma interpretação inadequada [...] A crença de que existe um analista que sempre dê interpretações adequadas é parte da mitologia da psicanálise. Em verdade, eu me preocuparia se vocês se preocupassem em demasia com essa possibilidade.

30. Uma interpretação *eficaz* é aquela que tem o dom de "tocar", isto é, as palavras do analista evocam no paciente certas representações de coisas, afetos e significados. Em cada análise vão se estabelecendo "palavras-chaves", de forma singular para cada vínculo de cada paciente, as quais têm esse poder de produzir evocações, com as respectivas significações já analisadas, e que, por isso mesmo, podem ser trazidas pelo analista como um referencial importante para ambos. Isso leva a questionar a recomendação habitual de o analista usar o mesmo léxico do paciente, porque, ao lado positivo de aproximá-los mais quando partilham uma mesma linguagem, também pode representar um inconveniente pelo risco de que pode dar uma falsa impressão de que estão se comunicando, quando, às vezes, o léxico comum pode estar funcionan-

do como duas paralelas que estão juntas, mas nunca se encontram.

31. Da mesma forma, às vezes o analista interpreta de forma correta e eficaz um determinado aspecto do paciente, mas, em decorrência de sua sensação de "dever cumprido", não mais retorna a interpretar o mesmo conteúdo. O mais recomendável, adequado e eficiente é o analista perder o constrangimento de voltar à mesma interpretação; pelo contrário, deve voltar, em momentos e situações diferentes, com formulações também distintas, de acordo com as distintas configurações do contexto da situação analítica.

32. Levando em conta os aludidos aspectos do ato interpretativo, convém sublinhar que, antes de formular a sua interpretação, o analista deve levar em conta a polissemia da linguagem, ou seja, os prováveis distintos significados das palavras empregadas pelo paciente (na escuta do analista) e os significados que as palavras do analista adquirem na percepção do paciente. Exemplo trivial é aquele no qual o paciente fala de seu "amor" (ou ódio, etc.), devendo o analista investigar com mais profundidade analítica o que o paciente quer dizer com essa palavra, qual é, de fato, a sua maneira de considerar o fato de amar e de ser amado, caso contrário o terapeuta pode reverter as palavras do paciente para os seus próprios valores, quando, na verdade, ambos possam ter valores e significados bastante opostos em relação ao significado de um mesmo termo.

33. Ainda em relação ao conteúdo da interpretação, é necessário mencionar a advertência de Bion no sentido de que o analista leve em conta se o paciente está entendendo o que lhe está sendo interpretado. Para esse autor, *não é apenas de uma questão sobre o que o analista compreende, mas, sobretudo, se o paciente terá condições de compreender a interpretação. Por exemplo, alguém pode se propor a dar ao bebê uma extensa explicação da biologia do aparelho digestivo. Pode ser verdade, pode ser a interpretação correta, mas é um absurdo desperdício de tempo.*

34. *Ressignificações*. Creio ser relevante destacar que o ato interpretativo não deve ficar limitado a proporcionar ao paciente um *insight* relativo aos seus conflitos decorrentes do embate entre pulsões e defesas, mas também deve visar aos *significados* de como certos fatos primitivos estão representados na mente do paciente. Isso favorece que o analista objetive a possibilidade de o paciente fazer *dessignificações* daquilo que foi representado nele de forma patogênica e, a partir daí, promover novas significações, agora sadias. Por exemplo, recordo-me de uma jovem paciente que me parecia muito bonita, por fora e por dentro, no entanto, paradoxalmente, a sua maior motivação para a terapia analítica era a queixa de que se sentia muito feia, o que a deprimia, sendo que ela não via esperanças para o seu futuro. Nenhuma interpretação (na base de "uma sensação de que ela se julgava portadora de sentimentos feios" e afins) surtia efeito, da mesma forma como os elogios que recebia por sua beleza, vindos de todas as pessoas com quem convivia, não eram levados a sério por ela, que os creditava à sua idéia de que a elogiavam por pena, como consolo ou hipocrisia. Em uma sessão, em um dia em que me falava de sua mãe, a paciente *abriu as portas* para que eu pudesse compreender o que estava provocando sua crença de feiúra. Em um comentário despretensioso, em meio ao discurso de sua narrativa, a paciente deixou escapar que "a minha mãe sempre me repetia que menina que não obedece é feia". Entendi que essa repetida sentença da mãe adquiriu, dentro do psiquismo da paciente, um significado concreto de "feiúra", mas que a minha tarefa analítica seria dar um novo significado. Assim, aos poucos, ela foi fazendo uma progressiva "dessignificação", seguida de uma nova significação de sua desobediência, inclusive podendo perceber que se tratava de um injusto equívoco de sua mãe, já que se tratava de uma resposta sadia da menina que então ela era, em busca de uma afirmação de autonomia e de construção do seu sentimento de identidade, portanto, ela tinha todo o direito de ser desobediente, na época.

35. A *forma* de como o conteúdo será formulado é de uma importância extraordinária, muito particularmente com pacientes bastante regredidos e cuja atenção está muito mais voltada a mínimos detalhes provindos do analista (de molde a querer saber se pode confiar nele, já que não confia em seus objetos internos) do que propriamente àquilo que lhe está sendo dito. Uma analogia que me parece válida é a de

comparar esta situação com a de uma mãe que está amamentando o seu bebê, sendo que tão importante como o leite-alimento é a forma de como ela o segura, embala, olha... Ainda em relação à forma de o analista interpretar, é imprescindível enfatizar a importância da *voz*, com as respectivas tonalidades e modulações vocais, sendo que alguns autores chegam a considerar a voz do analista como uma espécie de *objeto transicional* entre aquele que fala e aquele que ouve, quando ambos estão em um vínculo de unidade diádica. Da mesma maneira, vale lembrar que as considerações tecidas a respeito do estilo interpretativo fazem parte inerente do que estamos particularizando como a forma de interpretar. Em resumo, penso que a *forma*, por si só, pode funcionar como o "conteúdo" de uma interpretação.

36. A *forma de formular* a interpretação diz muito para o paciente. Assim, por exemplo, tenho observado, em supervisões, a freqüência com que os terapeutas dizem "eu quero te ajudar..." e algo equivalente, e o quanto isso pode manter a desigualdade e gerar um efeito oposto no paciente, porquanto ele se sente reduzido a uma criança frágil diante de uma autoridade forte e muito superior a ele. A arte de o analista formular adequadamente pode mudar a forma de escuta do paciente, o que pode ser ilustrado com esta interessante citação de Freud, por Mijolla (1985), ao se referir à maneira pela qual, no curso de uma análise, as primeiras interpretações deviam ser dadas ao paciente, ele contou a seguinte história:

> O xá da Pérsia tivera um sonho inquietante. Mandou chamar aquele que tinha a função de interpretar os sonhos e confiou-lhe o conteúdo do seu. O mágico declarou: "Ó, Rei, infelizmente todos os seus parentes vão morrer e, depois deles, será a sua vez!" O xá encolerizou-se; ordenou que esse intérprete fosse decapitado. Em seguida, convocou um segundo intérprete, ao qual contou seu sonho. Este lhe disse então: "Salve, ó Rei, que sobreviverás a todos os seus parentes!". O xá ordenou que a este segundo intérprete oferecessem 100 peças de ouro.

Em resumo, cabe dizer que a *forma* de interpretação pode se constituir como o principal conteúdo.

37. *Interpretação sem palavras*. Este é um aspecto interessante, que pode ser conceituado de uma forma mais clara a partir de uma imagem que alude a situações do cotidiano de nossas práticas analíticas: vamos supor que um paciente ataque duramente o seu analista, e que este, no lugar de revidar, ou de se deprimir, ou de ter reações equivalentes, consiga tranqüilamente *sobreviver aos ataques*. Isso funciona para o paciente como se fosse uma interpretação, sem palavras, que pode levar ao seguinte *insight*: "Não sou tão perigoso como me imaginava e, tampouco, o meu terapeuta (representante de seus objetos internos) é tão frágil como eu temia que fosse".

38. A *oportunidade* do ato interpretativo consiste naquilo que todos aprendemos como sendo o *timing*, o qual deve ser derivado de um estado mental do analista que venho chamando de *bússola empática*, e que, se estiver sintonizada com o estado mental do analisando, se constitui talvez no elemento mais importante relativo ao fato de que nem sempre uma interpretação *correta* é *eficaz*, e vice-versa.

39. *Finalidades da atividade interpretativa*. Creio que todos os analistas concordam com o fato de que na atualidade não basta dizer "então eu *interpretei* que..." Falta-nos saber *para quem* foi dirigida a interpretação, ou seja, para qual personagem que habita o interior do paciente e que, nesse momento, está falando por ele (pai, mãe, e, se for um destes, trata-se do lado amigo ou do tirano deste pai ou mãe? etc.). Igualmente, cabe perguntar para qual "parte" do psiquismo do analisando ela pretende atingir: a "parte psicótica da personalidade" ?, a "não-psicótica?", o "falso *self*"?; a forma de como o paciente utiliza as suas funções do ego? Quem sabe, a interpretação visa a denunciar um conluio perverso entre partes, distintas e contraditórias, que coabitam no *self* do paciente e que, inconscientemente, ele está tentando reproduzir com a pessoa do analista?, e assim por diante. Mais importante que isto: com qual propósito o psicanalista está emitindo a sua interpretação? Desde logo, deve ficar claro que, conforme for um dado momento da situação e do processo analítico, deverá variar a finalidade da atividade interpretativa, sendo que, em um esquema didático, acredito que se possa discriminar seis tipos de interpre-

tação, seguindo o critério de sua finalidade: 1) *Compreensiva.* 2) *Integradora.* 3) *Disruptora.* 4) *Instigadora.* 5) *Nomeadora.* 6) *Reconstrutora.*

40. Interpretação *compreensiva* alude àquela que pode e deve ser formulada desde as entrevistas preliminares (e também, naturalmente, no curso de toda análise), porquanto a sua finalidade maior é a de fazer com que o paciente sinta que as suas angústias e necessidades estão sendo "com-preendidas" e contidas, e, por conseguinte, ela ajuda a construir uma necessária *aliança terapêutica* e um empático clima de trabalho. Anteriormente, neste capítulo, referi um trivial exemplo disto (a sessão de avaliação de uma paciente deprimida).

41. Interpretação *integradora,* como o nome diz, tem a finalidade de promover a integração das partes do *self* do paciente que estão dissociadas e projetadas, tanto *fora* dele, sob a forma de múltiplas identificações projetivas, como também *dentro* dele mesmo. Nesta última hipótese, é de especial importância, conforme postula Bion, que o analista "apresente" o analisando a uma "parte" dele próprio que ele, conscientemente, desconhece, mas que pode estar funcionando ativa e intensamente, como seria o caso de sua "parte psicótica da personalidade" (Bion), ou a do seu "falso *self*" (Winnicott), ou a de um "conluio perverso" (Steiner), etc. Tal forma de interpretação integradora promove o ingresso na *posição depressiva* e, assim, também facilita que o paciente resgate valores, capacidades e identificações que estão atrofiadas e esvaziadas.

42. Com o nome de Interpretação *instigadora,* quero me referir àquelas intervenções do analista que, sem serem interpretações propriamente ditas, exercem, contudo, uma importante função interpretativa, pois irão instigar o analisando a abrir novos vértices de percepção, conhecimento e reflexões sobre as suas atuais e antigas experiências emocionais, de modo a estimulá-lo (e educá-lo) a *pensar,* e assim fazê-lo assumir o seu quinhão de responsabilidade em relação a elas. Não custa lembrar que na psicanálise contemporânea, tanto quanto o clássico propósito de "tornar consciente o conflito inconsciente", desde Bion, é igualmente fundamental o exercício e o desenvolvimento da *capacidade para pensar* as vivências emocionais, de modo a extrair uma *aprendizagem com tais experiências.*

43. A interpretação *disruptora* consiste no ato de o analista tornar egodistônico aquilo que, embora seja doentio, está integrado na estrutura psíquica do paciente de uma maneira egossintônica. Um primeiro exemplo, que me ocorre a respeito disto, é o concernente às ilusões narcisistas de muitos pacientes, as quais devem ser desfeitas para permitir a passagem do registro imaginário para o simbólico. Talvez não exista experiência analítica mais dolorosa do que aquela que, por via das interpretações disruptoras, levem o analisando a reconhecer que, de fato, ele nunca foi aquilo que acreditava ser, imaginava que os outros pensavam dele e que, muito provavelmente, nunca virá a ser. Nesses casos, será unicamente possível, por meio da penosa elaboração dessa *desilusão das ilusões narcisistas,* uma mudança (comumente com as características que Bion descreveu com a denominação de "mudança catastrófica") que possibilitará ao paciente avançar para um projeto de vida voltado para um verdadeiro *vir a ser.* O simples fato de o analista, na situação analítica, falar a partir de um outro "lugar", diferente daquele que o paciente quer que ele ocupe (por exemplo, o de uma simetria entre ele e o analista; o de um espelho dele; a contração de um conluio, etc.), já tem, por si só, uma função disruptora.

44. A interpretação *nomeadora,* tal como o termo designa, alude à importantíssima função de que o psicanalista, mercê do exercício de sua *função alfa,* acolha as cargas projetivas do seu paciente, pense-as, decodifique-as, transforme-as, signifique-as e finalmente dê-lhes um *nome.* Conquanto esse aspecto da interpretação seja essencial em qualquer análise, não resta dúvida de que ela é prioritária e vital para pacientes altamente regressivos, cuja angústia manifesta-se pela forma que Bion descreve como *terror sem nome,* justamente pelo fato, creio eu, de que os primeiros registros de aniquilamento foram impressos no ego como "representação-coisa" e não atingiram o nível de "representação-palavra", segundo a conhecida terminologia de Freud. Este último aspecto é sobremodo significativo nas situações

analíticas nas quais o analista insiste exageradamente para que o paciente verbalize a angústia que diz estar sentindo, enquanto, com toda razão, ele também insiste que não encontra as palavras (daí "terror sem nome") para expressá-las, assim como, não raramente nessas condições, o vínculo analítico descamba para um clima polêmico.

45. A interpretação *reconstrutora* designa o fato de que o analista consegue efetivar uma espécie de "costura" entre as experiências emocionais *atuais* que estão sendo vividas e ressignificadas na análise e aquelas experiências análogas do passado, tal como elas foram distorcidas pelas fantasias inconscientes e pelos significados que foram imputados pelos pais, educadores e cultura vigente. Penso ser útil acompanhar aqueles autores que se referem ao conceito de *construção*, de Freud, para designar a função construtiva das interpretações durante o curso da sessão, enquanto *reconstrução* fica reservada para significar as modificações ocorridas ao longo do processo analítico e que permitem reconstruir a história genética, dinâmica, evolutiva do analisando, a um mesmo tempo que a recomposição dos nexos históricos que estavam dissociados entre si vão lhe propiciar uma "continuidade existencial", componente importante do senso de identidade.

46. *A significação que o paciente dá à interpretação*. Cada vez mais, ganha em relevância o fato de que a emissão de uma mensagem verbal pode sofrer profundas transformações na mente de quem faz a recepção da mesma, em função daquilo que Lacan denomina uma "rede de significantes". Assim, o aspecto da *escuta* (não custa reprisar que "escutar" é muitíssimo diferente de simplesmente "ouvir") adquire uma importância fundamental no ato da interpretação. Como antes já foi referido, a "escuta" daquilo que vem do outro vale tanto para o paciente quanto para o analista, de sorte que ainda mais importante do que a "escuta" é a mútua "escuta de como cada um deles escutou a escuta do outro", isto é, quais foram os significados que o paciente emprestou ao propósito da comunicação original do analista, e vice-versa. Pode-se afirmar que diante de um significado que está encoberto no paciente é necessário que o analista ponha a idéia no lugar certo da cadeia associativa.

47. *Destino da interpretação na mente do paciente*. Antes de tudo, é necessário enfatizar que um dos riscos de uma interpretação resultar *ineficaz* (é diferente de *incorreta*) é o fato de ela incidir unicamente sobre o que o paciente *fala* e *não* sobre o que ele *diz*, *faz* e, sobretudo sobre *quem* realmente ele é, assim contribuindo para que ele permaneça oculto sob as várias formas resistenciais que, manifestamente, são imperceptíveis. Da mesma forma, a interpretação resultará estéril se ela não vier acompanhada por uma legítima *atitude psicanalítica interna* do terapeuta, isto é, se não houver uma plena sintonia entre o que ele diz e o que, de fato, sente, faz e é! Assim, por exemplo, não adianta assinalar corretamente os aspectos obsessivos do paciente se o analista estiver agindo e interpretando de forma exageradamente obsessiva, etc., assim como também não basta que ele fale *de* amor, se não o fizer *com* amor.

48. O que estou pretendendo destacar é a importância na situação analítica do *estado mental*, não só do analisando, mas também do analista, sendo que ambas as possibilidades podem desfigurar, esvaziar e esterilizar totalmente a eficácia interpretativa, por mais exatas que as interpretações estejam sendo do ponto de vista de entendimento daquilo que está se passando com o paciente. Assim, pode acontecer que as interpretações resultem infrutíferas, no caso de o analista se manter formulando em um nível de pensamento simbólico enquanto o estado mental do paciente estiver, por exemplo, em um nível de "equação simbólica" ou dominado pela sua "parte psicótica da personalidade", em cujo caso haverá predominância obstrutiva de onipotência, onisciência, prepotência, alucinose, excessivas identificações projetivas, evitação das verdades, substituindo-as pelas diversas formas de negação, falsificações e mentiras, etc.

49. No presente capítulo, vou-me limitar à participação do analisando no destino que ele dá ao que o analista lhe diz, no sentido que ele pode promover um processo de *esterilização das interpretações*, o qual, de forma inconsciente, está a serviço da mais séria forma

resistencial, que é a *resistência às mudanças verdadeiras*. É claro que tal processo obstrutivo pode acontecer episódica e periodicamente em qualquer análise de evolução exitosa; no entanto, em muitos analisandos, ela pode adquirir uma rígida estruturação permanente, como é no caso daqueles portadores de uma forte organização narcisista patológica. Um exemplo disto é o fenômeno de *reversão da perspectiva*, tal como Bion o conceituou, que consiste no fato de que o analisando, nessas condições de couraça narcisista, costuma concordar manifestamente com as colocações do seu analista, enquanto, de modo latente, ele as desvitaliza, revertendo-as às suas próprias premissas de crenças e valores. Um outro exemplo pode ser o de um paciente em estado regressivo-simbiótico-parasitário que acredita na ilusão de que uma interpretação correta do seu analista seja suficiente para aliviar o seu sofrimento ou fazê-lo crescer, negando que a interpretação visa mais do que tudo a fazer com que ele *ativamente* estabeleça correlações e interconexões dentro dele mesmo, bem como que ele assuma o seu quinhão de responsabilidades e de eventuais culpas, ou seja, que ingresse nas dores da *posição depressiva*. Nesses casos, é comum que tal paciente proceda a uma dissociação da interpretação: aceita a parte que o traz alívio e desvitaliza a que o faria sofrer.

50. Uma outra forma de dar um destino inócuo às interpretações é aquela que foi descrita por Bion com o nome de *ataque aos vínculos*, sendo que esses vínculos atacados tanto são os intra-subjetivos (por exemplo, os que ligam um pensamento a outro pensamento, ou a um sentimento, etc.) quanto também podem ser intersubjetivos, em cujo caso o paciente, inconscientemente, age no sentido de impedir a capacidade perceptiva do seu analista. Esta última forma de ataque aos vínculos pode resultar de uma maciça invasão de identificações projetivas na mente do terapeuta, de modo a provocar-lhe fortes e bloqueadores efeitos contratransferenciais de confusão, irritação, tédio, impotência, paralisia, etc.

51. É útil esclarecer que a indução desse dificílimo estado contratransferencial provém da "parte psicótica da personalidade" do analisando e tanto pode funcionar como uma importante forma de comunicação de sentimentos primitivos e inonimados (quando predomina a pulsão de vida) como também pode estar a serviço de uma obstrução destrutiva, por vezes definitiva e irreversível, quando houver uma acentuada predominância de um arrogante triunfo narcisista aliado à pulsão de morte.

52. Da mesma maneira, em situações analíticas mais corriqueiras, todos conhecemos bem como determinadas organizações caracterológicas podem desviar o objetivo da interpretação para outro fim, que não o da aquisição de um *insight* afetivo. Assim, há uma forte possibilidade de que analisandos de forte predominância obsessiva utilizem as interpretações como um modo de reforçar o seu arsenal defensivo; ou de pacientes fóbicos relacionarem-se com os assinalamentos do analista de maneira evasiva e evitativa; pacientes negativistas que desqualificam todas as interpretações do analista, muitas vezes com o propósito inicial de uma diferenciação estruturante de sua individuação, a exemplo da criança que ensaia o exercício do "não", ou do adolescente que se posiciona contra tudo que vem dos seus pais. De forma análoga, os pacientes paranóides e masoquistas costumam, sistematicamente, apresentar uma significação superegóica, a qual o analista interpreta, o que o faz substituir a aquisição de *insight* por uma atitude defensiva contra o que ele julga estar sendo acusações ou cobranças por parte do seu analista, e assim por diante.

53. Esta última possibilidade deve levar em conta a hipótese – nada rara – de que, subjacente à interpretação formal, o analista esteja realmente cobrando, acusando ou exigindo do paciente, tal como foi explicitado antes, no tópico referente a uma possível patogenia do *estilo* de o analista formular as suas interpretações.

54. Ainda vale destacar uma outra forma comum, embora pouco referida, de o paciente *anular* o seu penoso confronto com interpretações que o levariam a mudanças verdadeiras, que consiste no fato de que ele expõe as suas crenças (geralmente de natureza narcisística, embora disfarçadas por uma auréola de vítima da incompreensão e inveja dos outros) de uma maneira bastante convincente e categórica, com o propósito inconsciente de forçar efeitos no analista para que este concorde com

as suas teses, assim conseguindo não só um importante aliado, mas, também, impedindo o aporte das antíteses "ressignificadoras" que estariam contidas no processo dialético do ato interpretativo do terapeuta.

55. Aprendemos com Freud (1937) que a simples concordância do paciente com a interpretação não é válida como critério de êxito, e vice-versa. Penso ser útil reiterar que a adequação da interpretação deve ser medida não tanto pelos critérios de que se ela foi dinâmicamente correta, mas, sim, pela sua capacidade de promover auto-indagações, reflexões, ressignificações, reidentificações, reconhecimento do desempenho de *papéis* e, seguindo Bion, a passagem de um estado mental a outro (*cesura*), acompanhada de uma difícil condição psíquica (*mudança catastrófica*), como um indispensável trânsito para um *crescimento mental* (Bion prefere esta expressão no lugar de "cura"), consubstanciada no desenvolvimento da *função psicanalítica da personalidade.*

56. Por fim, cabe destacar que em muitos pacientes – notadamente nos portadores de um transtorno narcisista, ou de uma personalidade histérica – a interpretação pode tomar o destino de um *falso insight*, isto é, apesar de entender a interpretação e concordar com ela, o paciente não a experimenta como sendo dirigida a ele próprio, de um forma viva, real, que o levasse a meditar, em termos de uma "posição depressiva", ou seja, assumindo o seu quinhão de responsabilidade pelos seus pensamentos, sentimentos e ações. No lugar disso, ele pode usar a interpretação, que deveria ser para si, para "interpretar" amigos e familiares, tornando-se uma praga para todos eles.

57. *Interpretação e transferência.* Conquanto algumas considerações já foram mencionadas acerca deste importante tema, aqui cabe ressaltar a importância de diferenciarmos a interpretação *da* transferência quando formulada *na* (dentro da) situação transferencial daquela outra que podemos chamar de "transferencialismo reducionista". Esta última expressão designa aquela atitude estereotipada do analista – ainda bastante freqüente – de reduzir tudo o que ele ouve de seu paciente a um sistemático "isto é aqui-agora-comigo-como lá e então", a ponto de isto representar um sério risco de que as interpretações transformem-se em chavões frios e mecânicos, em pouco tempo detectadas pelo analisando. Esta última condição pode lhe conferir um controle sobre o seu analista, com a possibilidade de induzi-lo a interpretá-lo mal ou a formular as interpretações justamente com o conteúdo que ele, paciente, *quer* ouvir e, antecipadamente, já conhece. Ademais, em pacientes mais regressivos, tal tipo de interpretação pode reforçar a fantasia de uma díade simbiótica entre ambos e, assim, dificultar a necessária passagem pelas etapas de *diferenciação-separação-individuação.*

58. Um outro inconveniente do "transferencialismo" decorre do fato de que, para muitos pacientes, convém que o analista seja um objeto unicamente transferencial, pois isso evita ter de experimentá-lo como um objeto novo e imprevisível, daí podendo resultar uma alta possibilidade de uma análise enfadonha e estéril.

59. Sumarizando: além do fato de conceder um controle ao paciente, os outros possíveis inconvenientes de um – automático – transferencialismo reducionista ao "aqui-agora..." dizem respeito à artificialização do processo analítico (muitas vezes, o analista insiste no "aqui...", enquanto o paciente ainda nem "está aí") e ao fato de que este clichê define e encerra o *insight*, assim dificultando a abertura de novos vértices e inibindo o pensar. Ademais, esse vício interpretativo também diminui a importância da realidade exterior, além de excluir os assinalamentos extratransferenciais e reforçar que o paciente atribua ao analista a condição de *sujeito-suposto-saber* (terminologia de Lacan).

60. Penso que um bom exemplo desse reducionismo empobrecedor pode ser observado na utilização, muitas vezes abusiva, da "interpretação" daquilo que se conhece como "angústia de separação", a qual, obviamente, existe de forma corrente nas situações psicanalíticas e necessita ser devidamente reconhecida e interpretada. Antes, estou me referindo àquelas situações nas quais não poucos analistas interpretam de forma mecânica quase tudo que escutam dos pacientes como manifestações da falta que sentiram dele (se forem as primeiras sessões da semana) ou como uma angústia antecipatória devido à separação que se avizi-

nha (se forem as últimas sessões, ou se for véspera de feriados; no caso de férias, então..., vem uma aluvião de interpretações que enfatizam a angústia do paciente diante da separação do analista...). Reconheço que utilizei anteriormente um tom algo jocoso, mas isto não deve diminuir a importância do fato de que muitas vezes o analista que assim procede sistematicamente pode estar desqualificando a condição adulta de seu paciente, que não só pode viver muito bem longe dele (no caso de predominar uma recíproca confiabilidade na relação analítica), como ainda representa uma separação inevitável, necessária e estruturante. Por conseguinte, não adianta interpretar a "angústia de separação" de uma forma genérica e estereotipada, pelas razões de que: esta angústia tem muitas formas e significados, sendo que muito mais importante que a concreta separação por si mesma é a possível *significação* que a mesma gera na realidade psíquica do analisando e que necessita ser analisada; em segundo lugar, porque o analista fica insistindo que o analisando "não quer reconhecer que ficou angustiado com a falta que ele sentiu dele, analista", quando, na realidade, esse hipotético paciente não sentiu mesmo nada disso, pela simples razão de que é justamente contra tais sentimentos que ele está se defendendo e erigiu a sua couraça defensiva; assim como, também, não se deve descartar a possibilidade antes mencionada de que, de fato, o analisando consegue funcionar muito bem com o seu lado seguro e autônomo.

61. Também não se pode ignorar o fato de que existe uma exigência dos institutos psicanalíticos em geral de que, para um trabalho ser reconhecido como "verdadeiramente psicanalítico", deve-se nomear a pessoa do analista na interpretação. Além do fato de que a leitura e a escrita desses trabalhos costumam ser muito tediosas e enfadonhas, há um outro inconveniente: isto pode acarretar a nefasta conseqüência – especialmente nos candidatos em formação – de eles se tornarem "caçadores de transferência". Assim, sentem-se analistas de fato quando, orgulhosos de sua habilidade psicanalítica, formulam de forma sistemática e estereotipada: *essa briga que estás contando que teve com a sua mulher, na verdade, é a briga que está tendo com você mesmo, aqui, agora, da mesma forma como brigava com seu pai....* Eventualmente, tal interpretação pode estar correta. No entanto, o paciente logo percebe que ela não passa de um mero clichê e, se ele quiser, pode manter um controle sobre o analista, de forma a induzi-lo a dizer aquilo que ele, paciente, quer ouvir.

62. O que se está querendo enfatizar é que não cabe mais na psicanálise contemporânea a interpretação pura e simples daquilo que o "material verbal" aportado pelo paciente sugere para o entendimento e devolução por parte do analista, e tampouco se justifica o uso pasteurizado de "interpretações-clichês" (como a da "angústia com a separação do fim de semana", nas condições em que foi exemplificada). Antes, é necessário observar e, de forma prioritária, interpretar como é e como funciona o estado mental do psiquismo do analisando durante o ato interpretativo, como ele se liga às interpretações e de como ele influencia o estado mental com que o psicanalista exerce a sua atividade compreensiva e interpretativa.

63. Muitas vezes, com pacientes em alto grau de regressividade, que não apresentam condições de processar a significação simbólica das interpretações, ou que por outras razões as ignoram, é indispensável que mais do que simplesmente *des-velar* o inconsciente reprimido, o analista *construa* a interpretação juntamente com o seu paciente. O modelo que me ocorre para esta última assertiva é o do *jogo do rabisco*, de Winnicott.

64. À guisa de conclusão, cabe afirmar que o ato interpretativo visa, sobretudo, a estabelecer um contato com as verdades, porém o analista deve levar em conta que a verdade pode aparecer em diferentes dimensões, de modo que o ideal seria poder fazer, juntamente com o paciente, uma construção com a dimensão *afetiva* (emoções e representações), *semântica* (entendimento dos significados), *cognitiva* (alude a uma tomada de conhecimento consciente e uma assunção de responsabilidade, por parte do paciente) e *espiritual* (algo que vai além dos sentidos e das idéias). No entanto, a principal dimensão no manejo das verdades é a que diz respeito à *atitude psicanalítica interna* por parte do terapeuta, uma vez que essa determina de forma decisiva a

eficácia, ou não, da interpretação. Para consubstanciar essa afirmativa, vou-me valer de duas citações que julgo serem, a um mesmo tempo, poéticas e profundas: a primeira é de Bion: *amor sem verdade não é mais do que paixão; verdade sem amor não passa de crueldade.* A segunda é do poeta inglês Yeats: *...Pise, mas pise devagar, porque está pisando nos meus sonhos mais queridos.*

16

Normalidade e Patogenia dos Estilos de Interpretar. O Uso de Metáforas

O estilo é o homem.
Buffon

Fito-te – E o teu silêncio é uma cegueira minha.
Fernando Pessoa

Como consideração inicial, convém enfatizar que, na epígrafe deste capítulo, a frase de Buffon – "o estilo é o homem" – por si só dá-nos uma medida da importância do aspecto relativo ao estilo pessoal de os analistas interpretarem, mesmo que os princípios técnicos que norteiam a atividade interpretativa de cada um de nós sejam os mesmos. Aliás, a palavra "estilo" deriva do étimo latino *stilus*, cujo significado original está na derivação da palavra "estilete", com uma dupla face deste instrumento: uma face cortante, para separar a matéria-prima, o barro, por exemplo, e uma outra face lisa do estilete, para aparar, dar forma e contornos à escultura que será erigida a partir do barro que, por sua vez, será transformado em cerâmica, quando submetido a processos especiais de tratamento. A analogia entre o estilete e o estilo da função interpretativa parece-me bastante evidente.

Igualmente vale consignar que cada analista deve-se manter fiel ao seu estilo peculiar, que varia de um para outro: algum de nós será mais silencioso, outro mais loquaz; um será curto e seco nas suas formulações, enquanto um outro será espirituoso e talvez empregue metáforas; e assim por diante, em um número de combinações quase infinitas. O que importa é o fato de que a técnica é que deve se manter inalterada nos seus princípios básicos, independentemente da variação dos estilos. Aliás, entendo ser perfeitamente válido que a formulação das interpretações seja temperada com imagens metafóricas, uma vez que, segundo Freud, *pensar em imagens guarda maior proximidade dos processos inconscientes do que pensar em palavras, pois o pensamento em imagens é mais antigo e essencial na infância.*

No entanto, não custa alertar que determinados *estilos interpretativos*, ao lado dos seus aspectos normais, embora com grandes variações de um terapeuta para outro, também podem exercer um efeito nocivo ao livre curso do processo analítico, assim como se constituírem em erros técnicos, podendo inclusive exercer um resultado patogênico.

Para exemplificar com alguns aspectos dos diversos *estilos normais* de interpretar, cabe mencionar os seguintes.

1. Estilo *dialético*: o paciente propõe uma *tese* (que representa as suas crenças); o analista contrapropõe uma *antítese* (por meio de sua atividade interpretativa); e, daí, pode resultar uma *síntese* (corresponde ao *insight)*, a qual se porta como uma nova tese que retoma o mesmo ciclo, de sorte que durante toda a duração da análise, de forma crescente, movimenta-se esse mesmo círculo virtuoso.

2. *Metafórico*: quando o analista gosta de empregar metáforas, como um importante recurso de unir a idéia com a imagem, conforme mais adiante será exemplificado.

3. *Coloquial*: o terapeuta fala com o paciente como se estivesse conversando, naturalmente, com um amigo, sem que isso represente algum risco de se perder os necessários papéis de cada um.

4. *Indagativo*: o analista faz muitas perguntas, não com finalidade inquisitorial ou de uma mera coleta de dados, mas, sim, com o propósito de instigar a curiosidade e a reflexão do paciente.

5. *Artístico*: alude à condição de o analista conseguir formular de forma poética, estética, muitas vezes atingindo uma dimensão que toca a espiritualidade, sem que perca a profundidade e a eficácia do que esteja interpretando.

6. *Construtivo, à moda do jogo do rabisco*: cabe lembrar que o "jogo do rabisco" (*squiggle*, no original inglês) foi preconizado e aplicado por Winnicott, no atendimento de crianças, com o objetivo de ele e a criança fazerem uma construção comum, por exemplo o desenho de alguma figura. Assim, Winnicott fazia um rabisco, a criança fazia outro (às vezes, quando necessário, com o auxílio da mão dele) e assim sucessivamente, até completarem o desenho de um cavalo, de uma árvore, etc. De forma equivalente, o analista pode utilizar o estilo de *rabisco verbal*, construindo com o paciente alguma figura que se aproxime de uma interpretação e, logo, de um *insight*.

7. É claro que as seis modalidades mencionadas superpõem-se e se complementam entre si, podendo muitas outras variedades análogas de estilo pessoal serem mencionadas; no entanto, o que deve existir de comum nesses diferentes estilos normais do analista é uma atitude interna de *veracidade*, aliada a um sincero e autêntico *interesse* pelo paciente.

ESTILOS PATOGÊNICOS

Ninguém na atualidade duvida do fato de que, mais do que a exatidão do conteúdo de uma interpretação, o fundamental é a forma de como ela será interpretada, sendo que no âmago da forma, desponta o *estilo* costumeiro de cada analista, que pode assumir modalidades iatrogênicas, isto é, causar mais malefícios do que benefícios. Dentre os múltiplos estilos patogênicos, pela sua freqüência e importância, cabe assinalar aos seguintes.

8. *Estilo superegóico*. Neste caso, mais próprio de um analista excessivamente obsessivo, logo portador de um superego rígido, suas "interpretações" poderão, de forma camuflada, estarem sempre veiculando acusações, cobranças e expectativas a serem cumpridas pelo paciente.

9. *Estilo pedagógico*. Consiste no fato de que a formulação da interpretação assume a forma de verdadeiras "aulinhas", com um excesso de explicações em busca das causas que geraram os efeitos. Não descarto a possibilidade de que em determinadas situações (crianças, adolescentes, *borderlines*, psicóticos...) um toque pedagógico possa ser bastante útil, porém, usada de forma rotineira, exagerada e indiscriminada, tende a produzir inúteis *insights intelectuais*, além do risco de infantilizar o paciente, ou de o terapeuta estar sendo dominado pela pressão que o paciente lhe impõe de que quer conhecer as prontas respostas que expliquem de forma definitiva o porquê de suas inquietudes.

10. *Estilo doutrinário*. A patogenia deste estilo deve-se ao fato de o uso de sua *retórica* (vocábulo que alude à arte de utilizar o verbo com o fim de convencer os outros), juntamente com um possível vício do analista, querer confirmar ou demonstrar que a sua interpretação é correta; o resultado nocivo pode ser o de que ele esteja *catequizando* seu paciente, o que é muito diferente de estar produzindo *transformações*. Em um pólo extremo, esses analistas podem usar as interpretações como se fossem *fetiches*, isto é, lançam enunciados dogmáticos, prontos e mágicos, como se fossem a "verdade final", sem consideração pelas particularidades complexas e específicas do universo psíquico de cada paciente em especial.

11. *Estilo deslumbrador*. Relativamente bastante freqüente, este tipo de estilo é mais próprio de analistas excessivamente narcisistas e que estão mais interessados com um *bien dire* (falar bonito) do que num *vrai dire* (dizer a verdade). O risco patogênico é que, assim agindo, o analista possa, de fato, *des-lumbrar* – isto é, tirar ("des") a luz ("lumbre) de seu paciente. A metáfora que pode ser feita, em casos exagerados deste estilo, é a de que estejamos dirigindo nosso carro por uma estrada, à noite, e um outro carro, vindo em direção contrária à nossa, projete um feixe luminoso provindo do farol alto que, de tão luminoso e brilhante, possa nos cegar e provocar sérios acidentes. Outra metáfora que me ocorre é a da

revelação do negativo de uma fotografia (penso que a mente do paciente também comporta-se como um filme em negativo, que está à espera que o analista saiba como lidar para revelar e nomear as experiências emocionais que estão impressas nele, ainda sem nome), levando em conta a possibilidade de que, no ato da revelação do filme, uma exposição demasiada à luz (ou seja, um encantador brilho excessivo do analista), pode "queimar" e apagar o negativo da fotografia (do filme do psiquismo do paciente). Um outro inconveniente desse estilo, que está baseado em um exagerado narcisismo do analista, é que ele fica decepcionado quando o paciente tem um *insight* espontâneo, visto que ele, o terapeuta, é quem desejava falar antes, para exibir o seu talento, fato que transparece uma oculta rivalidade com o paciente, bastante nociva.

12. *Estilo pingue-pongue*. Proponho essa terminologia para aqueles casos, muito comuns, nos quais o analista mantém com o seu analisando um bate-rebate, de tal forma que não se formam espaços para os silêncios, os quais são necessários, entre outras razões para que o terapeuta exerça a sua função de *continente* e igualmente para que o paciente possa exercer a indispensável função de ele *pensar* as suas impressões, sensações e experiências emocionais, muito particularmente aquelas que foram suscitadas pelas intervenções do analista.

13. *Estilo* "além disso...". Com esta expressão, pretendo designar o estilo que inadvertidamente muitos analistas empregam, após já terem formulado adequadamente a interpretação essencial, de modo a prosseguirem acrescentando mais e mais aspectos que acabam diluindo aquele que já era suficiente, assim podendo esterilizar a eficácia da interpretação.

14. *Estilo tímido*. Consiste em que todas as interpretações venham, sistematicamente, precedidas de um excessivo cuidado, tipo "eu acho que"; "pode ser que estejas querendo dizer que.."; "posso estar enganado, mas..." e expressões afins, com uma cautelosa escolha das palavras, em um tom de voz estudado, evitando dizer muitas coisas que ele sente e pensa, assim revelando um receio de causar dano ao paciente, ou de indispo-lo contra o analista. Ressalvando o fato de que em algumas situações essa cautela está justificada e seja útil para construir um vínculo sólido, na maioria das vezes, quando o vínculo do analista com o paciente já esteja suficientemente estabelecido com uma *aliança terapêutica* já vigente, a experiência demonstra que todo paciente gosta de uma linguagem direta, sem formalismos, verdadeira e impactante, desde que formulada por um analista que lhe transmita respeito, o quer bem e acredita nas suas capacidades adultas, por mais ocultas que estejam.

15. *Estilo demasiado silencioso*. Da mesma forma como louvamos que a formação de "silêncios úteis" na situação analítica, quer seja por parte do paciente quer do analista, ou de ambos, seja bem-vinda (lembra a imagem de Bion que, na execução de uma música, os intervalos silenciosos entre os sons possam conferir uma alta expressão artística, de bela musicalidade), é necessário sublinhar que já está superada a atitude preconizada no passado por alguns analistas pioneiros, como Reik, que recomendavam ao analista se manter o mais silencioso possível, o tempo todo. Mais ainda, era propagado que a eficácia do analista podia ser medida pela quantidade de seus silêncios. Ainda na atualidade, muitos analistas empregam e advogam tal método, pelas razões que, segundo eles, o silêncio provoca angústia (principalmente, a de "desamparo") no paciente, a qual seria a matéria-prima essencial para o desenvolvimento de uma análise, pois evocaria o reviver de antigas situações traumáticas, e, a um mesmo tempo, estariam cumprindo, como "analistas de verdade", a recomendação técnica de Freud da "regra da neutralidade". Os contemporâneos cada vez mais se afastam desse formalismo de uma rígida neutralidade, mostrando-se mais vivos, francos, participativos e bem-humorados, sem que, de forma alguma, isso represente uma perda dos papéis, lugares e funções de cada um do par analítico. Ainda a propósito de silêncios que possam ser prejudiciais ao vínculo analítico sempre que os analistas pequem por escassez (isto é, o terapeuta não abre o mínimo espaço, tal como no estilo "pingue-pongue") ou por um excesso silencioso, cabe a metáfora com o ato de cozinhar um prato sofisticado, se não for em um "tempo certo", de alguma forma, ele estraga o que cozinha. Igualmente o verso de F. Pessoa que serve de epígrafe a este capítulo ilustra com clareza quanto uma atitude demasiado silenciosa do analista repercute no pa-

ciente de uma mesma forma como o bebê fitando a mãe à espera de algo e não obtém resposta, o que equivale a uma cegueira, a uma sensação de estar desamparado e perdido.

16. *Estilo loquaz, com interpretações excessivas*. Na mesma linha de pensamento que estamos adotando, impõe-se enfatizar que, não obstante as interpretações sejam de conteúdo correto, elas serão ineficazes e, possivelmente, até prejudiciais se o analista não levar em conta o importante aspecto de que o volume do que ele interpretou pode *exceder* a capacidade de assimilação do paciente. Para ilustrar melhor essa última assertiva, cabe a metáfora de que uma plantinha que, para se desenvolver bem, necessita de um solo apropriado, do calor do sol e de água. No entanto, se o sol for demasiado, ele seca e mata a planta; se a violeta que está em um vaso for excessivamente irrigada com água, murcha e morre. Um outro inconveniente de um excesso de interpretações (às vezes o analista sente-se na indevida obrigação de interpretar tudo) é que elas perdem o impacto emocional sobre o paciente. Cabe a metáfora de um rio que, tendo muitos afluentes, perde a vitalidade de sua correnteza. Para o analista evitar fazer um excesso de interpretações, ele necessita ter a coragem de renunciar ao desejo narcisista ou à imposição obsessiva de abarcar todas as interpretações possíveis.

17. *Estilo com chavões reducionistas*. Este estilo consiste no fato de o analista, de forma sistemática, reduzir tudo o que seu paciente estiver narrando a um repetitivo plano "transferencial" (coloquei entre aspas porque, muitas vezes, não se trata propriamente de uma manifesta transferência, mas, sim, de um artifício técnico que o analista emprega de forma estereotipada), com a clássica formulação do *é-aqui-agora-comigo...* Entre outros inconvenientes, vale assinalar o de que, em pouco tempo, o paciente já sabe antecipadamente o que vai ouvir do terapeuta, de modo que tanto ele se arma para refutar de pronto o que lhe for interpretado, como também pode acontecer de ele utilizar esse previamente sabido estilo reducionista de seu analista como uma forma de poder manter um controle sobre ele. Mais uma vez, vale repetir o exemplo corriqueiro da interpretação da "angústia de separação" diante dos "fins-de-semana". Não que essa angústia não possa, de fato, estar presente e ser muito importante em determinadas situações; no entanto, na imensa maioria das vezes, o importante não é tanto a ausência física do analista que deixa o paciente desamparado, mas, sim, os significados de abandono e desamparo que, eventualmente, possam ter sido despertados em um determinado analisando.

18. *Estilo caçador de transferências*. Trata-se de uma variação do que foi descrito no item anterior. Em parte, bem menos do que até recentemente era vigente, ainda persiste uma exigência dos institutos psicanalíticos, em geral, de que, para um trabalho ser reconhecido como "verdadeiramente psicanalítico", deve-se nomear a pessoa do analista na interpretação, naquele, antes aludido, contexto reducionista de "é-aqui-agora-comigo". Isso costumava acarretar, sobretudo em candidatos em formação, a nefasta conseqüência de eles se tornarem verdadeiros caçadores de transferências, para assim poder "interpretar na transferência" e, então, sentirem-se legitimados como psicanalistas de verdade. É óbvio que estou me referindo ao uso abusivo deste recurso, visto que, quando a vivência transferencial está realmente presente na situação analítica, nada é mais importante e eficaz do que trazê-la à tona e interpretar.

19. *Estilo formal e mecânico*. Mais comumente do que seria o desejável, pode-se observar que certos analistas mostram um talento para captar os meandros do inconsciente do paciente, percebem as angústias manifestas e as latentes, detectam os padrões emocionais que estão reativados, os fatores emocionais intervenientes e os mecanismos defensivos de que ele lança mão, o que lhe permite construir e formular a sua atividade interpretativa de forma correta. Não obstante, pode acontecer que a interpretação seja formulada de uma forma algo "fria", como que recitada. Quando percebo este estilo em algum determinado supervisionando, apesar de que sempre faço questão de respeitar o estilo essencial de cada um, permito-me incentivar o colega em supervisão a tentar fazer um *aquecimento* daquilo que ele está dizendo, com uma certa dramatização do drama que se supõe que esteja passando no interior do seu psiquismo, na-

quele momento da sessão. Uma outra possibilidade é a de que este estilo "frio" possa decorrer de uma incoerência entre o que o analista sente por dentro e o que ele pensa e diz para o seu paciente. Com a finalidade de ilustrar esse aspecto de haver uma incoerência entre o que o terapeuta diz e o que, de fato sente e faz, vou utilizar a lembrança que me ocorreu de uma situação havida com um residente em formação no curso de psiquiatria dinâmica, embora ela seja um exemplo extremado, caricato e jocoso. Eu supervisionava esse residente que sistematicamente trazia-me o caso de um paciente *borderline* que, invariavelmente, começava todas as sessões exclamando que de nada adiantaria o tratamento, pois ele carregava uma vergonha que não tinha perdão e levaria para o resto da vida: aos cinco anos tinha sido, passivamente, penetrado por um rapaz mais velho. Diante do fato de que nada que o residente lhe dizia fazia o menor efeito e, qual um cantochão monótono, todo o tempo das sessões era ocupado pela mesma lamúria do paciente, sugeri ao colega a possibilidade de ele tentar ver com o paciente por que ele dava uma significação tão importante diante de um antigo ato que, visto pelo enfoque atual, não tem nada de mais, faz parte da curiosidade – sadia, inclusive – acerca de dramatizar as fantasias ligadas à sexualidade infantil e que, de resto, o que ele, paciente, tachava de vergonha e pecado constitui-se um ato de altíssima freqüência, normal, entre os jogos das crianças na idade que aconteceu com ele, ou seja, que era um fato que acontecia com praticamente todas as crianças normais. O residente esboçou um discreto sorriso algo enigmático e me mirou com um olhar que me pareceu de desconfiança; no entanto, um tanto animado, disse que achou boa a idéia e que iria experimentar esse tipo de intervenção. Na supervisao seguinte, ele me relatou que na primeira sessão com o paciente, este, como sempre, reiniciou a mesma ladainha do episódio da infância, quando então o colega supervisionando interrompeu-o, fazendo a colocação, tal como lhe fora sugerida por mim e formalmente aceita por ele. O paciente interrompeu sua lamúria, quedou-se em um silêncio de quase um minuto e, com uma expressão facial de perplexidade, exclamou com voz mais alta e surpresa: "O senhor também, doutor?", ao que nosso residente respondeu, de forma imediata e categórica, como o diabo fugindo da cruz: "Não, eu não, eu fora". Pela obviedade, dispenso-me de comentar.

O USO DE METÁFORAS

Metáfora, em essência, consiste em uma figura de linguagem, por excelência, a qual implica uma capacidade de simbolização e abstração, o que a diferencia de *metonímia*, que tem uma característica de maior concretude. Um exemplo pode esclarecer melhor a distinção entre ambos os conceitos: se, a partir da palavra "fogo", nos referirmos a "calor", tratase de uma metonímia porque os dois conceitos estão ligados por uma contigüidade, sem simbolismo. Se a palavra "fogo" for utilizada para transmitir uma "paixão ardente", pode-se dizer que se trata de uma metáfora, pois houve uma semelhança simbólica e, sobretudo, a criação de um novo significado.

A experiência clínica comprova o quanto uma determinada metáfora composta de imagens visuais e de fácil compreensão, que o analista apresente ao paciente, pode promover um efeito que as interpretações normais não conseguiriam. Especialmente – mas não unicamente – quando o paciente estiver em um nível pré-verbal e pré-conceitual, torna-se útil o uso de metáforas, as quais introduzem a primitiva linguagem das imagens. O plano sensorial do paciente pode ser alcançado pela via dos estímulos sensoriais, da música da voz, dança dos gestos, estética das imagens, expressividade das palavras...

Particularmente, gosto bastante de utilizar (usar, não abusar) o estilo metafórico, como, por exemplo, nas breves ilustrações que seguem.

a) É comum que na entrevista inicial, de avaliação, o paciente permaneça em um estado de angústia, sem saber o que o analista achou dele, se ele está gravemente doente, etc.: nesses casos, costumo comparar (quando realmente acredito no que vou dizer) o seu estado psíquico com um automóvel que tem um excelente motor, porém está com o freio de mão puxado e, tal como o seu psiquismo, não desenvolve a real capacidade que possui, desgastando-se demais, de modo que a terapia analítica visa afrouxar os seus freios internos.

b) Exemplo de uma outra metáfora que deu resultados muito melhores do que a interpretação formal: uma paciente, normalmente uma pessoa muito animada e cheia de vida, foi vítima de uma ignóbil desilusão amorosa, e, por isso, vinha às sessões amparada pela mãe, com uma postura corporal encurvada, bastante cabisbaixa, lembrando um estado fetal. A tudo que eu dizia ela respondia com monossílabos, o suficiente para dar a entender que se sentia um rotundo fracasso e que a saída seria a morte. O quadro somente reverteu quando eu lhe perguntei o que deve fazer uma pessoa quando tem que saltar de uma margem à outra de um buraco enorme, ao que ela me respondeu, agora quase me olhando de frente: "deve dar uns passos para trás para ganhar impulso para o salto". Concordei e enfatizei que o mesmo estava se passando com ela: era necessário ela dar passos para trás (a sua regressão) para recompor as suas forças e poder saltar da margem de uma relação doentia para uma outra futura, provavelmente sadia. Com o passar do tempo, foi o que realmente aconteceu.

c) Para pacientes em que é difícil entender por que eles reagem de forma extremamente dolorosa e com intensidade desproporcional diante de certas frustrações que, pela lógica, são mínimas, costumo empregar a metáfora que ilumina a distinção entre "quantidade" e "intensidade", comparando a reação de dor do paciente à situação de passar uma quantidade grande de tintura de iodo em uma pele sadia, na qual nada vai acontecer; no entanto, se eu passar poucas gotas do mesmo iodo sobre uma ferida aberta, a mesma pessoa vai urrar de dor. Isso favorece que o paciente queira investigar e conhecer as suas velhas feridas psíquicas que estão malcicatrizadas.

d) Como muitos dos leitores, também tenho me deparado com pacientes com uma forte organização narcisista, que, não obstante possam ser profissionais liberais ou executivos muito inteligentes e bem-sucedidos, não conseguem metabolizar as interpretações que objetivam levá-los a reconhecer a sua arrogância, onipotência, onisciência e prepotência, aspectos esses que lhes têm custado uma enorme coleção de desafetos. Tal dificuldade de fazer um *insight* dessas características deve-se à razão de que, além da resistência de entrar em contato com facetas tão dolorosas, do receio de renunciar à volúpia pelo poder, riqueza, prestígio, conquistas amorosas e coisas afins, eles também têm uma forma de *pensar* que está tão direcionada para esses valores que se torna realmente muito difícil compreender o objetivo de tais interpretações. Nesses casos, mais de uma vez utilizei a metáfora do "Triunfo de Pirro". A motivação de Pirro para a guerra não foi mais do que uma birra para provar, especialmente a si mesmo, que era imbatível. Pelo menos em alguns casos, tenho a convicção de que esse relato metafórico, com as respectivas imagens, promoveu significativas reflexões e mudanças.

e) Em uma paciente que exercia funções executivas de forma eficiente, porém que, em certos períodos em que ficava embevecida com o seu sucesso, ou como recurso de se evadir de sentimentos depressivos, manifestava uma conduta de natureza maníaca, quando então ficava cega para a realidade, fazendo despesas além de suas possibilidades, investindo tempo e dinheiro em projetos inviáveis, etc. Ela aparentemente concordava com as minhas interpretações relativas às razões inconscientes que a levavam a se socorrer de defesas maníacas, porém em nada mudava. Utilizei, então, uma metáfora que, no mínimo, a fez refletir bastante, além de servir de ponto de referência quando ela própria desenvolvia a capacidade de se acautelar, de vigiar a si mesma. Vou chamar de *metáfora da beladona*, a qual empreguei com ela, e que consistiu em mostrar a origem do vocábulo "beladona", substância química que os oftalmologistas pingam nos olhos dos pacientes quando querem obter uma dilatação das pupilas, com o objetivo de facilitar determinados exames, às custas de que, por algum tempo, a visão do paciente fique ofuscada. Pois bem, em tempos passados, era "chique" que as mocinhas (*donnas*), quando iam a um baile de gala, por exemplo, usassem essa substância, pois, com as pupilas dilatadas, elas ficavam mais *belas* (daí *beladona)*. No entanto, nesse afã de sucesso, elas ficavam "cegas", em tudo igual ao que se passava com a paciente.

É claro que caberia enumerar um grande número de imagens metafóricas, algumas de conteúdo poético, no entanto me limitei a uma pequena amostragem, unicamente para realçar que uma metáfora também exerce no paciente o papel de desenvolver uma capacidade de simbolização, abstração e reflexão.

17

Análise do Consciente. A Função do Pensar

Quando o consciente está perturbado,
é impossível tomar interesse pelo inconsciente.

S. Freud (in Mijolla, 1988)

Que tipo de psicanálise é necessária para o consciente?

W. Bion (1970)

CONCEITUAÇÃO

Não obstante o fato de a literatura psicanalítica, só excepcionalmente e de forma muito passageira, empregar a terminologia "análise do consciente" e, tampouco, dedicar uma atenção aos aspectos conscientes que devem ser analisados no seu paciente, particularmente creio que se trata de uma abordagem sobremaneira importante no processo de qualquer terapia analítica.

Assim, acompanhando Bion que, em algumas passagens de seus escritos (no livro *Atenção e interpretação* aparece a pergunta: "Que tipo de psicanálise é necessária para o consciente?"), faz alusão a uma falta de uma análise apropriada para o consciente, também me custa entender por que a psicanálise, ao lado da óbvia importância fundamental do inconsciente, não privilegia igualmente um aspecto tão importante como é o fato de que nossas atitudes e decisões conscientes ocupam um espaço enorme no cotidiano de nossa vida psíquica.

Cabe exemplificar com esta frase de Bion (1992, p. 9): "[...] deve haver algum método de comunicação entre as coisas 'esquecidas' e a habilidade *consciente* do indivíduo para articulá-las". Entre as aludidas "coisas esquecidas", creio que constam os *imprintings* (primitivas impressões sensoriais e emocionais), com as respectivas representações, repressões e o discurso dos pais, com as conseqüentes significações. Também cabe citar outras frases de Bion (1992) que reforçam o mesmo ponto de vista:

> A questão no campo analítico não é apenas do relacionamento do paciente com o analista, mas do relacionamento do paciente consigo mesmo. [...] Quando o paciente não usa o seu *conhecimento consciente*, ele não terá acesso ao seu inconsciente, e daí inviabiliza que o analista possa ajudá-lo, embora ambos possam estar empenhados num trabalho sério. [...] Não basta o analista (ou o paciente) dizer que está em transferência ou resistência; é o mesmo que alguém dizer ao médico que está doente, porque é necessário esclarecer que doença se trata e como especificamente ela se manifesta, porque há um universo delas. [...] A prática da psicanálise é a única situação em que se lêem pessoas e não livros. [...] A psicanálise tem um desafio: o de encontrar uma *linguagem apropriada para a análise do consciente.*

Ainda mais essa afirmativa, feita durante um seminário clínico (1992b):

> Não só nos concerne a psicopatologia, mas também os estímulos ou *fatos externos, reais*. Muitos pacientes usam a análise para evadir-se da realidade e refugiar-se na psicopatologia. É, então, que se deseja realmente não só esclarecer o material incons-

> ciente, mas também *analisar o que é consciente*, conhecido para o paciente... Devemos tratar os fatos que são comumente *conscientes*, da maneira que tratamos fatos que são inconscientes, para colocá-los às claras (todos os grifos são meus).

Parto do princípio de que a grande maioria dos institutos psicanalíticos – logo, a maior parte dos psicanalistas – continuam mantendo uma rigorosa fidelidade a Freud quanto à hegemonia quase que absoluta do inconsciente, a ponto de que muitos colegas analistas rebatem o ponto de vista antes expressado com o argumento de que a vida consciente é obviamente considerada em qualquer análise, porém ela é uma decorrência direta do inconsciente, que é quem a determina. Não obstante concorde em grande parte com essa assertiva, atrevo-me a discordar na sua generalização, de sorte que assumo a posição de que o consciente tem, sim, uma relativa, porém expressiva, *autonomia* no exercício de importantes *funções* do ego consciente, da assunção de *responsabilidade* por nossos atos, da formação de um sistema de *valores* e de um código de *ética,* na tomada de *decisões,* entre tantos outros aspectos mais.

Para empregar uma terminologia própria da escola psicanalítica americana do Norte – a da *Psicologia do Ego* –, creio que cabe dizer que no psiquismo existem áreas com uma "autonomia primária", a qual inicialmente está "livre de conflitos" e em grande parte pertence unicamente ao ego consciente, como são as funções de pensamento, conhecimento, juízo crítico, discriminações, vontade, responsabilização pelos atos volitivos e também pelas ações que provêm do inconsciente, porém que o seu lado consciente já tem um claro *insight* do que está se passando com ele.

Do ponto de vista *neurobiológico,* sistêmico, o estudo científico da consciência tornou-se, no decorrer da década de 90, um campo de pesquisas respeitado, com uma pletora de trabalhos provindos de notáveis cientistas reveladores de uma nítida tendência a considerar a consciência não como uma "coisa" sediada exclusivamente no cérebro, mas, isto sim, como um "processo", fundamentalmente ligado à *cognição*. Assim, a consciência é compreendida a partir de dois pontos de significativa importância: *a consciência é um tipo especial de processo cognitivo que surge quando a cognição* (toda a estrutura do organismo vivo participa do processo cognitivo, quer o organismo tenha um cérebro e um sistema nervoso superior quer não) *alcança um certo nível de complexidade.* O segundo ponto consiste na distinção entre dois tipos de consciência, ou seja, dois tipos de experiências cognitivas, que surgem em níveis diferentes de complexidade neurológica. O primeiro tipo é chamado de *consciência primária* (o processo cognitivo vem acompanhado por uma espécie de percepção, sensação, emoção e ação, tal com acontece em bebês recém-nascidos ou em certos animais); e o segundo é denominado *consciência de ordem superior*, envolvendo a *autoconsciência* – uma noção de si mesmo, formulada por um sujeito que percebe, pensa e reflete. Existem duas escolas que estudam a ciência da consciência. Uma é a *reducionista* (reduz a consciência unicamente aos mecanismos lineares do sistema nervoso), enquanto a segunda corrente – a *funcionalista* – postula uma *organização funcional*, isto é, o sistema nervoso responsável pela consciência deve ser estudado a partir de uma cuidadosa análise das experiências da física, da bioquímica, da biologia e da dinâmica *complexa e não linear* das redes neurais, conforme Capra (2002).

Na atualidade, os investigadores das neurociências estão estudando e pesquisando com profundidade as bases neurobiológicas que fundamentem cientificamente em que consiste a existência do que se costuma chamar de "consciente". Um dos pontos que enfatizam é o fato de que, realmente, a consciência só começa a ficar estabelecida quando o bebê começa a tomar conhecimento de suas sensações corporais e a discriminar o seu "eu" do "não eu", ou seja, quando percebe um corpo próprio e inicia a diferenciação entre ele e os demais do mundo exterior. Isso faz lembrar a concepção de M. Mahler (1971) relativa ao "nascimento psicológico do bebê", que, segundo ela, se efetiva justamente quando iniciam as etapas de diferenciação, seguidas da de separação e de individuação. A propósito, creio que esse enfoque está de acordo com a etimologia da palavra "consciência", que é formada dos étimos latinos *cum* (com alguém) + *sciere* (saber), isto é, deve existir uma interação do sujeito com outros, nos quais ele discrimine o que é dele e o que é do outro.

Cabe enumerar alguns pontos que possivelmente auxiliam a confirmar a relevância dos aspectos conscientes, no curso da nossa prática analítica cotidiana:

1. Começo com uma citação de Freud, que aparece contada por um amigo (Smiley Blanton, em 1938, tal como consta no livro *Pensamentos de Freud*, de Allain de Mijolla, 1985). Segundo esse amigo, evocando o período em que os alemães invadiram a Áustria, em 1º de março daquele ano, ele perguntou a Freud se lhe tinha sido possível continuar a trabalhar, ao que o mestre respondeu: "Não, eu tinha dois pacientes, mas lhes comuniquei que já não poderia recebê-los e aconselhei-os a irem embora. *Quando o consciente está perturbado, é impossível tomar interesse pelo consciente* (o grifo é meu). Igualmente, vale mencionar o seguinte trecho de uma carta que Freud remeteu a Ferenczi, em 1915:

> A autocrítica (consciente, portanto) não é um dom agradável, mas junto com a coragem – que não esteja afetada pelas convenções – é a melhor coisa que possuo, a que ditou a escolha rigorosa de minhas publicações.

2. Assim, à parte da distribuição *topográfica* – consciente, pré-consciente e inconsciente – concebida por Freud, bem como da sua concepção *estrutural*, composta pela existência dinâmica de id, ego e superego, impõe-se a necessidade de manter-se uma articulação *sistêmica* entre todas essas instâncias psíquicas que são indissociadas entre si, apesar de cada uma delas manter funções e conflitos próprios e específicos, como é o caso da zona consciente do psiquismo.

3. Destarte, o clássico aforismo freudiano, na época pioneira, de que a análise consistiria em *tornar consciente tudo aquilo que era inconsciente,* na atualidade adquiriu uma outra dimensão e compreensão: a de que mais importante do que esta máxima de Freud é que o analista perceba – e assinale para o seu paciente – como é que se processa a *comunicação entre o consciente e o inconsciente* de um mesmo sujeito, em um permanente trânsito de duas mãos, em um incessante vai-vem entre ambas as instâncias.

4. Por outro lado, sou daqueles que acreditam que as *defesas utilizadas pelo ego consciente* possam se estruturar de formas mais rígidas e difíceis de desfazer do que as do inconsciente, pois elas podem ficar muito fortemente organizadas e, às vezes, esclerosadas, mediante o uso maciço de racionalizações conscientes, ou por um deliberado "juramento" de que nunca vão querer mudar.

5. Um dos importantes objetivos da análise do consciente é que o paciente venha a construir uma capacidade de *exprimir sentimentos diferentes, com palavras diferentes*, de forma a desenvolver as capacidades de *discriminação, simbolização, síntese e nomeação* das experiências emocionais.

6. A meu juízo, talvez o aspecto mais relevante da análise do consciente consiste em desenvolver no paciente a capacidade de ele – *conscientemente – reconhecer e assumir o seu quinhão de responsabilidade* por tudo aquilo que pensa, diz e faz! Vou exemplificar com uma situação trivial na clínica cotidiana de cada um de nós: não é verdade, caro leitor, que freqüentemente, diante de um assinalamento interpretativo que se dirige a algum aspecto oculto e desconhecido pelo paciente, e o pega de surpresa (aliás, essa me parece ser a mais eficaz das intervenções interpretativas), os pacientes costumam se defender com a exclamação imediata: "Só se isso for inconsciente", ao que costumo redargüir de imediato: "Sim, mas a quem pertence o teu inconsciente ?", intervenção essa que quase sempre provoca no paciente o impacto da surpresa, que, logo, vem seguida de reflexões.

7. Apesar da singeleza dessa última colocação, ela tem se mostrado de grande valia analítica, no sentido de fazer com que o paciente troque o papel de observador (como se o seu inconsciente fosse um terceiro, um corpo estranho a ele) pelo papel de participante direto, assumindo, assim, a sua parte de responsabilidade por tudo que se passa com ele.

8. De forma análoga, também utilizo bastante o recurso tático de fazer o paciente comprometer-se afetivamente com aquilo que ele narra de forma intelectualizada. Explico melhor: toda vez que um paciente – notadamente os que usam exageradamente o recurso da

intelectualização, como são os obsessivos, os narcisistas, alguns da área "psi" – emprega termos técnicos (as minhas *projeções*, a minha *angústia de separação*, etc.) ou palavras significativas no curso do seu discurso na sessão (amor, ódio, angústia, medo, depressão...), costumo pedir que ele me esclareça melhor qual o significado que tal ou qual palavra representa para ele.

9. Considero esse procedimento de utilidade relevante, por duas razões: uma é que beneficia a comunicação do analista com o paciente, tendo em vista que uma mesma palavra costuma ter um determinado significado para o paciente e que, muito mais freqüentemente do que cremos, possa ter um significado bastante distinto no vocabulário cognitivo e afetivo do terapeuta. A segunda razão consiste no fato de que o paciente é instado a refletir e a dar cores afetivas àquilo que havia pronunciado de forma mecânica, com a suposição de que o analista estaria sempre, um tanto magicamente, sintonizado com aquilo que é muito específico do analisando e entendendo-o (no entanto, às vezes, a vagueza das palavras tem uma finalidade inconsciente de impedir o analista de poder entender o que realmente se passa nas profundezas do seu inconsciente). Para dar um único exemplo, é comum que quando um paciente me diz que "ama" um outro e peço que me clareie o que ele considera ser o seu sentimento de amor, surgem exemplos de uma forte tonalidade sadomasoquística, ou outras de patologias equivalentes, que são muito diferentes daquilo que em um primeiro momento eu entenderia por "amar e ser amado".

10. A psicanálise começa a ceder algum espaço para as correntes *cognitivas e comportamentais,* que se fundamentam sobretudo em uma participação consciente de uma tomada de conhecimentos e respectivos comportamentos, logo, em grande parte, se trata de uma fundamental *função do ego consciente*. Entendo que cabe à escola lacaniana o mérito de ter priorizado este aspecto da valoração da função cognitiva, na prática analítica.

11. Dentre as funções nobres do ego consciente, além daquelas já antes destacadas, cabe dar um relevo especial à capacidade de fazer *sínteses*, o que é muito diferente de simplesmente fazer resumos, pois alude mais diretamente à função de juntar aspectos dissociados, às vezes contraditórios e opostos, criando um novo significado e sentido.

12. Virtualmente, sempre existe uma intersecção do presente com o passado e com o futuro, de modo que certas lembranças são de idéias (conteúdos) fracas, porém de emoções poderosas. Penso que, na prática analítica, as frases que seguem possam ser de muita utilidade para aqueles pacientes que gastam uma intensa energia psíquica para manter suas repressões inconscientes, no lugar de deixá-las aflorar no consciente e assumi-las conscientemente. Com outras palavras, seria analiticamente muito proveitoso se o analista pudesse plantar no psiquismo consciente do paciente essas sementes, que o levariam a pensar: *a melhor forma de eu esquecer é recordar; não consigo esquecer aquilo que não posso (*ou *não quero) lembrar! Eu não presto atenção ao presente se estou obcecado pelo futuro.*

13. Isso me faz lembrar de outras duas importantes afirmativas de Bion. Na primeira, em um seminário clínico (1992b), ele afirma que *certos tipos de pacientes usam a análise para evadir-se da realidade e refugiar-se na psicopatologia. É então que se deseja realmente não só esclarecer o material inconsciente,* mas também o que é consciente *e conhecido para o paciente [...] Penso que temos que encontrar uma técnica para as interpretações do* real e do consciente, *assim como já encontramos para o inconsciente.* Na segunda frase (1973), ele diz que *certos pacientes não têm respeito pelo que já sabem e, por isso, a sua experiência e os seus conhecimentos não lhes são úteis. Nada se pode fazer a respeito de seu conhecimento inconsciente, porque ele não usa o seu* conhecimento consciente *de modo a estabelecer ligações dele consigo mesmo.*

14. Igualmente à importância que estamos creditando ao fato de o paciente fazer um adequado uso das funções do seu ego consciente, o mesmo vale para a pessoa do analista. Vou me limitar a um exemplo, que se refere ao importante conceito de Bion sobre o que ele denomina *Capacidade negativa* (a mesma se refere à capacidade de o terapeuta conseguir ser "continente" de seus próprios sentimentos "negativos" nele despertados pelo seu paciente, como é o caso de ele não estar entendendo o que se passa na situação analítica, que ele esteja confuso, ou com tédio, raiva, sensação de

paralisia ou impotência, etc.). O importante a enfatizar é que estes sentimentos são normais em qualquer analista, no entanto, para que ele não se perca na sua contratransferência, é necessário que faça *uso do seu ego consciente*, para reconhecer e discriminar esses sentimentos "negativos", de sorte a conseguir se harmonizar com eles, como sendo naturais e, se possível, transformá-los num excelente instrumento analítico, a partir do desconforto que ele sente: uma *empatia*.

15. Outro recurso técnico que costumo utilizar, com o objetivo de que o paciente confronte o seu inconsciente com o consciente, consiste em enfatizar a validade e adequação de suas produções inconscientes – portanto com uma predominância do seu lado ilógico e irracional –, porém, a um mesmo tempo, acrescentando uma pergunta diretamente dirigida ao seu consciente, tipo: *...e o que o seu lado lógico, aquele que sabemos que raciocina muito bem, está achando disso que o seu outro lado acabou de dizer?...*

16. Creio que a tática mencionada, que visa levar o paciente a dialogar consigo mesmo, com partes opostas e contraditórias que convivem dentro de si, seja especialmente importante para certos pacientes, como, por exemplo, os "antianalisandos": nome dado por J. MacDougall (1972) para aqueles pacientes que, apesar de serem honestos, esforçados e cumpridores de todos os requisitos e combinações do *setting*, não fazem mudanças verdadeiras, devido a uma férrea oposição oriunda de uma parte deles que, por razões distintas, fez uma espécie de "juramento" de nunca mudar de verdade. Um segundo exemplo pode ser o daqueles pacientes que costumam fazer uma, bastante freqüente, dissociação entre o que dizem e o que, de fato, fazem.

17. *Uma vinheta clínica*, para exemplificar: um paciente, que é sobremaneira particularmente bem-sucedido na sua área profissional e que, manifestamente, demonstra uma ótima colaboração com a tarefa analítica, demonstra um radicalismo extremo, por meio de uma série de racionalizações, quando se trata de permitir um apego afetivo maior com quer que seja. Pelo contrário, provoca sua mulher até um extremo de ela não agüentar mais (nos primeiros tempos tentava fazer o mesmo comigo) e pedir uma separação definitiva. Ele entrava em estado de angústia, ficava carinhoso com ela e a presenteava, de modo que tudo voltava às boas. Ao me contar o fato ele queria me "presentear" com a boa nova de que estava fazendo mudanças no seu jeito de ser, apontei que situações idênticas têm sido bastante repetitivas com a sua esposa, tudo recomeçando de uma mesma forma, de sorte que eu perguntava ao seu consciente se ele achava que era mudança verdadeira ou se não era mais do que o emprego de uma nova tática bem-sucedida, o que é diferente de mudança. Depois de pensar bastante, definiu-se pela segunda possibilidade. A seguir, perguntei se ele realmente queria mudar. Como sempre fazia, começou a fazer uma longa digressão, ao que lhe assinalei que estava "enrolando" para não assumir uma responsabilidade consciente daquilo que ele queria ou não queria mudar. Novamente fez um prolongado silêncio pensativo, e com voz tímida admitiu que *sabia* que não queria mudar. É claro que continuamos trabalhando nas razões inconscientes que, no caso dele, foram os sentimentos de ter-se sentido, quando criança, humilhado pelo pai que o desqualificava e pela mãe que o teria traído na velada esperança que ela lhe passara de que ele seria sempre seu "filho único", da mesma forma como sua mulher o estaria traindo porque ela ainda mantinha um forte vínculo com seus filhos de um casamento anterior. Como represália às primitivas humilhações, decepções e ilusões, ele fez o "juramento" de nunca mais depender de ninguém e que "jogaria" com as pessoas. Penso que a partir de uma assunção mais clara e consciente de sua responsabilidade nos destinos de seus vínculos, como o conjugal e o analítico, a análise tomou um rumo diferente.

18. Um outro *exemplo clínico* que pode ser dado é aquele que ilustra a situação corriqueira dos pacientes que fazem uma dissociação entre uma tomada de posição consciente, seguida de uma sabotagem do inconsciente, tal como acontece quase que sistematicamente nos vínculos *tantalizantes*, conforme está descrito em um capítulo específico deste livro. Assim, evoco o caso de uma paciente que estava "enrolada" em um vínculo desta natureza, que "não atava nem desatava", mas cada vez que ela tinha uma recaída, a atribuía a "alguma circunstância especial que a pegara desprevenida". Senti que ela colocava nos pais e

em mim um sentimento de vergonha e de fracasso porque não estaria cumprindo suas "promessas" de terminar definitivamente com uma "ligação tão louca", a qual ela não merecia. Sempre ela expunha essa mesma tese, embora no curso da análise, explicitamente, eu assinalava o uso indevido de suas promessas, tanto porque o inconsciente dela não deixaria que ela as cumprisse quanto também pelo fato de, diferentemente do que atribuía a mim, eu não alimentava expectativas que não aquelas de que ela se tornasse uma pessoa livre para tomar decisões, desde que se dispusesse a analisar os prós e os contras. Em outras palavras, ela foi incentivada, por o seu consciente, a dialogar com o que já conhecia do seu lado inconsciente, de modo a assumir a responsabilidade pela decisão que livremente ela tomasse, com as possíveis vantagens ou riscos de desvantagens.

19. *Uma terceira vinheta clínica.* O próprio fato de um paciente estar em terapia analítica pode lhe servir como uma "resistência", ou até mesmo estabelecer um conluio resistencial com o seu terapeuta. O exemplo a seguir é o de um paciente (de um supervisionando) que em todas as sessões queixava-se de que estava sendo roubado pelo seu sócio, mas nada fazia, enquanto as suas reservas econômicas estavam rapidamente se esvaindo. Nenhuma interpretação adiantava, o tempo passando célere, e o paciente sempre repetindo o mesmo chavão: "minha esperança é que vou resolver isso na análise". A situação só modificou quando o analista fez uma ameaça dirigida ao *ego consciente* do paciente: "Ou dá logo um jeito de esclarecer com o seu sócio ou terminamos a análise até o fim desta semana, porque senão ficaremos numa eterna masturbação". É claro que se trata de uma intervenção excepcional, mas o exemplo serve para acentuar o fato de que o analista não pode aceitar o convite do paciente para contraírem um conluio inconsciente, ou até consciente, tornando-se, com sua complacência, um cúmplice com o lado doente do paciente, no caso, masoquista. Da mesma forma, a "chamada" ao consciente do paciente visou a trazê-lo para o mundo da realidade e, no lugar de esperar soluções mágicas, vir a assumir – conscientemente – a sua responsabilidade pelos destinos de sua vida.

20. Também costumo utilizar um outro recurso tático para auxiliar a certos pacientes a desenvolverem a *capacidade para pensar*, como pode ser mais bem explicitado nesta breve vinheta, colhida em uma supervisão: um paciente bastante regressivo, que tinha uma sensação algo delirante de que exala um terrível odor fétido (corresponde à sua fantasia de que seu interior está prenhe de sujeiras, com coisas nojentas e perigosas) tem muitas coisas para falar, mas que não vai falar, porque ele não quer! A terapeuta, muito acertadamente, assinalou que ela respeitaria a sua vontade e que, quem sabe, no futuro, quando tivesse mais confiança nela, ele contaria. Minha sugestão foi que, indo além desta acertada atitude de respeito ao ritmo do paciente e de reasseguramento de que ela não tomaria medidas de imposição ou de retaliação (como os pais dele, no passado, fariam), a analista poderia fazer uma pergunta singela de uma maneira aproximadamente assim: "É claro que você tem liberdade para falar ou não, porém o mais importante é se se anima a dizer o que acha que aconteceria entre nós caso resolvesse contar" (aquilo que, podemos inferir, ele considera coisas fétidas). O propósito dessa intervenção é estimular o paciente a pensar, conscientemente, não só a seqüência do seu pensamento, mas também as conseqüências que ele imagina que poderiam acontecer na situação analítica, de modo a promover uma conversa dialética entre paciente e terapeuta.

21. Alguns pensadores, como Paul Ricoeur (1978), por exemplo, usam a expressão "dialética da consciência" para referir que a tomada de consciência passa pela consciência do outro, assim como também passa pela consciência do analista, no caso da situação analítica (sempre levando em conta a necessidade vital de encontrar um "reconhecimento").

22. Muitos adultos mostram a experiência de terem obtido consideráveis mudanças na estrutura da personalidade, sem qualquer experiência de tratamentos de base psicanalítica, pois se trata de pessoas que tinham, em si, a capacidade de *introspecção*, ou seja, de aprender com novas experiências, integrá-las e de vir a modificar-se. A palavra *introspecção* – que, segundo alguns dicionários, designa o "exame da alma" – deve ser entendida como o exame de conteúdos, de pensamentos e de afetos que estão no *consciente*.

23. Também vale consignar que os seres humanos são de uma natureza excepcional dentre os seres vivos, graças à sua função de consciência, a qual serve de base à capacidade para desenvolver ações voluntárias de um tipo especial: ações que são motivadas por *razões* e não por *causas*.

24. Tudo o que foi dito conduz a um ponto muito interessante para reflexão: até que ponto uma, consciente, auto-reflexão psicanalítica pode suspender a causalidade psíquica e transcendê-la. Muitos autores acreditam que sim. Particularmente, valorizo de forma muito enfática que o analista proceda, ao longo da análise, a execução de um *mapeamento do psiquismo* (nome que venho propondo), com vistas a desenvolver no paciente (parto do princípio que o analista já tem o seu próprio mapeamento razoavelmente bem feito) um conhecimento consciente de que possui distintas regiões psíquicas, consegue reconhecer e discriminá-las, para, só então, poder encontrar um diálogo interno entre as suas partes contraditórias e opostas, que o levem à conquista de uma harmonia interior.

Está crescendo a corrente de analistas que acredita que a *psicanálise* deveria se esforçar para aproximar a sua interação com a *psicologia cognitiva* ou, indo um pouco mais longe, com uma futura fusão delas com as *neurociências*, tal como apregoa o psicanalista Erik Kandel (1999), destacado neurocientista que recebeu o prêmio Nobel de 2000. Nesse mesmo trabalho, Kandel menciona duas assertivas proféticas de Freud que robustecem essa visão integradora e mutuamente enriquecedora entre a psicanálise e a neurobiologia, dando uma nova dimensão à ciência psicanalítica, que não aquela centrada unicamente no inconsciente.

Assim, primeiramente Freud afirma, em *Sobre o narcisismo* (1914), que nossas idéias provisórias irão, presumivelmente na psicologia, se estruturar a partir de base orgânica. Em seguida, diz-nos Freud, em *Mais além...* (1920), que:

> As deficiências que aparecem em nossa descrição possivelmente desapareceriam se já nos encontrássemos prontos para substituir termos psicológicos por fisiológicos ou químicos. Acredito ser possível esperar tanto da fisiologia quanto da química as mais surpreendentes informações, pois é impossível prever que respostas retomarão, em umas poucas dúzias de anos, às indagações que apresentamos. Elas poderão ser de tal natureza a varrer toda a nossa estrutura artificial de hipóteses.

Uma leitura atenta dessa citação permite evidenciar que Freud antecipou a importância de que as experiências emocionais pudessem ser nomeadas como fenômenos psíquicos, com grande participação concreta da fisiologia e química cerebral, de sorte a serem com mais facilidade reconhecidas pelo ego consciente.

Em resumo, pode-se dizer que a *escuta clínica* – parte importantíssima do processo analítico – vem sofrendo transformações na análise, permitindo uma maior participação da percepção cognitiva consciente nas interações o que provém do inconsciente. Talvez a formação etimológica do termo "consciência", que se forma dos étimos latinos *cum* (com) + *sciere* (saber), consiga sintetizar a essência do que foi processado neste capítulo, ou seja, quando a criança começa a partilhar a aquisição de seus conhecimentos *com* o meio circundante ela está fazendo um "nascimento psicológico" – para utilizar uma expressão de M. Mahler (1971) –, assim adquirindo e desenvolvendo a função de consciência.

18

Insight – Elaboração – Crescimento Mental

O objetivo de uma análise não é o de o paciente vir a ficar igualzinho ao analista, e estar curado igualzinho ao seu analista, mas, sim, o de ele vir a tornar-se alguém que está se tornando alguém!

Bion

Comumente, os analistas estão habituados com a terminologia *Insight – Elaboração – Cura*. No entanto, por razões que serão expostas mais adiante, preferi usar "crescimento mental", no lugar de "cura".

INSIGHT

A atividade interpretativa do psicanalista leva aos *insights* do analisando, sendo que a lenta *elaboração* dos mesmos é que irá possibilitar a obtenção de mudanças psíquicas, objetivo maior de qualquer análise. A composição da palavra *in* (dentro de) + *sight* (iluminação), por si só, evidencia o seu significado de que "se fez uma luz na mente do paciente". O interessante é que, às vezes, essa iluminação interna se processa muito lentamente, até que ocorre um *flash* repentino, de forma um tanto parecida com o entendimento súbito de uma piada, após ter decorrido algum tempo que ela foi contada. A importância do *insight* no processo curativo de um tratamento analítico justifica que se pormenorize e discrimine algumas de suas particularidades. Assim, proponho uma diferenciação na qualidade do *insight*, segundo a escala a seguir:

1. *Insight* intelectivo. Neste caso, talvez não se justifique o uso do termo *insight*, tendo em vista que, enquanto intelectivo, ele não só é inócuo como pode ser prejudicial em alguns casos, como é, por exemplo, a possibilidade de que ele venha unicamente a reforçar o arsenal defensivo de pacientes marcantemente intelectualizadores, como, por exemplo, os obsessivos ou narcisistas.

2. *Insight* cognitivo. Cognição não é o mesmo que intelectualização; antes, refere-se a uma clara tomada de conhecimento, por parte do paciente, de atitudes e características suas que até então estavam egossintônicas. É muito comum que a aquisição desse nível de *insight* venha seguida da pergunta por parte do paciente: "E agora, o que faço com isso?". Creio que esse *insight* cognitivo deve ser valorizado, e um tipo de resposta, sincera, que me parece adequada àquela pergunta é algo assim: "É um bom começo de nossa caminhada; vamos ver o que você vai fazer com essa sua tomada de conhecimento de como sufoca e desqualifica a sua mulher...". O *insight* cognitivo promove uma *egodistonia*, e é ela que vai propiciar o passo seguinte.

3. *Insight* afetivo. Pode-se dizer que aí começa o *insight* propriamente dito, tendo em vista que a cognição, muito mais do que uma mera intelectualização, passa a ser acompanhada por vivências afetivas, tanto as atuais quanto as evocativas, possibilitando o estabelecimento de correlações entre elas.

4. *Insight* reflexivo. Representa uma importante e decisiva evolução. Esse *insight* institui-se a partir das inquietações que foram promovidas pelo *insight* afetivo, as quais levam o analisando a refletir, a se fazer indagações e a estabelecer correlações entre os paradoxos e as contradições de seus sentimentos, pensamentos, atitudes e valores; entre aquilo que ele diz, o que faz e o que, de fato, ele é! Esse *insight* é de natureza *binocular*, isto é, o paciente co-

meça a se olhar a partir de duas perspectivas: a sua própria e a que é oferecida pelo analista e, da mesma forma, quando ele adquire condições de observar, simultaneamente, ao convívio de aspectos contraditórios seus, como é o caso de sua parte infantil contrapondo-se à parte adulta, etc. É essa "visão binocular" que, mais eficazmente, propicia a transição da posição esquizoparanóide para a posição depressiva. O *insight* reflexivo somente adquire uma condição de eficácia quando acompanhado do *insight* afetivo, de modo que a união de ambos lembra o princípio básico do movimento do *zen budismo* – *zen* significa "meditação" e *budismo*, "iluminação" –, no qual é pregado que haja uma atitude de *iluminação* (é o mesmo que *insight)* simultânea com a *meditação* (corresponde à "reflexão").

5. *Insight* pragmático. Vale a afirmativa de que uma bem-sucedida elaboração dos *insights* obtidos pelo paciente, ou seja, as suas mudanças psíquicas, deve necessariamente ser traduzida na *praxis* de sua vida real exterior, assim que a mesma esteja sob o controle de seu ego consciente, com a respectiva assunção da responsabilidade pelos seus atos.

ELABORAÇÃO

O termo "elaboração" refere que a mente do paciente está "trabalhando", no sentido de integrar sucessivos *insights* parciais que estão sendo adquiridos no curso da análise. Mais comumente, o árduo trabalho de elaboração desperta uma *dor psíquica*, com o significado que Bion dá a essa expressão. Convém lembrar que Bion utiliza o termo inglês *pain* para designar unicamente uma dor que é sentida, mas não é elaborada; enquanto ele reserva a palavra *suffering* para referir que o paciente está "sofrendo" a dor, isto é, ele a está elaborando, no sentido de fazer mudanças.

É verdade que uma elaboração pode ser prazerosa, pelo fato de que vem acompanhada por uma sensação de "descobertas" – ou seja, a retirada *(des)* de *cobertas*, que sempre foram usadas a serviço de negações –, com um conseqüente alívio, por se desfazer, em parte, de uma carga pesada que carrega há longos anos, além de representar uma gradativa aquisição de um sentimento de autenticidade. Entretanto, dificilmente esse trabalho de elaboração não vem acompanhado de algum grau de forte sofrimento, pois ele implica em o analisando aceitar perdas, fazer renúncias a aspectos que ele sempre idealizara, enfrentar pressões externas e, principalmente, internas que, organizadas sob a forma de um *contra-ego,* cobram dele o cumprimento de expectativas, além do desempenho de papéis que desde criança pequena lhe colocaram, ou o acusam de transgredir certas normas e mandamentos, etc.

Talvez não haja dor mais difícil de suportar do que aquela que resulta de o paciente ter de renunciar à sua fachada de um *falso-self* ou às ilusões do "faz-de-conta" do mundo narcisista. A saudável transição da predominância da "posição esquizoparanóide" para um estado mental de funcionamento no qual prevaleça a "posição depressiva" também costuma despertar grande sofrimento, às vezes acompanhado por um quadro sintomático que Bion denomina "mudança catastrófica". Igualmente bastante penoso para pacientes portadores de uma sólida organização narcisista é quando reconhece que a sua onipotência tem de ser substituída pela "capacidade para pensar"; a onisciência deve ceder lugar ao "aprendizado com as experiências"; no lugar da prepotência, o paciente deverá reconhecer que a mesma encobre e mascara uma "pré-potência", ou seja, ele terá que fazer um doloroso contato com a sua parte infantil, frágil, desamparada e cheia de crateras emocionais.

Não é todo o tempo de uma análise que existe essa turbulência emocional; pelo contrário, em todo tratamento analítico decorrem "pontos mortos", expressão que me ocorreu para fazer uma analogia com o "tempo morto" das "mudanças" de um automóvel, isto é, ele está "ligado", funcionando normalmente, porém está em um tempo de espera, até que o condutor engrene uma marcha e siga seu caminho. Às vezes, esse "tempo morto" analítico pode estar justamente significando que o paciente esteja elaborando de forma silenciosa, em uma forma de "pausa para a meditação", fazendo a "realização" e integração dos *insights* parciais.

CONCEITUAÇÃO DE "CURA" PSICANALÍTICA

Os termos "cura" e "psicanalítica" do subtítulo guardam entre si uma certa imprecisão conceitual e semântica, razão pela qual é necessário esclarecer o vértice que, aqui, está sendo adotado.

Dessa forma, o conceito do que está sendo considerado como "analítico" não se prende exclusivamente ao formalismo das combinações convencionais do *setting* analítico (mínimo de quatro sessões semanais; uso indispensável do divã; rigor na livre associação de idéias; neutralidade absoluta; interpretação sistemática e exclusiva no "aqui-agora-comigo" da neurose de transferência, etc.). Embora a essência da instalação do *setting* deva ser mantida, neste capítulo está-se considerando o termo "psicanalítica", do título, a partir do marco de referência que prioritariamente leva em conta os *objetivos terapêuticos* a serem alcançados.

Como forma esquemática, creio que se pode dizer que a obtenção de um objetivo terapêutico processa-se de duas maneiras: 1) a de um benefício terapêutico e 2) a de um resultado analítico.

O *benefício terapêutico* pode atingir uma gama distinta de objetivos com uma certa hierarquia entre si, como são os seguintes:

a) a resolução de *crises* situacionais agudas (pode ser obtida em prazo curto e, se bem manejadas, costumam ser de excelente prognóstico);
b) o esbatimento de *sintomas* (se não estiverem organizados em uma cronificação, também são de bom prognóstico);
c) um melhor reconhecimento e utilização de certas *capacidades* sadias do ego, que estavam latentes, ou bloqueadas, e a possível liberação das mesmas;
d) uma melhor *adaptação interpessoal* (tanto no plano da vida familiar quanto na profissional, além da social). Não obstante o grande mérito que representa esse benefício terapêutico, deve ser levado em conta que, mesmo quando resulta uma inequívoca melhora no padrão de ajuste inter-relacional, ele pode ser algo instável, sujeito a recaídas, quando a melhora não tiver sido construída com os alicerces das profundas modificações da estrutura interna do indivíduo.

O *resultado psicanalítico*, por sua vez, é uma expressão que pressupõe o preenchimento de uma condição básica: uma modificação nas relações objetais internas do paciente e, portanto, na sua estrutura caracterológica. Isso, necessariamente, implica trabalhar com as primitivas pulsões, necessidades, demandas e desejos que estão embutidos nas fantasias inconscientes, com as respectivas ansiedades e defesas; porém não fica unicamente nisso, pois existem outros aspectos estruturantes provindos da terapia analítica, os quais serão analisados mais adiante.

Os "benefícios terapêuticos", antes descritos, são mais próprios do processo que habitualmente se denomina (às vezes de forma pejorativa, por parte de alguns) "psicoterapia", enquanto o "resultado analítico", tal como foi referido, seria restrito unicamente ao que se denomina "psicanálise". Assim, a maioria dos psicanalistas considera que o uso do termo "psicanálise" somente adquire legitimidade quando preencher as condições mínimas do *setting* clássico, antes aludido.

Particularmente, incluo-me entre os que pensam que o cumprimento desse formalismo não deva ser o critério diferencial mais importante, a despeito da convicção de que o emprego do termo "psicanalítico" deva transitar pelas seguintes condições básicas: ser exercida por um técnico cuja formação de base psicanalítica tenha sido feita em uma instituição reconhecida segundo os padrões vigentes; visa, prioritariamente, à obtenção de resultados analíticos, constantes de modificações da estrutura interna do paciente; essas mudanças devem ser profundas, estáveis e permanentes; se possível (mas não obrigatoriamente), o estabelecimento do *setting* (enquadre) deve seguir as recomendações vigentes na análise *standard*, sempre que essa indicação prioritária não representar um descompasso com a realidade, ou uma imposição do analista, na base do "dá ou desce", como sendo a única saída possível para o paciente.

Por razões óbvias, os tratamentos psicanalíticos que são inerentes aos institutos de psicanálise, filiados à IPA – tanto as análises pessoais dos candidatos quanto as que esses realizam com pacientes, com a finalidade de supervisão curricular –, devem seguir obrigatoriamente o modelo clássico que estiver vigindo, não permitindo uma flexibilização maior.

O conceito de *cura*, por sua vez, vai muito além do significado *latente* que essa palavra sugere (uma prestação de cuidados, como aparece em "cura" de uma paróquia; curador; procurador; curativo; des-curar; etc.), da mesma forma que também vai além do seu habitual significado *manifesto* (como é empregado na medicina, na qual designa uma resolução completa de alguma doença). Em terapia psicanalítica, o conceito de *cura* deve aludir mais diretamente ao terceiro significado que essa palavra sugere, qual seja, o de uma forma de *amadurecimento* (tal como é empregado para caracterizar um queijo que está maturado, sazonado), o que equivale ao trabalho de uma lenta elaboração psíquica que permita a obtenção de mudanças psíquicas estáveis e definitivas.

Justamente com o propósito de evitar essa ambigüidade conceitual que o termo "cura" permite, principalmente o clássico significado que ele adquiriu na medicina – o de um término, com a remoção total dos sintomas ou transtornos orgânicos – é que Bion propõe que evitemos o emprego desse termo em psicanálise, e o substitui pela noção de *crescimento mental*, que, ao contrário do "fechamento" implícito na cura, mais bem sugere continuadas "novas aberturas".

CRITÉRIOS DE "CRESCIMENTO MENTAL"

Segue uma enumeração, em forma muito resumida, dos principais aspectos que, na atualidade, caracterizam uma verdadeira mudança psíquica.

1. Uma modificação na *qualidade das relações objetais*, as internas e, a partir daí, as externas.

2. Um *menor uso de mecanismos defensivos primitivos*, notadamente as excessivas negações, dissociações, identificações projetivas, idealizações e um controle onipotente.

3. Uma *renúncia às ilusões* de natureza simbiótico-narcisísticas.

4. A aquisição de uma capacidade em realizar (re)introjeções – e, daí, *novas identificações* – de renovados modelos, tanto de objetos como de funções psíquicas, de valores e de papéis.

5. A *recuperação e a integração de partes suas*, que foram profundamente rechaçadas, reprimidas e cindidas, mas que estão projetadas em outras pessoas, ou ocultas dentro dele mesmo.

6. A obtenção de uma capacidade em *suportar frustrações, absorver perdas e fazer um luto pelas mesmas*, por meio da assunção da sua parte de responsabilidades, além de eventuais culpas, pelo destino de seus objetos importantes, assim como também pelo destino que deu às capacidades do seu ego.

7. A isso deve seguir-se a *consideração* (Winnicott utiliza o termo *concern*) pelas outras pessoas, assim como a capacidade de *reparação* pelos possíveis danos inflingidos aos objetos e a si mesmo. Não é demais lembrar a importante diferença entre a verdadeira e a falsa reparação, sendo que essa última pode-se processar por meio de recursos maníacos, de um "falso *self*" ou de uma superproteção obsessiva.

8. Uma *diminuição das expectativas* impossíveis de serem alcançadas, as quais são provindas tanto por parte de um ego ideal quanto de um ideal do ego.

9. Um *abrandamento do superego*, sempre que este for de natureza arcaica, rígido, punitivo e todo-poderoso. Nesse caso, a mudança consiste em transformar esse tipo de superego em um "ego auxiliar", isto é, que ele conserve as indispensáveis funções delimitadoras, de proteção e de princípios éticos, a serviço do ego.

10. Uma *libertação das áreas autônomas do ego*, que possibilite um uso mais adequado de suas nobres funções de: percepção, pensamento, linguagem, juízo crítico, conhecimento, comunicação, ação e criatividade.

11. A *aceitação da condição de dependência*, a partir do *insight* de que depender dos

outros é, em princípio, sadio e inerente à condição humana. O medo do paciente de "ficar dependente da análise e do analista" expressa, em verdade, que ele sofre de uma "dependência má" (devido às decepções e humilhações sofridas), a qual deve ser transformada em uma "dependência boa" (tecida com confiança, respeito, amizade, etc.).

12. A utilização da *linguagem verbal*, em substituição à não-verbal, a qual, muitas vezes, sobretudo em pacientes muito regressivos, expressa através de *actings* malignos e por somatizações, assim como por uma contratransferência difícil, por vezes paralisante. Da mesma forma, em pacientes *borderlines* e psicóticos, constitui-se como uma importante mudança psíquica a utilização de símbolos (em lugar das equações simbólicas) e de abstrações.

13. A aquisição de uma *função psicanalítica da personalidade*. Essa expressão, originalmente empregada por Bion, designa que o analisando fez uma adequada identificação com as funções do seu psicanalista, o que vai possibilitá-lo a prosseguir a sua auto-análise pelo resto de sua vida.

14. Uma *ruptura com os papéis estereotipados*. Este é um ponto muito importante e que, parece-me, nem sempre tem merecido a devida atenção por parte dos psicanalistas. De fato, muito comumente, o código de valores e a conduta dos indivíduos é repetitiva e estereotipada, pelo fato de que essa conduta é comandada por uma espécie de "computador interno" que, desde bebezinho, lhe foi programado pela cultura de seu habitat sociofamiliar. Nessa programação, deve merecer um registro especial os valores, conflitos e expectativas dos pais, tanto os conscientes quanto, e principalmente, os inconscientes. Sabe-se que os papéis designados pelos pais ao seu filho são os mais variados possíveis (por exemplo: o de nunca deixar de ser uma eterna criança; o papel de "gênio" ou o de "bode expiatório", etc.), além de outros papéis possíveis de adquirir uma forma imperativa e categórica. Em tais casos, os pais convencem a criança bem pequena *quem* ela é e *como* ela deve vir a ser (ou não ser) para garantir o amor deles, sendo que, em caso de desobediência, essas pessoas serão acusadas, a partir de dentro de si mesmas, e para sempre, de crime de infidelidade e de alta traição. Constitui-se em uma das principais razões da eclosão de estados depressivos diante de situações de um êxito pessoal que tenha sido construído em moldes diferentes das expectativas nos quais o indivíduo foi programado.

15. A aquisição de um *sentimento de identidade*, consistente e estável. Sabe-se que a formação da identidade resulta da combinação de múltiplas identificações e que ela se processa em vários planos, como o sexual, o de gênero, o de geração, o social, o profissional, etc. Por outro lado, vale assinalar que a morfologia da palavra "identidade" compõe-se de *idem* (quer dizer: "igual", ou seja, implica a manutenção de uma mesma maneira básica de o sujeito ser) e de *entidade* (que se forma quando a criança, ou o paciente, resolve a simbiotização, a qual se caracteriza por uma indiferenciação entre o "eu" e o outro, quando, a partir daí, o sujeito faz uma separação e adquire uma individuação; assim, ele *nasce psicologicamente*, como diz M. Mahler (1973), ou seja, ele passa a *existir*, a ser um *ente*; daí, *entidade)*.

16. A obtenção de uma *autenticidade e de uma autonomia*. A importância de que o paciente adquira uma autonomia está contida na própria etimologia da palavra. Assim, ela se forma a partir de *auto* (próprio) e de *nomos* (étimo grego que tanto designa "nome" como "lei"). Assim, segundo o que Lacan chama de *o nome do pai*, ou *a lei do pai*, o analisando consegue dessimbiotizar da mãe, ou seja, sair de uma condição de ser um sujeitado, ou um sujeitador, e adquirir o estatuto de um *sujeito*, livre, a partir de uma liberdade interna, o que o faculta possuir um nome próprio e leis também próprias a serem cumpridas. Essa liberdade é indissociável ao "amor às verdades", sendo elas que irão permitir a passagem para um novo nível de mudança psíquica: a do exercício da autonomia, da criatividade, da aceitação dos limites e das limitações, assim como do direito ao usufruto de prazeres e lazeres. A propósito disso, vale lembrar a referência de Freud, em um rodapé de *O ego e o id* (1923): "a análise se dispõe a dar ao ego a *liberdade* para decidir por um meio ou por outro".

17. Ao mesmo tempo que o sujeito adquire o direito de sentir-se livre das expectativas e dos mandamentos dos outros (especialmente dos que moram dentro dele), ele também deve ser capaz de experimentar relações

afetivas com outras pessoas, *reconhecendo-as como livres, inteiras, diferentes e separadas de si*, enquanto puder suportar sentimentos ambivalentes em relação a tais pessoas.

ALGUNS ASPECTOS DE TÉCNICA

Além dos conhecidos procedimentos técnicos e táticos que visam a promover as mudanças psíquicas, creio ser útil enfatizar, entre muitos elementos que constituem o campo analítico, alguns pontos que conferem uma feição atualizada à prática psicanalítica e que, como uma breve síntese do que está contido nos capítulos deste livro sobre a técnica, são apresentados a seguir.

Natureza da ação curativa da terapia analítica

O critério de mudança psíquica permite ser visto através de diversos planos inerentes à vida do sujeito, os quais nem sempre coincidem, pois o crescimento mental não se processa de forma uniforme e tampouco é abrangente de forma concomitante para todo o mapa da mente humana. Ademais, o critério de "cura" também depende de quem avalia e, muito especialmente, do objetivo ao qual a análise se propôs, dependente diretamente do paradigma vigente para uma determinada época deste primeiro século da ciência psicanalítica.

Assim, somente para exemplificar, vale reavaliar os sucessivos aforismos que caracterizam, em Freud, a natureza da ação curativa da psicanálise, conforme o estágio evolutivo de sua obra:

1) "O neurótico sofre de reminiscências e a cura consiste em rememorá-las" (formulada a partir do ponto de vista da "teoria do trauma"). Este aforismo baseia-se na premissa correta de que a "melhor forma de esquecer é lembrar" e, assim, libertar as energias psíquicas que estão a serviço da repressão. Sabe-se hoje que esse princípio, embora válido em sua essência, não representa mais do que uma pequena parcela do processo curativo, sendo que essa própria formulação da importância das aludidas rememorações é entendida na atualidade sob o vértice de que o que mais importa na análise, a partir das recordações espontâneas do paciente (é útil lembrar que, etimologicamente, *re-cordar* alude ao que *vem do coração)*, consiste na possibilidade de que ele possa *ressignificar* o passado, a partir do presente.

2) O segundo aforismo de Freud, relativo ao mecanismo curativo da psicanálise: "tornar consciente o que é inconsciente" (ponto de vista da "teoria topográfica"), na atualidade, deve ser entendido que não se trata unicamente de passar de uma simples zona para uma outra, mas, sim, adquire o significado de que o paciente consiga estabelecer um livre canal de comunicação entre essas duas regiões da mente.

3) "Onde houver Id (e Superego) deve estar o Ego" caracteriza a "teoria estrutural" de Freud. Este aforismo, por colocar o acento tônico no ego, tem merecido uma crescente importância e valorização por parte dos psicanalistas de todas as correntes. É claro que, se fôssemos aprofundar as funções do ego, poderíamos desdobrar aquela sentença em outras, do tipo: "onde houver processo primário, deve ficar o secundário"; "onde houver o princípio do prazer, deve ficar o da realidade", etc.

4) Do ponto de vista evolutivo, uma atualização dos fundamentais estudos sobre o complexo de Édipo e sobre o Narcisismo justifica a seguinte máxima: "Onde houver Narciso, deve estar Édipo" (uma outra formulação deste princípio, seguindo uma terminologia de Lacan, seria: "Onde houver a *lei do desejo* (de fusão com a mãe), deve ficar o *desejo da lei* (de um pai que se interponha entre a criança e a mãe)". E, assim por diante, os aforismos relativos à cura analítica, provindos de outros importantes autores, poderiam, aqui, sofrer um processo de reavaliação atual.

Via *di porre* e via *di levare*

Em 1905, inspirado em da Vinci, Freud postulou a bela metáfora de que a cura analítica poderia seguir a dois modelos: o da *via di porre*, a exemplo de um pintor que cria a sua obra de arte *pondo* as suas tintas em uma tela em branco, e o da *via di levare*, que corresponde à criação artística de um escultor que, *removendo* ("levando" embora) pedaços de uma peça de mármore, pode trazer o "nascimento" de figuras que, ocultas no seu interior, estavam como que "pedindo para nascer", como atestam as magníficas esculturas *Moisés*, *David* e a série dos *Escravos*, todas de Michelângelo.

Freud utilizou o modelo da *via di porre* para caracterizar aqueles tratamentos, não-psicanalíticos, que consistiam nas diversas técnicas sugestivas, como a hipnose, modelo esse que ficou desprezado na psicanálise, embora, na atualidade, considere-se que alguma forma de sugestão é inevitável e inerente ao método psicanalítico. Assim, a psicanálise passou a ser regida pela *via di levare*, isto é, pela ideologia psicanalítica de que o papel do analista restringir-se-ia a "retirar" os excessos neuróticos e psicóticos do paciente, para que então pudesse nascer e resplandescer a personalidade sadia que está oculta ou congelada dentro dele. Embora esta última afirmativa, genericamente, esteja absolutamente correta, ela não deve invalidar que, para certos pacientes em grau extremo de regressão, ela é insuficiente, pois tais pacientes podem estar requerendo que o terapeuta *ponha* algo que eles nunca tiveram e que foram substituídos pelos vazios dos "buracos negros" do seu *self*.

As cinco regras técnicas legadas por Freud

Acompanhando as transformações da teoria, técnica e objetivos terapêuticos da psicanálise, as clássicas "recomendações" de Freud também devem ser ressignificadas na atualidade, tal como foi detalhado no capítulo específico do presente livro. De uma forma extremamente reduzida, aqui, cabe dizer que, na atualidade: 1) A *regra fundamental* (também conhecida como a da "livre associação de idéias") deve ser entendida não como uma obrigação, mas, sim, como um direito à liberdade para o paciente verbalizar, ou não, tudo o que lhe vier à mente. 2) A *regra da neutralidade* não deve ser entendida no sentido de que o analista comporte-se rigorosamente como uma mera superfície fria de um epelho que reflita tão-somente o que o paciente nele depositar; pelo contrário, "neutralidade" deve ser conceitualizada como sendo uma arte em que o analista *deve se envolver* (empatia), sem, no entanto, *ficar envolvido* (nas malhas de uma contratransferência patológica). 3) A *regra da abstinência* indica que o terapeuta deve se abster de gratificar tanto os seus próprios desejos quanto os do analisando; na atualidade cabe acrescentar que vale, sim, gratificar o paciente, desde que fique claro que a melhor gratificação para ele não é a de ser *atendido* em seus desejos, mas, sim, de ser *entendido* pelo seu analista. 4) A *regra da atenção flutuante* corresponde ao "sem memória, sem desejo e sem ânsia de compreensão" de Bion. Esta recomendação de Freud continua lamentavelmente vigente; no entanto, vale realçar que uma atenção flutuante não deve sugerir uma passividade e, muito menos, um desligamento por parte do analista. Pelo contrário, trata-se de um processo ativo, tendo em vista que o mesmo pressupõe uma sintonia afetiva (empatia), intuitiva (subjacente à sensorial) e cognitiva, desde que a mente do terapeuta não esteja saturada de preconceitos. 5) A *regra do amor às verdades*, ainda que não esteja explicitada com esse nome na obra de Freud, pode ser depreendida claramente em inúmeras passagens de seus escritos sobre técnica. O que importa, como um fator curativo, é que "amor às verdades" designa uma atitude analítica, por parte do analista, de veracidade, de ele *ser verdadeiro* – e assim ser introjetado pelo paciente –, e que esse amor às verdades não deve ser confundido com uma caça obsessiva às, supostas, verdades absolutas.

Elementos do campo analítico

Hoje, não se concebe uma análise unidirecional (o paciente traz o "material" enquanto caberia ao analista a função única de interpretá-lo); pelo contrário, o processo analítico repousa em uma permanente vincularidade recíproca, o que constitui a formação do "campo analítico". Assim, dentro da concepção adotada de que "cura" analítica, muito mais que um esbatimento de sintomas e uma remissão de transtornos caracterológicos, consiste em um crescimento das capacidades mentais, os seguintes oito elementos fundamentais também vêm sofrendo as necessárias transformações técnicas, que, aqui, vão ser resumidas em uma ou duas frases, pois são especificamente analisadas nos capítulos específicos: 1) *Insight*: Vai muito além de uma combinação de regras e detalhes práticos, constituindo-se em um novo, singular e adequado espaço para o paciente reexperimentar velhas experiências emocionais que foram malsolucionadas no passado. 2) Resistência: Contrariamente a ser considerada um obstáculo ao bom andamento de uma análise, os analistas de hoje reconhecem que as resistências servem de excelente amostragem de como o ego do paciente defende-se diante dos seus medos frente à vida. 3) Contra-resistência: O aspecto mais importante a ser destacado é o da possibilidade da formação de *conluios inconscientes* (é mais adequado denominar os conscientes como "pactos corruptos") entre as necessidades e os desejos do paciente com os do seu analista e vice-versa. 4) Transferência: Um tratamento analítico que não transitou pela – assim chamada "transferência negativa" – não pode ser considerado uma análise completa porque ele não propiciou um importante fator curativo, qual seja, o de reexperimentar e ressignificar os sentimentos agressivos. Pode-se dizer que a transferência "negativa" é "positiva", se ela for bem-entendida e manejada corretamente pelo analista. 5) Contratransferência: O importante é que o terapeuta faça uma indispensável discriminação e um reconhecimento entre o que, realmente, é uma contratransferência (como resultante dos efeitos das identificações projetivas do paciente, dentro da sua mente) e aquilo que não é mais do que a "transferência" do próprio analista (em cujos casos, o paciente é, no máximo, um detonador). Da mesma forma, o processo curativo de uma análise, notadamente com pacientes bastante regredidos, depende fundamentalmente do destino que a contratransferência tomará na pessoa do analista: ela tanto pode servir como um importante meio de comunicação primitiva do paciente e uma útil *bússola empática* quanto também pode resultar como patológica e confusionante. 6) Comunicação: De acordo com uma análise atual, de características vinculares e dialéticas, é evidente que a forma de comunicação recíproca entre o par analítico, tanto a verbal como a não-verbal, assume uma alta relevância. Em relação à *verbal*, o que mais importa é que o paciente adquira a condição de discriminar quando o seu discurso está servindo para comunicar algo, ou se, pelo contrário, é para confundir e nada comunicar. Quanto à comunicação *não-verbal*, (principalmente a que se traduz por *actings* e *somatizações*), faz parte do processo curativo que o analisando possa *pensar* as experiências emocionais e expressá-las pelo pensamento verbal. 7) Interpretação: É óbvio que uma análise sem interpretações *não é* análise e não pode progredir. Contudo, tampouco é concebível uma análise baseada exclusivamente em interpretações. Também é útil diferenciar "interpretação" de "atividade interpretativa", sendo que esta última sugere mais diretamente um exercício dialético entre analista e paciente, no qual as interpretações resultam, em grande parte, de uma "construção" de ambos. 7) *Insight* e elaboração: Tal aspecto abrange todas as considerações presentes neste capítulo, sendo útil ressaltar que a eficácia curativa das mesmas depende fundamentalmente da condição de que o analisando tenha conseguido atingir a *posição depressiva*, segundo a concepção de M. Klein, sendo que isso costuma vir acompanhado de algum sofrimento psíquico. Nos casos em que existe uma total evitação da dor psíquica que é inerente à posição depressiva e que, ainda assim, o paciente manifesta melhoras, é necessário que o analista fique atento à possibilidade de que se trate de uma pseudo melhora, constituindo aquilo que Bion denomina *cura cosmética*, isto é, o paciente desenvolve uma série de camadas bonitas, que estão encobrindo a permanência de uma feiúra interna. A única forma de o paciente enfrentar a dor mental, no curso da análise, é quando houver uma adequada "atmosfera analítica".

Atmosfera analítica

Esta expressão designa, aqui, o clima afetivo que se estabelece nas sessões, a partir da *atitude interna* do psicanalista, sendo que a mesma é entretecida por seus atributos genuinos e essenciais, tais como as capacidades de empatia e de continência, entre tantas outras. Parto do princípio de que toda e qualquer técnica analítica gira em torno de dois eixos fundamentais, ambos indissociados e complementares entre si. Vale traçar uma representação gráfica disso, segundo o modelo cartesiano, de duas coordenadas perpendiculares, sendo que o eixo vertical, da "atividade interpretativa", é mais importante nos analisandos que têm uma melhor integração do ego, enquanto o eixo horizontal, da "atmosfera analítica", cresce em relevância na proporção direta do grau de regressividade dos pacientes. Esse último caso deve ser entendido a partir do inequívoco fato de que os atributos do psicanalista também se constituem em um fator curativo, porquanto eles exercem a função indireta de preencher as lacunas que resultaram de uma deficiente maternagem original. Nessas condições, é válida a analogia de que a amamentação compõe-se tanto do *conteúdo* (leite-interpretação) quanto da *forma* (a atitude da mãe-analista em relação à maneira de segurar, alimentar, olhar e falar com o seu filho-paciente, sua calidez, seu amor, etc.), desde que o analista não confunda a sua função de *preencher* as lacunas primitivas da formação do *self* desse tipo de paciente com a de *substituir* o papel da mãe ou do pai.

Funções do ego

A tendência atual é considerar que tão ou mais importante do que a clássica decodificação das fantasias inconscientes, com as respectivas pulsões, ansiedades e defesas, consiste na necessidade de que o analista priorize a maneira como o seu analisando está utilizando as suas funções congnitivas do ego. Em outras palavras, como se processa a *percepção* do paciente em relação aos fatos e às pessoas do mundo exterior; como ele utiliza a sua (in)capacidade para *pensar*; ele consegue formar símbolos e, daí, tem capacidade para as abstrações e conceituações, ou o paciente está detido no nível de equações simbólicas e, portanto, os seus pensamentos são concretos? Como é o seu *juízo crítico*? Da mesma forma, valeria perguntar até que ponto a sua função de *conhecimento* está mais voltada para o *não*-conhecimento ("-K", de Bion) das verdades penosas; como é a sua *comunicação*, com qual tipo de *linguagem*; como são as suas *ações*, no plano da conduta, etc. Sabemos que em pacientes detidos em níveis primitivos, tais funções do ego não se desenvolveram adequadamente de forma que, nesses casos, uma das tarefas do analista é a de que, durante algum tempo da análise, ele "empreste" ao paciente aquela função do ego que ele possui, mas que falta ao paciente (por exemplo, em muitos momentos, pensar pelo paciente e, assim, ensiná-lo a pensar). Para que essa atividade do analista constitua-se como um fator curativo, ela deve ser *transitória*: o modelo que me ocorre é dos andaimes de uma construção, considerando-se que os mesmos são indispensáveis até a conclusão da obra, mas depois são retirados.

Neo-identificações

Partindo do princípio de que todo analisando é, em grau distinto, portador de *identificações patógenas*, impõe-se como uma tarefa analítica imprescindível, como fator curativo, o difícil processo de realizar *des-identificações*. É como se fosse uma "decantação" (termo da química que designa a operação que separa duas substâncias diferentes, como pode ser dois líquidos, ou um líquido e um sólido, que estão misturadas e confundidas em uma mesma solução); trata-se, portanto, de uma decantação entre as diferentes identificações parciais, as boas e as patógenas, imbricadas no interior de cada sujeito. As desidentificações abrem espaços dentro do ego, a serem preenchidos com *neo-identificações*, sendo que a pessoa do psicanalista, como pessoa real, também funciona como um importante modelo para as novas identificações do paciente, o que se constitui em um importante fator curativo, mais importante do que é habitualmente considerado.

Neo-significações

Desde bebê, a estruturação do inconsciente de todo indivíduo vai se impregnando dos significantes veiculados pelo discurso dos pais e da sociedade. Tais significantes, ao se combinarem com as fantasias inconscientes originais, vão compondo novas e profundas formações fantasmáticas que acabam regendo a vida dos nossos pacientes. Por exemplo: uma mãe fóbica emprestará um significado de "perigo" – e a necesidade de evitação – a tudo que estiver acontecendo com o seu filho, e assim está seguramente fabricando um novo fóbico na família; o mesmo pode-se dizer em relação ao doutrinário discurso dos pais, com significações paranóides, obsessivas ou narcisistas, e assim por diante. A exemplo do que foi dito em relação às identificações, também é uma tarefa muito importante do analista promover as *des-significações*, seguidas de *neo-significações*.

Estereotipia de papéis

Aí temos um bom exemplo de como a psicanálise pode se enriquecer com a utilização de conceitos provindos de outras áreas. A teoria sistêmica – viga-mestra das terapias do grupo familiar – aprofundou os estudos referentes ao interjogo dos papéis e posições que cada membro de uma família é impelido a desempenhar, muitas vezes prolongando-se ao longo de suas vidas. A ruptura com o imperativo categórico desses valores e papéis constitui-se em momentos críticos do tratamento psicanalítico, muito especialmente quando se trata de pacientes que são fortes portadores daquilo que poderíamos denominar "parte simbiótica da personalidade". Durante o período de "dessimbiotização" e de transição de papéis rigidamente estereotipados para outros de natureza mais livre e autônoma, tais pacientes podem apresentar sintomas confusionais e depressivos, às vezes com queixas hipocondríacas e de despersonalização. Se o psicanalista observar com atenção, perceberá que o estado depressivo do analisando, que está rompendo com a *tradição* dos papéis que lhe foram imputados, tem uma forte tonalidade de um sentimento de *traição* (não é por nada que os termos "tradição" e "traição" procedem de uma mesma raiz etimológica). Creio ser muito relevante o terapeuta conhecer e estar atento ao surgimento de uma crise na análise do paciente, justamente quando ele está procedendo a uma ruptura com certos papéis, a ponto de, pelo menos em meu entendimento, em situações mais extremas, essa situação poder constituir-se em uma das quatro causas principais do surgimento da temida "reação terapêutica negativa" (as outras três causas, como já foi referido em outro capítulo, são: uma inveja excessiva do sucesso do analista; um superego altamente punitivo quando o êxito analítico lhe representa um triunfo edípico; e o encontro do paciente com uma terrível depressão subjacente, na qual jazem feridos e mortos que o proíbem de ser feliz).

A dor mental

É inevitável a presença de algum grau de dor psíquica no curso de uma análise que promova verdadeiras mudanças psicológicas. Bion foi o autor que mais profundamente estudou esse tema, cabendo destacar alguns dos aspectos que abordou: a) No lugar de *evadir* as frustrações penosas, o paciente deve adquirir condições para *enfrentar* tais frustrações inevitáveis e, assim, *modificar* não só as formas de como tentar solucioná-las, mas também a possibilidade de obter uma modificação da fonte geradora das frustrações. b) Suportar a dor psíquica é o único caminho que permite a passagem da posição esquizoparanóide para a depressiva e, como decorrência, para uma *aprendizagem com as experiências* emocionais. c) Bion estabelece uma significativa diferença entre *sentir* a dor (*pain*) e *sofrer* a dor (*suffering*), em cujo caso o paciente está elaborando e processando os *insights* adquiridos, muitas vezes dolorosos. d) O analista deve estar atento para a possibilidade de que uma mudança significativa do estado mental do paciente venha acompanhada de uma dor psíquica muito intensa, chamada por Bion de *mudança catastrófica*, que consiste na possibilidade de o analisando mostrar-se confuso, deprimido, desesperançado, fazer acusações ao analista de que está muito pior do que antes da análise, não sendo rara a possibilidade de surgir uma ideação suicida. Apesar da dramaticidade do quadro clínico, é bem possível que ele seja temporário e represente o preço pago por uma significativa melhora e um expressivo crescimento mental.

Embora todo crescimento psíquico tenha algo de doloroso, porque vai contra uma tendência do ser humano de buscar o paraíso narcisista, isso não deve ser levado ao pé da letra, porquanto se acredita, cada vez mais, que a busca de novas relações, de ampliação do conhecimento e do sucesso de realizações é uma função inata, natural e prazerosa do ego.

Parte psicótica da personalidade

O termo, como já foi visto, pertence a Bion, que o emprega para caracterizar que todo sujeito, em maior ou menor grau, é portador de núcleos bastante regressivos, remanescentes dos primitivos períodos evolutivos, como onipotência, onisciência, uso excessivo de identificações projetivas, etc. Um processo analítico que não transitou por esses núcleos psicóticos deve ser considerado, no mínimo, incompleto, pois é a análise dessa "parte psicótica" que possibilita a criação de um espaço mental no qual: 1) A *onipotência* seja substituída pela capacidade para *pensar*. 2) A *onisciência* dê lugar à formação de uma capacidade para *aprender com as experiências.* 3) No lugar da *prepotência* (pré-potência), deve ficar um *reconhecimento de dependência, desamparo e impotência*. 4) Um habitual estado mental de *confusão* deve ser substituído por uma capacidade para fazer *discriminações* entre o que é verdadeiro e o que é falso; entre uma parte da personalidade que se opõe a uma outra; etc. 5) A curiosidade *arrogante e* intrusiva deve ceder lugar a uma *curiosidade sadia*. 6) Um estado mental de arrogância deve ser substituído por um *orgulho de si próprio*. 7) No lugar de um *uso excessivo de identificações projetivas*, deve haver o desenvolvimento de uma capacidade de *empatia e de continência*. 8) A costumeira modalidade transferencial de uma exagerada idealização ou de denegrimento deve ser substituída por uma harmônica *introjeção da função psicanalítica da personalidade do analista*, de tal sorte que possibilite ao paciente o desenvolvimento de uma *função auto-analítica*.

Término da análise

Desde Freud (1937), sabe-se que existe uma velha polêmica: a análise é terminável ou ela é sempre interminável? Sou dos que pensam que ela nunca é totalmente terminável, levando em conta que a cura analítica é bem diferente da cura, ou "alta", em clínica médica. Por essa razão, e pelo risco de que possa ser utilizada como um atestado de plena e completa saúde emocional, evito utilizar o termo "alta" em análise, por mais bem-sucedido que tenha sido o tratamento. Prefiro configurar como tendo sido um "término", ou seja, como a conclusão de uma importante etapa da vida, o que abre as portas para uma possível reanálise, num outro momento da vida do analisando. Se se tomar o prefixo latino *in*, no sentido de uma interiorização, e não de uma negativa, que é o seu outro significado habitual, pode-se dizer, a partir de um vértice etimológico, que *uma análise torna-se terminável quando ela fica in-terminável*. Em outras palavras, um tratamento analítico termina quando o analisando, mercê de uma boa introjeção da função psicanalítica do seu analista, está equipado para prosseguir a sua, eterna, *função auto-analítica* e, dessa forma, continuar fazendo renovadas mudanças psíquicas. Um critério de resultado analítico exitoso, segundo Bion, não é o de o paciente vir a ficar *igualzinho* ao analista e estar curado *igualzinho* ao analista, mas, sim, o de vir a *se tornar alguém que está se tornando alguém.*

Partindo do princípio de que o analista é uma espécie de arquiteto – que, juntamente com o cliente, lida com os espaços mentais, modificando-os, abrindo paredes, emprestando mais luz, cores, harmonia e funcionalidade –, quero concluir este capítulo com uma frase de um eminente arquiteto inglês, a qual considero muito tocante e que, poeticamente, sintetiza e define o espírito deste capítulo. Diz Denys Lasdun (entre colchetes introduzo alguns termos que remetem à situação analítica, e os grifos são meus):

> Nosso papel é proporcionar ao cliente, dentro do tempo e custo [e capacidades] disponíveis, *não o que ele quer* [pelo menos, no início da análise], mas o que ele *nunca sonhou em querer*, e, quando ele tem o produto [resultado analítico] final, ele o reconhece como sendo exatamente *o que ele queria o tempo todo*.

19

O Término de um Tratamento Analítico

Como vir a ser o que realmente se é!
Nietzche (em *Ecce Homo*)

Uma das questões mais importantes que todo analista enfrenta – no que diz respeito à avaliação das mudanças psíquicas no analisando – é aquela que consiste em dúvidas que se referem a decidir se o seu paciente já está em condições de terminar formalmente a sua análise. Por alguma razão, que ainda não me é clara, o assunto, relativamente, é quase que inexistente na literatura psicanalítica.

Uma hipótese que me ocorreu é a possibilidade de que, como as *supervisões* dos candidatos – futuros psicanalistas –, em sua grande maioria, ficam concluídas antes de chegarem ao seu término, não se tenha criado nos analistas o costume de dar uma maior ênfase à valorização desse aspecto, tão significativo e fundamental, que é o término de uma análise, com todas as suas vicissitudes e possíveis turbulências. Uma outra possibilidade pode ser justamente a permanência da dúvida no analista, que possa ter gerado um desconforto nele, quanto a se o término da análise de seu paciente foi adequado ou não.

DISTINÇÃO ENTRE "TÉRMINO" E "ALTA"

Inicialmente, faço questão de esclarecer que utilizo o termo "término" em vez da expressão habitual de "alta" porque, como afirmei em outro capítulo, acompanhando Bion, evito usar a terminologia de "cura analítica", substituindo-a por "crescimento mental". Em ambas as situações, os termos "cura" e "alta" estão culturalmente ligados aos significados próprios da medicina, que é de natureza mais objetiva e palpável, enquanto em um tratamento analítico a avaliação do paciente também é objetiva, porém predominam critérios subjetivos, em um nível de abstração, em meio a uma complexidade que envolve muitas dimensões do psiquismo e da vida de relações.

Ademais, a palavra "alta" pode condicionar um significado equivocado no paciente, tal como vou ilustrar na *vinheta* que segue. Decorridos, aproximadamente, quatro anos após a "alta" de uma análise bem-sucedida, a paciente telefonou-me, perguntando se poderia atendê-la. Quando veio, contou-me que estava em um processo de separação de seu marido, fato que a estava deixando algo angustiada e deprimida. Ao me dizer que isso vinha durando quase quatro meses, algo surpreso, perguntei por que não me procurara antes, ao que ela respondeu: "Mas eu estava de alta!". Aos poucos, foi ficando claro que, para ela, ter "fraquejado", como ela disse, representaria ter fracassado e, assim, eu me decepcionar, com o risco de ela vir a perder o meu afeto e admiração. Acrescentei que também temia expressar o seu sentimento de que ela é que estivesse decepcionada comigo, visto que, da forma como significava a "alta", eu é que teria fracassado. A paciente ficou visivelmente *aliviada* pelo fato de suas fantasias de fracasso, meu e dela, e sua angústia depressiva terem vindo à tona e serem encaradas de forma respeitosa e muitíssimo natural, enquanto, de minha parte, colhi um importante *aprendizado*, que me lembrou a frase de Freud: *A psicanálise pode curar o sofrimento psíquico do paciente, mas nada pode fazer contra os fatos da miséria humana*. Aprendi, pois, que um tratamento analítico, por mais bem-sucedido que tenha sido, consegue reforçar de forma sólida as forças defensivas, sadias, do ego, porém não imuniza ninguém a passar por dissabores existenciais, com as respectivas angústias inevitáveis.

DISTINÇÃO ENTRE "TÉRMINO", "INTERRUPÇÃO" E "SUSPENSÃO" DA ANÁLISE

Também é útil estabelecer uma distinção entre "término da análise" e os termos "interrupção" e "suspensão" do tratamento analítico. A primeira alude à idéia de que os objetivos finais foram suficientemente atingidos, de sorte que o paciente adquiriu uma autonomia para reger a sua vida, com uma boa qualidade.

A expressão "interrupção" designa que, por razões diversas, circunstanciais, o paciente (ou o analista, embora muito raramente) resolveu terminar o seu tratamento analítico quando, visivelmente, ainda não tinha condições satisfatórias.

Com o termo "suspensão", pretendo transmitir o fato de que, de comum acordo com o terapeuta, o paciente não *pode* – por questões de séria dificuldade financeira, viagem longa, etc. – ou não *quer* continuar a terapia, pois sabe que está relativamente bem, mas não tanto como seria o desejável, porém reivindica se dar um certo tempo, para experimentar caminhar com suas próprias pernas, etc. Essa última possibilidade de suspensão da análise é relativamente freqüente com pacientes fóbicos, que não conseguem ficar próximos demais do analista e, tampouco, longe demais dele, de modo que suspendem e voltam, assim fazendo o que se pode denominar como *análise em capítulos.*

Manejo técnico

Em qualquer uma dessas três possibilidades, sempre procuro fazer, juntamente com o paciente, uma espécie de "balanço" do que ele alcançou e daquilo que conserva de núcleos doentios ou de capacidades latentes que ainda não desabrocharam. Creio ser sumamente importante que o paciente reconheça a honesta avaliação e visualização que o analista tem dele.

Do ponto de vista de manejo técnico, com os pacientes que, eventualmente, interrompem ou suspendem a análise, em particular não costumo polemizar com eles, porém isso não significa que eu fique indiferente ou concorde de imediato com a saída do tratamento. Pelo contrário, procuro reconhecer o seu pleno direito de entrar e sair, sem lhe fazer terrorismo ou veladas ameaças, porém alertando-o quanto ao seu verdadeiro estado, com os possíveis convenientes e inconvenientes representados pelos riscos de ele poder prejudicar a si próprio ou a outros.

Enfatizei o fato de que não polemizo com esses pacientes, no sentido de um fato muito corrente que observo com alta freqüência em supervisões: quando determinado paciente expressa que quer interromper o tratamento, o terapeuta começa a fazer uma verdadeira doutrinação na base de que ele ainda não tem condições, que pode se dar mal, que "logo agora, que estava melhorando, ele está sabotando", ou resistindo, ou atuando, etc. Tudo isso até pode ser verdade; no entanto, a ênfase que o analista empresta ao que diz, fruto de uma ansiedade subjacente de ele perder o paciente, cria uma perniciosa dissociação, ou seja, a parte do analisando que sabe que necessita, e quer, se tratar fica projetada no terapeuta, enquanto a outra parte de sua ambivalência, a que não quer se submeter a uma análise mais profunda, fica, mais maciçamente, com o próprio paciente.

TEMPO DE DURAÇÃO DA "FASE DE TÉRMINO DA ANÁLISE"

A expressão "fase de término da análise" designa o período de tratamento que se prolonga desde o momento em que, pela primeira vez, o paciente (às vezes, o analista) propõe de forma mais séria a intenção de encerrar a sua análise, de obter uma "alta". Uma segunda etapa dessa fase de término alude ao período que começa a partir da combinação, entre o par analítico, de uma data para o encerramento concreto do tratamento analítico. Cada uma dessas duas etapas tem algumas características peculiares.

De modo geral, pode-se dizer que não existe um tempo determinado, visto que as fases de término são muito variáveis, de paciente para paciente, de analista para analista, dependendo da natureza que pautou cada vínculo analítico em particular. Assim, o encaminhamento do término definitivo da análise tanto pode se processar suavemente numa evolução natural, harmônica e progressiva, como também é bastante comum que ela sofra uma tentativa de *apressamento*, ou de *retardamento*, por parte do paciente, ou do analista, ou de ambos. Da mesma forma, o término pode seguir uma evolução gradual, com uma progressiva diminuição do número de sessões semanais, ou com um ponto final único, sem alterar o *setting*, que foi instituído desde o início.

O apressamento do término

Nesses casos, na imensa maioria das vezes, é o paciente que, sob o argumento de que está se sentindo bem, começa a fazer algum tipo de pressão para que o analista concorde com sua proposta de darem a análise por concluída. As possibilidades mais freqüentes são:

1. O paciente realmente atingiu as metas que o levaram a buscar tratamento, e sabe que restam vários outros aspectos que poderiam, e merecem, serem trabalhados, porém ele se acha em condições de encerrar. Aí, cabe ao analista ponderar, consigo mesmo e com o analisando, uma maneira holística de observar as condições reais do paciente, além de julgar se é viável combinar um término, com o reconhecimento de lacunas, ou não concordar. Para tanto, porém, o analista não pode ser demasiadamente perfeccionista, nem por demais narcisista, a ponto que se julgue detentor da última palavra.
2. A situação mais freqüente que leva o paciente a acelerar o processo de término da análise é o seu cansaço da rotina analítica (às vezes, com razão) ou a vontade de melhorar a sua condição econômica, etc.
3. Outras vezes, a pressa em terminar a análise pode ser decorrência de uma motivação inicial pouco consistente, como seria o caso de fazer uma análise por obrigação ou dever (algum tipo de formação analítica, por exemplo).
4. Também é relativamente comum que a causa do apressamento deva-se a uma espécie de fobia de prosseguir vasculhando em zonas desconhecidas, e temidas, do seu psiquismo.
5. É dever do analista estar atento à possibilidade de o paciente estar, de forma inconsciente, propondo um *conluio* do tipo: *faz-de-conta que está tudo bem; ambos somos competentes e maravilhosos.*

O retardamento do término

Nessas situações, as causas mais comuns manifestam-se como uma das seguintes:

1. Ainda não foi suficientemente solucionado o problema de uma forte angústia diante de separações importantes.
2. Isto está diretamente ligado à persistência de uma área do psiquismo que mantém uma excessiva dependência.
3. Não raramente, o retardo em sair da análise é devido a um, inconsciente, temor do analisando de que vá sofrer uma retaliação do analista, que, "abandonado" pelo paciente, ficará decepcionado com ele, e nunca mais o receberá.
4. Um grau exagerado dessa última situação pode despertar no paciente uma forte angústia de "morte" de um vínculo, que se expressa por manifestações relativas ao medo de um vazio, desamparo, solidão, tragédias iminentes, etc.
5. Outras causas correlatas poderiam ser mencionadas, porém, o que cabe destacar como a causa mais comum de retardamento do término de uma análise consiste em um, consciente ou inconsciente, desejo do analista de que esse término não aconteça, por razões diversas.
6. Essa última possibilidade pode induzir a duas situações patogênicas: a) Em um extremo, o paciente e o analista contraem um *vínculo de acomodação*, que satisfaz a ambos, não obstante o fato de que, em termos psicanalíticos, nada mais esteja, de fato, acontecendo. b) Em um outro extremo, o paciente, à sua moda, protesta, argumenta, esperneia... Tudo em vão; quanto mais esse analisando insiste que sente que está na hora e que acredita ter condições de terminar a análise (às vezes, já bastante lon-

ga), mais "material" estará dando ao analista para este lhe "interpretar" que ele está demonstrando ainda não estar bem. Assim, pode se instalar um círculo vicioso, com sério risco de a análise desembocar em uma "transferência de impasse", com um inevitável retardamento do término formal do tratamento analítico.

CONLUIO DE ACOMODAÇÃO

A expressão "conluio de acomodação", que antes utilizei, merece ser melhor explicitada e discriminada, pois pode gerar alguma confusão conceitual. Assim, é indispensável que o analista saiba discriminar quando uma análise prolongada está estagnada, no sentido de que o par analítico está "patinando em torno do mesmo lugar", e quando se trata de uma análise que, não obstante esteja bem mais prolongada que o tempo de duração considerado como sendo médio (aproximadamente entre quatro e oito anos), evidencia que o processo analítico continua fértil, em plena atividade, com resultados palpáveis na conduta do paciente. Particularmente, quando acredito que estou nessa segunda situação e, tanto o paciente quanto eu, achamos conveniente prosseguir, não me sinto pressionado pela preocupação de que está havendo um prolongamento exagerado da análise, ou que, como muitos costumam sentenciar, se esteja "cronificando uma dependência", e coisas afins.

CARACTERÍSTICAS TÍPICAS DA FASE DE TÉRMINO

A primeira observação a ser feita é a de que inexiste uma forma típica e única de como são as manifestações clínicas que acompanham o período, maior ou menor, do término da análise. Antes, as características dessa fase são bastante variáveis, conforme as particularidades de cada analisando em particular e da natureza do vínculo que foi estabelecido com o analista. Não obstante essa diversificação, algumas situações manifestam-se com bastante regularidade, e é relevante que o terapeuta as reconheça suficientemente bem. Os seguintes elementos podem ser enumerados:

1. *Revivescência, à moda de* "trailler" *de um filme já visto.* De fato, muitas vezes, o paciente reproduz, na situação analítica, as mesmas angústias, *actings,* queixas, dúvidas, apego simbiótico, idealização excessiva, transferência negativa, etc., que caracterizaram os seus primeiros tempos de análise. A diferença é que não se trata exatamente de uma regressão ao ponto inicial da análise, mas, sim, uma forma de tornar a vivenciar fortes emoções, agora com uma resolução muito mais breve e que conta com uma participação ativa e cooperadora do paciente, que mantém uma "aliança terapêutica" com o analista. Se confirmada essa participação ativa do paciente, em diversos *flashes* do filme que resultou de suas vivências ao longo da análise, isso pode ser um excelente indicador de que, mercê da análise e de uma boa identificação com o seu terapeuta, ele adquiriu uma eficiente "função psicanalítica da personalidade", logo, está em condições de prosseguir uma permanente função autoanalítica.

2. *Formas de testar o analista.* É bastante freqüente que, de forma inconsciente (às vezes, consciente), o paciente necessite submeter o analista a uma série de "testes" para se reassegurar que o terapeuta não o esteja, simplesmente, descartando, por cansaço, decepção ou algo equivalente; ou que o vínculo com o analista, após o término da análise, não vai morrer totalmente; ou para se certificar que ele tem o direito de atuar, agredir, regredir, errar, sem sofrer reprimendas, revides, ou que cause danos irreversíveis, etc. Nos casos em que a referida necessidade de fazer testes com o analista seja predominante, essa fase de término da análise costuma adquirir uma característica de alguma turbulência, com sensíveis alternâncias do estado psíquico do paciente, fato este que exige uma boa capacidade de "continente" do analista.

3. O *despertar de sentimentos contratransferenciais.* Esse é um aspecto que pode servir como uma forma de o analista captar alguma comunicação primitiva do paciente acerca daquilo que não está sendo verbalizado por este, a respeito de como ele está vivenciando a proximidade do término, com satisfação ou com insatisfação. Essa comunicação primitiva pode se manifestar por meio de *actings,* so-

matizações, estados depressivos, confusionais, dramatizações, reativação de sonhos.

É possível que um difícil estado contratransferencial instale-se no analista quando, na fase do término, ele enfrenta amargas queixas do paciente concernentes a uma decepção que ele teve com uma análise tão longa, da qual esperava "muito mais". Nesse caso, cabe ao analista aproveitar o efeito dessa contratransferência para poder fortalecer o *insight* do núcleo que persiste no paciente, relativo à – muito provável – primitiva decepção que ela tivera com seus pais na infância, que não conseguiram preencher todos os desejos e expectativas mágicas da criança pequena (ou do adolescente...) que ele então era.

A propósito, é necessário destacar o fato de que manifestações de insatisfação do paciente, com sentimentos de decepção diante dos resultados finais da análise, de forma alguma devem sempre significar que o paciente está sendo ingrato ou que a análise realmente deixou muito a desejar. Deve ser levado em conta o fato de que quando, nesse período de término, a *insatisfação* do paciente não corresponde aos visíveis resultados positivos que ele adquiriu com a análise, o analista deve compreender e analisar as idealizadas fantasias iniciais do analisando de que o tratamento o levaria a atingir a utopia (fato não raro) de que ele conseguiria a condição de "perfeitamente analisado", plenamente feliz e em tudo realizado. Por isso está insatisfeito!

4. *Sonhos*. Não cabe dúvida de que os sonhos, tanto do paciente (freqüentemente) quanto do analista (menos comumente), representam uma excelente bússola de captação, percepção e significação do estado emocional do par analítico diante do término da análise. Os sonhos refletem o momento transferencial e facilitam o surgimento de novas transferências.

O conteúdo dos sonhos adquire características típicas: assim, é bastante comum que, nessa fase, mais do que é o habitual, o paciente sonhe com construções, ou reformas, de casas, o que deve ser traduzido pelo analista como uma clara referência à "casa interna" do paciente. Conforme for a nova moradia contida no sonho, ela pode evidenciar um sentimento do paciente de satisfação, de que ele cresceu bastante na sua qualidade de vida e no desabrochar de capacidades (a retirada de paredes, tornando as peças da casa mais espaçosas, recebendo luminosidade, decoração agradável, com colorido harmônico, preservação de alguns móveis antigos em combinação com outros modernos, etc.), ou um receio do paciente de insatisfação, de que ele esteja em perigo de abandono e ruína (o conteúdo manifesto do sonho pode ser o de uma casa malconstruída, mal-assobrada; em uma zona cercada de perigos, de solidão, etc.).

Ainda em relação à importância dos sonhos nessa fase da análise, cabe realçar a utilidade de o analista perceber se determinados sonhos que eram recorrentes no curso da análise ainda persistem, ou desapareceram, ou sofreram sensíveis transformações. Igualmente, é útil avaliar a capacidade que o paciente tenha adquirido de ele próprio compreender e estabelecer conexões entre os elementos de seus sonhos. Da mesma forma, há vantagens em o analista ficar atento para o significado de seus próprios sonhos, que se manifestam em determinados casos mais significantes.

5. *Livre associação de idéias*. Este item pode parecer uma redundância, visto que toda análise baseia-se nesse fundamental princípio freudiano. No entanto, da mesma forma como foi referido em relação aos sonhos, também a associação de idéias e imagens, espelhadas nos relatos do paciente, adquire características mais diretamente ligadas às fortes emoções que estão manifestas ou ainda ocultas no psiquismo do analisando diante do momento altamente significativo de um término, de uma separação tão importante.

INDICADORES POSITIVOS E/OU NEGATIVOS DA ADEQUAÇÃO DO TÉRMINO DA ANÁLISE

Partindo da assertiva de que a obtenção final do resultado analítico nunca será total e plenamente ao nível de uma perfeição absoluta (como alguns pacientes inicialmente imaginaram), justifica-se a valorização de alguns indicadores, positivos e/ou negativos, que possibilitam ao analista, e ao paciente, com vistas à adequação, ou não, do término final da análise, fazerem uma avaliação, a mais completa possível, das diversas áreas do psiquismo; logo, da conduta do paciente no cotidiano de sua vida.

Indicadores negativos

1. Não custa repisar que o analista deve estar bastante atento à possibilidade de que, inadvertidamente, possa estar conluiado com o paciente, sob uma cegueira relativa a muitos aspectos doentios do paciente que não foram analisados, ou não foram suficientemente modificados. Da mesma forma, sua atenção deve estar voltada para a hipótese de que todos (paciente, seus familiares, analista...) estejam satisfeitos, contudo, em termos realmente psicanalíticos, a análise não tenha construído mais do que um *falso self.*

2. Assim, impõe-se fazer uma distinção entre a obtenção de *benefícios terapêuticos* (sem dúvida, muito úteis, porém instáveis) e de *resultados analíticos* (quando aconteceram mudanças estruturais, definitivas).

3. Os sonhos, as associações de idéias e os outros sinais emitidos pelo paciente estejam transparecendo uma excessiva insatisfação e angústia. Igualmente, é um indicador negativo se o estado mental do analista, por efeito de uma contratransferência ou pela sua própria transferência em relação ao paciente que está se despedindo, seja de um excessivo desconforto, ou alívio, visto que essa última possibilidade pode estar indicando que ele quis "livrar-se do paciente".

4. No paciente, ainda persiste uma exagerada instabilidade no seu estado de humor, que oscila rapidamente entre os pólos de um bem-estar consigo mesmo e um estado psíquico de angústia, apatia, surgimento de defesas da posição esquizo-paranóide, forte manutenção da posição narcisista e aspectos similares.

Indicadores positivos

1. Analista e paciente sentem que, de forma suficiente, foi traçado o "mapa do psiquismo" do paciente, de modo que ele pode transitar de uma área do seu mundo interior (por exemplo, sua parte de criança frágil ou sua parte psicótica da personalidade) para uma outra área psíquica (por exemplo, seu lado adulto, sua parte não-psicótica, etc.), sem maior confusão ou com uma costumeira instabilidade em suas reações emocionais.

2. Destarte, a partir dessa familiarização com suas diversas zonas mentais, o paciente está conseguindo estabelecer um *diálogo interno,* ou seja, consegue conversar consigo mesmo, da mesma forma como, até há pouco, ele conversava com o seu analista. À aquisição dessa capacidade dá-se o nome de *função psicanalítica da personalidade.* No caso, o paciente demonstra possuir condições para integrar aquilo que aprendeu com as experiências emocionais sofridas na análise, conseguindo estabelecer diferentes correlações.

3. O analisando dá evidentes sinais de que atingiu a *posição depressiva,* de sorte que assume o seu quinhão de responsabilidade pelo que acontece consigo e com seus circunstantes; ele passou de uma posição de "narcisismo" para a de "social-ismo", isto é, revela consideração e solidariedade com os demais, assim como também demonstra outras características inerentes à aludida posição depressiva.

4. Um importante indicador positivo é quando o paciente demonstra que a sua capacidade de *continência* consegue servir como um suficiente continente para necessidades e angústias de certas pessoas significativas e normalmente funcionar como um "autocontinente" para as suas próprias ansiedades e demandas.

5. No entanto, o indicador positivo para o término da análise, que me parece ser o mais significativo, consiste em uma sensação de o analista sentir que está havendo uma harmonia transferencial-contratransferencial, muito especialmente no que tange a uma sensação interna, em ambos do par analítico, de que "chegou a hora". Ou seja, reina uma atmosfera de mútua compreensão, paciente e analista estão falando a mesma linguagem, até discordando em alguns aspectos, porém a comunicação flui com liberdade, especialmente no que toca à *escuta* e à, recíproca, *escuta da escuta.*

6. Creio ser imprescindível fazer um *balanço final* das metas que foram ou não alcançadas; das transformações que se processaram; das aquisições; das perdas; dos projetos imediatos e futuros; dos alcances e das li-

mitações; o mapeamento do psiquismo que permita ao paciente conhecer os seus pontos frágeis e vulneráveis; como o paciente exerce as suas funções do ego consciente; etc. Essa avaliação é realizada pela continuidade normal da análise dos sonhos, das associações de idéias que estão contidas nos relatos do cotidiano, nas atuações, etc. Geralmente, após a entrada na "fase do término", quando de forma marcante predominam os indicadores positivos, costumam decorrer alguns, poucos, meses até o encerramento – formal – final.

CONDIÇÕES NECESSÁRIAS AO ANALISTA EM RELAÇÃO AO TÉRMINO

É inquestionável que o "período de término" adquire configurações distintas conforme a singularidade de cada paciente, porém, sempre, as condições emocionais do analista exercem um papel altamente significativo nesse processo de encerramento. Assim, descontando o fato de que, provavelmente, na maioria das vezes, o processo do término evolua de forma normal, não se pode negar que existe a possibilidade (não tão pequena, como possa parecer) de que o terapeuta influencie negativamente, como pode acontecer numa das seguintes situações:

1. O analista tenha uma personalidade demasiadamente obsessiva, de modo a buscar a meta próxima da perfeição e, assim, vir a se perder em preciosismos.

2. Igualmente, esse analista pode ter uma característica de sempre esperar um "algo a mais", assim podendo estar repetindo aqueles pais que, quando o filho atinge uma meta importante, de imediato, já demonstram uma velada exigência de que se trace um novo projeto mais sofisticado, deixando no ar uma expectativa de que o filho (paciente) não o frustre.

3. Nos casos mais extremados de o analista possuir uma caracterologia marcantemente narcisista, é bastante provável que seu critério de término fundamente-se em seu desejo, manifesto ou oculto, de que o paciente tenha os mesmos valores, idéias, conduta e metas que as dele, terapeuta. Isso pode configurar a permanência de uma "relação de poder".

4. Não custa repetir que, em grande parte, orientado por um possível desconforto contratransferencial, o analista deve ter a humildade de reconhecer a possibilidade de ele poder ter contraído com o seu paciente um "conluio de acomodação", ter construído um "falso *self*" ou, ainda, não ter se apercebido que ainda remanescem muitos "pontos cegos" seus, que o impediram de perceber certos aspectos complicados do paciente, os quais provavelmente sejam da mesma natureza que os conflitos não-resolvidos do próprio analista.

5. Um exemplo dessa última situação pode, justamente, ser o de uma dificuldade com as perdas e separações.

6. Uma última possibilidade, quanto a uma possível influência patogênica do terapeuta no processo de término – que não pode ser descartada –, é aquela em que o labor do analista esteja sendo determinado, de forma inconsciente, pré-consciente ou consciente, por interesses particulares, seus, como pode ser, por exemplo, o de natureza econômica, o medo de seu consultório ficar esvaziado e coisas análogas.

MODALIDADES DE TÉRMINO

Cabe reiterar que não existe uma modalidade única, mas, sim, que cada analista tem o seu estilo preferido e que, mesmo assim, cada um pode variar o estabelecimento do término de acordo com as particularidades específicas de cada caso individualmente.

As questões que merecem ser levantadas dizem respeito aos seguintes pontos: é mais adequado que se faça uma finalização total (isto é, se, por exemplo, eram quatro sessões semanais, assim vai até o último dia) ou gradual (com a expressão "finalização gradual" quero designar uma gradativa redução do número de sessões semanais)? No caso de ser um encerramento final, é útil marcar uma data precisa e cumprir rigorosamente o combinado ou se restringir a alinhavar uma provável data, a poder ser algo modificada conforme for o andor do período de término? É útil que o analista não deixe a análise se prolongar mais do que alguns possíveis longos anos de tratamento, ou não importa esse fato? Na hipótese de o paciente manifestar desejo de voltar a se tratar em uma outra oportunidade futura, caso ele sinta necessidade, qual deve ser a posição do analista? E, ainda diante do fato de ele desejar voltar a se analisar, deve ser com o mesmo analista ou será preferível que seja com outro? É útil indicar uma "reanálise"?

Reitero que não existe uma única forma de procedimento, à moda de uma fórmula consagrada, sendo que, por isso, vou me restringir a expor, de forma muito breve, a minha forma particular de pensar e de lidar com tais situações. Assim, tenho tido muitos términos de tratamento analítico de "forma total", como também de "forma gradual"; não obstante essa última modalidade seja um assunto algo controvertido entre os analistas. Particularmente, não sinto a menor dificuldade, ou algum inconveniente, de aceitar as ponderações do paciente em concluir sua análise de forma gradativa.

Igualmente, não me sinto impelido a concluir a análise após um determinado período longo, enquanto eu e o paciente acreditarmos que o trabalho continua sendo fértil.

Diante da questão se o paciente poderá voltar a me procurar, em coerência com a minha posição de que não houve uma "alta" definitiva, com uma plena "cura", mas, sim, que chegamos ao término de uma etapa, de um *momento* de sua vida, sempre combino um regime de manutenção de um "canal de comunicação livremente aberto entre nós", em um regime de "portas abertas". No entanto, deixo claro que "portas abertas" não significa que eu vá dispor de horários para um tratamento sistemático, embora lhe afiance a certeza de que, certamente, conseguirei algumas brechas na minha agenda para conversarmos.

Tenho muitas evidências clínicas que essa conduta facilita bastante que o paciente, em um outro momento de sua vida, a seu critério, procure prosseguir com uma análise terminada, ou seja, uma "reanálise". Em relação à possibilidade de o paciente desejar experimentar o prosseguimento da análise com um outro analista, já passou a minha época de ficar melindrado; na atualidade, não só reconheço o seu direito legítimo e provavelmente sadio de assim proceder, como também, em algumas circunstâncias, se eu for consultado, eu o apoio, com sinceridade.

De igual modo não encontro dificuldades em aceitar, se minhas circunstâncias pessoais permitirem, a possibilidade de entrar no ritmo da, antes aludida, "análise em capítulos", significativamente mais encontrada em pacientes com características fóbicas.

Para concluir este capítulo, talvez o que esteja querendo transmitir, em sua essência, é que já não mais me sinto "dono do paciente"; antes, intimamente congratulo-me com ele e me gratifico quando tenho a convicção de que contribuí com alguns tijolos para uma importante construção, embora ela possa não ser completa e definitiva. Falando em construção, ocorre-me novamente a metáfora de que o papel do analista é análogo ao dos andaimes de uma edificação, são importantes enquanto a obra dura, mas se tornam dispensáveis quando ela se conclui, sem afastar a possibilidade de que, diante do desejo dos proprietários de expandir ou de reformar a construção, sejam usados os mesmos andaimes, ou outros.

20

Condições Necessárias para um Analista

Em algum lugar da situação analítica, sepultada sob massas de neuroses, psicoses e demais, há uma pessoa que pugna por nascer. O analista está comprometido com a tarefa de tentar ajudar a criança a encontrar a pessoa adulta que palpita dentro dele e, por sua vez, também mostrar que a pessoa adulta que ele é ainda é uma criança.

W. Bion

Nem só a arte e a ciência servem: no trabalho deve ser mostrada paciência.

Goethe (em *Fausto*)

Na atualidade, é impossível a compreensão dos fenômenos psíquicos sob um enfoque centrado unicamente no indivíduo; pelo contrário, impõe-se, cada vez mais, a convicção de que, desde os primeiros estágios evolutivos até o pleno funcionamento em todas as áreas de sua vida, o psiquismo de cada sujeito interage permanentemente com outras pessoas, sofrendo influências, às vezes de maneira passiva, a um mesmo tempo que ele também é um ativo agente modificador do seu entorno familiar, social, profissional...

Portanto, não é mais admissível que uma análise funcione unicamente com o método ultrapassado, no qual ao paciente cabia o papel de trazer o seu "material", enquanto o papel do psicanalista limitava-se a observar e "interpretar" o aludido material, com uma atitude de neutralidade absoluta, na qual, tal como um "espelho" opaco ante seus pacientes, ele refletiria tão-somente aquilo que viesse das "livres associações de idéias" do analisando. Entre os analistas de hoje existe um consenso, virtualmente absoluto, de que um processo analítico repousa, sobretudo, na dinâmica que existe no *campo analítico* (termo de Baranger, 1961), estabelecido pelas influências recíprocas entre o par analítico.

Ferenczi, desde que iniciou seus trabalhos, em 1931, pode ser considerado o precursor de autores como Balint, Winnicott, Guntrip, Kohut, Baranger e tantos outros que estudaram, aplicaram e divulgaram trabalhos analíticos como essencialmente centrados na inter-relação do analista com o paciente. Bion seguiu nessa mesma linha, até porque os seus primeiros passos na carreira que o levou a ser o terceiro gênio da psicanálise começaram por um trabalho com "grupos", e seguiram de forma ininterrupta privilegiando, cada vez mais, os vínculos que o indivíduo estabelece consigo próprio e com os demais.

A importância que está sendo creditada às condições emocionais da pessoa do analista, ao longo de todo o processo de um tratamento analítico, levou Bion a postular que *cada analista deve ter em mente, de modo claro, quais são as* condições mínimas necessárias (CMN), *para si mesmo, nas quais ele e o seu paciente podem fazer o trabalho* (1992, p. 75). Por ser o autor que, segundo creio, mais enfatizou a participação do terapeuta, de acordo com seu modelo *continente-conteúdo*, além de tantas outras concepções originais, este capítulo será essencialmente baseado em Bion. Para tanto, usarei o recurso de mencionar frases originais dele e de tecer considerações a partir delas, ressalvando que são meus os eventuais grifos de suas transcrições.

FORMAÇÃO DO ANALISTA

Assim, Bion costumava afirmar em seus seminários clínicos que:

> A prática da psicanálise é muito difícil. A teoria é simples. Se o analista tem boa memória, poderá ler todos estes livros e decorá-los com facilidade. Daí poderão dizer: que bom analista é tal pessoa; sabe todas essas teorias. *Mas isto não equivale a ser um bom analista*. Um bom analista está sempre lidando com uma situação desconhecida, imprevisível e perigosa. (Revista IDE, 14, 1987, p. 5).

Essa frase, creio, introduz-nos na condição de que, mais do que uma necessária bagagem de *conhecimentos* (provindos de seminários e estudos continuados), de uma, igualmente necessária, competente *habilidade* (resultante de supervisões), o analista deve possuir uma adequada *atitude psicanalítica* (mercê de seus atributos naturais e daqueles desenvolvidos por meio da análise pessoal), sendo que esta última consiste exatamente na posse do analista das "condições mínimas necessárias" para enfrentar as angústias e os imprevistos de uma longa viajem pelos meandros do inconsciente, do paciente e dele mesmo.

Dentre outras condições de ego do paciente, que seguem adiante, além das adequadas funções de percepção, pensamento, conhecimento, juízo crítico e discriminação, cabe destacar a importante função de *capacidade sintética do ego*, a qual lhe permitirá fazer as necessárias correlações e integrações, que também servirão como um importante modelo para o paciente.

PAR ANALÍTICO

A posição, anteriormente declinada, de Bion fica confirmada com a sua afirmativa de que "[...] a única coisa que parece ser básica não é tanto aquilo que *fazemos*, mas aquilo que vivemos, aquilo que *somos* [...]" (1992a, p. 46). Em outros momentos, ele diz que "em análise, a coisa mais importante não é aquilo que o analista e o paciente podem fazer, mas o que a *dupla* pode fazer, onde a unidade biológica é dois, e não um" (p.62) "[...], o ser humano é um animal que depende de um par; em análise, é um par temporário" (p.95) "[...], sendo que todo analista precisa ser temerário e reunir a *tenacidade* e a *coragem* que acompanham a *temeridade*, para poder insistir no direito de *ser ele mesmo* e de ter a sua própria opinião a respeito dessa estranha experiência que ocorre quando se está consciente de que há outra pessoa na sala" (p.74).

É importante observar que a postulação de que uma análise exige uma comunhão entre analista e paciente não deve significar que o analista perca o seu lugar, a sua autonomia, e muito menos que fiquem borradas as diferenças e a manutenção dos necessários limites entre ambos.

Bion, entre outros tantos autores, é um dos que mais destaca o fato de que a simples presença do psicanalista promove alterações no *setting*. Isso está de acordo com o "princípio da incerteza", uma concepção de Eisenberg, freqüentemente mencionada por Bion, e que consiste no fato de que o observador muda a realidade do fenômeno observado, conforme for o seu estado mental durante uma determinada situação, a exemplo do que se passa na física quântica, subatômica, na qual uma mesma energia em um dado momento é "onda", enquanto em outro é "partícula".

Assim, Bion foi um dos que mais contribuiu para desmistificar a posição de infalibilidade do analista, como um privilegiado observador neutro e perfeitamente sadio, investido como autoridade e juiz supremo daquilo que é o certo e o verdadeiro, considerando-o como um ser humano, certamente mais bem-preparado que o seu analisando, porém também tencionado por angústias e incertezas. Ele completa esse seu pensamento dizendo que "a incerteza não tem cheiro, não é palpável, mas ela existe. Se existe algo que é certo, é que a certeza é errada" (1992b, p. 202). Pelo contrário, diz ele, referindo-se ao ritmo da análise:

> [...] na prática devemos ter uma percepção acerca do que o paciente *pode suportar*. Nosso comportamento tem que sustentar certo compromisso; o analista deve ter consideração para com o paciente, para quem essa é uma experiência *atemorizante*.

PESSOA REAL DO ANALISTA

Penso que freqüentes afirmativas de Bion, como "o paciente faz algo para o analista e o analista faz algo para o paciente não é apenas uma fantasia onipotente" (1992, p.79), comprovam que ele valorizava o fato de que o psiquismo do analista, como pessoa real, mais do que unicamente uma pantalha transferencial, exerce uma importante influência nos destinos da análise. Assim, ele insiste na tecla de que "em toda situação analítica devem existir duas pessoas angustiadas, e espera-se que uma menos que a outra [...]", completara jocosamente. Dentro desse contexto, cabe destacar a sua afirmativa de que:

> Cada analista deve esperar *seguir melhorando*, de modo igual ao paciente. Por isso, é bom que o analista dê a si mesmo a oportunidade de *aprender* algo, e não permitir que o paciente, ou quem quer que seja, insista que ele é uma espécie de deus que conhece todas as respostas. É desesperante sentir que se está condenado a ser, de algum modo, um "grande pai", ou uma "grande mãe" ou um "grande que seja". *O que toda pessoa deve querer é ter espaço para viver como um ser humano que comete erros*" (1992b, p. 13).

Embora possamos depreender quão importante é o fato de o analista reconhecer que ele tem limites, limitações e direito de cometer enganos e erros, como todo mundo, impõe-se enfatizar que isso não é a mesma coisa que ele adotar uma postura analítica de indulgência ou negligência, tal como fica confirmado nessa posição de Bion:

> Na Inglaterra, não se pode iniciar uma ação legal contra o médico por que ele tenha fracassado em curar a um paciente; o fracasso na cura não é um crime nem mesmo se for o caso de um médico incompetente. O que, sim, é um crime é a *negligência*. Em psicanálise, a obrigação do analista é a de *intentar ajudar*, não se pode estar na *obrigação* de conseguir ajudar [...] O único contrato que o analista participa é aquele que estabelece que ele *fará o melhor que ele pode, mas não a obrigação de que terá êxito* (p. 39 e 69).

Destarte, destaco como mais profundas e belas as palavras de Bion que estão nesta citação:

> Em algum lugar da situação analítica, sepultada sob massas de neuroses, psicoses e demais, há uma pessoa que pugna por nascer. O analista está comprometido em uma tarefa de tentar ajudar a criança a encontrar a pessoa adulta que palpita dentro dele e, por sua vez, também mostrar que a pessoa adulta que ele é ainda é uma criança. O ideal é que ambas partes diferentes convivam em um criativo vínculo do tipo "simbiótico" (1992b, p.49).

No entanto, insistindo na necessidade de o analista reconhecer as suas próprias limitações, além daquelas do paciente, Bion alerta-nos que "certos pacientes não são analisáveis. Pode não ser culpa do analista, nem do paciente, senão que simplesmente ainda não sabemos o suficiente" (p. 32).

VISUALIZAR AS DIFERENTES PARTES DO PACIENTE

Para Bion, faz parte da atitude psicanalítica do terapeuta, em relação ao aspecto transferencial, que a situação mental do paciente não seja vista unicamente como espaçada no tempo – passado, presente e futuro –, mas que, no lugar disso, o analista poderia considerar a mente do paciente como "um mapa militar, no qual tudo está retratado em sua superfície plana, ligada com vários contornos. Isso significa que falar com uma pessoa é sempre 'aqui-e-agora', desde que o analista consiga distinguir uma parte da outra" (1992a, p. 30).

Em outros momentos, Bion utiliza a mesma metáfora da mente humana comportando-se como um mapa, e, assim entendi, ele traz a importante noção de que nem sempre o comportamento humano será uniforme. Pelo contrário, suas emoções podem proceder das suas zonas glaciais, das temperadas e até mesmo das tórridas do seu equador mental, podem ser de superfícies lisas e planas ou de zonas montanhosas e de escalada perigosa, de mares pacíficos ou turbulentos, sofrendo a possível influência dos *niños* dentro dele, com borrascas e profundas alterações do clima emocional, etc. Partindo de um outro vértice, Bion emprega essa imagem do mapa da mente humana para compará-la com os pontos cardiais de uma "rosa-de-ventos", que podem servir como indicadores de direção para progressão, regressão, transgressão, e, creio que cabe acrescentar, também possibilita que o paciente adquira condições para conhecer e locomover-se de um ponto para outro de sua não-acidentada geografia mental.

O que importa é que, na situação analítica, o relacionamento do paciente não deve ser entendido unicamente com a pessoa do analista, mas, sim, também, do *próprio paciente consigo mesmo*, como, por exemplo, de seu consciente com seu inconsciente, de sua parte infantil com a adulta, da parte "psicótica" com a "não-psicótica", daquela que é verdadeira com a outra parte dele que falsifica e mente, etc., Bion enfatiza a necessidade de que o analista reúna condições para poder discriminar essas diferentes partes e procurar integrá-las.

Assim, ele afirma que o objetivo essencial da atividade interpretativa do analista é promover a abertura de *novos vértices de observação* e de introduzir o paciente à pessoa mais importante que ele jamais poderá lidar, ou seja, ele mesmo (1992a, p.13). Isso pode ser exemplificado com essa interpretação que Bion propõe para um paciente, no curso de uma supervisão: "essa pessoa que você diz que foge e essa pessoa que é muito agressiva são a mesma pessoa. Penso que seja *você* mesmo" (p.179). Ou essa outra interpretação: "Está havendo um casamento entre você e você; um casamento entre seus sentimentos e pensamentos". Igualmente pode servir de exemplo essa sua frase: "todo gordo tem um magro que pugna por sair..." (1992b, p. 22), a qual, examinada detidamente, revela uma sensível profundidade. Da mesma forma, ainda cabe mais essa outra bonita citação de Bion: "Existe o termo panteão (lugar de todos os deuses), mas também existe o termo pandemônio (lugar de todos os demônios); cada demônio tem um santo que o acompanha e vice-versa. Do mesmo modo, cada cura tem um mal que a acompanha" (p. 156).

VISÃO BINOCULAR

Ainda dentro do mesmo contexto, Bion traz outra metáfora, igualmente bonita, qual seja a de comparar a mente humana com uma orquestra (p.179), na qual diferentes instrumentos (parte infantil, adolescente, adulta...) tocam uma mesma partitura. Ele conclui suas analogias, perguntando: "De que zona do mapa do *self*, o paciente não quer saber absolutamente nada?" A isso, poder-se-ia completar com uma outra questão: a partir de qual vértice de percepção, o analista poderia induzir o paciente a entrar em contato e refletir sobre as áreas que ele mantêm ocultas para si mesmo.

Todos esses aspectos conduzem-nos àquilo que Bion denomina "visão binocular" (outras vezes, ele denomina visão "multifocal"), ou seja, uma capacidade de o analista abrir novos vértices de observação de um mesmo fato psíquico, de propiciar ao paciente o desenvolvimento de uma condição de estabelecer correlações entre as partes distintas dele, entre um pensamento e outro pensamento, um sentimento com outro sentimento, uma idéia com um sentimento, e assim por diante. Da mesma forma, esse atributo do analista permite que ele desenvolva no paciente um "diálogo interno" entre a parte infantil e a adulta, a parte psicótica da personalidade e a não-psicótica, os seus aspectos agressivos e os amorosos, a parte que quer conhecer as verdades e a que quer negá-las de forma absoluta, etc.

Essa forma de abrir uma outra forma de autovisualização tem uma extraordinária importância na psicanálise atual, e ela está baseada no fato de que, assim como a criança forma a imagem de si mesma nos moldes de como a mãe a vê, também o paciente está em grande parte condicionado à visão que o analista tem dos potenciais dele.

RESPEITO

É importante destacar a necessidade de que o analisando seja aceito pelo analista, tal como, de fato, ele é ou *pode vir a ser*, e não como o terapeuta gostaria que ele fosse, desde que fique claro que respeitar as limitações do paciente não é o mesmo que se conformar com elas. Creio que se pode completar: ser "bom" não é o mesmo que "ser bonzinho".

A etimologia mostra-nos que o atributo de "respeito" tem um significado muito mais amplo e profundo do que aquele usualmente empregado. Respeito vem de *re* (de novo) e *spectore* (olhar), ou seja, é a capacidade de o psicanalista (e, a partir daí, ser desenvolvida no paciente) *voltar a enxergar* o ser humano que está à sua frente como *outros olhos*, com outras perspectivas, sem a miopia repetitiva dos rótulos e papéis que desde criancinha foram incutidos no paciente. O desenvolvimento dessa capacidade de "re-speitar" só será possível se o analista (tal como a mãe, no passado) possuir as capacidades de empatia e de *rêverie*, ou seja, de continência.

Bion alerta para os riscos de que o analista repita aquilo que os pais de muitos pacientes fizeram, condenando-os de alguma forma a viverem para cumprir as suas (dos pais) expectativas grandiosas. O que a pessoa quer – diz ele – "é comportar-se como uma pessoa comum, é ter um espaço para viver como um ser humano que comete erros".

Talvez não tenha experiência mais frustrante para um paciente do que aquela na qual, graças a um enorme esforço, ele consegue fazer uma confidência guardada de longa data ou apresentar uma pequena melhora, bastante significativa para ele, embora possa parecer invisível ou banal do ponto de vista de um observador externo, e, assim mesmo, *não ser compreendido por seu analista*. Essa não-compreensão, logo uma desvalorização do seu esforço, reaviva e reforça, no paciente, seus antigos sentimentos de que era des-respeitado, levando-se a fazer significações patogênicas de fatos normais. Serve como exemplo disso a observação de Bion de que *no amor de uma pessoa por outra do mesmo sexo, qualquer sugestionamento, por parte do analista, de comportamento homossexual, mata a pequena planta que está nascendo, pois ser capaz de amar a alguém que é igual a si mesmo pode ser um passo no caminho para amar a alguém distinto.*

EMPATIA

Embora raramente Bion tenha empregado esse termo diretamente, é evidente a importância que ele outorgou a esse atributo do analista, conforme nos demonstra a etimologia dessa palavra. "Empatia" é composta das raízes gregas *em* (quer dizer: dentro de) e *pathos* (significa: sofrimento), portanto, alude à capacidade de o analista colocar-se no papel do paciente, isto é, entrar dentro dele para, junto, sentir o seu sofrimento. Isso é muito diferente de "simpatia", que se forma a partir do prefixo *sim*, que designa "ao lado de" e não "dentro de". A empatia resulta da capacidade de o analista poder utilizar as fortes cargas das identificações projetivas como uma forma de comunicação primitiva do paciente. O extremo oposto seria o de um estado mental do analista de *a-patia*, ou seja, ele não se mantém sintonizado com o sofrimento do paciente, e, nesses casos, a análise não vai além de um processo protocolar, monótono e estéril, pois em tais condições a apatia contamina ambos do par analítico.

CORAGEM

Nesses últimos casos, Bion recomenda que o analista deve ter a *coragem* para se aperceber que as aparentes harmonia e tranqüilidade da situação analítica não são mais do que uma estagnação estéril, a qual ele denomina *calma do desespero* e que, a partir dessa percepção, o analista possa provocar uma *turbulência emocional*. Assim, Bion estabelece uma comparação com náufragos que estão em uma balsa, aparentemente calmos (na verdade, resignados), até que aparece um avião de salvamento e eles entram em um estado de turbulência:

> A pessoa desesperada não manifesta nenhum sentimento particularmente marcado e, algumas vezes, preferiria ficar nesse estado porque resulta menos perturbador do que a possibilidade de resgate. (1992a, p. 152)

CAPACIDADE DE SER CONTINENTE

Partindo de sua original concepção de que a todo *conteúdo* (carga de necessidades e angústias da criança, ou do paciente) deve corresponder um estado de *continente* (da mãe ou do analista), Bion concebeu como uma das "condições necessárias mínimas" a função de o analista *acolher* as projeções daquilo que é intolerável para o paciente, *decodificá-las*, *transformá-las*, dar um *significado*, um *sentido* e um *nome*, para somente *devolvê-las* ao paciente devidamente *desintoxicadas*, sob a forma de assinalamentos ou interpretações, em doses adequadas, ao ritmo que cada paciente em particular consegue suportar.

A função "continente" alude, portanto, a um processo ativo, não devendo ser confundido com um "recipiente", em cujo caso trata-se de um mero depósito passivo. Um aspecto que me parece particularmente importante em relação a essa função de continência é o que eu costumo denominar *função moratória*, ou seja, o paciente deposita aspectos seus dentro da mente do analista, à espera que esse, tal como se passa em um depósito de bens materiais a serem custodiados, na forma de uma moratória, contenha durante algum tempo (pode ser de vários anos, sobretudo com pacientes bastante regredidos), para depois devolver ao paciente, seu legítimo dono, quando ele tiver condições de resgatá-los.

Um aspecto muito desafiador para a condição de *continente*, do analista, alerta Bion, é quando ele projeta uma carga agressiva exagerada, particularmente aquela que tem um cunho desqualificatório. Assim,

> Certos pacientes, de qualquer modo, tentam provar que o analista está equivocado; consideram o analista tão ignorante que este não lhe pode brindar nenhuma ajuda, ou que ele é tão inteligente que poderia fazer o seu trabalho sem nenhuma assistência dele, paciente.

Mais adiante ele completa:

> Haveria algo de muito errado com o seu paciente caso ele não pudesse fazer o seu analista de bobo. Ao mesmo tempo, há algo de muito errado com o analista que não consegue tolerar ser feito de bobo; caso possa tolerar isso, se você puder suportar ficar irritado, então você pode aprender algo (p. 114).

PACIÊNCIA

Essa *condição mínima necessária* está diretamente ligada à anterior, porém, como a sua raiz etimológica mostra (a palavra "paciência" vem de *pathos* que, em grego, significa "sofrimento"), ela exige que o analista suporte a dor de uma espera, enquanto não surge uma luz no fosso do túnel depressivo do paciente. Também Freud exaltou a virtude da *paciência*, como se vê no "caso Dora", no qual ele cita um trecho de Fausto, de Goethe: "Nem só a arte e a ciência servem: no trabalho deve ser mostrada paciência" (1905, p. 19).

Deve ficar bem claro que *paciência* não significa uma atitude passiva, de resignação ou coisa parecida; pelo contrário; consiste em um processo ativo dentro do analista. Como diz Bion, "de início, o analista desconhece o que está ocorrendo; caso sejamos honestos, temos que admitir que não temos a menor idéia do que está ocorrendo. Mas, se ficarmos, se não fugirmos, se continuarmos observando o paciente, 'vai emergir um padrão'" (1992, p. 172). Essa última expressão, que Bion gostava de utilizar, é uma menção a Freud que, por sua vez, a tomou emprestada de Charcot.

Em um outro momento, Bion afirma que o analista deve dar um bom tempo para que o paciente manifeste plenamente os sentimentos de desespero, depressão, inadequação ou de insatisfação ressentida com a análise e com o analista (assim como a mãe deve abrir um espaço para acompanhar a depressão do filho); portanto, não devemos ser demasiado prematuros em dar uma interpretação tranqüilizadora. Aliás, às vezes, Bion comparava a análise com um processo de gestação, de modo que referia que Sócrates costumava dizer que, muitas vezes, fazia o papel de "parteira": atendia ao "nascimento de uma idéia" e que, da mesma forma, os analistas podem ajudar a que um *paciente nasça*, a que ele emerja do ventre do pensamento.

Green (1986, p.134) reforça a importância do atributo de *paciência* ativa do psicanalista, como se depreende dessa citação:

> Não há um só analista que mantenha a ilusão de que se ele interpretar uma determinada atitude, esta desaparece. Para mim, por exemplo, a atitude do paciente pode durar, digamos [...] 15 anos. A análise é um trabalho de Penélope, todos os dias você tece a teia e, logo que o paciente o deixa, ela se desfaz. Se não estivermos preparados para ver a análise assim, é melhor mudar de profissão [...].

CAPACIDADE NEGATIVA

O termo alude a uma – positiva – condição minimamente necessária de o terapeuta conter as *suas próprias* angústias decorrentes do seu *não saber* aquilo que está se passando na situação analítica, porquanto *temos um horror ao vazio, nós odiamos estar ignorantes*.

Na ausência dessa capacidade, as interpretações dadas ao paciente poderão representar nada mais do que uma tentativa de o analista aliviar a sua própria angústia, "preenchendo" o vazio daquilo que ele está ignorando. De forma equivalente, pode acontecer que o analista não tenha a capacidade para conter a sua ânsia de não frustrar o paciente, e com isso ele faz interpretações prematuras, embora elas possam ser corretas, de forma que ele pode estar *assassinando a curiosidade* do paciente, a um mesmo tempo que, completo, ele pode estar assassinando a sua própria capacidade intuitiva.

Como um derivado direto da condição de "capacidade negativa" por parte do analista, Bion postulou a recomendação técnica de um estado mental do terapeuta no transcurso de uma sessão analítica: um estado de *sem memória, sem desejo e sem compreensão*. A finalidade maior de que a mente *não fique saturada* com a memória, os desejos e a necessidade de compreensão imediata, é para que os órgãos dos sentidos não fiquem tão predominantes, e assim não dificultem a emergência da capacidade de intuição do analista.

INTUIÇÃO

Trata-se de uma condição necessária para o analista, que não tem nada de transcedental, como muitas vezes se pensa; antes, alude à uma capacidade da mente do terapeuta, para ele não utilizar exclusivamente os seus órgãos dos sentidos para captar algo importante da esfera afetiva. A etimologia do verbo *intuir* procede dos étimos latinos *in* (dentro) e *tuere* (olhar), ou seja, Bion utiliza novamente um modelo da analogia visual para definir, parece-me, uma capacidade de se olhar com um *terceiro olho*, não-sensorial, com uma visão *para* dentro, ou partindo *desde* dentro do sujeito. Uma metáfora de Bion esclarece melhor: ele recomenda que o analista lance sobre sua própria visão um *facho de escuridão,* para que se possa ver melhor, assim como esclarece a metáfora de que, conforme Rezende (1993), na escuridão da noite as estrelas ficam mais visíveis.

De forma análoga, uma imagem que me ocorre para caracterizar a importância da capacidade de intuição é aquela que pode ser extraída do jogo conhecido como "olho mágico". Consiste no fato de que se o observador olhar de uma forma especial, diferente da habitual, a uma folha plana com certas figuras impressas, terá uma impressionante visão de terceira dimensão, que só se tornou possível quando ele relaxou o hábito de olhar única e fixamente com o órgão sensorial que é o seu olho.

Dentro dessa mesma idéia, Bion costumava utilizar uma citação do poeta Milton: "Observar coisas invisíveis para um mortal", ou seja, Bion dizia que *o analista deve saber escutar não só as palavras e os sons, mas também a música.* Igualmente, ele com freqüência mencionava a concepção do filósofo Kant de que "intuição sem conceito é cega; conceito sem intuição é vazio", cabendo ao analista promover um *casamento entre a intuição e o conceito, de tal modo que gerem um pensamento moderno completo.*

SER VERDADEIRO

Este aspecto de o analista ter amor às verdades constitui-se em uma das CNM mais enfatizadas por Bion, não obviamente no sentido dele *ter a posse* de conhecimentos que julga serem as verdades absolutas, mas, sim, que ele seja *verdadeiro consigo mesmo*, portanto que, como condição *sine qua non*, ele tenha uma atitude analítica de querer conhecer e enfrentar as verdades dele, do paciente e do vínculo entre eles, por mais penosas que sejam.

À essa função do *conhecimento*, Bion considerou como sendo um dos *vínculos* essenciais, que ele designou com a letra "K" ou, se estiver a serviço de negar e evitar o conhecimento, "-K". Assim, podemos depreender de Bion, *ser verdadeiro* vai muito além de um dever ético, é uma imposição técnica mínima, a ser transmitida ao analisando e a ser dirigida em profundidade, em uma busca das verdades originais.

Esse aspecto tem uma profunda repercussão na prática analítica, porquanto alude diretamente ao vínculo do par analítico e, conseqüentemente, diz respeito à atividade interpretativa e aos critérios de crescimento mental do paciente. Assim, conforme Bion, "um paciente procurar um analista sugere que ele necessita de uma injeção poderosa de verdade, mesmo que ele não goste dela. No entanto, o medo de conhecer as verdades pode ser tão poderoso que as doses de verdade são letais" (1992a, p. 61). Isso, quero crer, constitui um alerta para o analista não confundir "amor às verdades" com um estado mental de permanente "caça obsessiva às supostas verdades", até mesmo porque a busca da liberdade, bem maior que uma análise pode propiciar, é indissociável da verdade, tal como aparece na sabedoria milenar da Bíblia, no trecho que reza que *só a verdade vos libertará*.

Assim, impõe-se mencionar essa profunda e, ao mesmo tempo, poética frase de Bion, que estabelece uma íntima correlação entre o amor, a verdade e a liberdade: "amor sem verdade não é mais do que paixão; verdade sem amor não passa de crueldade". Isso me faz recordar dessa outra frase do poeta inglês Yeats, igualmente bela e profunda, e que pode servir como uma luva para nós, analistas: "por favor, pise devagar, porque estás pisando nos meus mais queridos sonhos...".

Um aspecto particularmente importante em relação à condição minimamente necessária de o analista ser verdadeiro consiste no risco, durante o processo analítico, de uma formação de *conluios inconscientes* do analista com as falsificações do analisando. Assim, Bion adverte para o fato de que há pacientes que tentam limitar a liberdade de pensamento e, por conseguinte, de interpretação do analista. Ele compara isso com situação de uma paciente ir a um médico e dizer: "Doutor, apareceu um inchaço no meu seio; agora, eu não quero ouvir nada sobre câncer ou qualquer treco desse tipo" (1992a, p. 260). Isso não difere fundamentalmente do fato de que um analista possa ficar conluiado, submetido àquele tipo de paciente que quer baixar leis sobre aquilo que o analista vai pensar ou sentir a respeito dele. São pacientes que querem impor o "não quero ouvir que há algo de errado comigo" (p. 30).

Da mesma forma, Bion também alerta para que o analista precavenha-se contra a formação de um conluio com pacientes que preferem o que ele denomina como uma *cura cosmética*, muitas vezes de aparência bonita, porém que é superficial e instável, porquanto ela é encobridora daquilo que é sentido pelo paciente como uma feiúra interna, sendo que isso é próprio daqueles analisandos que não querem se desfazer dos seus, proteiformes, *disfarces mentais*.

CAPACIDADE PARA SOBREVIVER

Não resta dúvida que uma das capacidades fundamentais de um analista é a de ele "sobreviver" às diversas modalidades de ataques – agressivas, eróticas, depressivas e narcisistas – que muitos pacientes vão lhe impor no curso da análise. Na prática clínica, os referidos ataques podem se manifestar sob a forma de uma constante desqualificação e denegrimento que o paciente faça de seu trabalho e de sua pessoa; de alguma forma de sedução, erótica inclusive, que inconscientemente – ou de forma deliberadamente consciente – visa a tirar o analista de seu lugar e papel; de uma atitude arrogante própria de um narcisismo exagerado; por meio da prática de *actings* de natureza maligna e comprometedora para o analista; por meio de ameaças e intentos suicidas; do eventual surgimento de um período de "psicose de transferência" ou mesmo de manifestações psicóticas preocupantes; etc.

Todos estes casos costumam despertar uma dificílima contratransferência, razão porque mais do que nunca, seja qual for o paciente, embora ambíguo e ambivalente, no fundo, ele quer se assegurar que o seu analista *sobrevive* aos seus ataques, porque não se deixa ficar envolvido pela tentação da sedução, não revida e tampouco se submete aos ataques agressivos e arrogantes, não o remete para um outro terapeuta e não apela de forma despropositada para um inadequado uso de medicação. A sobrevivência do analista representa dois significados de primeira grandeza para a análise desse paciente: 1) nem todas as pessoas (representantes de seus objetos internos) são tão frágeis como ele imaginava; 2) ele, paciente, não é tão destrutivo e perigoso como acreditava ser.

SENTIMENTO DE UMA SUFICIENTE AUTONOMIA

A palavra "autonomia" deriva dos étimos *auto* (próprio) e de *nomos* (que, em grego, significa nome, lei), ou seja, pode-se considerar como uma condição mínima necessária para o analista que ele tenha adquirido um sentimento de identidade (um nome próprio), com uma liberdade interior de ele ser autêntico, e não simplesmente um mero cumpridor de expectativas e mandamentos de outros, por mais significativos que estes sejam.

Assim, o analista não pode ficar prisioneiro de sua formação, quando, então, corre o risco de se deixar invadir por uma espécie de "terrorismo teórico", de modo a unicamente obedecer e, logo, deixar de pensar e indagar. Da mesma forma, o terapeuta pode ficar cego, surdo e paralítico diante daquilo que ele não analisou em si, ou quando, em um extremo exagerado, o "terrorismo teórico" provindo de um rígido "superego analítico" funciona nele como uma camisa de força, impedindo uma liberdade de pensamento, intuição, criatividade e livre movimentação, além do sagrado direito de cometer eventuais falhas, erros e ter limitações.

À guisa de síntese do que foi exposto nesse capítulo, pode-se dizer que a formação de uma indispensável "atitude psicanalítica interna", resultante da aquisição das "condições mínimas necessárias", implica a condição de que o analista discrimine as seguintes transformações na situação analítica:

- *ouvir* não é o mesmo que *escutar*;
- *olhar* é diferente de *ver, enxergar*;
- *entender* não é o mesmo que *compreender*;
- ter a mente saturada com a *posse* das verdades é bem distinto de um estado mental de *amor pelas verdades*;
- funcionar como um oráculo, que tudo sabe, pode, aconselha e condena, não é o mesmo que demonstrar uma autêntica *segurança e conhecimentos*;
- *simpatia* não é o mesmo que *empatia;*
- *recipiente* não é o mesmo que *continente*;
- ser *bonzinho* não deve ser confundido com *ser bom*;
- interpretar *corretamente* não significa que houve um efeito *eficaz*;
- *adivinhar* ou *palpitar* não é a mesma coisa que *intuir*;
- *falar* não é o mesmo que *dizer*;
- *saber* não é o mesmo que, de fato, *ser*!

PARTE III

Características Clínicas e Manejo Técnico das Diferentes Psicopatologias

21

Psicoses. Pacientes *Borderline*. A Parte Psicótica da Personalidade

Qualquer paciente de natureza psicótica
sempre está cheio de... vazios.

O termo "psicose" não tem uma clara e definida precisão conceitual e clínica, pois abrange distintas significações e diferentes quadros clínicos, cada um, por sua vez, com variadas diferenças qualitativas e quantitativas. Destarte, como não se pode falar de psicose como uma categoria homogênea, independente da categorização oficial que o DSM-IV-TR designa, creio que, para fins didáticos, cabe adotar o critério de uma classificação, de base clínica, em três subcategorias: 1) psicoses (propriamente ditas), 2) estados psicóticos e 3) condições psicóticas. Cada uma dessas, por sua vez, pode ser subdividida, conforme o grau de gravidade, em uma escala que vai de 1 (forma benigna) a 4 (maligna), sendo que, muitas vezes, elas tangenciam e superpõem-se umas às outras.

PSICOSES (PROPRIAMENTE DITAS)

Implicam um processo deteriorante das funções do ego, a tal ponto que haja, em graus variáveis, algum sério prejuízo de contato com a realidade. É o caso, por exemplo, das diferentes formas de esquizofrenias crônicas. O quadro clínico de psicose pode tanto ser de surgimento agudo como, também, pode evoluir de forma muito lenta e gradativa, constituindo as formas crônicas, quando então são de prognóstico bastante mais sombrio que as formas agudas. Estas últimas, embora de sintomatologia muito mais ruidosa, quando bem diagnosticadas, manejadas e tratadas, podem ser de excelente prognóstico.

ESTADOS PSICÓTICOS

Abarcam um largo espectro, mas sempre pressupõem a preservação de áreas do ego que atendem a duas condições: uma é a de que tais "estados psicóticos" permitem uma relativa adaptação ao mundo exterior, como é o caso de pacientes *borderline*, as personalidades excessivamente paranóides ou narcisistas, algumas formas de perversão, psicopatias ou neuroses graves. A segunda consiste no fato de que esses quadros clínicos possibilitam uma recuperação sem seqüelas, após a irrupção de surtos francamente psicóticos, como, por exemplo, reações esquizofrênicas agudas ou episódios na doença de transtornos afetivos, que, até há pouco, era denominada como "psicose maníaco-depressiva".

BORDERLINE

Pela importância que representa e pelo alto grau de incidência clínica, cabe dar um destaque mais detalhado aos pacientes *borderline*, tal como segue:

Durante muito tempo, o termo *borderline* designava um estado de psiquismo do paciente que, clinicamente, estivesse na fronteira, no limite entre a neurose e a psicose. Embora existam evidências clínicas que confirmem essa afirmativa, na atualidade os estudiosos desses casos *borderline* preferem considerar tal condição psíquica uma *estrutura*, com características específicas e peculiares. De forma abreviada, cabe destacar as seguintes características dos pacientes *borderline:*

- Todos os aspectos inerentes à *parte psicótica da personalidade*, em algum grau e forma, estão presentes nesses pacientes fronteiriços.
- No entanto, diferentemente do que acontece nas psicoses clínicas, os pacientes *borderline* conservam um juízo crítico e o senso da realidade.
- Assim, é bastante freqüente a presença de sintomas de "estranheza" (em relação ao meio ambiente exterior) e de "despersonalização" (estranheza em relação a si próprio).
- Esses sintomas estão intimamente ligados ao fato de que os pacientes *borderline* apresentam um *transtorno do sentimento de identidade*, o qual consiste no fato de que não existe uma integração dos diferentes aspectos de sua personalidade, de sorte que essa "não integração" resulta numa dificuldade que esse tipo de paciente tem de transmitir uma imagem integrada, coerente e consistente de si próprio e, assim, deixa os outros confusos em relação a ele, transmitindo uma sensação de que ele é uma pessoa "esquisita".
- Este estado mental decorre do fato de que este tipo de paciente faz uso excessivo da defesa de "clivagem" (dissociação) dos distintos aspectos de seu psiquismo, que permanecem contraditórios ou em oposição entre si, de modo que ele se organiza como uma pessoa ambígua, instável e exageradamente compartimentada.
- Também existe a presença permanente de uma ansiedade difusa e uma sensação de "vazio crônico" que acompanham uma "neurose polissintomática".
- Essa última refere que tais pacientes recobrem as suas intensas angústias depressivas e paranóides com uma fachada de sintomas ou de traços caracterológicos, de fobias diversas, manifestações obsessivo-compulsivas, histéricas, narcisistas, somatizadoras, perversas, etc., todas elas podendo ser concomitantes ou alternantes.
- É bastante freqüente o surgimento de *actings* que, muitas vezes, adquirem uma natureza de sexualidade perversa e sadomasoquista.
- Em casos mais avançados, podem aparecer manifestações pré-psicóticas, como é o caso de personalidade paranóide, esquizóide, hipomaníaca, neuroses impulsivas, transtornos alimentares graves, drogadicções, psicopatias, etc.
- O que é incontestável é o fato de que, mesmo que haja uma florida aparência edípica nas atuações de uma incontida sexualidade, a raiz do estado psicótico *borderline* reside nas falhas e faltas, ocorridas durante o desenvolvimento emocional primitivo, com a conseqüente formação de vazios, verdadeiros "buracos negros", que estão à espera de serem preenchidos por uma adequada conduta analítica do terapeuta.
- A experiência da prática clínica mostra que o prognóstico da evolução analítica é bastante variável, de modo que é consensual que os pacientes *borderline* podem ser não apenas os mais frustrantes, mas também os mais gratificantes de serem tratados.
- Em relação aos *estados paranóides*, que freqüentemente acompanham os pacientes *borderline,* cabe destacar que eles costumam se manifestar, isoladamente ou mesclados entre si, por uma das seguintes quatro formas: ideação delirante de perseguição, de ciúme, erotomania e megalomania.

CONDIÇÕES PSICÓTICAS

Aqui, a denominação faz referência àqueles pacientes que, apesar de estarem manifestamente bem-adaptados, são portadores de condições psíquicas que os caracterizam como potencialmente psicóticos e que, não raramente, no curso do processo analítico, podem apresentar episódios de regressão ao nível de psicose clínica. Isso se deve a uma acentuada presença dos, assim chamados, "núcleos psicóticos", os quais correspondem ao que Bion (1967) denomina "a parte psicótica da personalidade". Tais "núcleos psicóticos" estão subjacentes às estruturas neuróticas rigidamente organizadas, como, por exemplo, as de natureza excessivamente obsessiva, fóbica ou somatizadora, as quais podem estar funcionando como uma última e instável barreira defensiva contra a permanente ameaça de descompensação psicótica, diante de um assustador incremento de uma primitiva ansiedade de aniquilamento.

É importante deixar claro que o conceito de *parte psicótica da personalidade* não é sinônimo de psicose clínica (embora, em alguns casos, essa parte predomina, tanto que se constitui como uma franca psicose), de modo que toda pessoa não-psicótica é portadora, mesmo que em grau diminuto, em estado latente, de um resíduo de "sua majestade o bebê", do seu primitivo psiquismo.

Assim, embora esse conceito aparece mais amplamente explicitado no capítulo referente ao glossário dos principais conceitos da prática analítica não custa enfatizar que, nessa "condição psicótica" do psiquismo, na prática clínica, destacam-se as seguintes características: esse paciente, em graus distintos, troca o pensamento conceitual pelo uso da *onipotência* ("Se eu posso tudo, para que *pensar*?"); o aprendizado com as experiências cede lugar à *onisciência* ("*Se eu sei tudo, para que aprender com as experiências*?"); o reconhecimento *da parte frágil da personalidade* é substituído pela *prepotência* ("*Não é verdade que eu seja uma criança frágil e desamparada; pelo contrário, quem é assim são aqueles que tremem de medo de mim*"); a capacidade de discriminação é trocada por um estado *de confusão e ambigüidade*; no lugar de uma curiosidade sadia fica *uma curiosidade intrusiva e invasiva*; a inteligência é substituída por uma *estupidez*; o orgulho sadio se transforma em *arrogância*; enquanto o juízo crítico adquire uma dimensão psicótica de um *supra-ego*, isto é, esse paciente crê que pode ditar as próprias leis, mesmo que elas atentem contra a natureza, encolarizando-se quando os demais (a quem ele considera seus "súditos") não as seguem.

MANEJO TÉCNICO DAS PSICOSES CLÍNICAS

Em relação às "psicoses propriamente ditas", tal como são descritas na psiquiatria, é consensual a existência de uma evidente lacuna entre os profundos avanços de nossa complexa metapsicologia e os limitados alcances de nossa prática analítica. Assim, os poucos relatos de tratamentos realizados exclusivamente pelo método psicanalítico clássico em pacientes com esquizofrenias processuais, por parte de renomados psicanalistas, como Rosenfeld, Bion e Meltzer, são de brilhantes resultados de investigação teórica, mas de duvidosa eficácia clínica.

A análise de psicóticos foi de interesse vital nos anos 50, tendo começado como uma tentativa de mostrar que eles podiam ser tratados exclusivamente pela técnica psicanalítica clássica. Se, por um lado, isso propiciou notáveis aberturas para o estudo e para o tratamento de pacientes bastante regredidos (*borderline*, transtornos narcisistas, perversões, etc.), que até então não tinham acesso à psicanálise, por um outro, acarretou inconvenientes pelo fato de que muitos autores tenderam a refugiar-se e a enclausurar-se em uma doutrina rígida e monolítica, centrada unicamente na interpretação transferencialista dirigida quase que exclusivamente para os conteúdos das arcaicas fantasias inconscientes, ligadas a objetos parciais, como o seio, o pênis, etc.

Hoje, em nosso meio, para esses pacientes, a maioria dos psicanalistas preconiza o uso de métodos alternativos, em um arranjo combinatório de múltiplos recursos, como, por exemplo, a simultaneidade do método analítico e o uso de psicofármacos, ou com outros meios, que seguem referidos.

1. *Recentes avanços teóricos*. Destes, os que vêm merecendo maior relevância são os referentes à indiferenciação entre o "eu" e o "não eu"; ao fenômeno da primitiva "especularidade com a mãe", ou seja, como se a mãe fosse um espelho dela; ao registro somático das arcaicas sensações e experiências emocionais; ao alargamento das atribuições das identificações projetivas nos processos perceptivo-cognitivos, tanto do ponto de vista de autores psicanalíticos, como os das contemporâneas neurociências; um mais aprofundado conhecimento das

faltas e, por conseguinte, da formação de *vazios* no psiquismo prematuro, que ocorreram durante o desenvolvimento emocional primitivo do bebê e da criança pequena.

2. *Valorização da realidade externa*. Diferentemente do que a técnica kleiniana classicamente recomendava, no sentido de priorizar a interpretação dos conflitos quase que exclusivamente enfocado no mundo interno, também no paciente psicótico os analistas contemporâneos hierarquizam a importância dos objetos externos, reais, com ênfase nas primitivas fantasias inconscientes e nos objetos parciais introjetados.

3. *Relações familiares*. No mínimo, dois aspectos merecem um registro especial: um é o *discurso* dos pais primitivos, como sendo um dos modeladores do inconsciente do sujeito; o segundo é a designação de *papéis* fixos a serem cumpridos no contexto da dinâmica familiar, como, por exemplo, a atribuição do papel de bode expiatório, ou de gênio, ou o de se comportar como uma eterna criança, e assim por diante, inclusive a possibilidade de que o papel que foi designado para o nosso paciente psicótico tenha sido justamente o de ele funcionar como psicótico, isto é, como o portador das partes psicóticas de cada um e de todos do seu grupo familiar. A "corrente sistêmica" denomina "paciente identificado" aquele que assume este papel forçado pelo restante da família "sadia".

4. *Colaboração multidisciplinar*. Cada vez mais, os psicanalistas estão permeáveis às contribuições de epistemólogos, neurólogos, lingüistas e geneticistas, bem como das ciências cognitivas e da neurociência, além da, muito especialmente, moderna psicofarmacoterapia. Neste último aspecto, bastante recente, a psicanálise deu um grande salto de qualidade, pois até pouco tempo atrás a recomendação vigente era a de não misturar análise com medicação, enquanto, na atualidade, são poucos os que contestam que um adequado emprego concomitante de ambos os recursos representa uma enorme vantagem, sem o menor prejuízo para a evolução do processo analítico.

5. *Tratamento múltiplo*. Como decorrência dos itens anteriores, a tendência dos psicanalistas contemporâneos que tratam de psicóticos pelo método analítico é a de combinar outros métodos alternativos a este, como, por exemplo, diversas formas de psicoterapia, grupos de auto-ajuda, medicação psicotrópica, eventual hospitalização ou a utilização de um "hospital-dia", os benefícios da ambientoterapia dessas últimas, o concurso dos, assim chamados, "auxiliares terapêuticos", "amigos qualificados", atendimento do grupo familiar e outros.

6. *A pessoa real do analista*. Embora não seja consensualmente aceito por todos os psicanalistas, particularmente posiciono-me entre aqueles que dão um expressivo crédito à influência da "pessoa real do analista", a qual vai muito além de sua competência profissional de interpretar corretamente na transferência. Proponho imaginarmos um sistema de coordenadas em forma de "L", em que o eixo vertical seja o das *interpretações* do analista, enquanto o eixo horizontal designe a, autêntica, *atitude psicanalítica interna do analista*. Assim, quanto mais bem-estruturado for o psiquismo do paciente, mais cabe a eficiência da função interpretativa do analista; no entanto, quanto maior for o estado de regressão do paciente, notadamente nas psicoses, mais cresce a relevância da pessoa real do analista que – mercê de sua sensibilidade ao sofrimento, respeito e tolerância às falhas e limitações, sua capacidade de continência e de sobrevivência ante as pulsões amorosas, eróticas, agressivas e narcisistas, seus valores, acreditar e, de fato, gostar do seu paciente psicótico – executa uma importante função de preencher primitivas faltas e falhas parentais.

Manejo da técnica analítica

1. Na época pioneira de Freud, as psicoses (então chamadas de "neuroses narcisistas") não encontravam guarida na terapia analítica, sob o argumento de que todo investimento da libido do paciente teria sido retirado do mundo exterior, de modo que não haveria transferência, logo, não caberia o recurso analítico. De uns tempos para cá, com a significativa ampliação de conhecimentos relativos ao desenvolvimento emocional primitivo, o campo psicanalítico abriu as portas para o tratamento desses pacientes, aceitando a combinação com outros recursos provindos da psiquiatria.

2. Da mesma forma, ninguém duvida que existe, sim, uma "transferência psicótica" do

paciente em relação ao analista, com características singulares. É útil diferenciar essa forma de transferência daquele conceito de "psicose de transferência", tal como este último foi descrito por Rosenfeld (1978), a qual pode emergir no curso da análise com pacientes não-psicóticos, pode aparentar ser uma verdadeira psicose clínica, porém essa forma de "psicose" restringe-se ao campo analítico e tem uma duração, em geral, breve.

3. O analista deve partir do princípio de que todo paciente psicótico, por mais desagregado que esteja, sempre tem uma *parte não-psicótica*, à qual ele deve aliar-se. Como ilustração dessa afirmativa, creio ser oportuno citar a bela e profunda frase de Bion (1992):

> Em algum lugar da situação analítica, soterrado por uma massa de psicose, ou neuroses e afins, existe um ser humano que pugna por nascer; o analista está comprometido com a tarefa de auxiliar a libertar o adulto que palpita dentro do paciente, a um mesmo tempo que mostre a esse adulto a criança que ele ainda é.

4. O passo inicial é, pois, conseguir o estabelecimento de uma *aliança terapêutica*, sem a qual o restante do trabalho analítico com este tipo de paciente será estéril.

5. Ao contrário do que poderia parecer, é essencial que se mantenha a preservação do *setting* básico instituído como uma forma de assegurar a indispensável manutenção dos limites, da valorização do princípio da realidade e da diferenciação dos respectivos papéis.

6. As *identificações projetivas* costumam ser excessivas, porém o importante é que o terapeuta consiga discriminar o tríplice aspecto delas: como um mecanismo defensivo contra uma angústia de desmantelamento total da mente; como um importante meio de comunicação primitiva, por meio dos efeitos contratransferenciais que são despertados no analista; e como uma forma de invasão/fusão (podendo provocar uma "con-fusão" na mente do terapeuta) e controle onipotente.

7. É comum que esse paciente, durante um longo tempo inicial da análise, faça uma *idealização extremada* da pessoa do analista, sendo importante que a mesma não seja destruída de forma abrupta e, muito menos, que venha a ser perpetuada, em função das necessidades narcisistas do terapeuta. Essa idealização inicial excessiva está de acordo com a colocação de Bion sobre a *transferência psicótica*, na qual ele descreve três características (vou traduzir com três palavras que começam com a letra "p", para facilitar a memorização): 1) ela é "precoce" (a transferência pode instalar-se logo no início da terapia analítica, com uma acentuada dependência; 2) "pertinaz" (ou seja, ela se manifesta forte, tenaz); 3) "perecível" (não obstante seja forte, essa transferência revela-se muito frágil e instável, com facilidade oscilando da idealização do analista para um denegrimento dele).

8. Os aspectos *contratransferenciais* assumem uma importância fundamental, pelo fato de que costumam adquirir uma extensão e profundidade tais que tanto podem se constituir como uma excelente bússola empática ao analista que lhe permita navegar no mundo psicótico do paciente, como também pode acontecer que os difíceis sentimentos despertados na contratransferência do terapeuta (sensação de impotência, paralisia, tédio, ódio...) adquiram uma forma de "contratransferência patológica", em cujo caso eles podem estancar, desvirtuar ou até mesmo deteriorar de forma irreversível o método analítico.

9. Também é de máxima importância o reconhecimento dos movimentos *resistenciais/contra-resistenciais*, como, por exemplo, a formação, no par analítico, de diferentes tipos de *conluios inconscientes*. Da mesma forma, é importante que se discrimine quando as resistências do paciente representam uma absoluta oposição ao método analítico, pelo uso maciço de uma intensa negação, tipo "forclusão" (corresponde ao "-K", de Bion), ou quando elas podem estar servindo ao analista como um indispensável indicador de como funciona o ego do paciente.

10. Assim, os múltiplos e freqüentes *actings* devem ser entendidos como uma importante forma de comunicação – bastante primitiva – de sentimentos que o paciente não tem condições de verbalizar e que se expressam pela linguagem paraverbal da ação.

11. Também as freqüentes *manifestações psicossomáticas* devem ser compreendidas e, se possível, decodificadas como um meio arcaico de comunicação dos primeiros registros do corpo no ego e deste no corpo.

12. Neste sentido, está ganhando uma crescente importância a necessidade de o analista ficar atento ao surgimento de *imagens* – na mente dele ou na do paciente – que surgem no lugar de idéias, memória de sentimentos ou de narrativas verbais, mas que expressam o significado destas últimas. Essas imagens, que analiticamente são denominadas por Bion como *ideogramas* (este fenômeno, que lembra a escrita chinesa, também é conhecido com os nomes de pictograma, holograma, fotograma, imagem onírica), representam uma forma de linguagem que não é a *denotativa* – que é de natureza conceitual –, mas, sim, uma linguagem de tipo *expressiva*, a qual é de natureza afetiva, em que as emoções se expressam de uma forma, às vezes, poética (exemplo: um paciente psicótico de Bion, após um longo silêncio, disse que não sabia como falar o que sentia, porém, se lhe dessem um piano, ele conseguiria expressar todas as suas emoções); às vezes corporal, assim como por outras formas equivalentes.

13. Como exemplos de "ideograma expresso no corpo", entre tantas situações da prática analítica, cabe mencionar algumas, como: a relatada por Bion, quando o analista, durante a sessão, começou a massagear o seu cotovelo devido a um desconforto doloroso inexplicável, que a evolução da sessão revelou que correspondia a um sentimento de dor interna que o paciente psicótico sentia e não conseguia dizer com palavras. Outro exemplo: uma sensação física pungente que surge no paciente (de uma mesma forma como comumente acontece em uma criança) quando ele não consegue conceituar com linguagem verbal que certa "angústia de separação" está sendo sentida como uma "facada", ou como uma cólica, ou uma dor no ombro e similares.

14. É de máxima importância o fato de que pacientes psicóticos (ou *borderline,* ou outros muito regredidos) não consigam dizer, com o verbo, as angústias que sentem, fato que Bion denominou como "terror sem nome", pela razão de que elas estejam "irrepresentáveis", ou seja, elas resultam de sensações primitivas que se formaram antes das "representações de palavras". Cabe ao terapeuta não forçar o paciente a verbalizar o que ele sente, pois é muito provável que ele não consiga, mesmo a despeito de um esforço seu; pelo contrário, é tarefa do analista decodificar o sofrimento do seu paciente psicótico e fazer a devida nomeação daquilo que ainda não tem nome.

15. Duas frases poéticas, que me ocorrem neste momento, talvez ilustrem mais claramente o que acima foi exposto: uma é do poeta maior, Camões, que, num trecho de seu clássico *Lusíadas*, nos brinda com: "Dias há em que em minha alma se tem posto / Um... não sei o quê / Que nasce...não sei onde / Que surge... não sei quando / E que dói...não sei por quê". A segunda citação, de Fernando Pessoa, assim verseja: "Se eu te pudesse dizer / O que nunca te direi / Tu terias que entender / Aquilo que nem eu sei". É fácil perceber como ambos os excertos cabem como uma luva na situação analítica que trata da "parte psicótica da personalidade", diante de angústias que primitivamente não foram representadas com palavras.

16. Sabe-se como os pacientes psicóticos são altamente sensíveis às *frustrações*, nas suas múltiplas formas, como as privações, perdas, ausências, falta de continente, falta de reconhecimento e outras equivalentes. Resulta daí que tais pacientes tendem a negar e *evadir* essas frustrações por meio de defesas patológicas, em vez de as *enfrentar e modificá-las*, o que se constitui em um dos fatores que mais se opõem ao crescimento da mente. No entanto, o analista deve ter claro para si o fato de que a capacidade de tolerância às frustrações é imprescindível para a formação de símbolos e para a mudança psíquica, a qual implica em uma ruptura com os conhecimentos e o código de valores previamente estabelecidos na mente do paciente.

17. Na experiência emocional do vínculo analítico, no que cabe ao analista, o indispensável contato com as *verdades* nunca deve ser de forma absoluta e tampouco definitiva (não existem verdades únicas, além de que elas sempre são relativas), mas, sim, deve se constituir em um compromisso com a veracidade, com um modelo de coerência e busca de correlação de significados. A relatividade das verdades está bem expressa nas palavras do poeta Campoamor: "Nem tudo é verdade / Nem tudo é mentira / Tudo depende / Do cristal com que se mira".

18. Na atualidade, creio que sejam poucos os que contestam o fato de que não basta que uma *interpretação* do analista seja corre-

ta; para que ela seja eficaz, é essencial a *forma* (por exemplo, a entonação vocal, a construção da frase, etc.) como ela é formulada.

19. Ainda em relação ao que se refere à *atividade interpretativa*, cabe reiterar que de pouco adiantam as interpretações centradas exclusivamente nas fantasias inconscientes e, pior ainda, formuladas sistematicamente no chavão "[...] é comigo, aqui e agora". No entanto, as interpretações sem esses vícios são indispensáveis, pois somente elas possibilitam nomear e dar sentido às, inominadas, angústias primitivas que o paciente está revivendo ao calor da experiência emocional analítica e que são as mesmas que ele vem experimentando a vida inteira, mas que não consegue verbalizá-las.

20. Assim, é indispensável levar em conta que, sempre, o paciente de natureza psicótica está cheio de... vazios!, e que tais vazios, antigos e muito dolorosos, costumam ser substituídos por autarquias narcisistas de auto-suficiência, ou por estruturas de *falso self*, etc. Dizendo com outras palavras: existe, desde sempre, uma *falta básica* (resultante de uma falha de uma adequada maternagem primitiva, com as conseqüentes feridas emocionais), de modo que nos pacientes psicóticos predomina "a presença de uma ausência".

21. A importância disso na prática clínica explica-se pelo fato de que toda privação que esse paciente sofre – inclusive aquela que é inevitável e necessária ao seu crescimento – é significada como um abandono e, portanto, ele a semantiza como uma vivência de "aniquilamento". Da mesma forma, também é indispensável que o analista "escute" a constante necessidade desse paciente de ser *entendido* nas suas angústias emergentes, no lugar de ser *atendido* na demanda de seus pedidos concretos.

22. Neste contexto, pode-se dizer que a atividade interpretativa e a função *continente* do analista, aí incluída a capacidade de empatia e paciência, constituem um sistema único, que vai compondo a fundamental – e, nos casos mais extremos, como o mais importante fator terapêutico – *atmosfera analítica*, a partir da qual aumenta a responsabilidade do terapeuta, pois ele vai sendo introjetado como um *novo modelo de identificação* e de ressignificação do código de valores do seu paciente em condições psicóticas.

23. Portanto, cabe ao analista, especialmente quando ele trate a paciente com fortes características psicóticas, ter uma série de *atributos básicos*, dos quais é preciso ressaltar aqueles correspondentes aos que, certamente, faltaram na maternagem original do paciente. Apesar da ressalva de que o vínculo analista-paciente psicótico não reproduza de forma rigorosamente igual a relação mãe-bebê, é evidente que existem profundas similitudes entre ambos. É útil desfazer uma confusão muito comum entre analistas: a função do terapeuta não é a de assumir o papel de mãe, ou pai, faltante, mas, sim, a de suprir, por meio de uma adequada *função de maternagem*, essa deficiência que, certamente, acompanha a esse paciente.

24. Uma outra forma de abordar as "condições mínimas necessárias" (expressão de Bion, 1992) que um analista deve possuir para tratar pacientes psicóticos é a de realçar aquilo que ele *não deve ser*. Assim, ele não é o "ego ideal" do paciente, ou seja, ele não é Deus, ou uma pessoa poderosa, mágico, onipotente, etc. Da mesma forma, o analista também não é uma mãe substituta (como já foi acentuado) que nunca o frustre; tampouco é professor, confessor, amigo com vínculos sociais, unicamente um conselheiro, um representante da moral, etc. O terapeuta não é nada disso, embora, temporariamente, possa ser um pouco disso tudo.

25. Cabe enfatizar alguns aspectos mais sutis, que dizem respeito às interpretações do terapeuta. Assim, o pior erro do analista, diz Rosenfeld (1988), é quando ele interpreta todo o conflito transferencial em situações de "impasse analítico" – que são de ocorrência muito freqüente – como sendo de responsabilidade única do paciente.

26. Do mesmo modo, o analista pode estar cometendo uma violência interpretativa ao seu paciente psicótico, se ele não levar em conta o nível evolutivo do pensamento deste: por exemplo, falar em termos ético-científicos, ou de elevada abstração, para um paciente que só consegue "pensar" em uma dimensão mágica e concreta.

27. Outro considerável erro técnico é quando o terapeuta enfatiza exageradamente os aspectos destrutivos do paciente, sem levar em conta a contraparte construtiva dos mesmos; ou enfoca unicamente a parte infantil, sem

utilizar uma visão bifocal, isto é, concomitantemente, também estar atento para o lado adulto, por menor que esse seja.

28. Um dos recursos técnicos que considero dos mais importantes no tratamento analítico com personalidades psicóticas consiste em propiciar a esse paciente o desenvolvimento gradativo da capacidade para estabelecer um "diálogo interno" consigo mesmo; isto é, que, uma vez reconhecendo que o seu psiquismo tem partes opostas, um lado doente e um outro potencialmente sadio, é muito útil que ele aprenda a possibilitar que essas partes contraditórias conversem entre si.

29. Dessa forma, o analista respeita a parte doente, porém faz uma aliança com o lado sadio desse paciente, de sorte que ficam dois: (o analista, mais a parte sadia do paciente) contra um (o lado doente), um placar bastante favorável para as perspectivas de êxito do tratamento.

30. Igualmente, creio que quando o analista interpreta os aspectos destrutivos do paciente (predominância da pulsão de morte, inveja maligna, conduta sadomasoquista entre outras mais) deve, nesse mesmo contexto, apontar os aspectos construtivos que visivelmente acompanham, ou que estão ocultos e disfarçados, à espera de serem descobertos pelo seu analista, não obstante o medo que acompanha o paciente diante da revelação das verdades sobre ele.

31. A propósito disto, cabe enfatizar que, sem perder a essência psicanalítica, está plenamente justificada a utilização por parte do analista de uma "Técnica de Apoio", desde que fique bem claro que o emprego de "apoio" não é o mesmo que dar conselhos, consolo, ser "bonzinho" (não confundir com "ser bom"), não frustrar ou não estabelecer limites, etc. Pelo contrário, a técnica de apoio exige muita competência por parte do terapeuta, tendo em vista que ela implica a capacidade de o analista conseguir sintonizar com os aspectos construtivos e as potencialidades latentes, que estão ocultas e bloqueadas no psiquismo desse paciente, e das quais ele mesmo não se dá conta que possui.

32. Um exemplo banal dessa última assertiva: no curso de uma supervisão, o analista interpretava corretamente os aspectos agressivos e birrentos de uma paciente que se recusava terminantemente a aceitar uma necessária, para o analista, mudança de horário de uma sessão. A situação caminhava para um "verdadeiro impasse", que só foi revertido quando o terapeuta compreendeu e "apoiou" os aspectos positivos da "briga" do paciente, que estava expressando a sua necessidade de sair de um estado de submissão crônica que sempre tivera com seus pais, além de experimentar o exercício da importante capacidade para "dizer não".

33. Este exemplo permite que tiremos duas deduções técnicas: 1) a importância do direito de qualquer paciente, de um psicótico, especialmente, de sentir sentimentos agressivos, de ódio inclusive – cabe denominar este aspecto "capacidade para odiar" –, o que é positivo, desde que o terapeuta possua a importantíssima capacidade de "sobrevivência aos ataques"; 2) é indispensável que o analista tenha claro para si que a assim chamada "transferência negativa", quando bem-compreendida e manejada por ele, representa ser muito positiva para o processo analítico.

34. Assim, é necessário que o analista sempre esteja atento ao fato de que o paciente psicótico está submetido a um "superego psicótico", isto é, ele, sobretudo, não está prensado diante de culpas, mas, sim, antes disso, ele está muito mais acuado por um clima de *terror*.

35. Um obstáculo importante às mudanças psíquicas ocorre quando o terapeuta não percebe as transformações do paciente, por mínimas que estas possam parecer para um observador externo, transformações essas que, muitas vezes, estão manifestas sob a forma de *actings* e aparência preocupante, ou por meio de manifestações transferenciais negativas, como aquelas já aludidas, as quais podem estar significando o começo de um movimento de independência e também dele estar começando a experimentar o afloramento de sua contida agressão, assim como a sua forma de amar.

36. Não custa reiterar que, em certas situações mais críticas – notadamente no que tange às manifestações ruidosas de *doença afetiva bipolar* –, o uso concomitante da medicação específica em nada perturba o normal andamento da terapia analítica; pelo contrário, além de amenizar um desnecessário ex-

cesso de sofrimento, bem como de riscos, do paciente, ainda torna a sua mente "mais clara", favorecendo a evolução do tratamento de base analítica.

37. Permito-me sugerir ao leitor ainda não razoavelmente familiarizado com os recentes e notáveis avanços *das neurociências* que procure conhecê-los, porquanto eles podem esclarecer que muitos mecanismos e fenômenos psicóticos têm raízes biológicas – em uma constante interação com os aspectos psicológicos –, de modo que favorece a possibilidade de o terapeuta poder dar um nome, palpar e conhecer concretamente os complexos transtornos psicóticos que estão diante de si, como os alusivos aos problemas de percepção, pensamento, linguagem, afetos, imagem corporal e somatizações, entre tantos outros mais.

22

Transtornos Narcisistas

> O homem ideal deveria ser tão bonito quanto sua mãe pensa que ele é; tão rico quanto seu filho pensa que ele é; ter tantas amantes quanto sua mulher pensa que ele tem e ser tão bom de cama quanto ele próprio pensa que é.
>
> Do anedotário popular

O tema relacionado com o narcisismo vem ocupando um crescente espaço de importância na literatura psicanalítica, tanto nos aspectos metapsicológicos quanto nos da teoria, técnica e prática clínicas. Apesar da óbvia expansão dos conhecimentos nessas áreas da psicanálise, a verdade é que a temática do narcisismo permanece plena de ambigüidades, contradições, obscuridades e confusão semântica.

Neste capítulo serão abordadas mais detidamente as múltiplas e diversificadas manifestações narcisísticas que surgem na cotidiana prática clínica de todo psicanalista. Assim, embora alguma forma de narcisismo sempre esteja presente em todos os nossos pacientes, é inegável que, em alguns deles, os problemas narcisistas atingem um relevante grau de importância, adquirindo um papel preponderante e central, constituindo uma larga gama dos, assim chamados, transtornos narcisistas. Não obstante a epígrafe deste capítulo tenha um cunho de brincadeira, ela transmite uma verdade de que a pessoa que tem algum marcante tipo de transtorno narcisista de sua personalidade leva a sua vida em meio a um mundo em que predominam as idealizações (auto ou hetero), as expectativas mágicas, junto com a contrapartida de decepções e de sentimentos persecutórios.

CARACTERÍSTICAS CLÍNICAS DO NARCISISMO

Respeitando as óbvias diferenças que existem relativamente à natureza, grau e singularidade da configuração narcisista de cada sujeito em particular, é inegável que algumas características são comuns a todos e, de alguma forma, em algum momento, estão sempre presentes em todos, funcionando sob a égide de uma "posição narcisista" (Zimerman, 1999). Cabe enumerar a seguinte série de elementos que sempre acompanham a "posição narcisista" (PN):

1. Um certo *estado de indiferenciação.* Segundo M. Mahler (1975), quando o bebê sai da fase "simbiótica", ele ingressa na etapa de "diferenciação", composta de duas subetapas, respectivamente denominadas, pela autora, "separação" (em relação à mãe) e "individuação" (coincide com o início da marcha). Se as mesmas forem superadas satisfatoriamente, possibilitarão o "nascimento psicológico" da criança, a um mesmo tempo em que se abrirão as portas para as demais etapas até a obtenção de uma "constância objetal", com a construção de uma confiança básica.

Enquanto a criancinha não obtiver êxito na aquisição de uma "diferenciação", ela permanecerá fixada em uma "indiferenciação" entre o "eu" e o "não-eu", entre si mesma e os outros, e quanto mais próxima estiver da etapa "simbiótica", maior será a sua crença ilusória e onipotente de que possui uma independência absoluta, quando, na verdade, está em um estado de absoluta dependência. No período de indiferenciação, o bebê acredita que cada ato de sua mãe é um ato dele próprio, que cada resposta de sua mãe, prazerosa ou desprazerosa, é uma obra de seu desejo e uma prova de sua onipotência (a melhor metáfora provém de Freud, que comparou esse estado mental com o de uma ameba que unicamente emite pseudópodos e engolfa para dentro de seu núcleo central, como sendo exclusivamente seu, aquilo que estiver ao seu alcance). Tudo isso vem reforçar no bebê a sua ilusão mágica de que, de fato, é uma majestade rodeada de fiéis súditos, que pode atingir uma total completude, posição de onde ele vê e se relaciona com o mundo exterior. É fácil perceber como, guardando as devidas proporções, nossos pacientes adultos portadores de algum transtorno narcisista da personalidade manifestam peculiaridades análogas as deste bebê naturalmente onipotente.

Esse estado de indiferenciação é o eixo principal em torno do qual giram as demais características da posição narcisista na pessoa adulta, muito particularmente aquelas que dizem respeito à falha relativa ao reconhecimento de um inevitável estado de incompletude e à aceitação das óbvias diferenças que separam as singularidades de cada indivíduo com quem o sujeito narcisista convive.

2. *Estado de ilusão em busca de uma completude.* Como é impossível manter-se na permanente crença absoluta de que haja uma total indiferenciação entre o "eu" e os "outros" (salvo nos casos de extrema regressão esquizofrênica autística), a criança (ou o futuro adulto narcisista) passa por um intenso sofrimento decorrente do reconhecimento de que ele necessita dos outros, portanto, depende desses para a sua sobrevivência física e psíquica. O terror de enfrentar uma incompletude leva à exacerbação dos mecanismos de negação, onipotência e onisciência, de sorte que as pessoas fortemente narcisistas passam a maior parte da vida buscando algo ou alguém que confirme o seu mundo ilusório, garantindo, assim, a preservação da auto-estima e do sentimento de identidade, ambas permanentemente muito ameaçadas na posição narcisista, em virtude das demandas do mundo da realidade.

3. *Negação das diferenças.* Premido pela necessidade de negar todos os aspectos da realidade, exterior e interior, que afrontam a sua imaginária completude, o sujeito narcisista recorre ao uso maciço do recurso defensivo da negação. Assim, as principais regressões das pessoas fortemente fixadas na posição narcisista dizem respeito à negação e à intolerância de suas diferenças em relação aos demais, tanto de sexo (é muito difícil o luto pela perda da bissexualidade), como as diferenças de gerações, de capacidades e de atributos (o tamanho do pênis, a força, a inteligência, os privilégios de cada um, etc.). A negação também é extensiva a um não-reconhecimento das verdades penosas, como são: a impossibilidade de uma plena completude; a admissão de que existe a presença de um terceiro; o reconhecimento de que depende dos outros e, por isso, ele corre sérios riscos de sentir inveja, ciúme, perdas e separações; a aceitação de que o outro tem uma vida autônoma, não é posse sua, não está sob seu controle total e tem o direito de ser diferente dele, na forma de pensar, de sentir e de agir. Além dessas negações, o narcisista também tem dificuldades em reconhecer os seus inevitáveis limites e limitações, como são, por exemplo, os problemas ligados às incapacidades e ao envelhecimento, à doença e à morte; igualmente ele custa a aceitar uma inevitável hierarquia na família, nas instituições, na situação analítica, etc. quanto à atribuição de papéis, lugares, posições e funções, bem como à aceitação de normas e de leis, inclusive aquelas próprias da natureza do mundo.

4. *A presença da parte psicótica da personalidade.* Devemos a Bion (1967) a compreensão de que todo sujeito é portador, em grau maior ou menor, do que ele denomina "parte psicótica da personalidade" (PPP), a qual, por si só, não designa uma psicose clínica, mas, sim, um encapsulado estado regressivo da mente, que está bastante presente e atuante nos transtornos narcisistas. Vale destacar na PPP a existência de uma baixíssima capacidade de tolerância às frustrações; a predominância da inveja destrutiva; o uso maciço das negações; o emprego excessivo de identificações projetivas; o ataque aos vínculos perceptivos; a inibição das funções de "representações" no ego; a dificuldade de ingressar na posição depressiva, com o conseqüente prejuízo na capacidade de formação de símbolos, abstração e criatividade.

Uma forte presença da posição narcisista na organização da PPP, com o predomínio do "narcisismo de morte" sobre o de "vida", acarreta profundas conseqüências na estruturação da personalidade. Assim, a onipotência ocupa o lugar da formação e do uso dos pensamentos; a onisciência substitui o difícil "aprendizado pela experiência"; a prepotência (pré-potência) substitui a impotência do sujeito diante da fragilidade, desamparo e dependência dos outros; a ambigüidade e a confusão obliteram a discriminação entre o real e o ilusório, entre a verdade e a mentira; a imitação substitui a identificação; a indiferenciação gera um estado de indiferença afetiva pelo outro; a individualidade confunde-se com um individualismo, enquanto o sadio exercício de autoridade se transforma em um maligno autoritarismo, e assim por diante.

5. *Núcleos de simbiose e ambigüidade.* Reproduzindo a original simbiose mãe-bebê, ou seja, uma condição psíquica na qual persiste algum forte grau de fusão e indiferenciação com o outro, o sujeito com transtorno narcisista sempre elege uma outra pessoa e a mantém sob um controle onipotente, com características de apoderamento. Isso pode ser facilmente observado, entre tantos outros exemplos possíveis, na união de um casal cujo vínculo configura-se entre um marido obsessivo e extremamente controlador e uma esposa dependente e submissa, ou vice-versa.

Quando predomina um estado psíquico de "ambigüidade", o sujeito narcisista apresenta os seguintes aspectos: a persistência de núcleos sincréticos, ou seja, ele confunde a parte com o todo, e o "como se" com um, imaginário, "de fato é"; a coexistência de aspectos contraditórios, e até incompatíveis, da personalidade, que o sujeito não sente e não percebe como estando em oposição entre si; o freqüente jogo que o sujeito na PN faz com a "vagueza", como uma forma de negar as diferenças, dentro do princípio de que "no escuro todos os gatos são pardos"; a busca, o uso abusivo e, ao mesmo tempo, a fuga de pessoas que funcionem como depositárias de suas necessidades e angústias.

6. *Uma lógica do tipo binário.* No pensamento de tipo sincrético, uma parte costuma representar o todo, de modo que, no caso de um determinado atributo de um sujeito não corresponder ao seu ego ideal ou ideal do ego, ele generaliza essa deficiência para a totalidade de sua pessoa. Por exemplo, um nariz feio determina a convicção de uma feiúra total e, da mesma maneira, o insucesso de uma tarefa é vivenciado na PN como sendo um fracasso na totalidade de suas capacidades, e assim por diante. Da mesma forma, a escala de valores na PN conduz a uma lógica do tipo "binário" (ou "bipolar"), na qual o sujeito oscila unicamente entre dois pólos: ou ele imagina-se o melhor ou o pior; um pleno sucesso ou um total fracasso; se não for o mais belo é porque é feio, etc. Todos estes aspectos adquirem uma grande importância na prática clínica porquanto em grande parte eles contribuem na determinação do sentimento de identidade e de auto-estima.

7. *Escala de valores, centrada no ego ideal e no ideal de ego.* A presença na estrutura psíquica do sujeito, tanto do "ego ideal" (que é o herdeiro direto do narcisismo original, o que leva a uma eterna busca de um estado de total completude), quanto do "ideal do ego" (representa o pólo em que o sujeito sente-se na obrigação de cumprir os ideais e as expectativas provindas dos pais e da sociedade), determina uma extrema vulnerabilidade da auto-estima, acompanhada dos penosos sentimentos de vergonha, fracasso e humilhação. Na sua precoce infância, essas pessoas foram crianças extremamente sensíveis a qualquer tipo de frustração ou de insucesso. Nos casos em que a auto-estima do indivíduo fixado na PN gravita unicamente em torno do cumprimento da obrigação de corresponder às expectativas de si próprio ou às provindas de seus pais e representantes sociais (professores, autoridades...), é muito comum que resulte a instalação do quadro clínico conhecido como "depressão narcisista", diante do fracasso na realização dos projetos ideais. Uma outra possibilidade, também muito comum, é que uma superadaptação às demandas do ideal de ego determine a constituição da personalidade do tipo *falso self.*

8. *Uma desesperada necessidade de reconhecimento, com a busca de fetiches.* A ferida narcisista – uma das mais dolorosas entre todos os sofrimentos psíquicos – é aquela que resulta da distância que vai entre o plano ilusório (ego ideal) e o plano da realidade (ego real). Em contrapartida, o prazer narcisista tem tudo a ver com o constante reconhecimento e admiração de um outro significativo. Para fugir da ferida narcisista e garantir o prazer conferido pela PN, o sujeito deve encontrar valores e atributos que preencham os vazios de sua imaginária completude e assegurem-lhe o vital reconhecimento dos outros. Quando os referidos valores e atributos ficam supervalo-

rizados, eles exercem a função de fazer o sujeito "parecer ser aquilo que, de fato, ele ainda não é", de sorte que esses valores superestimados constituem-se como sendo "fetiches", que ele vai buscar em si próprio (sob a forma de beleza, erudição, riqueza, conquistas amorosas, prestígio ou poder) ou fora dele (em uma outra pessoa idealizada, instituição, ideologia, paixão, etc.). A própria sexualidade pode funcionar como um fetiche, de modo que uma atividade sexual insaciável pode não ser mais do que um simulacro genital e, como um fetiche, exercer a função equivalente a de um antidepressivo de efeito passageiro.

9. *Escolha de pessoas reforçadoras da ilusão narcisista.* Tendo em vista a imperiosa demanda do sujeito fixado na PN pela busca de provas de que nele estão preservadas tanto a integração biopsicossocial, como a auto-estima e o sentimento de identidade, ele institui, como meta principal de sua vida, a procura de pessoas, cuja função essencial é a de que elas endossem o seu ego ideal. Lacan, ao aprofundar o estudo da dialética do desejo, baseado na metáfora do "Amo e Escravo", do filósofo Hegel, mostra o quanto cada um deles precisa do outro para constituir-se como um todo completo, a tal ponto que, no fundo, o amo acaba sendo escravo do seu escravo, e esse, amo do seu amo.

10. *Identificações patógenas.* Na PN, as identificações não se fazem por admiração pelos objetos modeladores, como é o desejável. Pelo contrário, elas se formam por uma "adesividade" – o sujeito fica sendo uma "sombra", um "duplo" de um outro, não mais do que "grudado" nesse –, por uma mera "imitação" (caso em que ele paga o alto preço de um quase total esvaziamento do seu *self*) ou, ainda, no decorrer do processo evolutivo, corre o risco de idealizar ou denegrir excessivamente os seus objetos exteriores e, assim, introjetá-los. Nos casos mais graves de transtornos narcisistas, a presença, interiorizada, de figuras parentais, sentidas como tanáticas e enlouquecedoras, impedem a passagem da posição narcisista para a edípica, processo que é indispensável para a constituição do sentimento de identidade e de uma coesão objetal.

11. *Um permanente estado psíquico de fazer comparações.* Como o sujeito fixado na PN está permanentemente pondo em cheque a sua auto-estima – a qual é sempre muito instável – e como, da mesma maneira, ele se "reconhece" através dos outros, resulta que, de uma forma compulsória, se vê impelido a estabelecer comparações com os demais. Premido pela lógica bipolar do "tudo ou nada", o sujeito narcisista sofre muito com o êxito dos outros, porquanto, por comparação, isso lhe representa um fracasso pessoal. Esse eterno jogo de comparações costuma ser sutil e dissimulado, porém, na predominância da PN, ele é permanente, obcecante e torturante.

12. *A presença de uma gangue narcisista.* Essa última expressão pertence a Rosenfeld (1971), com a qual ele designa a possibilidade de que o narcisismo onipotente e destrutivo organize-se e enquiste no próprio *self* e, tal como uma gangue mafiosa, por meio de ameaças, chantagens e sedução, com promessas de satisfação das ilusões, ele ataca, sabota e boicota o restante do *self* do sujeito, que, embora dependente e frágil, está desejoso de um crescimento verdadeiro. Esse mesmo fenômeno tem sido estudado com outros enfoques e denominações, entre elas a de "organização patológica" (Steiner, 1981).

13. *Inter-relações entre Narciso e Édipo.* A patologia de Édipo é indissociável da de Narciso. Assim, clinicamente falando, antes do que uma disjunção alternativa, tipo Narciso *ou* Édipo, é muito mais útil considerar a conjunção copulativa, tipo Narciso *e* Édipo, sendo que cada um deles pode funcionar como refúgio do outro. Embora ambas estejam articuladas entre si, no caso de pacientes muito regressivos, é indispensável que o psicanalista encare as manifestações edípicas – às vezes muito floridas e atrativas – a partir de um vértice da PN de seu paciente. Creio que uma boa ilustração disso está na conhecida figura do "Don-Juan".

14. *Narcisismo de pele fina e de pele grossa.* Rosenfeld (1987) propôs uma classificação das pessoas narcisistas em dois tipos, que ele denomina como sendo os de "pele fina" – que são supersensíveis, altamente melindráveis e com uma extrema vulnerabilidade da sua autoestima, embora seja evidente que o papel de vítima lhes assegure a manutenção do poder por meio do recurso da fraqueza – e os narcisistas de "pele grossa" – que, pelo contrário, são arrogantes, em uma constante atitude defensivo-agressiva, permitindo pouca acessibilidade psicanalítica. Na verdade, a experiência

clínica ensina-nos que a pele grossa sempre está encobrindo, dissimulando e protegendo uma, subjacente, pele fina, enquanto, ao mesmo tempo, é justamente a pele fina que, para evitar as dores das velhas feridas narcisistas, constrói uma espessa cicatriz de pele grossa.

NARCISISMO NA PRÁTICA CLÍNICA

Cada vez mais, a psicanálise contemporânea confere uma extraordinária importância à análise dos aspectos narcisistas da personalidade de qualquer paciente, sempre levando em consideração que todos somos portadores dos referidos aspectos, embora possam estar ocultos, dissimulados ou francamente manifestos, ser de grau moderado ou intenso, de natureza benigna e sadia, ou maligna e destrutiva. Por tudo isso, o manejo técnico do psicanalista diante de alguma forma de transtorno narcisista requer uma atenção especial que, creio, pode ser consubstanciada nos seguintes enfoques.

1. *Perfil do paciente narcisista.* A história genética desses pacientes mostra que sempre houve um precoce fracasso ambiental em relação às necessidades de apego da criança, quer pela privação materna, quer por uma realimentação patológica da mesma. Em outras palavras, ou foram mães indiferentes ou foram mães intrusivas, com uma possessividade narcisista, de modo que usaram seus filhos com fins exibicionistas e, em muitos casos, conforme se observa claramente nos casos de perversões, contribuiram para que a figura do pai ficasse sendo denegrida e em um papel de terceiro excluído. Em resumo, houve uma grave falha de empatia, continência materna e da capacidade de frustrar adequadamente (tanto no caso de que a mãe incorreu em reiteradas e indiscriminadas frustrações excessivas, como também de que as necessárias frustrações foram excessivamente escassas, ou também a possibilidade de que as frustrações impostas à criança foram incoerentes e injustas). Como resultante disso tudo, formou-se um prejuízo na construção da confiança básica, da constância objetal, da passagem da indiferenciação para a de separação e individuação e da internalização de objetos bons, com largos "vazios" no espaço psíquico.

Como conseqüência, tais pacientes mostram uma particular dificuldade para depender – com o fim de evitar novas humilhações – e uma angústia de desamparo diante de separações, pois estas lhes estão sempre ligadas a uma ansiedade do tipo de aniquilamento, de abandono, logo, com o risco de cair em uma depressão anaclítica (refere a um primitivo desamparo e a uma falta da figura materna). Igualmente, na situação analítica, apresentam um baixíssimo limiar de tolerância às frustrações provindas do analista, às quais sobrevêm uma grande facilidade para o sentimento de desilusão e decepção, pois esses pacientes têm uma acentuada dificuldade em distinguir entre as frustrações necessárias e estruturantes, que são impostas por um ato de amor, daquelas que realmente foram desnecessárias e inadequadas. Ao sentimento de decepção seguese o de indignação, com planos de vingança, e, após, repetindo o modelo da época da sua infância, surge o sentimento de desânimo e de vazio, às vezes um vazio de morte, que assume a forma clínica de um estado de "desistência", a qual consiste tanto em uma literal desistência da análise ou em uma continuidade da mesma, porém com uma descrença na recuperação, uma abolição dos desejos (o único desejo passa a ser o de nada desejar) e um acirrado namoro com a morte, física e/ou psíquica.

2. *A construção do* setting. Inicialmente, impõe-se destacar que o conceito de *setting* (enquadre) vai muito além de uma indispensável colocação de regras e combinações que possibilitem um processo psicanalítico; também abarca o importante fato de que o *setting* comporta-se como a conquista de um novo espaço, singular e especialíssimo, em que o paciente vai poder reproduzir, em meio a sucessivas transformações, as mesmas experiências emocionais que lhe foram muito malresolvidas em etapas precoces do seu desenvolvimento mental. É imperativo levar em conta que os pacientes narcisistas muito regressivos exercem pressões de toda ordem, no sentido de desvirtuar o *setting* instituído e de levar o terapeuta a cometer transgressões técnicas. Para tanto, eles podem usar uma série de táticas conscientes e inconscientes, tais como a coerção, ameaças, sedução, chantagem, desafios, alegação de desamparo e ideação suicida, provocações várias, além de um sutil convite para o analista

exercer um determinado papel, que pode ir ao extremo de retirá-lo do seu lugar na situação analítica.

Neste último caso, com o fim de prevalecer o seu anseio de indiferenciação, o paciente excessivamente fixado na PN vai exercer uma tentativa de tornar simétrica a sua relação com o analista, simetria essa que, na realidade, só cabe relativamente ao nivelamento como seres humanos que ambos são e que compartilham as mesmas angústias do desconhecido. Parece-me ser consensual que a relação analista-paciente necessariamente deve ser assimétrica, para preservar e propiciar ao paciente com transtorno narcisista uma indispensável colocação de limites, hierarquia funcional, aceitação de leis e combinações, reconhecimento dos alcances, limitações e, sobretudo, das diferenças entre ele e os outros. Tudo isso é indispensável para que esse tipo de paciente adquira a condição de reconhecer que o analista, da mesma forma como as demais pessoas com quem convive, também tem direito a possuir uma autonomia de valores, pensamentos e atitudes, e que ele não é posse sua.

É parte essencial do *setting* o desenvolvimento de uma "aliança terapêutica", sem a qual a análise não se processará, mas com a qual a transferência negativa poderá ter livre trânsito para se manifestar nas suas formas mais ruidosas, de modo a alavancar a progressão exitosa da análise. Igualmente, acompanho os autores que crêem no fato de que a "pessoa real do analista", indo além de funcionar unicamente como uma mera pantalha transferencial, também participa ativamente do enquadre analítico. Isso vale especialmente com pacientes regressivos, porquanto, aliado à sua atividade interpretativa, o analista também opera analiticamente, no sentido de propiciar um crescimento mental ao analisando, pela razão de que ele está servindo como um novo modelo de identificação, no que se refere à sua maneira de enfrentar as angústias, funcionar como um adequado continente, sua forma de pensar e se relacionar com as verdades, uma atitude de reconhecimento e respeito às diferenças e, muito particularmente, um modelo de alguém que pode ser valorizado e respeitado, sem ter que apelar para recursos narcisísticos, pavimentados no princípio da ilusão.

3. Em relação aos aspectos *resistenciais-contra-resistenciais*, cabe consignar que, de modo geral, as resistências manifestas pelos pacientes são bem-vindas na análise, pois representam uma clara indicação de como funciona o seu *self* diante da vida real; no entanto, com pacientes fortemente narcisistas (os portadores de uma excessiva "pele grossa"), as resistências podem atingir um grau que obstrui um acesso ao inconsciente, a ponto de tornar a análise estéril. Nesses casos, mais freqüentemente as resistências adquirem tanto a forma de uma inversão dos papéis e lugares que naturalmente são designados respectivamente ao analista e ao paciente, quanto dos fenômenos que Bion (1967) denominou "reversão da perspectiva" (o analisando desvitaliza a ação analítica porque reverte para as suas próprias premissas tudo aquilo que o analista interpreta) e "ataque aos elos", em cujo caso o paciente desperta sentimentos contratransferenciais que podem deixar o analista algo confuso, ou irritado, ou impotente, etc., o que vai reduzir sensivelmente a sua capacidade de compreender e, portanto, de interpretar.

Entretanto, o fundamental é acentuar o risco de o analista deixar-se envolver pelo paciente narcisista e com ele contrair "conluios inconscientes", de múltiplas formas, sendo as mais comuns aquelas que estruturam um pacto de "recíproca fascinação narcisística"; o estabelecimento de uma – disfarçada – ligação de natureza sadomasoquística; um conluio de "acomodação", entre tantas outras mais possíveis, não sendo rara a possibilidade de que algum paciente, em um alto grau de narcisismo, seja "especialista em não mudar" e procure uma análise para provar que nem o processo analítico e, tampouco, o analista podem com ele.

4. Os fatores *transferenciais-contratransferenciais* adquirem uma importância essencial na prática clínica, levando em conta que as aludidas difíceis resistências funcionam como o padrão transferencial de uma constante oposição inconsciente (às vezes, ela é consciente e de uso deliberado) ao êxito da análise. Além disso, a diminuta tolerância às frustrações promove, com facilidade, o surgimento de uma transferência que Kohut (1971) denomina "fúria narcisista", nome que já diz tudo, e que, pode-se acrescentar, exige do analista uma

muito boa capacidade de continência para poder conter, tolerar e transformar os sentimentos negativos do paciente, e contratransferencialmente, os dele próprio. Também se deve a Kohut a descrição de algumas modalidades do que ele chamou de "transferências narcisísticas", que aparecem na clínica sob três formas principais: a do tipo "fusional" (o paciente imagina que o terapeuta não é mais do que uma, indiferenciada, extensão sua e, portanto, deve estar totalmente à sua disposição, nunca frustrá-lo, deve adivinhar seus pensamentos e necessidades, atender às suas demandas, etc.); a do tipo "gemelar" (na qual já existe algum grau de diferenciação, porém esse paciente narcisista crê que o analista tem a obrigação de ser exatamente como ele é, logo, sempre confirmar as suas teses, sob o risco de desencadear a aludida fúria); uma terceira modalidade de transferência narcisista é a "especular", em cujo caso o paciente necessita que o analista, tal como a mãe no passado, reconheça, confirme e espelhe o *self* grandioso que o paciente lhe exibe.

Deve ser levado em conta que o analista deve aceitar, transitoriamente, as possíveis manifestações iniciais, por parte do paciente, de um *self* grandioso de si mesmo, ou a de uma "imago parental idealizada", a qual vai determinar uma transferência com uma idealização excessiva do analista, pois ambos os aspectos representam recursos extremos de manter de pé a sua combalida auto-estima e seu pavor de desamparo. Assim, creio que se pode afirmar que o surgimento inicial de uma exagerada idealização do analista é sinal de que se está diante de uma estrutura fortemente fixada na PN. É útil acrescentar que existe a possibilidade de se configurar uma relação transferencial-contratransferencial, nos moldes que Caper (1997) denomina "nós contra eles", a qual, como o próprio nome sugere, refere o fato de que o paciente narcisista, por meio de exclamações do tipo "pela primeira vez estou sendo compreendido"; "acertou na mosca" e outras tantas laudatórias, consegue tocar no narcisismo do analista, de sorte a fazerem uma aliança que corresponde a um pacto de "não-agressão", no qual não haja lugar para frustrações, e, assim, mantêm a ilusão na construção de um oásis de perfeita compreensão recíproca ("nós"), já que a vida lá fora, com os outros, pode permanecer sendo vivida como sendo um inferno ("contra eles"), assim reforçando a dissociação patogênica que prevalece na mente desse tipo de paciente. Pode acontecer uma configuração transferencial que, embora conserve a mesma natureza narcisista da descrita, manifesta-se de forma exatamente oposta à do "nós contra eles", isto é, o paciente sente o analista concretamente como um objeto externo de sua fantasia e desenvolve uma transferência negativa, às vezes extremamente hostil, enquanto elege como o *self*-objeto bom um cônjuge, um filho, uma carreira, uma droga, o próprio *self* ou qualquer outro alguém, ou coisa, que ele possa idealizar.

Tanto a forma idealizada da transferência narcisista quanto a tanática-denegritória, ou a amorosa-erotizada podem, quando atingem um grau extremo, adquirir a modalidade de uma "psicose transferencial", tal como está descrita mais adiante. Dentre essas últimas, penso que cabe incluir a forma transferencial que Freud (1915) chamou de "amor de transferência" (atualmente, vem sendo conhecida como "transferência erotizada", a qual é temível e deve ser diferenciada de "transferência erótica", considerada de surgimento normal e útil), em que ele destaca a supremacia do erotismo das pacientes em relação aos analistas homens – hoje sabemos que a recíproca também é verdadeira –, a ponto de tornar a análise impossível, sendo que os últimos avanços da teoria e técnica permitem reconhecer que o risco torna-se mais grave quando o analista, consciente ou inconscientemente, contribui de alguma forma para a erotização do vínculo. Na prática analítica, o analista pode ficar atraído para entender e interpretar essas situações no nível das fantasias edípicas, de sorte que a análise provavelmente permanecerá estéril, já que o componente emocional determinante está radicado em carências pré-edípicas bem primitivas.

Igualmente, na prática clínica com tais pacientes, é fundamental que o analista estabeleça uma distinção entre encarar o fenômeno da transferência como significando uma compulsória "necessidade de repetição" (conforme Freud) ou como uma "repetição da necessidade". Partindo desse último vértice, o analista mudará significativamente a sua atitude analítica interna, o que lhe possibilitará perceber que, por mais turbulentas que sejam as manifestações transferenciais, as mesmas representam uma nova chance que o paciente lhe concede de repetir com ele – à espera de uma resolução sadia – as suas velhas e malsucedidas experiências emocionais vividas precocemente com seus pais. Para tanto, o terapeuta deverá assumir tanto a transferência materna – com um novo modelo de função de maternagem, assim servindo, sobretudo, como um adequado continente – como também ele será alvo de uma transferência paterna, em cujo caso deverá impor os necessários limites e obediência às leis.

5. Um elevado grau de *desvirtuamento dos vínculos do amor, ódio, conhecimento e reconhecimento*, sempre está presente nos transtornos narcisistas. Em relação ao *amor*, convém lembrar que tão essencial sentimento – que sempre nasce de um estado psíquico de "falta" – adquire uma larga complexidade semântica, em um leque que vai de um amor sadiamente sublime até o das mais complexas patologias, que desembocam em distintas configurações sadomasoquísticas. Enfocando mais restritamente os pacientes narcisistas, pode-se dizer que a sua forma de amar e de ser amado repousa em uma afanosa busca de algo ou alguém que preencha as suas falhas e faltas, com uma expectativa de que poderá resgatar o imaginário estado de completude original de "sua majestade, o bebê" (que, no adulto, adquire a forma de "sua majestade, o ego"), em uma fusão indiferenciada com a mãe. Diante da impossibilidade de alcançar a plena completude, o narcisista não se conforma com a sua incompletude, não tolera as diferenças e apela para distintas formas de amenizar o sofrimento: tanto se recolhe em um enclausuramento, evitando qualquer tipo de ligação afetiva e erigindo uma autarquia de auto-suficiência compensadora, quanto também é muito comum que ele contraia sucessivos e malsucedidos vínculos amorosos, dentro de uma eterna busca do impossível.

Baseado na observação de minha prática analítica com inúmeros casos de amor de configuração vincular narcisista, penso ser importante enfatizar aquela forma que proponho denominar amor *tantalizante*, nome que me foi inspirado pelo mito grego de Tântalo. Destarte, quando nos referimos a uma mãe tantalizadora, ou a um namorado tantalizador, por exemplo, estamos designando um vínculo patogênico entre duas pessoas, que se caracteriza pelo fato de que uma delas – o sedutor –, por meio de promessas de uma futura felicidade paradisíaca, assim garantindo o sucesso do seu vínculo de "apoderamento", submete o outro – o seduzido, tantalizado – a um verdadeiro suplício, na base de um "dá" (que carrega as pilhas da esperança) seguido de um "tira" (submerge a vítima num profundo e doloroso desamparo), situação essa que, às vezes, em uma repetição cíclica, pode se prolongar pela vida inteira.

Em relação ao vínculo do *ódio*, é indispensável que o analista localize as antigas feridas narcisísticas que estão sendo relatadas e revividas na situação analítica, como e contra quem elas se formaram e que tipo de soluções a criança encontrou para enfrentar as precoces frustrações, privações, perdas, abandonos e humilhações, com o respectivo sentimento acompanhante, o ódio. Sobretudo, creio ser importante que o terapeuta ajude o paciente a estabelecer uma distinção entre uma "agressividade boa", construtiva, que lhe permita ter ambições e desejos de avançar na vida, e uma "agressão má", destrutiva, resultante de uma inveja excessiva, um secreto desejo de vingança eterna, uma imensurável volúpia pelo poder, aspectos que incrementam as pulsões sádico-destrutivas e o levam a atropelar a tudo e a todos.

O vínculo do *conhecimento*, tal como foi descrito por Bion (1962), refere mais precisamente ao importantíssimo problema de o paciente querer conhecer as verdades penosas, tanto as externas quanto as internas, ou se, inconscientemente, prefere negá-las. Os pacientes com transtornos narcisistas optam pela última solução, por meio das diferentes formas psicanalíticas de negação, porém quanto mais ele se evade de entrar em contato com as verdades, mais ele entrará no mundo das ilusões, falsificação dos fatos e do próprio *self*. No caso mais extremo dele utilizar maciçamente o recurso de excessivas clivagens com as respectivas identificações projetivas, vai resultar uma negação do tipo "forclusão", a qual indica algum grau de ruptura com a realidade, com o risco de uma hipertrofia da "parte psicótica da personalidade", a ponto de poder levar o paciente a um esvaziamento da mente, equivalente a uma "morte psíquica".

Quanto ao vínculo do *reconhecimento* (Zimerman, 1999), é transparente o quanto o paciente narcisista tem uma necessidade vital de saber que, contrariamente ao seu enorme temor de ser esquecido, abandonado e desprezado, ele tem uma necessidade vital, tal como o oxigênio que respira, de receber constantes provisões de reconhecimento de que é aceito, amado, desejado, valorizado, enfim de que ele, de fato, existe! Acontece que tamanha é a dimensão da premente necessidade em, de qualquer jeito, ser reconhecido pelos demais, que, conforme confirma a prática clínica, desde criança o paciente pode ter construído um falso *self*, como uma maneira de adivinhar e assim preencher os desejos e expectativas dos pais e da sociedade, em relação a ele, assim assegurando que não seria abandonado.

Outras possibilidades patogênicas consistem na construção da, antes aludida, "pele grossa", por meio de defesas características da "parte psicótica da personalidade", na qual, nestes casos, freqüentemente sobressai o uso do tripé maníaco, ou seja, um controle onipotente, onisciente e prepotente; um ânsia de triunfo, de tamanho tão grande que o analista deve ajudar o paciente a discriminar a diferença entre o que consiste em um triunfo maníaco e quando se trata de uma merecida obtenção de êxitos; o terceiro aspecto da tríade maníaca é o desprezo, mercê do qual este paciente desdenha tudo aquilo que os outros têm e ele não, inclusive, é claro, a capacidade interpretativa do analista. Da mesma forma, a ânsia desmedida por algum reconhecimento pode levar a pessoa narcisista a uma interminável busca de fetiches compensadores, que sirvam como palco para brilhaturas, no qual a aparência substitua a essência, correndo o risco de ficar cego de tanto *deslumbramento*. Cabe propor o nome de "complexo de mariposa" para aquelas situações tão comuns em que, atraída pela luz, a mariposa acaba morrendo queimada pelo excessivo calor da lâmpada.

6. Relativamente aos aspectos da *comunicação no campo analítico*, é útil insistir no fato de que, indo muito além da clássica, e ainda vigente, "livre associação de idéias" verbalizada pelo paciente, a psicanálise contemporânea empresta uma extraordinária importância à "comunicação não-verbal" nas suas múltiplas formas, como é a linguagem dos gestos, atitudes, tratos corporais, somatizações, silêncios, choro, *actings* e, muito particularmente, pelos efeitos contratransferenciais que, se bem-aproveitados pelo analista, podem se constituir em uma rica vertente de compreensão daquilo que o paciente regressivo não consegue dizer com palavras, porém o consegue através de uma comunicação primitiva, fazendo o analista sentir o mesmo que ele, paciente, sente há longos anos, sendo que ele está à espera de que alguém nomeie aquilo que sente, mas não sabe o que é nem de onde vem.

A comunicação se processa em três planos: o da emissão das mensagens, o da recepção das mesmas e os canais de comunicação por onde elas transitam. Nos pacientes demasiadamente narcisistas, esses três fatores estão perturbados em algum nível e grau, causando seguidamente os conhecidos problemas dos "mal-entendidos", o que, secundariamente, gera desentendimentos, ressentimentos e desafeições com as pessoas em geral. Além disso, os vazios existenciais do paciente com transtorno narcisista comumente são preenchidos com um moralismo (no lugar de uma boa capacidade para fazer julgamentos), um pensamento dogmático (substitui a função de pensar baseada na condição de indagar e correlacionar), um uso de clichês estereotipados, uma busca de fetiches e por um fundamentalismo, quer este seja religioso, científico ou ideológico.

7. O problema do freqüente surgimento de *actings* no curso da análise com pacientes narcisistas também merece uma atenção especial por parte do analista, tendo em vista que, embora eventualmente as atuações possam representar algum real perigo, na grande maioria das vezes elas se constituem como uma significativa forma de comunicação primitiva. Assim, os *actings* intercorrentes podem estar dramatizando aqueles conflitos inconscientes que o paciente não consegue recordar, nem, tampouco, pensar, nomear, verbalizar e autoconter, além da possibilidade de que eles estejam denunciando uma "relação terapêutica negativa", ou seja, o paciente não está se sentindo compreendido e adequadamente interpretado pelo analista. Também é comum que, por meio de atuações preocupantes, esteja pro-

curando atacar a função perceptiva, logo, a capacidade interpretativa do terapeuta, coisa que não raramente acontece, sendo possível que esse ataque decorra justamente de quando o analista quer trabalhar bem, com verdades, e não com ilusões e conluios. As atuações freqüentemente são desencadeadas por problemas de separações que, embora transitórias, são vivenciadas pela "pele fina" dos narcisistas como uma perda real, definitiva. O analista deve estar atento para valorizar a faceta positiva, estruturante, da dor de solidão que acompanha a angústia de separação, já que ela propicia ao paciente uma tomada de conhecimento consciente de que ele é uma pessoa única, separada e diferenciada dos demais, e que isso é matéria-prima para a formação do sentimento de identidade.

8. A *atividade interpretativa* do analista, com pacientes muito narcisistas, exige dele uma sensibilidade e uma adequação especial, levando em conta que os narcisistas de "pele fina" requerem: a construção de uma empatia e uma cabal demonstração de que o analista é possuidor de um bom continente, capaz de conter suas necessidades, angústias e depressões, a um mesmo tempo em que sobreviva aos seus ataques sádicos e que tenha uma boa capacidade de paciência para andar no ritmo e na velocidade compatíveis com as possibilidades do paciente. Em contrapartida, os narcisistas de "pele grossa", aparentemente em uma atitude superior, desdenhosa e inacessível, demandam uma atividade mais enérgica por parte do analista, com um contínuo e, às vezes, contundente assinalamento de negação de certos aspectos da realidade, paradoxos, contradições, atos falhos e ambições impossíveis, de modo a abrir um acesso a seus, ocultos, aspectos frágeis que, bem no fundo, estão pedindo socorro para serem descobertos pelo analista, compreendidos, respeitados e devidamente interpretados.

Os analistas dividem-se entre aqueles que preferem manter com os pacientes portadores de transtorno narcisístico o clássico método de interpretar sistematicamente no "aqui-agora-comigo" transferencial e aqueles outros, entre quem, particularmente, me situo, que pensam que tal metódica muitas vezes favorece uma intelectualização defensiva, ou alguma outra forma resistencial ferrenha, ou, ainda, pode permitir uma facilidade para assegurar um controle do paciente narcisista sobre o analista, já que sutilmente ele pode comandar aquilo que ele quer que o analista lhe diga e que, de antemão, ele já sabe o que será, pois as interpretações se tornam previsíveis. Penso que um funcionamento mais eficaz com esses pacientes consiste no emprego por parte do analista de um "método dialético", isto é, às verdades do analisando, que estão contidas nas *teses* que ele apresenta, o analista abrirá outros vértices de observação, assim propondo *antíteses* e, se de tal diálogo surgir um *insight*, o mesmo corresponderá à formação de uma *síntese*, a qual, por sua vez, nos casos exitosos, funcionará como uma nova tese, permitindo uma nova antítese..., formando um movimento dialético, espiralar, helicoidal, ascendente e expansivo, promovendo transformações no sentido de um crescimento mental.

De forma análoga, cabe ao analista apresentar ao paciente adulto a sua parte infantil, de sorte a possibilitar um permanente diálogo entre essas partes tão diferentes que convivem em uma mesma pessoa. Uma magnífica amostragem deste último aspecto assinalado pode ser visto no filme *Duas vidas*, no qual o personagem narcisista, um bem-sucedido empresário de quarenta e poucos anos, fazendo uso abusivo de onipotência e prepotência arrogante, sem capacidade para amar, só consegue sair dessa situação quando começa a dialogar com um menino de oito anos, que é ele mesmo. Como bem mostra o filme, a transição de um estado psíquico de "pele grossa" – com a sua marcante característica de auto-suficiência onipotente e arrogante – para o estado de uma "pele fina", com a sua face de desamparo e impotência, é dolorosa e vivenciada pelo paciente como sendo perigosa. Isso equivale à passagem do princípio do prazer para o da realidade (Freud), ou da posição esquizoparanóide para a depressiva (M. Klein), ou ainda a passagem da posição narcisista para a edípica, ou seja, a de um estado de predominância do narcisismo para o de um *social-ismo* (Bion), situações essas que podem vir acompanhadas de um estado confusional, de ideação persecutória e agressiva, ou depressiva, até com ameaças suicidas, configurando aquela situção turbulenta e delicada da análise, que Bion (1965) denomina "mudança catastrófica".

Outras vezes, quando o paciente sente-se ameaçado na sua couraça narcisista protetora, pode acontecer a intercorrência de episódios transitórios daquilo que Rosenfeld (1978) chama de "psicose de transferência", que consiste numa transferência de características delirantes e persecutórias restritas unicamente ao analista (a um mesmo tempo que a vida do paciente, fora da análise, permanece inalterada). Esses momentos transferencias de natureza psicótica, na maioria das vezes, se bem-compreendidos e manejados (a insistência do analista nas interpretações transferenciais pode descambar para um clima polêmico, agravando o já difícil quadro clínico), não duram mais do que dias, semanas ou poucos meses, com a possibilidade de uma resolução com crescimento mental, porém não é raro que possa cronificar e desembocar em uma reação terapêutica negativa.

Um, atual, questionamento especialmente relevante no que tange à atividade interpretativa com neuroses predominantemente narcisistas é se a ênfase deve incidir nas clássicas interpretações centradas na neurose de transferência ou se deve ser priorizado o trabalho analítico de como o paciente relaciona-se com as verdades que ele de alguma forma nega. Nesse caso, a tarefa maior do analista será enfocar como o paciente exerce a sua função de pensar, tendo em vista a probabilidade de que a mesma esteja alicerçada numa posição narcisista-esquizoparanóide. Nessa situação, a capacidade para fazer julgamentos fica bastante prejudicada porque o paciente narcisista, além do emprego de onipotência, onisciência, prepotência, confusão, moralismo, pedantismo e dogmatismo, que lhe obscurecem a mente, também exerce julgamentos com os critérios baseados no princípio do prazer (quem o frustra é sempre "mau") e no da isonomia (todos devem pensar, sentir e agir como ele, caso contrário...). Somente a exitosa passagem para a posição depressiva é que possibilitará o desenvolvimento das capacidades de pensar, simbolizar, abstrair, criar e substituir o critério prazer-desprazer pelo de existência, isto é, o de dar liberdade para o ego decidir, independente se o objeto é bom ou mau. Destarte, creio que se pode dizer que, se a psicanálise pioneira foi calcada quase que exclusivamente em Édipo e, aos poucos, foi igualmente dividindo o espaço com Narciso, nos dias de hoje se começa a valorizar de forma crescente a figura de Hamlet, com suas reflexões existenciais acerca do "ser *ou* não ser, eis a questão..." (a psicanálise contemporânea, bastante fundamentada no "princípio da negatividade", que prega a convivência dos opostos, prefere resolver a questão hamletiana com a formulação "ser *e* não ser"...).

ALGUMAS SUGESTÕES DE ORDEM TÉCNICA

1. É fundamental que haja um propício *estado mental do analista* diante dos pacientes com organização da personalidade excessivamente protegida por defesas narcisistas; caso contrário, ele poderá ficar envolvido e sucumbir diante de uma difícil contratransferência que, então, torna-se patológica e patogênica. Não se pode perder de vista que a fixação em uma estrutura narcisista deriva de um luto patológico, de natureza persecutória-vingativa, que a criança sofreu com as separações da mãe, com a predominância do sentimento de ódio. Isso pode ter acontecido por uma simbiose excessivamente prolongada ou excessivamente abreviada, dificultando as separações e frustrações em geral, assim aumentando a necessidade de novas simbioses, acompanhadas das respectivas fantasias de que não existirão privações, nem fronteiras, tampouco diferenças e limitações. Ademais, uma mãe simbiotizadora, quer no sentido narcísico ou erótico, ou em ambos, provoca a idealização da pré-genitalidade. Daí a relevância de que o analista não contraia vínculos por demais simbióticos, de modo que o *setting* combinado seja mantido, sem rigidez, porém com muita firmeza e, da mesma forma, com brandura cálida e flexibilidade, desde que essas não se confundam com fragilidade e medo de uma possível "fúria narcisista" desse tipo de paciente. Igualmente, a dor da angústia de separação merece uma consideração especial do analista, porém existe um risco bastante comum de ele interpretar de forma mecânica e estereotipada qualquer separação unicamente como "...estás assim porque sentiste muito a minha falta..." e outros chavões do tipo, configurando o paciente como um pobre desvalido que não pode viver sem a pro-

teção dele, analista. Creio que a angústia de separação nesses casos é importantíssima, sim, mas muito mais pelos significados que estão representados na mente do paciente, de abandono, indiferença, humilhação, traição, etc., do que propriamente pela falta concreta do terapeuta.

2. O analista deve aceitar, durante um período transitório, embora esse possa ser de média ou longa duração, que o paciente mantenha uma idealização excessiva de si próprio, ou dele, analista, porque devido à sua necessidade vital de reassegurar a coesão do *self* e de que não está desamparado, o analisando narcisista se ampara, respectivamente, no seu *self* grandioso e na sua "imago parental idealizada", transferida para o terapeuta (a metáfora que me ocorre é aquela do sujeito que está com um pincel na mão no topo de uma escada, e a mesma é retirada, deixando-o solto no espaço vazio, segurando o pincel...; assim, durante algum tempo, o terapeuta necessita funcionar como uma espécie de escada que dê consistência e esperança).

É claro que o analista deve visar a uma sucessiva e indispensável "desilusão das ilusões", porém a mesma deve ser gradual, com a atividade interpretativa integrando a dissolução das ilusões, com o assinalamento concomitante de seus aspectos verdadeiramente sadios, fortificando o ego real em detrimento do ego ideal (confronto entre o que é necessário e o que é possível de ser alcançado) e, sobretudo, com o reconhecimento de seus eventuais progressos, mesmo que esses pareçam ser mínimos. Por outro lado, também é bastante freqüente que o paciente excessivamente narcisista inicie a análise de uma forma altamente desdenhosa e denegridora da pessoa do analista, sendo que, nesses casos, também é indispensável que haja uma tolerância (não é o mesmo que passividade!) transitória, visto que ele está, inconscientemente, testando ao máximo a capacidade de continência do analista diante de sua agressão, confusão, falsidade e depressão. A meta analítica a ser alcançada consiste em propiciar que esse tipo de paciente que, no fundo, é extremamente dependente obtenha uma gradual passagem na condição de encarar o analista não como um objeto de necessidade e demanda (ou, a contrapartida, de desprezo), mas, sim, de desejo, como enfatizam os seguidores de Lacan.

3. A mente do ser humano não é uniforme e, muito menos, um maciço bloco unívoco, de sorte que o psiquismo de qualquer pessoa se comporta como um *mapa geográfico* com regiões distintas, em que convivem os opostos e contraditórios, de maneira que, por exemplo, um matemático com um excelente raciocínio abstrato pode ser estúpido para outras formas de utilizar o pensamento, ou ser portador de uma perversão oculta, sendo que, é evidente, os exemplos poderiam se multiplicar ao infinito. O importante é que o analista desenvolva no paciente uma capacidade de ele dialogar consigo mesmo, isto é, o adulto que ele é deve conviver e conversar com a criancinha que ele também ainda é; da mesma forma, a sua parte não-psicótica deve adquirir condições de observar e administrar a sua parte psicótica da personalidade. Em resumo, é de importância essencial a obtenção de uma discriminação que possibilite uma convivência harmônica entre a parte narcisista e a não-narcisista do psiquismo de cada um, paciente e analista. Convém lembrar que a alusão à parte narcisista da personalidade nem sempre deve ser tomada como sinônimo de patologia; pelo contrário, existem as formas sadias do narcisismo, que devem ser analisadas como tal, reconhecidas e até estimuladas pelo analista: por exemplo, uma vaidade adequada (é diferente de exibicionismo), um orgulho de si próprio (é diferente de arrogância), uma vibração pelo reconhecimento de seus êxitos (é diferente de triunfo maníaco), uma valorização maior da essência do que da aparência, ou seja, gostar de um jeito autêntico e livre de, realmente, "ser alguém" (é diferente de "parecer ser", que resulta da compulsão a que o narcisista se vê premido: o de cativar aos outros, o que lhe custa o alto preço de permanecer no cativeiro), e assim por diante.

4. A transferência analítica é um fenômeno singular que resulta de uma amálgama do passado com o presente, em que o presente dá forma ao passado (daí a importância de, no curso de sua atividade interpretativa, o analista fazer "ressignificações" de lembranças e antigas fantasias do paciente), a um mesmo tempo que o passado dá forma (ou *de-forma*) ao presente, o que determina ser tarefa prioritária

para o analista promover "desidentificações" (das patogênicas figuras superegóicas), seguidas de neo-identificações (*re-formas*), nas quais o modelo de o analista trabalhar e transparecer como, de fato, ele é adquire um peso relevante. Assim, nesse círculo interativo formado pelo "o que era, é; e o que é, era", torna-se fundamental que haja uma integração transferencial do passado com o presente, e vice-versa, para o paciente saber aonde ir, no futuro. É importante o analista levar em conta que os movimentos transferenciais-contratransferenciais com os pacientes fixados na posição narcisista são particularmente muito difíceis, entre outras razões já discutidas, também devidas ao fato de que eles apresentam um sério prejuízo no senso de espaço, de tempo e das regras da lógica. O prejuízo espacial é devido à indiferenciação do ego com o objeto, o que borra os limites do espaço que deveria haver entre ambos, daí podendo ocorrer uma confusão na ocupação de lugares e assunção de papéis, enquanto o valor dos objetos e dos lugares são medidos unicamente por aquilo que gratificam ou frustram. Por sua vez, o comprometimento do senso temporal resulta do fato de que o tempo é medido pelo *gap* que existe entre o desejo e sua satisfação, além do fato de que os narcisistas negam a diferença entre as gerações, com as respectivas e óbvias diferenças de capacidades, limitações e hierarquia. Já as regras da lógica ficam deturpadas porque o paciente narcisista dita suas próprias leis, que orbitam em torno de seu umbigo, enquanto ele espera, convicto, que o mundo deva gravitar em torno dessas suas leis imaginárias e onipotentes. A confusão espacial, temporal e de lógica perturba a ocupação dos lugares no conflito edípico, além de impedir a sua elaboração, assim dificultando sobremaneira a resolução da díade fusional. Como tudo isso se reproduz no vínculo analítico, é fácil deprender a complexidade transferencial e os riscos de o analista se deixar emaranhar numa contratransferência igualmente difícil. Na prática analítica, um claro indicador de que isso possa estar acontecendo é quando o analista percebe que está havendo alguma confusão nos respectivos papéis atribuídos a cada um do par e, muito especialmente, quando ele sente que está trabalhando com um estado mental de grande desconforto.

5. Em relação à atividade interpretativa nas neuroses narcisistas, uma primeira observação necessária é a de que não basta uma interpretação ser correta no seu conteúdo, forma, *timing* e finalidade, se a escuta do analista não estiver atenta para perceber qual o *destino que a interpretação* tomou na mente do seu analisando narcisista, já que, freqüentemente, ele as desvitaliza e reverte às suas próprias premissas, embora aparentemente manifeste estar de acordo com o analista.

6. Igualmente deve ser levada em conta a alta probabilidade de que o discurso deste paciente não visa à finalidade de comunicar algo, mas, pelo contrário, pode estar a serviço de um propósito inconsciente de confundir, falsificar e, justamente, o de não-comunicar. Assim, na prática clínica, o terapeuta deve estar bem atento à diferença que existe entre "falar" e "dizer" (o paciente pode falar muito e nada dizer, ou falar pouco e dizer muito, principalmente por meio de alguma forma de linguagem não-verbal).

7. A propósito, é útil realçar a importância crescente que a psicanálise contemporânea está atribuindo às comunicações que se fazem em um "registro pictográfico", isto é, muitas vivências sensoriais e experiências emocionais primitivas, que não foram elaboradas e nomeadas, podem manifestar-se por meio de imagens visuais (ou seja, os pictogramas, que correspondem a representações primitivas) que o seu gênero narrativo tem o dom de despertar na sua própria mente ou na do analista.

8. Ainda em relação à atividade interpretativa, cabe enfatizar que o procedimento do analista na sua técnica de interpretar pacientes narcisistas deve mudar bastante de acordo com o fato de se tratar de um narcisista de "pele grossa" ou de "pele fina" (Rosenfeld, 1988). Os de "pele grossa" caracterizam-se pelos aspectos de que, com muita freqüência, abandonam a análise; mostram-se insensíveis aos aspectos transferenciais, especialmente os de dependência; zombam das interpretações que se referem aos sentimentos ligados às suas partes frágeis; aparentam uma superioridade, às vezes arrogante (rejeitam antes de serem rejeitados); e predomina neles um *self* destrutivo, manifesto por uma atitude de "controle, triunfo e desprezo". Nestes casos, o analista

deve ser muito firme (sem perder a ternura, jamais), estar preparado para não se deixar envolver em uma contratransferência muito difícil que esses pacientes despertam, além de assinalar de forma consistente que sua "pele grossa" encobre uma outra, extremamente "fina", a um mesmo tempo que deve enfatizar os aspectos destrutivos das defesas exageradamente narcisistas que ele emprega.

9. Já os narcisistas de "pele fina" são altamente vulneráveis e sensíveis, de modo que reagem com muita dor a tudo aquilo que lhes parecer uma rejeição do seu analista; predomina neles uma sensação de baixa auto-estima, de modo a sempre se sentirem inferiores aos outros; exercem sobre os outros um "controle paralisante", às vezes por meio de ameaças suicidas; assim, exercem o "papel de vítima", que, por meio de sua "fraqueza" (corresponde à "pele fina") mantêm o poder ("pele grossa"). Nesses casos, durante um tempo necessário, o analista deve evitar dar ênfase excessiva na interpretação dos aspectos destrutivos e, pelo contrário, assinalar como se formaram as antigas feridas narcisistas que ainda estão muito malcicatrizadas e, por isso, extremamente dolorosas. É importante acentuar que é bastante comum a possibilidade de que um mesmo paciente narcisista manifeste oscilações entre estados de "peles finas e grossas".

10. Um outro aspecto igualmente importante refere ao fato de que não é tanto a ação interpretativa propriamente dita que movimenta a análise dos pacientes com transtornos narcisistas, mas, sim, que a ação principal consiste na "reversão dialética" das teses do paciente. Para tanto, o analista utiliza o recurso técnico, como, por exemplo, aquele proposto por Bion, de fazer abertura de novos vértices de percepção dos fatos que o paciente narra e sente à sua moda; o uso de interpretações "binoculares", nas quais, ao mesmo tempo, são enfocados os aspectos opostos que concomitantemente interagem no psiquismo do mesmo analisando (a sua parte de adulto *versus* a criança frágil, ou onipotente, etc.); e, sobretudo, cabe ao analista a importante função de propiciar alguns modelos de pensamento que tal tipo de paciente ainda não tem, por intermédio do recurso de promover indagações que estimulem o paciente a desfazer negações e, no seu lugar, fazer reflexões, construir correlações de fatos e sentimentos, além de apurar o seu senso crítico de como ele se vê e de como os outros o vêem. É dispensável acentuar que ajudar a pensar é totalmente diferente de intelectualizar, coisa essa que o narcisista sabe fazer muito bem. Essa última afirmativa está diretamente ligada à importância que representa para o analista discernir entre a aquisição de *insight* que está tendo uma finalidade construtiva daquela outra que unicamente está reforçando o arsenal defensivo do paciente narcisista.

11. Da mesma forma que Copérnico demonstrou que o planeta "Terra" não passa de um corpo opaco que gira em torno do sol, do qual recebe luz e calor; também na atualidade entende-se que o sujeito narcisista deixa de ser o centro em torno do qual tudo e todos se movem, pois, na verdade, ele gira em torno de suas carências básicas, mascaradas por uma pretensão de autonomia, ilusão de independência e presunção de auto-suficiência. Assim, o problema do narcisista não é o de um "amor por si mesmo"; antes disso, o seu problema é o de um espelho que não o reflete mais do que ele próprio e, por isso, ele tem uma dificuldade de fazer uma exitosa transição do imaginário para o simbólico.

23

Perversões

O vínculo de perversão somente se realiza quando o manifesto perverso se encontra e se completa com um "partenaire", por mais dissimulado ou oculto que esse pareça ser. Assim, muitas pessoas exercem o papel de servir como simples cenário de palco, no qual um outro representa eternamente o seu drama, e vice-versa

CONCEITUAÇÃO

O tema da perversão é controverso e polêmico porque, além da conceituação clássica de que refere um transtorno que desvia os fins da sexualidade normal, ele também implica, na atualidade, questões morais, éticas, ideológicas e jurídicas. Assim, de acordo com a sua etimologia (a palavra "perversão" deriva de *per + vertere*, que quer dizer: pôr às avessas, desviar, desvirtuar...), o vocábulo designa o ato de o sujeito perturbar o estado natural das coisas, de modo que, com a sua conduta, oposta à normal, desafia as leis habituais, consciente de que, com os seus atos, ultraja seus pares e a ordem social na qual ele está inserido.

Para muitos autores, o conceito de perversão, nos dias de hoje, foi estendido, dentro e fora da psicanálise, para uma abrangência que inclui outros desvios que não unicamente os sexuais, como seriam os casos de perversões "morais" (por exemplo, os "proxenetas", ou seja, pessoas que ganham dinheiro intermediando casos amorosos), "sociais" (neste caso, a conceituação de perversão fica muito confundida com a de psicopatia); "perversões alimentares" (bulimia, anorexia nervosa...); "institucionais" (algum desvio da finalidade para a qual a instituição foi originalmente criada); e, naturalmente, também a possível perversão do *setting* analítico. Entretanto, dentro de uma conceituação mais estrita, um expressivo contingente de autores psicanalíticos mantêm uma fidelidade a Freud e defende a posição de que, em psicanálise, o termo "perversão" deve designar unicamente os desvios ou aberrações das pulsões sexuais, incluídas aquelas que estão fusionadas com as pulsões sádico-destrutivas.

Um outro ponto que deve ser enfatizado é o que se refere à necessidade de que se estabeleça uma distinção entre *perversão* e *perversidade*: o primeiro alude a uma estrutura que se organiza como defesa contra angústias persecutórias, depressivas e, especialmente, de desamparo, enquanto a outra refere-se a um caráter de crueldade e de malignidade. Assim, na perversão, o sujeito não busca primariamente a sensualidade; antes, essa se comporta como uma válvula de escape para ele provar para os outros, e para si mesmo, que superou as angústias mencionadas.

De qualquer maneira, todos admitem hoje que a perversão não é um simples ressurgimento ou persistência de componentes parciais da sexualidade pré-genital, como era a assertiva original de Freud. Antes, o atual conceito de perversão implica a existência de um tipo particular de vínculo interpessoal, que consiste em um jogo de identificações projetivas e introjetivas de núcleos psicóticos de cada um, que são admitidos e processados pelos participantes da relação, de tal forma que um fica preso ao outro, complementando-se reciprocamente. Indo mais longe, entre muitos autores atuais que estudam as perversões, há uma forte inclinação em considerar que suas raízes residem nas primitivas fixações narcisistas, não obstante certas perversões guardarem nítidas fixações na fase "perverso-polimorfa", nas fases anais e sexuais, enquanto muitas outras transparecem uma intersecção entre Édipo e Narciso, como é o caso, por exemplo, do don-juanismo e das ninfomanias, nos quais, subjacentes a uma aparente atividade genital intensa e insaciável, sempre está presente uma intensa angústia de desamparo narcisista, da mesma forma como, no caso do exibicionismo, a angústia que está encoberta pela exibição do pênis é decorrente de uma angústia de castração.

Para ficar num único exemplo de perversão, vou citar uma situação de exibicionismo que, mesmo tendo sido fora da situação analítica e ter um sabor jocoso, me parece bastante ilustrativa do quanto o ato perverso de o sujeito se exibir representa um fetiche defensivo contra uma intensa angústia de castração e de desamparo. A historieta é a seguinte: na época em que eu era residente de psiquiatria na Clínica Pinel de Porto Alegre, fui procurado por uma de nossas atendentes, uma jovem universitária que, aos prantos, pedia socorro porque já não sabia mais o que fazer diante do fato de que quando atravessava o "parque da Redenção", caminho obrigatório para ir de sua residência até a clínica, sempre topava com um jovem senhor que, então, abria, com um gesto orgulhoso, uma longa capa preta que sempre usava, de sorte a exibir o seu pênis, o qual, pela sua atitude, manifestamente, ele julgava imenso. A atendente estava apavorada, mudava constantemente de trajeto no parque, porém o exibicionista sistematicamente a surpreendia e repetia o mesmo gesto, para o pavor dela e a enorme satisfação dele.

Diante de seu pedido de socorro – se não houvesse solução ela estava determinada a pedir demissão, embora gostasse muito de seu trabalho na clínica –, tentei fazê-la entender que quanto mais ela se apavorasse, mais ele se gratificava e se motivava para prosseguir nessa forma de assédio, visto que, assim, sentia-se forte e reassegurava-se de que não estava castrado, pelo contrário, as mocinhas que ele espantava é que eram frágeis e tremiam de medo dele, enquanto ele ficava com o papel de potente, todo-poderoso e possuidor de um pênis, avantajado e assustador.

Poucos dias após, com um ar feliz, a atendente veio contar que o exibicionista "largara do pé dela", diante da sua seguinte manobra: não satisfeita em seguir a recomendação de que ela se mostrasse indiferente para esvaziar a sua ilusão de onipotência contida na perversão exibicionista, ela decidiu ir além e, aproximando-se bem junto a ele, mirou fixamente para o seu pênis, e, com uma voz de piedade, exclamou a sentença: "Mas como é pequenininho, o que aconteceu meu filho ?", ao que se seguiu que o aludido exibicionista fechou lenta e melancolicamente a sua capa, retirando-se em passos lentos.

A parte cômica dessa narrativa real é que, após um breve tempo, a atendente, também chorando, voltou a me procurar , sendo que, é claro, me preparei para ficar decepcionado de que a estratégia de compreensão analítica tivesse falhado. Não foi isso que aconteceu, ela simplesmente chorava porque estava cheia de culpas, enquanto, em meio às lágrimas que derramava, conseguiu balbuciar: "Coitado, ele desapareceu, eu o procuro por todos os cantos do parque para confortá-lo e dar uma força, mas, coitadinho, desapareceu totalmente. O que é que eu faço?..."

CARACTERÍSTICAS CLÍNICAS

As formas clínicas que comumente são descritas como protótipos das perversões são as de sadismo e de masoquismo, fetichismo, pedofilia, homossexualidade (em grau de degradação), exibicionismo, incesto de pai com filhas ou, muito mais raramente, de mãe com filho, voyeurismo (ou: escopofilia) e travestismo.

Mecanismos defensivos

Cada uma delas permitiria uma densa explanação genético-dinâmica, mas isso extrapolaria os propósitos deste capítulo. De uma forma genérica, o que cabe afirmar é que uma pessoa portadora de uma perversão idealiza a sexualidade pré-genital, as zonas erógenas, tal como elas primitivamente foram representadas, com os objetos parciais e, mercê do recurso defensivo da "recusa" (ou renegação, denegação...), o sujeito perverso apresenta uma "compulsão a idealizar", assim pretendendo impor aos outros as suas ilusões. Muitos autores contemporâneos tendem a considerar que a perversão constitui-se em uma defesa extrema contra a psicose.

A aludida defesa de *recusa* (na base do, "eu sei que tal coisa existe, mas faz-de-conta que não existe"...) é típica das perversões e vale acrescentar que o seu uso excessivo prejudica o emprego de uma "repressão útil", o que afeta a elaboração edípica, daí resultando um borramento dos limites e limitações, o que, por sua vez, determina um *não-reconhecimento das diferenças*, relativas ao sexo (por exemplo, entre a pré-genitalidade e a genitalidade adulta), gerações, capacidades, ocupação de lugares, hierarquia e obediência às leis.

Para completar a conceituação de perversão, a partir do enfoque abordado, cabe afirmar que nas *neuroses* existe uma completa discriminação entre "eu e os outros"; nas *psicoses*, há uma total indiscriminação disso; enquanto nas *perversões*, o outro não está completamente internalizado porquanto falta uma "constância objetal", e os objetos guardam uma condição de *fetiche*, isto é, já não é mais imaginário, mas também ainda não é simbólico.

Actings

Resulta daí que, nas perversões, existe uma necessidade de constantes *actings* na busca de uma pessoa externa que se preste ao *conluio inconsciente de um "faz-de-conta"* (de que tudo está bem, por exemplo); porém, como a função de discriminação do perverso é precária, ele não vai permitir que o outro seja autônomo e diferente dele, tampouco existe uma consideração dele pela outra pessoa, porque o seu *partenaire* deve funcionar como uma espécie de fetiche.

Antíteses

É útil enfatizar o aspecto de que nos vínculos perversos sempre se observa a permanente presença de *pares antitéticos*, em que um é a antítese do outro, como, por exemplo, um recíproco sadismo-masoquismo, ou exibicionismo-voyeurismo, subjugador-subjugado, etc, que funcionam à moda de uma gangorra. Ou seja, é freqüente a possibilidade de que os papéis se revezem na vinculalidade perversa, de sorte que, para exemplificar com uma única situação, um mesmo homem pode estar no papel de sádico, em um certo momento, e no outro, pode caber à sua mulher esse papel enquanto ele se submete masoquisticamente a ela.

Clivagem da personalidade

Deve-se ao fato de que toda pessoa perversa apresenta uma dissociação na sua personalidade, de forma que – à moda da metáfora do "médico e o monstro" – o sujeito, durante o dia, pode ser um conceituado e sério profissional liberal; enquanto à noite, vai procurar uma relação sexual com travestis, e, o que importa enfatizar, é que ambos os aspectos, embora antípodas, são autênticos e representam aspectos opostos, dissociados, que pertencem à pessoa do perverso e que convivem dentro dele.

Um outro exemplo que cabe é aquele que aparece no filme *La belle de jour* (interpretada por Catherine Deneuve) a qual, durante a noite conservava todo porte de uma fina dama, de hábitos requintados e uma excelente cumpridora dos deveres de esposa, mãe e dona de casa, porém, durante as tardes, freqüentava um bordel, onde satisfazia os seus desejos perversos de ser uma prostituta, submetendo-se sexualmente a práticas sexuais com todo tipo de homem, inclusive com aqueles que lhe impunham sadicamente rituais de castigos físicos. Estou certo que todo leitor poderá facilmente constatar uma série de situações equivalentes a essa na vida real, na prática analítica, em determinados filmes, etc.

Psicopatia

Embora clinicamente, muitas vezes, a perversão e a psicopatia se superponham e confundam, é útil estabelecer uma distinção entre ambas. Assim, muitos autores consideram que a psicopatia pode ser vista como um "defeito moral", porquanto ela designa um transtorno psíquico que se manifesta no plano de uma "conduta anti-social". Os exemplos mais comuns são os daqueles indivíduos que roubam e assaltam; mentem, enganam e são impostores; seduzem e corrompem; usam drogas e cometem delitos; transgridem as leis sociais e, de má-fé, envolvem outros, etc.

A estruturação psicopática manifesta-se por três características básicas: a *impulsividade*, a *repetitividade compulsiva* e o uso prevalente de *actings* de natureza maligna, acompanhados por uma irresponsabilidade e aparente ausência de culpa pelo que fazem. Algum traço de fantasia de psicopatia, assim como de perversão, é inerente à natureza humana; no entanto, o que define a doença psicopática é o fato de que as três características que foram enfatizadas vão além de um uso eventual, mas, sim, que elas se tornam "um fim em si mesmo" e, além disso, são egossintônicas, muitas vezes sendo idealizadas pelo sujeito psicopata, vindo acompanhar uma total falta de consideração pelas pessoas, que se tornam alvo e cúmplices de seu jogo psicopático.

Na prática psicanalítica, os psicopatas são pacientes que, dificilmente, entram espontaneamente em análise, e, quando o fazem, mostram uma forte propensão para atuações e para o abandono do tratamento quando este é levado a sério pelo analista, não só pela razão de uma enorme dificuldade de ingressarem em uma "posição depressiva", como também por causa de uma arraigada predominância da pulsão de morte e seus derivados, que obrigam a uma conduta tanto hetero, como auto-destrutiva.

ASPECTOS TÉCNICOS NA PRÁTICA ANALÍTICA DAS PERVERSÕES

1. Não é comum que os pacientes espontaneamente procurem um tratamento psicanalítico para tratar de sua perversão; muitas vezes, em situações mais graves, eles procuram quando são prensados por algum familiar ou representante da lei. O mais freqüente é que no curso da análise, gradual e sutilmente, vão surgindo os sintomas da perversão que, amiúde, o terapeuta durante longo tempo (às vezes anos) sequer suspeitava da existência deles.

2. Isso se deve a duas razões: uma é a que eles funcionam de uma forma em que a personalidade mantém-se absolutamente *cindida* – isso constitui a característica mais típica da perversão –, tal como aparece na conhecida metáfora, antes mencionada, do "médico e monstro". Convém enfatizar que a cisão da perversão (nesse caso, é a personalidade, como um todo, que fica cindida) é distinta da cisão descrita por M. Klein (os objetos é que são dissociados em bom e mau, idealizado e persecutório, etc.), e também difere da cisão da "histeria dissociativa" (na qual é o ego que fica cindido, em uma parte que está consciente e em outra que opera a partir dos desejos que estão recalcados no inconsciente).

3. A segunda razão que explica por que o lado perverso pode custar a aparecer é que tais pacientes convivem com ele de uma forma *egossintônica*. Isso não afasta a possibilidade de que, quando descobertos na prática perversa mais condenável (incesto, pedofilia, por exemplo), eles se debatam em culpas e dúvidas, porém sentem-se impotentes diante de uma irrefreável compulsão à repetição da prática perversa.

4. A perversão sempre resulta de uma busca de encontrar e preencher uma "falta" de algo ou alguém do passado; o perverso apenas necessita de um parceiro (*partenaire*) que consinta e complemente a ilusão daquilo que ele procura.

5. A montagem (estrutura) perversa fracassa porque ela contém justamente aquilo que deve esconder. O perverso, por mais que queira ocultar sua perversão, sempre acaba se traindo porque ele está sujeito a duas forças opostas, iguais na quantidade, que estão em um permanente jogo duplo: uma parte dele mantém um policiamento à pulsão perversa, enquanto a outra parte sabota a primeira (também pela razão da formação de culpas que o impelem a ser flagrado e punido) e comete algum tipo de "besteira", assim fazendo fracassar o seu lado sadio, de modo a perpetuar o sistema perverso. É função do analista tornar bem claro para este tipo de paciente a existência desta – inconsciente mesmo – "dialética perversa" que essas duas partes travam dentro dele próprio.

6. Na história pregressa desses pacientes, quase sempre são encontradas evidências de "pais pervertizantes", como, por exemplo, o de uma mãe simbiótica – sedutora erógena e/ou narcisista – e, neste último caso, ela engrandece o filho e o usa como uma mera extensão sua, com a exclusão do pai.

7. Nessas pessoas sempre existem fortes componentes *narcisistas e sadomasoquistas*, de modo que há uma espécie de "adição" à conduta sádico-destrutiva e masoquista, com a respectiva escolha de pessoas que funcionem de *partenaires*. O analista deve se manter atento à forte possibilidade de que este paciente procure envolvê-lo em uma configuração vincular dessa natureza.

8. Da mesma forma, sempre é encontrada uma baixa tolerância às frustrações, uma nítida preferência pelo mundo das *ilusões*; conseqüentemente, uma evitação de entrar em contato com as *penosas verdades*, tanto as externas quanto as internas. Uma das tarefas mais difíceis para o terapeuta consiste justamente em desfazer, no ritmo tolerável para o paciente, o mundo das ilusões e a negação (a "recusa") que ele faz das verdades que ele faz questão de não conhecer (corresponde ao "-K", de Bion), processo sempre muito doloroso.

9. Esse estado mental do paciente gera uma ideologia baseada na crença de que "melhor vive quem melhor consegue fingir", o que o leva ao emprego dominante de pensamento e atitudes de um *como se*, uma indefinição do senso de identidade entre "ser" e "não-ser", o que costuma acarretar um crônico sentimento de vazio, tédio, asco e falsidade.

10. Todos esses aspectos co-existem com a presença, em uma parte da personalidade, de uma estrutura *obsessiva*, o que denota a freqüência que as fixações anais estão presentes.

11. Além das aterradoras angústias paranóides e depressivas, esse paciente foge, sobretudo, de seu terror diante da *angústia de desamparo*. A repercussão disso na prática clínica é que esse paciente faz uma negação maciça do quanto ele é dependente e, principalmente, mantém-se em uma constante fuga de entrar em um, desejável, porém, altamente penoso, estado de *posição depressiva*.

12. Em decorrência de uma série de dificuldades para a capacidade de *pensar* adequadamente essas difíceis experiências emocionais (pela razão maior de que, ao longo da vida, muito pouco esses pacientes transitaram pela posição depressiva), eles substituem por *actings* excessivos. Uma das principais formas de escoamento é a da atuação por vias erógenas, não sendo raro que, para manter um "estado de completude" (inclusive da bissexualidade), eles atuem uma fantasia de "hibridização" por meio de uma ligação com alguma pessoa bissexuada. Outras formas possíveis de atuação pela via erógena consiste em manifestações homossexuais, don-juanismo (ou ninfomania), pedofilia e algo equivalente.

13. Embora se processem pelas zonas erógenas, tais atuações estão, predominantemente, a serviço de uma *pré-genitalidade*, de forma que cabe afirmar que é nas perversões que mais claramente se observa uma articulação da estrutura edípica com a estrutura narcísica. Essa afirmativa é importante quanto ao manejo técnico, pelo fato de que, envolvido pelas ricas e floridas narrativas de conteúdo sexual que esse paciente lhe oferta, o analista pode se sentir tentado a interpretar em um nível edípico, quando muito provavelmente a raiz de tudo seja a de um transtorno narcisista; caso esse equívoco se mantenha, pode resultar uma análise estéril.

14. Em relação aos fenômenos que se processam no *campo analítico*, cabe ressaltar os seguintes aspectos. Em relação ao *setting*, há uma necessidade de que o mesmo seja preservado ao máximo; no entanto, o ataque ao enquadre não se faz marcadamente contra as combinações contratuais (horários, faltas, pagamentos...), conforme acontece comumente com as psicopatias, mas, sim, contra os lugares e papéis que, respectivamente, devem caber ao paciente e ao analista e que o paciente perverso procura subvertê-los. Assim, é útil que o analista se pergunte: "Qual o papel que esse paciente quer colocar em mim? O de uma mãe que nunca frustra, o de um pai enganado e esterilizado, o de um juiz, professor, superego, ego auxiliar, um duplo dele, continente para as projeções das partes que ele não suporta?"

15. A *resistência* mais difícil de ser removida é aquela decorrente de uma forte cisão da personalidade, de modo que esse paciente, tal como acontece nitidamente no fetichismo, usa maciçamente o recurso da "recusa", de modo que ele repete com o terapeuta as experiências infantis de tentar negar as diferenças entre ambos, o que ele faz por mecanismos próprios da posição esquizo-paranóide, embora, diferentemente dos psicopatas, ele pode entrar em

estado depressivo, às vezes num estado de desespero e ideação suicida.

16. Em relação à *transferência*, inicialmente é útil estabelecer uma diferença entre *perversão clínica* (consiste no quadro, cujas principais características foram descritas neste capítulo) e *perversão da transferência* (ou *transferência perversa*). Esta última pode estar presente na análise de pacientes com perversões (ou fantasias de...), no entanto, isso está longe de significar que com certeza se trate de paciente perverso, pois a perversão da transferência pode estar presente em qualquer análise na qual os papéis e as funções do par analítico fiquem desvirtuados. A maneira mais comum de acontecer uma perversão da transferência é que, por meio de identificações projetivas, o paciente consiga colocar no analista a sua excitação, a sua impaciência, uma intimidade exagerada, a provocação de contra-atuações e, especialmente importante, a sua tentativa de fazer o analista entrar em uma cumplicidade com ele. Vale lembrar que existem registros de que nos casos nos quais pacientes perversos queriam colocar Freud no papel de cúmplice, como, por exemplo, rompendo a regra do sigilo, ele interrompia a análise.

17. Assim, a *contratransferência* assume uma importância singular na relação analítica, pois o terapeuta fica submetido a uma pressão do paciente, nem sempre manifesta, por meio de um sutil jogo de seduções ou de ameaças diversas, com as quais esse analisando procura ter o domínio da situação analítica e forçar que o analista comporte-se como ele, o paciente, quer! O grande risco consiste na possibilidade de haver uma absoluta falta de conscientização sobre a real esterilização do processo analítico, devido à construção transferencial-contratransferencial de um *conluio de acomodação* entre ambos. É provável que esse tipo de conluio tenha o conformismo do analista como uma forma de ele se defender de um verdadeiro "tumulto contratransferencial" que, muitas vezes, os pacientes conseguem despertar.

Outro aspecto que pode provocar uma contratransferência difícil é o fato de que, a exemplo de como deve ter sido com sua mãe, que provavelmente alternou com ele momentos de sedução com outros de castração e rejeição, os pacientes com estrutura perversa, também com o analista, alternam fases de sedução (inclusive por meio de aparências de melhoras), com outros em que há uma permanente presença de polêmica e desafio.

Na situação analítica é comum a sensação contratransferencial de o analista estar presenciando e, às vezes, participando de uma cena teatral, com um *script* pré-programado, como é o caso, por exemplo, de um paciente exibicionista "forçar" o terapeuta a ficar no papel de um voyeurista de suas façanhas amorosas.

Um aspecto particularmente importante no vínculo analítico é o fato de que os perversos costumam executar com alta maestria a arte de manter uma fachada de "bom moço", que está encobrindo a parte perversa propriamente dita.

Quanto às *interpretações* do analista, sobretudo, ele deve levar em conta, no mínimo, quatro aspectos: a) a impulsividade deste paciente não é tanto vivida por ele como um real "desejo", como pode aparentar, mas, sim, como uma forma de ele expressar uma ideologia particular, prenhe de idealizações e ilusões; b) ele tem a convicção de que a análise não passa de uma doutrinação que o analista quer impor a ele, de modo que ele pode se queixar que as interpretações do analista somente o desqualificam (enquanto a verdade é que, assim procedendo, é ele quem desqualifica o seu analista). Da mesma forma, quando este paciente exclama em um aparente desespero "não adianta, não tem saída", é bem provável que o verdadeiro sentido disso possa ser: "Não adianta, não vou lhe dar entrada aos meus núcleos inconscientes"; c) o terapeuta deve estar atento para uma forte tentação de interpretar o florido e atraente "material edípico" e, assim, deixar passar os essenciais elementos narcisísticos; d) não basta o analista estar interpretando corretamente, acima de tudo, ele deve estar atento é com o *destino* que as suas interpretações seguem na mente desse paciente, porquê ele costuma desvirtuá-las.

18. Uma característica especialmente importante na atividade interpretativa do analista consiste na necessidade de ele mostrar sistematicamente as *relações perversas* que se estabelecem entre as partes contraditórias den-

tro do próprio *self* do paciente, de modo que é eficaz assinalar ao paciente que constantemente ele está *mentindo para si mesmo.*

19. Habitualmente, o estado mental do paciente perverso é o de uma fragmentação, de modo que os movimentos de integração vêm acompanhados das angústias próprias da "mudança catastrófica" (termo de Bion), com sintomas de confusão e despersonalização, o que exige do terapeuta uma atitude ao mesmo tempo firme e solidária.

20. A *pessoa real do analista* adquire um papel relevante, pois todo perverso sofre de identificações patogênicas, de sorte que, indo além das interpretações, o terapeuta também funciona como um *novo modelo de identificação.*

24

Homossexualidades

Como todas as mães insatisfeitas, ela tomou o filhinho em lugar do marido e, pela maturidade demasiadamente precoce do erotismo dele, despojou-o em parte de sua masculinidade.

S. Freud, referindo-se a Leonardo da Vinci

O ato homossexual, em si, não é desviante, mas sim quando deixa de ser uma variação da sexualidade adulta e se transforma em sintoma.

Joyce MacDougall

CONSIDERAÇÕES INICIAIS

A exemplo do que acontece na nosologia psiquiátrica, também na literatura psicanalítica não é clara e unívoca a conceituação nem a inserção da homossexualidade. Na verdade, essa expressão aparece de forma *polissêmica*, ou seja, permite várias significações e sentidos, de tal forma que as concepções dos múltiplos autores a respeito da homossexualidade tanto se superpõem ou coincidem, como também surgem ambíguas ou divergentes entre si, enquanto, muitas outras vezes, se complementam de forma frutífera, em uma ampla gama de variações teórico-técnicas.

Igualmente o termo "homossexualidade" permite uma escuta *polifônica*, isto é, cada psicoterapeuta tem uma forma particular de entender e de *escutar* e, portanto, de *interpretar* o conteúdo e a forma das mensagens verbais e não-verbais emitidas por esses pacientes a respeito de sua conduta sexual.

Destarte, cabe afirmar que a conceituação psicanalítica de homossexualidade, além de *polissêmica* e *polifônica,* também é *polimorfa* (várias formas de apresentação) e *polideterminada* (diversas causas concorrem para uma mesma manifestação clínica).

Em relação a essa polideterminação da homossexualidade, concorrem fatores diversos, como podem ser os de natureza biológica, sociocultural e os psicológicas, sendo que, neste último caso, tanto podem predominar elementos edípicos, quanto os pré-edípicos. Devido à impossibilidade de abarcar todas as dimensões que estão presentes na determinação da homossexualidade, o presente capítulo pretende privilegiar a abordagem dos fatores pré-edípicos que são inerentes à *Posição Narcisista.*

Em primeiro lugar, é necessário deixar claro que, antes de ser enquadrada em uma única categoria nosológica – como perversão, por exemplo –, a homossexualidade deve ser compreendida como uma *síndrome*, ou seja, diversas causas etiológicas podem manifestar-se por meio de uma mesma manifestação sintomática aparente. Cabe uma analogia com o surgimento de uma "febre", a qual, por si só, de forma nenhuma pode ser considerada como um quadro clínico específico, mas, sim, como uma síndrome febril que tanto pode ser devida a um resfriado banal, como pode traduzir uma pneumonia ou qualquer outro processo infeccioso, indo até a possibilidade extrema de um processo cancerígeno ou de uma gravíssima septicemia.

Assim, é melhor falar em *homossexualidades,* no plural, e admitir que existe um largo espectro que vai de um extremo natural até um outro psicopatológico, e que o comportamento sexual "normal" é muito mais abrangente que os concebidos pelas culturas em geral e pela psicanálise clássica, em particular.

Freud já estabelecera uma distinção entre *perversão* (fetichismo, sadomasoquismo, voyeurismo, exibicionismo, pedofilia...) e *in-*

versão (cujo termo designava a homossexualidade). Embora seja evidente que entre os homossexuais também se encontram muitos que apresentam características perversas (que são condenados pelos outros homossexuais, os quais constituem a maioria, e que não manifestam sintomas de perversão pura), este termo deveria ser evitado por essa dupla razão: sugere uma generalização injusta, e, além disso, a palavra "perversão" em quase todos os idiomas tem um significado altamente pejorativo.

Para evitar que o termo "homossexualidade" rotule a todas manifestações desta forma homoerótica de sexualidade com um mesmo e generalizado significado, qualitativo e quantitativo, geralmente impregnado com uma significação pejorativa e estigmatizadora, é que muitos autores preferem empregar o termo "conduta homossexual", o qual condiciona a necessidade de um esclarecimento quanto à forma e ao grau desse tipo de conduta.

A conceituação de "conduta homossexual" ou, mais simplesmente, a de "homossexualismo" alude aos *apegos emocionais que implicam em atração sexual ou às relações sexuais declaradas entre indivíduos de um mesmo sexo.* Como se sabe o termo *homo*, em grego significa "igual, semelhante", assim como a expressão "lesbianismo", que define a homossexualidade feminina, se origina de "Lesbos", nome da ilha grega onde residia Safo, poetisa da Grécia clássica, que se notabilizou por suas relações homoeróticas.

De um modo geral, os autores concordam que o emprego do termo "homossexual" deveria se restringir aos casos em que os indivíduos, de uma forma *mais crônica e compulsiva*, em geral com alternância de episódios de exacerbações e de remissões, e como uma maneira de se aliviarem de fortes ansiedades paranóides ou depressivas, em distintos graus de qualidade e intensidade, *atuam* um desejo sexual de forma *muito predominante* (isto é, não requer exclusividade) *para pessoas do mesmo sexo biológico*.

Enquanto isto, o termo "homossexualidade latente" deve aludir aos desejos homossexuais disfarçados ou ocultos, não-assumidos e tampouco concretizados. É um termo ambíguo e impreciso, requerendo cautela em sua nominação. Da mesma forma, não se justifica rotular de homossexuais aquelas pessoas que, embora comumente casados e com filhos, ocasionalmente cometem *actings* de natureza homoerótica, sem que a mesma guarde uma natureza compulsória e permanente.

O mesmo vale para aqueles casos denominados "homossexualidade situacional", isto é, a experiência homoerótica fica restrita a determinadas situações circunstanciais (presídios, internatos, etc), nunca mais se repetindo.

Na verdade, é muito difícil definir o que vem a ser uma sexualidade "normal" ou uma sexualidade "perversa". A esse respeito J. McDougall posiciona-se que ocorre a *compreensão da perversão a partir da* destrutividade *que o sujeito estabelece em relação a si e ao outro, mas nunca como uma forma de prática sexual não enquadrada naquilo que habitualmente é chamada de normalidade. O ato homossexual, em si,* não é desviante, *mas, sim, quando deixa de ser uma variação da sexualidade adulta e se transforma em sintoma.* O autor questiona se há diferenças no contexto do processo analítico entre analisandos heterossexuais (os quais estão mais relacionados com uma dificuldade de *obter* prazer) e os homossexuais (a queixa refere-se mais à dificuldade de *dar* prazer).

Também é necessário considerar que a assim denominada *fase perverso polimorfa*, descrita por Freud (1905) como uma etapa no curso normal da evolução psicossexual, pode se manifestar na genitalidade adulta com manifestações pré-genitais no curso das relações sexuais, que até podem simular uma prática perversa, mas que nada tem a haver com a psicopatologia da perversão.

Em termos socioculturais, dados estatísticos deixam claro que homossexualidade não é um fenômeno inusitado, mas, pelo contrário, é bastante freqüente em qualquer sociedade. Algumas pesquisas apontam para um índice aproximado de 4% do total de homens cuja conduta homoerótica é a única durante toda a vida, enquanto para as mulheres essa mesma conduta ocorre em 2% da população em geral.

Os homens manifestamente efeminados, ou as mulheres de aspecto viril, constituem somente uma pequena percentagem da população homossexual. Algumas pesquisas apontam que somente 15% dos homossexuais masculinos e não mais do que 5% dos femininos são facilmente reconhecíveis. Assim, ao contrário de uma difundida crença popular, os homossexuais não se diferenciam do ponto de vista físico (adiposidade, quadris largos, órgãos sexuais pequenos, pilosidade nas mulheres, etc.) dos indivíduos normais. Nem todo efeminado é homossexual, e a recíproca é verdadeira.

A importância e a significação, assim como a aceitação ou repúdio da prática de uma determinada modalidade sexual, varia muito de uma cultura para outra, e mesmo dentro de uma mesma cultura, também varia com o seu momento sociopolítico e econômico. Esta última afirmativa pode ser exemplificada com o extraordinário aumento da prática homossexual, comprovadamente manifesta no apogeu da Alemanha nazista, talvez pelo então incremento da pulsão de morte, com a respectiva agressão sádico-destrutiva e os temores correspondentes.

Também é muito difundida a crença de que, na Grécia clássica, o homossexualismo não somente constituía uma regra do comportamento sexual, como ainda era altamente valorizado e reconhecido pelos pares como um ideal estético. Falta acrescentar, no entanto, que isso era verdadeiro para a fase da puberdade, durante a qual uma entrega total do rapaz, aos cuidados de seu tutor, era considerada uma honraria e um sinal de uma aprendizagem completa e perfeita; entretanto, em contrapartida, na mesma Grécia, a homossexualidade adulta era severamente repudiada e punida.

Em resumo, a cultura determina grandes mudanças na maneira de encarar e abordar a homossexualidade. Na atualidade, existem fortes controvérsias sobre alguns assuntos essenciais que cercam os homossexuais, como a do direito legal de acasalamento; a permissão, ou não, de pertencerem aos quadros de organizações militares e de cúpulas políticas; a aceitação, ou não, por parte da população, de não encará-los como "doentes", e assim por diante. O que não resta dúvida é o fato de que as medidas de legislação repressora acarretam resultados negativos, porquanto reforça a condição de *clandestinidade*, com os inevitáveis problemas de culpa, vergonha, solidão e humilhação, assim como propicia o favorecimento de *chantagens* – nada incomuns e extremamente persecutórias.

Cabe perguntar se a homossexualidade está aumentando em números percentuais. A resposta é muito difícil, pois os homossexuais não só estão assumindo essa sua condição com maior franqueza, como fazem inúmeros movimentos públicos em defesa de seus direitos, o que pode dar uma falsa idéia de incremento, em números relativos, é claro. De qualquer forma, é incontestável que a homossexualidade constitui-se em um problema de extrema relevância individual e social, logo, um importante desafio para a psicanálise e para os psicanalistas.

Mais particularmente em relação ao campo da psicanálise, também existe uma polêmica quanto ao fato de se uma pessoa homossexual pode ter direito a fazer uma formação psicanalítica regular e oficial; e mais: se essa sua condição é compatível ou incompatível com o pleno e exitoso exercício da profundeza da função psicanalítica.

Por outro lado, cada vez mais os pacientes homossexuais procuram atendimento psicanalítico, e os psicanalistas estão muito mais bem preparados em conhecimentos teóricos relativos às primitivas etapas da evolução psicossexual, logo, estão mais bem equipados com os necessários recursos técnicos. Como resultado desses avanços, fica-me a impressão de que os resultados analíticos com esses analisandos têm sido mais exitosos e promissores do que décadas atrás.

POSSÍVEIS ETIOLOGIAS

Conforme já foi tratado, são muitos os fatores que concorrem para o surgimento da síndrome homossexual, sendo necessário que se destaquem aos seguintes:

Biológico-constitucionais

A ciência atual ainda tem um conhecimento muito pequeno acerca dos aspectos genéticos, orgânicos ou glandulares, sendo que, até o presente momento, predomina a idéia de que eles têm uma participação mínima na determinação da homossexualidade.

Socioculturais e familiares

Ninguém contesta na atualidade os efeitos condicionantes indiretos dos costumes e códigos sociais, quais são ditados pela vigência de uma determinada cultura, a qual, por sua vez, varia grandemente com as distintas geografias e épocas. Como já foi mencionado, o fator cultural determina grandes e decisivas mudanças na maneira de surgir, encarar e abordar a homossexualidade. Geralmente prevalece, por parte do ambiente, uma rejeição franca ou dissimulada contra a homossexualidade, nos mesmos moldes persecutórios e humilhatórios que se processam contra todas as minorias sociais. Pode-se dizer que os conflitos dos homossexuais estão mais em relação aos costumes sociais do que propriamente consigo mesmo.

Adquire uma especial importância o discurso dos *pais* e da *religião* acerca da sexualidade, de tal forma que, muitas vezes, além de *proibida*, a sexualidade também é significada como *perigosa* (cabe lembrar novamente o paciente esquizofrênico, com fortes fantasias homossexuais, que seguidamente lembrava a admoestação de seu padre-professor de que "cada gota de esperma derramado na prática da masturbação correspondia a uma gota de sangue que se esvaia do corpo de Nossa Senhora").

Toda e qualquer *família* está inserida em um determinado contexto sociofamiliar e sofre as suas influências, de modo que as mesmas são repassadas pelos pais aos filhos. Os padrões da sexualidade *não são inatos*, mas sim eles *são criados*, logo, adquire uma importância fundamental as *identificações* dos filhos com os pais, assim como o *discurso* destes últimos acerca da sexualidade.

Da mesma maneira, adquire uma especial importância o aspecto da *transgeneracionalidade*, isto é, os conflitos edípicos ou pré-edípicos não-resolvidos nos pais serão necessariamente repetidos com os filhos, processo que pode ter uma continuidade ao longo de muitas gerações de uma mesma família. Para tanto, o habitual é que se estabeleça na família uma *designação de papéis*, os mais diversos, a serem inconscientemente cumpridos por todos, dentro de um clima de veladas ameaças (superego) ou de fortes expectativas (ideal do ego), cujo não-cumprimento gera culpa, medo, vergonha e humilhação.

Sexo e gênero sexual

Na atualidade – graças principalmente aos trabalhos de R. Stoller (1985), psicanalista americano (1924-1991) – atribui-se uma expressiva importância não somente ao *sexo biológico* com que a criança nasce, mas também à formação do seu *gênero sexual*, o qual vai depender fundamentalmente dos desejos inconscientes que os pais alimentam quanto às suas expectativas e demandas em relação à conduta e ao comportamento do filho, ou filha.

Esta indução, por parte dos pais, na determinação do "gênero sexual" das crianças costuma ser feita a partir de combinação de fatores influenciadores, como são alguns apontados por Graña (1995), que destaca, por parte dos pais, a atribuição de *nomes próprios* ambíguos, o uso de *roupas* que provocam confusões e indefinições no contexto social em que a criança está inserida, o tipo de *brinquedos* e de *brincadeiras*, a forma de como os pais *designam os genitais*, o tipo de *esporte* que estimulam nos filhos, a *idealização ou denegrimento* de certos atributos masculinos ou femininos, etc.

Costuma ser comum a formação de um *conluio* inconsciente na base de um "faz-de conta" que ninguém está vendo nada, negando, assim, uma evidente cumplicidade entre duas ou mais pessoas de uma mesma família, sendo que, muitas vezes, os pais não só determinam decisivamente o gênero sexual dos filhos, como também pode acontecer que eles atuem a sua possível homossexualidade latente através de seu filho ou filha. Aliás, não é nada raro que certas famílias cultivem um *conluio múltiplo* que se manifesta através de um determinado "segredo familiar".

Entendo que a estruturação de um gênero sexual diferente do sexo biológico está longe de necessariamente significar uma homossexualidade atuante, porém pode ser um fator propiciador. Por outro lado, penso que se pode dizer que, em alguns casos, um casal com sexos biológicos diferentes, porém com um certo arranjo dos respectivos gêneros sexuais, pode estar configurando uma relação de natureza homossexual.

Fatores psicológicos

Os referidos aspectos sociais, culturais e familiares, intimamente inter-relacionados com as necessidades, desejos e fantasias inconscientes da criança, vão determinar primitivos *pontos de fixação* conflitivos, nos quais ela vai estacionar em seu desenvolvimento psicossexual, ou para eles vai regredir quando, embora tenha alcançado a condição adulta, não suporta o surgimento de determinadas ansiedades terríveis.

Classicamente, os pontos de fixação referem-se à etapa *oral* (felácio, sexualidade possessiva e aditiva, etc.), *anal* (no imaginário das crianças de ambos os sexos, a incorporação anal do pênis do pai representa a aquisição de uma ilusória completude e potência fálica) e etapa *fálica* (inserida dentro do *complexo de* Édipo, com as mais distintas configurações possíveis).

Unicamente como um esquema didático de exposição, pode-se considerar os fatores psicológicos propriamente ditos na determinação da conduta homossexual, a partir de duas vertentes: a *edípica* e a *narcísica*, que serão mais adiante abordadas de maneira individual. No entanto, deve-se sempre levar em conta o fato de que ambas costumam estar intimamente inter-relacionadas, e que, mais freqüentemente do que em geral se pensa, os conflitos narcísicos e pré-genitais podem estar mascarados e representados por uma ruidosa fachada edípica.

Aliás, foi o próprio Freud quem nos apontou separadamente os caminhos das duas vertentes. Assim, ao mesmo tempo em que a principal parte da sua obra gira em torno dos conflitos psíquicos resultantes das pulsões libidinais investidas nas vivências e fantasias implícitas no conceito universal do complexo de Édipo, é a Freud que se deve a primeira compreensão das raízes narcísicas na determinação da homossexualidade. Essa última afirmativa pode ser comprovada nos seus trabalhos de 1910 acerca de *Leonardo da Vinci e uma lembrança de sua infância* (no qual fica claro que a homossexualidade de Leonardo representava uma busca de recompor com a mãe uma perdida unidade fusional primitiva) e, principalmente, no trabalho sobre *Uma introdução ao narcisismo* (1914). Neste último, Freud aponta que a escolha do objeto homossexual pode ser de natureza *anaclítica* (um retorno à situação paradisíaca do apego original com a mãe, com a sensação de ter a posse absoluta dela) ou *narcísica*, nas suas três modalidades: busca no parceiro uma extensão daquilo que *ele é* (tempo presente), ou do que *ele foi* (tempo passado), ou daquilo que *almeja vir a ser* (futuro).

A propósito, também é a Freud, tal como aparece no trabalho de 1911, sobre o célebre "Caso Schreber", que se deve a postulação de que existe no curso do desenvolvimento psicossexual da criança uma posição homossexual normal e estruturante. No mesmo artigo, a partir do original e proibido desejo homossexual "eu o amo", por meio de uma série de transformações do verbo e do objeto, determinadas pela necessidade de negar tal opróbrio, Freud mostra como o indivíduo pode construir tanto uma produção delirante *paranóide* ("não, eu não o amo, eu o odeio, e, logo, ele me odeia"); como pode ser um delírio de *ciúme* ("é ela que o ama"); ou uma *erotomania* ("ela(s) é que me ama(m)); ou uma retirada *narcisística* ("ninguém me ama e eu não amo e não preciso de ninguém").

Igualmente Freud contribuiu com um importante pressuposto de que inicialmente a criança apresenta uma concepção imaginária de que é possuidora de uma *bissexualidade*, sendo que esta sua idéia continua servindo de ponto de partida dos mais avançados estudos sobre a determinação da sexualidade, portanto, também da homossexualidade. No entanto, foi em torno da triangularidade da conflitiva edípica que Freud fez as suas mais importantes descobertas, que seguem aqui, extremamente sumarizadas.

A FACE EDÍPICA

- A crise edípica, quer tenha sido de resolução homo ou heterossexual, implica para a criança a condição de renunciar à fantasia de que ela tem a posse de uma bissexualidade; por conseguinte, também implica a renúncia de seu desejo imaginário de que pode possuir sexualmente os dois genitores.
- Essa renúncia está ligada ao reconhecimento da existência de um terceiro (o pai) e está intimamente liga-

da à *cena primária*, com todas as fantasias daí decorrentes.

- As principais fantasias, tanto no menino quanto na menina, estão diretamente ligadas à posição e ao lugar que imaginariamente (ou concretamente em certas famílias de estrutura perversa) as crianças ocupam nessa cena que tanto lhes pode sugerir uma idilíaca troca de benesses entre os pais, ou um inferno no qual estes se destroem, fantasia esta que promove na criança uma concepção sadomasoquista do ato sexual. Segundo M. Klein, a fantasia da criança de que os pais estão fundidos no coito produz a imaginação da "figura combinada" responsável pela criação mítica da existência de figuras monstruosas.
- Ficar excluída da cena primária gera na criança uma sensação de abandono e *traição* por parte de um dos pais, ou de ambos, e, por conseqüência, produz sentimentos de ódio, rivalidade, curiosidade invasiva e arrogante, incremento de um controle possessivo e de sentimentos de vingança.
- A rivalidade com o genitor do sexo oposto, por meio de um jogo de projeções e introjeções dos referidos sentimentos e fantasias, determina o surgimento do *complexo de castração* (é útil lembrar que Freud restringiu o uso deste termo ao temor da castração dos órgãos genitais). Para evitar a castração, o futuro adulto pode renunciar à heterossexualidade.
- O complexo de Édipo pode tomar uma configuração *positiva* (desejo pelo genitor do sexo oposto e uma rivalidade com o do mesmo sexo) ou *negativa* (em cujo caso o complexo de Édipo é *invertido*, ou seja, a criança deseja o genitor do mesmo sexo). É útil levar em conta que a resolução invertida do complexo muito comumente seja devida ao fato de que o gênero sexual dos pais esteja trocado, o que, por si só, determina uma patogenia no processo identificatório da criança.
- Assim, a elaboração final da crise edípica acarreta duas conseqüências fundamentais para a criança, as quais estão entrelaçadas: *os modelos de identificação* e a *formação do superego*. Para o primeiro, entre tantas outras possibilidades de identificações patogênicas que concorram para a homossexualidade, pode servir de exemplo a identificação do menino com uma *mãe fálica*, sendo que esta, por sua vez, possivelmente também esteja identificada com a sua própria mãe também fálica, ou com a figura masculina do seu pai, ou de algum irmão cujo pênis ela invejava... Em relação à formação do superego, basta lembrar o aforismo de Freud: *o superego é o herdeiro direto do complexo de Édipo*.
- É desnecessário destacar que, tal como Freud nos ensinou, no processamento normal da crise edípica, há uma diferença do que se passa no psiquismo do menino ou da menina. É suficiente lembrar que normalmente a menina *entra* na crise edipiana quando ela, devido ao complexo de castração, afasta-se da mãe e se aproxima do pai (para obter dele o pênis que lhe falta, ou um bebê, como um substituto fálico); enquanto o menino *sai* dessa crise quando, acuado pela angústia de castração, renuncia à posse da mãe e se reaproxima e se modela com o pai.

A FACE NARCISISTA

- Em relação ao desenvolvimento normal da psicossexualidade, as primeiras formulações de Freud postulavam a existência de uma etapa de *auto-erotismo*, seguida de um *narcisismo primário* e finalmente uma posterior etapa do investimento libidinal em *objetos externos*.
- Na atualidade, é consensual que desde o nascimento o bebê já está interagindo com o meio ambiente exterior e estabelecendo relações objetais, mui-

to particularmente com a sua mãe. Importantes autores destacaram este inato relacionamento objetal.

- Inicialmente, na vigência da fase de indiferenciação e de indiscriminação, os objetos externos são percebidos sem diferenças sexuais; por conseguinte, de uma perspectiva "homossexual".
- Sabe-se que a etapa de simbiose com a mãe é indispensável e estruturante; no entanto, ela pode se tornar patogênica, tanto nos casos em que há um precoce desligamento da mãe quanto principalmente quando houver uma exagerada manutenção desse vínculo simbiótico, fortalecendo e fixando uma relação de natureza diádica-fusional da criança com a mãe, desta forma excluindo a importância do pai.
- Nesses casos, é fácil perceber, na clínica, que esta mãe simbiotizadora – que não renuncia ao seu desejo de manter uma eterna gravidez – tenta cimentar a posse exclusiva de seu filho, por meio dos seguintes recursos inconscientes: 1) Toma o filho como um mero prolongamento de seu próprio *narcisismo* (no dizer de Lacan, delega ao filho a obrigação de cumprir o papel de representar o *falo*, ou seja, o *poder* que ela almeja). 2) Por meio de uma precoce *erotização,* a mãe fortalece a ilusão onipotente do menino de que ele já é uma pessoa adulta (isto estrutura um *falso self*) e que ele substitui, com vantagem, ao pai. 3) Esta exclusão do pai no psiquismo da criança – especialmente nos meninos – é de fundamental importância na estruturação de uma homossexualidade. 4) Para manter a garantia da posse do seu filho – com finalidade que costumo nominar *seguro-solidão* –, essa mãe utiliza inúmeros recursos inconscientes, como injeção de culpas, chantagem afetiva, desqualificação dos valores adultos, duplas mensagens, etc., a fim de perpetuar uma *infantilização* de seu filho. 5) Um outro custo é o fato de que a criança – futuro adulto – hipertrofia o papel que lhe foi imposto de ser o principal *desejo dos desejos* da mãe, assim como também costuma haver um *continuum* confusional entre o *corpo* da mãe e do filho, ou filha (J. McDougall alude a "um corpo para dois").
- Se a mãe simbiótica não for capaz de renunciar ao corpo do filho e à posse do seu pênis, resultará uma luta desesperada – e ambígua – por parte do filho com o propósito de repelir a mãe percebida como engolfadora e perigosa.
- A referida exclusão do pai do campo afetivo do filho adquire tamanha importância na determinação de uma possível estruturação homossexual do filho pelas seguintes duas razões principais: o pai excluído não funciona como uma necessária cunha interditora (a qual Lacan chama de *Lei* ou *Nome* do pai) no romance simbiótico entre a mãe e a criança. A segunda razão, em se tratando de menino, é que faltará a ele um *modelo de identificação* masculino, que possa ser introjetado com admiração. Tais possibilidades encontram respaldo em Freud, que em *Leonardo...* afirma que *igual todas as mães insatisfeitas, sua mãe tomou o filhinho em lugar do marido e, pela maturação demasiado precoce do erotismo do menino, despojou-o de parte de sua masculinidade.*
- As principais causas que concorrem para a exclusão do pai são as seguintes: o pai mantém-se física e geograficamente muito afastado do lar; ele é exageradamente frágil e dominado pela mulher; ou excessivamente tirânico; no entanto, a principal causa é quando a imagem do pai, apesar de seus esforços, é denegrida pelo *discurso* da mãe na determinação dos valores do filho. Em outras palavras, a imagem que a criança introjetará da figura paterna é a mesma que esta tem do seu marido.
- A conseqüência maior da manutenção dessa díade fusional simbiótica é o for-

talecimento e a persistência do estado mental que propus denominar *posição narcisista*, na qual, entre muitas outras condições psíquicas, faz parte a, assim denominada por Bion, *parte psicótica da personalidade.*

- Nesta última, vai acontecer que a criança não suporta frustrações; em conseqüência, vai haver a hipertrofia das pulsões agressivo-destrutivas, com a séria decorrência futura da contração de vínculos sadomasoquistas. Para livrar-se dos conseqüentes sentimentos e angústias intoleráveis, a criança utiliza excessivamente o recurso das identificações projetivas. A um mesmo tempo, ela desenvolve um horror ao conhecimento das verdades penosas, tanto as externas quanto as internas ("-K", de Bion). Assim, a criança incrementa a onipotência por meio da qual ela faz uma negação dos limites, das limitações, do reconhecimento das diferenças, tendendo a abolir as dimensões do espaço (confunde-se como outro) e tempo (independentemente de sua idade cronológica conservar a fantasia de seu privilégio de funcionar na vida com o primitivo princípio do prazer-desprazer). Essa onipotência impede o ingresso na "posição depressiva" e, conseqüentemente, inibe a capacidade para pensar e formar símbolos. A necessária "aprendizagem com as experiências" (termo de Bion) fica substituída por uma onisciência, enquanto a negação do sentimento de dependência, fragilidade e inermia cede lugar a uma prepotência (pré-potência).
- Pode-se ir mais longe e afirmar que é a aquisição da posição depressiva que determina e inaugura o complexo de Édipo. De fato, entre outros aspectos inerentes a essa posição, vale destacar que é ela que possibilita a criança discriminar e separar-se do objeto, ganhando para si e concedendo para o outro uma relativa autonomia, assim efetivando um reconhecimento da existência real do pai no contexto edipiano.
- Nos indivíduos em que existe uma manutenção predominante da "posição narcisista", vai acontecer um sério distúrbio na construção do *sentimento de identidade*, de tal modo que, na tentativa desesperada de manter o ameaçado sentimento de identidade, o sujeito pode usar a sexualidade, tanto a homo quanto a heterossexual, como uma droga, assim configurando aqueles casos que J. McDougall (1978) denomina como *sexoadictos.*
- Da mesma forma, a *angústia de desamparo (Hilflosigkeit* é o nome original utilizado por Freud) – a angústia mais temida, não só pela razão da falta de apoio e de extrema dependência que ela acarreta, mas principalmente pela ameaça de uma desorganização do ego – está intimamente ligada à estrutura narcisística. Portanto, mais do que a angústia de castração, aqui se está enfatizando a presença da angústia de desamparo e desvalia; mais do que a problemática dos *desejos*, impõe-se a das *necessidades básicas*; mais do que uma dolorosa frustração decorrente da exclusão da criança do triângulo edípico, está se aludindo à questão essencial da sobrevivência psíquica e à constituição do ego, com os seus limites e sua identidade primitiva e corporal.
- Creio que se pode dizer que virtualmente todos os pacientes homossexuais apresentam transtorno do narcisismo, ou seja, eles necessitam do *outro* (o seu *duplo*) para que esse funcione como um espelho, um suporte identificatório e como um reasseguramento de que ele, de fato, *existe*!

Em resumo, cabe a afirmativa de que o narcisismo não é apenas uma etapa do desenvolvimento do ser humano; ele é também um *modelo* de estrutura psíquica, uma modalidade de *vínculo* em um registro imaginário, que poderá operar ao longo de toda vida, inclusive na escolha homossexual de objetos.

Da mesma maneira, a passagem pelo conflito edípico promove a introdução do registro simbólico, o qual poderá atenuar ou modificar o registro das ilusões imaginárias, porém nunca conseguirá acabar totalmente com elas.

O certo é que ambos os registros – o narcísico e o edípico – mantêm-se em permanente interação, em cuja intersecção ora há a predominância de um deles (a solução exitosa da conflitiva edípica permitirá o ingresso na genitalidade adulta) ora de outro (uma fixação predominante na posição narcisista reterá o sujeito numa pré-genitalidade, que, por sua vez, pode condicionar uma estruturação de natureza homossexual). Os exemplos que inter-relacionam Narciso e Édipo poderiam ser muitos (como o *don-juanismo*, por exemplo), porém o importante na prática analítica é considerar a passagem, tanto a progressiva – de Narciso a Édipo – quanto a regressiva – de Édipo a Narciso –, e, muito particularmente, a observação do oculto e latente ego narcísico que está encoberto pela manifesta e às vezes enganadora e florida configuração manifestamente edípica.

PRÁTICA PSICANALÍTICA

A experiência clínica atesta que tem havido uma significativa procura de tratamento analítico por parte de pacientes homossexuais, o que, na atualidade, empresta-lhe uma importância especial e requer assinalar alguns pontos essenciais.

1. O certo é que o analista que quiser tratar um paciente homossexual não pode ter preconceitos arraigados contra o homossexualismo; também não deve priorizar o seu desejo pessoal de que o objetivo precípuo da análise será o de conseguir que seu paciente reverta o "desvio" da sua sexualidade e ingresse no mundo da heterossexualidade.

2. Creio que, antes desse desejo, o mais importante a obter-se na análise é uma melhor qualidade de vida do paciente, o que não exclui a necessidade de o analista estar atento a manifestações desse analisando, ainda que sutis, de que ele gostaria de adquirir uma plena heterossexualidade, de sorte que se torna importante que o terapeuta alie-se a esse lado do paciente homossexual. Porém, também é verdade que, em certas situações, pode caber ao analista a tarefa de fazer uma aliança com o lado do paciente que quer reunir condições para assumir a sua homossexualidade, porém esbarra numa barreira de pânico.

3. É necessário que o analista diferencie os casos que evidenciam uma homossexualidade manifesta daqueles outros casos em que existe um transtorno de *gênero sexual*, sem que haja uma atividade homossexual propriamente dita ou, quando muito, algumas atuações esporádicas em certos períodos difíceis da vida. O referido transtorno da identidade de gênero sexual é especialmente importante – quer ele leve a uma homossexualidade, ou não – porque ele nos remete às influências que os discursos e os desejos dos pais, manifestos ou ocultos, exercem sobre a determinação do gênero sexual.

4. Assim, na minha experiência na prática clínica e de supervisão, com relação à terapia analítica com pacientes homossexuais masculinos, fica a impressão de que, na totalidade dos casos, eles tiveram uma mãe ambiguamente superprotetora, com uma excessiva estimulação narcisística e/ou erótica, enquanto a figura do pai ficou sendo de pessoa ausente (ou fisicamente, ou por um distanciamento afetivo, personalidade por demais frágil...) e denegrida (por ele ser excessivamente tirano ou, o que é o mais comum, pelo discurso da mãe que, em uma verdadeira catequese ao filho, constantemente denigre a imagem do marido).

5. O preço pago na determinação dessa forma de homossexualidade é duplo: tanto esse paciente afasta-se das mulheres sexuadas porque ele está impregnado de significações incestuosas, como também não consegue se definir com homem porque lhe faltou, na figura denegrida do pai, a possibilidade de ter um bom modelo de masculinidade.

6. *Setting*. A primeira pergunta que se impõe é se faz alguma diferença o psicanalista que vai tratar um caso de homossexualidade ter o mesmo sexo biológico de seu paciente, ou se é mais adequado que seja o oposto. No caso do homossexual masculino, sempre predominou a opinião de que seria mais indicado um psicanalista homem, pela simples razão de que ele funcionasse como um novo modelo de identificação masculina, virtualmente sempre faltante nesse paciente. Embora na atualidade

a maioria dos autores considere que o mais importante é o estabelecimento de uma neurose de transferência e que essa vai independer do sexo do analista, eu particularmente inclino-me a acreditar na possibilidade de que a análise com um paciente homossexual masculino progride, mais exitosamente, com uma psicanalista mulher, pelas razões já expandidas acerca da existência de um primitivo e esterilizador vínculo simbiótico com a figura da mãe.

O *setting* propicia um novo espaço no qual as primitivas experiências patogênicas com a mãe possam ser reexperimentadas e ressignificadas com a figura real de uma mulher. Da mesma forma, caberia perguntar se um analista preconceituoso em relação ao problema da homossexualidade reúne condições para analisar com êxito a um paciente homossexual.

Ainda em relação ao *setting*, é necessário destacar a importância da preservação das combinações instituídas, porquanto tais pacientes tendem a induzir alterações e busca de privilégios, enquanto o analista deve ter claro para si que é fundamental que o paciente desenvolva a capacidade para tolerar frustrações e para aceitar seus limites e limitações. Esta última afirmativa está respaldada na habitual observação de que a criança não suporta que não haja o estabelecimento de limites; ela sente-se desamparada e recai numa intensa angústia. Assim, é fundamental a função do *setting* de definir os lugares e os papéis do analista e do paciente, estabelecendo as devidas diferenças.

7. *Resistências*. A principal resistência nos casos de homossexualidade parece não ser tanto a oposição a um acesso às repressões edípicas com as correspondentes fantasias ligadas à cena primária, como habitualmente era entendido, quase que de forma exclusiva, pelos psicanalistas. Pelo contrário, nestes casos a resistência costuma estar muito mais ligada a um aferramento a essa suposta conflitiva edípica, como um véu encobridor e protetor das ilusões próprias do mundo narcisista que esse paciente, inconscientemente (e muitas vezes também conscientemente) procura manter a todo custo.

Para manter a autarquia de suas ilusões narcisistas, uma das formas de resistência que este analisando utiliza com freqüência é a de um *ataque aos vínculos perceptivos* (termo de Bion), tanto os dele próprio como os de seu analista, a serviço de um "-K", e, para tanto, é comum que o paciente consiga despertar um certo estado confusional no terapeuta.

8. Uma *contra-resistência* importante é a possibilidade de que o analista desenvolva uma *atitude fóbica* em relação aos movimentos aproximatórios do paciente, que sejam de natureza homossexual. Uma outra contra-resistência temível alude à contração de *conluios inconscientes* com o paciente, como pode ser exemplificado com a construção de – um nada incomum – vínculo baseado em uma recíproca fascinação narcisista.

9. *Transferências*. Toda transferência tem, no mínimo, um resto narcísico da primitiva unidade da díade simbiótica. A análise da transferência visa a permitir a separação desse *objeto de necessidade*, para constituí-lo como um *objeto de desejo* edípico. Há, portanto, uma diferença entre a transferência narcísica de colorido erótico, que guarda uma natureza especular (com a constante busca do seu *duplo*), e a transferência erótica propriamente dita, com desejos de cunho edípico triangular, não sendo incomum que ambas as formas se superponham e se alternem.

Um aspecto particularmente importante é aquele que diz respeito ao fato de que uma transferência *positiva* pode, na verdade, estar sendo não mais do que uma transferência *idealizada*, em cujo caso a *fé* do paciente ocupa o lugar da confiança básica e a *sugestão* do terapeuta substitui o penoso – porém imprescindível para o analisando – processo de *pensar* as experiências emocionais do vínculo analítico que estão reproduzindo similares experiências antigas e novas. Em contrapartida, a transferência de aparência *negativa* pode estar representando um movimento altamente positivo para a análise, isto é, uma sadia e mais confiante tentativa de romper com os estereotipados vínculos de domínio, posse, especularidade e falsidade.

Tão importante como a atividade interpretativa é o fato de que o analista constitua-se como um *novo objeto* para o paciente homossexual. Um novo objeto que, diferentemente de seus pais originais, preencha no mínimo as seguintes condições básicas no vínculo analítico: não seja demasiado frágil ou "bonzinho" e tampouco por demais rígido e diretivo; que sobreviva (não ficar deprimido ou arrasado) aos ocasionais ataques de ódio, controle onipotente, triunfo e desprezo; que não se deixe enredar nas malhas de um envolvimento sedutório e, portanto, que não entre no jogo dos *actings e contra-actings*; não proceda a retaliações, que muitas vezes estão disfarçadas por interpretações superegóicas ou ameaças veladas; propicie a formação de neo-identificações e neo-significações; facilite o processo de dessimbiotização, com vistas a desenvolver no paciente as capacidades de discriminação, diferenciação, separação e a aquisição de um sentimento de identidade; que não receie impor as inevitáveis frustrações ao paciente, desde que essas não sejam por demais escassas, nem excessivas e tampouco incoerentes; acima de tudo, no entanto, é imprescindível que o analista possua a capacidade de *rêverie*, de modo que tenha condições de *conter* as maciças cargas de identificações projetivas do paciente, ou a *actings* preocupantes, sem ter que apelar para uma medicação (quando esta é desnecessária e só serve para acalmar a ansiedade do terapeuta) ou resistir à tentação de encaminhar para um outro colega, e assim por diante.

Enfim, o analista no seu papel de um "novo objeto" deve exercer a *função alfa*, a qual, segundo Bion, visa a propiciar ao paciente que as suas fortes ansiedades inomimadas (o "terror sem nome", de Bion) sejam acolhidas, pensadas, significadas, adquiram um sentido e uma nominação, para só então serem devolvidas ao paciente, em doses adequadas, sob a forma de interpretações.

Um outro aspecto que julgo muito importante no que diz respeito ao entendimento e manejo por parte do analista em relação à transferência de um paciente homossexual é o fato de que ele tanto vai ocupar o lugar da transferência materna (exercendo uma maternagem nos moldes acima explicitados, complementando e suplementando funções egóicas que faltam ao paciente), como também o terapeuta deve encarar a transferência paterna, de modo a que se forme um curioso paradoxo: o analista, na função de pai, vai frustrar, interpor-se e interditar o apego provisoriamente simbiótico que ele próprio aceita quando no papel transferencial de "mãe-continente".

10. Uma observação mais atenta, em um grande número de casos de homossexualidade que tenho acompanhado em supervisões, faz com que me incline pela hipótese de que nos casos masculinos acontece a constelação familiar antes referida quanto à exclusão do pai, enquanto que na homossexualidade feminina a predominância é a de um pai sedutor – e seduzível –, o que obriga a menina a fugir do horror do incesto e a refugiar-se na mãe.

11. Habitualmente nestes casos, também o pai necessita fugir do pavor de um envolvimento edípico-incestuoso, o que ele faz por intermédio de um distanciamento da filha, físico ou afetivo, e assim reforça o apego narcísico-simbiótico dela com a mãe. Resulta daí uma dupla complicação na relação da filha com a mãe, em moldes de um retorno à posição narcisista: assim, o erotismo da menina, que foi originado nas fantasias com o pai, fica incrementado por uma erogeneidade equivalente da mãe, inclusive com disfarçadas carícias físicas por parte de ambas. Ao mesmo tempo, este vínculo mãe-filha fica impregnado de uma forte ambivalência, tingida com aspectos sadomasoquísticos, porquanto nesses casos o apego narcisístico é inseparável da rivalidade edípica com a "mãe-bruxa" na disputa pelo pai.

12. *Contratransferência*. As pessoas homossexuais, via de regra, notabilizam sua vida afetiva por vínculos carregados de uma extrema sensibilidade às frustrações, um pânico de abandono e uma forte tônica sadomasoquista, manifesta ou disfarçada, às vezes cabendo o papel de sádico a um do par e o de masoquista ao outro, ou mais comumente esses papéis se alternam entre eles. Embora nem sempre seja assim, e muitas vezes um casal homossexual adquira uma harmonia e estabilidade, nos casos mais extremos, há um permanente risco de atuações masoquistas de alto risco, por vezes trágicos.

Por tudo isto, é fácil perceber que tamanhas cargas de necessidades, com subjacentes ansiedades primitivas de desamparo e aniquilamento e com *actings* por vezes muito graves, venham a provocar fortes impactos contratransferenciais, os quais tanto podem se constituir em enredamentos patológicos, como também podem servir como uma excelente *bússola empática* para o psicanalista.

Neste último caso, pode servir como exemplo a possibilidade de o terapeuta entender que, através de atuações, somatizações e difíceis efeitos contratransferenciais, o seu paciente homossexual esteja utilizando uma primitiva forma de comunicação não-verbal, com a esperança que o analista decodifique e o ajude a *pensar* aqueles sentimentos e angústias que ele nunca foi capaz de rememorar ou pensar.

Um aspecto que me parece útil consignar é o que diz respeito ao fato de que esse tipo de paciente pode provocar no analista uma forte sensação de desconforto, como se este o estivesse decepcionando e fraudando. Isto se deve à identificação projetiva, dentro do psicanalista, de uma mãe narcisista que enganou o filho, por fazê-lo crer como sendo realidade aquilo que na verdade não passava de meras ilusões infantis.

13. *Atividade interpretativa*. A primeira observação que necessita ser feita é a de que comumente o psicanalista deixa-se atrair e seduzir pelo belo e convincente "material sexual" trazido pelo paciente, que parece estar "pedindo" para ser interpretado em um plano edípico. É possível que em muitas ocasiões essas interpretações satisfaçam a ambos do par analítico, porém é possível que elas resultem inférteis porquanto a aludida sexualidade edipiana pode estar fortemente ancorada em fixações narcisistas não-resolvidas.

Da mesma forma, creio ser recomendável que o psicanalista não se detenha de modo prioritário e sistemático na interpretação única dos conflitos resultantes dos desejos e fantasias sexuais, com as angústias correspondentes. Também é desejável que a atividade interpretativa se dirija à *forma* de como o analisando utiliza os seus recursos de ego, de como ele *pensa* as suas experiências emocionais, mais diretamente aquelas que estão associadas com a angústia do desamparo, de como ele utiliza a sua *função* "K" ou "-K" diante das penosas verdades internas e externas; o seu *juizo crítico*; a sua capacidade de fazer *discriminações*; as *conexões* que ele estabelece entre partes contraditórias de sua personalidade, e assim por diante.

Desse modo, cabe dizer que *necessidades pulsionais* podem ser satisfeitas; *conflitos inconscientes* podem ser resolvidos por meio de interpretações; porém, os *vazios existenciais* exigem algo mais do que unicamente interpretações: exigem o preenchimento dos "buracos negros" emocionais, além da suplementação de funções do ego que não foram suficientemente desenvolvidas em decorrência do fracasso da função de *rêverie* da mãe.

Em relação à interpretação propriamente dita, é útil destacar o risco de o analista fugir da paixão homossexual do paciente do mesmo sexo através de interpretações que precocemente remetem às figuras do passado edípico aqueles sentimentos e desejos sexuais que estão sendo *diretamente* dirigidos para o terapeuta. Pelo contrário, o psicanalista deve reunir condições de "conter" todas as demandas passionais de seu paciente homossexual, venham elas como vierem, e "sobreviver" a todas, de uma forma bem diferente daquela que os pais do paciente utilizaram.

Portanto, as interpretações para os pacientes homossexuais devem visar, acima de tudo, a auxiliar no processo de *des-simbiotização*, por meio das *des-identificações*, seguidas de *neo-identificações*, a partir do modelo da *função alfa* do seu analista, para a construção de um verdadeiro senso de identidade.

Igualmente convém assinalar que *eventuais* atuações, ou homossexuais, podem fazer parte do espectro dos transtornos narcisistas, *não devendo ser rotulados como perversões.*

14. *Elaboração*. É muito difícil para esse tipo de analisando a aquisição de um autêntico crescimento mental e de uma sólida identidade de gênero sexual, como fruto de um trabalho de elaboração de sucessivos *insights* parciais, porquanto tudo isso implica sentir uma profunda dor psíquica. Talvez não haja dor mais difícil de suportar do que aquela que implica ter de renunciar às ilusões do mundo do "faz-de-conta" e, assim, ingressar na posição depressiva.

Não se trata unicamente de *sentir* a dor, mas sobretudo, conforme ensina Bion, da capacidade de *sofrer* a dor, tendo em vista que o paciente homossexual radicado na posição narcisista deve substituir a sua habitual atitude de *evadir* as verdades pela de *enfrentá-las*. Da mesma forma, deverá fazer a reposição dos *papéis* dos pais (no caso da homossexualidade masculina, provavelmente nem a mãe era tão virtuosa como inicialmente costuma estar inscrita na realidade psíquica do paciente homossexual e nem o pai era tão tirano, devendo os seus aspectos positivos serem resgatados).

Igualmente, a costumeira onipotência destes pacientes deverá ser substituída pela capacidade para pensar; a onisciência deve ceder lugar ao "aprendizado com as experiências"; no lugar da prepotência, o paciente deverá reconhecer que a mesma mascara uma pré-potência, ou seja, ele terá que fazer um doloroso contato com a sua parte frágil, desamparada e cheia de crateras emocionais. Somente a partir destas transformações é que o analisando homossexual poderá substituir a díade simbiótica com o seu "duplo" por uma triangularidade edípica em que há o reconhecimento e valorização de um terceiro, e, a partir daí, fazer livremente a sua opção de escolha do objeto de sua sexualidade.

Para os leitores que queiram estudar a evolução do pensamento de Freud ao longo de sua obra, permito-me recomendar os seus seguintes textos básicos: 1) *Três ensaios sobre a teoria da sexualidade*, de 1905, no qual ele concebe "a neurose como o negativo da perversão", e que, por excelência, existe uma fixação, pré-genital, à etapa perverso-polimorfa da sexualidade infantil. 2) *Uma criança é espancada*, de 1919, no qual Freud mostra que a perversão pode radicar em uma reedição de um jogo sadomasoquista que a criança pode ter tido com seus pais. 3) *O Fetichismo*, de 1927, destaca o fato de que, diante da angústia de castração, surge o mecanismo defensivo de "recusa" (de reconhecer a suposta castração), por meio de uma clivagem do ego que, assim, permeia os dois lados em que a personalidade fica cindida: a que contém os desejos proibidos que estão recalcados e a outra parte que é a que está adaptada à realidade. 4) *Clivagem do ego no processo de defesa*, escrito em 1938 e publicado em 1940, Freud descreve com maior profundidade a clivagem do ego aludida no item anterior.

25

A Clínica do Vazio

Essas crianças autistas não estão fugindo ou escondendo-se; elas, de fato, estão perdidas, à espera de que alguém vá ao seu alcance.

Anne Alvarez

CONCEITUAÇÃO

Cada vez mais, as investigações da psicanálise inclinam-se das neuroses para as situações clínicas que resultam de fixações, ou regressões, concernentes às etapas mais primitivas do desenvolvimento emocional. Dentre as referidas situações clínicas, existe uma que há mais de 50 anos vem preocupando os analistas pesquisadores dos *transtornos autísticos* de certas crianças, não aqueles autismos que são de natureza genético-neurológicas, mas, sim, os quadros de "autismo psicogênico" (ou "autismo secundário"), nos quais essas crianças parecem "desligadas" do mundo exterior e transmitem-nos a impressão de que olham, não *para* as pessoas, porém *através* delas. A esse respeito, a psicanálise contemporânea, principalmente a partir de F. Tustin (1986), fez duas revelações muito importantes: a primeira é a comprovação de que essas crianças, antes dos conflitos "pulsões *versus* defesas", típicos das neuroses em geral, sofrem de *vazios*, uma ausência quase absoluta de emoções, ou seja, elas estão cheias daquilo que Tustin chama de "buracos negros" (nome tirado da moderna física cósmica que designa uma espécie de "autofagia" da luminosidade das estrelas), resultantes de uma rígida carapaça, uma "concha autística", que se forma contra a ameaça de um sofrimento provindo de frustrações impostas pela realidade exterior.

A segunda revelação relativa à existência desses "buracos negros" na constelação psicológica, que começa a ocupar a atenção da moderna psicanálise, é que esses estados autísticos não são exclusivos das crianças, mas, sim, que tais transtornos também são encontrados em certos estados *neuróticos de adultos*, mais notadamente em situações de psicopatologia bastante regressiva, como as psicoses, *borderline*, perversões, drogadições, etc, sendo que um fator comum em todos eles parece ser o de uma primitiva "separação traumática do corpo da mãe", em um período no qual ainda não se processara suficientemente bem na criança a etapa de uma "diferenciação" (discriminação) com a mãe, com um conseqüente prejuízo das subetapas de "separação" e "individuação", se for usada a terminologia de M. Mahler (1975).

Visto por um outro vértice teórico, é fundamental entender que a formação dos aludidos vazios resulta de primitivas faltas e falhas da figura materna, nas essenciais funções de uma suficientemente boa *maternagem*, como são:

1. As de a mãe ser "continente" das angústias do bebê.
2. Ser "provedora" das necessidades vitais da criança pequena, as biológicas (fome, sede...), físicas (cuidados higiênicos e corporais...) e afetivas (compreensão, calor, amor e paz).
3. A função de "espelho", ou seja, a criancinha olha para a sua mãe, à espera de que essa reflita uma positiva resposta de alegria (assim, o espelho-mãe reflete que a criança é amada e lhe dá satisfações), porém pode acontecer que o espelho reflita a ele uma expressão facial com um *olhar* rancoroso, depressivo, enigmático, etc., que pode estar significando para a criança que ela é má, pois

imagina ser a responsável pelo sofrimento de sua mãe.

4. O pior, no entanto, é quando o rosto-espelho materno é mortiço e nada reflete, deixando a criança em um estado de confusão e desamparo. Essa última situação ocorre de forma mais comum no caso de mães permanentemente depressivas, ou quando se trata daquelas mães que A. Green (1976) denominou "complexo da *mãe morta*", que não refere o fato de que mãe tenha realmente falecido, mas, sim, segundo o autor, que a criancinha imagina que tenha cometido um "assassinato psíquico do objeto mãe que a criança perpetua sem ódio, do qual resulta uma depressão branca, que é diferente da depressão negra, na qual há luto e dor pela perda".

5. Assim, devido ao desinvestimento libidinal da mãe pelo bebê, provavelmente por uma depressão materna, formou-se um vazio de mãe, que está presente fisicamente, porém "morta" afetivamente; portanto, a introjeção é de uma figura materna sem vitalidade, o que resulta em crianças deprimidas, às vezes com a depressão encoberta por uma hiperatividade reativa. É importante destacar o fato de que a identificação inconsciente da criança faz-se pelo modelo da "mãe morta".

6. Também é relevante reconhecer a influência exercida pela inscrição de antigos (provavelmente, desde o período fetal) fatos e impressões, como, por exemplo, o de sensações de vazio, que, mesmo tendo sido esquecidas, de algum modo arcaico, continuam persistindo na mente da pessoa adulta, de tal forma que elas prosseguem a operar e a se fazer sentir ao longo da vida.

7. Quando o *ideal de ego* dos pais é demasiadamente exagerado, com expectativas inalcançáveis, às vezes junto com ameaças sádicas e agressivas, a criança sente que nunca conseguirá satisfazê-los e, mais tarde, quase sempre, também perceberá que não tem condições reais de satisfazer as demandas de seu próprio *ego ideal*. O *sentimento de vazio* e algum grau depressivo são as conseqüências habituais disto que o sujeito sente como tendo sido um fracasso pessoal.

8. Se utilizar o referencial das concepções de Bion, cabe destacar que ele concebe que uma criança tanto pode introjetar um seio (mãe) que o alimenta e satisfaz (ele nomeia como "mais seio"), como também, pode se tratar de um seio que foi introjetado como mau, ausente e frustrante, em cujo caso, salienta Bion, existe representada no *self* da criança não uma "ausência do seio", mas, sim, uma "presença da ausência", e nesses casos ele denomina como "menos seio". O mais grave – prossegue o autor – é quando não existe representação alguma de seio, e então ele dá o nome de "não seio", (neste caso, é destruída a representação do seio, resultando um vazio). Aliás, Bion, no original inglês, faz um bonito jogo de palavras para esclarecer este último conceito de "não-seio": assim, se a criança não (*no*, em inglês) encontra a "coisa" (*thing*), teremos *no* + *thing*, ou seja, *nothing*, *nada*, que corresponde aos *vazios* a que se está aludindo.

9. Com o propósito de enfatizar a diferença essencial que representa a qualidade materna, na formação do psiquismo da criança, é incontestável que uma mãe suficientemente adequada colabora para a formação da mente do filho, que desenvolve e amadurece capacidades, ou, no caso de uma série falha da mãe, existe uma alta possibilidade de formar enormes vazios no psiquismo da criança. Para ilustrar essa afirmativa, Bion disse, na década de 60, que:

> o bebê, sob a agonia da fome e do medo de estar morrendo, devido à culpa e à ansiedade, impelido por voracidade, desorienta-se e chora. A mãe pega-o no colo, alimenta-o e consola-o, e ele quase sempre adormece... assim, o objeto bom transforma o não-seio em seio, as fezes e a urina em leite, o pavor da morte iminente e desespero em vitalidade e confiança, a voracidade e aflição em sentimentos de amor e generosidade, e o bebê suga outra vez as suas posses más, agora transmudadas em bondade.

Pode-se depreender daqui que situações diametralmente opostas dessa se constituem em um excelente caldo de cultura para medrar uma patologia do vazio.

CARACTERÍSTICAS CLÍNICAS

As considerações anteriores ficaram centralizadas na gênese dos "vazios" – que, em casos mais extremos, se formam nas criancinhas –, com o objetivo de enfatizar a importância crucial que, no desenvolvimento primitivo da personalidade, representa a maior ou menor capacidade de a mãe investir afetivamente, ou de responder emocionalmente às demandas básicas do filho carente. Deve ficar claro, no entanto, que tais crianças crescerão, ficarão adultas, de modo que, de uma forma ou outra, continuarão portando esses "buracos negros", por meio de múltiplas e variadas configurações caracterológicas e de manifestações clínicas, mais, ou menos, manifestas e ruidosas, tudo isso, englobado pelo fator comum que é a existência de vazios existenciais, constitui o que está sendo denominado como "clínica do vazio".

Assim, voltando às crianças, Tustin (1986) estudou particularmente as *crianças autistas,* nas quais existe um estado de "nada", cheias de crateras afetivas, que as levaram a erigir "conchas, ou barreiras, autísticas", o que traduz um desligamento da realidade, de uma vincularidade com o mundo exterior. Em conseqüência, tornam-se crianças apáticas, desligadas, com um olhar perdido, apenas permitem serem alimentadas passivamente, ficam ligadas exclusivamente, de forma mecânica, em algum brinquedo único, a capacidade de aprendizado e de comunicação verbal fica reduzida a quase zero.

Na verdade, diante do "congelamento" da mãe, a criança pode passar por três períodos: 1) de "protesto", com muitas manhas, choros, gritos e sintomas somáticos; 2) se esse protesto de nada adiantar, a criança cansa e ingressa num estado de acomodação, de "apatia depressiva"; 3) se, ainda assim, ela não for escutada, compreendida e atendida, entra em um estado de "des-esperança" (perde as esperanças), que conduz a um "desespero" (nada mais espera do mundo exterior), que a leva a única saída possível, a de construir uma barreira que a separe deste mundo hostil, podendo contar unicamente com as fantasias contidas na sua concha, na sua autarquia narcisista-autística. Tudo isso dá a medida da importância da pessoa do terapeuta que vier a atender uma criança com autismo psicógeno.

A forma mais comum e bem-sucedida de *negação*, por parte desse paciente, consiste no emprego continuado de identificações projetivas excessivas. Quando esse recurso não for possível, em virtude da ameaça que lhe representa como sendo de aniquilamento da mente, pelo seu esvaziamento (devido ao excesso de projeções), resulta que um outro mecanismo pode ser seu substituto: uma supressão radical ("-K" ou "forclusão") daquilo que ocorre na mente. O resultado disso é o que acontece nos "estados de vazio", ou seja, é a formação de "buracos negros", os quais – é importante enfatizar – não se comportam unicamente como um vazio interno, pelo fato de que também executam a ação (tal qual o campo eletromagnético provindo de um ímã) de poder atrair todos os conteúdos mentais, ou pensamentos ligados ao aludido vazio. Tudo isso, sob a égide de "-K", compromete bastante a capacidade de formação de símbolos.

Pacientes adultos que não tiveram uma estagnação evolutiva tão extremada, porém que, em algum grau, são portadores dos aludidos vazios, a despeito do núcleo gelado do amor pela "mãe morta", não os impediu totalmente de terem tido uma evolução posterior para o complexo de Édipo, e tampouco de terem conseguido casar, ter filhos e construírem uma vida profissional regularmente satisfatória. Não obstante, eles ergueram, e continuam erguendo, muralhas defensivas contra a angústia de desamparo, de desmoronamento psíquico, contra os medos de uma perda de identidade, ameaças de indiferenciação com os demais, de não existir como pessoa.

Para fugir dessa ameaça de vazio, é bastante freqüente o uso de mecanismos *psicóticos*, ou *perversos*, como são, por exemplo, certas formas de homossexualidade; de sexualidade aditiva, tal como a que é praticada no don-juanismo ou na ninfomania, como um recurso de fugir "para" o outro e "dentro" do outro; em uma tentativa mágica de reencontrar o imaginário nirvana primitivo que, na realidade, sempre esteve tão longe dele. Também é comum que esse paciente, no fundo, sempre muito carente, possa expressar essa angústia de desamparo e de aniquilamento através de somatizações e de erigir uma autarquia narcisista, assim desenvolvendo distintas formas de *transtornos do narcisismo*, de sorte a fugir "dos" outros, congelando os afetos, ou exercendo um controle tirânico sobre si e sobre os demais, hipertrofiando onipotência, onisciência, prepotência, arrogância e fuga das verdades que toquem nas cicatrizes malcuradas das feridas que estão no lugar dos primitivos vazios de mãe.

Em outras palavras, para evitar sofrer decepções, desilusões, culpas e depressão, o melhor recurso que ele encontra é o de tirar o caráter de seriedade à vida, por meio da "tríade maníaca", isto é, o "controle, triunfo e desprezo" sobre todos os demais. Para não perder a condição imaginária de se manter imperador (continuação do estado primitivo de "sua majestade, o bebê!"), o paciente portador de vazios que são bem-dissimulados, que tenha apelado para o recurso de defesas perversas e onipotentes, necessita diferenciar-se dos outros para não cair na vala comum da igualdade, assim correndo o risco de ficar perdido em um anonimato ou em um nivelamento de mediocridade, segundo sua crença narcisista. A fim de evitar essa ruína, o perverso necessita de platéia (devido à sua necessidade vital de "ser visto", como garantia de que "existe"), e também crê que deve ser diferente do pai e dos irmãos bem-comportados. Para tanto, ele não pode compreender os outros (pois isso lhe representaria ser igual a eles) e, tampouco, sentir-se entendido pelas demais pessoas.

Nos casos mais extremos, quando falham os mecanismos descritos, principalmente devido à sua identificação com a "mãe morta", esse tipo de paciente portador da patologia do vazio pode mergulhar num estado de *desistência* diante da vida e, inclusive, é possível que ele apele para o suicídio.

MANEJO TÉCNICO

A importância dessas considerações até aqui tecidas reside no fato de que tais pacientes requerem uma outra abordagem técnica, que não unicamente aquela habitualmente empregada com indivíduos neuróticos comuns. Os seguintes aspectos técnicos merecem ser destacados:

1. No caso de crianças autistas, o terapeuta deve levar em conta que essa criança, mais do que simplesmente fugindo, está realmente perdida, até porque ela ergueu uma espessa muralha defensiva contra o mundo exterior, de modo que ela não conseguiu se beneficiar dos estímulos que, em condições normais, são essenciais para o desenvolvimento humano. Assim, ela deve ser encontrada e "sacudida" pelo terapeuta, para despertá-la de um estado de "desistência" (ver esse termo no capítulo referente ao "Glossário do Autor") de viver a vida, conformada que ela está em unicamente sobreviver, qual um vegetal.

2. Dizendo com outras palavras: o fundamental é o analista propiciar a essa criança – ou ao adulto em um estado de regressão similar – algum tipo de *experiência de ligação*, já que não adiantam as interpretações do analista, por mais corretas que sejam, pois esse paciente, escudado em sua cápsula autística, não se liga a elas. Tampouco adianta uma boa função "continente" do terapeuta, porquanto, nesses casos mais extremos, o paciente "não está nem aí", e, logo, ele não fica sensibilizado pela boa "continência", que lhe é oferecida.

3. Portanto, as crianças que construíram *barreiras autísticas* necessitam, por parte do terapeuta, algo mais do que "interpretações" e de um adequado "continente". Tomo emprestado de A. Alvarez (1992) a seguinte idéia que define bem essa condição: *essas crianças autistas não estão fugindo ou se escondendo; mas, estão perdidas, à espera de que alguém vá ao seu alcance.*

4. Por isso, Tustin metaforiza que em tais casos o *setting* analítico é uma espécie de "útero psicológico", que ele funciona como uma "incubadora" para que o *self* em estado prematuro, para o seu desenvolvimento, podendo obter a suplementação daquelas provisões essenciais que não se realizaram na sua infância prematura.

5. Assim, a proposta analítica contemporânea é aquela antes referida, ou seja, de alguma forma, ir ao encontro dessa criança e sacudir, sacudir, sacudir as emoções que, congeladas, estão atrás do escudo protetor, até obter alguma resposta (nem que sejam gritos de protesto) que sirva de escada para novas sacudidas, com vistas a transformar um estado mental de *de-sistência* em um outro de *ex-sistência.*

6. Creio que esse estado psíquico, no qual essas crianças encapsuladas autisticamente ficam distantes, apáticas e abúlicas, corresponde nos adultos ao aludido *estado de desistência*, que os leva a viver, ou a analisar-se, de forma

mecânica, sem vitalidade, em um "namoro com a morte", sendo que o único desejo é o "nada desejar".

7. São análises difíceis, não obstante o analista possa estar trabalhando muito bem, de modo que o mais importante a assinalar é que é grande o risco da instalação na mente do terapeuta de uma "contratransferência de desistência", pela qual ele também trabalhará na situação analítica de uma forma igualmente distante, apática, abúlica e desesperançada.

8. Essa "atitude psicanalítica interna" do terapeuta praticamente inviabiliza a terapia analítica com esse tipo de paciente, pois, sobretudo, requer a necessidade de que, de alguma maneira, o terapeuta deve funcionar como modelo de uma "mãe viva", para suprir as falhas da "mãe morta", de sorte que ele deve demonstrar uma autêntica "garra", ir ao encalço desse paciente e "sacudi-lo" por meio de atividade interpretativa mais ativa, juntamente com a referida atitude.

9. Também as outras formas da "clínica do vazio" – cada vez mais freqüentes na clínica cotidiana dos analistas –, como são os estados psicóticos, transtornos do narcisismo, somatizadores graves, perversões, etc., costumam constituir o contingente de pacientes que na atualidade são conhecidos como *pacientes de difícil acesso.*

10. Essa última afirmativa manifesta-se na situação analítica por meio de uma série de manifestações de tais pacientes, como são: eles falam de situações e coisas, mas não da relação entre elas; da mesma forma, falta-lhes fazer ligações como, por exemplo, do consciente com o inconsciente, do passado com o presente e com o futuro, dos fatos com os afetos, da seqüência dos fatos que relata com as conseqüências dos mesmos, da curiosidade sadia com aquela que é intrusiva, dos aspectos próprios da posição esquizoparanóide com aqueles que são inerentes à posição depressiva, etc.

11. Mais propriamente com pacientes nos quais haja um forte componente psicótico, como *borderline,* por exemplo, a linguagem que utilizam costuma ser linear, com ênfase em um raciocínio concreto, sem abstrações ou com abstrações excessivas, na qual despontam mais "crenças" do que convicções, o que pode tornar a sua narrativa muito enfadonha e nem sempre facilmente inteligível. Outras vezes, o que prevalece é um certo mutismo, com graus variáveis, que eventualmente pode atingir a condição de um silêncio quase que absoluto.

12. Disso tudo pode resultar uma *contratransferência* muito difícil para o analista, de certa impotência, paralisia, não-entendimento do que está se passando, além de um estado mental de tédio e de perda de esperança na terapia analítica que ele está realizando com esse paciente.

13. Com relativa freqüência, a *transferência* é natimorta; mas, paradoxalmente, tais pacientes apegam-se à análise, paradoxo que pode ser explicado pela razão de o apego refletir sua esperança de preencher o vazio de mãe (ou pai), ao mesmo tempo em que congelam os sentimentos devido ao intenso receio de sofrer novas decepções, humilhações e recair em uma *dependência má.*

14. Nessa altura, é necessário esclarecer que, creio, existem dois tipos de pacientes portadores de vazios: a) os que têm o seu psiquismo invadido pelos referidos "buracos negros", quando, então, são bastante válidas as considerações que constam nos itens anteriores; b) e aqueles outros pacientes da "clínica do vazio" que superpuseram à subjacente camada vazia de sua personalidade um conjunto de defesas mais bem organizadas, de sorte que eles podem apresentar um pensamento lúcido e o emprego de uma linguagem bem-articulada, com um natural vínculo transferencial e com uma boa ligação de idéias e afetos, além de um bom êxito social e profissional. Acontece, no entanto, que quando regridem a um grau bastante expressivo, por razões de traumas externos ou internos, emerge uma constelação de angústias primitivas ligadas à patologia do vazio, que se traduzem em uma intensa prática de *actings* que, seguidamente, são de natureza masoquista; o surgimento de sintomas somáticos; um estado de confusão; um apelo ao uso de drogas; uma exacerbação de idéias persecutórias; uma conduta algo maníaca; ou submergem em uma depressão clínica, não raramente chegando a um estado de desistência.

15. Em função dessa clivagem da personalidade que sempre existe em grau acentuado nos pacientes que compõem a clínica do vazio, a *atividade interpretativa* do analista deve, sobretudo, ser de natureza "binocular", ou seja, com um olho ele deve estar bastante

ligado aos vazios, que estão claramente manifestos ou muito bem dissimulados e disfarçados, enquanto com um outro deve valorar as capacidades adultas desse paciente e, sobretudo, *reconhecer* seus verdadeiros avanços analíticos, por mínimos que estes possam parecer.

16. Uma atividade interpretativa intensa, prematura e portadora de excessivas expectativas do terapeuta pode parecer para esse tipo de paciente como pressionantes e invasivas, assim forçando uma resposta contrária, de maior oposição ao tratamento e ao terapeuta.

17. Penso que, especialmente com esse tipo de paciente, um bom recurso interpretativo é o emprego de *metáforas* que, conjugando a imagem à idéia, pode provocar um impacto na pessoa, de percepção e de compreensão mais clara. Um exemplo que me ocorre é o de um paciente que preenchia os seus vazios com uma frenética atividade profissional, na qual, mercê de seus eficazes dotes adultos, ele era muito bem-sucedido, de sorte que se jactava de estar conseguindo os três triunfos que, acima de tudo o mais, era o que mais almejava: triunfo, dinheiro e vaginas. Ao perguntar-lhe se sabia diferenciar *triunfo* (no sentido do tripé maníaco de controle, arrogância e desprezo) de *êxito* (com o significado de obtenção de conquistas sadias e meritórias), ele respondeu que tinha dificuldades de entender o que eu dizia. Completei, então, contando-lhe muito brevemente a lenda do triunfo de Pirro. Em um primeiro momento, o paciente limitou-se a ficar silencioso e expressar um certo ar de perplexidade; nas sessões seguintes, porém, ele não cansava de repetir o impacto que essa metáfora lhe provocou, às custas de muitas noites de insônia e de continuadas reflexões sobre a possibilidade de que ele estava, ou não, levando a sua qualidade de vida como uma verdadeira "batalha de Pirro".

18. A propósito da mencionada necessidade de *reconhecimento* – que é inerente a qualquer paciente, bem como a toda e qualquer pessoa em geral –; na clínica do vazio, isso adquire uma proporção bastante elevada. Assim, quando este paciente não encontra este reconhecimento por parte do terapeuta, por mais que dissimule ou creia que não dê a menor importância, no fundo ele se sente não-compreendido e não suficientemente "olhado", o que toma, inconscientemente, a mesma significação das falhas maternas que determinaram a formação de seus vazios.

19. Assim, mais do que o correto conteúdo de uma interpretação formal, a função do terapeuta diante da clínica do vazio – isto é, diante de sentimentos extremamente intensos, transbordantes ou congelados, de decepções, angústias, ódio e medo – age terapeuticamente, mais pelos atributos reais do analista: sua sensibilidade especial, intuição e empatia; escutar atentamente com um real interesse; conversar em um tom de voz apropriado; perguntar como forma de o paciente sentir que tem alguém amigo que realmente está ao lado dele; ser continente daquilo que para esse paciente parece ser uma carga horrível.

20. Tudo isso concorrendo para o que, de fato, é o mais importante na clínica do vazio, ou seja, que o paciente sinta que, verdadeiramente, o analista sobreviveu aos seus ataques e indiferença, e, juntamente com ele, está vivo e presente!

26

Transtornos Ansiosos

NEUROSES

Conceituação de neurose

Os pacientes portadores de uma estrutura neurótica caracterizam-se pelo fato de apresentarem algum grau de sofrimento e de adaptação em alguma, ou mais de uma, área importante de sua vida, tais como a familiar, a social, a sexual ou a profissional, incluída também, é evidente, o seu permanente e predominante estado mental de bem ou mal-estar consigo próprio, de uma maior ou menor auto-estima.

No entanto, apesar de o sofrimento e o prejuízo, em alguns casos, poderem alcançar níveis de gravidade, os indivíduos neuróticos sempre conservam uma razoável integração do *self*, além de uma boa capacidade de juízo crítico e de adaptação à realidade, não obstante o fato de que, em algum grau, sempre existe em todo neurótico uma "parte psicótica da personalidade", conforme Bion (1957).

As manifestações neuróticas expressam-se tanto sob a forma de sintomas, típicos de cada um dos variados quadros de neuroses, como também podem se evidenciar por meio de inibições, angústia difusa, estereótipos, traços de caráter, etc.

São múltiplas as formas clássicas de neuroses – como, por exemplo, a "neurose atual", a "neurose de angústia", as "fobias", a "obsessivo-compulsiva", as "histerias", as "depressivas" e as que se manifestam por somatizações, transtornos alimentares, etc. Na clínica atual é difícil encontrar uma neurose "pura", ou seja, que se manifeste unicamente pela sintomatologia específica de cada um delas; pelo contrário, o habitual é a predominância de "neuroses mistas", que apresentam uma mescla de evidências de traços peculiares de todas elas.

A seguir são apresentadas as principais características clínicas, assim como algumas recomendações técnicas, que sobressaem em alguns dos quadros das neuroses mais relevantes, a partir de um viés analítico, sem levar em conta o rigorismo científico da nosologia oficial do DSM-IV-TR.

Neurose de angústia

Segundo recentes pesquisas (*Revista Internacional de Psiquiatria e Saúde Integral*, 2001), depois dos transtornos por abuso de substâncias, os de ansiedade constituem o tipo de transtornos psiquiátricos mais freqüentes na população em geral.

Na atualidade, a clássica expressão "neurose de angústia" adquiriu uma dimensão muito mais ampla, de modo que uma série de entidades clínicas – não obstante guardem como característica comum a presença de uma forte manifestação de angústia livre –, conservam suas particularidades específicas e singulares. Assim, o surgimento da angústia pode englobar mais os seguintes quadros de psicopatologia clínica: neurose atual, transtorno de ansiedade generalizada (TAG), fobias, doença do pânico, transtorno obsessivo-compulsivo, doenças depressiva, estresse pós-traumático, etc. Freqüentemente, tais quadros se superpõem, de sorte que nem sempre é fácil estabelecer um diagnóstico diferencial entre eles. Cabe, no entanto, a tentativa de traçarem-se as singularidades, as semelhanças e as diferenças entre todos.

Freud estudou a angústia em dois momentos de sua obra. Na primeira formulação, a angústia seria conseqüente à *repressão*, o que provocaria uma libido acumulada que funcionaria de uma maneira "tóxica" no organismo.

A partir de sua monografia *Inibições, sintomas e angústias* (1926), conceituou de forma inversa, ou seja, *a repressão é que se processa como uma forma de defesa contra a ameaça de irrupção da angústia, mais especificamente, a angústia de castração.*

Em resumo, a *neurose de angústia* consiste em um transtorno clínico que se manifesta por meio de uma "angústia livre", quer sob uma forma permanente, quer pelo surgimento de momentos de crise. Em outras palavras, a ansiedade do paciente expressa-se tanto por *equivalentes somáticos* (como uma opressão pré-cordial, uma taquicardia, uma dispnéia suspirosa, uma sensação de uma "bola no peito", etc.), como por uma indefinida e *angustiante* sensação de medo de que possa vir a morrer, enlouquecer, ou de iminência de alguma tragédia.

Na maioria das vezes, tais sintomas indicam que está havendo uma falha do mecanismo de repressão diante de um, traumático, excesso de estímulos, externos e/ou internos. Nos quadros clínicos em que prevalece uma recorrência de episódios de crises de angústia, é necessário que se levante a hipótese que se esteja tratando do transtorno conhecido como *doença do pânico*, que costuma responder muito bem à medicação específica.

Igualmente, é útil estabelecer uma certa diferença entre "neurose atual" e "neurose de angústia". Enquanto a primeira refere mais diretamente que o ego do sujeito não está conseguindo processar um excesso de estímulos que, na *realidade e na atualidade*, estão acossando o seu *self*, a "neurose de angústia" alude mais diretamente à manifestação sintomática de uma angústia mais flutuante, livre, resultante da ameaça de que os primitivos desejos libidinais ou ímpetos agressivos, proibidos, que estão reprimidos no inconsciente, retornem à consciência, acompanhados com os imaginários castigos, como o de uma ameaça de morte.

Nos primeiros tempos, Freud descreveu dois tipos de "neurose atual", no sentido de que sejam de origem somática e estejam modificando o funcionamento do corpo em um determinado momento: a *neurose de angústia* e a *neurastenia*, as quais vinculou com a sexualidade: na neurose de angústia essa se deveria à insatisfação sexual, com o conseqüente represamento da libido, enquanto atribuiu a neurastenia a um excesso de atividade sexual, com um esgotamento daí decorrente. Ninguém mais, na atualidade, concorda com essa teoria. Não obstante, o termo "neurose atual" – para designar a participação do corpo no processo de angústia – está voltando a ser mencionado na terminologia da literatura psicanalítica.

A expressão "neurose de angústia", muito empregada em certa época, caiu em certo desuso, justamente porque ela ora se confunde com a "síndrome do pânico", ora com a "neurose atual", ora com a angústia dos "fóbicos" diante de situações especificamente ansiogênicas. Aliás, nos primeiros tempos, Freud designava as fobias como "histeria de angústia", o que evidencia a sua percepção de que a neurose de angústia e a fobia são parentes íntimos.

Manejo técnico

1. No caso da "neurose atual", cabe ao terapeuta, juntamente com o paciente, localizar qual está sendo o fator estressante, externo ou interno, que acresceu uma quantidade de angústia que ultrapassa a capacidade de o paciente poder enfrentar. Isto deve vir acompanhado do trabalho analítico de fazer *re-significações* aos significados alarmantes e terroríficos que uma parte do psiquismo do paciente esteja atribuindo a algum trauma atual, mesmo que este, objetivamente, possa parecer banal.

2. Em relação à "neurose de angústia" propriamente dita, é tarefa do analista propiciar ao paciente a possibilidade dele poder ab-reagir, ou seja, fazer uma catarse de "memória de sentimentos" que estão fortemente, e de longa data, reprimidos no inconsciente e que foram despertados por qualquer fato atual. Esta *des-repressão*, mais do que um simples "desabafo", visa possibilitar a aquisição de "novos significados", para os mesmos fatos que foram recalcados, e representados, de uma forma altamente ansiogênica.

3. É bastante comum que esse tipo de paciente, diante de sua angústia intolerável, use uma continuada medicação ansiolítica e sedativa, fato que deve alertar o terapeuta contra o risco de que isso evolua para um estado de "adicção" a algum determinado medicamento, o que não é tão raro de acontecer, em cujo caso ocorrem sérios transtornos secundários.

4. Também é freqüente que o paciente portador de uma neurose de angústia tente convencer o analista para que o ajude a "esquecer" os traumas do passado, já que, segundo ele, "[...] não vai adiantar nada, já pertence ao passado, não tem como consertar [...]". Nessas ocasiões, costumo trabalhar com o paciente o vértice de que ele reflita sobre a possibilidade de que "a melhor forma de esquecer seja justamente a de ele se lembrar" ou, dizendo a mesma coisa com as palavras de Bion: "Não é possível esquecer aquilo que não conseguimos lembrar" (1992). Tal conduta é importante porque, além de servir de incentivo para que o paciente não gaste tanta energia psíquica no esforço de represamento, também sugere-lhe que o analista tem suficiente capacidade de "continência" para acolher tudo aquilo que vier à tona.

5. Cabe ao analista a importante função de ajudar o paciente com neurose de angústia a desenvolver uma capacidade de *autocontinência*, de modo que ele possa conter a sua própria angústia, sem entrar em estado de pânico.

6. Freqüentemente, existe uma co-morbidade entre a manifestação de quadros clínicos de angústia livre e os de depressão, de sorte que, reciprocamente, um influencia o surgimento do outro, com a coexistência dos respectivos sintomas em aproximadamente 50% desses indivíduos, o que complica o diagnóstico diferencial.

7. Um recurso técnico que me parece ser de especial eficácia diante do surgimento de brotos de angústia incontrolável – visto que o paciente sente-a como uma ameaça de loucura ou morte, não obstante o seu lado racional saiba que tais riscos não existem – consiste em desenvolver nele uma capacidade de *conversar consigo mesmo*; isto é, que na hora em que ele é assaltado por esse tipo de angústia, no lugar de imediatamente telefonar para o seu terapeuta, ou coisa parecida, ele possa "telefonar" para o "terapeuta que está internalizado nele", que reforça e ajuda a estabilizar o seu lado racional.

8. A minha experiência de supervisor comprova que uma grande quantidade de terapeutas em formação analítica, diante de pacientes deste tipo, contagiados pela angústia que eles transpiram, costuma usar um recurso de tranqüilizar o paciente por meio de recomendações do tipo: "qualquer coisa, me telefone...". Penso que esse recurso seja desvantajoso, porque reforça no paciente a convicção de que o socorro deve vir de fora, e não de dentro dele, o que amplia a influência da ação do lado da criancinha assustada que habita uma significativa parte do seu psiquismo. Uma outra desvantagem, é que o estímulo indireto ao poder de controle dessa parte criancinha tem condições de fazer que, cada vez mais, esse paciente apele à "recomendação do analista", a ponto de que possa se tornar inconveniente (recordo-me de um paciente que telefonava para a casa do analista com freqüência progressiva, principalmente nos finais de semana, em horas impróprias, o que começou a gerar um sério conflito do casal, com ameaças de divórcio...). Assim, o próprio analista pode cansar desse paciente, além de que, analisando em um estado mental nessas condições de irritabilidade, pode gerar um círculo vicioso interminável, visto que quanto mais uma criança se sente rejeitada pela mãe, com mais avidez e desespero ela quer se agarrar à saia dessa mãe (analista).

27

Estados Depressivos

ALGUNS DADOS ESTATÍSTICOS

Não cabe a menor dúvida que os quadros clínicos de depressão, nas suas múltiplas formas e graus, estão adquirindo uma crescente importância na prática analítica, assumindo a condição de predominância na motivação para a busca de tratamento. Tal afirmativa pode ser comprovada por meio dos seguintes dados estatísticos:

- Entre as 10 mais importantes causas incapacitantes dos indivíduos, cinco são psiquiátricas, e, nessas, a depressão – especialmente a "depressão maior unipolar" – é a primeira delas.
- Em geral, os médicos não-psiquiatras, em uma média de 50%, não diagnosticam, e entre os que fazem o diagnóstico, quase sempre tratam mal, equivocadamente usando benzodiazepínicos ou, acertadamente, antidepressivos, porém em dosagens inadequadas.
- O número de depressões está aumentando, não só em números absolutos, mas também em números relativos a outras épocas.
- Virtualmente, em todos quadros de patologia mental existe, subjacente, alguma forma de piso depressivo.
- Esse aumento tão expressivo do número de pacientes deprimidos que nos procuram deve-se, em grande parte, ao fato de que vem mudando o perfil da pessoa que busca alguma forma de tratamento, piscoterápico ou medicamentoso; ou seja, as atuais condições competitivas de cada pessoa para conseguir um lugar ao sol propiciam o surgimento maior de sensação de fracasso pessoal, o que afeta severamente a auto-estima e, daí, o favorecimento para a eclosão de quadros depressivos.
- É grande o número de "depressões subclínicas", isto é, aqueles estados depressivos que não se manifestam de forma evidente, mas, sim, por meio de traços mais inaparentes, como, por exemplo, um estado de continuada apatia; assim como a depressão pode se revelar por meio de manifestações equivalentes, como a de uma "hipocondria", alcoolismo, transtornos alimentares, etc.

TIPOS DE DEPRESSÕES

São muitas as classificações, conforme o vértice de observação que é privilegiado. A citada a seguir está sendo correntemente utilizada e tem a vantagem de ser muito simplificada. Essa classificação considera três tipos de depressão:

1. Atípica: era mais conhecida com os nomes de "depressão neurótica" ou "depressão reativa". Seu perfil é único e resulta de alguma forma de crise existencial, por razões predominantemente internas ou externas. Habitualmente não respondem bem à medicação.

2. Endógena: resulta de causas orgânicas e manifesta-se com sintomatologia mais típica, adquirindo características "unipolares" (os sintomas são unicamente depressivos) ou "bipolares" (os sintomas tanto podem ser da esfera depressiva ou, em um pólo oposto, de natureza "maníaca"). Apesar de serem endógenas, comumente elas podem ser desencadeadas por fatores ambientais, assemelhando-se qualitativamente à depressão atípica. Costuma res-

ponder bastante bem à moderna medicação antidepressiva, quando adequadamente ministrada e, principalmente, quando acompanhada de alguma forma de terapia de base analítica.

3. Distímica: esta denominação corresponde à depressão que comumente era chamadas de "crônica".

DIAGNÓSTICO DIFERENCIAL

Torna-se necessário estabelecer uma diferença entre a "depressão propriamente dita" e outros estados mentais que apresentam manifestações clínicas semelhantes, porém que, na sua essência, trata-se de situações bastante distintas. Assim, cabe estabelecer uma distinção diagnóstica com os estados mentais de: *tristeza* (indica um estado de humor afetivo que pode estar presente, ou não, na depressão); *luto* (corresponde a um período necessário para a elaboração da perda de um objeto amado, que foi introjetado no ego sem maiores conflitos); *melancolia* (a introjeção do objeto perdido, por morte, abandono, etc. processou-se de forma muito conflitada); *posição depressiva* (refere a um estado mental que o paciente adquire no decurso da análise que, embora penoso, é bastante positivo porque denota que o analisando está integrando os aspectos dissociados de sua personalidade, assim como adquirindo condições para sentir gratidão e reconhecer seu quinhão de responsabilidade e de eventuais culpas); *depleção* (refere à existência de faltas, de vazios existenciais, que estão à espera para serem preenchidos); *desmoralização* (este nome está sendo dado para aqueles estados mentais nos quais, sobretudo, existe uma auto-estima baixa, com sensações de fracasso e de humilhação).

SINTOMATOLOGIA

Os sintomas, no quadro depressivo, variam intensamente de grau, desde formas leves até manifestações ruidosas pela forma gritante como aparece, às vezes, com psicóticos delírios de ruína, preocupando todos circunstantes e com um alto risco de suicídio. Não obstante a alta gama de variações, alguns sintomas mantêm-se constantes, como, por exemplo, sentimentos culposos sem causa definida; exacerbada intolerância a perdas e frustrações; um alto nível de exigências consigo próprio; extrema submissão ao julgamento dos outros; baixa auto-estima; autodenegrimento; sentimento de perda do amor por parte de todos; sensação de ser um fracassado e de que nada mais vale a pena; permanente estado de que existe um desejo que jamais será alcançado, etc.

PRINCIPAIS CAUSAS DA DEPRESSÃO

De forma esquemática, as seguintes etiologias merecem ser assinaladas:

- *Depressão anaclítica*: resulta de um primitivo "vazio de mãe".
- *Identificação com o objeto perdido*: corresponde ao clássico aforismo de Freud – "a sombra do objeto recai sobre o ego" –, com um luto mal-elaborado desse objeto, de maneira que propicia a instalação de quadros "melancólicos".
- *Depressão por perdas*: tanto de objetos importantes – especialmente quando foram perdas prematuras, traumáticas e significativas – como também de partes do ego, tal como acontece nas "depressões involutivas", quando o sujeito que está entrando em idade mais avançada sente estar perdendo o vigor físico, a concentração, a memória, etc.
- *Depressão por culpas*: neste caso, a depressão é determinada pela ação punitiva de um superego tirânico.
- *Identificações patógenas*: em especial aquelas que, particularmente, tenho proposto a denominação de "identificação com a vítima".
- *Ruptura com os papéis designados*: a depressão provém da ação de um "ego ideal" – que obriga o sujeito a corresponder aos inalcançáveis ideais que o seu narcisismo original exige –, bem como de um "Ideal de Ego", que resulta das expectativas grandiosas que os pais e o ambiente circundante de-

positaram no sujeito, desde bebezinho, atribuindo-lhe papéis que ele deverá executar pelo resto da vida, caso contrário, despertam nele uma sensação de traição, vergonha e humilhação.

- *Depressão decorrente do fracasso narcisista*: bastante mais freqüente do que possa parecer, este estado depressivo é conseqüente de algum tipo de fracasso que o sujeito – quando estiver fortemente fixado na "posição narcisista" – sofre diante das suas enormes demandas de obtenção de êxitos sucessivos, dinheiro, poder, prestígio, etc.
- *Pseudodepressões*: é muito comum que determinadas pessoas atravessem a vida inteira aparentando desvalia e pobreza que não correspondem à sua realidade, assim procedendo por razões tais como: a) o medo de atrair a inveja retaliadora dos demais. b) O receio de provocar uma depressão naqueles que o invejarem. c) O medo de vir a ser considerado pelos outros como uma inesgotável fonte de provimento das necessidades deles, e daí o risco de vir a ser exigido, cobrado e sugado. d) Uma forma de parecer ser um, sacrificado, sofredor, o que lhe representa ser uma espécie de "passaporte" para merecer o amor dos demais, etc.

MANEJO TÉCNICO

1. Em relação às *depressões endógenas*, não cabe aqui esmiuçar as inequívocas melhoras obtidas pelo uso dos modernos recursos psicofarmacológicos, tendo em vista que os mesmos pertencem mais particularmente à área da psiquiatria, embora haja incompatibilidade alguma entre a concomitância do emprego da medicação e o prosseguimento normal da análise. Um aspecto prático que cabe ressaltar é o de que o analisando e o analista aprendam a reconhecer e a discriminar as diferenças clínicas constantes de sinais e sintomas típicos e específicos entre essas depressões e os estados depressivos de outra natureza. Uma situação clinicamente difícil é quando existe uma ansiedade crônica em um paciente deprimido, o que acontece com relativa freqüência no transtorno depressivo maior (TDM).

2. Quanto às depressões *anaclíticas*, o analista deve considerar que esse tipo de paciente deprimido sofreu uma profunda e precoce perda (física ou afetiva) da mãe e, por isso, desde sempre, se mantém em um estado permanente de carência, amalgamado com os sentimentos de desesperança e cólera reprimida. São pacientes muito propensos a somatizar. No fundo, são pessoas vingativas e rancorosas, e, na situação analítica, esse ressentimento crônico pode traduzir-se sob a forma do que, particularmente, proponho chamar de "estado de desistência".

3. A maior importância desse estado de *desistência* reside no fato de que tais pacientes podem se opor tenazmente a fazer mudanças psíquicas. Nesses casos, é fundamental a "atitude psicanalítica interna" do terapeuta, de forma a ele vir a ser introjetado pelo paciente como um objeto confiável, pois consegue conter suas angústias, gosta dele, dá-lhe limites, não o trai ou o engana e não se destrói e tampouco desaparece.

4. Nas depressões resultantes de significativas *perdas*, costuma haver por parte do paciente uma significativa, prematura e intensa idealização da pessoa do analista, como forma inconsciente de recuperar o lado bom e necessitado do objeto perdido. A recomendação técnica é que o terapeuta aceite essa idealização tão necessária para o equilíbrio de seu paciente deprimido, desde que fique bem claro para o analista que essa idealização deve ser transitória e vir a ser, gradativamente, desfeita e modificada.

5. Nos casos em que a depressão é resultante de *culpas*, a principal recomendação técnica consiste na cautela que o analista deve ter diante da costumeira possibilidade de que a compulsão inconsciente do paciente esteja-o induzindo a estabelecer um vínculo analítico de natureza sadomasoquista. Se o analista ficar contratransferencialmente envolvido, o mais provável é que suas intervenções virão confundidas com advertências, cobranças, normas e acusações, o que virá de encontro ao núcleo masoquista do paciente e, nessa situa-

ção, o processo analítico desembocará em um repetitivo círculo vicioso fechado, sem possibilidades para novas saídas. Cabe ao terapeuta, mercê de interpretações e de seu modelo como "pessoa real" que ele é, abrandar a tirania do superego "mau" do paciente e, tanto quanto possível, transformá-lo em um superego "bom", um verdadeiro "ego auxiliar". Igualmente é tarefa do analista prover ao paciente a capacidade de ele fazer discriminações entre as culpas que, de fato, são devidas e que podem vir a ser reparadas, daquelas outras culpas que lhe foram indevidamente imputadas – o que exige um trabalho de fazer *de-significações* das significações que ficaram impressas no ego de forma patogênica, seguidas de *re-significações* – para que ele possa se livrar delas.

6. Nos analisandos em que o colapso *narcisista* é o responsável pela depressão, como uma conseqüência da decepção sofrida pelo seu ego ideal e pelo seu ideal do ego, a ênfase da técnica analítica consiste em que se promova uma gradual e muito difícil renúncia às suas grandiosas e ilusórias aspirações. Não é tarefa fácil para tais pacientes reconhecer que "não são o que pensavam que eram ou gostariam de vir a ser, e que não o são e que, muito provavelmente, nunca virão a sê-lo". De fato, é uma transição de mudança psíquica muito penosa para o analisando (e, de certa forma, para o psicanalista), pelo fato de que o sentimento depressivo de perda de sonhos tão caros e antigos vem mesclado com sentimentos de fracasso, luto e humilhação. Por outro lado, se o sentimento de fracasso narcisista do paciente deve-se à sua convicção de ter decepcionado as expectativas das pessoas que representam o seu "ideal de ego", a técnica analítica consiste em trabalhar sistematicamente na transferência das identificações projetivas que o paciente reproduz com o analista, tendo em vista que este também é um importante representante do seu ideal do ego. Não é demais insistir que, especialmente nestes casos, o tipo de *contratransferência* despertada no analista – se ela é *normal*, em cujo caso pode servir para o terapeuta como uma "bússola empática", ou se ela é *patológica*, e, nessa situação, o analista, sobretudo quando também ele tem expectativas narcisistas em relação ao seu paciente, acaba reforçando ainda mais no paciente a sensação de ser um fracassado.

7. Nas depressões resultantes de *identificações patógenas*, o essencial da técnica analítica consiste em promover *desidentificações*, seguidas de *neo-identificações*, as quais, em grande parte, terão a pessoa do analista como um novo modelo de identificação. É necessário deixar claro que uma desidentificação não significa uma ruptura (no sentido bélico) com os objetos com os quais ele estava identificado, tal como paciente inicialmente imagina. Pelo contrário, o paciente deve desenvolver uma capacidade em discriminar entre os aspectos que ele admira nos referidos objetos e que vai conservar, agora, como autenticamente seus e os aspectos que ele vai se permitir a abandonar porque o parasitam, submetem e o forçam a deprimir-se e a ser o que, de fato, ele não é. O analista deve estar bem atento ao fato de que o processo de desidentificação representa um momento delicado do curso analítico pela razão de que ele costuma vir acompanhado de um incremento do estado depressivo, assim como de sensações de ser abandonante, de confusão, de estranheza e de amputação da identidade.

8. Em relação à depressão conseqüente à *ruptura com os papéis designados*, a manifestação clínica mais comum é o surgimento de sentimentos de ingratidão e de traição, assim como também é comum a ocorrência de somatizações, de sensações de despersonalização e de um indefinido sentimento de perda de amor e o de uma "alguma-desgraça-por-vir". É essencial que o analista não se deixe enredar na difícil contratransferência, que mantenha a sua condição de "continente" desses sentimentos penosos do paciente, além de que esteja em uma "aliança terapêutica" com o lado sadio do analisando que luta bravamente contra a rígida estereotipia de papéis que lhe foi imposta no passado. É importante destacar o fato de que um desses papéis designados ao paciente pode ter sido justamente o de ele "nunca sair da condição de deprimido". Entre tantos outros casos, lembro-me de uma paciente que, em seus momentos de felicidade, tinha uma nítida sensação de que estava traindo os seus pais, porque esses faziam um verdadeiro culto de reverência aos familiares mortos, enfatizando a crença de que esse culto deveria ser eternizado.

9. Relativamente às *pseudodepressões*, o aspecto mais importante a ser destacado é a

necessidade de o psicanalista ter bem claro para si a distinção entre as aparências falsas de depressão (tal como antes foi mencionado) e os verdadeiros estados depressivos. Uma vez estabelecida a diferença, o manejo técnico consiste em fazer o respectivo desmascaramento da falsidade das queixas depressivas, acompanhado da atividade interpretativa enfocada nas fantasias inconscientes responsáveis por essa estruturação enganosa.

10. Nos casos em que está justificado o uso de medicação antidepressiva, é necessário que o analista tenha em mente que o mais indicado é que haja uma complementação entre o uso medicamentoso e a concomitância da terapia analítica. Isoladamente, um deles, sem o auxílio do outro, perde em muito a eficácia.

11. Os terapeutas da atualidade estão, cada vez mais, levando em conta a existência de depressões em crianças e adolescentes, com características específicas, e que merecem uma atenção acurada, contando, se necessário, com a colaboração de psicofármacos.

12. As considerações aqui tecidas foram particularizadas separadamente para cada uma das modalidades depressivas, apenas por uma busca didática e de exposição, sendo necessário reiterar que elas não são estanques; pelo contrário, elas interagem, imbricam-se, complementam-se e manifestam-se em um estado de co-morbidade.

Um aspecto particularmente importante – que necessita ser enfatizado – é a ocorrência de estados depressivos na infância e na adolescência. Embora as manifestações clínicas não sejam exatamente as mesmas que se evidenciam nas depressões adultas, não resta dúvida que existem sintomas e sinais equivalentes (conduta apática, tendência a um ensimesmamento, baixo rendimento escolar, oscilação do humor, com inclinação a um estado afetivo de tristeza, baixa auto-estima, etc.) que se devem a uma estrutura mental depressiva. Os graus dessa depressão em crianças e jovens variam. No entanto, elas estão sendo diagnosticadas, e tratadas, cada vez com maior freqüência. Notadamente entre os adolescentes depressivos, existem claras evidências de que há um grande risco de que a depressão não seja superada e que possam resultar diversos problemas em etapas posteriores da vida, incluindo a depressão maior (TDM) e a possibilidade de suicídio.

28

Fobias

Na fobia, o que importa é saber que o psiquismo do sujeito comporta-se de forma reticular, isto é, um determinado estímulo – tal qual um circuito em uma rede – conecta-se com primitivas lembranças traumáticas que foram significadas com terror pela criança de então.

CONCEITUAÇÃO

A estrutura fóbica costuma ser multideterminada e variar intensamente de um sujeito para outro, tanto em intensidade quanto em qualidade, de forma que, clinicamente, ela se configura com uma ampla gama de possibilidades, desde as mais simples e facilmente contornáveis até as mais complicadas, a ponto de, às vezes, serem incapacitantes e paralisantes.

Assim, a partir de uma situação na qual estão presentes alguns *traços* fóbicos na personalidade (sob a forma de inibições, por exemplo, e encobertas por expressões amenas, como "timidez" ou "pouco sociável"), passando pela possibilidade de uma *caracterologia* fóbica caracterizada por uma modalidade "evitativa" de conduta, aliada a um típico, evasivo, estilo de comunicação e de lógica, pode-se atingir a uma configuração clínica de uma típica *neurose* fóbica, sendo que em certos casos é tal o grau de comprometimento do sujeito que não é exagero designar como *psicose* fóbica. Somando todas essas possibilidades, pode-se afirmar que é grande o contingente de pacientes com algum grau de fobia que procuram tratamento analítico, quer como predominante manifestação única, quer vindo associada num mesmo indivíduo a outras configurações, como as histéricas e, principalmente, as obsessivas e as paranóides, suas legítimas "primas-irmãs", que andam sempre juntas. Pode-se dizer que a soma das distintas modalidades de fobia – incluída a "fobia social" – constituem o tipo mais comum dos transtornos de ansiedade.

Também é importante levar em conta o diagnóstico diferencial que deve ser estabelecido entre as fobias propriamente ditas, as quais vêm acompanhadas por uma intensa "angústia-pânico", e aqueles quadros clínicos similares que se manifestam na doença do pânico. Nem sempre é fácil a distinção entre ambas, no entanto, um critério útil consiste no fato de que na fobia há a presença de uma circunstância (certo objeto, local, alguma cena...) bem determinada, bastando evitá-la para que a angústia cesse; enquanto no transtorno do pânico é mais difícil correlacionar a origem desencadeante da crise de angústia (geralmente com uma duração de menos de uma hora) com alguma clara causa definida e desencadeante, embora as modernas *neurociência* estejam trazendo notáveis aportes de investigação científica, clareando as raízes psiconeurobiológicas na formação destes quadros de pânico. Uma das constatações é o pavor do sujeito em vir a sofrer um estado de pânico, que, em uma ansiedade antecipada, ele começa a fazer evitações de muitas situações, assim emergindo, secundariamente, em um estado de fobia.

É útil esclarecer que a Associação America na de Psiquiatria, no seu *Manual diagnóstico e estatístico de transtornos mentais,* quarta edição (DSM-IV-TR), situa as diversas modalidades de fobias dentre os *transtornos de ansiedade.*

ETIOLOGIA

Não há uma explicação unitária para a formação das fobias, de modo que cabe tentar classificá-las de acordo com a *pluralidade causal*, como são as seguintes:

- Além da clássica responsabilização atribuída à *angústia de castração*, no presente existe um consenso de que em qualquer tipo de fobia sempre está presente alguma forma de *ansiedade de aniquilamento* e, sobretudo, de *desamparo*.
- Existe uma permanente *simbolização* e *deslocamento* da ansiedade, que se constitui como uma *cadeia de significantes*, de sorte que uma representação de algum fato, ou lembrança terrorífica, remete a outro tal, conforme acontece com os fios de uma rede. Assim, por exemplo, uma fobia do escuro pode estar associada a um medo primitivo de perder o contato com a mãe; a fobia por animais, um cachorro, por exemplo, pode-se dever a uma associação primitiva com um pai que foi representado pela criança como sendo um animal feroz que iria devorá-la, etc.
- Praticamente, sempre constata-se que no passado houve uma intensa *relação simbiótica* com a mãe, com evidentes prejuízos na resolução das etapas da fase evolutiva da "separação-individuação".
- A patologia da fase de separação-individuação promove uma dupla ansiedade: a de *engolfamento* (resultante do medo do sujeito de chegar perto demais e absorver ou ser absorvido pelo outro) e a *angústia de separação* (pelo risco imaginário de perder o objeto), de tal sorte que é característico da fobia essa pessoa criar um delimitado e restrito *espaço fóbico*, para a sua movimentação, que não pode ser nem perto demais e, tampouco, longe demais das pessoas de que ele necessita.
- Um aspecto etiológico significativo é o que se refere à *identificação* da criança com a fobia de ambos pais, ou de um deles, bastante mais freqüentemente com a mãe.
- Assim, adquire uma importância na etiologia da fobia o tipo de *discurso* dos pais, repletos com os respectivos significados fóbicos, nos quais, acima de tudo, prevalecem as palavras: "cuidado"; "é perigoso"; "faz mal"; "evita chegar perto", etc., etc., que refletem uma excessiva carga de identificações projetivas dos temores dos pais na mente da criança.

CARACTERÍSTICAS CLÍNICAS

- A neurose fóbica pode ser caracterizada pela sistematização da angústia original (em Freud, seria a angústia de castração), deslocada sobre pessoas, coisas, situações e atos que se constituem como "objetos fobígenos" e, assim, se convertem em uma situação de um terror paralisante.
- Os pacientes com características fóbicas experimentam um temor – quase sempre irracional – excessivo e persistente de objetos, pessoas e situações específicas, o que lhes causa sofrimento e daí decorre a manifestação mais típica das fobias, que é o uso de uma "técnica de evitação" das situações fobígenas, por meio de dissimulações e condutas evasivas, com sucessivas fugas, racionalizadas, de tudo que, por antecipação, o angustia.
- Na clínica, conforme já foi acentuado, os estados fóbicos, virtualmente, vêm acompanhados de manifestações paranóides e obsessivas, além de estarem sempre encobrindo uma depressão subjacente.
- Tanto ou mais do que a clássica explicação de uma sexualidade conflitada, sempre encontramos uma má elaboração das pulsões agressivas; há uma acentuada tendência a manifestações de natureza psicossomática.
- A situação exterior fobígena (por exemplo, um elevador, um avião, um encontro social, um tratamento analítico...) pode estar sendo o cenário no qual es-

tão sendo projetados, deslocados e simbolizados – por meio de uma rede de significantes – os aspectos dissociados das pulsões e de objetos internos, representados no ego como perigosos.

- Muitas vezes a fobia não aparece manifestamente, e ela apenas pode ser detectada pelo seu oposto, isto é, de sua conduta *contrafóbica,* na qual se realiza de um modo exagerado exatamente aquilo que se teme, com o fim de driblar a angústia.
- Em certas fobias, como as claustrofóbicas e as agorafóbicas, sempre existe uma escolha de pessoas que se prestam ao papel de "acompanhantes", os quais, muitas vezes, seguem sendo os "continuadores" da mesma fobia, razão por que ela pode se perpetuar através de sucessivas gerações de uma mesma família.
- Uma manifestação de fobia que passava despercebida, porque era considerada não mais do que um traço de caráter com uma certa timidez, é a *fobia social,* por sinal muitíssimo freqüente, pela qual o sujeito, usando as mais diversas racionalizações, evita participar de qualquer situação de convívio social, e, quando, premido pelas circunstâncias, freqüenta um encontro dessa natureza, sente-se muito mal, alheio a tudo e passa todo tempo planejando a melhor forma de se escapar logo.
- Em relação ao *caráter fóbico,* cabe destacar dois aspectos proeminentes: o primeiro consiste em um permanente estado de *alarme* ante possíveis perigos (resultantes da projeção no espaço exterior de suas pulsões perigosas e ameaçadores objetos internos) que, muitas vezes, levam o sujeito a se defender com condutas de auto-suficiência, e com atitudes rígidas e estereotipadas. O segundo aspecto é o de uma constante *atitude de fuga,* que aparece de duas formas: uma atitude passiva que leva a condutas inibitórias e a condutas contrafóbicas.
- A evolução das fobias pode assumir três formas: 1) podem estabilizar-se; 2) podem adquirir um caráter progressivo; 3) podem desaparecer espontaneamente ou, o que é mais corrente, por meio de um tratamento analítico.

MANEJO TÉCNICO

1. Os pacientes fóbicos comumente apresentam uma grande ambigüidade diante da perspectiva de iniciar um tratamento analítico. Assim, o primeiro encontro costuma ser postergado, de modo que, muitas vezes, o tempo que decorre entre o encaminhamento e a entrevista inicial pode ser de anos. Existe um grande número de abandonos precoces da terapia analítica, porém também costuma acontecer um intenso apego do paciente, com propósitos de ele nunca mais abandonar a análise. Igualmente é freqüente a possibilidade de haver um grande número de atrasos e faltas às sessões, além, até, de interrupções. Em certos casos, as interrupções, decorrido algum tempo, podem ser seguidas de retomada da análise, com o mesmo terapeuta, configurando aquilo que Nogueira (1996), da SPPA, deu o feliz nome de "análise em capítulos".

2. É útil que o terapeuta esteja atento ao fato de que a "teoria de cura" do paciente pode ser bastante diferente da dele, analista, de sorte que continuadamente é necessário trabalhar com o paciente a discrepância que existe entre o que ele necessita, o que deseja e o que é possível.

3. Outro ponto que merece a atenção do analista reside na possibilidade de o paciente fóbico manter uma posição de que "não sei se continuarei vindo...não vejo resultados", de modo a manter uma dissociação, por meio de uma constante ameaça de suspender a análise, assim podendo forçar o analista a ficar no papel de defensor da posição de que o paciente deve continuar, enquanto esse fica no papel de quem quer sair.

4. Nos primeiros tempos da análise, o paciente com características fóbicas fala muito dos "outros" – o que provavelmente está indicando a predominância de um estado mental de "posição esquizoparanóide" –, de modo que o analista deve respeitar (é diferente de aceitar, de conluiar) o ritmo das capacidades desse pa-

ciente, até que, gradativamente, possa conduzi-lo a uma, indispensável, "posição depressiva".

5. Quando não existe o referido respeito e paciência às limitações fóbicas e ao ritmo do paciente, pode acontecer o fato de que muitas análises fracassam logo de início, quando não haja, por parte do analista, um mínimo de flexibilidade na combinação do "contrato".

6. O temor deste tipo de paciente de chegar "perto demais" do analista e, a um mesmo tempo, vir a ficar "longe demais" dele determina a formação de uma "distância fóbica" do paciente em relação à análise, logo, ao analista, com as respectivas repercussões de "claustrofobia", quando receia se aproximar, apegar e ficar preso à análise; ou de uma "angústia de separação", quando predomina o temor de ficar longe e perder totalmente o contato com o terapeuta.

7. Isto explica o fato bastante corrente na análise de pacientes fóbicos, de que após uma ou mais sessões consideradas como "boas", produtivas, em que ele se aproximou mais do analista e, especialmente, de si próprio, comumente em um período imediato, ele se distancia novamente, e tenta desfazer tudo que estava conseguindo na análise. Da mesma maneira pode acontecer um paradoxo: este tipo de paciente pode fazer uma grande produção na véspera de separações mais longas (férias) porque ele sente que está protegido contra o risco, imediato, de uma maior aproximação física e afetiva.

8. De forma equivalente, tais pacientes relutam bastante em se deitarem no divã – excluindo os casos em que ele deita, obedecendo a um imperativo do analista – tanto porque lhes representam um excesso de intimidade perigosa, como também porque sentem que o analista está por demais distante, enquanto a ele, paciente, só lhe resta "ficar imaginando o que está se passando com o terapeuta (dormindo? rindo dele? sentindo-se mal?...) e ficar olhando para as paredes frias do consultório".

9. O analista corre o risco de cometer erros técnicos na sua atividade interpretativa, em situações como, por exemplo: 1) interpretar sistematicamente no "aqui-agora-comigo" transferencial para pacientes nos quais ainda predomina uma "ansiedade de engolfamento", o que pode provocar neles sentimentos de opressão e perseguição; 2) o analista forçar a integração dos aspectos dissociados, próprios da posição esquizoparanóide, quando o paciente ainda esteja se defendendo fortemente com intelectualizações e evitações; 3) interpretar excessivamente a angústia de separação, como se o paciente fosse unicamente uma pobre criança pequena que não sobrevive sem ele, analista, assim cometendo o equívoco de deixar de interpretar aquilo que é o mais importante, que é o *significado* que um determinado paciente atribui à determinada separação. Um exemplo banal dessa última situação: certos pacientes suportam tranqüilamente a longa separação do período de férias – porque está dentro do que foi previamente combinado –, enquanto podem manifestar uma forte angústia diante de uma separação curta, porém imprevisível, o que lhe desperta fantasias com respectivos significados atemorizantes.

10. É útil o terapeuta estabelecer a noção de distâncias, limites, limitações de espaço, tempo, aproximações e capacidades. Comumente, existe um paradoxo: o vínculo transferencial pode estar melhor (não confundir com "idealizado", aliás, bastante freqüente) *entre* as sessões do que nas sessões propriamente ditas.

11. Em princípio todo paciente fóbico tem, concomitantemente, um lado adulto e outro infantil, muito dependente, embora este último possa ser por ele negado. A dependência vigente no paciente é do tipo que proponho chamar de "dependência má", porque ela vem sempre acompanhada do medo dele vir a sofrer decepções, como abandono, etc. Cabe ao analista transformar gradualmente essa "dependência má" em uma "dependência boa".

12. Assim, é fundamental que esse paciente desenvolva uma capacidade egóica de fazer *discriminações* entre as distintas e diferentes partes de sua personalidade, de sorte a lhe possibilitar estabelecer um *diálogo* entre a sua parte infantil, amedrontada diante de certas situações, e a sua parte adulta que possa tranqüilizar àquela.

13. Assim, creio que, em certas circunstâncias, são válidas algumas intervenções *cognitivas*, que possibilitem ao paciente o conhecimento e a nomeação da angústia fóbica, e também de intervenções *sugestivo-diretivas*, de sorte a que o analista estabeleça uma aliança com o ego sadio do paciente.

14. Ainda em relação à dependência excessiva do paciente, nos casos em que esse costume ter crises de pânico, não creio que seja útil uma disponibilidade muito comum por parte dos terapeutas: "qualquer coisa, me telefona". Por haver um forte risco de que essa atitude incremente uma dependência ainda muito maior, pois o paciente telefona mesmo, às vezes com freqüência, em dias e horas inadequadas, creio que seja muito mais apropriado desenvolver no paciente a capacidade de sua parte em pânico telefone para o seu lado adulto, para o seu analista, tal como já está introjetado nele.

15. Freqüentemente a angústia fóbica fica dissimulada pelo paciente porque, mercê de evitações, ele convive em sintonia com ela. Nesse caso, a tarefa do analista consiste, antes de tudo, por meio da atividade interpretativa, transformar o que parece ser "egossintônico" em "egodistônico". Vou dar um exemplo: uma paciente recusava-se a dirigir automóvel sob a alegação de que ela estava dando um bom exemplo de não contribuir para a poluição atmosférica, e que os táxis, ou o seu marido, resolviam suas eventuais necessidades de locomoção. Na verdade, ela estava fugindo de um angustiante temor de que, com a força de um carro, ela poderia morrer em um acidente ou, pior, vir a matar alguém. Certo dia, ela ficou retida em um lugar distante de casa, porque chovia a cântaros, com tudo alagado, não aparecia táxi e o marido não tinha acesso ao lugar onde ela estava. Entrou furiosa na sessão, queixando-se do que aconteceu, o que facilitou promover uma egodistonia, de sorte que aos poucos assumiu que era fobia de dirigir, ao que se seguiu a análise das fantasias inconscientes e, após ter decorrido algum tempo de análise, a fobia cedeu.

16. O analista necessita estar atento a um fato paradoxal: muitas vezes, justamente quando o paciente está melhorando significativamente de sua fobia, ele mostra o recrudescimento de uma angústia, que podemos denominar "fobia de perder a fobia", tendo em vista que ele já está familiarizado, de longa data, com suas defesas fóbicas, e teme dispensá-las, receando o desconhecido que está por ocupar o lugar daquelas.

17. Com relativa freqüência, surge um problema técnico no curso da análise com aqueles pacientes fóbicos que começam a faltar às sessões com grande exagero, de modo que a ausência fica por demais prolongada, estabelecendo um círculo vicioso, pois o analista está controlado pelo paciente, mas não cabe lhe telefonar de forma seguida, porquanto isto aumentaria o controle do paciente; a um mesmo tempo, quanto mais afastado o paciente se mantém, maior é o seu receio de um reencontro, que lhe soa como um choque, carregado que ele está com fantasias e expectativas persecutórias. O que deve, então, fazer o terapeuta? Não cabe responder, aqui, de forma geral, porque a conduta do analista vai variar de acordo com a singularidade específica de cada caso; no entanto, quase sempre esse paciente está testando o limite do analista em não desanimar, nem revidar e tampouco desistir da análise, de maneira que se justifica que o analista faça episódicos telefonemas para clarear a posição do paciente em relação à continuidade de sua análise.

18. Como antes já foi dito, dentre as múltiplas formas de fobia, cabe destacar a *fobia social*, que é considerada como a segunda mais comum de todas, na qual essas pessoas sofrem o medo de passar por um ridículo público, de que estejam sendo alvo de uma avaliação crítica depreciativa dos demais, com receio de cometer enganos e dizer asneiras e frases desconexas. Tais situações incluem a fobia de falar em público (e de ficar paralisado por um "branco" na mente), de reuniões sociais ou científicas, de comer ou beber em público. O maior sofrimento é durante o período antecipatório da situação que terá de enfrentar. Quando a referida necessidade de enfrentar um auditório é obrigatória e o sofrimento, por mais irracional que seja segundo o julgamento do próprio paciente, esteja sendo de uma intensidade insuportável, creio que o terapeuta pode sugerir o uso de uma – transitória – medicação com algum betabloqueador (propranolol), que costuma dar excelentes resultados. Porém, deve ficar bem claro para o paciente que não se trata de medicação curativa, ou que ela será usada de forma sistemática e, muito menos, que isso representa a solução de seu problema fóbico; mas, sim, que tão-somente o medicamento é para aquela situação específica e que a provável solução está na continuidade de sua terapia analítica.

29

Transtornos Obsessivo-compulsivos (TOC)

CONCEITUAÇÃO

Na DSM-IV-TR, a *neurose obsessivo-compulsiva* está enquadrada como *transtorno obsessivo-compulsivo* (TOC). Embora a obsessividade possa ser um elemento comum em diversas pessoas, é importante que se faça uma indispensável discriminação entre os seguintes estados: 1) *traços obsessivos* em uma pessoa normal, ou como traços acompanhantes de uma neurose mista, uma perversão, uma psicose, etc.; 2) *caráter marcadamente obsessivo;* 3) transtorno obsessivo-compulsivo.

É útil estabelecer uma diferença conceitual: a caracterologia obsessiva implica a presença permanente e predominante dos conhecidos traços de meticulosidade, controle, dúvida, intolerância, etc., sem que isso altere a harmonia do indivíduo ou que o faça sofrer exageradamente, embora ele apresente algumas inibições que o desgastam e possa estar infligindo algum sofrimento aos que convivem mais intimamente com ele. Pode-se mesmo dizer que uma pessoa portadora de um caráter obsessivo, desde que esse não seja excessivo, é aquela que melhor reúne os aspectos sadios de uma necessária disciplina, método, ordem, respeito, moral e ética.

Já o TOC, pelo contrário, implica um grau de sofrimento, a si próprio e aos demais, e também em algum prejuízo no seu funcionamento na vida familiar e social. É bem sabido o quanto em certos casos os sintomas obsessivos (pensamentos) e compulsivos (atos), compostos por dúvidas ruminativas, pensamentos cavilatórios, controle onipotente, frugalidade, obstinação, rituais e cerimoniais, atos que compulsiva e repetitivamente são feitos e desfeitos num nunca acabar, podem atingir um alto grau de incapacitação total do sujeito para uma vida livre, configurando uma gravíssima neurose.

É útil também esclarecer que o diagnóstico "obsessivo" não define uma forma única de caracterologia, pois ela pode se manifestar de formas opostas, ou seja, tanto são obsessivos aqueles nos quais predomine uma tendência à passividade e que tomam inúmeros cuidados antes de tomar qualquer iniciativa e deixam subjugar-se, como também são obsessivos aqueles nos quais prevalece uma atitude agressiva, que se tornam líderes com um perfil de mandonismo, intolerância a mínimos erros, falhas ou limitações dos outros, assim adotando uma postura despótica e tirânica, ainda que sejam pessoas sérias, bem-sucedidas e bem-intencionadas.

ETIOLOGIA

Resumidamente, os fatores etiológicos mais comumente apontados pelos autores de todos tempos consistem na existência de:

- Pais obsessivos que impuseram um *superego* por demais rígido e punitivo.
- Uma exagerada carga de pulsões – libidinais ou agressivas – que o ego não conseguiu processar.
- Um permanente conflito *intra-sistêmico* (o ego está submetido ao superego cruel e, ao mesmo tempo, ele está pressionado pelas demandas pulsionais do id), assim como um conflito *intersistêmico* (por exemplo, dentro do próprio id, as pulsões de vida e morte podem estar em um forte conflito; ou, para dar outro exemplo, nas representações dentro do ego, o gênero masculino e o feminino do sujeito não se entendem entre si, etc.).

- As primitivas fixações da *fase anal*, com os respectivos significados que a teimosia e a rebeldia próprias dessa fase, assim como o ato de defecar e as fezes, adquiriram para a criança pequena.
- Uma identificação com aspectos obsessivos dos pais e da cultura em que estão inseridos.
- De forma resumida, pode-se dizer que o neurótico obsessivo luta em duas frentes: 1) contra fantasias e desejos sadomasoquistas intensos, que exigem um grande dispêndio de energia psíquica para o ego manter as defesas de repressão e de formação reativa; 2) contra um superego cruel, sádico, que determina uma conduta predominantemente masoquista ou tirânica.

CARACTERÍSTICAS CLÍNICAS

- Existe uma ambigüidade e uma ambivalência no paciente obsessivo, resultante do fato de que, por um lado, ele sente o seu ego submetido a um superego tirânico (ele sente-se obrigado a pensar, a fazer ou a omitir sob pena de...), a um mesmo tempo em que quer tomar uma posição "contra" esse superego ou contra as expectativas exageradas do "ideal do ego" e dar uma livre evasão ao id.
- Disso resulta que comumente são encontrados dois tipos de obsessivos: o *tirânico-controlador* (ou: ativo-submetedor) e o *tímido-indeciso* (ou: passivo-submetido).
- Assim, a escolha de suas relações objetais costuma recair em pessoas que se prestem em fazer a complementação dos dois tipos referidos, como é, por exemplo, o de uma relação do tipo dominador *versus* dominado; ativo *versus* passivo; sádico *versus* masoquista, etc.
- Um traço comum a todos eles é que se mostram "pessoas lógicas", geralmente utilizando intelectualizações, racionalizações, detalhismos, certo ar professoral, de modo a que a comunicação com o analista possa ficar dificultada. Alguns autores estabelecem uma distinção entre *racionalização* (como sendo uma mentira apaixonada) e *intelectualização* (como uma verdade congelada).
- Também é comum que os obsessivos apresentem uma série de *dissociações*, tipo idéia *versus* afeto; querer conhecer ("K") *versus* "não querer tomar conhecimento ("-K"); mente *versus* corpo; contradições entre o que diz e o que faz, etc.
- O paciente obsessivo está em um permanente conflito em busca de um perfeccionismo, em uma luta para cumprir e/ou descumprir as demandas de perfeição impostas pelo seu superego, ego ideal e ideal do ego, bem como, também, contra as forças sabotadoras do seu *contra-ego*.
- Sempre existe a concomitância de aspectos obsessivos, com os fóbicos e os paranóides, embora em graus variáveis; quando estes últimos predominam, o paciente fica sendo um polemizador, ele querela e porfia sobre detalhes mínimos (ele sempre tem um "não" engatilhado na ponta da língua, ou quando diz "sim", em seguida vem um "mas"...), configurando aquilo que, socialmente, se costuma chamar de "chato".
- Quando prevalece uma obsessividade narcisista, esse tipo de paciente exibe uma "superioridade", muito bem-disfarçada, sob uma capa de modéstia, pela qual ele tenta convencer aos outros (e a si próprio) o quanto ele é, entre todos outros mais, o mais honesto, dadivoso, humilde, etc. Essa convicção de superioridade obsessiva pode manifestar-se por uma dimensão "moral", que consiste no fato de que ele se torna, compulsivamente, um "colecionador de injustiças", o que prova a sua tese de que ele está rodeado de gente que está longe da pureza dos seus ideais.

- Nesse mesmo tipo de paciente "obsessivo-narcisista", é tal o pavor de que haja um fracasso da potência ou da orgasmia, que ele (ela) usa de mil subterfúgios para evitar o enfrentamento de uma ligação erótica porque este tipo de paciente não se entrega ao ato sexual precipuamente na busca de um prazer; antes disso, é como se estivesse se submetendo a um exame de avaliação de sua auto-estima, sempre a perigo, e daí a facilidade de instalar-se um círculo vicioso de medo e evitação, que pode adquirir características fóbicas.
- Muitos sintomas manifestam-se com a participação da defesa de *anulação*, o que leva o neurótico obsessivo a realizar algum ato, anulando o que fez, apagando, rasgando, pondo fora e recomeçando, de modo que, em casos mais graves, essa operação de "faz-desfaz" pode-se repetir de uma forma quase interminável, e uma tarefa que normalmente levaria uma hora, por exemplo, pode durar cinco ou mais horas.
- Uma manifestação sintomática bastante freqüente é aquela na qual a mente do obsessivo é invadida por "pensamentos estranhos" (como pode ser o de uma recorrente dúvida se ele não está tomado por uma doença terminal, ou se é homossexual, ou uma ilógica ideação agressiva, erótica, suicida, etc.), não obstante o seu lado lógico perceba a irracionalidade desses pensamentos estranhos. Tais pessoas gastam expressivos tempo e energia psíquica, que poderiam ser aproveitados para ações construtivas, para conseguir afastar esses pensamentos estranhos, porém, insidiosamente, os mesmos voltam a invadir a mente.
- No entanto, a característica que parece ser a mais comum e constante é a de um permanente estado de *dúvida*, na base de interrogações do tipo: faço ou não faço; está (ou vai dar) certo ou errado; devo ou não devo...? Recordo-me de uma paciente obsessiva que, durante semanas, ficou me relatando sua indecisão quanto à compra de um tapete novo para o *living* de sua casa. Após ter descartado muitos modelos, finalmente ficou entre um tapete que era claro, quase branco, e um outro, igualmente bonito, que era preto. Ela preferia o branco, porém essa cor sujava muito, enquanto preto era lindo, porém, se mais tarde se arrepender, nunca vai se perdoar..., de sorte que entre argumentos e contra-argumentos, favoráveis e desfavoráveis ora a um, ora para o outro tapete, não só tempo das sessões, mas o de sua própria vida iam se escorrendo. Embora, nesse caso, sua indecisão entre o branco e o preto permitisse o entendimento e a formulação de outras dúvidas provindas de seu inconsciente, o efeito das interpretações não afetava ao rigor de sua obsessividade recorrente.

MANEJO TÉCNICO

1. Como tal tipo de paciente sempre está submetido a um superego que é rígido, cobrador e ameaçador, cabe ao analista, por meio da atividade interpretativa e de sua conduta – como pessoa real que ele é – gradativamente, transformar esse superego "mau" em um superego "bom", ou seja, em um ego auxiliar.

2. Relativamente às excessivas demandas perfeccionistas do ego ideal e do ideal do ego, a tarefa do terapeuta, em grande parte, deve visar ao estabelecimento da capacidade de o paciente reconhecer claramente quais são os seus limites, alcances e limitações; direitos e deveres; o possível e o impossível de ser alcançado; a intolerância pelas falhas e diferenças que os outros têm em relação a ele.

3. Nos casos em que há uma, interna, exigência excessiva no cumprimento dos ideais que, desde criancinha, lhe foram programados, este tipo de paciente torna-se muito vulnerável a críticas, acha-se injustiçado pelos esforços que envidou, ou decepciona-se consigo mesmo, deprime-se e, sobretudo, corre o risco de abdicar do seu direito de *ser desejante*, o

que ele pode substituir por uma atitude de ficar *escravizado ao desejo de ser o objeto do desejo do outro.*

4. Assim, especialmente nos obsessivos com fortes defesas narcisistas, o analista deve assumir a posição de "não-desejante", de modo a sair do mundo especular do paciente, em que o mesmo procure corresponder ao ideal do ego do seu analista.

5. Nessas situações, o analista deve propiciar ao paciente que ele construa espaços próprios, nos quais passe por experiências vividas como sendo de "solidão" e possa gozá-los como "privacidade", responsabilizando-se pelo que ele faz (não ficar eternamente na posição esquizoparanóide, atribuindo todas as mazelas aos outros...). Assim, o terapeuta deverá ter continência e paciência para as angústias do paciente, no início da experiência de uma autêntica busca de sua autonomia.

6. O "contra-ego" – uma organização patológica que atua contra o crescimento do paciente – merece uma atenção especial por parte do analista (tal como aparece no Capítulo 10), pois ele age sub-repticiamente e obriga o paciente a se manter em uma permanente vigília obsessiva.

7. Em relação aos pacientes obsessivos, por demais "lógicos", creio que uma boa tática consiste em fazê-los clarearem e assumirem, com os respectivos afetos, o significado daquilo que dizem de uma forma intelectual e fria. Recordo-me de uma paciente que recitava trechos de escritos meus e queria discuti-los em um nível científico; nos primeiros tempos, mantinha-me evasivo e reticente para evitar ser controlado por ela, porém, em um segundo momento, aproveitava o aporte de sua leitura para incentivá-la a fazer conexões de como ela entendia, e sentia, os enunciados psicanalíticos dos textos com a sua própria pessoa.

8. Nos obsessivos, existe uma forte tendência em utilizar um sistema de pensar ruminativo, cavilatório, com uma nítida preferência pelo emprego da conjunção "ou", que é disjuntiva, excludente. Cabe ao analista propiciar ao paciente que no lugar do "ou", ele pense com a conjunção "e", que é integrativa, includente.

9. Na situação analítica, há risco de que o paciente obsessivo consiga fazer prevalecer o seu controle, sobre si mesmo e sobre o terapeuta, pelo uso de seus habituais mecanismos defensivos: o de um *controle onipotente* (tenta deixar o processo analítico estagnado), o *deslocamento* (para detalhes, que se tornam enfadonhos e podem provocar uma, esterilizante, *contratransferência de tédio)*, a *anulação* (com o emprego sistemático de um discurso na base do "é isto, mas também pode ser aquilo, ou não é nada disto...", a *formação reativa* (sempre gentil, educado e bem-comportado, o paciente não deixa irromper a sua agressão reprimida), o *isolamento* (em narrativas desprovidas de emoções), etc.

10. O maior cuidado que o analista deve ter consiste na possibilidade de ele se deixar equivocar pela colaboração irretocável desse paciente, que costuma ser obsessivamente correto, assíduo, pontual, bom pagador, com boa apresentação e vida profissional geralmente bem-resolvida; porém, existe a possibilidade de que esse paciente não esteja mais do que "cumprindo a tarefa de ser um bom paciente", do que propriamente alguém disposto a fazer mudanças verdadeiras. Nesses casos, não basta que as interpretações do analista estejam corretas, é necessário observar o *destino* que elas tomam na mente do obsessivo, se elas germinam ou ficam desvitalizadas, às vezes engrossando o seu arsenal defensivo. Um bom recurso técnico é fazer um permanente confronto para o paciente entre o que ele diz, sente e, de fato, faz.

11. Há uma grande possibilidade de que as defesas obsessivas do paciente ajudem a construir uma "aliança terapêutica" com o trabalho do analista, em cujo caso são muito prováveis as perspectivas de um bom resultado analítico.

12. Além do risco da, mencionada, contratransferência de tédio, o analista também deve conhecer bem o perfil de sua própria personalidade para evitar a hipótese de que ele seja portador de excessivos aspectos obsessivos, que deixe isso contaminar o campo analítico, o que não daria saída para o seu paciente, igualmente obsessivo.

30

Histerias

A sexualidade do histérico é oral, e a sua oralidade é genital.

R. Fairbairn

Considerem a maneira pela qual uma dona-de-casa distingue um bom forno de um mau forno. Os fornos ruins esquentam rápido, mas esfriam com a mesma rapidez. Os bons fornos esquentam lentamente, de modo incerto, mas conservam o seu calor por muito tempo.

S. Freud (a propósito dos pacientes que se entusiasmam muito rapidamente com os resultados da análise, Alain de Mijolla, 1988)

CONCEITUAÇÃO

A grafia do título deste capítulo no plural justifica-se pelo fato de que *histeria* aparece nos textos psicanalíticos com formas e significados bastante distintos. Sua conceituação abrange muitas modalidades e graus, tanto de traços caracterológicos quanto de quadros clínicos, além de ser tão plástica que, a rigor, pode-se dizer que está presente em todas as psicopatologias. No entanto, o termo deve ficar restrito aos quadros sintomatológicos e de caracterologia que obedecem a uma estruturação própria e conservam uma série de pontos em comum, cabendo destacar, entre eles, os seguintes aspectos que virtualmente estão sempre presentes:

- o limiar de tolerância às frustrações é bastante baixo;
- o mecanismo defensivo por excelência consiste no uso de repressões;
- o uso consistente, de forma direta ou dissimulada, de alguma forma de sedução;
- uma supervalorização do corpo, tanto nos exagerados cuidados estéticos como na possibilidade de surgimento de conversões e somatizações;
- o discurso, em geral, é entremeado de queixas e demandas insaciáveis, enquanto o estilo da comunicação é caracterizado por uma forma superlativa, algo dramática na forma de expor os fatos, mais baseados em sensações do que em reflexões;
- a ânsia para obter alguma forma de reconhecimento dos outros domina a maior parte do psiquismo, o que se expressa por meio de uma excessiva demanda por sucessivos reasseguramentos de que é uma pessoa amada, valorizada, desejada, etc.;
- existe uma grande habilidade no uso da técnica de provocação, a qual consiste em induzir as pessoas com quem convivem a maltratá-los de alguma forma, assim confirmando a sua arraigada tese de que são eternas vítimas de injustiças e de abandonos;
- uma acentuada inconstância e labilidade na manifestação das emoções, que podem oscilar rapidamente de um estado de alegria para o de tristeza, do riso ao choro, de um jeito carinhoso para o de uma, agressiva, cobrança imperativa ou aos vingativos;
- daí decorre uma exagerada sensibilidade, com sofrimento, diante de separações;

- cabe dizer que uma mulher (ou homem) histérica é a representação de uma criança se debatendo desajeitadamente no corpo de um adulto;
- freqüentemente essas características coexistem, em estado de co-morbidade, com outros quadros clínicos.

TIPOS DE HISTERIAS

A classificação nosológica das doenças mentais (DSM-IV-TR) não fica restrita a um único eixo: assim, partindo do eixo I (designa os sintomas, psicopatologia), as histerias mantêm a velha divisão nos dois tipos, denominados como *conversivas* (as angústias são convertidas nos órgãos dos sentidos, como na "cegueira histérica", e no sistema nervoso voluntário do corpo, como em uma "paralisia") e *dissociativas* (desmaios, personalidade múltipla, etc.) Já no eixo II (caracterologia, transtornos de personalidade), o conceito é mais abrangente e inclui as denominações de "transtornos de personalidade histérica"; "personalidade infantil dependente"; "personalidade fálico-narcisista"; "traços histéricos em outras personalidades"; "transtornos de personalidade histriônica".

Do ponto de vista de clínica psicanalítica, cabe tomar como referência a conhecida subdivisão de E. Zetzel (1968) que propõe a existência de quatro subtipos de pacientes histéricas, as quais ela classificou: 1) as *verdadeiras* ou *boas* histéricas, que atingem a condição de casar, ter filhos, com bom desempenho profissional e que se beneficiam com a análise. 2) Outras, também "verdadeiras", com casamentos complicados, geralmente de natureza sadomasoquística, que não conseguem manter por muito tempo um satisfatório compromisso com a análise. 3) Aquelas pacientes que manifestam sintomas histéricos, que lhes confere uma fachada de pessoa histérica, porém que, na verdade, encobre uma subjacente condição bastante depressiva, sendo que essas pessoas não se completam em nenhuma área da vida. 4) As *pseudo-histerias,* presentes em personalidades muito mais primitivas, de modo que a sua extrema instabilidade emocional justifica a antiga denominação "psicose histérica". Segundo esse autor, a indicação de psicanálise para as duas últimas formas de personalidade histérica, especialmente a última, seria muito discutível.

Também é útil considerar uma distinção entre "personalidade histérica", e "personalidade histriônica", embora às vezes elas se superponham. A forma *histérica* é a mais sadia delas, porquanto os seus pontos de fixação estão radicados na fase fálico-edipiana, enquanto a forma *histriônica* (o termo *histrião*, na Roma antiga, designava os atores que representavam farsas bufonas ou grosseiras) está mais fixada nos períodos iniciais da oralidade, bem como suas formas de apresentação são muito mais floridas, ruidosas e teatrais que das histéricas.

CARACTERÍSTICAS CLÍNICAS

Não existe propriamente uma especificidade típica perfeita de sinais e sintomas nas histerias e, tampouco, uma etiologia sempre igual; pelo contrário, os quadros clínicos das distintas modalidades de histerias permitem uma diversidade de enfoques, nem sempre compatíveis entre si. É certo, no entanto, que elas podem ser entendidas a partir das principais *identificações* com os pais, e também em função da predominância das *fixações,* desde as narcísicas até as edípicas. Não obstante, algumas características comuns das diversas formas de histerias, embora não sejam exclusivas delas, podem ser assim sintetizadas:

- A existência de uma "mãe histerogênica", que provoca na criança sentimentos muito contraditórios, pois, ao mesmo tempo, ela é próxima e distante, carinhosa e colérica, dedicada e indiferente; ou seja, prevalece uma atitude ambígua, usando a criança como uma vitrine sua para exibir-se aos outros, projetando no filho os sentimentos que são inerentes à sua própria estrutura histérica. No caso de filhos meninos, essas mães desenvolvem um clima de expectativas narcisistas e/ou de sedução erotizada.
- O pai, no caso das meninas, costuma ser simultaneamente sedutor e frustra-

dor, permanentemente erotizando-as e permanentemente rejeitando-as.

- Em relação à "ansiedade" existente nas histerias, além da clássica "angústia de castração", diretamente ligada ao conflito edípico, todas as demais podem ser sintetizadas em uma primitiva angústia de cair em um estado de desamparo e de baixa auto-estima, conseqüente do precoce medo de perder o amor dos pais ambíguos.
- A tolerância às *frustrações e às críticas* costuma ser muito baixa, geralmente vindo acompanhada por uma labilidade emocional, sugestionabilidade e uma alternância entre uma idealização e denegrimento das outras pessoas, especialmente as muito próximas.
- Os *mecanismos de defesa* predominantes são todos aqueles que levam a algum tipo de *negação*, principalmente o da "repressão", e também é comum o uso da "denegação". Outra defesa muito freqüente é uma "dissociação" dos distintos aspectos de sua personalidade, de sorte que, tal como se passa em um giro de um caleidoscópio, tais pessoas podem cambiar subitamente de identidade, passando de uma madura conduta adulta para a de uma criancinha assustada e birrenta. De forma análoga, também é comum que uma pessoa histérica negue-se, conscientemente, a praticar alguma atuação, porém, inconscientemente (e de forma "ingênua"), ela faz de tudo para que esse *acting* aconteça.
- Em relação ao *sentimento de identidade*, é bastante freqüente a existência de um *falso self* (falta de autenticidade, transparece uma insinceridade e sentem um inexplicável sentimento de falsidade e futilidade), além de uma certa confusão acerca de sua real identidade (sou criança ou adulto?, sou hetero ou homossexual?, etc.).
- O *vínculo do reconhecimento* adquire uma enorme importância nas pessoas histéricas, porquanto elas estão permanentemente pressionadas por suas demandas de obtenção de provas concretas de que são amadas, desejadas e reconhecidamente valorizadas. É tão intensa a demanda por um "reconhecimento" que, em algumas formas de histeria, transparece um egocentrismo e um infantilismo, de modo que a outra pessoa significativa com quem o histérico conviva é utilizado unicamente como provedor das necessidades, materiais e afetivas, às vezes insaciáveis (o que pode traduzir-se pela patologia de um "consumismo" compulsivo). Assim, "não lhes basta ter o amor da pessoa amada, exigem ser o centro da vida dessa pessoa", daí a comum intercorrência de brigas motivadas por inveja e ciúmes.
- Em razão dessa alta *vulnerabilidade da auto-estima*, os histéricos são presas fáceis de estados depressivos, especialmente a, assim chamada, *depressão narcisística*. Para compensar esse permanente vazio existencial, buscam compensações na obtenção de dinheiro, beleza, prestígio, glória, colunas sociais e, como foi aludido, um exagerado consumismo de roupas, jóias, etc.
- Destarte, o *corpo* adquire uma extraordinária importância para a pessoa histérica, não só porque ela ficou hipersensibilizada (quase sempre por excessivos estímulos erógenos na infância), mas também porque é por meio do corpo – uma certa forma de vestir, um sorriso enigmático, um olhar diferente, uma certa entonação vocal, alguma manifestação conversiva ou dissociativa – que a pessoa histérica pretende garantir a sedução e a posse da pessoa desejada.
- Quando se trata de uma histeria *conversiva*, é importante o analista levar em conta o que Freud denominou *complacência somática*, isto é, quais são as zonas histerógenas – que correspondem a pontos de fixação formados durante os estágios evolutivos – onde aparecerão as conversões.

- Na conversão, o corpo expressa, com a sua linguagem somática particular, aquelas idéias e representações que a repressão e outras defesas primitivas a serviço da censura não permitiram que elas se expressassem por meio de palavras. Daí por que se costuma dizer que *o corpo fala!*
- A *sexualidade* da pessoa histérica quase sempre está prejudicada e apresenta algum tipo de transtorno, como uma sensação de ter uma homossexualidade latente, algum transtorno do seu gênero sexual, alguma forma de inibir ou de castrar a genitalidade do(a) parceiro(a), certa impotência, anorgasmia, fantasias perversas, donjuanismo, ninfomania, etc.
- Pode acontecer que a possível frigidez da mulher histérica funcione como um instrumento inconsciente de tipo narcisista, isto é, a serviço de ela não se humilhar perante o homem e, de maneira vingativa, fazer com que esse se sinta um fracassado. Assim, freqüentemente, esse tipo de histérica usa a *técnica da provocação e da vingança*, seduzindo o homem até o ponto de esse mostrar o seu intenso desejo por ela, quando então ela realiza uma "fuga", o que exaspera o seduzido, de sorte que tudo isso, não raramente, é seguido de posteriores acusações dela, de que ele foi grosseiro, vulgar e "estuprador".
- Relativamente à escolha das relações objetais, mais particularmente a *escolha da parceria,* adquire algumas características típicas, como pode ser a de uma configuração sadomasoquista, a de recíproca busca de um pai, ou de uma filha, etc.; a busca de uma "paixão" na eterna procura do "príncipe encantado", ou da "fada-madrinha"; além de outras configurações equivalentes a essas. De modo geral, mais cedo ou mais tarde, sobrevêm as decepções, seguidas de novas ilusões, em um círculo vicioso interminável, muitas vezes entremeadas de infidelidades, na busca de outros parceiros.
- O *estilo* da comunicação comumente é do tipo *demonstrativo*, ou seja, uma forma dramatizada e hiperbólica de narrar os fatos. Esse estilo dramatizado pode se expressar por meio do recurso de um jogo de intrigas, de pressionar as pessoas circunstantes – representadas pelos grupos familiar, social ou profissional –, a fim de que elas assumam o papel de protagonistas do *script* do drama inscrito no seu mundo interno, representando aqueles papéis que desempenham os personagens do seu, interior, teatro imaginário.
- Na verdade, trata-se da dramatização do *drama edípico*, de modo que se criam encenações (*enactements*) – fora e dentro das sessões – das vivências desse drama, com os respectivos papéis de cada um dos personagens, em que predominantemente sempre existe alguém do triângulo edípico que é idealizado, enquanto sempre algum outro se sente excluído e denegrido, alimentando idéias vingativas.
- Não obstante, virtualmente sempre, o colorido histérico apresenta-se visivelmente com uma transparência edípica, não resta dúvida que, de longe, predomina a existência de uma intersecção de Édipo com Narciso, de sorte a confirmar a clássica frase de Fairbairn, de que, comumente, *nas histerias, a oralidade expressa a genitalidade, enquanto a oralidade procura satisfação pela genitalidade.*

MANEJO TÉCNICO

Embora exista um largo espectro de variação de qualidade e quantidade nos tipos de pacientes manifestamente histéricos, cabe traçar algumas recomendações técnicas que são comuns a todos casos em terapia analítica:

1. É fundamental a *atitude psicanalítica interna* do terapeuta, pois, necessariamente, ele deve estar despido dos habituais preconceitos pejorativos que culturalmente estigmatizam a

essas pessoas histéricas, assim como, também, ele deve estar preparado para não ficar de imediato envolvido nas malhas do "encantamento" que esses pacientes inicialmente provocam.

2. Na definição do *contrato analítico*, deve ser levado em conta que comumente esse tipo de paciente fecha o contrato com alguma facilidade. No entanto, também com alguma facilidade pode interrompê-lo, ou porque não estava bem-motivado ou porque confiou demais na sua capacidade de encantar o analista, que decepcionou este desejo, ou porque, levado por seus desejos ilusórios, esses pacientes não calcularam bem as possibilidades *reais* de arcar com um tratamento tão longo, difícil e custoso, ou até mesmo porque não suportam as inevitáveis frustrações que decorrem de um tratamento analítico bem conduzido, até porque esse tipo de paciente tem uma forte propensão à idealização e, igualmente, à decepção.

3. Um aspecto particularmente importante consiste no fato de que, embora o inconsciente do paciente histérico faça de tudo para dissimular a dor narcísica por meio de uma florida fachada de sexualidade erotizada e erotizante, bem no fundo não há nada que mais o decepcione e provoque rancor do que quando as pessoas-alvo de sua sedução, como fica sendo o (a) terapeuta na situação analítica, não consigam distinguir entre *os desejos eróticos do id do (a) paciente e as necessidades provindas do seu ego carente*, e, assim, se deixem envolver num *acting* sexual.

4. Assim, na atualidade, ninguém duvida de que o paciente histérico tem desejos sexuais, porém ele também tem feridas e necessidades narcisísticas, sendo que, na prática clínica, a regra é que essas últimas aparecem mascaradas por uma florida e estimulante manifestação de aspectos da sexualidade, fortemente tentadoras para o analista interpretar em termos transferenciais unicamente edípicos, quando, na verdade, o seu verdadeiro sofrimento radica nas primitivas falhas narcísicas.

5. Com muita freqüência, os pacientes tipicamente histéricos começam suas sessões – ou, pelo menos, a sessão que segue o fim de semana – fazendo uma narrativa do *drama do dia*, que, quase sempre, reflete o drama grupal – da família primitiva, tal como esta está introjetada dentro deles – e que, por meio de projeções, distribuem os respectivos papéis aos circunstantes.

6. O analista deve permanecer atento ao fato de que tais pacientes costumam *convidar* o analista a se sensibilizar e compadecer da condição de "vítima" desse analisando, de modo a ficar aliado a ele, contra os demais que, segundo ele, são seus verdugos.

7. O relato histérico, em ocasiões distintas, abrange uma grande diversidade de conflitos – com o cônjuge, os familiares, os amigos, seu grupo de trabalho, etc. –, cabendo ao analista assinalar a *unidade que existe na diversidade* (uma espécie de tirar "o mínimo denominador comum") na conduta do paciente, assim unificando os significados.

8. Creio que um bom *recurso tático* que o analista pode utilizar consiste em obter que o paciente refaça sua narrativa – na qual ele sistematicamente aparece como vítima de incompreensões e injustiças –, de modo que ele reconte como tudo começou, desde o início, e seguidamente ambos, terapeuta e paciente, dão-se conta que a "história não tinha sido bem contada", e que o próprio paciente induziu os demais a tratarem-no mal, assim confirmando a sua tese de que é um *injustiçado crônico*.

9. É indispensável, nestes casos, que o analista proponha ao paciente a *abertura de novos vértices* de percepção dos significados que o paciente atribui aos acontecimentos dos quais ele participou ativamente. Por exemplo, se uma paciente estiver se queixando, indignada, de que foi vítima de um assédio sexual, pode-se-lhe pedir para relatar *toda* a história do episódio que ela julga um assédio indigno e agressivo, sendo muito provável que surjam importantes aspectos que estavam ocultos.

10. Assim, este relato mais completo pode possibilitar a visualização de três possibilidades, através da abertura de novos vértices, como: a primeira é a de que, involuntariamente, ela foi mesmo vítima de uma agressão indevida, em cujo caso a sua incontida indignação e fúria estão representando uma reação sadia por parte da paciente; a segunda hipótese é que ela possa ter emprestado um significado equivocado (de "sedução", por exemplo) à real intenção (ser "gentil", ou uma manifestação de amizade, ou admiração, por exemplo) contida nas palavras ou gestos do seu

presumível abusador; a terceira possibilidade é que ela venha a descobrir que, sem se dar conta, ela é quem inicialmente provocou o outro, com a forma, transbordante de sensualidade, de se vestir, a languidez do olhar, um esfregar do corpo ao falar, etc.

11. Um outro interessante recurso tático é o de propor ao paciente uma espécie de *role playing imaginário*; isto é, partindo da mesma cena que ele contou, fazer o paciente imaginar uma troca de lugares e de papéis com os outros que participaram da aludida cena, de maneira que, estabelecendo confrontos e assinalando paradoxos, o analista conduza o paciente a sentir em si aquilo que os demais devem ter sentido em relação a ele.

12. Essa conduta pode abrir o caminho para o paciente histérico conhecer melhor as suas "auto-representações" – ou seja, *como os outros me vêem; como o meu analista me vê; como eu me vejo*.

13. A propósito, é fundamental que o analista assinale as diversas partes do *self* do paciente histérico (a criancinha *versus* o adulto; o seu lado sóbrio e comedido *versus* o lado sedutor...), de sorte a poder integrar e harmonizálas no convívio permanente que existe entre elas.

14. Em relação ao *setting*, o analista deve ficar atento à possibilidade de que o paciente com forte caracterologia histérica tente desvirtuar as combinações previamente acordadas, o que ele pode fazer tanto por um sucessivo pedido de mudanças de horários e dias das sessões, como também por meio de criar uma atmosfera de que paciente e terapeuta já são muito "amiguinhos", e vai haver uma mútua concessão de privilégios especiais, etc.

15. A finalidade inconsciente da transgressão do enquadre analítico pode estar a serviço de uma *resistência* desse paciente em permitir um aprofundamento da análise, assim como também é possível que vise a submeter o terapeuta a sucessivos "testes" para assegurar o quanto ele(a) é um paciente (filho) especial, ou, em um outro plano, testar quais são os limites das capacidades do analista.

16. Relativamente ao fenômeno da *resistência-contra-resistência*, o paciente histérico pode estar em egossintonia – e, até, jactar – com suas atividade e habilidade eróticas; no entanto, resiste muito mais a entrar em contato com suas feridas narcisistas e, principalmente, com a depressão que sempre está subjacente. Uma forma típica de "resistência histérica" é aquela que consiste em evitar a tomada de conhecimento de desejos proibidos, de modo que o "não-conhecimento" fica substituído por "conversões somáticas" ou por *actings*.

17. Cabe destacar a importância do risco de que, na situação analítica, haja a possibilidade de o terapeuta contrair algum tipo de *conluio inconsciente* com o paciente, quer se deixando envolver em *actings* (o que pode representar a morte da análise) ou, pelo contrário, contraindo um "conluio fóbico", de modo a evitar a abordagem de fantasias e sentimentos considerados "perigosos".

18. A *transferência-contratransferência* assume um papel relevante na prática analítica com personalidades histéricas, tendo em vista que a transferência pode surgir de forma precoce e intensa, quer sob a forma de uma – narcisista – exagerada idealização do analista, quer com uma excessiva erotização que, seguidamente, assume nesta paciente uma forma obcecada e que, não raramente, impede o prosseguimento normal da análise. O analista deve estar atento para o fato muito comum de que a transferência erótica vem acompanhada de "material" clínico, repleto de claras alusões ao conflito edípico, de sorte a que o analista sinta-se convidado a interpretar nessa dimensão de Édipo, quando, na verdade, é bem provável que a raiz do verdadeiro conflito esteja radicada em Narciso.

19. Nos casos mais graves de histerias, o comportamento intrusivo do paciente, por meio de uma curiosidade invasiva, além de um controle constante (embora, às vezes, sutil) sobre a vida do analista, costuma despertar um sentimento contratransferencial muito difícil. Igualmente difícil é a contratransferência diante de *actings*, às vezes muito preocupantes (e que, não raramente, forçam a intervenção de familiares no *setting* analítico), resultante do fato de que no paciente histérico as funções de pensar e de verbalizar ficam substituídas por uma forma de comunicação não-verbal que tanto pode ser por meio de atuações quanto de conversões, somatizações e transtornos da imagem corporal.

20. A *atividade interpretativa* do analista pode ficar centrada nos seguintes aspectos:

a) Usar a técnica da *confrontação,* como, por exemplo, levando o paciente a confrontar se há similaridade em como ele se vê e como os outros o vêem, ou entre o que ele diz e faz, ou a versão de como ele faz a sua narrativa, sempre no papel de vítima, em confronto com uma outra possível significação da mesma narrativa.
b) Para tanto, como já antes foi assinalado, é válido utilizar a técnica de uma *imaginária dramatização verbal,* pela qual o paciente troca de lugar e de papel com outras pessoas que estão no cenário de seus grupos de convivência, inclusive com o próprio analista.
c) Trabalhar com as *funções conscientes do ego* do paciente, ou seja, de como ele percebe, pensa, ajuíza, discrimina e comunica os seus sentimentos de ódio e de amor (como ele ama, é amado e quais são os seus critérios de amor).
d) O analista deve tentar *juntar os aspectos dissociados* do paciente histérico, de modo a torná-los unificados e, assim, possibilitar que o paciente assuma o seu quinhão de responsabilidade pelo que acontece nos seus distintos relacionamentos.
e) Da mesma maneira, é função do terapeuta estar atento para a forma *dissociada de como funciona o psiquismo do paciente histérico.* Um exemplo que me ocorre em relação a esse aspecto é o de uma paciente que, tendo feito um *insight* do quanto, sob um disfarce de "ingenuidade", estava acintosamente seduzindo um homem casado, tomou a "firme" deliberação, consciente de não mais prosseguir nesse jogo sedutório; ela se afastaria e somente conservaria uma boa e pura amizade com ele. No entanto, algumas semanas após, veio à lume que, ainda sob a aparência de uma ingenuidade, ela matinha uma correspondência "pura", uma troca de cartas "singelas" com o homem desejado e proibido. Tratava-se de uma pessoa séria que, honestamente, não percebia que continuava com o mesmo jogo de sedução, não que estivesse deliberadamente mentindo, mas, sim, porque ela funcionava com a sua mente dissociada em duas partes opostas e contraditórias, agindo concomitantemente.
f) Esse aspecto remete a um outro equivalente, de importância essencial no tratamento analítico, qual seja: se esse tipo de paciente pensa em resolver os seus conflitos por meio de múltiplas formas de *evadir* as dificuldades de conhecer as verdades penosas ou se ele está, de fato, disposto a *ser verdadeiro* e enfrentá-las, única maneira de vir a fazer verdadeiras mudanças psíquicas mais profundas.
g) Assim, há uma necessidade de o analista ir *desfazendo as idealizações* e as múltiplas ilusões que habitam a mente do paciente histérico, processo esse que deve ser permanente, firme e coerente, porém que exige paciência e tolerância, porquanto ele é muito doloroso para esse analisando.

21. Em relação ao trabalho de *elaboração* analítica, um aspecto que deve merecer uma atenção especial do analista consiste na possibilidade de que o paciente esteja fazendo "falsos *insights*", ora intelectualizando, ora desvitalizando as interpretações do analista. Igualmente, existe o risco de que o terapeuta deixe-se envolver em alguns dos muitos conluios resistenciais.

22. De forma genérica, cabe dizer que os pacientes da série histérica são aqueles que mais gratificam, às vezes, com resultados notáveis, e, ao mesmo tempo, podem ser aqueles que mais frustram. Assim, é bastante freqüente acontecer que certos pacientes histéricos despertam um entusiasmo no analista durante os primeiros meses, ou anos de análise, e depois o frustram, tanto pela constatação de que não estão ocorrendo mudanças verdadeiras, como também pela razoável possibilidade de interrupções, por vezes súbitas e inesperadas.

23. O entusiasmo inicial decorre do fato de que, no início, tais pacientes histéricos encantam pelo charme, inteligência brilhante,

com facilidade para uma livre associação de idéias, com uma rica e detalhada vida de fantasias, comumente centradas na sexualidade. Além disso, parecem bem motivados, trazem muitos sonhos, revelam reflexos rápidos e uma clara compreensão e resposta afetiva às interpretações do analista, a par de uma agudeza na percepção da realidade; no entanto, esse último aspecto pode ficar anulado pela sua "parte doente" que se opõe a um crescimento adulto; logo, a uma renúncia aos desejos ilusórios.

24. Essa probabilidade de anulação de um possível êxito analítico deve-se a alguns fatores, tais como:

a) Embora manifestem emoções turbulentas, o contato afetivo desses pacientes costuma ser muito superficial, contraditório, instável e com uma constante fuga das verdades penosas, havendo uma propensão para adquirir uma feição sadomasoquista.
b) A existência de uma ambigüidade (na base do "nem que sim, nem que não, muito antes até, pelo contrário...") que pode levar a uma confusão, pois representa um ataque aos vínculos perceptivos.
c) Costuma haver uma rápida passagem de um estado mental (humor, afeto, atitude, idéia, identificação) para outro estado mental oposto, de modo que ambos se anulem entre si.
d) O exagero hiperbólico dos sentimentos (qualquer coisa, mesmo sendo banal, adquire dimensões enormes) pode desfigurar os reais significados dos fatos.
e) Existe a possibilidade de *atuações* excessivas, que mobilizam outras pessoas que ficam diretamente envolvidas e que, às vezes, são levadas a intervir no andamento da análise, assim pondo em risco a necessária preservação do *setting* analítico.
f) Não raramente, tais pacientes, mercê de uma espécie de "transferência de vingança", ficam satisfeitos em provocar uma certa excitação no campo analítico, seguida de uma frustração nas expectativas que teriam despertado no analista.

25. Para finalizar, creio que a experiência clínica ensina que os aspectos obstrutivos e anulatórios predominam quando a estrutura psíquica do paciente histérico funciona sob a égide da "posição esquizoparanóide". No entanto, os fracassos não se constituem a regra; pelo contrário, aqueles pacientes que, não obstante apresentem uma nítida configuração histérica, conseguiram adquirir uma adequada organização obsessiva, uma capacidade para ingressar na "posição depressiva", a construção de uma "aliança terapêutica", aliado a um apropriado manejo técnico do analista, demonstram excelentes e muito gratificantes resultados verdadeiramente analíticos.

Pacientes Somatizadores

Quando o sofrimento não pode expressar-se pelo pranto,
ele faz chorarem os outros órgãos.

W. Motsloy (médico)

Se você pensa positivamente, o seu sistema imunológico
também responde positivamente.

CONCEITUAÇÃO

Sempre houve uma tendência – tanto no campo da filosofia quanto no da primitiva ciência médica – de separar o corpo da mente. Mais especificamente no que se refere à psicanálise, ainda hoje muitos se perguntam se a doença psicossomática é um campo de saber à parte dos princípios psicanalíticos ou se estes últimos representam uma extensão, um desenvolvimento e um novo campo mais abrangente da psicanálise, assim facilitando a compreensão e o manejo dos pacientes somatizadores. O fato incontestável é que os psicanalistas têm sido os grandes fomentadores do movimento psicossomático, logo, de uma medicina integrada, holística e de uma visão humanística da existência.

O termo "psico-somático" (tal como está grafado, com um hífen nitidamente separador entre *psique* e *soma*) apareceu pela primeira vez na literatura médica há aproximadamente 200 anos, em um texto de Heinroth, clínico e psiquiatra alemão, no qual o autor buscava adjetivar uma forma particular de insônia. Essa concepção pioneira foi fortemente atacada por grande parte do conservadorismo científico da época, enquanto algumas outras vozes tímidas apontavam para aquela concepção integradora. Um dos seguidores dessa linha de pensamento médico foi William Motsloy, que há mais de 100 anos, em *Fisiologia da mente,* demonstrando um alto grau de intuição, escreveu que *quando o sofrimento não pode expressar-se pelo pranto, ele faz chorarem os outros órgãos.* A partir do final da década de 40, o termo "psicossomático" passou a ser empregado como substantivo, para designar, no campo da medicina, a decisiva influência dos fatores psicológicos na determinação das doenças orgânicas, já admitindo uma inseparabilidade entre elas.

Aliás, ninguém mais contesta a inequívoca interação entre o psiquismo determinando alterações somáticas e vice-versa, o que permitiria a ilustração com exemplos clínicos que vão desde os mais simples (a corriqueira evidência de estados de raiva ou medo produzindo palidez e taquicardia; vergonha levando a um enrubescimento; um estado gripal desencadeando uma reação depressiva e, reciprocamente, um estado depressivo facilitando o surgimento de uma gripe, etc.), passando por situações relativamente complexas. Assim, é conhecido o fato bastante freqüente de mulheres que, embora desejosas de engravidar, mantêm-se inférteis durante um longo período de anos até que, após a adoção de uma criança pelo casal, comecem a engravidar com facilidade. Igualmente as psicossomatizações podem atingir níveis bastante mais complexos e ainda inexplicáveis, conforme comprovam os modernos estudos da *psicoimunologia* e dados da observação clínica, como o da instalação de quadros cancerígenos diante de perdas importantes, etc.

Da mesma forma, as correntes expressões populares, como "estou me cagando de medo", "cego de ódio", "estômago embrulhado de tanto nojo", dentre tantos, atestam claramente o quanto a sabedoria popular, de forma intuitiva, captou a existência de uma estreita e incontestável relação entre os estados mentais e os corporais. Os exemplos clínicos poderiam ser multiplicados ao infinito, sendo que esse fato, juntamente com a multiplicidade de vértices de abordagem e de inúmeros fatores etiológicos em jogo, evidencia a enorme complexidade do fenômeno de psicossomatização. Para dar um único exemplo, somente o prestigioso Instituto de Psicossomática de Paris descreveu cinco tipos de "personalidade asmática", cada uma delas privilegiando uma compreensão e um tratamento distinto do outro.

O que importa é que a somatização como resposta à dor mental é uma das respostas psíquicas mais comuns que o ser humano é capaz; no entanto, a recíproca também é verdadeira, isto é, o sofrimento orgânico, em alguma forma e grau, igualmente repercute no psiquismo. O melhor seria dizer que ambos, o psiquismo e o soma, são indissociáveis e estão em uma constante interação, influenciando-se reciprocamente. Não obstante, creio ser necessário enfatizar que, por vezes, o fator predominante no desencadeamento de uma reação psicossomática é nitidamente de origem de alguma forma de conflito emocional, enquanto em muitas outras situações, o fator desencadeante é, de longe, de natureza estritamente orgânica (nesse último caso, talvez o nome mais adequado fosse o de fenômeno "somatopsíquico").

Aliás, entendo que, a rigor, tais denominações diferenciadas, priorizando um ou outro fator – ora o orgânico, ora o psicológico –, não passam de um preciosismo inútil, pois se o critério for o de exatidão ter-se-ia que convir que unicamente o binômio corpo-mente é muito escasso para explicar toda a complexidade que demanda ficar mais completada na tríade *biopsicossocial*, porquanto ninguém mais duvida da enorme influência que os fatores sociais, econômicos, políticos, culturais, familiares, espirituais, dentre tantos exercem na resposta do organismo de toda e qualquer pessoa, como um todo.

Seguindo essa linha de raciocínio de que existe uma permanente interação entre múltiplas partes diferentes, embora indissociadas entre si, agindo sobre um mesmo indivíduo, muitos advogam a idéia de abolir a terminologia de "psicossomatização" e seus termos derivados, com o argumento de que isto é uma redundância, pois toda situação clínica, por definição, é sempre psicossomática, de modo a simplesmente usar a denominação ampla e geral de "medicina da pessoa", conforme propõe Perestrello (1974).

Meu posicionamento pessoal a esse respeito é de continuar empregando a expressão "paciente psicossomático", já que esse nome está consagrado, embora saibamos que os fenômenos expressados na mente, ou no corpo, ou em ambos concomitantemente, não são tão simples e lineares como essa denominação reducionista pode fazer supor. Creio que o mais adequado é considerar que todo paciente funciona como uma *gestalt*, isto é, um conjunto composto por uma "figura" (no caso, é a doença) e um "fundo" (a pessoa como um ser humano), porém com a predominância, ou como desencadeante, ora do orgânico, ora do psíquico, ora do social.

Entre 1930 e 1960, floresceu o movimento da "medicina psicossomática", mais notadamente pelas contribuições de F. Alexander que, na Escola de Chicago, estudou e descreveu as "sete doenças psicossomáticas" (asma brônquica, úlcera gástrica, artrite reumatóide, retocolite ulcerativa, neurodermatose, tireotoxicose e hipertensão essencial), atribuindo a cada uma delas uma especificidade do conflito psicogênico. Assim, segundo essa Escola, os indivíduos reagiriam de forma diferente conforme predominasse neles uma hiperatividade do *sistema simpático* (sistema do organismo que implica a predominância de reações adrenalínicas, com tendências ativas e agressivas, porque esse "sistema simpático" está embriologicamente determinado a se defender contra perigos externos) ou uma hipoatividade do "sistema parassimpático", também conhecido como "vagal" (que alude ao sistema responsável pela tendência aos estados de repouso e lentificação, com uma propensão à passividade, razão pela qual esse sistema está determinado a se defender contra os perigos internos, ou seja, a uma ameaça ao equilíbrio homeostático do organismo).

ALGUNS INFORMES SOBRE NEUROCIÊNCIAS

As últimas considerações representam os estudos introdutórios ao campo das *neurociências* que, cada vez mais, estão ganhando uma crescente importância na psicanálise em geral e nos fenômenos psicossomáticos, em particular. As neurociências demonstram como as emoções se desenvolveram para aumentar a sobrevivência e garantir a existência da espécie – em qualquer espécie animal – por propiciar e organizar soluções mais adaptativas aos problemas inerentes aos seres vivos, tal como é a busca de uma homeostasia corporal, a necessidade de alimentos e demais demandas pulsionais, a fuga de perigos, a reprodução, os cuidados com a prole e as relações sociais.

Deste modo, as neurociências objetivam iluminar os circuitos cerebrais das emoções, assim comprovando o fato de que, por vias neuronais, através de partes do cérebro como *tálamo*, *amígdala* (funciona em nível subcortical, com respostas rápidas, curtas, em bloco), *hipocampo* (funciona em nível cortical, com respostas mais lentas e longas, porque ele registra a "memória do perigo", o que lhe possibilita, pelo "medo", a prevenção em espaços e circunstâncias delimitadas, de maneira que, nos casos de lesão do hipocampo, o medo se generaliza), *córtex ocipital* (mais destinada a reações impulsivas contra os supostos perigos) e *córtex pré-frontal* (responsável pela atenção dirigida e pela tomada de decisões, com uma escolha de respostas adequadas, baseadas em experiências prévias), juntamente com a secreção de serotoninas, cortisol, entre outras, determinarão respostas corporais que são hormonais, viscerais e da musculatura esquelética.

Por exemplo, um determinado estresse provocará uma excessiva excitação do sistema nervoso autônomo e, através do eixo *hipotálamo-hipófise-supra-renal*, este último elevará o nível de cortisol, o qual, por sua vez, promove prejuízos tanto no sistema imunológico (determinando quadros de cólon irritável, asma, úlcera...) quanto no sistema cognitivo (promovendo uma diminuição da memória, concentração, capacidade para pensar, agir com coerência, uma certa confusão e dificuldade de usar as outras pessoas que, normalmente, por intermédio da função de "reconhecimento", exercem o papel de *auto-reguladores das emoções*). A ausência dessa última condição favorece o surgimento de uma "alexitimia", ou seja, de uma incapacidade para ler as emoções, enquanto o pensamento adquire uma natureza *operatória*, pois as fantasias, fazendo um curto-circuito, em vez de ficarem conscientes, drenam através do corpo, assim alimentando um círculo vicioso.

Ainda dentro do campo das investigações que cercam as inter-relações entre os processos mentais e os orgânicos, impõe-se mencionar duas importantes fontes: uma é a provinda dos estudos dos norte-americanos Sifneos e Nemiah, que introduziram a noção de *alexitimia*, antes mencionada. Conforme designa a etimologia dessa palavra, que deriva dos étimos *a* (quer dizer: "privação de") + *lex* (leitura) + *timos* (glândula que era considerada a responsável pelo humor), o conceito de alexitimia alude à dificuldade de os pacientes somatizadores conseguirem "ler" as suas emoções e, por isso, elas se expressam pelo corpo, assim caracterizando uma dificuldade neurobiológica de simbolização. A segunda fonte procede da Escola Psicossomática de Paris, que aportou o conceito de *pensamento operatório*, ou seja, o somatizador tem dificuldades de fantasiar, de sorte que o ego não consegue processar, elaborar e representar as pulsões, do que resulta que ele superlibidinizar o corpo de forma concreta.

Cabe consignar que alguns cientistas contemporâneos estão descrevendo o *princípio da auto-organização*, segundo o qual existe um estado de "regulação mútua" entre duas pessoas, que é baseada em uma troca de informações por meio dos sistemas perceptivo e afetivo (por exemplo, de que maneira e com qual tipo de afeto os pais significam para a criança determinadas experiências, como a de ela andar pela primeira vez de escorregador...) Assim, o bebê, a criança pequena, internaliza esse processo de regulação mútua, de sorte que desde cedo aprende a conhecer as formas de abordagem afetiva que serão rejeitadas ou bem-aceitas pelos pais, enquanto as emoções despertadas, pela via dos circuitos cerebrais, conectam corpo e mente. A emoção processa-se no inconsciente, independentemente do consciente. Nesse contexto não se está fazendo referência ao inconsciente de Freud, mas, sim, ao *inconsciente biológico*, aquele que é comandado pela neurofisiologia. Especula-se também a possibilidade científica de que cada emoção tenha seu próprio circuito com características particulares. As respostas corporais são hormonais, viscerais e músculo-esqueléticas. Os medos, uma vez estabelecidos, ficam permanentes e requerem um recondicionamento.

Psicoimunologia

Diretamente ligado aos processos estudados pelas neurociências, o sistema imunológico de toda pessoa sofre uma sensível influência dos fatores emocionais, desempenhando um importantíssimo papel no corpo em geral e, mais particularmente, nas doenças somáticas que são resultantes de ataques "auto-imunes". O que não resta dúvida é o fato de que, conforme foi mencionado na epígrafe deste capítulo, quando o sujeito "pensa" positivamente, o seu sistema imunológico responde também de forma positiva para a saúde, e a recíproca é verdadeira.

UMA BREVE RESENHA DE PRINCIPAIS AUTORES

Do ponto de vista psicanalítico, são muitos os autores que têm contribuído com enfoques distintos, porém complementares entre si. Citam-se algumas das principais contribuições desses autores que, ao longo dos anos, estudaram – e muitos outros continuam estudando – o fenômeno das psicossomatizações.

Comecemos por *Freud*. De forma esquemática, pode-se sintetizar suas contribuições, tanto as diretas quanto as indiretas, nos seguintes nove itens:

1. O seu conceito de *representação-coisa* e de *representação-palavra*. A importância disso no sujeito somatizador reside no fato de que os acontecimentos e os sentimentos das experiências afetivas vivenciadas no passado estão impressos e representados no ego, porém, se essas pretéritas vivências emocionais ainda não passaram para o pré-consciente e não foram simbolizadas e denominadas com palavras, elas vão se expressar corporalmente. Relativamente às representações do corpo no ego, creio ser útil acrescentar que também as interações entre nosso corpo e o mundo inanimado – por exemplo, andar de bicicleta – fazem parte da representação do ego corporal.

2. *Complacência somática* é o nome que Freud deu ao fenômeno de que uma determinada somatização não é específica de algum quadro clínico especial, mas, sim, existem órgãos particularmente sensíveis – ou por razões de constituição orgânica, ou por fatores psíquicos, como os de fantasias inconscientes localizadas e fixadas em um certo órgão – que, então, funcionam como caixa de ressonância do conflito.

3. O fenômeno das *conversões*, que, como o nome sugere, alude ao fato de que determinado conflito psíquico que não consegue ser simbolizado, logo tampouco conhecido e pensado conscientemente, *converte-se* em uma manifestação corporal, em algum órgão dos sentidos, ou em alguma zona da musculatura voluntária. Nesse caso de fenômeno conversivo, os sintomas narram, sem palavras, uma história inconsciente.

4. *Neuroses atuais*, cuja causa, segundo Freud, era o bloqueio das excitações libidinais, conseqüentes tanto de uma privação de satisfação sexual quanto de um excesso de estimulação, como seria o caso de uma masturbação excessiva. Dizendo de outra forma, o conceito de neurose atual alude a um excesso de estimulação que o ego não consegue processar, de sorte que o corpo funciona como um dreno do excesso. A noção de neurose atual implica a aceitação da teoria econômica das energias pulsionais, razão pela qual caiu em descrédito na psicanálise, hibernando em um longo ostracismo, até que, na atualidade, ela ressurge revigorada e com teorias mais sofisticadas.

5. *Processos primário e secundário.* De forma reduzida, cabe afirmar que as somatizações correspondem às falhas dos processos de *simbolização*, os quais estão unicamente presentes no processo secundário de pensamento. Nos casos em que haja falha do processo secundário, logo da abstração dos pensamentos, predominará a concretude dos sintomas, próprias do processo primário.

6. *Ego corporal.* A clássica afirmativa de Freud de que "o ego, antes de tudo, é corporal" permite depreender, nos processos somatoformes, a importância das representações do corpo "no ego" e de uma cenarização dos conflitos do ego "no corpo". Tais concepções adqui-

rem capital importância na psicanálise atual, tanto para o entendimento dos transtornos da imagem corporal quanto para a participação do corpo como um cenário dos diversos "teatros" da mente.

7. *Identificações patógenas.* Freud, em *Luto e Melancolia*, afirmou que *a sombra do objeto recai sobre o ego*, isto é, forma-se uma identificação do sujeito com o objeto perdido, de duração transitória no caso de "luto" normal ou de forma definitiva nos casos de "melancolia". Nesta última situação, deve ter havido uma relação de conflito com a pessoa que foi atacada e perdida, de sorte a forçar um tipo de identificação patológica, que venho propondo chamar de *identificação com a vítima*. Quando isso acontece, o sujeito sente-se como que obrigado a ser igual em tudo ao objeto perdido, o que adquire uma especial importância nos processos psicossomáticos, pois tal identificação, com grande freqüência, faz-se com os sintomas clínicos da doença que acompanhou ou que vitimou a pessoa que ambivalentemente ele amou e odiou.

8. Para evidenciar a valorização que Freud sempre atribuiu às íntimas conexões que existem entre o psique e o soma, cabe consignar a sua visão profética quando, em 1938, preconizou que *o futuro poderá ensinar-nos a influir diretamente no psiquismo mediante substâncias químicas particulares*. Essa profecia de que substâncias químicas seriam utilizadas para compensar a patologia da química celular encontra plena confirmação na moderna psicofarmacologia, como são os excelentes resultados clínicos que os medicamentos propiciam em casos de doenças afetivas ou nos de transtorno do pânico, por exemplo.

9. Também vale consignar que coube a Freud o pioneirismo de assinalar que nem toda comunicação é unicamente verbal, e que, de alguma forma, o corpo também comunica, tal como se pode depreender desta frase, a propósito do "Caso Dora" (1905): "nenhum mortal pode guardar um segredo; se sua boca permanece em silêncio, falarão as pontas de seus dedos [...]".

As contribuições de *M. Klein* que, indiretamente, facilitam o entendimento dos fenômenos relativos às somatizações podem ser resumidas às fundamentais concepções de 1) *fantasias inconscientes* (que impregnam os órgãos). 2) O fenômeno da *despersonalização* (conseqüente de um excessivo jogo de *identificações projetivas e introjetivas*). Daí também resulta o sério problema da *distorção da imagem* corporal. 3) O seu conceito de *memória de sentimentos* (sensações e emoções primitivas, que não conseguem expressar-se pela linguagem verbal, podem estar gravadas em algum canto da memória do ego corporal). 4) A explicação que Klein dá para o processo psicopatológico da *hipocondria*, como sendo a da introjeção de objetos persecutórios que se alojam dentro de órgãos e, daí, ameaçam a saúde e a vida do sujeito. 5) De modo geral, a escola kleiniana considera que toda doença psicossomática é a expressão de um *luto patológico* (vingativo-persecutório) do objeto perdido dentro do ego. Indica que houve predominância do *ódio* durante a representação da mãe, precedendo tais manifestações somáticas, o surgimento das *fobias*. Cabe acrescentar que geralmente a separação deu-se antes de concluída a fase de simbiose, o que isso leva tais pacientes a uma inalcançável busca de novas simbioses.

A *Escola Francesa* de psicanálise emprestou as seguintes contribuições: *Lacan* concebeu a noção de: 1) *Corpo espedaçado*: o bebê, ou o futuro adulto muito regredido, é capaz de vivenciar o seu corpo como que feito de, ou em, pedaços dispersos. 2) A crença da criança de que ela está *alienada no corpo da mãe*, com ela ficando confundida corporalmente. 3) O *discurso dos pais* na modelação do inconsciente da criança, de modo a poder inscrever significantes de natureza psicossomática.

Dentro dessa Escola, o *Instituto de Psicossomática*, de Paris, conceitua: 4) O *pensamento operatório* (equivale ao conceito de "alexitimia" antes descrito) que esse Instituto descreve nos pacientes somatizadores. 5) A *relação branca*, isto é, aqueles pacientes que na relação com o analista mostram uma afetividade esvaziada e só parecem ligados aos aspectos concretos dos fatos narrados.

A renomada psicanalista *Joyce MacDougall* acrescentou as conceituações de: 6) Uma *primitiva relação diádica fusional da mãe com o lactante*, que pode chegar a um ponto de tal intensidade que a autora cunhou a expressão *um corpo para dois*. 7) Na história dos pacientes somatizadores sempre existe uma imago materna que falhou, ou exagerou, na função de *paraexcitação,* isto é, a de conter e desintoxicar o excesso de estímulos provindos de várias fontes, de modo que a mãe não conseguiu ajudar a criança a pensar, a decodificar e a simbolizar o seu universo pré-simbólico, razão por que eles se expressam pelo corpo. 8) O corpo primário e fragmentário da mais tenra infância deixa traços psíquicos a partir do começo da vida, de modo que compõem uma *história sem palavras*, tendo o corpo como cenário. 9) Os processos que operam na somatização podem ser considerados semelhantes aos oníricos, chegando MacDougall a asseverar que *o sintoma psicossomático é um sonho inexitoso*. 10) Em relação à organização edipiana desse pacientes, a autora considera que ela está construída sobre uma organização bastante mais primitiva, na qual predomina uma imago materna que usa a criança tanto como uma extensão *narcísica* quanto uma extensão *erótica e corporal* dela própria, enquanto a figura do pai fica bastante desqualificada e ausente do discurso simbólico. 11) Dessa forma, todo afeto é sentido como perigoso, e o corpo defende-se como se estivesse em perigo.

Bion, por sua vez, também trouxe uma inestimável colaboração para a compreensão da dinâmica do paciente somatizador, por meio de conceituações originais, como: 1) A existência de um *psiquismo fetal*. Segundo Bion, o feto já tem uma vida psíquica e as arcaicas sensações experimentadas ficam de alguma forma impressas nos primitivos sistemas neuronal e corporal do feto, de sorte que as manifestações orgânicas podem ser reexperimentadas na vida adulta, sem que haja uma causa aparente. Creio que essa concepção possa ser uma boa explicação para o fato de que um estado mental demasiadamente regressivo restabelece a conexão com a corporalidade, de modo que aciona um determinado *código psicossomático*. 2) O *discurso de uma mãe hipocondríaca*, que desvirtua as angústias manifestas pela criança, dando-lhe uma explicação de causa orgânica, atribuindo a responsabilidade do estado ansioso do filho para algum determinado órgão. Por exemplo, se a criança chora alegando um determinado tipo de medo, ou pânico, a mãe logo acha uma explicação somatoforme: "É o seu fígado que não está funcionando bem". A conseqüência futura é que toda vez que esse filho, agora adulto, sentir algum tipo de angústia sem causa explícita, muito provavelmente ele a expressará referindo através de uma queixa localizada no fígado... Esse tipo de mãe pode ser incluída naquela categoria que, creio, se pode chamar de *mães psicossomatizantes*. 3) A *falha na capacidade para pensar:* nesse caso, as experiências emocionais penosas, no lugar de serem pensadas, funcionam como protopensamentos, isto é, *elementos beta,* cujo destino é o de evacuação, tanto para fora, sob a forma de *actings*, quanto para dentro dos órgãos, em cujo caso se expressam por psicossomatizações.

A DOR

Penso que, dentre as manifestações do paciente somatizador, cabe incluir os aspectos referentes ao problema da *dor,* nas suas múltiplas manifestações, aguda ou crônica, a de origem orgânica ou traumática com repercussões psíquicas ou a de origem inicialmente psicógena com repercussões orgânicas, assim como a dor que é comunicada de forma superlativa, ou aquela que o sujeito sofre silenciosamente, etc.

Relativamente à psiconeurofisiologia da dor, quatro fatores essenciais devem ser levados em conta: 1) *Limiar fisiológico*: alude ao momento em que surge a dor; o limiar é igual em todos os indivíduos, como, por exemplo, quando se usa o calor como fator estimulante, o limiar à dor situa-se em torno de 44 graus. 2) *Limiar de tolerância*: refere ao ponto em que o estímulo alcança um grau intolerável, o que varia um pouco conforme o indivíduo, de modo que muitas pessoas toleram bem 48 graus. 3) *Resistência à dor*: varia de uma pessoa para outra, para mais ou para menos, em função de fatores emocionais, circunstanciais e espirituais. Assim, um sujeito em transe místico ou um preso político submetido à tortura física, quando está em um estado de extrema fidelidade à sua ideologia e aos seus companheiros, elevam sua resistência à dor a níveis inacreditáveis. 4) *Quantidade e intensidade da dor*: é importante que se estabeleça uma distinção entre a quantidade do estímulo doloroso, físico ou emocional, e a intensidade da reação que o estímulo desencadeia em uma determinada pessoa, o que varia com a sensibilidade da área psíquica que foi atingida.

ZONA CORPORAL

Um aspecto que também merece ser destacado como relevante é o que diz respeito à *zona corporal* na qual o conflito se manifesta. Um exemplo de minha clínica privada pode ser mais esclarecedor: no curso de uma sessão de análise, a paciente, deitada no divã, relatava-me que desde que começou a amadurecer emocionalmente está pagando um alto preço cobrado pelos seus familiares, porquanto esses a solicitam para tudo e, cada vez mais, esperam que ela resolva toda a sorte de problemas, de todos. Enquanto o relato prosseguia, a paciente começou a acusar um desconforto no ombro direito, que foi aumentando de intensidade a ponto de adquirir as características de uma dor aguda insuportável, que ela atribuía a uma possível posição viciosa de como dormira na véspera ou de como deitara no divã da presente sessão. A dor no ombro atingiu tal intensidade que a paciente não mais conseguia fazer nenhum movimento e estava começando a dar sinais de surgimento de uma forte angústia. Nesse momento decidi intervir psicanaliticamente e assinalei o fato da coincidência de que a dor no seu ombro surgiu exatamente no momento em que ela me narrava que estava carregando as mazelas da família nos seus ombros, de modo que o seu corpo falava, através da linguagem da dor no ombro, o quanto o seu papel de sustentáculo da família estava sendo penoso e dolorido para ela. Ao término de minha fala a dor desapareceu instantânea e totalmente, tendo a sessão prosseguido de modo normal.

OUTRAS SOMATIZAÇÕES

Talvez o exemplo anterior não seja o mais adequado, pois as resoluções das somatizações não se passam assim tão facilmente, além de que na vinheta ilustrativa trata-se de uma situação *conversiva*, em cujo caso não chega a existir uma lesão somática; além disso, sabe-se que as conversões permitem uma leitura simbólica do significado dos sintomas, o que não acontece na psicossomatização propriamente dita. Não obstante esta ressalva, a situação descrita ilustra a íntima conexão que pode existir entre os fatores emocionais e a utilização do corpo como cenário para a dramatização simbólica de um determinado conflito.

Em síntese, o importante a destacar é que, como antes foi referido, o corpo fala! – e falam especialmente aqueles sentimentos que ainda não puderam ser expressos com o simbolismo das palavras. Assim, alguma parte do corpo que estiver mais sensibilizada por um determinado conflito psíquico pode funcionar tanto como uma *caixa de ressonância* (à moda daquele ditado popular de que “a corda rebenta na parte mais frágil”), como também a área corporal escolhida – trata-se de uma *vulnerabilidade psicossomática* – pode se constituir como um “cenário” no qual são representados dramas íntimos, com as respectivas fantasias inconscientes. Ademais, muito cedo o bebê aprende a conhecer as formas de abordagem afetiva que serão rejeitadas ou bem acolhidas pelos pais.

Esses fatos, aliados à constelação de outros fatores, como, por exemplo, o das repercussões imunológicas, adquirem uma significativa importância em todo e qualquer ato médico, de sorte que cada especialidade médica permite, até um certo ponto, é claro, a decodificação dos componentes emocionais implícitos em determinados sintomas orgânicos específicos de uma determinada especialidade. Assim, os gastrenterologistas conhecem bem as fantasias orais que acompanham a ingestão e metabolização de alimentos (ou medicamentos) e as fantasias ligadas à analidade que se manifestam nos problemas de diarréia, prisão de ventre, etc. Da mesma forma, os cardiologistas facilmente identificam o quanto algum sintoma cardíaco está ligado aos temores de morte, por exemplo. Embora seja fascinante a idéia de esmiuçar, estabelecer conexões e particularizar os aspectos psicossomáticos que cada especialidade comporta, não cabe, aqui, fazer esse aprofundamento; cabe, no entanto, lembrar que, já no início da psicanálise, Freud descrevia casos de paralisias histéricas e, em 1910, publicou o elucidativo trabalho *A concepção psicanalítica da perturbação psicogênica da visão*.

MANEJO TÉCNICO

1. Em algum grau, em qualquer análise, praticamente sempre surgirá alguma manifestação de natureza psicossomática; no entanto, as considerações relativas ao manejo técnico, no presente capítulo, estão restritas aos pacientes que manifestam uma marcante continuidade de diferentes formas de somatizações.

2. Muitos autores postulam a hipótese de que existe uma estrutura psíquica própria do paciente psicossomático, à semelhança do que ocorre com as estruturas neurótica, psicótica, narcisista, perversa, etc. Igualmente, uma questão que freqüentemente é levantada concerne a se deve existir uma clínica especializada para doenças psicossomáticas ou se, pelo menos, existem técnicas psicanalíticas específicas para estes casos. A resposta depende da conjunção de uma série de fatores que intervêm no processo, como: a tipificação singular das psicossomatizações de cada um dos pacientes; o esquema referencial utilizado pelo psicanalista; o tipo de leitura que o analista faz dos sintomas orgânicos manifestos; o tipo de interação vincular transferencial-contratransferencial própria de um determinado momento da análise; as intercorrências ambientais, os aspectos bio-psicossociais e espirituais; os modelos interpretativos e os de abordagem analítica. Em síntese, creio que os aspectos que seguem enumerados merecem ser considerados no que diz respeito ao manejo técnico com pacientes somatizadores.

3. Parece que predomina entre os autores uma opinião consensual de que é necessário haver uma modificação na técnica psicanalítica que habitualmente é utilizada com pacientes simplesmente neuróticos. Assim, o analista deve levar em conta que os pacientes somatizadores, genericamente, apresentam dificuldades não só quanto à capacidade para produzir fantasias inconscientes, mas também, estão prejudicados no que tange à formação de símbolos e, conseqüentemente, às capacidades de abstração, conceituação e de generalização, que cedem lugar a uma predominância do pensamento concreto.

4. É necessário deixar claro que nesses pacientes o prejuízo na formação de símbolos, logo, o de pensar abstratamente, não significa que haja uma total ausência dessas capacidades; antes, o referido prejuízo costuma ser parcial e seletivo, ou seja, uma pessoa pode ser bastante bem-sucedida em áreas importantes e complexas de sua vida, porém para uma outra ordem de sentimentos que necessitariam ser pensados, simbolizados e verbalizados, essa mesma pessoa pode fazer um bloqueio, de sorte que tais sentimentos falarão através do corpo.

5. Assim, diante de pacientes francamente psicossomáticos, freqüentemente os analistas os consideram no limite do analisável. Os *hipocondríacos*, por exemplo, raramente chegam à análise, e, quando algum chega, revelam uma forma concreta de pensar, ao mesmo tempo em que passa grande parte das sessões manifestando algum grau de desespero, assim convidando o analista a fazer uma aliança de comiseração com o seu corpo, que está fragilizado, devido a uma sensação do paciente de que alguma parte desse seu corpo esteja sendo invadida por inimigos.

6. É indispensável que o analista esteja atento para a profunda problemática e para a estrutura psíquica regressiva, subjacentes aos defensivos recursos psicossomatizantes, como, por exemplo, a de um temor do paciente de ele cair em uma grave depressão. Aliás, um expressivo número de trabalhos correlaciona as somatizações com as situações de *separações, perdas e baixa auto-estima.*

7. No paciente somatizador, é bastante freqüente a constatação de que a mãe usava o corpo do filho como se fosse um prolongamento do dela, de sorte que essas crianças, futuros adultos, ficam muito vulneráveis para situações de separações.

8. Aliás, ninguém mais contesta que o corpo do bebê, no início não-integrado e sentido por ele como sendo feito de pedaços ("despedaçado"), vai se unificar e integrar graças a uma, suficientemente boa, maternagem da mãe, à sua voz, ao seu olhar, à sua continência, suas exclamações laudatórias ou desqualificatórias, as toque de suas mãos, mãos essas que vão deslizar sobre o corpo da criancinha, unificando os seus pedaços, definindo os seus contornos, estabelecendo os limites com a realidade exterior e transformando o corpo, até então unicamente biológico, em um corpo erógeno.

9. Assim, o corpo é o cenário das primitivas inscrições dessa relação mãe-bebê; o corpo é a memória do inconsciente, dos sentimen-

tos primários, dos significados do discurso e do desejo materno. Isso equivale à atitude e à atividade interpretativa que *toca* a sensibilidade do paciente somatizador e, da mesma forma, também creio que *toque* a do analista, juntamente com a sua função de *continência,* contribuindo decisivamente para a construção de uma *segunda pele* para certos pacientes necessitados de uma delimitação com o mundo exterior, conforme a conceituação de Esther Bick (1968).

10. A propósito, é imprescindível que o terapeuta sempre considere o fato de que o corpo *representa, fala* (às vezes, *narra* uma história), serve de *cenário* e *descarrega* primitivas sensações e emoções, que não foram representadas com palavras ou que ficaram fortemente negadas. Por exemplo, no fenômeno conversivo, o histérico faz um jogo concomitante de, através do corpo, ocultar (eludir) e de demonstrar (aludir) o verdadeiro conflito psíquico subjacente.

11. É importante que o analista valorize o fato de que o paciente psicossomático tem uma forma peculiar de *pensamento, linguagem* e de *lidar com as emoções e vínculos afetivos.* Green denomina *relação branca* o vínculo afetivo que caracteriza esses pacientes. Assim, na relação analítica, o paciente e o analista estão presentes, um frente ao outro, porém ambos sentem-se vazios porque predomina no primeiro uma atitude do tipo "deu, isto é tudo", ou seja, ele já disse qual é a sua necessidade e agora cabe ao terapeuta resolvê-la de forma concreta e, de preferência, imediata. Às vezes, não há uma negação do reconhecimento das emoções, porém transparece uma ausência de afetos.

12. Por essa razão, a resposta *contratransferencial* costuma ser muito difícil, de sorte que é bastante comum que o analista sinta sentimentos de vazio, frustração, impotência, tédio e de uma paralisação interior, como se ele estivesse "alexitímico", tal como o seu paciente é. Isso representa um risco analítico, pois o paciente somatizador tem uma grande parte infantil, ou seja, uma parte de *infans* (em latim, significa "incapacidade para falar").

13. Assim cabe à mãe com seu filhinho – ou ao analista com o seu paciente – *nomear* os sentimentos que estão anestesiados e ainda sem nome, propiciar a verbalização de fantasias e afetos e servir como modelo que desenvolva a sua capacidade para *pensar*. Sabe-se que, pelo contrário, não raramente os pais confundem mais ainda os afetos da criança, como na clássica sentença "menino que é homem não chora" ou "faz como eu, não deixe ninguém saber o que você está sentindo", etc.

14. A fim de ilustrar a importância de o paciente psicossomático entrar em contato e verbalizar os seus sentimentos depressivos e de vazio, cabe citar J. MacDougall, que após analisar sete pacientes com tuberculose disse que "[...] por não terem sido capazes de abrir o seu coração para o luto, abriram o pulmão para o bacilo de Koch".

15. Assim, a *linguagem* empregada pelo analista deve ser clara, simples e direta, devido às prováveis dificuldades de o paciente conseguir abstrair e decodificar as interpretações mais sofisticadas.

16. Igualmente, é útil que haja um papel mais ativo por parte do analista, com uma *atividade interpretativa* que permita o uso de clareamentos, confrontos, assinalamentos de paradoxos e contraditórios e, especialmente, o emprego de perguntas, não as interrogativas, mas, sim, as estimulativas, que instiguem o paciente a fazer reflexões.

17. De fato, é fundamental que o analista também proceda à *análise das funções do ego consciente,* sobretudo as que se referem à *capacidade para pensar* os protopensamentos (isto é, aquelas primitivas sensações e experiências emocionais que ainda não foram representadas com palavras), as sensações e os sentimentos, de modo a estabelecer um trânsito de comunicação entre o consciente e o inconsciente do paciente somatizador, além de fazê-lo comprometer-se afetivamente com aquilo que diz intelectualmente.

18. Um bom recurso técnico consiste no emprego do *método dialético*, isto é, à *tese* do paciente ("o meu único problema é a minha colite ulcerativa, eu enlouqueço de angústia quando evacuo fezes mucossangüinolentas, não fosse isso eu estaria ótimo..."), o analista contrapõe uma *antítese* ("acha possível que o caminho seja inverso, ou seja, que é justamente quando você está ansioso é que surgem os sintomas de sua colite?"), que leve o paciente a fazer reflexões de modo a propiciar uma possível construção de uma *síntese* (na situação

analítica isso corresponde à aquisição de um *insight*), síntese essa que funciona como uma nova tese, movimentando um círculo virtuoso crescente e expansivo, próprios do movimento dialético.

19. Se o paciente manifesta dificuldades em dar acesso às interpretações rigorosamente transferenciais (o que é bastante comum com os pacientes somatizadores), é recomendável que o analista não insista nessa tecla, pelo menos temporariamente, e em troca valorize e utilize os assinalamentos interpretativos que são sugeridos pelas narrativas extratransferenciais (isto é, aquelas que estão contidas nas narrativas de fatos do cotidiano do paciente), para, a partir daí, poder *construir* com o seu paciente uma verdadeira *relação transferencial*.

20. Da mesma forma, o emprego de *metáforas* simples e facilmente compreensíveis, que possibilitem a junção do pensamento com o sentimento e com uma imagem visual sugerida pela metáfora, tem revelado em inúmeras vezes um excelente resultado.

21. Um outro aspecto que deve merecer uma atenção especial do terapeuta diz respeito à possibilidade de que o surgimento da somatização esteja coincidindo com o *aniversário de morte* de alguma pessoa que foi especialmente importante na vida do paciente, de modo que, em nossa prática clínica, não raramente encontraremos vários pontos de semelhança entre o sintoma psicossomático manifesto pelo nosso paciente e sintomas da doença que vitimou aquela pessoa significativa. Isso acontece mais comumente naqueles casos a que antes aludi com o nome de *identificação com a vítima*.

22. É útil que o terapeuta leve em conta que as emoções conectam não apenas a mente e o corpo de cada indivíduo em separado, mas também as mentes e os corpos *entre* os indivíduos com os quais o paciente convive, em uma interação que pode estar sendo de matiz patogênica.

23. Assim, na prática clínica não basta apenas que os pacientes psicossomáticos *percebam* os seus sentimentos; o analista deve ajudá-los a que *os expressem* para os outros, logo, para o analista na situação analítica, porquanto isto desempenha um importante papel na – fundamental – função de regulação da atividade emocional. Ademais, diante de sintomas somáticos que são desconhecidos e incapazes de serem nomeados com palavras pelo paciente, cabe ao analista, mediante sua função interpretativa, transformar meras sensações corporais em palavras capazes de simbolizarem a emoção que está subjacente ao sintoma somático, assim preenchendo um enorme vazio interior.

24. Creio desnecessário enfatizar que, mesmo diante de tantas evidências da intervenção das emoções no fenômeno das somatizações, o analista deve estar atento à possibilidade de ele encaminhar o seu paciente para um médico clínico, para uma avaliação de possíveis causas orgânicas, com vistas à detecção de alguma situação mais grave.

25. Por fim, cabe dizer que a ação analítica somente terá *eficácia* quando os assinalamentos interpretativos do analista vierem acompanhados de uma autêntica *atitude psicanalítica interna* dele, que englobe, entre tantos outros atributos, como os de *continência* e *empatia*, também o de um *respeito* pelos sintomas manifestos, juntamente com um sincero bem querer e crença nas capacidades construtivas latentes desse tipo de paciente. Igualmente, é imprescindível que o terapeuta possua o atributo de ser *coerente e verdadeiro* com aquilo que ele diz, faz e o que, de fato, *é*!

32

Uma Forma Patológica de Amar: O Vínculo Tantalizante

Quando o achei, me perdi; quando o perdi, me achei. Para muitas pessoas o grande dilema de sua vida amorosa é fazer uma opção entre uma destas duas sentenças: "Antes só do que mal-acompanhado" ou "Antes mal-acompanhado do que só". Quanto mais forte for a forma patológica de amar, mais prevalece a segunda alternativa.

Bion conceituou *vínculo* como uma relação resultante de elos – emocionais e interacionais – que ligam duas ou mais pessoas, ou duas ou mais partes constituintes do psiquismo, dentro de uma mesma pessoa. De forma genérica, cabe dizer que os inter-relacionamentos humanos, tanto no processo psicanalítico, quanto na vida cotidiana, estão permeados por quatro tipos de vínculos, sempre presentes, concomitantes, de recíproca influenciação e indissociados entre si: os de amor, ódio, conhecimento e reconhecimento. Cada um deles, enfocado isoladamente ou em conjunção com os demais, permite apresentar uma faceta própria do princípio da negatividade, ou seja, há um permanente conflito entre uma determinada emoção e uma antiemoção.

Para exemplificar: quando Bion refere em seus textos a letra "K" (inicial de *knowledge*, ou seja, traduzido para o português: conhecimento) ele quer dizer que uma determinada pessoa em geral, ou algum analisando em especial, tem um desejo de conhecer, ou seja, que ele tem amor à verdade de algum fato ou sentimento. Por sua vez, a grafia "-K" designa o oposto, isto é, o sujeito tem ódio quanto ao conhecimento das verdades penosas, exteriores e/ou interiores, e as nega de alguma maneira para manter a crença ilusória de que está sendo reconhecido pelos outros como sendo aquilo que ele imagina que é, ou que possui, mas que, de fato, ele não é! Da mesma forma, poder-se-ia multiplicar em uma larga escala exemplos análogos, com os outros vínculos.

No presente capítulo, vou-me restringir a abordar unicamente uma forma patológica do vínculo do amor, que proponho chamar de *tantalizante*, consubstanciado em uma forma predominante da presença de elementos que caracterizam uma vinculação de domínio, apoderamento e sedução do tipo que tantaliza, conforme será explicitado mais adiante.

Creio que nenhum analista contesta o fato de que, em nossa clínica cotidiana, todos observamos um grande número de situações com configurações vinculares nas quais nossos pacientes, homens ou mulheres, estejam envolvidos amorosamente com algum parceiro(a), de uma forma muito sofrida e cronificada, em um "nem ata nem desata" cíclico e aparentemente sem saída.

Ademais, é notório que tais ligações amorosas conflitadas guardam características comuns e igualmente repetitivas entre os inúmeros e diferentes pacientes que estão presos nas malhas dessa forma patológica de amar e ser amado. Na verdade, em nosso meio cultural parece mais evidente que predomina, de longe, o número de mulheres que estão aprisionadas na rede dessa vinculação patológica e que, por isso, sofrem as intensas angústias desse tipo de relação amorosa baseada naqueles refrões que a sabedoria popular designa como "não emprenha e nem sai de cima"; "não caga, nem desocupa a moita", etc.

Assim, como ponto de partida para as reflexões que seguirão, cabe formular a hipótese genérica de uma mulher, ao mesmo tempo esperançosa e frustrada, envolvida com um homem a quem ela "ama acima de tudo", enquanto ele mantém e renova as esperanças dela, porém, por razões diferentes, sempre se diz impedido de realizar concreta e definitivamente as suas promessas de uma união estável e exclusiva com ela. Desse modo, ela vai cronificando a sua condição de excluída, de sorte a assumir o papel de uma eterna reserva, uma "regra três" (para usar uma imagem futebolística) que, de vez em quando, entra em campo para jogar por um curto tempo o jogo deste tipo de amor, para logo após, nas partidas seguintes, ceder o lugar a uma outra eventual titular. As desculpas dele giram sempre em torno das mesmas teclas: ele vai se separar, porém há o problema dos filhos que, segundo ele, ora ainda são por demais pequenos, ora pede para ela ter um pouco mais de paciência, até que eles, agora já grandes, passem pelo vestibular...

Outras vezes ele confessa, geralmente com uma falsa sinceridade, que não consegue gostar de ninguém, logo, ela merece alguém melhor; ou alega que precisa de um tempo para ajeitar a situação econômica; outras tantas vezes, usa o expediente de atribuir a ela as culpas pela sua indecisão, e assim o tempo vai passando, com determinados momentos críticos em que ela jura que está tudo acabado e ele então renova as promessas de amor e que, agora sim, tudo vai dar certo, porque até lhe pode ser infiel, porém ela é a única que ele ama, o que a faz recarregar as pilhas da esperança, dar mais uma chance e tudo recomeça da estaca zero. Ao cabo e ao fim, ele mantém um poder e um domínio sobre ela.

Familiares e amigos não conseguem entender como uma pessoa como ela, tão bonita, séria, prendada, esteja perdendo a melhor parte de sua vida com um sujeito que não a merece, a humilha, e comumente eles adjetivam o sedutor de forma altamente pejorativa, como cafajeste, etc. Diante de mais uma, recorrente, decepção, ela toma posições sinceramente definidas, de que *agora sim, tudo terminou mesmo; chega, não agüento mais...* No entanto, ao primeiro aceno dele, tudo desanda, apesar da sua inegável honestidade no propósito de escapar dessa escravidão pretensamente amorosa.

Por coincidência, no momento em que estou redigindo estas linhas, acabo de concluir uma supervisão, na qual a paciente de meu colega supervisionado lhe relatara na sessão do dia anterior:

> finalmente, tomei a decisão final de que, agora, é para valer mesmo, não agüento mais tanta mentira e humilhação, brigamos feio, trocamos insultos, e saí arrasada, porém firmemente decidida a me separar definitivamente.

No entanto, na sessão do dia seguinte, a mesma paciente continua o relato anterior:

> ao chegar em casa, escutei na secretária eletrônica uma mensagem dele, na qual, com uma voz muito doce, ele me perguntava se estava tudo bem comigo. Para não ser ainda mais grosseira do que fui, resolvi retornar a ligação, mas ele não estava em casa, apelei para o celular, mas como só dava o sinal de fora da área, ou desligado, repeti várias tentativas... Será que estou errada em querer ser gentil e terminar tudo em harmonia?...

É fácil o leitor acertar que nas sessões que seguiram, apareceu a evidência de que o sedutor "desapareceu" por alguns dias, o suficiente para deixar a paciente em um quase pânico, ao que se seguiu uma desculpa dele, dita de uma forma "muito carinhosa", e a *via crucis* prosseguiu inalterada, no melhor estilo de um vínculo de tipo tantalizante, conforme será detalhado mais adiante. Igualmente é fácil perceber o quanto essa paciente do exemplo está cindida entre um lado seu que sinceramente quer fugir do seu cativeiro amoroso e de um outro lado que está intrinsecamente conluiado com o sedutor-dominador.

Com pequenas variantes, de forma análoga à relação amorosa que utilizei como exemplo, também esta vinculação patológica pode estar presente em certas relações conjugais de casamento formalmente legalizado. De modo geral, são casais que vivem sob o mesmo teto, porém que não conseguem ficar sós, e, tampouco, separados, razão por que a relação tende a se eternizar, com inúmeros intervalos de separações, seguidos de reaproximações, em um círculo vicioso, às vezes interminável. Pode acontecer que ele e/ou ela tenham vários "casos", ou aventuras passageiras, porém "nunca é a mesma coisa..." Assim, entre tapas e beijos, a relação adquire uma configuração vincular de natureza sádico-masoquista, em cujo caso os papéis de quem exerce o sadismo e de quem sofre o masoquismo tanto podem ser fixos e permanentes ou alternantes entre eles.

No entanto, é indiscutível o fato de que o sadismo manifesto está sempre junto com o masoquismo latente, e vice-versa, de sorte que todo sádico tem um lado masoquista e todo masoquista tem uma contraparte sádica, assim como todo dominador tem um lado de dominado, e assim por diante. Deriva daí, que tais casais dissociam e projetam no outro as suas partes (sádicas ou masoquistas) que estão cindidas, razão pela qual eles se complementam, o que torna a separação muito difícil, pois a perda do outro representa para cada um deles uma espécie de amputação de uma própria metade sua.

Destarte, como se está destacando um tipo de configuração vincular patológica, utilizando palavras como "domínio", "apoderamento", "sedutor" e "tantalizante", convém abrir parênteses e discriminar separadamente a conceituação de cada um deles, aqui.

DOMÍNIO

Este termo, etimologicamente, deriva do latim *dominus*, que quer dizer "senhor" (daí é que vem "domingo", dia do senhor), e designa uma relação de dominador-dominado, na qual o primeiro exerce uma apropriação, quase sempre indébita, através de uma desapropriação dos 'bens afetivos" e de uma violência à liberdade do outro. Essa conceituação era corrente no século XVII, época em que a palavra "domínio" pertencia à linguagem jurídica. O domínio sobre o outro, ou outros, pode ser exercido de muitas formas distintas, como é o caso de uma dominação intelectual, moral, econômica, política, religiosa, afetiva, mas, nos casos bem-caracterizados, sempre alude ao exercício de um poder supremo que leva o outro a sentir-se subjugado, controlado, diminuído, humilhado, manipulado e em uma crescente dependência má.

Do ponto de vista psicanalítico, o domínio exercido no casal é conceituado com as seguintes características: como uma *captura do desejo* do outro, abolindo ou neutralizando-o; uma *abolição* das diferenças e da autonomia do parceiro; uma dominação por meio de uma *configuração perversa*. Neste último caso, pressupõe-se um conluio inconsciente entre ambos, embora aparentemente apenas um deles – o dominador – é quem manifesta abertamente uma tirania de natureza obsessivo-paranóide, podendo atingir em casos extremos a demarcação no corpo do outro de marcas que fiquem impressas, a exemplo do ferrete de como se marca o gado, ou como são equimoses que denunciem "chupões" ou agressões físicas, assim como também a impressão com eternas tatuagens, etc. Essas marcas, além de servirem como evidência de domínio, também demarcam a posse que exerce sobre o outro, ou seja, um *apoderamento*. A maior arma do domínio perverso consiste no uso de sortilégios da sedução.

Convém registrar, no entanto, que o exercício do domínio nem sempre é fundamentalmente perverso, pois ele pode estar a serviço inconsciente da pulsão de vida, isto é, para não cair em um estado de desamparo, a exemplo de uma criancinha insegura que se agarra na saia da mãe e pretende ter um domínio absoluto sobre ela, mantendo a ilusão de que ainda estão fundidos e indiferenciados. Também é útil assinalar que, como todo o "dominador" sempre tem em contrapartida um lado de "dominado" (a exemplo da relação mencionada no sadismo-masoquismo), é bastante freqüente que a tirania atinja o apogeu na intimidade doméstica, enquanto na vida fora dos limites do lar estes dominadores sejam extremamente gentis e, não raro, notoriamente submissos.

APODERAMENTO

Alude ao exercício de um poder e/ou de uma posse total em relação ao corpo, mente e espírito do outro. É útil realçar que a etimologia da palavra "poder" deriva do verbo latino *potere*, que também dá origem ao termo "potência", tanto na condição sadia de uma "capacidade para fazer" quanto no que está contido nos derivados lingüísticos de *onipotência*, *onipresença*, *prepotência*, que designam estados de patologia psíquica de natureza psicótica, que aparecem durante o "ato de fazer". Por sua vez, o étimo *possidere*, que origina a palavra "possuir", significa "estar sentado em cima de" (não é por nada que no linguajar popular é corrente a expressão "está sentado no trono" quando uma mãe quer referir que seu filhinho está usando o vaso sanitário). Por outro lado, a ciência da etologia comprova a existência no reino animal do "instinto da territorialidade", ou seja, a evidência de que muitos animais, pela depositação de suas fezes e urina, com o respectivo odor persistente, demarcam o seu território, o qual deve ser respeitado pelos demais animais.

Um prolongamento atávico disto, no ser humano, configura-se na clássica equação "ter é igual a ser" e vice-versa, de modo que a melhor forma de ter aquilo ou aquele(a) de que se necessita e deseja é a de possuí-lo(a) e ter poder sobre ele(a). Assim, há evidências de que os grandes tiranos da história foram crianças excessivamente carentes muito precocemente, de modo que a posse, garantida pelo poder, é vivenciada como sendo uma espécie de *seguro contra o desamparo* que está ligado à dependência e às separações. Este "seguro" é feito através do preenchimento dos três fetiches que caracterizam o abuso do poder: além da *intrusão* e *da ânsia de expansão,* o terceiro aspecto consiste na *apropriação* daquilo que pertence ao rival derrotado. Em síntese, cabe a afirmativa de que quando o sujeito sente que não tem "autoridade" para se fazer respeitar, admirar e ser obedecido, ele substitui essa lacuna por um "autoritarismo", situação essa que pode ocorrer no âmbito de casal, de família, de instituições, etc., podendo se estender ao governo de nações.

É inegável que a luta pelo poder é um fato corrente em todos setores dos inter-relacionamentos humanos, em todos os tempos e geografias, ora assumindo formas ostensivamente manifestas (conchavos, ataques, intrigas, calúnias, guerras), ora disfarçadas com uma capa de paternalismo, ou deslocadas para alguma ideologia que pretensamente é a única verdadeira, ou é racionalizada sob a forma de discursos demagógicos que, em casos extremos, podem atingir um nível de formação de seitas (não unicamente religiosas, mas também societárias, etc.) fanáticas e fundamentalistas. Seria útil que os grandes responsáveis pelo exercício do poder pudessem distinguir a diferença entre o que é governar e o que não passa de um desejo de dominar, entre o que é *comandar* (mandar junto) e o que não é mais do que mandar de forma única e autoritária, distinção essa que também cabe perfeitamente para os responsáveis pelo casal e pela família.

O viés psicanalítico do vínculo de apoderamento situa as suas raízes nas fases evolutivas pré-genitais, principalmente as oriundas de vertentes narcisistas, nas quais ainda não há uma diferenciação entre o eu e o outro, e de vertentes provindas das pulsões sádico-anais, externadas nos impulsos de poder e tomada de posse, com os respectivos cortejos de incorporação, retenção, controle onipotente, triunfo, desprezo e destruição do objeto dominado.

SEDUÇÃO

Sedução, por sua vez, é um termo cuja provável etimologia resulte de *sed* (doença, entorpecimento) + *ducere* (conduzir), ou seja, designa uma atitude e ação que em situações normais é bastante utilizada por todos em geral, não obstante, na maioria das vezes, de forma bastante discreta e até imperceptível. Entretanto, nas formas exageradas e patogênicas, a sedução consiste na utilização por parte do(a) sedutor(a) dos mais variados e nem sempre éticos recursos de conquistar o amor do outro e, uma vez alcançado êxito no intento, tanto pode desprezar e abandonar a vítima seduzida para imediatamente sair à caça de outra conquista – caso típico dos *don-juans* –, como também é freqüente a manutenção de um vínculo com características doentias que "conduzem a pessoa seduzida para a doença", para um entorpecimento que pode se tornar crônico e, muitas vezes, até incurável.

Do ponto de vista psicanalítico, os sortilégios que o sedutor utiliza com muita habilidade consistem no despertar de um encantamento no seduzido, mercê de promessas de uma completude paradisíaca que, em pouco tempo, se revelará como não mais do que ilusória e, pelo contrário, se concretizará como um emaranhado círculo vicioso de sucessivas decepções e renovadas ilusões, em meio a movimentos de submissão e de rebeldia, nos quais o outro – o seduzido – se perderá no sedutor. Isso acontece porque o sedutor executa o papel de funcionar como o "duplo", o alter-ego do seduzido, ou seja, ele não é mais do que um agente que desperta aqueles desejos que já eram próprios do seduzido, por mais viáveis, ou ilusórios, que esses possam ter sido.

Em alguns casos o sedutor emprega a tática narcisista de provocar no seduzido um estado de deslumbramento (essa palavra vem de *des* que significa privação + *lumbre*, luz, ou seja, equivale ao fato de que um excessivo facho luminoso nos cega). Este *des-lumbramento* pode ser de ordem intelectual, física, retórica, etc., que, de tão brilhante, deixa o seduzido fascinado e cegado por sua própria imagem espelhada no outro. No plano erótico, essa sedução consiste no fato de que o corpo de um encontra ressonância, um eco no corpo do outro, como se estivesse havendo um reencontro com uma primitiva fusão do corpo do bebê com o da mãe. Isso pode remeter à época em que a criança fazia uma *colusão* (essa palavra se origina de *coludere,* ou seja, "brincar junto", e tem parentesco direto com "co-ilusão", isto é, ilusões compartidas) da criança com um dos genitores, pai ou mãe, enquanto o outro ficava excluído.

A maioria dos autores atribui uma enorme importância às primitivas experiências reais que tanto o sedutor quanto o seduzido sofreram quando crianças, geralmente provindas de pais que os seduziram erótica e/ou narcisisticamente, ou de pais obsessivos que exerceram um rígido controle tirânico, de características tantalizantes. De qualquer maneira, como decorrência dessa sedução patogênica, a criança fica *sedenta* de amor, e é interessante assinalar que também cabe na etimologia da palavra sedução o fato de que *sed*, em latim, também significa sede.

TANTALIZANTE

Tantalizante, por sua vez, é um termo pouco conhecido, não obstante, a meu juízo, represente ter uma enorme importância na compreensão e manejo da prática psicanalítica. No dicionário *Aurélio*, o termo "tantalizante" aparece definido como: "aquele que tantaliza, isto é, que espicaça ou atormenta com alguma coisa que, apresentada à vista, excite o desejo de possuí-la, frustrando-se este desejo continuamente por se manter o objeto fora de alcance, à maneira do suplício de Tântalo". Escolhi essa palavra para conceituar uma forma mais específica de patologia de relação amorosa, pois ela alude diretamente ao mitológico *suplício de Tântalo* – o qual explicarei mais detalhadamente: o personagem que tem esse nome, por ter roubado os manjares dos deuses do Olimpo, foi punido por Zeus, para eternamente passar fome e sede. Mais precisamente, Tântalo, acorrentado, estava imerso até a cabeça nas águas de um lago situado em um lugar aprazível, rodeado por um bosque acolhedor, consistindo o suplício em que as águas subissem até sua boca para em seguida fugirem de seu alcance quando ele se preparava para saciar a sua imensa sede; o mesmo acontecia com os apetitosos frutos que se aproximavam com a promessa de alimentá-lo e igualmente se afastavam, assim perpetuando um irreversível e repetitivo ciclo de promessas, expectativas e decepções, em um perverso dar e tirar...

Na situação mencionada, de pais obsessivos que exerceram sobre os filhos pequenos uma sedução de tipo tantalizante, isto significa que eles tanto lhes davam carinho, proteção e elogios, quanto também impunham rígidas condições e suplícios, como a de que as crianças devessem pensar, desejar, sentir, valorar e agir estritamente de acordo com eles, pais (ou, pelo menos, com um deles, o dominador), sob pena de castigos severos, às vezes físicos, ou de um corte na comunicação verbal, ameaça de expulsão de casa, etc. Outras vezes, o suplício é praticado com castigos mais dissimulados, sabotando, obstaculizando ou desqualificando qualquer iniciativa do filho que não estivesse de acordo com o pai, ou mãe, dominador(a) ou que não tivesse provindo da iniciativa deles.

Isso caracteriza, de forma análoga a do suplício imposto a Tântalo, um processo de *dar* (geralmente às custas de muito choro, promessas de obediência total, etc.) e *tirar*, acrescido de um apoderamento e de uma abolição do desejo do outro. O que importa destacar é que os filhos, educados nessa atmosfera emocional, tornam-se fortes candidatos a se identificarem tanto com o agressor (por exemplo, o pai) quanto com a vítima (por exemplo, com a mãe), ou com ela própria, criança, vítima de suplícios, assim reproduzindo na vida adulta relações amorosas com configurações análogas ao do modelo que os pais tiveram entre si e com ela, a criança.

Nos casos em que a configuração vincular do par sedutor-seduzido esteja alicerçada em bases predominantemente narcisísticas, o personagem no papel de seduzido colocará o sedutor-tantalizante no lugar de seu ideal de ego, o qual, por definição, implica em uma demanda de expectativas grandiosas, por isso passando a agir como um objeto interno insaciável, devorador, que exerce um efeito de sucção e de conseqüente vácuo, com permanentes incertezas e sobressaltos, prisioneiros do telefone, à espera de um chamado do amado, que teima em não chamar, tudo isso exaurindo todas as energias do sujeito seduzido.

Os aspectos característicos relativos ao domínio, apoderamento, sedução e tantalização foram, aqui, descritos separadamente por razões de esquema de exposição, no entanto eles não são estanques, pelo contrário, agem concomitantemente, ora predominando um deles, ora se confundindo e complementando entre si. De regra, neste tipo patológico de vínculo amoroso existe uma superposição destes quatro fatores mencionados, com a respectiva presença das facetas narcisistas, a da tirania obsessivo-sádica e a perversa. A face narcisista implica uma demanda insaciável de continuadas provas de "reconhecimento", por parte do seduzido, de que ele(a) é amado(a); enquanto, por parte do sedutor, a demanda é a de comprovar que ele tem a posse total do amor do outro.

A conjunção destes fatores, tal como pode ser constatado nos exemplos dados no início deste capítulo, têm um ponto de encontro nos vínculos amorosos nos quais o sedutor deixa claramente subentendida (embora o seduzido, de forma consciente ou não, negue sistematicamente) a sua mensagem inconsciente, mais por atos do que por palavras, que pode ser resumida mais ou menos assim: *quero ser amado por você e farei tudo para conseguir e perpetuar esse amor, porém quero lhe advertir que isso deverá ser à minha moda de amar, que eu não quero perder a liberdade de continuar procurando a minha princesa (ou o meu príncipe) encantada(o), de modo que ao mesmo tempo eu também farei de tudo para não ser amado por você e, mais ainda, que corre o risco de passar fome e sede por um amor acenado e recusado, e de vir a ser destruída(o) por mim.* Isso lembra o verso da canção interpretada por Daniela Mercury que diz "quando lhe achei, me perdi", à qual, creio, para efeitos de cura psicanalítica, poderia ser acrescentado a contraparte: "quando o perdi, me achei".

O que deve restar claro é que a denominação de "vínculo tantalizante" apenas fica justificada nos casos em que predomina nitidamente uma relação amorosa com características de uma situação de aprisionamento que tende à cronificação, nos mesmos moldes de alguma outra forma de adição, consistente em um continuado jogo perverso de acenos e promessas de um "dar", seguidos de um "retirar", com periódicos términos e reaproximações que "recarregam as pilhas" desse amor patológico. Também deve ficar claro que, nesses casos, não cabe exatamente rotular de bandido um dos participantes do par amoroso, e o outro, de vítima, porquanto o que está realmente doente é a relação, o vínculo sadomasoquista, que, na imensa maioria das vezes, tem uma origem muito antiga, pré-genital, uma representação de uma criancinha mendigando para a mãe tantalizante provas de que é amada pela mãe, que não vai ficar repudiada, desamada, desamparada e abandonada em uma solidão para sempre.

Por guardar raízes tão primitivas e organizadas, está justificada para as pessoas que querem sair dessa adição doentia a indicação prioritária para um tratamento psicanalítico – individual ou de casal –, o qual, quando bem-conduzido, quase certamente terá um curso com períodos bastante penosos, tendo em vista que não há nada que provoque mais sofrimento do que a renúncia ao mundo das ilusões narcisistas. É claro que o processo analítico segue os paradigmas fundamentais da psicanálise, no entanto vale enfatizar algumas características técnicas mais especiais para os casos em que sobressai a patologia de um vínculo tantalizante.

SUGESTÕES TÉCNICAS

Não obstante ter sido frisado que, fundamentalmente, o sedutor e o seduzido formem uma unidade, pois são feitos de uma mesma argamassa, creio que cabe discriminar o enfoque analítico preferencial para cada um deles, levando em conta que os papéis assumidos e desempenhados são, aparentemente, muito distintos entre si.

Assim, quando o paciente em análise individual é aquele que funciona no papel do *sedutor-dominador*, quase sempre um homem, é imprescindível que o analista concentre a aquisição de *insights* nos seguintes aspectos:

1. Um assinalamento permanente e consistente da existência de uma parte sua – que está subjacente à sua aparência exterior de muita segurança e de vencedor – a qual, na verdade, esconde um meninozinho frágil e com medo terrível do desamparo e da depressão (isso aparece claramente no personagem central do imperdível filme "Duas vidas").

2. Este menino debilitado e assustado, que remanesce e habita uma parte oculta de seu psiquismo, como forma de escapar de uma "dependência má" que prevaleceu na sua infância e de uma rejeição que ele teme acima de tudo, erigiu um *falso self*, ou seja, vive mais da aparência do que da essência, de sorte que ele construiu um escudo protetor, uma falsa fortaleza alicerçada em fetiches substitutos, tipo beleza, poder, domínio, riqueza, prestígio social e, sobretudo, nesses casos, uma facilidade para conquistas amorosas, não obstante essas sejam superficiais.

3. Considero ser de primeiríssima importância que o analista apresente ao seu paciente "poderoso" uma outra pessoa com quem ele vai ter que conviver toda a vida: o seu lado de criança impotente, de molde a desenvolver uma capacidade de o paciente fazer um diálogo entre ambos os seus lados.

4. A onipotência é um ingrediente que virtualmente sempre acompanha este falso *self* poderoso, devendo o analista estar muito bem-preparado para não cair em sedutoras armadilhas que muitas vezes esse tipo de paciente lhe coloca, com vistas a manter a sua onipotência direcionada para obter um sutil comando da análise.

5. Ainda em relação à onipotência, o analista deve estar bem atento para mostrar claramente, sempre que possível, o exercício de um domínio e apoderamento que ele faz com a sua companheira seduzida e tenta fazer com as pessoas em geral e particularmente com o analista, como uma forma falsa de se convencer de que ele não precisa dos outros e que a recíproca é que seria a verdadeira.

6. Como decorrência disto, é importante que o paciente comece a reconhecer a positividade de seus recursos autênticos, profissionais e afetivos, dos quais ele, no fundo, descrê, pois os mesmos estão confundidos com a sensação de falsidade que, como defesa, ele próprio se impôs.

7. É igualmente importante que o analista trabalhe com os aspectos identificatórios desse paciente, notadamente quanto à sua "identificação com o agressor", o qual, no passado, maltratou-o com distintas maneiras.

8. A meu juízo, é altamente relevante que o analista trabalhe com os significados que estão contidos no *vínculo do reconhecimento*, que aludem à necessidade vital de o sujeito ser reconhecido pelos demais como uma pessoa que existe e que é capaz de ser amado. Além disso, esse paciente também deve fazer outros reconhecimentos ligados à sua onipotência, como é o de ele reconhecer que não tem só direitos e aos outros cabem os deveres, mas, sim, que também deve respeitar os seus limites próprios, que só podem ir até onde não invadam os direitos dos outros; que, certamente, ele possui potencialidades possíveis de serem alcançadas, mas que também tem inevitáveis limitações; que os outros não são propriedade sua, e que eles têm direito a ser diferentes, com valores algo distintos dos dele, e igualmente também gozarem do direito a um espaço de autonomia e movimentação livre. Um reconhecimento especialmente doloroso para o paciente com perfil sedutor-tantalizador é o de que ele tem uma séria incapacidade para amar de verdade.

9. Cabe estabelecer uma distinção entre "domínio-apoderamento" e "domínio-elaboração". O primeiro diz respeito a que, certos pacientes, às vezes, atingem níveis de arrogância e prepotência, devido ao uso excessivo de defesas pertinentes à posição esquizoparanóide. Assim, este tipo de paciente deve obter o *insight* de que ele costuma se apoderar da vontade da outra, e que isso corresponde à fantasia da criancinha, que um dia ele já foi no passado, de que a mãe existia unicamente para ele, o que o fez crer que os desejos dele eram também os dela.

10. Já o "domínio-elaboração" concerne a um estado psíquico e de conduta, no qual existem sinais indicadores de que o paciente está começando a reconhecer que sua ânsia por dominar resulta de um medo de se separar e perder pessoas que lhe são importantes. Tal reconhecimento é um importante passo para o ingresso na posição depressiva, logo, para a consideração e reparação para com os demais, juntamente com uma forma de pensar e simbolizar mais adequada, tudo isso ajudando a convergir para uma possibilidade de verdadeira mudança psíquica.

11. Pode ser uma mera coincidência, mas tenho observado na minha prática analítica, e em supervisões, que uma significativa maioria de pacientes com esse perfil dominador-tantalizante vem de famílias que passaram grandes dificuldades e coube a eles, justamente porque já demonstravam ser bem dotados de qualidades positivas, assumir um papel de vir a ser uma espécie de redentor, para proteger, honrar e orgulhar os familiares, a um mesmo tempo em que fizeram secretos juramentos de vencer na vida, de modo a superar, vingativamente, todos aqueles que, de alguma forma, os teriam rejeitado e humilhado. Tal aspecto necessita ser bem trabalhado, pois se constitui em uma das fontes de pulsões narcisistas e sadomasoquistas.

Em relação à figura do paciente, quase sempre do sexo feminino, que está no sofrido papel de *seduzida-dominada*, os seguintes enfoques merecem a atenção do analista:

1. Não aceitar, analiticamente falando, a sua tese, reforçada pelo que ela passa aos familiares e amigos, de que ela está sendo uma *passiva vítima* de um sujeito "mau caráter" que não merece o seu amor, porém, como ela o "ama muito, então...". Pelo contrário, deve ficar bem claro que ela não é tão ingênua e que existe uma cumplicidade inconsciente entre ambos, em que há uma especularidade, isto é, um é o espelho e complemento do outro, razão por que funcionam em uma espécie de uma *folie a deux*. Na verdade, ambos são concomitantemente vítimas e algozes, um do outro, enredados e aprisionados em um antigo enredo do teatro do psiquismo, em que cada um deles – como uma espécie de *fetiche* – desempenha o papel de ator (atriz) substituto dos protagonistas originais do passado.

2. Essa necessidade de encontrar um fetiche como tentativa ilusória de preencher um desejo, ou de cumprir uma *compulsão à repetição de traumas antigos*, não necessita, necessariamente, ser sob a forma de um caso real de amor patológico entre os dois cúmplices. Muitas vezes, este tipo de "amor" configura-se como uma "paixão secreta" não-assumida ou não-correspondida, assim como também é bastante freqüente que ele se manifeste como uma verdadeira obsessão, pertinaz, cruel e com uma eterna esperança que nunca terá solução. Para o leitor que queira se deliciar com um relato literário em que essa última situação que descrevi aparece com uma clareza comovedora, permito-me recomendar a leitura do livro *Quando Nietzche chorou*, de Irwin Yalom.

3. O analista tem a difícil tarefa de levar essa paciente a reconhecer que aquilo que ela considera como um grande amor, embora ela mesma o reconheça como complicado e tumultuado, pode não estar sendo mais do que um sintoma psíquico severo, fruto de uma excessiva idealização que ela faz do cúmplice tantalizador às custas de um esvaziamento e autodenegrimento de si própria, de sorte que ela possa estar cegada pelo deslumbramento passional.

4. Da mesma forma, diante da(o) paciente que de forma incessante se lamuria que o *inimigo de sua felicidade* está no outro, que a seduz e não cumpre as promessas, cabe ao analista apontar que ela está equivocada: o inimigo real não é aquele sedutor, que não é mais do que um cúmplice seu, apenas executando um papel previamente encomendado, assim ajudando a encobrir o verdadeiro inimigo da sua pretensa "vítima", ela. Trata-se, pois, de um "inimigo na trincheira", muito mais antigo, que mora dentro dela, onde se mantém oculto, agindo como se fosse um ímã que exerce uma irresistível atração para a repetição do trauma.

5. Sempre que possível, articular a atividade interpretativa no tripé: a) as expectativas e as esperanças frustradas que essa paciente vive com o homem que ela crê amar, b) as experiências emocionais análogas às que ela já vivenciou no seu passado com os pais e que,

de alguma forma, c) ela possa estar revivendo transferencialmente com a pessoa do analista.

6. Uma tática que uso bastante, nos casos em que está mais do que evidente que se trata de um vínculo de características nitidamente tantalizantes, consiste em que costumo igualar o seu apego doentio à uma drogadição, à cocaína, por exemplo, de modo que uma satisfação breve e ilusória paga um alto preço à sua saúde emocional e que, igualmente à drogadição, a suspensão da droga, embora imperativa, provoca um intenso estado doloroso durante o período de abstinência que segue por algum tempo.

7. Diante de uma possível alegação da paciente de que a culpa do que acontece é de seu inconsciente, que ela não domina (como se fosse um corpo estranho à sua pessoa), costumo enfatizar o assinalamento de que o inconsciente pertence a ela, e que ela pode, e deve, acionar os seus recursos conscientes, de modo a se responsabilizar pelo destino de seus atos.

8. As duas últimas colocações referidas somente justificam ser feitas quando o analista tem absoluta convicção de que elas não terão um cunho superegóico, acusador ou reclamador, que o seu estado mental não é de cansaço, impaciência ou de alguma difícil contratransferência, mas que, pelo contrário, ele acredita naquilo que está fazendo e a paciente, sentindo a sua sinceridade, também acredita que ele vai "pegar junto com ela" nos momentos mais difíceis. Às vezes uma colocação em linguagem metafórica adquire uma possibilidade de "tocar" o paciente, mais do que as clássicas interpretações verbais, como posso exemplificar com uma paciente que, embora séria e bem dotada dos melhores predicados, passou alguns anos enredada nas malhas de uma muitíssima dolorosa relação tantalizante. Recém agora que ela está se libertando – para valer, de verdade – desse vínculo tanático, ela me afiançou que, durante o apogeu de sua dor e medo de não sobreviver, as minhas palavras que mais a tocaram e encorajaram a enfrentar a sua regressão foram aquelas que usei em uma metáfora de que *quando alguém quer saltar de uma margem para outra de um terreno interrompido por uma cratera, deve recuar (regredir), para mobilizar forças e ganhar impulso para melhor poder saltar para a margem da liberdade.*

9. É importante o reconhecimento das identificações que habitam a mente dessas pacientes, com ênfase em uma possível *identificação com a vítima*, não obstante – não custa repetir – essa mesma paciente também tenha núcleos identificados com o agressor.

10. Partindo daí, torna-se mais possível trabalhar com os aspectos vinculares sadomasoquistas, especialmente o quanto a nossa hipotética paciente possa, inconscientemente, estar acionando o sadismo do outro, e vice-versa, configurando um jogo perverso de ataques, revides, submissão, juras de vingança, migalhas de amor e sexo, humilhações em meio a fortuitos momentos felizes, etc.

11. Em relação ao termo *masoquismo*, que aparece com freqüência neste capítulo, é necessário fazer uma ressalva conceitual. O aspecto masoquista do vínculo tantalizante não é exatamente o mesmo que o conceito clássico de Freud, mais propriamente ligado a uma necessidade de punição devida a sentimentos de culpa. No vínculo tantalizante, o sofrimento é buscado porque ele – o próprio sofrimento – ocupa o lugar do objeto (como este está representado no ego do seduzido) perdido, e, assim, o mantém vivo. Dessa forma, por exemplo, um *abandono* atual sempre remete aos primeiros abandonos sofridos quando criancinha. Muitas vezes a estruturação de um laço amoroso se estabelece com o fim de reencontrar o primeiro abandono que, para esse tipo de paciente, representa ser o período mais rico da criança com a mãe (ou pai) em matéria de sensações, emoções e excitações.

12. Ainda em relação às identificações, é relevante o fato de que os objetos originais, mãe, pai e a relação de ambos, foram introjetados – tanto em função de fantasias quanto de uma possível realidade exterior – como poderosos, divinos ou demoníacos, o que provocou, na infância da paciente, sentimentos concomitantes de idealização e denegrimento, submissão e rebeldia.

13. A paciente deve desenvolver uma clara percepção de que ela passa a maior parte do seu tempo sofrendo e lamuriando, porém que ela tem, no mínimo, metade da responsabilidade e conivência na promoção, cons-

trução e perpetuação desta simbiose patológica destrutiva.

14. Se o analista tiver uma boa capacidade de continência para poder conter as difíceis angústias nele depositadas, especialmente quando começam a haver as primeiras renúncias – verdadeiras – à manutenção dos desejos impossíveis de serem alcançados e, ao mesmo tempo, tiver paciência para esperar mudanças lentas e entrecortadas por sucessivas recidivas da paciente, quando ela volta a ir ao encontro amoroso com o seu "amado" tantalizante, é bem possível que ambos, o analista e a sua paciente, sejam muito bem-recompensados.

15. Deve haver um assinalamento sistemático da cisão perversa que existe no psiquismo da paciente entre o seu lado sadio e a organização patológica que sabota todos seus intentos de buscar a saúde emocional-afetiva.

16. Por intermédio da introjeção do modelo da figura do analista, que a respeita, a quer bem, acredita nela, suporta a sua dor sem se alarmar demasiado, não cansa, nem se deprime e tampouco revida aos seus prováveis ataques, portanto uma forma de ser sensivelmente diferente da do seu par sedutor e de como seus pais foram introjetados, a paciente vai gradativamente construindo os núcleos de confiança básica que lhe faltaram no curso de sua evolução emocional.

17. Essa maior confiança, em si própria e nos demais, facilita os passos seguintes que consistem em proceder às necessárias *desidentificações* com os aspectos patogênicos dos pais que, desde criancinha, a paciente incorporou. A desidentificação não deve ser total, porquanto seguramente alguns aspectos positivos, harmônicos com o jeito autêntico de como a paciente quer ser, devem ser preservados como patrimônio do seu psiquismo. A desidentificação com os núcleos patógenos abre um suficiente espaço psíquico não só para *neo-identificações*, como foi mencionado em relação à internalização da figura do terapeuta, como também permite o florescimento de outros valores, interesses e relações.

18. Devido ao fato de que os núcleos patógenos tantalizantes estão muito fortemente arraigados no psiquismo, as mudanças analíticas costumam ser lentas, entre altos e baixos, razão por que é de capital importância que o analista observe se uma provável recidiva da paciente segue um movimento apenas circular (parte e volta sempre a um mesmo ponto estanque, sem que nada tenha mudado) ou se o movimento é espiralar, helicoidal ascendente (no qual os fatos também se repetem, passam pelos mesmos pontos, porém sempre em um plano acima, já algo transformado, na forma, duração, posicionamento, etc.).

19. Assim, a experiência demonstra que nos casos nos quais a análise progrediu exitosamente acontece uma das seguintes possibilidades: a nossa hipotética paciente ainda não se libertou totalmente do cativeiro; no entanto, abriu muitos outros espaços, profissionais, por exemplo, de modo a melhorar substancialmente a sua qualidade de vida; outra possibilidade é a de que ela tenha mudado tanto o seu posicionamento interior e a correspondente conduta exterior diante do seu companheiro tantalizante, que ela o aceita sob novas bases e condições, de sorte a ficarem juntos; finalmente, a perspectiva mais alentadora é aquela em que a paciente se liberte internamente do antigo vínculo tantalizante que a supliciava desde sempre, o que lhe propicia libertar-se do jugo torturador que vivia com seu parceiro dominador-tantalizante, sob um disfarce de "grande amor", assim podendo encontrar um novo vínculo amoroso sadio e estável ("...quando o perdi, me achei...").

Mais especificamente em relação à *terapia de casal*, nos casos que estão enrodilhados em um vínculo tantalizante, além dos aspectos já mencionados, vale acrescentar mais os seguintes:

1. É muito difícil reunir o par reciprocamente envolvido, pois, na grande maioria das vezes, aquele que executa o papel de sedutor-tantalizante não quer perder o vínculo de apoderamento que exerce, de modo que por meio de inúmeros subterfúgios nega-se a participar, para valer!
2. Nos casos em que a terapia analítica do casal evolui satisfatoriamente, ambos os participantes, sob a ameaça da perda do outro, inconscientemente tendem a radicalizar

os respectivos papéis de dominador-sádico e de dominado-masoquista, de sorte que surge uma crise manifesta quando começa a haver a reintrojeção da parte frágil e doente que estava projetada no outro.

3. Assim, ambos descobrem a mútua *dependência má* que os une e desune, de modo a perceber melhor por que sempre se tocam e nunca se juntam.

Em qualquer uma das situações analíticas enfocadas – na pessoa do sedutor, da seduzida, ou na do casal –, virtualmente sempre existe um fator etiológico comum, qual seja, o fato de que no passado houve uma interrupção da fusão diádica da criança (que ainda remanesce no paciente) com a mãe, que criou um vazio, cujo preenchimento muitas vezes é buscado na figura do pai. Este vazio deixou uma marca indelével de "falta de algo", algo esse que, concomitantemente, se deseja e se teme (lembra o conceito de *unheimlich* – o "estranho"; "sinistro" – de Freud), e que, a partir daí, fica sendo o *gerador do desejo*.

Com outras palavras: no desmame (físico e/ou afetivo), o afastamento físico da mãe – corresponde ao início do processo de "separação e individuação", conforme M. Mahler (1971) – é representado na criança como sendo uma "falta" e uma "falha" da mãe. Daí, o futuro adulto vai procurar esse algo que lhe falta em algum "vestígio" da mãe da ilusão nirvânica (Lacan chama de "objeto a"), ou do deslocamento no pai, como pode ser um olhar, odor, alguma característica típica, um traço fisionômico, algum significante que, através de uma rede de significações, move uma evocação e reativação da necessidade de uma *gratificação alucinatória do desejo*. Logo, o objeto, sentido como "amado", é a *causa* do desejo, e não o *objeto* do desejo. Ele funciona como uma "representação-coisa", como um "fetiche" e, quando essa fixação no fetiche torna-se demasiadamente exagerada, tem uma alta probabilidade de se tornar uma perversão, a dois.

Essa história básica, cuja origem está nos primórdios da vida, adquire características variáveis de uma criança para outra, porém fica impressa na mente de cada um, com um enredo típico que, qual a produção de uma peça teatral, ou de um filme, segue a estereotipia de um mesmo modelo, em que o cenário é representado pelo(a) parceiro(a) escolhido(a). Esse *script* teatral do interior do psiquismo tende a se reproduzir com os mesmos personagens protagonistas (embora mudem os "atores" externos), desempenhando os mesmos papéis e ocupando os mesmos lugares, em moldes repetitivos que, com algumas variações, como que atraídos pelo magnetismo de um ímã interno, podem se reproduzir ao longo de toda uma vida em pessoas adultas (às vezes, pessoas maduras muito bem-dotadas, mas que conservam um núcleo desse enredo patológico enquistado em algum canto do seu ego), caso elas não tenham tido o privilégio de alguma forma de um bem-sucedido tratamento psicanalítico.

PARTE IV

Terapias Analíticas Especiais

33

Psicanálise com Crianças

O primeiro espelho da criatura humana é o rosto da mãe: a sua expressão, o seu olhar, a sua voz. [...] É como se o bebê pensasse: olho e sou visto, logo, existo!

D. Winnicott

Se um analista tem internalizado a psicanálise, sua atitude vai ser sempre uma: a atitude psicanalítica.

UMA BREVE RESENHA HISTÓRICA

Dentro do propósito deste livro de promover uma, atualizada, revisão de tudo que diz respeito a aspectos técnicos da psicanálise, a respeito principalmente das transformações que estão continuamente se processando – muito antes de esgotar uma abordagem de concepções teóricas, metapsicológicas e até mesmo uma completude de enfoques técnicos –, optei por redigir este capítulo fortemente fundamentado em recente número do boletim informativo *International Psychoanalysis* (vol. 10, nº 2, 2001). Trata-se de uma publicação oficial da IPA que, nesse exemplar, traz um conjunto de artigos especialmente dirigidos à atualização da psicanálise com crianças, de autoria de ilustres psicanalistas, procedentes de distintas partes do mundo, como Peter Blos Jr. (americano, atual Presidente do Comitê de Psicanálise de Crianças e Adolescentes da IPA – COCAP); Karen Gilmore (da Associação Psicanalítica Americana); Johan Norman; Terttu Eskelinen de Foch; Virginia Ungar (Argentina) e Carmem Médici de Steiner (Uruguai).

FREUD

É fácil perceber que ao longo de sua obra, Freud sempre demonstrou um especial interesse pelo psiquismo das crianças, o que pode ser evidenciado em recordações de vivências infantis, suas próprias, de seus netos e pacientes, além de seus apontamentos sobre sonhos de crianças, o papel da sexualidade infantil como matéria-prima de seu edifício teórico e, notadamente, a sua participação na condução da análise do caso de fobia do menino Hans, que foi executada pelo pai da criança.

No entanto, sempre foi consensual entre os psicanalistas que Freud posicionou-se de forma contrária à de admitir que a psicanálise fosse um método aplicável a crianças, posição essa que se constituiu como um forte legado inibidor para os analistas de futuras gerações, até mesmo porque, indo contra a posição psicanalítica de M. Klein, ele manifestou uma profunda solidariedade e um apoio à sua filha, Anna, para o atendimento de crianças em uma linha de natureza mais pedagógica, mais voltada para o ego consciente do que para as profundezas do inconsciente. A maior contribuição de Freud à análise de crianças é indireta, é aquela que possibilitou o reconhecimento e a importância dos dinamismos psíquicos da criança, que continua ativa e presente em cada um de nós.

ANNA FREUD

Antes de A. Freud e de M. Klein, alguns outros psicanalistas fizeram algumas tentativas de tratar crianças com bases psicanalíticas, porém não ocorreu maior consistência e aprofundamento. A Dra. Hilde Hug-Hellmuth foi a primeira psicanalista que tentou psicanalisar crianças e escreveu, em 1921, um trabalho sobre o tema.

Anna Freud, que, a partir de 1926, começou a analisar crianças, foi sua seguidora. Quase a um mesmo tempo que Klein, Anna dedicou uma atenção especial ao tratamento de crianças, primando por uma orientação de natureza essencialmente pedagógica, isto é, ela reeducava a criança no sentido de uma adaptação da mesma à realidade, visando à construção de um melhor convívio com os pais e irmãos. Em Londres, onde ela se refugiou acompanhando o pai, trabalhou com crianças que conseguiram sobreviver a desastres traumatizantes, como a 2ª grande Guerra, campos de concentração, orfandade, fome, etc. Assim, ela fundou em 1951 a Clínica Hampstead, um prestigioso centro de tratamento, pesquisa e formação em psicoterapia infantil, imprimindo uma orientação mais voltada para o ego, como, por exemplo, os mecanismos de defesa passaram a ser vistos mais do que impedimentos, como aquisições do ego. Anna criticava acerbamente a M. Klein, a qual, na mesma época, por volta de 1927, preconizava e praticava a psicanálise dentro do mais puro rigor psicanalítico, fato que gerou sérias polêmicas no seio da Sociedade Britânica de Psicanálise.

M. KLEIN

Partindo dos postulados de Freud, essa genial psicanalista construiu o seu edifício teórico-técnico a partir da observação do comportamento de bebês e do tratamento psicanalítico com crianças, algumas de tenra idade. Como se sabe, ela introduziu, de forma mais sistemática e consistente, o uso de brinquedos, desenhos e jogos na sua técnica, o que lhe permitiu descrever – e interpretar para a criança na situação analítica – as primitivas angústias de aniquilamento, os mecanismos defensivos arcaicos, a existência de um cruel superego primitivo, a forte presença de fantasias inconscientes, às vezes aterradoras para os bebês e as crianças. Os usos e jogos que as crianças faziam com os brinquedos equivaliam para Klein como uma forma equivalente a da "livre associação de idéias", tal como Freud preconizara. Assim, ela interpretava a criancinha com a maior neutralidade possível, sempre dentro do marco transferencial, mirando as fantasias inconscientes, que promoviam as angústias, inibições e sintomas. No "Simpósio sobre Análise de Crianças", realizado em 1927, coube a M. Klein dirigir pesadas críticas e discordâncias em relação ao "método educativo" de Anna Freud.

Como foi dito, os componentes da Sociedade Britânica de então ficaram divididos entre Anna Freud e Melanie Klein, o que gerou as célebres *Controvérsias*, no início dos anos 40, que quase resultou numa profunda cisão da Sociedade, a qual foi habilmente contornada por acordos, do que resultou a existência de três grupos – o freudiano, o kleiniano e o independente – ainda vigentes na atualidade. S. Freud procurou manter-se à parte, e nos seus raros pronunciamentos colocou-se ao lado da filha, ignorou solenemente M. Klein e fez severas críticas aos seguidores que a apoiavam, como E. Jones, por exemplo.

Na realidade, coube ao grupo kleiniano uma expansão bem mais significativa na Sociedade Britânica, com um crescente número de psicanalistas realizando análise com crianças, adotando a técnica preconizada por M. Klein.

RENÉ SPITZ

Psicanalista austríaco que emigrou para os Estados Unidos, realizou observações, por meio de filmes, sobre as etapas evolutivas de crianças, assim documentando e legitimando o desenvolvimento emocional do ser humano, de acordo com o que, empiricamente, Freud postulara.

WINNICOTT

De formação originalmente kleiniana, aos poucos, D. Winnicott foi se distanciando dela, ingressou no grupo "independente" e criou concepções originais que trouxeram uma grande contribuição para a compreensão do desenvolvimento emocional primitivo da criança, a partir da vinculação primária com a mãe real. Isso lhe foi facilitado mercê de sua longa experiência como pediatra, quando então brincava com as crianças, pacientes dele, com *jogo dos rabiscos (squiggle game)* e *jogo da espátula*. Assim, Winnicott concebeu a fundamental importância da presença de uma "mãe suficientemente boa", do meio ambiente "facilitador, ou complicador", do desenvolvimento infantil, a noção de espaço e dos fenômenos transicionais; a importância da atividade de as crianças brincarem com outros no sentido de despertarem a criatividade, o reconhecimento e a socialização; a formação de um "falso *self*" quando as crianças querem garantir o amor da mãe a qualquer custo, etc., etc.

É óbvio que muitos outros conhecidos e importantes autores (como E. Bick, M. Mahler, Meltzer, F. Tustin, A. Alvarez, A. Ferro...) trouxeram relevantes contribuições teóricas e técnicas que poderiam ser relatadas, porém este capítulo não tem o propósito de fazer uma revisão completa e exaustiva.

ESTADO ATUAL DA ANÁLISE COM CRIANÇAS

Ainda persiste uma nítida dúvida no meio dos psicanalistas, entre aqueles que seguem o legado de Freud, defendendo que o tratamento emocional das crianças não pode ser considerado uma "verdadeira psicanálise" e os demais, formando um número cada vez maior entre os membros da IPA, os quais conferem um estatuto que é legítimo considerar plenamente a psicanálise com crianças, de sorte que muito recentemente, a partir da nominata constante do Roster da IPA de 2001, todos os analistas de crianças passam a ser identificados por um símbolo ao lado do nome. É consensual que um analista de crianças requer um treinamento prévio, ou, no mínimo, simultâneo com psicanálise de adultos, assim seguindo uma tradição, como é nos Estados Unidos, em que todas as especialidades pediátricas cirúrgicas exigem um treinamento "geral".

Entretanto, as, antes aludidas, *Controvérsias,* da Sociedade Psicanalítica Britânica, não estão de todo elaboradas, tanto que muitos psicanalistas de crianças de formação kleiniana continuam criticando de forma acrimoniosa os demais (aos quais chamam de psicoterapeutas, e não de psicanalistas) que são formados no Centro Anna Freud, de Londres (possivelmente o mesmo ocorre com a Clínica Tavistock e outras instituições similares de treinamento). Na verdade, embora ninguém conteste que A. Freud foi uma completa analista de adultos e de crianças, os alunos do Centro que leva seu nome procediam de diferentes profissões, nem todos eram médicos ou psicólogos e o treinamento não incluía psicanálise de adultos.

Estes últimos reclamam o seu direito de serem considerados "psicanalistas de crianças", porém a maioria dos responsáveis pela IPA mantém a posição de estabelecer uma necessária distinção, embora muitos deles reconheçam que, no caso em que tenha havido uma completa formação psicanalítica, segundo os padrões estabelecidos, então o analista de crianças pode alterar as recomendações clássicas, com o argumento de que *se um analista tem internalizado a psicanálise, sua atitude vai ser sempre uma: a atitude analítica.*

A tendência, atual, da psicanálise com crianças trata de conservar primordialmente aquilo que de fundamental foi transmitido pelo pioneirismo da escola kleiniana, porém reduzindo a prematura e sistemática interpretação transferencial, quase sempre enfocada com os pais e a escola, apontando para novos horizontes. Neste último caso, cabe citar uma posição do Centro Anna Freud, com a sua afirmativa de que a ambição terapêutica do analista vai mais além do domínio do conflito e a melhora das soluções inadequadas dos conflitos. Agora abarca faltas, falhas, defeitos e privações, isto é, toda a variedade de fatores externos e internos adversos, aponta a correção de suas conseqüências e define o tratamento como uma combinação de terapia orientada para o *insight* e a assistência para o desenvolvimento. Pode-se inferir que este aspecto relativo ao fato de que muitas crianças, muito mais do que sofrer de conflitos, sofrem de carências – verdadeiros "buracos negros" – adquire uma extraordinária importância no entendimento e no tratamento da moderna *patologia do vazio,* notadamente o caso de crianças portadoras de um *autismo psicógeno.*

Creio que se pode acrescentar mais um vértice que deve ser enfatizado no trabalho analítico com crianças e respectivos pais: refiro-me à necessidade de o analista estar atento a uma programação prévia, às vezes, antes da concepção, que os pais fazem em relação ao filho, determinando a ocupação de lugares no âmbito familiar, o desempenho de certos papéis ao longo da vida futura, desejos de que o filho vá preencher expectativas deles, pais, e assim por diante, tentando modelar a criança à sua imagem, feição, discurso e desejo.

Em relação à precoce influência dos pais, antes do nascimento do filho, é relevante destacar que *Bion* aventou a sua "conjetura imaginativa" da existência de um precoce *psiquismo fetal,* e concebeu que o feto recebia importantes impressões (*imprintings)* procedentes do mundo externo (ruídos, brigas dos pais, modificações uterinas, etc.) e do mundo interno da mãe, com as suas variações emocionais e, mais, segundo ele, tais impressões marcariam profundamente o psiquismo adulto. O impressionante disso está no fato de que as conjeturas especulativas de Bion estão encontrando plena aprovação, graças aos modernos recursos tecnológicos, como os exames de alta ressonância, tal como comprovam cientificamente os experimentos de cientistas, como Alessandra Piontelli (1996), na Itália.

ASPECTOS DA PRÁTICA NA ANÁLISE COM CRIANÇAS

Características

As crianças apresentam algumas particularidades próprias no seu atendimento, diferentes das dos adolescentes e dos adultos, como são as que seguem:

1. A criança está em pleno período de transformações constantes e rápidas; daí que a *instabilidade* é a sua maior característica.
2. Dentre as *transformações,* físicas e psíquicas, é importante levar em conta que ela está em processo de maturação neurobiológica, que varia de criança para criança, de modo que o terapeuta não pode exigir tarefas (como usar adequadamente o banheiro, fazer recortes, amarrar os sapatos, etc.) para as quais ela ainda não está preparada.
3. As crianças costumam reagir a certos estímulos, de forma imediata, com ansiedades às vezes intensas.
4. Elas, ora são caladas e inertes, ora apresentam uma profusão de material verbal, pré-verbal e paraverbal, por meio de narrativas, jogos, desenhos, personificações, etc. Aliás, mesmo quando a criança já atingiu o uso efetivo da linguagem, a expressão de suas fantasias e sentimentos subjacentes se faz predominantemente por canais não-verbais de comunicação.
5. É grande a facilidade de a criança contrair um vínculo transferencial com o analista.
6. Igualmente, é bastante freqüente a manifestação de *actings.*
7. A dependência da criança em relação aos pais é total e absoluta.
8. Outra característica notória das crianças é que fazem uma experimentação continuada, por meio de alguns testes, no sentido de verificar *como é* o seu terapeuta, além de suas recorrentes tentativas de levar o analista a dar uma resposta já conhecida, ou para levá-lo a encenar um determinado tipo de papel.

Encaminhamento para tratamento

Diferentemente do que costuma acontecer com pacientes adultos, salvo raríssimas exceções, o pedido de ajuda de tratamento não provém das próprias crianças. Elas são trazidas pelos pais, geralmente encaminhadas pela escola, pelo pediatra ou por pessoas bem-informadas, como podem ser os próprios pais. Independentemente da sua idade, ela deve ser informada pelos pais, com convicção e verdade, de que vai consultar com uma pessoa especialista e por que vai à consulta.

Indicações

De forma diferente de como foi a indicação que Freud fez para o menino Hans, na atualidade predomina a idéia de que certos transtornos da infância, como são as tão costumeiras fobias simples, são mais bem tratados com tratamentos menos intensivos e que a efetividade da análise é tanto maior quanto mais cedo ela tenha começado. Pesquisas apontam que o método mais rigorosamente psicanalítico foi claramente mais eficaz para dois grupos de crianças púberes, ambos com transtornos emocionais severos e persistentes.

É consensual entre psicanalistas de muitos países que está havendo uma diminuição do número de pacientes em análise nos moldes clássicos e um incremento de pacientes psicoterapêuticos, em análise de crianças e adolescentes. Algumas razões são apontadas, como o fato de que existe uma pressão pelos órgãos prestadores de serviços médicos assistenciais, a maioria das mães trabalha fora e não tem mais a mesma disponibilidade, além de que a renda, em média, diminuiu e, naturalmente, também influi a diminuição progressiva das diferenças entre os tratamentos, sendo cada vez mais freqüente.

Os autores, em geral, enfatizam a importância crucial de que antes de se iniciar a análise seja feito um diagnóstico psiquiátrico e dinâmico da situação da criança, com vistas a poder preferir alguma outra modalidade alternativa de tratamento, como o da moderna psicofarmacologia que, talvez, seja mais adequada para alguma situação específica.

O contrato

Deve ser feito com os pais (quando se trata de crianças maiores, grande número de analistas infantis prefere fazer o contrato na presença do pequeno paciente), no que se refere aos horários, honorários, assunção da responsabilidade no caso de faltas, tempo de duração da sessão, plano de férias, participação dos pais. O importante é que cada um desses aspectos fique suficientemente claro para todos, caso contrário uma porta fica aberta para futuras complicações. Também é útil que o analista confira com os pais quais são as expectativas dos mesmos em relação ao tratamento.

Setting

É inegável que, cada vez mais, aumenta a flexibilidade dos analistas em relação ao estabelecimento dos parâmetros clássicos que norteavam a análise com crianças, como, por exemplo, o número de sessões (M. Klein utilizava cinco sessões semanais), o uso de medicação, etc. A propósito, os analistas, desde há muito pouco tempo, tendem a incorporar ao seu trabalho analítico uso da medicação com maior facilidade do que antes. Dessa maneira, não obstante com a reprovação de muitos, pode-se dizer que está encurtando bastante a distância que interpunham entre a análise propriamente dita e as "psicoterapias de base analítica", de sorte que, na atualidade, muito freqüentemente elas se tangenciam, interpõem e confundem entre si.

O fato de que existe uma maior flexibilidade, de forma alguma significa que não sejam mais válidas, em sua essência, as clássicas regras técnicas de Freud, como a da *livre associação das idéias* – que, de forma equivalente, estão expressas nas atividades lúdicas – as da *abstinência e da neutralidade* (é claro que sem a rigidez dos tempos pioneiros), da *atenção flutuante* e, sobretudo, a do *amor às verdades*.

O clima reinante no *setting* (enquadre) deve ser o de *liberdade* para que a criança possa brincar, jogar, falar, movimentar-se, rolar pelo chão, cantar, pintar, gritar, desenhar, escrever, rasgar, fazer coisas e expressar-se à sua moda, sem outras restrições que aquelas impossibilitadas por razões práticas e pela necessidade de o analista preservar a sua integridade física.

Para manter a integridade material do consultório, o local de atendimento deve ser especialmente preparado com o preenchimento dos requisitos básicos que assegurem a proteção, principalmente da própria criança (a sala de atendimento deve ser clara e suficientemente espaçosa; um mínimo de móveis simples, resistentes e confortáveis; uma pia com água; tapete que possa ser removido e facilmente lavado; uma espécie de quadro negro e alguma outra coisa mais).

É útil enfatizar que a atitude de neutralidade do analista deve ser mantida ao máximo, mas de forma alguma isso deve representar uma inibição para ele ser espontâneo e mergulhar em uma interação, junto com a criança, nos seus jogos e brinquedos. Ademais, é importante que o *setting* combinado deve ser preservado ao máximo, pelo fato de que o cumprimento das combinações visa a construir confiabilidade, regularidade e estabilidade, além do fato de que auxiliam a criança a estruturar ordem, discriminação, limites, orientação espacial e temporal, além de uma adaptação à realidade.

OS PAIS

Um aspecto fundamental, hoje considerada parte integrante do *setting*, concerne à participação dos pais. De forma nenhuma a participação deles no processo analítico com a criança deve ser considerado um entrave, tal como era considerado até certa época, a ponto de que havia a recomendação para que o analista evitasse ao máximo o contato com os pais, mesmo diante da insistência desses. Pelo contrário, hoje é difícil imaginar uma criança em análise sem um concomitante acompanhamento dos pais, ou, pelo menos, de um deles.

Conforme as circunstâncias específicas de cada caso, os pais participam desde o início, muitas vezes antes do filho, outras vezes já começam participando conjuntamente com a criança, assim como em outras situações os pais requerem um certo tempo de preparação antes que possam se integrar e apoiar o tratamento analítico do filho. A continuidade da participação dos pais adquire modalidades variáveis, não sendo rara a possibilidade de que se ache viável alguma sessão que reúna toda a família. A presença dos pais também é muito significativa, pois possibilita a formação de muitas oportunidades para a observação de desempenho de *papéis,* possíveis transtornos da *comunicação* e a emergência de *transferências* e de dissociações com as respectivas identificações projetivas de uns nos outros. O analista deve estar suficientemente bem-preparado para reconhecer e manejar tais situações.

Um aspecto particularmente relevante é aquele que se refere ao fato de que o discurso e o desejo dos pais quanto à expectativa do sexo biológico do filho pode causar, em casos mais extremos, graves problemas na formação do *gênero sexual* da criança e, por conseguinte, do futuro adulto. É bastante freqüente a possibilidade de que, em algumas situações, os pais ansiosos fiquem motivados para serem encaminhados para alguma forma de tratamento psicanalítico.

Ainda a propósito da importância do analista infantil trabalhar com os pais da criança, vale mencionar que a psicanalista H. Fainberg (1963) criou uma técnica original para o atendimento psicanalítico de *bebês* e crianças pequenas. Ela parte do fato de que os passados conflitos da mãe, não-solucionados, são reproduzidos com o bebê, por meio de identificações projetivas, de sorte que Fainberg emprega a prática de psicoterapia analítica conjunta de pais-bebê.

Pesquisadores ligados as neurociências demonstraram que crianças autistas sofreram os efeitos de uma eventual *depressão pós-natal* quando eram bebês, quando então encontraram uma menor atividade no lobo frontal esquerdo desses bebês, o que pode explicar muitos sintomas.

Voltando ao *setting*, existe na sala do terapeuta infantil a presença da *caixa de brinquedos* que possibilita que a criança que ainda não tem satisfatórias condições de expressar-se verbalmente, ou que ainda está muito inibida, possa utilizar a linguagem por meio de montagens, desenhos, das histórias que cria e os papéis que ela confere aos personagens, a forma de brincar com os brinquedos e a utilização que as crianças menores empregam nas narrativas baseadas no "faz-de-conta-que...", aliás, uma excelente via para o conhecimento das fantasias inconscientes. Cabe particularizar que os desenhos, modelagens e pinturas permitem perceber a força expressiva contida nas cores, nas proporções, nos limites que as figuras humanas desenhadas guardam em relação com o espaço do papel (que podem definir a importante discriminação de seus limites corporais, do seu "eu", em relação ao mundo exterior), etc.

De modo geral, os analistas de orientação predominantemente kleiniana deixam disponíveis para a criança brinquedos constantes de bonecas que permitam representar uma família; pequenos animais de plástico, selvagens e domésticos; carrinhos pequenos; uma caixa de cubos para construção; uma bola pequena e leve; papel; lápis simples e de cores; material para pinturas simples; plastilina ou argila; e mais algo similar. Muitos analistas de crianças são contrários a uma oferta excessiva de brinquedos, com o argumento de que uma grande quantidade poderia representar uma mensagem implícita à criança de que é melhor não dirigir a atenção à presença do outro, mas jogar com o material fartamente disponível.

Alguns temas simbólicos aparecem com maior freqüência, como: casa; árvores, secas ou com flores e frutos; família; sol e nuvens; estradas; rio e barco; ilha; aviões e carros; monstros; labirintos; máscaras; armas de fogo; água e peixe; corpo humano. O importante é que o analista esteja atento não só às fantasias implícitas, mas também aos *papéis* designados aos diversos personagens que compõem o enredo das encenações.

Assim, o ato de brincar inclui brincadeiras com um material lúdico, cuja seleção foi sendo depurada por longos anos de experiência analítica com crianças, ficando finalmente reduzida a alguns brinquedos simples e algum material escolar. É freqüente a possibilidade de que esses objetos sejam levados para casa, enquanto outros são trazidos pela criança, de casa para as sessões. Também podem fazer parte do enquadre jogos de mímica e adivinhação, ou "jogos de regras fixas", tanto os competitivos quanto os de passatempo social, como são os de dama, xadrez, cartas, quebra-cabeças, etc., que, segundo alguns analistas, as crianças costumam introduzir em momentos difíceis do relacionamento com o terapeuta, ou quando querem reduzir o ritmo do trabalho analítico. A dramatização repetitiva de más experiências é freqüente em análise de crianças, com a função de externar, evacuar o que ela não suporta dentro de si e, especialmente, como uma forma de elaborar determinadas vivências traumáticas.

É necessário incluir como fator integrante do *setting* a *pessoa real do analista*, especialmente a sua autêntica atitude analítica que resulta do seu *setting interno*, mercê de uma série de atributos mínimos, dos quais, o prioritário, minimamente indispensável, é a condição que ele, de verdade, goste de crianças!

Não custa reiterar que é absolutamente vital que os pais sejam abordados. Há ocasiões raras nas quais eles dizem que virão, mas não vêem ou faltam muito. Os contemporâneos analistas infantis preferem não ser rígidos a respeito disso, porque entendem que, mesmo que os pais relutem, sempre é possível fazer algo de produtivo pela criança.

Resta dizer que o próprio *setting* funciona como um objeto *continente*, assim como de sustentação primária, provedor e delimitador.

Resistência-Contra-resistência

É evidente que a criança tem múltiplas formas de resistir, tanto no que se refere às suas vindas para as sessões, quanto também contra a evolução do processo analítico, as quais variam com a idade e com a singularidade de cada uma delas. Quatro aspectos merecem ser destacados:

1. A resistência da criança pode estar significando a ocorrência de alguma falha no entendimento e no manejo por parte do analista.
2. De modo geral, as resistências da criança na análise expressam como se comportam em casa e se constituem como um indicador dos mecanismos que estão forjando a estruturação de sua personalidade. Por exemplo, a criança pode estar agredindo continuadamente ao terapeuta, sob forma verbal ou conductual, como forma de testar, ao máximo possível, a sua capacidade de *continente,* a sua capacidade de sobreviver aos ataques sem desmoronar ou revidar.
3. Importante mesmo é a possibilidade de o analista, consciente ou inconscientemente, formar um *conluio* de acomodação no que tange à análise de determinados aspectos e condutas significativas, preferindo ficar unicamente em uma condição de *amiguinho*.
4. A presença da resistência, na análise de crianças, adquire uma característica singular, pelo fato de que, em um grande número de vezes, trata-se uma *dupla resistência*, isto é, a que é própria da criança e aquela que procede dos pais, às vezes de forma acintosa e outras, muito sutil.

Transferência-Contratransferência

Igualmente ao que foi referido em relação à resistência, também costuma haver uma *dupla transferência,* com distintas e, às vezes, complexas configurações transferenciais que se formam entre a criança, a mãe e o pai, tendo o terapeuta como figura central, não sendo nada rara a possibilidade de a criança forçar um jogo de intrigas entre os pais e o analista. Por outro lado, conhecemos o fato de que seguidamente os pais signifiquem o analista como uma espécie de rival que quer destroná-los no campo afetivo do filho, que vá jogar a criança contra eles, ou, nos casos mais patológicos, evidenciam o medo inconsciente de que o filho pode melhorar a ponto de escapar do seu controle, razão por que é tão freqüente a interrupção que os pais fazem da análise, justamente no período que começam a aparecer significativas mudanças na criança.

É consensual que, em condições propícias, as crianças costumam desenvolver a assim chamada *neurose de transferência,* o que não significa que o analista não vá valorizar os aspectos extratransferenciais dos fatos que acontecem na realidade exterior. Os sentimentos contratransferenciais são especialmente freqüentes e importantes, visto que a ansiedade do analista pode pressioná-lo a evitar as implicações da interação na sessão – às vezes, muito difícil – por meios não-analíticos, desviando o foco da sessão para assuntos amenos ou tornando-se excessivamente pedagógicos.

Um especial cuidado que o terapeuta deve ter em mente é não aceitar o papel de "mãe substituta" que, por vezes, a criança o induz a assumir; deve haver uma clara distinção entre ser mãe substituta, idealizada, e, simplesmente, exercer um novo modelo de "função de maternagem". Acredito que as maciças cargas projetivas que a criança deposita no terapeuta, somadas à conduta de irrequietação dela, devam ser as maiores responsáveis pelo fato de que uma grande parcela de analistas de crianças, com o tempo, prefere não se dedicar exclusivamente à análise com crianças, fazendo questão de incluir um bom número de pacientes adultos no seu cotidiano trabalho psicanalítico, por mais que gostem – e saibam – trabalhar com crianças.

Comunicação

Vimos neste capítulo a existência das distintas formas verbais e não-verbais de como a criança se comunica com o analista. Compete ao terapeuta conter, decodificar, dar um significado, sentido e nome às experiências emocionais que estão sendo expressas pela linguagem lúdica e comportamental, para, então, poder devolver com alguma forma de atividade interpretativa, em uma linguagem capaz de ser compreendida pela criança.

Um aspecto particularmente relevante da comunicação diz respeito à *escuta,* não somente em relação às possíveis distorções que a criança faz, mas também nas ocasiões em que, manifestamente, como um movimento resistencial, ela se faz de surda para determinados assinalamentos do terapeuta. A falha na comunicação é um dos principais ingredientes no surgimento de *actings.*

Actings

Da mesma forma que os adolescentes, as crianças também fazem atuações com seus analistas de modo mais maciço que a maior parte de adultos. Assim, como foi assinalado, um dos *actings* mais comuns é a tentativa da criança (e, às vezes, consegue) de levar o analista a ter uma relação complicada com os pais, com todas as conseqüências previsíveis. Outras vezes existe um conluio inconsciente da criança com os pais, ou com um deles, contra o analista, para garantir que não será desfeito um vínculo, por exemplo, fortemente simbiótico.

Atividade interpretativa

Este é um dos aspectos que mais tem sofrido sensíveis transformações. Assim, segundo Amazonas Lima (2000),

> interpretar desenhos requer experiência para não incidir nos modelos estereotipados de explicação simbólica. Requer também finura muito especial quanto à sua oportunidade, como, por exemplo, nos casos em que a criança utiliza o desenho como defesa. Insistir em mostrar que, mesmo sem falar, ela se revela, é usar autoridade e superioridade intelectuais.

Ademais, na atualidade, a atividade interpretativa do analista vai muito além da mera revelação de fantasias *in*conscientes da criança, com as suas respectivas conseqüências. Assim, uma significativa importância é conferida aos *significados* que a criança conferiu ao discurso dos pais, de como ela captou os desejos conscientes e/ou inconscientes deles, e quais são os papéis que ela está cumprindo (ou não) para atender (ou contrariar) as expectativas que os pais depositam nela, além, é claro, de analisar as *identificações* que estão se formando com os pais, notadamente aquelas que estão adquirindo uma natureza patogênica.

Existe uma força natural na criança que a leva a brincar e a jogar, além de uma força natural que a leva a criar um vínculo emocional com outra pessoa. Neste último caso, a criança visa, acima de tudo, à busca de um *continente* adequado, no qual ela possa ter a liberdade de colocar suas necessidades, desejos, demandas, angústias, amor e ódio, dúvidas e fantasias.

Assim, hoje não se pode entender que o analista simplesmente "interprete" os *conteúdos* de forma automática, sem que, simultaneamente, alie sua interpretação a uma *forma* adequada à sensibilidade da criança, estimule-a a participar da *construção* da interpretação, por meio de alguns recursos que despertem funções do ego da criança, ainda em formação, como, por exemplo, o emprego de perguntas que estimulem a indagação e a reflexão. Da mesma forma, o terapeuta deve ter bem clara para si qual a *finalidade* que ele visa quando interpreta determinado aspecto, assim como *qual o destino* que a interpretação tomou na mente da criança, além dos resultados práticos da mesma. O analista infantil deve ter uma sensibilidade para perceber quando ele deve evitar fazer a interpretação, tendo em vista que a própria criança está evidenciando sinais de que está entendendo e quer ter a conquista de atingir o *insight*.

As crianças, inclusive quando são muito pequenas, podem expressar-se por meio do jogo simbólico. Porém, quando as relações internas dos objetos são por demais complicadas, com predominância do ódio, a relação analítica pode tornar-se violenta. Nesse caso, as crianças gritam, tapam os ouvidos, atiram-se no chão e lançam objetos no analista, provocando neste uma dificuldade em manter uma "atenção flutuante" ou uma capacidade para pensar. Com freqüência, não é somente a atuação física que perturba a eficácia do terapeuta, mas também, conta bastante, a habilidade da criança para levar o analista a praticar *contra-atuações,* e sair de seu papel e lugar. Nessas condições, não adianta o analista querer formular as interpretações clássicas, o que só vai aumentar a agressividade dessa criança irada.

Assim, nesses casos, mais eficaz do que interpretar verbalmente, o analista deve possuir alguns atributos essenciais, que relevam a sua capacidade de *continência, paciência, firmeza, sobrevivência* aos ataques e um sentimento, autêntico, que, apesar de tudo, ele consegue transmitir ao seu pequeno paciente que *gosta, compreende e acredita* nele!

Merece uma atenção especial, pela freqüência crescente da demanda clínica, particularizar alguns aspectos do tratamento analítico com crianças muito regredidas, como psicóticas, *borderlines* e alguma forma e grau de autismo psicógeno. Neste último caso, tais crianças autistas parecem desligadas do mundo exterior e transmitem-nos a impressão de que elas olham, não *para* as pessoas, porém, *através* delas. A importância no tratamento dessas crianças reside no fato de que elas requerem uma outra abordagem técnica que consiste em o terapeuta sair *ativamente* em busca de seu pacientezinho que, mais do que escondido ou fugindo, está realmente *perdido* e necessitado de ser encontrado e "sacudido" para ser despertado de um estado de "desistência" de viver a vida, conformado que ele está em unicamente sobreviver, qual um vegetal.

Dizendo com outras palavras: o fundamental é que o analista possa propiciar a esse tipo de criança algum tipo de "experiência de ligação", já que não adiantam as suas interpretações, por mais corretas que elas sejam, pois essa criança escudada em sua cápsula autística não se liga a elas; tampouco adianta uma boa função continente do terapeuta, porquanto a criança "não está nem aí" e não fica sensibilizada pela "continência" que lhe é oferecida.

Por isso, Tustin (1981) faz a metáfora de que, para tais casos, o *setting* analítico seja uma espécie de "útero psicológico", que ele funcione como uma "incubadora" para que o *self* em estado prematuro possa obter aquelas provisões essenciais para o seu desenvolvimento primitivo, que não se realizaram no vínculo com a mãe. Assim, a proposta analítica contemporânea é, de alguma forma, ir ao encontro, e sacudir, sacudir as emoções escondidas atrás do escudo protetor, até obter alguma resposta que sirva de escada para novas sacudidas, com vistas a transformar um estado mental de *de-sistência* em um outro de *ex-sistência*.

Anne Alvarez (2002) dá um expressivo destaque aos *traumas* que ocorreram durante o desenvolvimento da criança, ressaltando o fato de que eles foram muito prejudiciais, especialmente se ocorreram em uma idade muito precoce e adquiriram uma cronicidade, porquanto os aludidos diferentes tipos de traumas provocam uma mutilação do ego, prejudicaram não somente o desenvolvimento emocional, mas também o das funções cognitivas. A autora também ressalta a importância das neurociências no que diz respeito às recentes pesquisas bem-fundamentadas sobre o cérebro, nas quais os pesquisadores demonstram que experiências traumáticas ou de privação, como a negligência dos pais, atrofiam certas vias neuronais e, por conseguinte, atrofiam nobres funções cerebrais, com as respectivas conseqüências emocionais. Dentre essas últimas, Alvarez menciona a formação de um estado de "hipervigilância" (que pode evoluir para uma síndrome de "transtorno de atenção") e o de uma hiperexcitação, quando então essas crianças são hipersensíveis e não raramente "fecham-se em copas".

Para os leitores que estão particularmente interessados na técnica de tratamento com crianças autistas, além dos livros e artigos de F. Tustin e A. Alvarez, permito-me, enfaticamente, recomendar a leitura de uma supervisão que Meltzer fez no Brasil, com a análise de uma criança diagnosticada como autista. Considero este texto de uma grande riqueza e fonte de ensinamento, teórico e técnico. Está publicado na *Revista Brasileira de Psicanálise* (v.24, n.4, p. 528-546, 1990).

34

Terapia Psicanalítica com Púberes e Adolescentes

Dentro do enfoque psicanalítico, cabe uma atenção especial a quatro vertentes: a biológica, a familiar, a das interações sociais e a da vertiginosa aceleração da cultura "pós-modernista".

É útil iniciar este capítulo definindo a conceituação e os significados que, aqui, o termo "adolescente" representa em diferentes dimensões.

Assim, de modo geral, considera-se que a adolescência abrange três níveis de maturação e desenvolvimento: a *puberdade (*ou pré-adolescência) no período dos 12 aos 14 anos, a *adolescência propriamente dita*, dos 15 aos 17 e a *adolescência tardia*, dos 18 aos 21 anos, cada uma delas com suas características próprias e específicas que exigem abordagem psicanalítica com aspectos singulares para cada uma delas; no entanto, neste capítulo, serão abordados quase que unicamente os aspectos técnicos relativos aos adolescentes após a puberdade.

Até algumas décadas atrás, o grau de desistência da análise por parte de pacientes adolescentes era bastante elevado, em boa parte devido ao fato de que, com eles, a análise sistematicamente enfocada na neurose de transferência deixava-os confusos e temerosos, devido a uma natural falta de plenas condições em discriminar, naquilo que o analista interpretava, entre o que é abstrato ("é como se...") e o que lhe parece ser concreto ("realmente você está apaixonado por mim...").

Nos primeiros tempos eram os pais, espontaneamente, ou influenciados por outros (orientadores educacionais, médicos, professores, parentes...) que induziam o filho adolescente a se tratar psicanaliticamente. Na atualidade, cada vez mais, a iniciativa está partindo do próprio adolescente.

Por definição, salvo algum caso de excessiva preocupação devido a alguma perturbação de conduta, sintomas esquizóides, uso de drogas, etc., na maior parte das vezes a motivação do paciente adolescente para a terapia analítica prende-se a alguns aspectos típicos, como são seguintes:

- Sempre existe algum grau de sensação de *confusão* em relação ao seu *sentimento de identidade*, tanto no nível individual quanto no grupal, social e sexual.
- É necessário levar em conta as evidentes transformações físicas e hormonais que se apoderam de seu corpo biológico. Tal fato determina uma certa confusão pela perda do que lhe é conhecido e tão familiar, pela angústia devido ao surgimento do desconhecido, a ambigüidade na passagem da identidade de criança para a de adulto, a sua auto-imagem – corporal e psicológica – sofrendo novas representações e significações.
- Paralelamente a muitos ganhos, também existe um luto pelas perdas inevitáveis, como as das mudanças do corpo; o direito aos privilégios da criança; a renúncia à fantasia de bissexualidade; a perda dos pais da infância (especialmente quando eles foram muito idealizados); a onipotência própria do narcisismo infantil, a qual ele tenta conservar acima de tudo, a um mesmo tempo que renega o direito que os outros (os pais, principalmente) têm à sua própria autonomia.

- O adolescente ainda está com um pé na condição de criança dependente dos pais, e com o outro pé na condição de um *quase adulto*. Na maioria das vezes, existe algum tipo de conflito com os pais (os quais, muito freqüentemente já estão divorciados, ou em vias de), especialmente diante do problema da colocação de limites.
- A *auto-estima* do adolescente está sempre em equilíbrio instável, entre pólos de extremos opostos de reações afetivas que são facilmente oscilantes, sendo que decepções de toda ordem, sobretudo as amorosas, são vivenciadas como verdadeiras tragédias.
- Em situações mais patológicas, é possível o surgimento de problemas de transtornos alimentares (especialmente a obesidade, bulimia e anorexia nervosas), somatizações, algumas formas de transtornos neuróticos, transtornos de conduta, drogadição, quadros *borderline* e de depressão, inclusive com ideação suicida e, em casos mais extremos, com o cometimento de suicídios, diretos ou por meios indiretos. O ato suicida choca a todos pelo inesperado e ele parece ter sido repentino, porém na imensa maioria das vezes já existiam claros sinais indicadores de que isto poderia acontecer.
- Os sinais de *depressão clínica* mais freqüentes são: transtornos de sono; apatia e desinteresse generalizado; reclusão; queda de rendimento escolar; sentimentos de insuficiência; exagerada queda da auto-estima; permanente sensação de ser "vítima" ("...sempre eu, tudo é culpa minha, estão todos contra mim..."); a depressão pode estar mascarada por outros sinais e sintomas que aparentam ser o inverso dela, como são os sinais, ou sintomas, algo hipomaníacos, manifestações de agitação psicomotora ou, inclusive, de violência. O aludido quadro depressivo não raramente pode adquirir a forma de uma "depressão maior", uni ou bipolar. Diante de quadros como esses, é útil que o terapeuta investigue a existência de antecedentes familiares de doenças depressivas, levando em conta a eventualidade de que o adequado emprego de uma medicação específica possa ser altamente benéfico. As manifestações depressivas que acontecem com crianças, adolescentes e adultos adquirem características singulares e diferentes em cada uma delas.
- É útil ter em mente que os principais motivos de *luto* na adolescência normal decorrem de perdas: de ilusões narcisistas; do corpo infantil, com mudanças fisiológicas; do *status* de criança; dos pais na condição única de protetores e provedores.
- Em relação ao surgimento de quadros *borderline,* cabe destacar aspectos como esse adolescente pode regredir a um estado psicótico, porém recupera o equilíbrio mental e emocional, embora de forma instável. Existe uma indefinição do seu sentimento de identidade; a estrutura de seu caráter é de natureza dispersa, fluida e frágil. É comum a presença constante de um sentimento de desamparo e vulnerabilidade; por conseguinte, ele costuma construir uma "autarquia narcisista". É útil o terapeuta fazer uma distinção entre o que é a manifestação de "traços *borderline*" como componentes de uma fase *borderline* da adolescência normal, além daquilo que já está constituindo uma "síndrome *borderline*", processual.
- O natural no adolescente é a existência de dúvidas existenciais e ideológicas, sustentadas por meio de intelectualizações, às vezes, com uma tendência a um misticismo e forte contestação aos, vigentes, valores culturais, políticos e religiosos.
- Os fenômenos do campo grupal (familiar, escolar, social, etc.) aos quais pertencem provocam fortes e penosos sentimentos de estar sendo vítima de

incompreensões, injustiças, rechaço dos demais, atribuição de papéis denegridores, como o de "bode expiatório", etc., que atingem níveis às vezes insuportáveis e que demandam a necessidade de um auxílio, que nem sempre os pais conseguem prestar com êxito.

- É indispensável levar em conta que o adolescente atual vive em uma cultura de um "pós-modernismo", de sorte que os seus valores destoam bastante dos valores convencionais das gerações anteriores. Assim, no lugar do namoro clássico, predomina as sucessivas experiências de "ficar", sem maior compromisso; especialmente as moças, após o advento dos anticoncepcionais, ingressam muito mais cedo em uma ativa vida sexual; a Internet estimula e propicia uma rede de comunicações com toda aldeia global, com uma impressionante instantaneidade; a mídia exerce um enorme poder de persuasão, ditando padrões de beleza e de comportamento; a imagem virtual ganha preponderância sobre o pensamento conceitual, etc.

O ADOLESCENTE E A FAMÍLIA

A afanosa busca pela aquisição de um sentimento de identidade próprio costuma forçar o adolescente a uma necessidade de diferenciar-se de sua família, para não ser unicamente o "filho de seus pais", um mero prolongamento deles, por melhores que estes sejam. As forças em conflito (amorosas, agressivas, eróticas, narcisistas, de dependência e de independência), que estão reativadas dentro dele, podem ser tão intensas que, com freqüência, podem se voltar violentamente contra os seus pais, ou também contra a sociedade. Isso acontece especialmente quando os mecanismos de defesa que o ego mobiliza contra os seus medos e a depressão subjacente consistem em uma idealização maníaca onipotente, com a utilização de uma primitiva *posição narcisista*, com uma respectiva lógica, extremamente dissociada, de "tudo ou nada; branco ou preto; está comigo ou contra mim, etc.".

O adolescente pode tratar de arrastar os seus pais com ele, ou afastar-se enfurecido deles, ou ainda, deixar ser arrastado pelos seus pais que projetam nele conflitos equivalentes deles próprios, malresolvidos. A decepção com os pais, além das razões devidas à pressão dos seus conflitos internos, fica incrementada porque ele se dá conta mais agudamente das hipocrisias praticadas por parte da geração que o antecede. O drama do adolescente fica insuportável quando ele se dá conta de que despreza depender dos pais, tão ambivalentemente amados e odiados, necessitados e denegridos, por ele, a um mesmo tempo que, sem os pais, não consegue superar e, sequer, enfrentar sozinho as suas necessidades e problemas.

Convém que o terapeuta que acompanha os pais de seu paciente adolescente tenha em mente que também os pais, ou toda a família, de alguma forma, vivem uma situação de *crise,* no curso da entrada caótica do seu filho no mundo da adolescência. Essa crise dos pais costuma ser composta pelos seguintes seis fatores: 1) luto pela constatação da passagem do tempo para eles; 2) luto pela perda da criancinha querida, que está crescendo "rápido demais"; 3) luto pelo possível reconhecimento da não-realização de seus projetos e sonhos, resultantes da desilusão das expectativas de seu ideal do ego, que foram colocadas no filho; 4) incremento de uma natural preocupação (em pais excessivamente obsessivos a preocupação será em nível altamente angustiante, quase insuportável) diante da acelerada escalada da violência urbana, paralelamente à aquisição de uma maior liberdade de movimentos por parte dos adolescentes; 5) em alguns pais, o surgimento de uma angústia depressiva, pelo temor de uma solidão e desamparo, em função do afastamento do filho; 6) um estado de total confusão diante da perda de controle sobre o destino do filho e da emergência de sentimentos intensos, contraditórios e ambíguos em relação ao que fazer e a como proceder com ele.

Na verdade, a história de qualquer pessoa nasce antes do seu nascimento biológico. Existe uma *ordem simbólica* (termo de Lacan) que precede seu nascimento, a qual representa o lugar que o filho vai ocupar na fantasia individual de cada genitor, assim como nas do casal. Por exemplo, se os pais são exageradamente narcisistas, a fim de manter a homeostasia do narcisismo deles, além da do meio ambiente, ele começará a ser identificado, no contexto familiar, em tal lugar e com tal papel.

Uma conjunção das dificuldades de separação, tanto por parte do adolescente, como a de seus pais, pode representar o risco de uma *adolescência por demais prolongada.* A mesma se sustenta na crença idealizada do filho de que os pais serão os eternos salvadores e provedores dele, enquanto os pais se sustentam em uma idealização messiânica em relação ao filho, seguida de contínuas desilusões e decepções, o que pode gerar um movimento pendular, com o risco de um crescente círculo vicioso, sob a égide de um clima de *desafio*, de ambas as partes, porém mais visível no adolescente porque ele quer lutar pela sua emancipação, com os seus valores, mas ainda não sabe como conseguir isto, de forma harmônica com os pais. Tal clima de desafio do adolescente, tanto pode ser de cunho positivo (a serviço de uma sadia busca de *diferenciação, separação e individuação)*, como pode ser negativo, através de sucessivas provocações e guerrilhas com os pais, assim ficando detido em uma falsa sensação de que já está emancipado.

Seguidamente, essa situação beligerante pode estar servindo às necessidades simbióticas, tanto do filho quanto de um dos pais (ou de ambos), de sorte que se instala uma *resistência ao crescimento*, a qual, independentemente da idade do filho, pode conduzir a uma, crônica, adolescência eterna, como forma de todos não perderem a ilusão do "nirvana simbiótico".

Não é incomum que exista um forte jogo de identificações projetivas dos pais sobre os filhos, de maneira que um dos pais possa induzir o filho a "atuar" (sexualmente, por exemplo) a própria adolescência dele, malresolvida; ou pode ocorrer o oposto: o genitor manifestar uma absoluta intolerância aos movimentos livres de uma adolescência normal, porque ele pode estar reprimindo fortemente a sua própria impulsividade adolescente. Também costuma acontecer que os pais regridam à condição de adolescente, na forma de se vestir, por exemplo, como uma maneira de negar a aproximação da velhice, ou, não raramente, com a expressão de uma competição com o filho.

Resumidamente, sempre cabe ao terapeuta se perguntar: "o que se passa na família a partir da adolescência dos filhos?".

A GRUPALIDADE DO ADOLESCENTE

Existe nos adolescentes uma clara tendência a se agruparem, constituindo as *turmas*, nos caso de normalidade, quando predominam as pulsões de vida, ou as *gangues,* nas situações patológicas, nas quais prevalecem os sentimentos tanáticos.

A "turma" propicia a formação de uma nova identidade, intermediária entre a família e a sociedade, com a assunção e o exercício de novos papéis. Igualmente, a turma cria um novo modelo de superego ou de ideais do ego quando os adolescentes sentem que não podem, ou não querem, cumprir com os valores e ideais propostos e esperados pelos pais. A tendência ao agrupamento também se deve ao fato de que sentem menos expostos às críticas diretas, buscam uma discriminação dos adultos, confiam mais nos valores de seus pares, diluem os sentimentos de vergonha, medo, culpa e inferioridade, quando convivem com outros iguais a eles; reasseguram a auto-estima pela imagem que os outros lhe remetem; estão ancorados na crença de que "a união faz a força", e com o que eles se sentem mais fortes, a sua voz ressoa mais longe e mais potente, além de fazerem distintas formas de "movimentos".

Outra forma de as "turmas" firmarem a sua diferenciação com os adultos é pela via da obtenção de um *reconhecimento* propiciado pelos sinais exteriores, como são as roupas-uniforme, o uso de motos potentes, a exibição das pranchas de *surf*, o uso de insígnias, de tatuagens, de vestimentas e de penteados bizarros, algum tipo de música da moda, etc. Também costuma haver, por vezes com um colorido manifestamente histérico, uma busca por ídolos que consubstancia uma imagem – não importa se fabricada pela mídia – de alguém que seja o portador e porta-voz dos ideais dos adolescentes, tanto sob a forma de beleza quanto de prestígio, talento, riqueza ou contestação libertária. Nesses casos, pode-se dizer que, muitas vezes, as "modas" tomam o lugar das identidades, enquanto essas ainda não estão claramente definidas.

A continuada e íntima convivência com *grupos* pode estimular o uso de algum tipo de droga da moda. Entretanto, é imprescindível que se faça a distinção entre os que são drogativos e os drogaditos. Nos primeiros pode estar acontecendo que se trate de um grupo normal, no qual a droga esteja unicamente servindo como um modismo, uma espécie de *griffe* de coragem e valorização junto aos respectivos pares. Nesse caso, as drogas estariam, paradoxalmente, desempenhando de certa forma o papel de um fetiche que une e integra a turma.

Assim, existe uma certa "tendência antisocial" de uma turma adolescente, com o cometimento de algumas transgressões, fato que, a princípio, não é por demais preocupante, pois na imensa maioria das vezes é uma fase transitória para cada um dos adolescentes da turma, que, respectivamente, vão assumindo seus papéis adultos.

A importância dessa breve resenha das características da grupalidade dos adolescentes reside no fato de que os pais devam ser conhecedores da dinâmica normal, embora revestida de uma aparência patológica, sem excluir, é óbvio, que possam existir situações específicas que realmente exigem uma atitude de firmeza e de uma atenta observação da conduta do filho. Nas situações normais, os indivíduos, com os seus respectivos grupos, necessitam apenas ser contidos em seus excessos nas transgressões das leis que regem a sociedade e a atenção dos pais no cumprimento de seus deveres, sem pressioná-los para uma imediata tomada de posições adultas.

A PRÁTICA CLÍNICA

1. O primeiro aspecto que deve ser ressaltado é o que diz respeito aos *atributos* pessoais do terapeuta de adolescentes. A "condição necessária mínima" para um analista de adolescentes é a de ele *gostar* deles, em qualquer nível da evolução em que cada um deles estiver. Assim, o terapeuta terá mais condições de manter uma *aliança terapêutica*, com um estado mental de natural curiosidade (função "K", de Bion) em relação ao que se passa com o seu paciente adolescente.

2. Assim, a um mesmo tempo, juntamente com uma fundamental capacidade de *empatia*, o analista deve conseguir manter uma flexibilidade, sem jamais perder de vista a manutenção dos limites e a preservação dos respectivos papéis, no que diz respeito à construção do *setting* que servirá de cenário do processo analítico.

3. O terapeuta necessita manter um delicado equilíbrio, porque o adolescente rapidamente sente quando aquele está conluiado com a sua ideologia (contra a dos pais), ou tratando de arrastá-lo para uma ideologia rival (a que é própria da geração de seus pais). O adolescente sente-se profundamente ferido quando ele é rechaçado, mas também é agudamente sensível quando se sente infantilizado. Quando espera a ajuda do analista, sua necessidade de ser atendido é sempre urgente e intensa e, se ele se desilude, a sua vingança, em forma de *atuação*, pode ser rápida, preocupante, às vezes com sérios riscos.

4. Da mesma forma que as crianças, também os púberes e adolescentes fazem *actings* com os seus terapeutas de um modo muito mais maciço do que a maior parte dos adultos, além de tentarem, também, (seguidamente conseguindo) induzir o analista a ter uma relação complicada com os seus pais. Tais aspectos são resultantes da forte propensão que os adolescentes têm de expressar-se por meio de *atuações*.

5. É imprescindível que o analista de adolescente possua uma boa capacidade de *continente*, de modo que ele possa receber e conter as maciças e variadas cargas de projeções do paciente, ora de seu lado amoroso e construtivo ora do lado com um ódio destrutivo; de euforia ou depressão; de certezas e dúvidas; gratidão e desprezo; de erotismo ou repulsa; emotividade ou excessiva intelectualização; submissão ou rebeldia e assim por diante.

6. De fato, comumente existe uma grande mobilidade e uma flutuação das diferentes regiões, contraditórias, do psiquismo, no qual coexistem simultaneamente partes opostas, como a do seu lado adulto com o da criança; a "parte psicótica da personalidade" com a não-psicótica; um lado obsessivo com um outro algo

psicopático, etc. Tudo isso caracteriza um nítido estado de uma dicotomia que também se expressa na manifestação dos *vínculos* – de amor, ódio, conhecimento e reconhecimento –, além das respectivas configurações vinculares que vão tipificar os distintos inter-relacionamentos.

7. Como o paciente adolescente, na imensa maioria das vezes, é dependente dos *pais,* a participação destes adquire uma grande relevância, tanto no sentido de que eles podem auxiliar de forma bastante positiva quanto, também, podem tentar controlar, sabotar e, até mesmo, destruir e interromper o processo analítico, às vezes, justamente quando as melhoras (no critério do analista; pioras, no critério deles) começam a se evidenciar.

8. Por essa razão, uma primeira questão sempre levantada é a que se refere a se o analista deve, ou não, falar ou acompanhar os pais do adolescente, no transcurso do tratamento analítico. Quando se trata de adolescente púbere é mais ou menos consensual que o analista deva manter um permanente canal de comunicação com os pais, de forma sistemática, ou eventual, conforme cada caso. A dúvida cresce na medida em que o paciente esteja na fase final da adolescência cronológica, e sua conduta não desperta maiores preocupações. Creio que, em princípio, o analista deva estar sempre disponível para conversar com os pais, com ou sem a presença do paciente adolescente, desde que tudo seja feito a céu aberto, sem segredos, como, aliás, é uma conduta viável de ser tomada com qualquer paciente dependente, de qualquer idade.

9. Em muitas ocasiões, é possível que seja bastante útil para o processo analítico fazer uma reunião conjunta, ou uma série delas, do paciente adolescente com os pais, ou, em certos casos especiais, alguma reunião com todas pessoas significativas da família. A realização desses possíveis encontros deve ter a anuência de nosso paciente adolescente; caso ele não aceite, o analista deve ter paciência e trabalhar analiticamente acerca das razões, conscientes e inconscientes, de sua recusa, até o paciente tomar e assumir algum tipo de decisão.

10. A iniciativa de, eventualmente, reunir o paciente com os pais (trata-se, pois, de uma *intervenção vincular*) pode partir do próprio adolescente, dos pais ou do analista. A finalidade maior consiste na possibilidade de o analista vir a construir aquilo que proponho denominar como uma *aliança terapêutica familiar*, ou seja, criar um clima em que todos "vistam uma mesma camiseta", e joguem em um mesmo time. Além disso, este, eventual, encontro do grupo familiar visa a restabelecer uma *comunicação*, na qual cada um aprenda a escutar os demais, visto que, habitualmente, nessas situações, a comunicação costuma estar muito prejudicada, na base de queixas e ataques recíprocos, decorrentes de um prévio estado mental de defensividade por parte de todos.

11. No contato com os pais, um dos temas que certamente surge com forte interesse é o que se refere à *colocação de limites*. O terapeuta deve ter claro para si que a liberdade concedida às gerações mais jovens é bastante sadia quando enquadrada em limites bem-definidos; que, em caso contrário, se trata mais de liberdade hipotética do que real, a qual gera mais insegurança do que a aparência de felicidade. Exemplos comuns: o descaso pelos reais riscos que representam a violência urbana; os primeiros sinais de uma drogadição; uma exagerada promiscuidade; a precoce liberação do sexo para adolescentes que ainda não estejam suficientemente preparados, tendo em vista as profundas mudanças, em poucos anos, dos (pré-)conceitos muito arraigados na família e na sociedade. Os pais também terão que entender que, igualmente, a milenar tradição da instituição do casamento formal está ficando supérflua para as novas gerações.

12. No mesmo contexto, o analista deve estar bem preparado para não ficar enredado nas malhas das difíceis contra-identificações projetivas, isto é, ele não pode se identificar com o adolescente, *contra* os pais, ou vice-versa, porquanto o grande risco, que o terapeuta deve evitar a todo custo, é o de ele ficar envolvido em algum tipo de *conluio,* consciente ou inconsciente, com o paciente ou com os pais, ou com ambos, alternadamente.

13. Assim, o *papel* do terapeuta não é o de conselheiro, ou de um julgador (papel que seguidamente querem lhe impor), mas, sim, o de um conciliador, que deve se manter neutro (não é o mesmo que "indiferente") e exercer a função de assinalar os transtornos da comunicação, a ocupação dos lugares, o desempenho dos papéis, o respeito pelas diferenças, propiciar uma recíproca percepção não só das fa-

lhas, mas também das boas intenções do outro e prestar alguns esclarecimentos.

14. Cabe dar um *exemplo clínico*: em certo momento, vi-me diante da intolerância de um casal frente à conduta do filho adolescente de 17 anos que "os agredia publicamente, pela forma desleixada de ele se vestir, pentear, conduzir e de provocá-los, alardeando ideais, valores e idéias políticas esquerdistas, totalmente opostos aos deles, pais". Ambas as partes estavam radicalizando suas respectivas posições, com os pais sentindo que chegaram no limite da tolerância. Estava declarada a, assim chamada, "guerra de gerações". Percebi que o rapaz era de boa índole e que, à sua moda, estava lutando para construir o caminho de uma emancipação, de um *sentimento de identidade* próprio. Para esclarecer os pais que realmente se tratava de um movimento de oposição a eles, porém que isso não significava necessariamente uma agressão, utilizei uma metáfora: perguntei se eles lembravam da história em quadrinhos do "clube do Bolinha", na qual os meninos penduraram uma placa com os dizeres "Menina não entra". Responderam afirmativamente e prossegui lhes clareando que essa atitude dos meninos visava a construir a sua identidade de "homem", por intermédio das diferenças: se menina não entra, é porque confirma que existiria uma enorme diferença entre aqueles que são do sexo masculino e as que são do sexo feminino. Esclareci que o mesmo se passava com o filho deles; por meio da oposição, o rapaz estava tentando definir as diferenças entre a geração dele e a dos pais, assim pretendendo construir um genuíno sentimento de identidade, visto que o indivíduo define-se basicamente por aquilo que "não é", pelas diferenças com os outros. Como os pais não eram pessoas muito comprometidas emocionalmente, eles tiveram condições de entender o filho e, assim, modificar sua posição interna diante dele e, logo, a conduta externa, fato que trouxe uma sensível e estável melhora no relacionamento entre eles. É desnecessário frisar que nem sempre as coisas se passam de forma tão gratificante; no entanto, esta vinheta serve para ilustrar uma necessária diferença que deve haver entre uma *agressão destrutiva* e uma *agressividade construtiva*.

15. Para manter um indispensável *sigilo ético*, o analista deve fazer as combinações de forma muito clara, e verdadeira! O paciente deve ser respeitado em sua busca de autonomia, como: ele próprio marcar a sua entrevista inicial, participar ativamente das combinações inerentes ao *setting*, como a do pagamento, devendo assumir a responsabilidade por seus eventuais atrasos ou faltas, etc.; da mesma forma, o terapeuta deve evitar que o paciente sirva de "pombo correio", sistematicamente levando recados dos pais para ele, e vice-versa.

16. Nem sempre coincidem as "teorias de cura" daqueles que encaminham (educadores, etc.), dos pais, do paciente adolescente e as do analista. Existe o risco de o paciente assumir o papel de ser o *paciente identificado* do grupo familiar, muito comumente sob a forma extrema do papel de "bode expiatório" de todas as mazelas da família.

17. É muito provável que o analista vá se confrontar com alguma angústia confusional do adolescente: quando a mesma se refere à sua identidade sexual, pode acarretar o incremento de fantasias, ou temores, de homossexualidade, fato que é de surgimento freqüente entre os adolescentes, sobretudo os de sexo masculino que, não raramente, adquirem a proporção de uma ideação obsessiva que os supliciam, com uma alta voltagem de angústia. À medida que se fortalece a autoconfiança do paciente adolescente, tal estado psíquico tende a desaparecer.

18. Também não é raro que o adolescente, submetido a tantas mudanças, físicas, mentais e espirituais, bem como a uma reativação de conflitos que estavam latentes, apresente sintomas característicos de um sentimento de *despersonalização*.

19. Algo equivalente acontece com o consumo de drogas (cabe repisar a importância de diferenciarmos o "drogativo" do "drogadito"); uma conduta com riscos, como um desafio em limites perigosos, como os de corridas de automóvel em velocidade alucinante; o uso de mentiras, roubos, etc.

20. Quando o paciente adolescente está em plena *posição esquizoparanóide*, ou seja, ele atribui a outros a culpa de tudo que não vai bem com ele, enquanto mantém uma posição egossintônica, resulta um prejuízo na motivação para ele se analisar, para valer. Nesses casos, a tarefa mais prioritária do analista é a de, com muita habilidade, transformar o estado psíquico de *egossintonia* para um de *egodis-*

tonia, com vistas a levar o adolescente a *refletir*, com algum grau de angústia, sobre o que ele está fazendo com a sua vida e a dos outros.

21. Um aspecto técnico de fundamental importância é o que se refere à *comunicação* – verbal e não-verbal –, com as diferentes formas de linguagem. O adolescente quase sempre está no limbo, na intersecção entre o adulto e a criança que ele ainda é, em um equilíbrio instável, de modo que as suas "posições" também são muito instáveis. Assim, há uma dissociação entre o que ele diz (às vezes é um discurso contestador, muito bonito, contra a intolerância dos pais...) e o que ele, de fato, faz!

22. Uma questão relativa à comunicação, que seguidamente é levantada, refere-se ao possível uso de outras formas de comunicação do adolescente, além da fala, como é o caso da utilização de desenhos, jogos, etc. A resposta que cabe a esse questionamento é que não existe o menor problema quanto ao uso destes recursos, principalmente quando partem dos próprios pacientes, porém o analista deve ter claro que são recursos transitórios, de sorte que a meta final é a de desenvolver a capacidade da forma de comunicação que é a mais madura, isto é a de verbalização de idéias e sentimentos, por meio dos símbolos das palavras.

23. Relativamente às características do adolescente *silencioso*, o que é bastante freqüente na adolescência inicial (menores de 16 anos), as seguintes particularidades devem ser destacadas: a) É bastante comum, notadamente nos primeiros tempos da terapia analítica, que esses adolescentes mostrem-se excessivamente silenciosos. b) Em grande parte, essa atitude silenciosa deve-se ao fato de que o adolescente nessa idade ainda não tem bem desenvolvidas as condições para discriminar e abstrair e, por isso, ele não compreende o "como se" da abstração da interpretação. c) Por essa última razão, o paciente leva tudo no concreto, exige respostas imediatas, confunde o real com o imaginário, tenta falar como se fosse um adulto, constantemente exige opiniões e conselhos do analista e, diante de frustrações, magoa-se com enorme facilidade. d) As principais frustrações decorrem do não-entendimento de seus pedidos, desejos e demandas e, principalmente, quando esse jovem não se sente compreendido pelo seu terapeuta, da mesma forma como ele acredita que seus pais não o entendem. e) A forma de como esse adolescente reage a tais frustrações é por meio de *actings*, dos quais o pior e, lamentavelmente, o mais comum consiste em faltar muito às sessões e, por vezes, culmina com o abandono da análise; outro modo de reagir às frustrações é por meio de silêncios bastante prolongados, não raramente um silêncio absoluto durante muito tempo da análise. f) Por todas estas razões, entendo que o analista deve ter uma cautela especial no entendimento desse paciente com a sua conseqüente atividade interpretativa: estou me referindo ao risco de o terapeuta deixar-se envolver por uma contratransferência do tipo "complementar", em cujo caso ele estará identificado com os pais repressores e, por conseguinte, reforçará nesse analisando adolescente o seu superego ameaçador, ou o seu ideal de ego que está repleto de expectativas a serem cumpridas por ele.

24. A *linguagem* do analista deve se adaptar a do paciente adolescente – sem aqueles cacoetes verbais, artificiais, cujo objetivo é parecer que ele pertence ao mundo adolescente –, o suficiente para entender e ser entendido, no plano da comunicação verbal. Assim, por exemplo, ainda persiste no adolescente alguma dificuldade de plena simbolização, logo, com uma certa predominância de pensamentos concretos e uma restrição de discriminação conceitual. O analista deve respeitar o espaço próprio do paciente adolescente com os seus pares, de modo que, seguidamente, ele dá mostras que não gosta quando o terapeuta invade a sua gíria privada.

25. A linguagem não-verbal pode ser lúdica, gestural, comportamental, corporal (roupas, penteados, tatuagens, manifestações somáticas, bizarrias, etc.), especialmente na fase inicial da adolescência, eles manifestam uma inquietude motora: sentam-se, levantam-se, deitam-se, movimentam-se, ameaçam sair, etc.

26. Uma forma freqüente de comunicação não-verbal é aquela que se expressa por meio de *actings* que, embora algumas vezes possam adquirir proporções preocupantes, sempre representam uma forma primitiva de comunicar algo que esteja no inconsciente, incapaz de ser comunicado com palavras. Cabe ao analista decodificar, analiticamente, não obstante o fato de que, diante de atuações com sérios riscos, seja necessária a tomada de algu-

ma medida firme, delimitadora, de natureza concreta e objetiva.

27. Sintomas psíquicos e orgânicos também se constituem como uma significativa forma de linguagem não-verbal. Ultimamente, em grande parte influenciada pela mídia, que impõe padrões estéticos, vem aumentando entre os adolescentes o surgimento de *transtornos de alimentação*, sob a forma principal de anorexia e bulimia nervosa. Nesses casos é necessário fazer uma criteriosa pesagem da intervenção de fatores orgânicos, tanto como causadores do transtorno, como também das possíveis complicações no organismo, às vezes, muito alarmantes. O terapeuta também deve cogitar da possibilidade de contar com os recursos possibilitados pelo método das *terapias cognitivas* que, nesses casos, têm mostrado eficiência.

28. Não basta o analista interpretar corretamente o "conteúdo" do conflito; também é indispensável levar em conta a "forma" de como o adolescente *escutou* o que o terapeuta disse-lhe, assim como o "destino" que a interpretação tomou na sua mente. Considerando que o adolescente ainda desconhece muitos fatos e fenômenos psíquicos relativos ao que está se passando com ele, fica justificado que o analista formule as suas intervenções com um certo teor pedagógico.

29. É inegável que, muitas vezes, o analista seja invadido por sentimentos *contratransferenciais* muito difíceis (cuidado: não vamos confundir contratransferência advinda das projeções do paciente adolescente com uma transferência oriunda do próprio analista, que se repetiria com qualquer paciente adolescente dele). Essa difícil contratransferência pode ser devida a alguma forma de identificação do terapeuta com o paciente, ou com os familiares deste; alguma confusão com a sua adolescência mal-elaborada; a velocidade das mudanças no seu paciente adolescente e no próprio processo analítico; não se pode descartar a possibilidade de que o analista sinta inveja da mocidade e de uma maior fruição de prazeres que o seu jovem paciente curte, aquilo que ele, terapeuta, gostaria de curtir, mas não consegue ou está impossibilitado.

30. A propósito, na análise de adolescente, influi a idade do terapeuta? Parece que influi muito pouco, se o adolescente não descartar de imediato um terapeuta mais idoso, por exemplo, ou se o analista não tiver maiores problemas com o seu lado adolescente. Na hipótese de que o analista não esteja suficientemente bem com a sua própria adolescência latente, é possível que, quando ele seja muito jovem, o fato de ele e o paciente estarem então muito próximos possa atrapalhar a ambos. Em um pólo oposto, um analista de muito mais idade pode ter resistências ao "novo" que procede do adolescente. A experiência ensina que muitas vezes o paciente adolescente prefere um analista mais idoso, porquanto este lhe representa uma esperança de resgatar um melhor vínculo com os seus pais.

31. Em relação às *regras técnicas*, referentes às da livre associação de idéias, abstinência, atenção flutuante, neutralidade e a do amor às verdades, elas se mantêm basicamente as mesmas que as descritas em relação aos adultos. No entanto, cabe enfatizar que os adolescentes são sobremaneira suscetíveis às decepções e à colocação de freios exagerados a suas aspirações. Por essa razão, o terapeuta deve ter um cuidado especial para não esterilizar a espontaneidade e a criatividade do adolescente, que muitas vezes adquire uma aparência de bizarria, ou de uma excentricidade "maluca". Da mesma forma, é imprescindível que o analista tenha condições de discriminar entre as demonstrações, por parte do adolescente, de uma "agressividade sadia" e as de uma "agressão destrutiva", de sorte a poder tolerar algumas transgressões e experiências que não dêem certo.

32. Neste último caso, não é tão importante se o adolescente acertou ou errou, mas, sim, cabe ao analista trabalhar no sentido de o seu paciente desenvolver a capacidade para fazer um *aprendizado com as experiências,* as boas e as más.

33. Deixei para o final, talvez porque julgue ser o mais relevante, o aspecto de que o adolescente ainda está em pleno processo de incorporação de *novos modelos de identificação* que, em seu conjunto, vão definir a sua identidade. Assim, o modelo real, representado pela pessoa do analista, adquire uma importância especial, no que diz respeito às formas de como ele pauta a sua conduta, com verdades, coerência e respeito pelas diferenças; de como enfrenta situações angustiantes; como ele desenvolve o seu pensamento e linguagem; como

ele pode ser firme sem ser rígido e ser flexível sem ser frágil.

34. Cabe alertar para o fato de que nos casos em que o analista é por demais narcisista, existe o risco de ele ocupar o papel de *ideal do ego*, e, assim, de reforçar o *ego ideal* do paciente adolescente, sobrecarregando-o com um excesso de expectativas a serem cumpridas por ele, o que vai reforçar ainda mais uma possível prévia identificação patogênica provinda dos desejos e do discurso dos pais narcisistas.

Resumidamente, pode-se dizer que, dentro do enfoque psicanalítico, cabe uma atenção especial a quatro vertentes: a *biológica, a familiar, a das interações sociais e a da vertiginosa aceleração da cultura "pós-modernista"*.

35

Terapia com Casais e Famílias

"Nosso amor é muito bonito / Ela finge que me ama /
E eu finjo que acredito".

Nélson Sargento (compositor de "Falso amor sincero")

O tratamento com casais e com famílias vem ganhando progressiva demanda e relevância em nosso meio. Existe uma substanciosa literatura científica referente a essa temática, provinda de distintas correntes, com os respectivos seguidores, terapeutas de família. Não cabe, aqui, esmiuçá-las, no entanto cabe assinalar que começa a aumentar uma aproximação e uma integração, por parte de um número significativo de terapeutas de família da linha *sistêmica*, com a *psicanalítica*.

Os princípios psicanalíticos estão mais dirigidos aos diversificados tipos de conflitos que procedem do *inconsciente* dos indivíduos e dos grupos. Os sistêmicos, por sua vez, privilegiam o funcionamento de um casal ou família, sob o enfoque de um *sistema*, isto é, esses terapeutas trabalham em um nível mais próprio do consciente e ficam mais voltados para a permanente interação que sempre existe entre todos os integrantes de uma família, com uma determinada ocupação de lugares e de papéis, por parte de cada um deles, de sorte que cada um influencia e é influenciado pelos demais.

Não obstante ser evidente o fato de que cada corrente segue os seus próprios referenciais teóricos e técnicos, com abordagens técnicas e táticas bastante distintas entre si, particularmente, concordo com aqueles que advogam a concomitância de uma visão holística, que abranja, ao mesmo tempo, uma compreensão psicanalítica com outra sistêmica e com outra cognitiva.

Parto da concepção de que *todo indivíduo é um grupo*, pois, dentro de cada sujeito, ao longo de toda a existência, vivem e convivem personagens (um pai "bom" e, ao mesmo tempo, pai "mau"; uma mãe, igualmente "boa" e "má"; a relação deste casal; os filhos; e os vínculos entre os irmãos, etc.). O que importa destacar é o fato de que esses múltiplos personagens são, de alguma forma, buscados na vida exterior, de sorte que, sem nos darmos conta, reproduzimos, com outros personagens atuais, um mesmo *script* que já estava previamente programado. Cabe uma metáfora com uma peça teatral: embora mudem os atores, o enredo é o mesmo; a mesma coisa se passa com o *teatro da mente*.

Essa tendência à busca e à repetição do mundo interior, no mundo exterior, pela lei matemática das combinações, determina a formação de múltiplas e diferentes modalidades de *configurações vinculares*, em um casal, em um família ou em grupos sociais. A corrente "sistêmica" freqüentemente utiliza a expressão *colusão* para conceituar algum tipo de combinação vincular, muitas vezes com uma configuração patológica, que se estabelece entre os membros de um determinado casal, ou a totalidade de uma família. Assim, a colusão pode ser manifestamente harmônica ou desarmônica, ego-sintônica ou egodistônica, etc.

PATOLOGIA DE CASAIS

As configurações vinculares repousam fundamentalmente nos tipos de *vínculos* – os de *amor, de ódio, de conhecimento e* de *reconhecimento* – que, conjuntamente, cimentam todos os relacionamentos de qualquer pessoa, tal como é, por exemplo, na estruturação – normal ou patológica – de um casal. Em um capítulo específico deste livro – "Uma forma patológica de amar: o vínculo tantalizante"-, abordo mais detalhadamente os aludidos aspectos vinculares.

No presente capítulo, nesta parte referente aos casais, vou me restringir unicamente à abordagem de algumas facetas de *casais patológicos*, que necessitam ser trabalhados na terapia de base analítica. Na grande maioria das vezes, quando o casal procura o tratamento, espontaneamente ou por encaminhamento, é porque o convívio comum entre eles está em crise, em pleno processo de separação ou em vias de.

A motivação principal para a busca de tratamento do casal é a de uma destas possibilidades: uma tentativa de salvar o casamento; ou a de aceitar que a separação já esteja irreversível, porém o casal deseja que a mesma seja o menos traumática possível, especialmente para os filhos; também acontece freqüentemente que um dos cônjuges já esteja decidido pelo divórcio, enquanto o outro não aceita de forma alguma e luta pela manutenção da união.

É bastante freqüente que, individualmente, tanto o homem quanto a mulher sejam pessoas "legais", bem-sucedidas, porém, como casal, podem estar emaranhados em uma colusão muito doentia que, em grande parte, deriva do fato de que problemas e conflitos inconscientes de uma mesma categoria (embora, aparentemente possam parecer totalmente opostos) exercem uma grande atração mútua. Na verdade, virtualmente, todos casais, em algum momento e de alguma forma, já manifestaram um desejo de separação.

Existe um expressivo número de casais que está em crise, sem saber disto, porque dissimulam, acomodaram-se ou estabeleceram algum tipo de arranjo que vem auxiliado pelo recurso defensivo da *negação*, o qual serve para ambos do casal. Entretanto, é necessário ressaltar que muitas crises são muito favoráveis, no sentido de que representem um ponto de culminância de que algo de importante, e mais sadio, vá se transformar na relação do casal.

No momento em que redijo estas linhas, acode à minha mente duas lembranças: uma frase de Buda e um verso de um compositor brasileiro. Diz o profeta e líder religioso Buda que *estar unido com aquilo (aquele) que não gostamos, é sofrer, separarmo-nos daquilo que gostamos é sofrer e não conseguir o que queremos é sofrer* (eu me permitiria completar: *sair de uma relação doentia, na qual um é o "duplo" do outro, também é sofrer, de sorte que muitos casais não conseguem viver juntos e, tampouco, separados*). Minha segunda lembrança, que serve como exemplo de um vínculo dissimulado, ou acomodado, é a deste trecho da composição *Falso sincero amor*, em que o compositor Nélson Sargento, da Escola de Samba Mangueira, assim verseja: "Nosso amor é muito bonito ela finge que me ama e eu finjo que acredito".

Na maioria das vezes, o ato de separação aciona um processo que desmascara e atualiza conflitos anteriores, além de trazer à tona o que estava denegado. A *crise de separação* pode ser comparada à da adolescência, pois em ambas se reativam os antigos conflitos com as famílias de origem, do que resulta uma desordem nas identificações. Todo casal presta-se a um jogo dialético entre o "repetir" e o "recriar", porém, algumas vezes, acontece unicamente o "repetir", em cujos casos fica evidenciada a predominância das pulsões tanáticas, lutos não-elaborados, segredos familiares ou fixações excessivas em etapas evolutivas malresolvidas. Eventuais relações sexuais com o(a) "ex"-companheiro(a) costumam ser uma forma de recompor o seu próprio corpo e identidade de gênero sexual (que ficam desordenados e decompostos) através do – familiarizado – corpo do outro.

O que favorece e/ou desfavorece o casal

As principais causas que desgastam um casal, a ponto de conduzir a um desejo de separação, em linhas gerais, são as seguintes:

1. Uma *profunda desilusão* quando a realidade desmente a expectativa paradisíaca que a – recíproca – idealização extrema, própria da fase da paixão, prometeu a ambos.

2. Personalidades por demais *imaturas* e *dependentes* sucumbem diante de exigências para as quais não estão preparados, como é o nascimento e cuidados com os filhos, crises existenciais, etc.

3. A entrada em cena de uma *terceira pessoa*, a do(a) amante de um dos cônjuges. Este

aspecto referente à infidelidade, sabidamente bastante comum, às vezes aparece de forma aleatória, porém, na maioria dos casos, já representa ser um sintoma de que as coisas já não estavam bem entre eles (o que não significa, necessariamente, que a situação crítica não possa ser revertida, especialmente se ambos aceitarem fazer uma terapia de casal).

4. A propósito da *infidelidade conjugal*, pela sua freqüência e importância, cabe fazer algumas considerações: a) Em um grande número de vezes, existe um "secreto conluio inconsciente" entre os protagonistas do triângulo amoroso, decorrente de conflitos neuróticos (quase sempre edípicos) que se complementam. b) O desejo predominante daquele que trai é o de que a(o) amante supra as falhas do cônjuge traído, as quais podem ser reais. c) Em muitas outras situações, a entrada de um "terceiro" representa uma tentativa de preencher as faltas de uma "incompletude", de restaurar a eterna e ilusória (é o que acontece, na imensa maioria das vezes) busca esperançosa de, finalmente, encontrar a "fada madrinha" ou o "príncipe encantado". d) A infidelidade pode estar representando uma forma de *vingança*, com propósitos agressivos, às vezes, cruéis. e) Em alguns casos, paradoxalmente, a infidelidade pode estar significando o início de um movimento de "individuação". f) Neste último caso, a inclusão de um "terceiro" pode aliviar a ansiedade de "engolfamento" do casal, a qual, às vezes, pode atingir um alto grau do temor de permanecerem em estados de "indiferenciação" e de perda da identidade individual: neste caso, o alívio do sufoco dá-se porque a figura do amante permite as táticas alternativas de *inclusão e de exclusão*. g) A consentida inclusão do amante, embora disfarçada por uma denegação, pode estar a serviço de conflitos inconscientes, de natureza homossexual.

5. A existência de *lutos patológicos não-elaborados* pode fazer com que revivam os fantasmas do passado que habitam o interior de um deles, ou de ambos. Assim introjetados, tais fantasmas funcionam como corpos estranhos, não-metabolizados, determinando uma conduta inconsciente do casal, freqüentemente de natureza masoquista. No caso, cabe lembrar o estado de *melancolia* que Freud (1917) descreveu como sendo resultante de algo como o ego haver sido atingido pela sombra de algum objeto e, pode-se completar, a partir daí que ela pode obrigar um dos cônjuges a seguir o mesmo caminho daquele objeto (constituindo aquilo que, particularmente, costumo denominar como *identificação com a vítima*).

6. Assim, não é incomum que um ou os dois do casal sintam-se impelidos a, inconscientemente, reproduzir a mesma configuração vincular que caracterizou a união dos respectivos pais. A metáfora que me ocorre novamente é a da lei física que reproduz o comportamento dos *vasos comunicantes*, pela qual, independentemente do formato e da largura de cada um dos braços dos vasos, que se ligam na forma de um "U", quando se coloca água em um dos braços do vaso, automaticamente a água fica no mesmo nível, no outro. Destarte, se os pais da esposa, por exemplo, se divorciaram em certa época, e se o vínculo dos pais dela era do tipo sadomasoquístico, é bastante provável que o mesmo acontecerá com o casamento dela própria.

7. Constantes *agressões recíprocas*, tanto de formas diretas e francamente manifestas quanto de formas sutis, resultam de querelas competitivas, cobranças excessivas, controle tirânico, mútuas responsabilizações indevidas, desqualificações, humilhações, lancetadas nos pontos frágeis de cada um, deboches, acusações, exigências, críticas e ameaças, tendo como principal instrumento o uso sistemático e exagerado de *identificações projetivas* daquilo que cada um não suporta reconhecer em si, e projeta no outro.

8. Às vezes, essa configuração vincular sádica e masoquista, tal como foi exemplificada, pode se prolongar eternamente, quando um do casal representa ser o *duplo* (ou *doublé*, ou "alter ego") do outro; logo, necessitam-se reciprocamente para manter e complementar a "unidade", que está dissociada, por parte de ambos.

9. Existe uma grande importância das *identificações patógenas*. Muitas internalizações de figuras paternais não se dão por um, normal, processo continuado de elaboração; antes, pode se tratar de um "enquistamento", uma forma de incrustração do objeto, na qual esse fica como um corpo estranho que permanece por várias gerações, determinando uma similaridade de conduta, mandamentos,

expectativas, papéis e de vínculos objetais. Pode ser tão intensa a busca de um objeto do passado que inclusive o encontro repetitivo de situações de sofrimento – que, de alguma forma, represente algum personagem perdido – pode ser procurado como sendo um *fetiche*. Esse aspecto é muito importante porque a busca de sofrimento em tais circunstâncias pode simular ser um masoquismo típico, mas não o é.

10. *Um desempenho estereotipado de papéis* é uma outra característica de expressiva relevância. Assim, de regra, um "casal patológico" mantém uma certa divisão e constância no desempenho de *papéis*, que se complementam entre si. Por exemplo, a um deles, cabe o papel de sádico, controlador, subjugador, enquanto o outro cônjuge desempenha papéis contrários, respectivamente de masoquista, controlado e subjugado. Um outro exemplo, igualmente bastante comum: um deles, digamos que seja o marido, é altamente idealizado e venerado pela mulher, enquanto esta se resigna a ficar em uma posição de pessoa esvaziada, "apagadinha". Acontece que existe a possibilidade de que a "vítima" – ou porque ela está em tratamento analítico, ou por influência de amigas, leituras, filmes, etc. – decida sair deste papel. Fica ameaçado o equilíbrio neurótico que o casal mantinha, do que resulta um *impasse:* ou o outro também se modifica para poder acompanhar o cônjuge que se "rebelou", e ambos crescem juntos, com novas regras de relacionamento; ou a separação se torna bastante provável.

11. Assim, um fator que pode ser deletério para o casal é o que refere uma indefinição dos respectivos papéis e dos limites, não só entre eles, mas também em relação com os pais, sogros e filhos. Em relação aos *limites*, existe o risco de duas possibilidades extremas; ou eles são por demais difusos ou exageradamente rígidos.

12. Relativamente aos pais e sogros, é relevante incluir o problema da existência de uma *transgeracionalidade*, ou seja, cada um dos cônjuges carrega dentro de si profundas identificações, sadias e patógenas, com as respectivas figuras parentais, além dos valores, costume e crenças que caracterizam cada família em particular.

13. Especialmente em relação aos casais jovens, pesa bastante o fato de que, com alta velocidade, mudam os valores socioculturais, de sorte que também mudam os tabus, como, por exemplo, as adolescentes terem vergonha de negar ou postergar a vida sexual com o namorado para não passar por "babaca"; uma aparente indiferença diante da infidelidade; dúvidas se podem exigir uma união estável, ou se isso "já é coisa superada"; dificuldade em reconhecer, admitir e demonstrar sentimentos de amor, dependência e falta do outro, para não ficar sujeito a ser submetido, rejeitado, etc.; e assim por diante.

TIPOS DE COLUSÕES

De forma esquemática, cabe discriminar que as colusões patogênicas de um casal podem assumir uma das formas que, de modo muitíssimo resumido, seguem abaixo enumeradas, separadamente, embora elas se superponham entre si.

1. *Amor paixão.* Deve-se levar em conta as duas faces da paixão: uma é o seu lado sadio e lindo, como um despertar para a vida amorosa – conforme é regra nos adolescentes – ou como a paixão sendo o prelúdio de um amor que pode se solidificar e estabilizar de forma permanente. A outra face da paixão é aquela que se torna "obcecante, escravizadora, cega e burra", em nome da qual há muito masoquismo e sadismo, além do que muitas "bobagens" são cometidas.

2. *Amor simbiótico.* O apego amoroso pode ser tão exageradamente intenso (no fundo, corresponde a um intenso medo de desamparo), a ponto de poder haver uma espécie de "sufocação", tal como pode ser significada na frase de que *um abraço demasiado forte, no lugar de afago, afoga o amor que está demonstrando ao outro.*

3. *Amor distante.* Cada vez mais, as pessoas em geral, homens e mulheres, evidenciam um sistema defensivo dos sentimentos amorosos. É comum que mantenham breves relações sexuais, sempre com o freio puxado contra um maior envolvimento, de assumir um compromisso mais sério, sobretudo pelo medo

de uma futura desilusão, de ter que compartilhar prováveis momentos difíceis e de vir a perder a "liberdade".

4. *Amor sadomasoquista.* A grande característica consiste em recíprocas agressões, às vezes francamente manifestas e outras vezes bem dissimuladas; às vezes cabe a um do casal exercer o permanente papel de sádico e ao outro o de manter a exclusividade de masoquista, porém, em outras ocasiões, tais papéis se revezam de forma alternante, num ritmo de maior ou menor velocidade.

5. *Amor narcisista.* Neste caso, mais importante do que "amar" é ter provas de que se "é amado pelo outro" de uma forma incondicional, o que costuma gerar incontáveis protestos em um deles (ou nos dois) de que esteja "faltando mais amor"; existe um continuado fluxo de demandas de presentes, de alguma forma de exibicionismo, de consumismo exagerado e de coisas do gênero. Impera o uso de alguma forma de *fetiche* (pode ser dinheiro, prestígio, poder, beleza, conquistas amorosas, extravagâncias...) que provoque nas demais pessoas um sentimento de admiração e inveja.

6. *Amor com controle obsessivo.* Esta é uma forma bastante freqüente na vinculação amorosa de um casal, de sorte que um deles (às vezes os dois) assume o papel de exercer um controle rígido e tirânico sobre o outro. Por vezes, a forma de controlar consiste em manter o outro por meio de constantes desqualificações e imputação de culpas, em um estado de permanente "infantilização", fato que, no fundo, é uma garantia do controlador de que o outro nunca o abandonará, visto que sempre dependerá dele para tudo. Também é comum que esse tipo de amor adquira uma modalidade *paranóide*, cuja forma mais corriqueira é a de um *ciúme patológico*.

7. *Amor tantalizante.* Tendo em vista a importância na prática clínica deste tipo de vínculo patológico, até pela freqüência com que se manifesta este tipo de colusão, um capítulo específico consta no presente livro.

8. *Outras formas.* Poder-se-ia caracterizar uma forma *histérica* de colusão, tal como algumas referências já foram feitas. Ou uma modalidade *fóbica* (a evitação de situações novas é a tônica e, muitas vezes, a fobia expressa-se com uma sexualidade excessivamente reprimida, ou sob a forma de uma fobia social, etc.). Um conluio do tipo *perverso* também é relativamente comum (sob a forma de don-juanismo; ninfomania; sadomasoquismo exagerado; um jogo tantalizante, em que falta o sentimento de consideração pelo outro) e, naturalmente, existe o amor *sadio* (não é a mesma coisa que um eterno amor-paixão, ou amor de perfeição, ou, tampouco, que não haja atritos entre o casal) que, aqui, neste capítulo, não foi considerado.

NA PRÁTICA CLÍNICA

Os objetivos de uma terapia de casal visam a que o terapeuta contribua para os seguintes aspectos:

1. Reconhecer o tipo de *colusão* que preside o vínculo do casal. As colusões formam-se a partir de um jogo, uma forma de "brincar", conjunta, que não é reconhecido conscientemente pelos integrantes do casal, individualmente, principalmente em decorrência do fato de que ambos compartilham um fundamental conflito inconsciente similar. Aliás, a palavra "colusão" se forma de *co* (junto) e *ludere* (brincar). O referido conflito de cada um, que não foi superado nas respectivas etapas evolutivas, manifesta-se pelo desempenho de *papéis*, às vezes diametralmente opostos, o que pode dar a falsa impressão de que eles sejam bem diferentes, que cada um deles é o oposto do outro, quando, na verdade, são pólos contrários de uma mesmidade.

2. Cada um do casal faz tentativas de satisfazer a duas necessidades básicas: uma, buscar no outro uma complementação daquilo que *falta* em si próprio; a segunda consiste em *depositar* no outro tudo aquilo que não tolera em si. Isso explica por que esses casais às vezes se organizam de uma forma *simbiótica*, na qual vivem brigando, ameaçam continuamente uma separação, desgastam-se bastante, porém, não obstante tudo isso, quase nunca se separam (ou se separam durante algum tempo, porém depois se reaproximam), a ponto de que *não conseguem viver juntos e, tampouco, separados*.

3. Restabelecer o processo de *comunicação* que, habitualmente, já está muito compro-

metido, de modo a possibilitar uma forma menos beligerante na transmissão do discurso e uma melhor capacidade de *escuta* daquilo que o outro está tentando comunicar. O terapeuta deve enfatizar o quanto a palavra deixou de ser um vínculo de comunicação e se tornou um instrumento a serviço de projeções agressivas.

4. Uma recomendação útil é a de que o terapeuta possa assinalar o fato bastante comum de que o casal pensa que está dialogando, no entanto, é evidente que se trata de uma pseudocomunicação, que não passa de dois monólogos em paralelo, no qual cada um quer provar e impor a sua tese ao outro.

5. Mostrar que a radicalização dos papéis e das posições (presente na maioria das vezes), por parte de cada um, atingiu tal ponto que, no rastro disso, ambos se escudam na sua família de origem e ataca a do outro, de forma que o campo dinâmico do casal, ainda que de forma invisível, fica muito ampliado e tumultuado.

6. Relativamente ao desempenho de *papéis,* que em grande parte determinam os aspectos regressivos e os progressivos de cada um dos cônjuges, pode acontecer que um deles – ou ambos, em um movimento de *gangorra* – sinta-se obrigado a representar e a desempenhar o papel de "adulto" (progressivo), às custas de ter que reprimir os seus desejos regressivos (na nossa cultura, para o homem é algo vedado o seu direito de regredir, chorar, etc., pois lhe parece ser coisa de "mulher"). Por outro lado, muitas mulheres de características bastante infantis representam o papel de "gueixa", para se adaptar aos anseios de que seus companheiros assumam o papel de funcionarem como sendo o pai (ou mãe). Nesses casos, um tipo de *colusão* muito comum é a de o companheiro servir como uma espécie de "ornato-jóia" para a companheira que tem os moldes descritos. A recíproca é verdadeira, embora muito menos freqüente, em nossa cultura.

7. Essa forma de configuração vincular é típica das *personalidades histéricas* de modo que, nos casos mais intensos, costuma se estabelecer um "equilíbrio destrutivo" do casal, que se caracteriza por recorrentes manifestações de choro, deboche com acusações, abandonos temporários da casa, silêncio obstinado, mártir ou santa, sintomas somáticos, ameaça ou intento suicida, embriaguês, recusa a trabalhar, greve de sexo, forçar a intervenção de terceiros, etc. Quanto mais cenas desse tipo emergirem durante a terapia do casal, maiores são as possibilidades de o terapeuta poder trabalhar incisivamente nessa patologia, com melhores perspectivas de obter sucesso.

8. Assim, cabe ao terapeuta de casal desenvolver em cada cônjuge a capacidade de *reconhecimento* e de *respeito* pelas inevitáveis *diferenças* de pontos de vista, valores, posições, etc., que cada um deles tem em relação ao outro, sem que isso signifique que um esteja certo e o outro errado, que um é o sadio enquanto o outro é que está doente, etc.

9. Tanto quanto possível, deve ficar bem claro no *contrato analítico* que *o paciente é o casal,* de sorte que não haverá atendimento individual sistemático se o outro não estiver presente.

10. A *transferência* da dupla, em relação ao terapeuta do casal, pode recriar uma "cena primária triangular", na qual alguém se sinta ou, mesmo, fique excluído. O analista deve ficar atento para que isso não aconteça, tendo em vista a possibilidade de que ele se identifique com um dos cônjuges, contra o outro, o que seria um sério erro técnico. As reações transferenciais podem ficar em um nível de abstração simbólica ou é possível manifestar-se direta e concretamente, fato que, não raramente, pode induzir o terapeuta a cometer *actings contratransferenciais* e, às vezes, deixá-lo como que paralisado.

11. Quando se trata de um casal com fortes características *perversas*, há possibilidade que a transferência adquira a forma de ataques ao analista, por meio de mentiras, ocultamento, manipulações do *setting* em relação a horários, pagamentos, etc.

12. A compreensão analítica da dinâmica do casal ajuda muito, contudo as *interpretações* não devem ficar centradas nos indivíduos separadamente, mas, sim, na inter-relação, especialmente do que um provoca no outro e, sobretudo, nos problemas do "mal-entendido" da comunicação.

13. *O problema dos filhos, ante o descasamento dos pais*, possivelmente é o tema que surge com maior predominância nas sessões de terapia do casal. Cabe ao terapeuta trabalhar com os cônjuges o quanto é fundamental a *forma de comunicar* aos filhos que essa decisão deles, de separação, já está consumada.

Essa forma de comunicar vai depender de uma autêntica tomada de posição, de modo natural, sem um clima de tragédia e, a um mesmo tempo, transmitir aos filhos um reasseguramento de um respeito que persistirá entre o casal, além de uma garantia afetiva de cada genitor para todos os seus filhos.

14. É especialmente importante que o analista propicie que o casal dê-se conta que os filhos devem ficar isentos da responsabilidade e culpas, além de lhes passarem a convicção de que nenhum dos pais restou destruído. Da mesma forma, uma abordagem imprescindível do terapeuta do casal refere-se ao reiterado assinalamento de que se constitui um sério problema para os filhos, quando os pais em processo de separação *utilizam os filhos* como "objetos", com a finalidade de funcionarem como *pombos-correio* de mensagens recíprocas, ou quando os forçam a se envolverem direta ou indiretamente nas brigas do casal, de modo a tomarem partido a favor de um contra o outro.

15. É igualmente útil que o analista esteja atento para a possibilidade, bastante comum, de que um casal que ainda não elaborou adequadamente o *luto da separação* pode adiar infinitamente o divórcio legal e, para tanto, utilizam o argumento do problema econômico, ou a "consideração" pelos filhos, ou, ainda, o recurso bastante freqüente de uma nunca acabada disputa pela divisão de bens (o "meu bem" dos primeiros tempos do amor fica substituído pelo amor aos "meus bens"), inclusive em acirradas brigas por quinquilharias, alegadamente de valor afetivo, na decisão da partilha.

16. Muitos terapeutas de casal recomendam a eventual utilização do recurso da *dramatização*, principalmente aquela que propõe a inversão, na representação dos respectivos papéis. Da mesma forma, eles propõem ao casal que façam um "tema para casa" (por exemplo, listarem separadamente o que gostam ou detestam no outro), o que depois será trabalhado na sessão.

17. Varia bastante o manejo de determinadas particularidades como, por exemplo, se o atendimento do casal será de curto prazo (o suficiente para a resolução de uma crise mais aguda), ou se pode ser de duração longa (com a pretensão de um aprofundamento analítico). Da mesma maneira, o atendimento de um casal pode dar num outro contexto que não aquele da habitual terapia de casal: ser resultante de uma necessidade que a análise individual de um deles demanda (ou a problemática de um filho que angustia ambos, por exemplo) e ficar limitada a uma ou duas sessões (neste caso, costumamos dar o nome de *intervenção vincular*).

18. Na atualidade, está entrando em voga, diante de ações de divórcio que se encaminham para um enfrentamento litigioso, a figura do *mediador.*

19. De alguma forma, em alguns casais mais e em outros menos, os respectivos pais e sogros exercem um papel importante. Cabe ao terapeuta do casal trabalhar com o par a necessidade de fazer com que aqueles pais e sogros conheçam os seus papéis e seus limites. Igualmente é útil deixar que reflitam sobre o fato de que, nas brigas mais sérias do casal devidas a mal-entendidos com os sogros, cada um deles deva ficar ao lado do consorte, e não dos respectivos pais. Já na hipótese de uma separação iminente do casal, também é útil que cada um do casal saiba que, independentemente dos afetos que mantenham com os sogros, ou das razões que determinaram a separação, os pais, praticamente sempre, ficarão solidários com o seu filho.

20. *Uma visão caleidoscópica, sempre presente, em qualquer casal.* Não obstante seja altamente reduzido o esquema que a seguir vou propor, creio que ele seja bastante útil na prática clínica com casais. Trata-se do entendimento de *quatro aspectos* que sempre estão presentes em todo e qualquer casal e que determinam as alternâncias entre os encontros e desencontros, os bons e os maus momentos, os criativos e os destrutivos.

Os referidos quatro elementos são: a *parte sadia* de um dos cônjuges; a *parte doente* dele; a *parte sadia* do outro cônjuge; a *parte doente* desse. Parto da noção de que todos somos portadores de uma *geografia do psiquismo,* isto é, nenhum ser humano tem um psiquismo unívoco, qual um bloco maciço e uniforme. Pelo contrário, da mesma forma como o mapa do mundo tem zonas glaciais (em que tudo nos pólos norte e sul é branco, frio, gelo e solidão), assim como também existe a zona do equador (com a respectiva temperatura tórrida, senegalesca), sendo que, entre ambas, existem zonas temperadas (lagos mansos convivendo com mares agitados, superfícies planas e férteis ao lado de áreas íngremes e rochosas, etc.), também a mente humana é composta de várias zonas, que, respectivamente, correspondem à nossa parte glacial (depressiva), coabitando com nossa parte tórrida (temperamental), a parte adulta com a infantil, a sadia com a neurótica, etc, etc.

A figura do "caleidoscópio", por sua vez, alude àquele brinquedo no qual umas mesmas pedrinhas coloridas colocadas em uma caixinha apropriada, com as faces poliédricas de vidro, conforme for o giro que dermos, visualizar-se-ão configurações de desenhos e cores totalmente distintas entre si. Assim, as "pedrinhas" do psiquismo do casal são as mesmas, porém pela lei das combinações, são possíveis as seguintes quatro possibilidades:

a) Predomina o encontro da parte sadia de um dos cônjuges com a sadia do outro, em cujo caso é alta a probabilidade de comporem um casal feliz e construtivo.
b) A parte sadia de um, em colusão com a parte doente do outro, e vice-versa.
c) Nessas duas hipóteses citadas, costuma acontecer que o vínculo do casal seja instável, na base de uma previsão do tipo metereológica de "tempo bom, sujeito a chuvas e trovoadas", ou seja, como se costuma dizer popularmente: o casal vai "entre tapas e beijos".
d) Prevalece uma colusão entre as partes doentes de ambos, de modo que os aspectos mutuamente destrutivos desse tipo de casais estão permanentemente presentes, com recíprocas cobranças, acusações, ataques e ameaças, configurando um vínculo de natureza sadomasoquista.

36

Terapia com a Família

Muitos pais despejam sobre os filhos um verdadeiro "banho de linguagem", atribuindo-lhes rótulos com significantes que ficam impressos, valores e modelos a serem copiados, designando lugares a serem ocupados, expectativas a serem preenchidas e determinando papéis a serem cumpridos ao longo da vida.

Inicialmente, é necessário lembrar que, nas últimas décadas, a concepção de "grupo familiar" tem sofrido profundas modificações. Assim, a tradicional família nuclear, constituída por pais, filhos, avós, tem cedido um considerável espaço a outras composições distintas e atípicas. São exemplos disso casais que se mantêm unidos, porém optaram por moradias independentes; um alto índice de divórcios seguidos de novos casamentos, nos quais cada cônjuge entra com os seus filhos de casamentos anteriores; mães solteiras que optaram pela, assim chamada, "produção independente" de filhos; o crescimento do número de mães adolescentes; uma redefinição do papel dos cônjuges, da mulher principalmente; uma maior aquisição de liberdade (às vezes se confunde com "liberalidade") dos filhos. Um ponto que também merece ser considerado é o relativo à união estável de casais homossexuais, inclusive compondo um grupo familiar com filhos adotivos.

Tudo isso justifica uma pergunta em voga: *o casamento é uma instituição em vias de falência?* Parece que não, a julgar por recentes estatísticas. Ademais, permanece em todos os quadrantes do mundo a conhecida pressão social, por parte dos pais, familiares, amigos, etc., para a efetivação do casamento, após o qual se sucede a cobrança para que tenham filhos, etc.

Toda e qualquer família constitui-se como uma *unidade sistêmica,* que adquire uma certa *identidade,* e ela deve ser visualizada pelo analista, também do vértice de uma *transgeracionalidade,* isto é, são no mínimo três gerações em interação: a dos pais, responsáveis pela família em foco; a dos respectivos genitores de cada um deles e a dos filhos.

A aludida unidade sistêmica consiste em uma permanente interação que varia, no tempo, com as sucessivas *transformações*, como, por exemplo, a idade dos filhos (é diferente de quando eram bebês, ou adolescentes, etc.), novos valores e necessidades. Essa constante interação, direta ou indireta, entre todos, fica mais manifesta quando um dos familiares entra em alguma forma de crise, quando então todo o grupo familiar é atingido, passando a funcionar como uma espécie de "grupo operativo", construtivo e estruturante, nas famílias sadias, ou desestruturante e até destrutivo, nas famílias mais doentias.

É fácil imaginar o intenso jogo de *identificações projetivas cruzadas*, que se processam entre os membros da família, com as respectivas atribuições de *lugares* a serem ocupados, *papéis* a serem executados e *expectativas* a serem cumpridas. Cabe traçar alguns destes aspectos, embora de forma muito breve e restrita às pessoas da mãe, pai e irmãos, que seguem descritos separadamente, não obstante o fato de que estejam em permanente interação, com mútuo intercâmbio de influências.

MÃE

No contexto de uma família nuclear, a mãe ocupa cinco papéis primaciais: a) é a *geradora* da vida dos filhos, de sorte que já desde a fase da gestação, segundo modernos estudos, interage biológica e emocionalmente com o seu filho ainda em estado fetal; b) ela é *objeto do desejo* deles; c) ela representa ser para o filho quando criança pequena, mercê das fantasias deste, um *objeto amoroso e,* a um mesmo tempo, *um tanático*; d) funciona como *provedora e contenedora* das necessidades básicas e das angústias; e) é *imprimidora* (tal como acontece no fenômeno do *imprinting)* de *representações* na mente dos filhos, desde a condição de bebê recém-nascido ou bem antes disso.

Este último aspecto, de a mãe "imprimir" emoções, representações e papéis, está merecendo uma atenção especial na psicanálise contemporânea, logo, também no tratamento da família. Cabe dar alguns exemplos que se observa com alguma freqüência: pessoas que nas relações amorosas, conquanto não sejam basicamente masoquistas, inconscientemente, podem estar repetindo situações de um doloroso abandono previsível, fato que muitas vezes procede de uma busca de uma situação passada que representa estar perto de uma mãe que foi representada pela criança como sendo ambígua e "abandonante".

Outra possibilidade que observei algumas vezes na prática clínica: determinados pacientes exercem na vida um papel algo esvaziado e depressivo, sem justificativa aparente, levando em conta que a vida exterior possa estar indo muito bem; no entanto, pode ter acontecido que a mãe teve uma perda muito importante, a de um pai, ou de um filho, por exemplo, e engravida novamente já com uma determinação inconsciente de que o *filho que nascerá ocupará o lugar daquele que, por ter morrido, não pôde ocupá-lo*. É útil que o analista detecte quais foram as teclas que certas mães mais martelaram, no curso do verdadeiro *banho de linguagem* a que submeteram seus filhos menores.

Creio que a conseqüência mais grave no desenvolvimento emocional de um filho decorre do seu convívio com aquele tipo de mãe que Green (1976) chama de *mãe morta*, o que não significa que a mãe tenha realmente falecido, mas, sim, que, por ela ter sido excessivamente deprimida, distante ou desligada, formou-se um sério "vazio de mãe" (corresponde ao conceito de "não-seio", de Bion).

É útil consignar que, na maioria das vezes, a *mãe falha* não por ser má, mas porque ela própria – narcisisticamente carente – conserva a sua parte criança que está em busca de alguém (muitas vezes, o próprio filho) que lhe sirva de amparo.

PAI

Além do clássico papel de: a) ser *provedor* das necessidades econômicas da família (papel este que, diante da nova posição da mulher moderna, está cada vez mais se modificando), ainda mais cabe ao pai as importantes funções de: b) funcionar como uma cunha *interditora* entre a possível díade fusional, simbiótica, que muitas vezes certas mães estabelecem com seus filhinhos; c) ser o representante da *lei* (conforme Lacan), de modo a frustrar e colocar os devidos limites impostos pela realidade exterior; d) o pai atual também deve funcionar como um adequado *continente* para as necessidades dos filhos, especialmente como uma alternativa, quando a mãe não tiver condições para tão importante função.

É útil frisar que a animosidade do filho (competição, fantasias de parricídio, oposicionismo, desafios) contra o pai ou substitutos sociais dele (autoridades, polícia, leis, hierarquia...), nem sempre resulta de um *conflito edípico*; pode se tratar de uma "formação reativa", ou de uma "contrafobia" contra o desejo regressivo de um retorno a uma fusão diádica, simbiótica com o pai, tendo em vista que com a mãe seria ainda mais perigoso, pelos riscos, fantasiados, de um "engolfamento" ou de incesto. Se o pai não responder, temporariamente, à demanda diádica do filho, é provável que esta demanda fique ainda mais intensa, pois aumenta o vazio, e, assim, pode acarretar o inconveniente de o filho apelar para uma efeminização.

FILHOS

O nascimento de filhos representa uma significativa transformação na dinâmica do grupo familiar, sob distintos aspectos. Um deles é que os conflitos que os genitores tiveram com os seus respectivos pais costumam ser revividos com os filhos, por meio de um sistema de reprojeções dos valores de ego, ameaças do superego e expectativas do ideal do ego, de cada um deles.

O nascimento de um primeiro filho muitas vezes unifica o casal, no entanto, em muitas outras vezes, pode desestabilizar a família, ou até desagregá-la. Essa última possibilidade pode acontecer em um casal *simbiótico*, em cujo caso a entrada de um terceiro, o bebê, pode ser vivido (mais comumente pelo homem) como um intruso que ameaça a aparente segurança garantida pela simbiose, manifesta ou dissimulada, até então reinante entre o casal. Em muitos casos é a mulher que se fragiliza – não raramente em um extremo quadro clínico conhecido por "psicose pós-parto", o qual se deve à reativação dos conflitos que ela, mãe, quando criancinha, sofreu com a sua própria mãe.

Relativamente ao aspecto transgeracional, antes apontado, é importante assinalar que certos papéis e lugares a serem assumidos pelo filho podem estar diretamente ligados à necessidade de os pais terem gerado, ou modelado o filho, para preencher suas lacunas existenciais, ou para que o filho recém-nascido venha a ocupar o lugar de alguém que, por morte, deixou um vazio a ser preenchido.

O nascimento de outros filhos, em casos de patologia, pode gerar extensas dissociações na família, com formação de novos pares e alianças. Assim, é relativamente comum que o casal de genitores faça uma combinação explícita (ou implícita) em que cada um deles, separadamente, "adote" para si a criação e preferência por um determinado filho.

Um outro aspecto relevante é que a família pode mudar a sua estrutura e funcionamento, de acordo com a condição temporária de que os filhos estejam na infância, adolescência, ou já sejam adultos. Assim, a fase em que os filhos são pequenos favorece a simbiotização, tanto a sadia como a patológica. No período da adolescência, talvez o mais difícil para a maioria dos pais, a busca de um sentimento de identidade autônomo, por parte do adolescente, expressa-se por contestações que os pais podem não entender e, assim, significá-las como ataques agressivos contra eles, o que pode gerar um círculo vicioso maligno.

Essa situação crítica de um ou mais adolescentes de uma mesma família pode acarretar uma – às vezes séria – *crise familiar*. Quando os filhos adquirem a condição de adultos, resultam inevitáveis separações, as quais, embora sadias, podem levar alguns pais a sentirem uma forte vivência de abandono, e não raramente regridem à condição de crianças desamparadas, assim entrando em estado depressivo.

É bastante comum, sobretudo em famílias simbióticas, que, no mínimo, um dos filhos fique encarregado de se manter intimamente unido ao seu lar de origem, de modo a se constituir como um *seguro-desamparo* contra aprovável viuvez de um dos genitores.

Finalmente cabe destacar o papel fundamental dos pais em relação aos filhos, que é aquele que se refere ao processo das *identificações*, as quais se comportam, esquematicamente, de seis maneiras: por *admiração* (é a melhor de todas); por *idealização* (ocorre especialmente em famílias narcisistas e resultam identificações algo instáveis); com o *agressor;* com *a vítima;* com *algum aspecto parcial* de um dos pais (por exemplo, com os sintomas de alguma doença); bem como com a *tradição* dos valores e dos costumes da família.

Relativamente ao, antes aludido, *banho de linguagem* que certos pais despejam sobre os filhos, cabe dizer que isso se processa principalmente através da atribuição de *rótulos* (este menino é "tranqüilo", aquele é um "diabinho" de tanto que incomoda, aquela outra é "desligada" demais, um outro filho é rotulado de anarquista, ou "geniozinho") e assim por diante. Tais rótulos funcionam como *significantes* (conforme Lacan), aos quais a criança adapta-se e assume o papel designado.

IRMÃOS

A literatura especializada é relativamente bastante escassa e nem sempre valoriza a importância teórica e prática do *complexo fraterno.* No entanto, essa interação é de capital relevância na estruturação dos indivíduos e do grupo familiar. Pode-se dizer que os irmãos funcionam como objetos de um duplo investimento: o primeiro é o que diz respeito às conhecidas reações, ambivalentes, de amor e amizade, que vêm mescladas com sentimentos de ódio, inveja, ciúme, rivalidade, etc. O segundo investimento consiste em um, defensivo, deslocamento e projeção nos irmãos de pulsões libidinosas ou agressivas, que primariamente seriam dirigidas aos pais.

O *complexo fraterno* consiste em um emaranhado de sentimentos concomitantes e contraditórios entre irmãos, em que estão mesclados amor e ódio, culpas e remorsos, companheirismo e ressentimentos, rivalidade e solidariedade, etc. Assim, é comum observar situações nas quais os irmãos criam camufladas brincadeiras eróticas entre si, ou quando um irmão torna-se zeloso e enciumado guardião dos namoros de sua irmã mais velha; ou quando essa adota uma atitude maternal em relação a um seu irmão (ou irmã) mais moço(a); ou quando se manifesta uma acentuada regressão a níveis de necessidades que estão sendo gratificadas pela mãe para um irmãozinho caçula, ou doente, etc.

Por outro lado, não é raro observar que a um irmão é dado o papel de substituir a um outro já falecido (ou abortado) de quem deve herdar tudo o que os pais esperavam daquele, como, por exemplo, nome, gênero sexual, expectativas, etc. Da mesma forma, pode-se observar o fato de que um, dentre os irmãos, desempenhe o papel de *duplo* de um outro, assim complementando para este, e vice-versa, tudo o que não conseguiram fazer ou ter, como é o caso da *diferença dos sexos,* por exemplo. Por vezes, pode acontecer que essa condição de "duplo" adquira tal intensidade que ambos não conseguem se separar, e se envolvam em uma típica *folie a deux* que pode ser reproduzida em uma futura relação conjugal, com a possível conseqüência de que a ruptura desta ligação simbiótica, em especial na adolescência, pode trazer graves complicações para um dos dois, fato que se observa mais comumente na situação de gêmeos.

Uma outra situação bastante comum, e muito evidenciável na prática clínica, é aquela encontrada nos indivíduos que se sabotam ou se deprimem diante de seus sucessos na vida adulta, nos casos em que eles tenham tido irmãos precocemente falecidos, ou com sérias limitações orgânicas e psíquicas, ou malsucedidos de forma geral. Essa *auto-sabotagem* deve-se: a) às culpas inconscientes por terem concretizado o triunfo de uma antiga rivalidade entre os irmãos; b) ao fato de que, para não humilhar e fazer sofrer os que não acompanharam o seu sucesso, o sujeito faça um voto de *solidariedade às vítimas* e boicote o seu próprio crescimento enquanto não conseguir fazer uma "reparação", geralmente impossível, de que os demais irmãos (e/ou seus pais) acompanhem o seu sucesso.

TIPOS DE FAMÍLIAS

Em tese, a família é uma unidade sistêmica, com *identidade* característica, que seguidamente segue o perfil transgeracional dos pais, que, às vezes, fica anquilosada, sempre repetindo as mesmas pausas de conduta e de valores, porém, em muitas outras vezes, vai sofrendo inevitáveis *transformações,* em meio a *crises* e surgimento de novas necessidades e problemas, assim adquirindo uma modificação de estrutura familiar, além de uma aquisição de novos valores, normas e conduta.

Da mesma forma como se passa em qualquer indivíduo, também o grupo familiar adquire uma determinada caracterologia típica, a qual varia bastante de um familiar para outro. De forma esquemática, cabe nominar os seguintes tipos de famílias, em nível tanto normal ou com um certo grau, maior ou menor, de patologia:

1. Famílias *aglutinadas*: predomina, por parte dos pais, uma atitude tendente a uma simbiose generalizada, que reforça uma forte e mútua *dependência,* de características exageradas. Cabe lembrar que os anseios de dependência manifestam-se em cinco planos: afetivo, econômico, sexual, social e o de uma reafirmação de identidade, principalmente quando o sujeito se constitui através de um "espelhamento" de outros significativos. Outro inconveniente desse tipo de família é que os necessários limites, as necessárias diferenças e o desempenho de distintos papéis nem sempre ficam claramente delimitadas, o que gera uma série de prejuízos. Assim, quando se instala uma "crise familiar", freqüentemente desencadeada quando algum filho adolescente destoa da aglutinação que tem uma aparência de união, e por meio de transgressões", busca a sua emancipação, acontece que a aludida crise eclode sob forma de acessos agudos, disseminando um caos generalizado. Nesses casos, é bastante comum que toda a família eleja o "transgressor" como o "bode expiatório", caracterizando-o como o *paciente identificado*, isto é, aquele que carrega nas suas costas as mazelas do restante da família. O contrário de uma família aglutinada constitui-se como uma família dispersa.

2. *Dispersadas*: prevalece uma falta de coesão entre os membros da família, de modo que impera a lei do "cada um por si e Deus por todos". O mecanismo predominante na família dispersa é o uso excessivo de dissociações, seguidas de identificações projetivas de uns nos outros, com queixas recíprocas e formação de subgrupos, ou, pior, com um afastamento, matizado por uma indiferença de um pelo outro.

3. *Aquarteladas*: tais famílias caracterizam-se pelo fato de que lembra um *quartel*, comandado por um chefe (pode ser o pai ou a mãe) rígido, autoritário, por vezes tirânico, que não escuta os subordinados, o "diálogo" fica na base de cobranças, perguntas e respostas, e, acima de tudo, cobra o cumprimento de suas ordens, sob a ameaça de severas penas, o que gera nos demais uma conduta de alta submissão, ou o oposto disto, ou seja, alguma forma de rebeldia; a formação de um superego de características severas e punitivas, ou, ao contrário, um desprezo pelo superego, o que se constitui matéria-prima para a formação de conduta psicopática. As identificações neste tipo de família processam-se principalmente pelo mecanismo de "identificação com o agressor".

4. *Narcisistas*: notabilizam-se porque estão sempre se jactando de serem os melhores em tudo; tomam a si mesmos como modelo de família exemplar e não toleram outros valores e condutas distintos seus. Essa última situação, em casos mais extremos, pode atingir um estado psíquico da família: de onipotência, onisciência, arrogância e prepotência. Há uma predominância de um *ideal de ego* coletivo, em um clima familiar no qual a tônica reside em uma constante idealização e em uma imperiosa necessidade do cumprimento de expectativas, às vezes grandiosas. Não raramente acontece que todos dessa família sejam realmente bem-sucedidos; entretanto, também ocorre a possibilidade de que, tendo em vista que é mínima *a tolerância às frustrações*, desse tipo de família, diante de um insucesso de algum membro, este entre em crise depressiva, e a família, em crise de angústia. Também é característico desse tipo de família narcisista que seus membros sejam "buscadores" de *fetiches*; isto é, procuram compensar uma subjacente insegurança com substitutos ilusórios, geralmente o poder, o prestígio, a riqueza, a ostentação e as alardeadas conquistas amorosas.

5. *Com algum tipo de psicopatologia*: é bastante comum que alguma determinada família funcione de forma moderada, ou francamente *psicótica* (com condutas bizarras, distúrbios da linguagem, transtornos da percepção, da comunicação e do pensamento; predomínio das pulsões de morte; um uso excessivo de mecanismos primitivos; pode haver uma sucessão de crises, transtornos de conduta e acidentes, às vezes trágicos, além de uma eventual internação psiquiátrica de alguns deles). Em outras famílias manifesta-se alguma forma de *psicopatia*, em cujos casos, os padrões vigentes – tanto os sexuais, morais, sociais, éticos e estéticos – são transgredidos. Assim, é muito comum que haja uma perda dos limites, como, por exemplo, uma promiscuidade, revestida por uma, fetichizada, aparência de liberdade. Em outras vezes, o conluio inconsciente desse tipo de família consiste em que um dos familiares assuma um papel de puritanismo, enquanto a um outro cabe o de psicopata, sendo que, no fundo, ambos estão, inconscientemente, em uma cumplicidade, cada um se comportando como o executivo do lado oculto do outro. Também é possível a estruturação de famílias em bases *fóbicas* (evitam tudo aquilo que lhes foi significado, e representado, como sendo perigoso); ou *obsessivas* (com os traços característicos do que conhecemos como típicas de uma neurose obsessivo-compulsiva, de alguma pessoa); ou famílias *adictas* (nas suas múltiplas possibilidades, como é o tabagismo, a alimentação, o consumismo, as drogas, etc.); *somatizadoras* (uma hipocondria, por exemplo, pode acometer a todos familiares). Igualmente, cabe incluir aquelas famílias que se caracterizam por uma estruturação *paranóide* (são desconfiados, querelantes, criadores de casos, sempre na defensiva, logo, sempre contra-atacando); *depressiva* (às vezes fazem um eterno "culto" a algum morto da família e, muitas outras vezes, se "proíbem de serem felizes"); *ansiosa* (quase todos membros da família são propensos a crises de angústia

diante de algum "sinal de alarme"); famílias portadoras de um *falso self* (em cujo caso, mais vale a aparência do que a essência) e assim por diante.

6. Tipos *mistos*: na maior parte das vezes, os tipos até agora descritos nem sempre são rigidamente estanques; antes disso, o mais freqüente é que coexistam em uma mesma família os distintos traços característicos de todas aquelas, com uma predominância maior de uma ou de outra.

7. Famílias *normalmente integradas*: nessas famílias, "normais" dentro dos critérios atualmente vigentes, predomina uma aceitação e uma preservação dos direitos e deveres de cada um, dentro de uma necessária hierarquia familiar; existe o "reconhecimento" dos limites, das diferenças, dos alcances e das limitações que particularizam individualmente os distintos membros da família. As crises também se formam, porém adquirem uma função estruturante; as vivências, as boas e as más, são compartidas com uma mutualidade da função de continência. Ademais, existe uma capacidade para suportar diversos tipos de perdas, especialmente de pessoas queridas, e de absorver a entrada de outras pessoas no seio familiar.

PRÁTICA CLÍNICA

1. O terapeuta de família deve encarar a esta como sendo, ao mesmo tempo, uma "produção coletiva" (uma instituição interativa, que vai muito além de um mero somatório de pessoas), e um aspecto do mundo interno de cada membro em separado, em meio a um intenso jogo de, cruzadas, identificações projetivas e introjetivas entre eles.

2. Assim, o ideal é que o terapeuta possua sólidos conhecimentos da dinâmica psíquica inconsciente, *psicanalítica*, da teoria *sistêmica*, além de noções dos fundamentos *cognitivo comportamentais*, da *teoria comunicacional* e do uso de *role-playing* da corrente *psicodramática*.

3. Em termos práticos, o maior cuidado que o analista de família deve ter é o de não permitir que o tratamento concentre-se em um único paciente-emergente e, assim, fique transformado em uma terapia individual, feito à vista dos demais familiares. Até mesmo porque todos concordam com o fato de que, nesses casos, muitas famílias conservam uma aparente unidade e harmonia, às custas de utilizar um certo membro como um "depositário" – é o que costuma ser chamado de *paciente identificado* – dos problemas não-manifestos dos demais. Assim, o terapeuta de família, de forma cuidadosa, deve procurar o desmascaramento da farsa inconsciente de que, de um lado, há um único paciente e, de outro lado, uma família desesperançada, vítima daquele.

4. Igualmente, o terapeuta deve estar alerta para a possibilidade de, justamente quando começam a aparecer os problemas de todos, surgir o risco de dissolução do tratamento da família, devido a uma sabotagem, por meio de faltas, atrasos ou franca desistência daqueles que se sentem ameaçados.

5. Também é comum que haja nas famílias uma compulsão à repetição, de geração a geração, de um mesmo código de valores estratificados e que se constituem nos chamados *mitos familiares*, difíceis de desfazer.

6. Da mesma forma, também é bastante freqüente a existência de *segredos da família* que todos sabem, porém há como que um pacto coletivo de ninguém tocar no assunto. É recomendável que o terapeuta possa auxiliar a desfazer esse tabu, de sorte a propiciar à família conjunta uma livre ventilação, portanto, uma elaboração dos segredos.

7. Cabe reiterar que é fundamental que o terapeuta de família trabalhe de forma sistemática com os, muito prováveis, problemas do *mal-entendido das comunicações* entre todos eles. É necessário enfocar os três elementos constituintes da comunicação: a *transmissão* (refere à *forma* de como cada um emprega o seu discurso, se arrogante, por demais tímida, ou interpeladora, etc.), a *recepção* daquilo que escuta (ou ouve, mas não *escuta*, ou ela é distorcida, ou faz uma reação exageradamente sensível e desproporcional, ou é desqualificatória, etc.) e o terceiro elemento refere-se aos *canais de linguagem* da comunicação (é verbal ou não-verbal?; neste último caso, é por meio de gestos, atitudes, conduta, somatizações, atuações...?).

8. Igualmente, é de primacial relevância o assinalamento que o terapeuta de família deve fazer acerca do desempenho (que fica reproduzido na sessão da terapia) de *papéis e*

a assunção de lugares, posições e funções por parte de cada familiar. Esse aspecto ganha ainda uma maior importância, nos casos em que na família em foco os limites estejam perdidos e os papéis invertidos, o que não é nada raro.

9. Da mesma forma como foi enfatizado em relação à terapia com casais, é essencial que o terapeuta consiga manter uma adequada *neutralidade*, de modo a evitar a possibilidade de ele ser envolvido em algumas situações *contratransferenciais* deletérias, como é o caso de ele se identificar e tomar o partido de uns contra outros; ou a de aceitar o "convite" que a família o induz a aceitar, como o de um "julgador" de quem ou não tem razão, ou de um superego punitivo, etc., ou, ainda, a de cometer contra-atuações.

10. Durante a sessão com o grupo familiar, é útil que o terapeuta possa trabalhar com os aspectos, às vezes sutis, de como os pais podem estar influenciando no psiquismo dos filhos, por meio de alguns recursos. Um, é o de induzir alguns à formação de um "falso *self*", resultante da necessidade de esses gratificarem seus pais (ou um deles), com os filhos adivinhando e cumprindo os *desejos* parentais, em detrimento dos seus próprios que seriam os de um "verdadeiro *self*". Assim, cabe ao terapeuta de família auxiliar os pais a abrirem para os filhos um *espaço para desejar*.

11. Uma outra possibilidade da influência da estruturação do psiquismo dos filhos que deve ser ressaltada pelo analista resulta do *discurso* empregado pelos pais, que determinam valores, expectativas, significações, representações ou a imposição de seus próprios desejos.

12. Cabe dar um exemplo hipotético: diante da oportunidade de incentivar um filho a ir ao cinema, o pai (ou a mãe) dirige-se ao filho em uma destas formas: a) *Deve ver tal filme, é para o seu bem* (neste caso, dito em uma forma imperativa, é bem provável que o pai esteja *impondo* o seu próprio desejo. b) *Se quer ir, vamos juntos, senão, eu vou de qualquer jeito* (o pai pode estar dando uma mensagem de teor narcisista: primeiro, eu!, quando é possível que o filho esteja querendo um espaço interno, unicamente seu, de modo a construir os seus próprios desejos). c) *Só vou ver o filme se você for comigo* (neste caso, se ele for continuado em situações equivalentes, existe o risco de estar havendo uma "troca de papéis", de modo que é unicamente o filho quem pode desejar, e, assim, estaria contribuindo para o reforço da onipotência infantil). d) *Não quer ir ver tal filme porque você é um cagão, tem medo de tudo, assim ninguém vai querer ser seu amigo...* (neste caso, pode-se perceber um discurso paterno que faz uma significação desqualificatória do filho, a um mesmo tempo que leva este a fazer uma auto-representação fóbica e denegrida de si mesmo). e) *Ouvi boas referências sobre tal filme: gostaria de ir? Caso queira que eu vá com você, estou disponível...* (na presente situação, o pai não *impõe*, mas *propõe*, respeitando a liberdade de decisão do filho, além de, também, demonstrar uma disponibilidade afetiva).

13. Esta última hipótese – a de o pai escutar e valorizar a tomada de posição do filho – está diretamente conectada ao fato de que, na situação da terapia da família, o terapeuta trabalhe com o fato de que, sim, os filhos aprendem muito com os pais, com a recíproca inteiramente verdadeira!

Grupoterapia Psicanalítica

A psicologia individual e a social não diferem em sua essência [...] O êxito que a terapia passa a ter no indivíduo haverá de obtê-lo na coletividade. No futuro, os estudiosos da sociologia e psicologia se perguntarão, perplexos: como é que há mais tempo nós não nos interssamos por grupos se vivemos e convivemos, há maior parte do tempo de nossa vida, em uma permanente, intensa, extraordinária e complexa relaçao do indivíduo com os seu mundo?

S. Freud

O objetivo precípuo do presente capítulo – aqui – ficará restrito unicamente à prática com grupoterapia de base psicanalítica dirigida ao *insight* consiste justamente em partilhar com os interessados as mudanças que vêm se operando no meu trabalho clínico, ao longo de mais de 40 anos, especialmente aquelas que dizem respeito aos aspectos referentes à técnica. Para tanto, adotarei um esquema de exposição algo didático, especificando separadamente cada um dos fenômenos que estão sempre presentes no campo analítico grupal. Ademais, sempre que possível, procurarei traçar, ainda que de forma breve, possíveis semelhanças e diferenças, eventuais vantagens e desvantagens, entre a psicanálise individual e a grupal.

SELEÇÃO E COMPOSIÇÃO DO GRUPO

Um importante e bem-sucedido congresso latino-americano de psicoterapia analítica de grupo realizado em 1957, em Buenos Aires, alavancou de forma extraordinária o interesse pela formação e prática da grupoanálise em nosso meio. Mais especificamente em Porto Alegre, então, os únicos técnicos autorizados a praticar a grupoterapia analítica eram os psicanalistas filiados à Sociedade Psicanalítica. Eram poucos os analistas que a praticavam e muitos os pacientes que a procuravam, notadamente os jovens estudantes, e outros, que não dispunham de recursos econômicos para realizar uma análise individual *standard*.

Convém lembrar que, nessa época, a prática da terapia psicanalítica individual era, legalmente, vedada aos psicólogos e os próprios psiquiatras limitavam-se à chamada "psicoterapia de apoio" e, caso trabalhassem diretamente com os aspectos transferenciais, eram rotulados de "atuadores", porquanto estariam invadindo o sagrado espaço do "Olimpo", exclusivo dos deuses-psicanalistas formados pela IPA. O recurso para quem queria fazer análise e não dispunha de condições econômicas era a de se tratar com um psicanalista, por meio de grupos.

Assim, nos anos 60 – apogeu da grupoterapia psicanalítica –, a demanda era intensa, os encaminhamentos se sucediam e não tínhamos dificuldades de compor grupos analíticos que, após uma seleção entre muitos pretendentes, começavam a funcionar já completos, com uma composição mista de homens e mulheres, totalizando uma média de sete participantes, em um nível neurótico.

Por uma série de razões que não cabe aqui (sugiro aos interessados que leiam o capítulo "Estado Atual e Perspectivas Futuras das Grupoterapias" – Zimerman, 2000), a partir da década de 70 e seguintes, a psicoterapia analítica de grupo começou a entrar em progressivo declínio, embora nos últimos anos esteja começando a dar claros sinais de uma importante reabilitação. Como decorrência do fato de que a demanda por grupoterapia analítica ficou sensivelmente reduzida, criou-se uma dificuldade para começar um grupo com o número ideal de pacientes, de modo que, para evitar os sérios inconvenientes de uma espera demasiadamente longa, passei a orientar os meus alunos e supervisionandos à prática de poder iniciar um grupo terapêutico com um número menor, inclusive a viabilidade mínima de iniciar o grupo com dois pacientes.

Uma outra mudança importante relativa à *seleção*, consiste no fato de que nos primeiros tempos descartávamos aqueles pacientes que consensualmente eram contra-indicados para tratamento em grupo, como era o caso dos *excessivamente* portadores de algum aspecto de patologia psíquica, como o de paranóia, depressão, esquizoidia, somatizadores, traços psicopáticos, perversos, etc. Na atualidade, mantenho a posição de não incluir esses *pacientes excessivos* em um grupo de outros que têm uma estruturação psíquica mais sólida, no entanto estimulo meus supervisionandos a compor grupos *homogêneos* com eles.

Considero que os resultados grupoanalíticos com pacientes de uma mesma categoria psicopatogênica – como, por exemplo, com deprimidos mais graves, ou com pacientes *borderlines*, transtornos de alimentação, etc. – têm sido suficientemente gratificantes e alentadores.

Na época áurea da grupoterapia analítica, muitos grupoterapeutas preferiam evitar as prévias entrevistas individuais com os pacientes que procuravam tratamento grupal, sob a alegação de que a melhor seleção seria a de juntá-los desde o início, para que se mantivesse uma fidelidade total ao espírito grupal e que todos, inclusive o analista, enfrentassem nas mesmas condições as angústias do desconhecido. Nunca adotei essa tática e continuo pensando que uma boa seleção é a chave do êxito ou fracasso do desenvolvimento futuro do grupo, além de que uma boa seleção deve passar por uma, ou mais, entrevistas individuais prévias, nas quais, além de avaliar o nível e o grau da psicopatogenia, tendo em vista a composição do grupo, aquilo que, sobretudo, necessita ser bem aquilatado, é o que diz respeito à *motivação* que o pretendente demonstra em relação à seriedade de como encara o tratamento e a disposição para fazer mudanças verdadeiras.

SETTING GRUPAL

Nos primeiros tempos, acompanhando intimamente as diretrizes que então regiam a psicanálise individual, também os grupoterapeutas iniciavam o novo grupo recém-formado com uma série de combinações e regras que deveriam ser obrigatoriamente cumpridas, as quais, por vezes, entravam em minúcias e detalhes, referentes ao comportamento dentro e fora da situação grupal. Na verdade, o compromisso que os pacientes formalmente assumiam não impedia a ocorrência de *actings*, às vezes graves, como o daquele que considero o mais temível deles, ou seja, o da quebra da "regra de ouro" da grupoterapia – a do *sigilo*.

Em situações mais extremas de atuação maligna, não foram raros os informes que circulavam de envolvimento sexual entre pacientes daqueles grupos nos quais a seleção não foi mais criteriosa e rigorosa. Hoje entendo que a melhor maneira de minimizar os riscos de *actings* daninhos consiste em uma seleção e composição adequadas e, acima de tudo, em uma permanente atenção e escuta apropriadas do grupoterapeuta para que, no curso dos acontecimentos relativos ao momento da dinâmica grupal, por meio dos assinalamentos e interpretações das emergentes ansiedades inconscientes, possa ir, implicitamente, estabelecendo as necessárias regras mínimas e promovendo a profilaxia do risco das aludidas atuações, mercê da construção de um "espírito de grupo" alicerçado no crescimento dos núcleos básicos de uma recíproca *confiança*.

Na atualidade, considero que a instalação do *setting* vai além de combinações mínimas, como a de horários, honorários, férias e afins, que são fundamentais porquanto estabelecem a importância da realidade exterior e a necessária colocação dos limites e das limitações. No entanto, muito mais do que isso, o enquadre grupal promove a criação de um *novo espaço*, no qual os pacientes irão reexperimentar velhas experiências emocionais e inter-relacionamentos complicados, que foram malresolvidos no passado, na família e nos demais grupos de convívio, os quais estão à espera de uma *ressignificação* que possibilite a reconstrução do grupo da família que está interiorizada de forma patogênica dentro de cada um.

Destarte, postulo que a figura do terapeuta quer na sua função profissional, quer como *pessoa real*, é parte essencial do *setting* grupal, notadamente no que tange a uma capacidade que obrigatoriamente ele deve possuir: a de ser um adequado *continente* ativo (é muito diferente de "recipiente" passivo) para as maciças identificações projetivas, de cada um e de todos do grupo. Tais identificações projetivas constituem o *conteúdo*, tanto de necessidades básicas, como também de desejos, demandas, angústias, fantasias, pulsões libidinais e agressivas, atuações, sentimentos depressivos, etc. A propósito, o próprio enquadre grupal, quando adquire a condição da mútua confiabilidade geral, por si só funciona como um continente de uns para os outros.

RESISTÊNCIA-CONTRA-RESISTÊNCIA

O termo "contra-resistência" estava virtualmente desaparecido da literatura psicanalítica. Fiz questão de ajudar a ressuscitá-lo porque entendo que não se pode pensar em qualquer tipo de terapia analítica que não seja através da noção de que, sempre, existe uma permanente e, recíproca, *vincularidade* interpessoal, na qual cada um – incluído o grupoterapeuta, é óbvio – influencia e é influenciado pelos demais. São inúmeras as formas de como os indivíduos e os grupos resistem contra o acesso a regiões inconscientes do psiquismo, à tomada de conhecimento de verdades penosas, à regressão ou progressão, à aquisição de verdadeiras mudanças, etc.

No entanto, o que, aqui, objetivo enfatizar é que, na contemporânea grupoterapia analítica, devemos estar suficientemente alertas para a alta probabilidade da contração de *conluios* resistenciais-contra-resistenciais, de natureza inconsciente (aos conscientes é melhor chamá-los de "pactos corruptos"). Tais conluios adquirem distintas configurações vinculares entre os pacientes do grupo e o grupoterapeuta, porém cabe destacar a freqüência com que podem surgir situações como: 1. Um conluio de *negação coletiva* (por exemplo, de temas e sentimentos relativos a sexo, agressão, morte...). 2. Uma recíproca *fascinação narcisista* (o grupo fica embevecido com as "brilhantes" interpretações do analista, ainda que essas não sejam mais do que intelectualizadas demonstrações de erudição, enquanto ele também fica fascinado com o fascínio de seu grupo), de sorte que não cabe espaço para eventuais e necessárias frustrações e manifestações agressivas. 3. A predominância do *suposto básico* (conforme Bion) de "dependência" (o grupoterapeuta mantém e até estimula uma excessiva dependência e infantilização do grupo em relação a ele), ou o de "luta e fuga" (nesse caso, é freqüente a busca de "bodes expiatórios", internos ou externos ao grupo, podendo o clima de trabalho ficar tenso e beligerante). 4. Um insidioso e pouco transparente *conluio de acomodação*, isto é, o grupo de pacientes e o terapeuta entram em um estado de *desistência* a adquirir mudanças caracterológicas mais profundas, acomodando-se na gratificação que a sociabilidade do grupo proporciona.

Costumo enfatizar que enquanto houver a presença de "resistência" existe uma vontade de viver; o funesto é quando a resistência cede lugar à acomodação de uma "desistência", que, em graus exagerados, pode chegar aos níveis de que o "único desejo é nada desejar" ou até o de um namoro com a morte, biológica ou psíquica.

Um outro aspecto que vale destacar relativamente às resistências, provindas do meio ambiente exterior, à prática da análise em grupo, é aquele que sofre muitas críticas dos opositores a grupoanálise, os quais alegam que um paciente pode ficar resistindo em um grupo, ocultado em um silêncio ou desligamento, navegando na carona dos outros, sem nunca se expor. Penso um pouco diferente disso, por duas razões: uma, é se o grupoterapeuta estiver atento, incluirá esse hipotético paciente dentro da totalidade grupal, assinalando o papel que ele representa e a comunicação que expressa por vias não-verbais. Um segundo aspecto é que, na minha experiência, um grupo, pelo contrário, pode facilitar a remoção de alguma resistência de algum indivíduo em particular, porque uma determinada comunicação ou forte manifestação afetiva pode ter o dom de acordar certos sentimentos e fantasias que estavam ocultas nos demais, por distintos tipos de negação.

TRANSFERÊNCIA-CONTRATRANSFERÊNCIA

Na psicanálise contemporânea, quer a individual quanto a grupal, no lugar de descrever separadamente os fenômenos da transferência e da contratransferência que sempre estão presentes no campo grupal, é muito mais adequado colocá-los de uma forma unida por um hífen diferenciador porquanto, de alguma forma, são inseparáveis, dentro da concepção hodierna das configurações vinculares. As distintas e múltiplas formas de a transferência se manifestar nos grupos, tanto a que é dirigida por um, individualmente, e todos diretamente em relação à pessoa do grupoterapeuta, quanto às transferências laterais, de cada um com todos e vice-versa, porém não cabe, aqui, descrevê-las mais detalhadamente.

O grande avanço em relação ao manejo técnico diz respeito aos sentimentos *contratransferenciais*. Assim, desde que os analistas foram entendendo que, antes de serem simplesmente sentimentos prejudiciais ao andamento da análise e indicadores de falhas pessoais do terapeuta (como a psicanálise clássica ensinava nos primeiros tempos), os sentimentos resultantes da contratransferência podem representar uma importantíssima forma de *comunicação primitiva*, daquilo que o paciente individual ou a totalidade do grupo não consegue expressar pela linguagem verbal.

Assim, a contra-identificação projetiva do analista, que resulta das maciças identificações projetivas emitidas pelos pacientes, pode tomar dois caminhos na sua mente: uma, é que descambe para uma "contratransferência patogênica", pela qual ele ficará algo perdido, confuso e identificado com os objetos parentais que estão sendo projetados dentro dele. A segunda possibilidade é que o grupoterapeuta, mercê de uma capacidade de reconhecer e conter os difíceis sentimentos "negativos" nele despertados (Bion chama a isso de "capacidade negativa"), consiga transformá-los em uma capacidade de *empatia*, o que lhe possibilitará colocar-se no lugar dos outros e, logo, sentir juntamente com eles as angústias que ainda não conseguem pensar e, muito menos, verbalizar.

COMUNICAÇÃO

Esse aspecto – fundamental da dinâmica do campo grupal – é um dos que vem sofrendo sensíveis transformações com o decorrer dos anos da prática com grupoterapias. Creio não ser exagero a afirmativa de que "o maior mal da humanidade consiste no problema dos mal-entendidos". De fato, é fácil observar o quanto indivíduos, casais, famílias, grupos variados, instituições em geral esbarram no tríplice aspecto inerente ao problema da comunicação: 1) a *transmissão*: além da tonalidade da voz, que é um elemento essencial, também pesa muito a forma de o sujeito se expressar, se é com arrogância, ambigüidade, excessiva timidez, confusão, etc.; 2) a *recepção*: a pessoa que ouve determinada mensagem tanto pode captar o real sentido e intenção da mesma, como também pode fazer distorções paranóides, dar um sentido de mandamento superegóico, emprestar uma desqualificação e denegrimento sistemático daquilo que provém de um outro, e assim por diante; 3) os *canais de transmissão*: no lugar de o analista valorizar quase que exclusivamente a comunicação verbal, na atualidade, cada vez mais, os grupoterapeutas estão atentos a outros canais de comunicação que se expressam por vias não-verbais.

São exemplos da comunicação não-verbal que se processam nos grupos: a linguagem *postural* (a forma de como se vestem, cumprimentam, onde se sentam, são pontuais e assíduos, ou o oposto disso...?); *gestural* (alguém está cabisbaixo, atento ou desligado, faz sutis gestos de reprovação e desconforto...?); *somática* (algum órgão está falando por alguns deles, por meio de uma somatização, como, por exemplo, uma diarréia que possivelmente esteja indicando que alguém está, ou todos estão se "cagando de medo"?...); *actings* (essa é uma importante via de comunicação não-verbal, como será explicitada mais adiante); *efeitos contratransferenciais* (tal como foi antes aludido); o próprio *silêncio*, quando sistemático, se bem-entendido na sua significação, pode representar uma importante via de comunicação do muito que o aparente "nada" do vazio do silêncio possa estar dizendo.

Creio ser importante que o grupoterapeuta saiba discriminar, em si próprio e nos demais, as sutis, porém importantes, diferenças que existem entre "ouvir e escutar"; "olhar e enxergar"; "falar e dizer", nesse último caso levando em conta que um sujeito, ou um grupo, pode falar muito e nada dizer, ou falar pouco e dizer muito...

ACTINGS

Já passou o tempo em que as atuações eram consideradas sistematicamente como algo nefasto no processo psicanalítico. Além do fato de que muitas delas possam estar representando um movimento progressivo (por exemplo, um paciente excessivamente obsessivo ou fóbico, aguilhoado por um superego tirânico, começar a se libertar do jugo deste, inicialmente por meio de ensaios de algum tipo de atuação), também é imprescindível levar em conta a necessidade de o grupoterapeuta fazer a leitura apropriada do significado da comunicação de algo primitivo que a linguagem do *acting* esteja comunicando de forma codificada.

Assim, o analista deve saber que um paciente, ou o grupo, atua quando ele não consegue *recordar* experiências traumáticas, ou usa excessivamente o mecanismo de *negação* das verdades dolorosas, as externas e as internas, ou não as consegue *pensar*, ou quando tampouco tem condições de *verbalizar*. Uma adequada atividade interpretativa do analista pode fazer a profilaxia e reduzir substancialmente a ocorrência dos *actings*, principalmente daqueles que possam ser malignos.

Nos primeiros passos de minha prática com grupoterapia analítica, os professores de então ensinavam que as costumeiras reuniões que os pacientes freqüentemente fazem no "lá fora" da sessão grupal representavam uma importante forma de atuação nociva porque, assim, eles substituíam as comunicações que deveriam ser trazidas no calor do grupo, além do risco de envolvimentos perigosos. Embora reconheça que existe algum risco dessa natureza, hoje penso diferente: quando as inevitáveis ansiedades paranóides iniciais ficam esbatidas e o grupo adquire um "espírito de corpo", com mutualidade na confiabilidade, tais encontros têm se mostrado muito saudáveis e concorrem para a formação de sólidas amizades, além de solidariedade.

INTERPRETAÇÃO

Em meu entendimento, esse aspecto da teoria e da prática da técnica grupanalítica é a que sofreu as maiores transformações ao longo de toda a sua existência. Cabe recordar que, nos tempos pioneiros, o tratamento era processado *em* grupo, ou seja, o terapeuta interpretava cada paciente do grupo, em separado. Mais tarde, os psicanalistas que começavam a trabalhar com grupos postulavam a necessidade de que o tratamento fosse *do* grupo, que deveria ser visto não como uma soma de individualidades, mas, sim, como uma nova entidade, uma totalidade com características próprias e específicas. Nesse caso, durante muitas décadas prevaleceu a orientação dogmática de que a interpretação deveria sempre ser dirigida à totalidade do grupo, sem particularizar nenhum indivíduo (por exemplo: "o grupo está me dizendo que...", "o grupo está me atacando porque a inveja que sentem de mim..."). Muito cedo fui adotando a técnica de fazer a terapia *de* grupo, ou seja, após colher uma impressão geral da ansiedade emergente, do assunto que estava sendo predominantemente compartilhado, ia partindo das colocações pessoais, valorizando cada uma delas e integrando-as com as dos demais, tanto nas concordâncias quanto nas necessárias divergências, nos contraditórios e opostos.

Na atualidade inclino-me, cada vez mais, para um quarto passo, isto é, à terapia analítica *com* o grupo, ou seja, adotei um estilo mais coloquial, dialético, estimulando a capacidade de pensar de cada um, dentro do contexto grupal e, sobretudo, permitindo e de certa forma incentivando que sejam livres para poder interpretar aos colegas, coisa que nos meus primeiros tempos de aprendizado era considerado uma grossa atuação ("...ele está querendo ocupar o lugar do terapeuta, do mesmo modo como quis superar o pai. Não deixe que ele tome conta de você...").

O início de minha formação como grupoterapeuta coincidiu com o auge do kleinianismo em nosso meio, de sorte que, transportando para a grupoterapia psicanalítica, as interpretações ficavam quase que exclusivamente focadas no "aqui-agora-comigo, da neurose de transferência grupal dirigida ao psicanalista", com predominância do assinalamento dos aspectos sádico-destrutivos. Nesse particular, fiz modificações profundas, a começar pela proposição que faço entre "interpretação propriamente dita" e "atividade interpretativa".

Embora em certos momentos, muito especialmente nos inícios de um grupo analítico, quando as ansiedades paranóides estão visíveis e muito intensas, impõe-se a necessidade de interpretar os temores transferidos para o grupoterapeuta, de regra, na atualidade, utilizo muito mais a *atividade interpretativa*, isto é, por meio de clareamentos, confrontos, assinalamentos de paradoxos, problemas da comunicação, valorização dos momentos transferenciais vividos no "lá fora" da vida cotidiana de cada um, e de perguntas que instiguem a reflexão de todos acerca de idéias e sentimentos que estão compartilhando.

Partindo das vivências relatadas por cada um, descubro um denominador comum nas diferentes narrativas e, só então, formulo uma interpretação, mais como sendo uma hipótese do que uma verdade acabada, e fico à espera de novas associações. Também tenho por hábito, ao final da sessão, como um recurso de integrar os aspectos que muitas vezes aparecem de forma muito dissociada e, às vezes, até caótica, fazer uma *síntese* (é diferente de resumo), que unifique aquilo que aconteceu na sessão, de forma a nomear, integrar e tornar compreensível para todos aquilo que se passou no curso da sessão, com as respectivas correlações e interações entre todos os participantes.

Assim, na minha maneira atual de trabalhar psicanaliticamente com grupos, não me restrinjo unicamente aos aspectos que, por repressão ou renegação, estejam inconscientes na individualidade e na totalidade dos pacientes. Pelo contrário, também empresto um valor especialíssimo ao que cabe chamar de *análise do consciente*, em cujo caso tenho por objetivo ajudar a desenvolver o funcionamento das áreas do psiquismo nas quais o ego consciente tem uma grande participação, como são as funções de percepção, atenção, juízo crítico, discriminação, comunicação, conduta, desempenho de papéis e ocupação de lugares, conhecimento e enfrentamento das verdades; capacidade para pensar, contestar, criar, assumir conscientemente a parcela de responsabilidade e de eventuais culpas por aquilo que dizem, fazem, ou passivamente deixam acontecer; reconhecer os limites, limitações e as inevitáveis diferenças com os demais.

INSIGHT, ELABORAÇÃO E CURA

A aquisição de *insight*, o processo de elaboração e os resultados terapêuticos são indissociados entre si, razão por que esses três conceitos, aqui, aparecem unificados. Em linhas esquemáticas pode-se dizer, hoje, que o *insight* se processa, em uma certa seqüência temporal, em cinco modos distintos: 1. o *intelectivo*: talvez não mereça o nome de *insight*, pois ele pode estancar em uma mera intelectualização; 2. o *cognitivo*: refere a uma tomada de conhecimento, por parte dos pacientes, de atitudes características suas que até então estavam egossintônicas; 3. o *afetivo*: a cognição vem acompanhada por vivências afetivas, tanto as atuais como as evocativas, possibilitando o estabelecimento de correlações entre elas, dentro de cada um, e de uma comparação com similares vivências, vindas de outros; 4. o *reflexivo*: além de entender, tomar conhecimento e sentir as experiências emocionais despertadas pelo grupo, é importante que cada um reflita, aprenda a pensar, dentro de um marco inerente à "posição depressiva" (M. Klein), de modo a tirar um aprendizado com as experiências, as boas e, principalmente, as más; 5. o *insight pragmático*: as mudanças psíquicas propiciadas pela aquisição de *insights*, e a elaboração dos mesmos, devem necessariamente ser traduzidas na *praxis* de sua vida real exterior, além de que a mesma esteja sob o controle de seu ego consciente, com a respectiva assunção da responsabilidade pelos seus atos.

O processo de *elaboração* consiste na aquisição de um *insight* total e definitivo conseguido por meio da integração dos *insights* parciais. Em minha experiência, a elaboração mais difícil e penosa de ser realizada com vistas a uma transformação caracterológica verdadeira é aquela que implica o fato de que deve haver uma renúncia a ideais narcisistas, isto é, quando o indivíduo ou a totalidade grupal necessita assumir a verdade de que não é aquilo que cada um pensava que era, nem aquilo que ele pensava que os outros pensariam que ele fosse, que muito provavelmente nunca venha a ser, e que terá que voltar a uma estaca zero para traçar um verdadeiro projeto de um *vir a ser!* Caso esse último aspecto não seja satisfatoriamente bem-resolvido na grupanálise, existirá o risco de que os pacientes desenvolvam tanto uma "reação terapêutica negativa" como também há a possibilidade de que compensem as perdas das ilusões narcisistas com a construção de um "falso *self*" (conforme Winnicott).

Nesse último caso, a grupoterapia representa uma vantagem decorrente do fato de que, mercê da conquista de uma franqueza natural e sem agressividade, uns alertam e denunciam os movimentos falsos dos outros.

MECANISMOS DE CURA

Inicialmente creio ser útil estabelecer uma distinção entre "benefícios terapêuticos" e "resultados analíticos". Os primeiros (como, por exemplo: resolução de *crises* emocionais agudas; remoção de *sintomas* psicopatológicos; uma melhor *adaptação* sociofamiliar e profissional) são inegavelmente muito importantes, porém podem ser transitórios, uma vez que não chega a haver uma mudança caracterológica mais profunda e estável. Já os "resultados analíticos" – perfeitamente alcançáveis através da grupoterapia psicanalítica – designam significativas mudanças da estrutura psíquica interior, as quais visam conferir a aquisição de uma liberdade interior, ou seja, o sujeito e o grupo aprendem que "para dizer *sim* ao seu próprio ego, é necessário dizer *não* (sem uma ruptura odiosa, mas, sim, através de posições firmes e seguras) aos seus objetos internalizados que os oprimem, ora ameaçando, ora com expectativas exageradas, ora com uma desqualificação permanente, etc. A partir da obtenção suficientemente boa dessa liberdade interna, o sujeito sente uma liberdade em relação ao mundo exterior, liberdade para pensar, contestar, criar e, sobretudo, para "ser realmente quem ele, de fato, é, e não quem os outros querem que ele seja".

As afirmativas, por si só, já constituem um indicador da mudança que, cada vez mais, vem se processando na forma de como o analista da atualidade encara o perfil patogênico dos pacientes, isto é, não se está centrado unicamente nos conflitos decorrentes das pulsões libidinais e agressivas, como durante longo tempo foi entendido e praticado, quer na análise individual quanto na grupal.

Na atualidade, no mínimo, duas modificações importantes devem ser consignadas: 1) nem toda psicopatologia deve ser reduzida à clássica etiologia resultante do embate entre as pulsões do id *versus* as ameaças do superego e os mecanismos defensivos do ego; muitas vezes, antes disso, o sujeito sofre mais de *carências* primitivas (responsáveis pelos contemporâneos quadros clínicos ligados à "patologia do vazio") do que dos aludidos *conflitos* estruturais. 2) Os psicoterapeutas da atualidade estão conferindo um mesmo peso de valor à presença das pulsões que são inatas ao ser humano, e ao meio ambiente exterior, representados pelos pais e pela cultura vigente, que impõem valores, predições, expectativas, significações, mandamentos, etc., e, como tal, são introjetados e determinam as identificações, freqüentemente patógenas.

Baseado na minha experiência de longos anos em trabalhar concomitantemente e de forma ininterrupta com psicanálise individual e grupanálise, sinto-me bem à vontade em estabelecer alguns pontos comparativos entre ambas, sem a menor intenção de estabelecer qualquer confronto do tipo "melhor ou pior", porquanto cada uma tem suas peculiaridades específicas. Unicamente pretendo expor alguns tópicos que no curso da análise grupal podem representar alguma vantagem sobre a individual (obviamente, a recíproca também é verdadeira). Assim, cabe destacar os seguintes aspectos:

1. A dinâmica do campo grupal possibilita perceber mais claramente a inter-relação íntima, indissociada e continuada que existe entre o *indivíduo e o grupo* no qual ele está inserido, de forma familiar, social, profissional e culturalmente.
2. Partindo do princípio de que um grupo comporta-se como uma *galeria de espelhos*, em que cada um se reflete e é refletido pelos demais, o campo grupal possibilita observar com mais acuidade e nitidez os fenômenos dessa *especularidade*, resultante dos fundamentais processos de identificações projetivas e introjetivas que ocorrem permanentemente nos grupos.
3. Também fica bem evidenciada a distribuição de *lugares, posições, funções e papéis* que cada um assume em relação aos demais, aspecto esse que é fundamental na forma de se viver e conviver.
4. Os distintos arranjos e combinações entre os papéis designados e assumidos nos múltiplos relacionamentos interpessoais estão diretamente ligados à formação das diversificadas *configurações vinculares* que unem ou

desunem casais, famílias, grupos, instituições, etc.

5. Igualmente, a observação ao vivo de como os indivíduos assumem determinados papéis no funcionamento do grupo, que provavelmente estão reproduzindo papéis análogos que, de forma estereotipada, podem estar desempenhando no cotidiano de suas vidas, pode se constituir como um importante instrumento terapêutico. Isto é, o grupo propicia aos pacientes reexperimentarem antigas e novas vivências grupais, e ao analista vir a reconhecer, e assim *re-significar*, a estereotipia dos papéis e lugares ocupados individualmente por eles, que lhes foram inculpados pelos educadores, com uma determinação de significações patogênicas.

6. O grupo, mais do que qualquer outra modalidade psicanalítica, favorece a observação da normalidade e patologia da *comunicação*, verbal ou não-verbal, lógica ou primitiva, que permeia a vida de todos nós e se constitui como o maior problema responsável pela quebra de harmonia no convívio entre as pessoas.

7. O grupo, por si próprio, comporta-se como um *continente*, de sorte que esse importante fato viabiliza um atendimento mais adequado para pacientes muito regressivos, como são os psicóticos egressos de hospitalizações psiquiátricas, *borderline*, somatizadores crônicos, depressivos graves, "patologias do vazio" em geral, levando-se em conta que todos eles, muitas vezes, não suportam um tratamento psicanalítico individual.

8. Creio que o grupoterapeuta não funciona unicamente como uma pantalha das transferências, a partir da qual ele faz as interpretações que resultam em *insights* curativos. Isso, em boa parte, continua sendo verdadeiro; no entanto, tenho a convicção que a *pessoa real* do grupoterapeuta, por si só, igualmente se constitui em um importante agente terapêutico, levando em conta que ele também desempenha o papel de um novo e importantíssimo *modelo de identificação*. Assim, indo muito além das interpretações propriamente ditas, sob uma forma não manifestamente perceptível, a totalidade do grupo vai absorvendo o "jeito" e se modelando pela maneira de como o terapeuta encara e se posiciona diante das angústias, dúvidas e incertezas dos outros e dele próprio; de como ele enfrenta e maneja os conflitos; quais são as suas posições éticas no que diz respeito às verdades e aceitação das diferenças; qual a sua forma de se relacionar, comunicar e, muito especialmente, de como raciocina e *pensa* as experiências emocionais que se passam na vida interna, e externa, do grupo.

9. A grupoterapia favorece a possibilidade de os pacientes fazerem *reparações verdadeiras*. Particularmente em grupos compostos por pacientes bastante regredidos, com sérios problemas decorrentes de pulsões agressivas mal-elaboradas e, por conseguinte, altamente desestruturantes do psiquismo, a terapia grupal propicia uma oportunidade ímpar, qual seja, a de um paciente, de alguma forma, poder ajudar a um outro. É necessário frisar que essa função de reparar, e de auxiliar os companheiros de grupo, não deve ser confundida com uma bondade samaritânica. Para ser eficaz e estruturante, ela deve vir acompanhada de outros elementos próprios daquilo que a escola kleiniana denomina "posição depressiva", ou seja, um reconhecimento da parcela de responsabilidade e de eventuais culpas pelos acontecimentos passados, e que de alguma forma se reproduzem no seu grupo, assim como pelo desenvolvimento de sentimentos de *consideração* e de *preocupação* pelo outro.

10. Um ponto de especial relevo que surge muito claramente no campo grupal é aquele que diz respeito aos quatro aspectos daquilo que denomino *vínculo do reconhecimento*, ou seja: a) o grupo possibilita a cada indivíduo reconhecer *em si próprio* aquilo que estava reprimido e latente, e que é despertado pelo que provém dos demais do grupo; b) reconhecer *os outros* como sendo pessoas diferentes dele, que têm valores e idiossincrasias autenticamente pessoais, são autônomos, embora possam estar afetivamente muito ligados a ele e, sobretudo, reconhecer além das diferenças, também os alcances, limitações e limites dele e dos outros; c) como uma forma de gratidão, poder *ser reconhecido a outras pessoas* que porventura o tenham ajudado e que ele tenha menosprezado ou atacado de alguma forma; d) refere-se à aceitação do quanto todo e qualquer sujeito necessita vitalmente ser reconhecido *pelos outros*, como sendo alguém que existe, é aceito como um igual, respeitado, valorizado, desejado e amado. Nesse caso, a falha desse tipo de reconhecimento pode levar muitos indivíduos, ou grupos, a desenvolver, como com-

pensação, a formação de estruturas psíquicas do tipo narcisista e a de "falso *self*".

11. Uma clara vantagem que a grupoterapia representa em relação à terapia individual, além dos já assinalados, consiste na possibilidade de uma observação mais evidente de três fenômenos de indiscutível freqüência e importância: a) aquele que foi descrito por Freud como *identificação coletiva*, com a qual ele aludia à possibilidade de uma propagação em cadeia de alguma manifestação de angústia, como a de tipo histérica, por exemplo; b) a ocorrência do *complexo fraterno* que, embora sabidamente represente um aspecto de relevante importância da conflitiva de raízes primitivas entre irmãos, pouco aparece na literatura psicanalítica, porquanto essa última sobremodo enfatiza os conflitos com os pais, obscurecendo o "complexo fraterno", tão manifesto nos grupos; c) a existência de *fantasias compartilhadas* entre as pessoas, um aspecto que está merecendo uma especial atenção da psicanálise contemporânea.

12. Excluindo a hipótese de que o grupoterapeuta seja excessivamente narcisista e centralizador na sua pessoa, ou negligente, sem a necessária colocação dos devidos limites, a grupoterapia costuma oportunizar o desenvolvimento de uma saudável *função psicanalítica da personalidade* (termo de Bion) – a qual inclui o direito a uma sadia capacidade interpretativa, de cada um em relação aos demais.

13. Se somarmos essa *função psicanalítica da personalidade* com as igualmente importantes funções de *reconhecimento* dos múltiplos significados da existência dos outros, com a possibilidade de fazer *re-significações, desidentificações* e transformações no exercício de *papéis*, assim como também com uma possível *reconstrução* de desagregado grupo familiar tal como está interiorizado, juntamente com o exercício da experiência emocional de poder fazer *recíprocas reparações,* podemos aquilatar o grau de importância que a psicoterapia analítica de grupo representa para a ciência psicanalítica.

ILUSTRAÇÃO CLÍNICA

Uma breve vinheta clínica de uma sessão de grupanálise (não selecionei nenhuma em especial; simplesmente escolhi a última que coincidiu com o momento de redigir esse capítulo) talvez possa dar uma idéia melhor de como trabalho atualmente. Trata-se de um grupo que já está em tratamento há muitos anos, praticamente com a mesma composição. Estão todos presentes.

Inicialmente, a paciente *Ana* refere que a sua filha menor estava querendo desistir de ir numa festinha de sua escolinha, para a qual, antes, a criança vinha mostrando muita animação. Ana percebeu que havia uma angústia disfarçada na menina, abriu o diálogo e esclareceu que os jogos, foguetes e fogueiras que estavam anunciando para a festa não representavam os perigos que ela imaginava; aliviada, a criança decidiu ir. Ana prossegue contando uma briga que teve com uma irmã mais moça, porque a mesma não seguia os seus conselhos em relação à educação do filho dela (irmã) e recriminou-a asperamente na frente do sobrinho. Conclui contando que discordou de uma crítica que um professor fez em relação a ela na frente dos colegas, porém "engoliu em seco", submetendo-se a ele.

Comentário

Possivelmente nos meus primeiros tempos como grupoterapeuta analítico pensaria em termos transferenciais (Ana como porta-voz dos medos do grupo em relação aos meus "foguetes" interpretativos e das "fogueiras" representadas pela reativação de pulsões e angústias; uma hostilidade beligerante entre os irmãos e uma submissão ao "professor-analista-pais", que me levaria a pesquisar o que o grupo estaria engolindo em seco em relação ao que eu vinha interpretando e fazendo). No atual momento de como estou trabalhando, nada interpretei, somente registrei intimamente que Ana estava expressando tanto a aquisição de sentimentos construtivos e de empatia com a parte criança atemorizada dela e dos demais, a um mesmo tempo que também expunha uma parte de sentimentos agressivos e vingativos.

Berta toma a palavra e partilha com o grupo a sua dúvida se conta ou não para uma amiga sua que ela tomou conhecimento de claras evidências de que o marido da amiga a está traindo, fato que essa está negando, não vendo o óbvio. (Estimulei, de forma indireta, uma tomada de posição de cada um e percebi que o tema geral que estava se desenhando na sessão consistia no dilema de cada um e de todos: valia a pena "desafiar as negações"?)

Clarice passa a relatar para o grupo que, após muitos anos sem falar com o seu ex-marido, tomou a iniciativa de marcar um encontro para falarem dos problemas que o filho adolescente vem apresentando. Destaca o quanto ficou surpreendida com a boa vontade dele e da sua posição de estabelecer limites firmes para o filho, diferentemente da imagem denegrida do "ex" que ela sempre alardeou no grupo e para o próprio filho desde que esse ainda era criancinha e que, por azar, acabou ficando com "os mesmos defeitos sérios" do pai denegrido. (Fiquei com a sensação de que Clarice estava trazendo uma contribuição importante no que tange à formação das "identificações patógenas", ou seja, de como o jeito e o discurso dos pais pode moldar nos filhos identificações sadias ou patogênicas, o que ela e o grupo todo estavam começando a reconhecer nas suas próprias pessoas, evocando indiretamente as penosas experiências emocionais que tiveram com os respectivos pais, quando crianças e adolescentes. Fiquei refletindo quanto à possibilidade de que a paciente estaria expressando um afrouxamento da negação, assumindo a sua parte da responsabilidade em relação às suas distorções e agressões.)

Diego relata que teve um atrito com a sua companheira motivado pelo fato de que ele não estava disposto a transar com ela. (Fiz pequenas intervenções, levando o grupo a evocar a sessão anterior a essa, na qual Diego contara de sua indignação porque a namorada estava impedida de dormir com ele, de modo que ficou claro que ele teve um, inconsciente, sentimento e ato de retaliação. Diego, sério, comentou unicamente que iria refletir muito sobre isso.)

Ester refere que ficou muito chocada quando o seu amante (de quem ela estava afastada, com a condição que só voltaria quando ele resolvesse a sua situação conjugal) contou-lhe que a esposa provavelmente está com um câncer; Ester ficou com pena dela, "tão moça ainda", e deu uns conselhos de como ele deveria proceder. (No curso de seu permenorizado e contristado relato, movido por um sentimento contratransferencial, perguntei se, bem no fundo, ela não percebia um oculto desejo de que um "cancerzinho não vinha mal", visto que poderia resolver o seu problema. A paciente perturbou-se visivelmente, ficou vermelha, tropeçou nas palavras e balbuciou que "era uma coisa horrível ter um desejo tão nojento como esse", mas que admitia que isso era verdade, completando que "nem valia a pena cultivar esse desejo porque com os recursos modernos da medicina, o desenlace da morte ainda iria demorar um longo tempo". Assinalei, em meio a risadas gerais, que por baixo da negação do desejo proibido ela já estava com tudo planejado. Perguntei a Ester se o sentimento que predominava nela, nesse momento da sessão, era de culpa e vergonha, ou o de alívio, ao que ela respondeu que era o de um grande alívio. Lancei então uma pergunta ao grupo todo: é proibido fantasiar, sejam quais forem os desejos proibidos?)

Após mais alguns comentários e relatos associativos dos participantes do grupo, como é de meu hábito, mercê de um trabalho de elaboração interna acerca do que senti e refleti daquilo que, a partir das individualidades, o grupo como uma totalidade me transmitiu, fiz uma síntese geral e integradora do que se passou no grupo: tomei como *denominador comum* (Bion chamaria de "fato selecionado") aquilo que partiu de Berta, ou seja, a de que a dúvida de cada um e de todos consistia no dilema se é melhor negar ("- K", em Bion) as verdades penosas, de modo a evadir-se delas por meio de diferentes recursos defensivos, ou é mais sadio e estruturante ser verdadeiro e desenvolver um amor à tomada de conhecimentos ("K"), de sorte a poupar energias psíquicas e encontrar meios de transformar os fatos da realidade exterior.

Essa síntese foi tecida com a tese de que cada um falou por todos, de modo que Ana expressou a concomitância de sentimentos construtivos e empáticos, juntamente com os de submissão e os de natureza invejosa, prepotente e vingativa, tal como Clarice e Diego também manifestaram de forma mais explícita, com a importante ressalva de que ao mesmo tempo evidenciavam um movimento reparador e reflexivo (o que corresponde à importante consolidação da "posição depressiva", conforme descrita por M. Klein).

Com essa ilustração clínica, pretendi dar uma idéia de que, na atualidade de meu trabalho com grupoterapia psicanalítica, eu sofri transformações em relação aos meus primeiros tempos. Assim, não emprego as interpretações centradas na "neurose de transferência" de forma sistemática (embora os relatos possam se constituir em um prato apetitoso); dou uma significativa ênfase aos aspectos extratransferenciais que estão contidos nos fatos do cotidiano da realidade externa de cada um; não me limito ao assinalamento dos conflitos entre pulsões e defesas inconscientes, de sorte que valorizo sobremodo as mensagens de significados positivos ou negativos que no passado foram transmitidas pelos discursos dos pais; empresto uma relevância aos aspectos conscientes, incentivando a capacidade de *pensar* as experiências emocionais e de querer *conhecer* as verdades internas e externas; as interpretações não são dirigidas aos indivíduos isoladamente, tampouco unicamente ao "grupo como um todo", mas sim parto da valorização dos aportes de cada um, com incentivo às mútuas reflexões especulares (cada um se mirando no espelho que o outro representa), procurando construir uma totalidade psicológica que seja comum a todos.

Tudo isso em um estilo coloquial e em uma atmosfera descontraída, por mais sérios e até dramáticos que possam ser os problemas que estejam sendo ventilados, tendo por objetivo maior o reconhecimento da geografia das distintas e contraditórias "zonas psíquicas" de cada um, de sorte a propiciar a construção de um definido sentimento de identidade, sob a égide daquilo que considero ser a conquista maior de qualquer indivíduo ou grupo: a *liberdade*, para fantasiar, pensar, contestar, agredir, amar, sofrer e criar!

PARTE V

Situações Específicas

38

Vínculos e Configurações Vinculares

Quando o amor é por demais simbiótico, asfixiante, cabe fazer uma metáfora com o sol, que ilumina e cria, no entanto o sol quando em excesso, ao invés de criar, seca!

Nem tudo é verdade / Nem tudo é mentira /
Tudo depende / Do cristal com que se mira.

Campoamor (poeta)

As pessoas ficam procurando o amor como solução para todos os problemas; quando na realidade, o amor é a recompensa por você ter resolvido os seus problemas.

Norman Mailer

INTRODUÇÃO

Este capítulo não poderia faltar no presente manual, tal é a importância que o fenômeno dos vínculos, com as respectivas configurações vinculares, de cada um e do entrosamento entre todos, adquire na contemporânea prática psicanalítica. De fato, a psicanálise deu um significativo salto de complexidade e de qualidade, quando, indo além do que de importante na metapsicologia, teoria e técnica aprendemos com Freud – essencialmente fundamentada nas inatas *pulsões* libidinais e agressivas, com as respectivas angústias e defesas – e com M. Klein – fundamentalmente baseada nas pulsões sádico-destrutivas, na existência de objetos parciais e totais, arcaicas fantasias inconscientes, com intensas angústias e com defesas bastante mais primitivas do que aquelas descritas por Freud –, ela adquiriu o paradigma de uma permanente *vincularidade* no campo analítico.

Muitos autores, antes de Bion, de forma direta ou indireta, com uma determinada conceituação ou outra bem diversa, fizeram claras alusões à importância dos *vínculos* existentes nas distintas situações analíticas. Assim, Freud, em diversos trabalhos, deixou implícita a importância que atribuía aos vínculos afetivos, sem, no entanto, fazer um aprofundamento desta concepção. Também M. Klein, por vezes, mencionava a relevância clínica do vínculo, como se pode observar no seu relato acerca da análise do menino Dick (1930), no seguinte trecho: "A análise desta criança tinha que começar pelo estabelecimento de um contato com ele". J. Bowlby (1969), importante psicanalista britânico, estudou os vínculos interativos, do ponto de vista do comportamento social, porém, sobremodo, ele destacou o primitivo "apego afetivo" da relação do bebê com a mãe. Bateson e colaboradores (1955), no curso de seus aprofundamentos sobre a teoria da "comunicação humana", na Escola Palo Alto, Califórnia, descreveram a importante conceituação de "duplo vínculo". A escola Argentina de Psicanálise tem dado uma importante contribuição ao estudo dos vínculos nas interações humanas. Assim, o casal Baranger (1961) descreveu com grande riqueza de vértices psicanalíticos a permanente e recíproca interação entre analisando e analista no espaço que eles denominaram como *campo analítico*. Já os psicanalistas argentinos Berenstein e Puget (1994) reservam a conceituação de 'vínculo' para o plano da intersubjetividade, isto é, o que se refere às relações exteriores, com um enfoque de natureza sistêmica, assim privilegiando uma ênfase nas distintas *configurações vinculares*.

É claro que poderíamos acrescentar outros autores, como Ferenczi, Balint, Winnicott, Kohut, Aulagnier, Mahler, Tustin, etc., que deram um significativo destaque às vicissitudes do primitivo vínculo mãe-bebê e às recíprocas emoções que se passam entre paciente e analista. Da mesma maneira, também não resta dúvida que o estudo teórico e técnico dos fenômenos ligados à interação transferência-contratransferência, ou da resistência-contra-resistência, implicitamente, estão ligados à noção de vínculos.

No entanto, creio que são poucos os analistas que ainda contestem o fato de que coube a Bion o mérito de ter ampliado, aprofundado, estruturado e divulgado a importância essencial das múltiplas formas de como os vínculos se apresentam nas relações humanas e de como eles se combinam entre si, determinando as inúmeras e variadas formas de configurações vinculares. E tão expressiva é essa contribuição, que fica justificada a afirmativa de que ele foi o grande inovador na mudança do paradigma da psicanálise contemporânea, que cabe denominar como *psicanálise vincular*, embora essa ainda conserve a essência do paradigma, predominantemente "pulsional", freudiano, e "objetal", kleiniano.

CONCEITUAÇÃO

O termo "vínculo" tem sua origem no étimo latino *vinculum*, que significa uma atadura, uma união duradoura. Da mesma forma que a palavra "vinco" (com o significado que aparece, por exemplo, em "vinco" das calças, ou de rugas), de uma mesma raiz etimológica, também o conceito de "vínculo" alude a alguma forma de ligação entre as partes que, a um mesmo tempo, estão unidas e inseparáveis, apesar de que elas apareçam claramente delimitadas entre si. Cabe uma analogia com o "hífen", cuja função na gramática é a de, a um mesmo tempo, separar e unir certas palavras.

Assim, Bion definiu *vínculo* como sendo *uma estrutura relacional-emocional, entre duas ou mais pessoas, ou entre duas ou mais partes separadas de uma mesma pessoa.* A partir dessa definição pode-se depreender uma série de aspectos que são básicos e característicos dos vínculos, como são:

1. Os vínculos se organizam em uma *estrutura*, ou seja, os diversos elementos formam um sistema, no qual cada um deles influencia e é influenciado pelos demais. A melhor metáfora que me ocorre é a das notas musicais que, isoladamente não passam de um dó, ré, mi..., porém quando combinadas entre si, em distintos arranjos, tanto podem formar simples acordes musicais, como também complexas, belas e geniais peças musicais.
2. Logo, sempre existe uma *relação*, uma interação entre todos os elementos.
3. É imprescindível que deve existir a presença de *emoções*, caso contrário não cabe a conceituação de vínculo.
4. Seja qual for a emoção, de alguma forma, ela sempre tem uma dupla face, isto é, comporta uma antiemoção, que, respectivamente, Bion costuma representar com os signos de positividade (+), o qual está implícito, quando antes da emoção em pauta não houver nenhum sinal, e o signo de negatividade (–), quando se trata de uma antiemoção, como será explicitado mais adiante.
5. Deste modo, no lugar do clássico conflito entre o amor *versus* o ódio, Bion propôs uma ênfase no conflito entre as emoções e as antiemoções presentes em um mesmo vínculo. Assim, ele postulou que "menos amor" (-L) não é o mesmo que sentir ódio e que, tampouco, o "menos ódio" (-H) significa sentir amor.
6. O tipo de emoção predominante no vínculo é que vai articular, definir e caracterizar a forma da *vincularidade*.
7. Os vínculos são *imanentes*, isto é, sempre existem e são inseparáveis do sujeito.
8. Eles também são *polissêmicos*, o que quer dizer que, cada um dos, comporta vários significados.
9. A estrutura dos vínculos é de natureza *reticular*; portanto, em uma forma de "rede", na qual todos os elementos estão entremeados, e não a de uma "roda", na qual diversas partes convergem em uma central única.
10. A noção de vínculo está intimamente ligada ao modelo *continente-conteúdo*, de Bion, que, nesse enfoque, aborda três possibilidades: 1) a forma *parasitária*: em que um parasita o outro, sem nada dar em troca; 2) a *comensal*: as pessoas estão "vinculadas" de uma forma a partilhar (*co*) uma mesma mesa (*mensa*), em

uma relação mútua, porém algo morna; 3) a forma *simbiótica*: nessa situação, o termo "simbiótico" não tem a conotação de uma díade fusional indiferenciada, mas, sim, Bion faz uma analogia com o conceito da biologia de que há uma recíproca e fértil troca (*sym) de vida (bio)* entre as partes vinculadas entre si.

11. A relevância maior da contribuição de Bion acerca de vínculos é a sua concepção de que esses não se limitam às, exteriores, relações interpessoais, mas também aludem às, interiores, relações intrapessoais, isto é, as diferentes partes do psiquismo (o pensamento com o sentimento, um pensamento com um outro pensamento; um sentimento com a percepção dele; a parte infantil do sujeito com a sua parte adulta; etc.) em uma alta gama de possibilidade de múltiplas combinações.

12. Igualmente, Bion enfatizou a importante contribuição para a prática clínica do fenômeno psíquico que ele denominou "ataque aos vínculos", no qual o paciente pode não querer tomar conhecimento de determinado sentimento, por exemplo, e forças inconscientes o impelem a rechaçar a interpretação do analista, de sorte a utilizar recursos defensivos que ataquem a sua capacidade de compreensão.

13. Na situação analítica, uma outra forma de atacar os vínculos unificadores consiste em confundir o analista, ou provocar sentimentos contratransferenciais muito perturbadores, de modo que ele perca a sua capacidade de interpretar com eficiência, ou, o paciente também pode, aparentemente, concordar com as interpretações, porém o destino que ele dá a essas é o de, lentamente, desvitalizá-las, assim impedindo as correlações e vinculações que poderiam levar a um expressivo *insight*.

14. Bion descreveu três tipos de vínculos: 1) o de *amor* (que ele representa com a letra "L", inicial de *love*, amor, e que em muitas traduções aparece com a letra "A", de amor), 2) o de *ódio* ("H", de *hate*, ou com a inicial "O", de ódio) e 3) o vínculo de *conhecimento* ("K", de *knowledge*, ou "C" de conhecimento, ou, ainda também, como "S", inicial de "saber"), sendo que ele se deteve mais particularmente no vínculo "-K", ou seja, aquele que alude a um ataque ao conhecimento de verdades penosas.

15. Particularmente, pela sua permanente presença na vida de qualquer pessoa, venho propondo a inclusão de um quarto vínculo, o de *reconhecimento* (pode ser representado pela letra "R", inicial tanto dessa palavra em português, como do inglês *recognition*).

16. Sempre os referidos quatro vínculos estão em permanente interação, formando distintas *configurações vinculares*, porém, por razões didáticas, cabe descrevê-los separadamente, tal como segue.

VÍNCULO DO AMOR

O vínculo do amor também se manifesta com uma possível oposição (-L) à emoção do amor (L), fato que pode ser ilustrado com a situação de "puritanismo", ou a de "samaritanismo", ou seja, em nome do amor o sujeito opõe-se à obtenção da emoção de prazer, pois os referidos sentimentos amorosos extremados, quase sempre se devem a formações reativas contra um ódio subjacente. Um exemplo de "menos amor, sem ódio" que me ocorre seria o caso de uma mãe que pode amar intensamente seu filho, porém ela o faz de uma forma "simbiótica", possessiva e sufocante, de modo que, embora sem ódio, o seu amor samaritânico, cheio de sacrifícios pessoais e com renúncia ao prazer próprio, é de resultados negativos, porquanto ele funciona como sendo culpígeno e infantilizador, já que essa mãe se imagina em uma gestação eterna, de modo que não reconhece e impede o necessário processo de diferenciação, separação e individuação do seu filho. Uma metáfora que acaba de me ocorrer, talvez esclareça melhor: é a de um sol que é vital para todo ser humano porque ele aquece, ilumina, cria, porém, quando ele é demasiado, será deletério porque secará lavouras, por exemplo.

O que realmente importa é a maneira como as diferentes formas de o nosso paciente amar e de ser amado configuram-se dentro dele (em relação a seus objetos e relações objetais, que estão internalizadas) e fora dele (com todas as pessoas com quem convive mais intimamente), sempre levando em conta que os vínculos interpessoais, em grande parte, reproduzem os intrapessoais. Tudo isso, acrescido do fato de que a variação quantitativa e qualitativa dos elementos que compõem o próprio sentimento do amor, mesclado com as, igualmente, distintas formas dos sentimentos de ódio e mais com as emoções contidas no conhecimento e no reconhecimento, desenha diferentes e complexas configurações vinculares amorosas.

Assim, de forma análoga ao que se passa com a escala musical, antes aludida, de pouco adianta um paciente simplesmente nos dizer que "ama" uma outra pessoa; antes, é necessário discriminar e compreender qual é a sua maneira de amar e de ser amado, quais são as particularidades e idiossincrasias do seu amor, aquilo que aparece manifesto, ou mantém-se oculto com as respectivas fantasias, ansiedades, defesas, demandas e propósitos. Trata-se de um amor "sadio", no qual prevalece uma ternura e atração, com recíproco respeito e consideração? Ou o único laço entre a dupla é o "erótico"? Ou o vínculo é de "amor platônico", com muito carinho, porém sem vida genital? Ou o vínculo é o de amor "paixão" (e, nesse caso, com o lado predominantemente belo, como sendo o prelúdio de um amor saudável, ou a predominância é a do lado cego e burro de muitas paixões?). É possível que prevaleça o "companheirismo" fraterno, muitas vezes em um nível de muita harmonia, noutras com tédio e apatia, e naquelas, ainda, com súbitas alternâncias de paz e guerra.

Também é possível que o amor configure-se sob a forma sufocante de um tirânico *controle obsessivo e de poder* de um sobre o outro; ou ele pode estar sendo marcado pela presença – *paranóide* – de um "ciúme delirante" que fica racionalizado como prova de um grande amor. Muitas vezes, essa mesma racionalização de um "grande amor" pode não estar mais do que encobrindo um amor de natureza "simbiótica", alicerçado em uma intensa e esterilizante dependência recíproca entre o casal (cabe a metáfora de que um abraço forte demais afoga o amor que se está demonstrando ao outro, e isso, nas exageradas dependências recíprocas, faz com que um obstaculize o crescimento do outro, com um prejuízo da diferenciação e, logo, de uma individuação). Também é bastante provável que se trate de uma forma de amar que parece-me ser, de longe, a mais freqüente de todas, a de um amor de natureza *sadomasoquista,* nas suas inúmeras variações quantitativas e qualitativas, no qual surgem fatores inconscientes ancorados em competitividade, inveja, disputa por valores e infindáveis querelas narcisistas. Igualmente, é possível que a configuração vincular predominante seja de natureza "histérica", ou "perversa", ou "tantalizante", ou "psicótica", ou "narcisista", ou a de uma "mistura de todas formas" que foram assinaladas. Pode-se dizer que o amor não existe sem uma "identificação recíproca", uma colusão do par amoroso, que se funda em protótipos infantis que se alicerçam na identificação recíproca entre filhos e pais.

Em suma, tanto pode estar acontecendo um vínculo amoroso construtivo, como pode estar prevalecendo, por vezes disfarçada e camuflada, uma agressão escravizante e destrutiva. Uma leitura mais detalhada das diversas formas de configurações vinculares amorosas aparece, no presente livro, no capítulo que aborda o "vínculo tantalizante", como uma forma patológica de amor.

VÍNCULO DO ÓDIO

O mesmo que foi dito em relação ao amor também vale para o vínculo baseado no sentimento de agressividade, o qual ora adquire um caráter destrutivo, como também pode estar a serviço da vida e construtividade. Assim, a exemplo do que se passa na escala zoológica, primariamente, agredir consiste num movimento sadio que nos mobiliza a *ir* em *frente* (*ad* + *gradior*) e nos protege dos predadores externos. No caso de uma patologia da evolução psíquica, o ato de agredir de forma saudável e estruturante pode se transformar em agressão destrutiva, desestruturante, podendo atingir os graus máximos de violência e crueldade. Confirmando a concepção de que uma mesma emoção comporta uma antiemoção, a etimologia também nos ensina que o étimo latino *vis – vita* (que significa "força") tanto dá origem aos vocábulos vigor e vitalidade, como também origina o termo violência. A transição de um estado de vigor para o de um estado de violência é a mesma que se processa entre a antes mencionada passagem de uma agressividade sadia para o de uma agressão destrutiva.

O vínculo "-H" ("menos ódio") pode ser ilustrado com o estado emocional e conduta de "hipocrisia", pela qual o indivíduo está tendo uma atitude manifestamente amorosa por alguém, a um mesmo tempo em que existe um ódio latente (quando o ódio estiver muito predominante, trata-se de "cinismo"). Portanto, pode-se dizer que no "menos ódio", embora o sujeito não se dê conta dele, como em grau extremo, pode servir como exemplo as atrocidades que, em nome do amor, foram cometidas pela "Santa Inquisição".

Visto por um ângulo psicanalítico, creio que também pode servir como exemplo a situação pela qual o sujeito está sendo manifestamente agressivo com os outros, inclusive, com uma emoção de ódio por não estar se sentindo entendido e respeitado, porém, no fundo, é uma agressividade que, simultaneamente com o ódio, está mais a serviço da pulsão de vida do que propriamente à pulsão de morte, assim caracterizando o conflito de uma emoção *versus* uma antiemoção. Um exemplo comum disso pode ser visto em muitos *adolescentes* que são rotulados de rebeldes e agressivos pelos pais, pelos professores e pela sociedade, porém uma análise mais atenta pode demonstrar que eles estão exercendo uma conduta contestatória, com a finalidade precípua de adquirir um sentimento de identidade própria, ou seja, serem eles mesmos, e não quem os outros querem que sejam.

Algo equivalente a isso, não raramente, acontece na prática analítica, nos casos em que o paciente esteja sendo "interpretado" pelo analista como rebelde, invejoso e adjetivos afins, quando é possível que ele esteja bravamente lutando pelo seu direito de ser escutado, entendido, reconhecido e, sobretudo, de não ser rotulado de forma injusta.

Um aspecto que me parece particularmente importante, ao qual o analista deve estar atento, é o que se refere à necessidade de que se tenha claro as diferentes formas de odiar, juntamente com as raízes que forjaram o ódio primitivo e o atual. Assim, deve ser destacado que esse ódio pode resultar de antigas frustrações, decepções, desilusões, sentimentos de abandono e desesperança, que, *realmente*, foram, injustamente, cometidos contra o paciente, experiências penosas que ele terá uma compulsão a repetir com o seu analista, na esperança de que elas tenham um desfecho diferente daqueles que aconteceram no passado.

Cabe, assim, a afirmativa de que devemos desenvolver no paciente uma *capacidade para odiar*, adequadamente, de sorte que ele se harmonize, sem culpas, com o seu sagrado direito de ficar indignado, às vezes em estado de cólera, diante de certas situações em que, de fato, querem enganá-lo, tripudiar, humilhar e denegrir, sempre levando em conta que existe uma diferença entre o sentimento de ódio maligno e o de um estado de raiva, fúria, que são desencadeadas pelos referidos atos indignos contra ele (na suposição, é claro, de que esse paciente não seja um paranóide que faça distorções algo delirantes dos fatos que acontecem consigo).

É útil diferenciar o estado de *ódio* (tendência à cronicidade que se revela pela permanência de um rancor vingativo) dos estados de *ira* (a reação é provocada por uma irritação recente e dura um tempo limitado) e de *fúria* (é o grau máximo de ira, e irrompe com muita facilidade nas personalidades narcisistas, quando são contrariados nas suas ilusões de onipotência).

Assim, relativamente ao vínculo de ódio, temos três tipos de pacientes: 1) aqueles que *não* conseguem odiar; 2) *não conseguem parar* de odiar; 3) *odeiam e perdoam*. No transcurso de um tratamento analítico, os primeiros deverão desenvolver a capacidade de sentirem sentimentos raivosos, fantasias vingativas, sem terem que necessariamente sentir culpas por isso, muito menos se obrigarem a recalcá-los e substituí-los por formações reativas, desde que saibam reconhecer e administrar a eclosão desses sentimentos; caso contrário, tornam-se pessoas resignadas, com uma incapacidade para lutar pelos seus desejos.

Quanto aos segundos, é necessário desenvolver neles a capacidade de fazer discriminação entre as diversas situações que justificam ou não o seu permanente estado de ódio defensivo e ofensivo; também cabe ao terapeuta localizar a origem das antigas privações e humilhações que devem ter sido a usina geradora, ainda vigente, de tanto ódio e ressentimento (são pacientes que estão sempre voltando (*re*) a "sentir" os mesmos sentimentos odientos de um passado remoto), com o fim de poder fazer as possíveis e necessárias "ressignificações".

Relativamente ao terceiro tipo de paciente, é útil que o analista desenvolva nele a capacidade de discernir se é um perdão sadio, ou se ele conserva características masoquistas, no caso de que as afrontas provindas de um outro se tornem repetitivas, e, depois do perdão, tudo volte à estaca zero. Isso é muito diferente daquelas situações equivalentes, porém que, em cada reinício, alguma coisa de positivo, por mínimo que possa parecer, esteja mudando, em conseqüência de que esse paciente esteja, por meio das experiências, aprendendo a se *posicionar*.

VÍNCULO DO CONHECIMENTO

As seguintes características devem ser destacadas:

1. O conceito psicanalítico de "conhecimento" (K, de Bion) alude ao vínculo que une os pensamentos e as emoções, com a função vinculadora de dar sentido e significado às experiências emocionais.

2. O conhecimento é uma parte da função de pensar, o qual é bem mais amplo. Por exemplo, a *incógnita*: é algo que é desconhecido e que, por isso mesmo, faz pensar e criar, e vice-versa. Os pensamentos e sentimentos nascem da *frustração* da ausência do objeto necessitado.

3. A função do conhecimento fica complicada desde os primórdios da vida porque a criança vive em um estado mental no qual ela está inundada de paradoxos; ama objetos proibidos, odeia objetos amados, tem uma absoluta dependência dos outros, mas odeia e sente inveja de quem a ajuda, necessita de amparo e ajuda, porém desafia com ódio à colocação de limites com os respectivos mandatos e proibições.

4. À medida que não quer conhecer aquilo que o angustia, o sujeito vai criando e desenvolvendo estruturas falsas e mentirosas, diante da alternativa que escolheu de *evadir*, no lugar de *enfrentar*.

5. A função K não se refere à posse de um conhecimento ou saber, mas, sim, a um *enfrentamento do não-saber*, de modo que o saber resulta da difícil tarefa de se fazer *des-cobrimentos* ("retirada das cobertas" que vedam as verdades previamente conhecidas) e de um aprendizado com as experiências.

6. A verdade é sempre relativa: assim, pode-se ver uma estrela que, possivelmente, não mais existe, e é provável que não se possa ver minúsculos vírus que, de fato, existem. Também o poeta Campoamor confirma essa relatividade quando verseja: *nem tudo é verdade/nem tudo é mentira/tudo depende/do cristal com que se mira*.

7. Uma contribuição de Bion favorece uma maior aproximação do que pode representar uma verdade objetiva: é a que se refere ao seu conceito de "senso comum", isto é, *se os cinco sentidos confirmarem que o fruto que está na nossa frente é uma maçã, então é verdade*. O mesmo se passa com as experiências emocionais.

8. É necessário que se faça uma distinção entre "querer conhecer a verdade" e "ter uma posse absoluta da verdade", máxima essa que também é muito válida para os analistas. Da mesma forma, também cabe afirmar que "não se deve confundir amor às verdades com o desejo de certeza; em nosso mundo relativo, toda certeza tem muito de mentira".

9. Uma frase de Nietzche – "[...] os inimigos da verdade não são as mentiras, mas as convicções" – expressa o importante fato de que são as convicções radicais que nos aprisionam e impedem que tomemos conhecimento de outras verdades e de outras prováveis facetas de uma mesma verdade.

10. O uso da verdade é considerado por Bion como o "alimento da mente". Aquele que, mercê de maciças negações, nega a sua história, está condenado a repeti-la eternamente, cada vez com maior probabilidade de ela ser mais autodestrutiva. Já Sófocles, na sua clássica tragédia *Édipo rei,* fala pela voz do protagonista Édipo: "é doce manter nossa mente fora do alcance daquilo que a fere".

11. Os três principais fatores, psicanalíticos, que determinam a função da tomada de conhecimentos são: 1) o modelo da mãe (mais particularmente no que se refere à *rêverie,* função alfa e como foi o continente materno); 2) a capacidade de o paciente ingressar na posição depressiva (ou seja, quando percebe e dá convicção ao paradoxo de que o objeto amado e o odiado podem ser o mesmo e um único objeto), pois é essa posição que propicia a possibilidade de formação de símbolos; 3) possuir um amor às verdades, com um real desejo de conhecer.

12. A designação -K não significa ausência de K, senão um processo *ativo* que visa privar de significado a relação vincular, na qual

entram o amor e o ódio. Esse tipo de vínculo negativo alude diretamente ao fato de que uma pessoa, ou casal, família, grupo ou mesmo toda uma sociedade, negue a tomada de conhecimentos de determinadas verdades penosas, como, por exemplo, a de fazer contato consciente de como está sendo patológica a sua forma de amar e ser amado, de odiar ou estar sendo odiado.

13. Da mesma forma, poder-se-ia exemplificar o quanto o vínculo do conhecimento – ou seja, o do amor às verdade – costuma ficar deturpado naquelas pessoas que vivem mais ancoradas no princípio do prazer que no princípio da realidade, em cujo caso um corajoso conhecimento da realidade as levaria ao doloroso processo de ter que fazer renúncias às suas ilusões narcisistas.

14. No lugar de fazer essa aproximação com a verdade dos fatos tais como eles realmente são, e não como gostariam que ela fosse, muitos litigantes, na maioria das vezes, movidos por razões inconscientes, preferem o auto-engano, a deturpação, a mentira e a falsificação das verdades, de modo que um dos recursos defensivos inconscientes mais utilizados é na criação de um clima de confusão entre o que é verdade e aquilo que é mentira ou qualquer outra forma de falsificação. Nessas condições, o ataque às verdades vem acompanhado de uma radicalização das posições de cada um, o que os torna surdos e cegos à argumentação que vem de outra parte. Vale fazer uma metáfora com o que dizem os historiadores: *nas guerras, a primeira vítima é a verdade* (é fácil comprovar isso em certas "guerras", não necessariamente as armadas, como a de uma campanha eleitoral política, por exemplo).

15. As grandes verdades quase sempre aparecem sob a forma de paradoxos, que não necessitam ser explicados, mas, sim, serem pensados e aplicados. O paradoxo retrata a fórmula típica da natureza, por isso toda verdade tem uma forma paradoxal, permite os contraditórios, os opostos e as distintas significações de cada fato. Vale lembrar o clássico modelo do paradoxo de um mentiroso: consta que um filósofo grego do século IV a.C. propôs a seus discípulos: "Eu estou mentindo, então as minhas proposições são falsas, ou o que estou dizendo agora é falso, então elas são verdadeiras". Penso que uma boa tentativa de resolver esse paradoxo consiste justamente na aplicação dos princípios psicanalíticos da "negatividade" (uma afirmativa que quer dizer o contrário, e vice-versa), e o princípio de que existe uma "concomitância" de um convívio de partes diferentes do nosso psiquismo, em que uma delas, de forma honesta, assume uma posição verdadeira, enquanto à outra parte cabe o papel de falsidade.

16. Trabalhos científicos sobre a psicologia evolutiva observam que existe uma tendência genética à *mentira*; é uma mentira natural e espontânea, a criança mente mais, ou menos, da mesma forma como ela inventa, cria ou brinca...

17. Algumas mentiras têm um cunho com características peculiares. Assim, por exemplo, para os *psicopatas*, que fazem da mentira o seu mais eficaz "instrumento de trabalho", mentir é uma arte. A sua capa envernizada com aparência de credibilidade e honestidade não pode sofrer o menor arranhão.

18. Um outro exemplo, é o do mentiroso que *mente para si próprio*, a tal ponto que ele próprio se convence de seus equívocos e, por isso mesmo, transmite muito hábil e convictamente suas mentiras aos demais porque, de fato, ele acredita nelas. Muitos políticos famosos, bons tribunos e comunicadores, usam esse discurso demagógico à exaustão, e são geralmente bem-sucedidos porque "a melhor forma de enganar aos outros é mentir para si mesmo".

19. Os pacientes *narcisistas* mentem para manter o mundo das ilusões, pois receiam o desmoronamento do vulnerável "castelo de cartas" (a forma de como o narcisista erigiu o seu psiquismo), o que os levaria a uma terrível depressão. Já os pacientes com estrutura perversa mentem (defesa da "recusa") para si e para os outros, como um recurso de manter intocável a dissociação interna entre partes contraditórias (uma séria, e uma outra bandida) que convivem numa aparente harmonia dentro deles. Todos que usam exageradamente a defesa de negar a realidade, ou seja, o –K, em um grau expressivo são portadores de uma "parte psicótica da personalidade".

20. Assim, a "parte psicótica da personalidade" caracteriza-se por atacar a tomada de conhecimentos penosos, por meio de mecanismos defensivos como os da onipotência que

substitui o pensamento conceitual, a onisciência substitui o aprendizado com as experiências, a prepotência fica no lugar da dependência, a confusão e ambigüidade substituem a capacidade de discriminação, o supraego dita as próprias leis e assim fica no lugar do juízo crítico, a imitação substitui uma verdadeira identificação de modo que um falso *self* pode ocupar o lugar de um verdadeiro *self,* uma intrusividade sobrepõe-se a uma curiosidade sadia, a inteligência cede lugar à estupidez, o orgulho à arrogância e os símbolos são substituídos por equações simbólicas.

21. Mentir pressupõe uma intenção consciente, embora, às vezes, não claramente revelada, de falsear a verdade, para diferentes fins. Na *prática analítica,* é relevante que o analista não empreste um caráter moralístico diante de eventuais mentiras do paciente; pelo contrário, elas podem se constituir como uma excelente porta de entrada para se conhecer angústias mais profundas que se evadem pelas mentiras e que têm a sua razão de ser e de aparecer no campo analítico.

22. "É possível analisar um mentiroso?". Essa pergunta foi formulada por Bion (1970) e adquire uma grande relevância na prática clínica, visto que, para ele, potencialmente, todas as pessoas, em algum grau, são mentirosas, o que é normal e inerente ao processo analítico o exame desses aspectos. No entanto, em muitos pacientes, a disposição para as mentiras (isso alude mais diretamente ao fato de serem conscientes) e aos auto-enganos (tem um tanto de consciente e outro tanto de inconsciente) assumem uma forte intensidade, além de que, às vezes, são idealizadas pelo mentiroso, pois dá-lhe a sensação de que é muito vivo e esperto, deixando de ser um mero e transitório recurso defensivo para se tornar um fim em si mesmo, o que pode inviabilizar uma evolução do tratamento analítico. Entre esses dois pólos opostos, existem situações intermediárias que, não obstante possa representar possíveis dificuldades, justificam a indicação do método analítico, porém algumas cautelas técnicas impõem-se.

23. Desta forma, não cabe ao analista rejeitar as mentiras se ele estiver funcionando como um superego fiscalizador e ameaçador. Em contrapartida, uma aceitação sempre tácita das mentiras do paciente constitui-se uma negligência à importância da verdade, além de representar um conluio do analista com as mentiras do paciente. Assim, o maior risco é que certos pacientes mentirosos, especialmente quando são inteligentes, sofisticados e com um discurso encantador, procurem persuadir o analista a fazer interpretações que confirmem a manutenção da mentira (como acontece com os portadores de um "falso *self*"), ou uma "fuga para uma falsa cura", etc.

24. É útil que o analista faça uma distinção quando a mentira visa à "racionalização" (por exemplo, sempre arruma alguma desculpa razoável para seus atrasos sistemáticos), ou quando ela objetiva enganar, ludibriar (caso dos psicopatas), ou pelo medo de causar uma decepção e possível decepção (como uma criança que "fez artes"), ou como forma de se jactar, causar inveja nos outros (como são os narcisistas), ou como uma importante forma paraverbal de comunicar algo (toda mentira tem um grão de verdade). O mais importante não é tanto o fato de que esse paciente minta para o analista; mas, sim, o fato de que ele mente para si próprio, como já foi aludido.

25. Em relação à *atividade interpretativa,* é indispensável que o analista respeite o ritmo natural de como ele pode evoluir na sua análise, as condições de como ele está equipado para enfrentar a tomada de conhecimento de certas verdades, e coisas equivalentes. Assim, um analista "ser verdadeiro" – condição mínima necessária para o exercício dessa especialidade – não deve ser confundido com a formulação de uma interpretação que, por mais verdadeira que ela possa ser, pode ter sido realizada num tempo e numa forma errada, o que pode abolir todo efeito analítico e, desnecessariamente, provocar um ânimo contraproducente no paciente. A seguinte bela frase de Bion sintetiza com primor o que estou tentando dizer: *amor sem verdade não passa de paixão/verdade sem amor não é mais do que crueldade.*

26. Ainda em relação à atividade interpretativa, é útil enfatizar qual o destino que a interpretação toma na mente do analista, pelo fato de que aqueles pacientes que utilizam excessivamente o recurso de evitação da tomada de conhecimento de certas verdades (-K), embora eles concordem manifestamente com o terapeuta, estão, no fundo, negando toda importância do que foi dito e... nada muda, tudo continua como antes.

27. O conhecimento conduz à verdade que, por sua vez, conduz à liberdade, o maior bem que qualquer sujeito pode possuir!

VÍNCULO DO RECONHECIMENTO

Emprego o termo *reconhecer* com quatro conceituações psicanalíticas: 1) a de *re*conhecimento (de si próprio, de fatos e sentimentos que no passado, de alguma forma, já foram conhecidos pelo paciente); 2) reconhecimento *do* outro (como alguém que é diferente dele e tem direito a uma autonomia, independente dele, paciente); 3) ser reconhecido *ao* outro (como expressão de gratidão); 4) ser reconhecido *pelo* outro. Aqui, vou me ater a esse último, enumerando as seguintes características:

1. Parto da obviedade de que todo ser humano, em qualquer idade, circunstância, cultura, época ou geografia, desde que nasce até o dia de sua morte, tem uma necessidade vital de obter a comprovação de que ele é reconhecido pelos demais, como sendo alguém que é valorizado, aceito, respeitado, amado e desejado. Cabe lembrar a metáfora que está contida nessa conhecida frase poética: "para existir, a estrela depende do olhar dos outros". Em muitos sujeitos inseguros, é tal a intensidade do receio de deixarem de ser reconhecidos e assim virem a perder o amor e segurança por parte das pessoas necessitadas que eles apelam para recursos extremos, como pode ser o da construção de um *falso self*. Isto é, quando o paciente construiu a sua personalidade em bases falsas, porque ele está mais intensamente mobilizado para agradar as expectativas que os outros esperam dele, em detrimento de ele vir a ser alguém autêntico e livre. Uma outra possibilidade é a de que uma pessoa torne-se extremamente submissa ao outro, como um preço que ele paga para não desagradar e correr o risco de vir a ser castigado com alguma forma de desprezo.

2. Uma função essencial à solidez e à harmonia de qualquer pessoa, é a aquisição de uma *auto-estima*, e essa está intimamente conectada com a convicção do sujeito de que ele está sendo reconhecido pelos outros que lhe são significativamente importantes. É difícil conceber qualquer relação humana em que não esteja presente a necessidade de algum tipo de mútuo reconhecimento, salvo no caso de profunda patologia.

3. Pelo contrário, as habituais configurações psicopatológicas servem para confirmar que os transtornos de auto-estima, do sentimento de identidade e o da relação com a realidade exterior formam-se como uma decorrência direta da falência desse tipo de necessidade do sujeito em ser reconhecido, ou, então, como uma compensação contra isso. Nesses últimos casos, em que esse tipo de vínculo do reconhecimento esteja profundamente afetado, ou negado, proponho a sinalização de "-R" como uma proposta de conectar com o "-K", de Bion.

4. É relevante destacar que até mesmo qualquer pensamento, conhecimento ou sentimento requerem ser reconhecidos pelos outros (como resulta claro na interação mãe-criança) para adquirir uma existência, ou seja, passar do plano intrapessoal para o interpessoal, e vice-versa. A propósito cabe citar essa frase de Winnicott (1971), referente a um imaginário pensamento de uma criança em relação à mãe: *olho e sou visto, logo, existo! E posso, agora, permitir-me olhar e ver* [...]*; ocultar-se é um prazer; porém não ser encontrado é uma catástrofe.* Também não resisto a mencionar esse bonito trecho de Shakespeare: "Os olhos não enxergam a si mesmos, precisam ser refletidos em qualquer outra coisa". Ou seja, o ser humano necessita de um outro para poder perceber, conhecer, reconhecer e, assim, desenvolver.

5. Assim, creio que cabe propor a expressão de "olhar reconhecedor da mãe" (ou do analista, etc.) e, parafraseando M. Klein acerca do "seio bom e do seio mau", entendo ser justificado propor a concepção do "olhar bom e olhar mau da mãe".

6. São inúmeras as repercussões na *prática analítica* de vínculo que alude à necessidade de o paciente ser reconhecido pelo analista, e vice-versa, como pode ser uma dessas: a conhecida "angústia de separação" do paciente em relação ao analista, muitas vezes, especialmente com pacientes bastante regredidos, pode se dever ao fato de que, para eles, separar-se evoca experiências do passado, de sorte que fica sendo o mesmo que perder o olhar materno. Isso se reproduz na situação analítica quando o paciente projeta maciçamente no

analista esta mãe sem "olhar reconhecedor", ou quando o terapeuta mal olha para o paciente, ou olha mas não vê...

7. Algumas manifestações de perversão da atividade sexual, como um compulsivo e excessivo "don-juanismo" ou "ninfomania", podem ser entendidas como uma ânsia incontida de esses pacientes comprovarem que conseguem conquistar, ser desejados, o que representa uma forma desesperada de serem reconhecidos na sua aparente genitalidade adulta, a fim de manterem protegidas as dolorosas feridas narcisistas subjacentes.

8. No plano das identificações edípicas, radicadas em um prévio narcisismo malresolvido, pode acontecer que resultarão muitos casos de bissexualidade e de transtorno de gênero sexual. Isso se deve a uma tentativa de solução da criança para o seu dilema de como enfrentar o rechaço dos pais, por terem nascido de sexo trocado em relação à expectativa deles. Assim, no afã de serem reconhecidas pelos pais, que foram frustrados em seus desejos de que a criança tivesse nascido com outro sexo, o filho se ajusta ao desejo deles, ao custo de um transtorno de sua sexualidade.

9. O vínculo do reconhecimento é particularmente importante no que diz respeito à inserção social do sujeito nos mais diversos lugares, como, por exemplo, a família, a escola, o clube, as instituições, etc., com uma necessidade vital de sentir-se reconhecido pelos demais como alguém que é aceito, que pertence ao grupo, e respeitam o seu pleno direito a compartilhar o mesmo espaço e valores comuns a todos. Caso contrário, o indivíduo protesta sob as mais diversas formas, inclusive com atitudes anti-sociais ou sintomas "hiperbólicos" (drogadição, conduta agressiva e de provocação de riscos, etc.), como uma forma extremada de que, de alguma forma, seja visto e de que se preocupem com ele.

10. Na situação analítica, às vezes é necessário que o analista aceite, temporariamente, que certos pacientes exibam um "*self* grandioso" que o faz imaginar que pode prescindir da dependência do terapeuta, ou que esse ficará com tanta admiração por ele, que o reconhecimento ficaria garantido. Igualmente, em muitos casos, o analista também deve aceitar que, por algum tempo, o paciente o *idealize exageradamente*, tendo em vista que necessita ter a certeza de que o analista é uma figura parental forte, logo, não ficará desamparado, e será reconhecido como uma pessoa que pode ser acreditada nos seus potenciais, valorada e respeitada.

11. Em relação à evolução da terapia analítica, creio ser de fundamental importância que o analista mantenha uma atenção especial quanto à necessidade de fazer o reconhecimento de prováveis progressos verdadeiros do paciente, por mínimos que esses possam parecer, porém que, do ponto de vista do paciente, podem parecer enormes, e, convenhamos, é horrível quando alguém despende esforços enormes para que uma tarefa saia bem e não é reconhecido quando, em algum grau de realidade, isso está sendo conseguido.

Todos concordamos, na atualidade, que analista e paciente interagem e se influenciam reciprocamente, e de forma permanente, constituindo vínculos os mais diversos, em uma atmosfera de trabalho que é chamada de "psicanálise vincular", que é o atual paradigma vigente na terapia psicanalítica, em que tudo deve ser visto dessa, singular, única e mútua relação interativa. O que não costuma ser dito é que, não obstante seja verdadeira, essa assertiva pode ser exagerada, levando em conta o fato de que muitas manifestações do paciente sejam unicamente dele próprio, sem a influência do seu analista, e que elas se repetiriam da mesmíssima forma com qualquer outro terapeuta competente.

39

Reflexões Sobre a Supervisão Psicanalítica

Quem não sabe o que procura, não o reconhece quando o encontra.
Provérbio chinês

Operada de forma regular e sistemática para os candidatos em formação nos institutos de psicanálise, a *supervisão* foi introduzida por Max Eitingon, na década de 20, no Instituto de Berlim. Inicialmente, ele denominou a supervisão "análise de con trole". À época, da mesma forma que as análises pessoais, também as supervisões eram muito breves.

Hoje, ninguém mais contesta a importância fundamental que a supervisão sistemática e obrigatória – com um mínimo de horas a serem cumpridas, com mais de um paciente em análise formal, segundo os critérios da IPA – representa para a formação de um candidato à obtenção da condição de psicanalista. O melhor reconhecimento da relevância da supervisão como estrela de primeira grandeza no universo psicanalítico pode ser a orientação adotada na França, onde cada supervisão prolonga-se por muitos anos, desde o início até o término da análise do paciente do candidato, tendo aí um peso de valorização, no mínimo, equivalente ao da análise pessoal do candidato. O que cabe nos interrogarmos é por que, não obstante exista um consenso quase unânime quanto à importância da supervisão, ainda assim, a literatura psicanalítica é relativamente bastante escassa, no que tange a esse tema.

O termo "supervisão" tem sido bastante criticado por muitos psicanalistas pelo fato de que a morfologia da palavra pode sugerir uma sinonímia com uma *super*-visão, narcisista e arrogante, por parte do analista supervisor que, então, no caso, estaria supervisionando o candidato com uma visão de cima para baixo, de sorte que "ab-inicio" ele pretenderia impor a sua posição como sendo a verdadeira e final, a qual o supervisionando deveria cumprir fielmente.

Reconheço que, em alguns escritos anteriores, eu próprio teci críticas nessa direção, porém, hoje, entendo que o termo está consagrado e, na imensa maioria das vezes, está despido do significado de uma atitude de superioridade sobre o supervisionando. Por essa razão, emprego os termos "supervisão" e "supervisão coletiva" com absoluta naturalidade. Abomino, sim, a terminologia *controle de caso*, que estava em moda há tempos e ainda remanesce em alguns analistas; poucos, é verdade. Quando se trata de uma supervisão coletiva, o termo mais apropriado, nos dias atuais, tem sido o de "seminário clínico".

No presente capítulo, independentemente se a supervisão é de candidato de algum instituto filiado a IPA ou não, se o caso é considerado estritamente de "análise" ou de "psicoterapia analítica", o critério aqui empregado para as reflexões que seguirão consiste na utilização do referencial fundamentado nos princípios fundamentais do "método analítico".

CARACTERÍSTICAS DO CAMPO DINÂMICO DA SUPERVISÃO ANALÍTICA

É evidente que não existe uma rígida padronização como modelo único de uma supervisão. Existem muitos fatores variáveis que tornam a supervisão algo diferente de caso para caso, como são as singularidades específicas de cada supervisionando, do paciente que ele esteja tratando psicanaliticamente e, especialmente, dos referenciais teóricos e técnicos do supervisor, de sua ideologia psicanalítica e do seu *estilo* próprio de trabalhar. O que é certo, no entanto, é que a supervisão sistemática, com a duração de um ou mais anos, cria um importante e peculiar vínculo candidato-supervisor, com a formação de um campo dinâmico na interação entre ambos.

Como esquema de exposição didática, vou considerar, separadamente, o lugar, o papel e as atribuições do supervisionando, do supervisor e do *vínculo* entre eles, tanto nos aspectos positivos, estruturantes, quanto também no que se refere a possíveis desvios patogênicos de um deles, ou de ambos, do par supervisor-supervisionando.

CONDIÇÕES NECESSÁRIAS PARA O SUPERVISIONANDO

1. A supervisão começa pelo próprio candidato, por sua *motivação* e o seu estado mental interno de estar, ou não, comprometido – emocional e pragmaticamente – com a tarefa da supervisão. Esse estado mental do candidato não deve ficar restrito ao simples cumprimento de uma obrigação curricular exigida pelo seu instituto de formação oficial, em cujo caso a supervisão resulta muito pobre, não mais do que formal. Pelo contrário, a supervisão torna-se mais frutífera na proporção direta do interesse genuíno do candidato em *aprender* (talvez seja melhor dizer "aprender a aprender"), diferentemente da hipótese de que ele esteja predominantemente voltado para a idéia de que esteja sendo avaliado pelo seu supervisor para fins de aprovação. Da mesma forma, muito antes do significado de um mero cumprimento do dever, é fundamental que o candidato signifique a sua supervisão como a aquisição de um privilégio de intercambiar experiências com um colega mais experimentado. É inegável que, além da condição mínima necessária de que o candidato seja sério, estudioso, dedicado e realmente interessado, também pesa, muitíssimo, a existência natural de um dote, de um *talento* especial, que alguns candidatos têm mais do que os outros.

2. Essa disposição para a tarefa de supervisionamento deve, de forma alguma, significar uma candura, uma obediência cega por parte do candidato. A propósito, a etimologia da palavra "candidato", a respeito do que estamos enfocando, é muito significativa: origina-se do latim *candidus*, que significa "branco" (de pureza, candura) e alude à toga branca que antigamente eram usados pelos alunos em formação acadêmica. Assim, pelo contrário de uma obediência automática, o supervisionando deve ter liberdade para perguntar, contestar e verbalizar dúvidas e sentimentos.

3. Em termos *patogênicos*, as seguintes estruturas caracterológicas, mesmo em candidatos bem-dotados e intencionados, podem obstruir um trabalho de supervisão que poderia ser fecundo, porém que podem resultar:

a) Na formação de algum tipo de *conluio inconsciente* (do candidato com o seu paciente, e que pode estar se repetindo na interação dele com o supervisor), como, por exemplo, o de uma recíproca "fascinação narcisista"; uma disfarçada "relação de poder, de natureza sadomasoquista"; uma "acomodação em não fazer mudanças verdadeiras"; uma "troca de papéis", por exemplo, o terapeuta é que fica dependente do seu paciente, etc.
b) Na construção de um *falso self* do paciente, que o candidato está psicanalisando.
c) Em uma terapia estéril, devido as *contra-resistências* do candidato em formação.
d) O trabalho analítico transcorrer em um clima *beligerante* (no caso de o candidato mostrar excessivos traços paranóides ou narcisistas), ou *entediante* (se ele for exageradamente obsessivo), ou *apático* (se predominar uma atitude depressiva do candidato), ou *evitativa* (caso do terapeuta com aspectos fóbicos), etc.
e) Na formação de inúmeros *pontos cegos*, quando predomina um recíproco "*-K*", segundo Bion, ou seja, uma necessidade inconsciente de negação de verdades penosas.
f) Em um reforço de traços neuróticos do paciente, no caso em que o candidato esteja envolvido numa *contra-identificação complementar* (segundo Racker, 1960) com o seu paciente, ou

na hipótese de que os *estilos de comunicação* sejam por demais simétricos, conforme Liberman (1983). Neste último caso, por exemplo, é a possibilidade de o analista-candidato (ou o analista-supervisor) possuir um estilo obsessivo, detalhista e perfeccionista, estiver analisando um paciente que justamente esteja preso em uma "camisa-de-força" obsessiva.

g) Em alguma forma de *atuação* com o paciente, no caso em que o candidato ainda não tenha bem-desenvolvida uma capacidade de "autocontinência" de suas angústias (uma *capacidade negativa,* segundo Bion), em cujo caso ele troca a "capacidade para pensar as experiências" por um *acting* das mesmas.

h) A possibilidade de o candidato fazer uma *dissociação* (é verdade que muitas vezes com uma complacência ou indução do supervisor ou do seu analista), entre as figuras do seu analista e a do supervisor, de modo a figurar que um é ótimo, enquanto o outro...).

CONDIÇÕES NECESSÁRIAS PARA O SUPERVISOR

1. Não levar ao pé da letra a palavra "*super*-visão", com o significado de onipotência, já descrito. Pelo contrário, por mais veterano que seja um supervisor, sua atitude deve ser a de que somos todos, de forma permanente, analistas em formação. Assim, o supervisor poderá crescer bastante como analista, por meio de uma mais acurada *escuta* do supervisionando, do paciente deste, bem como das vicissitudes da evolução daquela análise singular da qual ele participa indiretamente e que pode fornecer-lhe subsídios e estímulo para reflexões acerca de experiências emocionais que ele ainda não tinha vivenciado.

2. Respeitar as inevitáveis *limitações* do seu supervisionando, assim como também respeitar o *ritmo* do seu aprendizado.

3. Da mesma forma, é importante que o supervisor respeite o *estilo pessoal* que o seu candidato demonstre como sendo genuíno dele. Isto não significa que o supervisor não venha a fazer assinalamentos quanto ao conteúdo e, sobretudo, à *forma* de como o seu supervisionando esteja exercendo a sua atividade interpretativa.

4. O supervisor deve ter bem claro para si que ele representa ser um altamente significativo, embora não-exclusivo, *modelo de identificação* para o seu supervisionando. Tal modelo implica a forma de ele encarar as angústias manifestas pelos pacientes dos candidatos, de como ele as contém, pensa e transforma.

5. Igualmente, constitui-se uma das mais importantes tarefas do supervisor a sua capacidade de funcionar como um *continente* para as angústias, dúvidas, incertezas e, especialmente, para os difíceis sentimentos contratransferenciais do supervisionando.

6. Uma outra condição indispensável para o supervisor é a de que ele não confunda o seu papel com o do psicanalista do candidato, o que não significa que, conforme as circunstâncias do momento, seja útil que se assinalem sentimentos de contra-identificação do supervisionando com o seu paciente, os quais estão impedindo um eficiente curso da terapia analítica.

7. Da mesma maneira, não é pequeno o risco de o supervisor vir a seduzir o seu candidato com atitudes que levem esse a fazer confrontos com as atitudes de seu próprio analista.

8. Também cabe ao supervisor *estimular* (não é o mesmo que "exigir") o zelo do candidato pela forma de sua apresentação do material clínico, como, por exemplo, um incentivo ao uso do computador, ou o incentivo para determinadas leituras que enriqueçam a compreensão teórica do seu caso de análise, ou um estímulo para a feitura de trabalhos, idas a congressos, etc.

9. Creio importante assinalar que, muito antes de estar predominantemente voltado para observar acertos ou erros do candidato, o supervisor deveria dirigir a sua atenção mais especial para as *transformações* (menos medo, maior desenvoltura, aquisição de uma melhor capacidade de continência, etc.) que se evidenciam no trabalho do candidato.

10. Acima de tudo, deve haver, na pessoa do supervisor, uma *coerência* entre aquilo que ele diz, faz e, realmente, ele é!

CONDIÇÕES DO VÍNCULO SUPERVISOR-SUPERVISIONANDO

Cabe uma observação inicial: na tarefa de supervisão existe uma diferença entre o supervisionando ser alguém que não está em formação institucional (nestes casos há uma maior liberdade) e alguém que está em formação (em cujo caso, é óbvio, existem as necessárias exigências do instituto, relativas à validação do candidato em supervisão).

Da mesma forma de como se passa na prática da situação psicanalítica com cada um dos seus pacientes individuais, também na relação com o supervisor não existe uma *neutralidade* absoluta do supervisor. Não obstante, uma maior ou menor empatia recíproca, alguma diversidade de estilo, algum complexo jogo de identificações mútuas, e coisas similares, de regra, não costumam atrapalhar um bom andamento da tarefa de supervisão. Somente em situações mais excepcionais a pessoa do supervisor pode perturbar a supervisão, como é, por exemplo, a possibilidade de ele ter um excessivo narcisismo e, assim, manter uma surda rivalidade com o candidato, ser portador de pulsões filicidas, ter a ambição de que seu supervisionando se torne um epígono seu, etc.

Igualmente pode haver um sério risco, não tão raro, de o supervisor, por intermédio do supervisionando, manter uma competição com os demais colegas, professores e supervisores do candidato, assim como com o seu próprio analista, além de uma nefasta possibilidade de ele estar em certo litígio ideológico com a sua instituição psicanalítica, e usar o candidato para fazer um proselitismo de suas idéias, contra as usuais do seu instituto.

Ainda um outro risco, consiste na possibilidade de o supervisor estar identificado com um *superego analítico,* por demais rígido e ameaçador, e querer impô-lo a seus supervisionandos, assim os infantilizando e coibindo a criatividade, liberdade e autenticidade do candidato.

Como decorrência direta dessa hipotética rigidez superegóica de um determinado supervisor, dois prejuízos costumam acontecer: a) Uma estereotipia reducionista de usar sistematicamente uma única forma de compreensão e de manejo técnico, sem levar em conta as singularidades específicas de cada análise, de cada tipo de vínculo de um certo candidato com um certo paciente. b) Também existe um risco *pedagógico*, isto é, o supervisor movido por um narcisismo exagerado (em uma posição de "sujeito suposto saber", conforme Lacan), ou cumprindo os mandamentos que provêm do seu próprio "superego analítico", utilize com excessiva freqüência, ao longo do processo de supervisão, expressões como: "*deve* interpretar tal coisa" (assim como estou lhe mostrando). O mais grave é que, não é incomum o fato de que, nos encontros seguintes, o supervisor fique cobrando do candidato se este cumpriu ao pé da letra as determinações que lhe foram ditadas.

Esta hipotética atitude do supervisor estaria, então, concorrendo para uma infantilização do supervisionado, para um certo apagamento do direito de cada analista ter um estilo próprio, desde que, é claro, permaneça fiel aos princípios técnicos já consagrados.

Igualmente não é raro acontecer que, por intermédio do processo de identificações projetivas e introjetivas, o "enredo do teatro da mente" do paciente seja projetado no analista-candidato, o qual, por sua vez, da mesma forma, reproduza com o supervisor a "encenação" (*enactement* é o termo usado em inglês para definir este fenômeno que consiste em o paciente fazer com que o analista encene, desempenhe um determinado papel). Desta forma, sentimentos que partem do paciente passam pelo supervisionando e se abrigam no supervisor, despertando sentimentos contratransferenciais nos dois últimos. Um detalhe interessante é que o conflito original do paciente pode ficar dissociado, de sorte que o candidato se contra-identifique com um dos objetos internos de seu paciente (digamos, por exemplo, com um pai tirânico, ou com a criança confusa e intimidada), enquanto o supervisor fique identificado com uma outra característica complementar do mesmo objeto interno.

No processo da tarefa de supervisionamento, a dupla deve trabalhar em um estado de conforto, especialmente o supervisionando, caso contrário ambos devem refletir em conjunto e cogitar da possibilidade de mudar de supervisor.

É interessante consignar o fato de que, às vezes, o candidato pode reproduzir, com o supervisor, o mesmo papel que o seu paciente mantém com ele. Assim, seguidamente observo que, em algum momento, um olhar assustado ou um suspiro depressivo, etc. do candidato esteja expressando que o paciente que estamos supervisionando esteja passando, respectivamente, por sentimentos de medo, depressão, etc.

Sobretudo, creio que o mais importante a ser enfatizado seja que o estabelecimento do *vínculo* entre o supervisionando e o supervisor representa ser um importante *modelo de identificação* de como praticar a terapia psicanalítica na prática cotidiana. Assim, o candidato, em parte, incorpora o modelo de como o seu supervisor transita pela geografia psíquica do paciente, de como ele percebe, pensa, comunica-se, formula as interpretações, etc.

Um outro aspecto que considero igualmente importante consiste no fato de que, em determinadas ocasiões, particularmente difíceis para o candidato em certos momentos de sua vida pessoal, principalmente quando coincide com um período em que seu analista esteja ausente, cabe ao supervisor servir de *continente*, não só no que se refere a uma escuta atenta e respeitosa, mas também de ajudar a encontrar algum tipo de orientação e mostrar-se disponível para algum tipo de ajuda.

Cabe consignar que em um trabalho de supervisão sistemática, de alguma forma, sempre há efeitos analíticos.

Em termos de *patogenia* do vínculo supervisor-supervisionando, cabe consignar algumas situações possíveis, como: a) a supervisão ficar restrita exclusivamente ao *caso* e não às particularidades do *candidato* em formação psicanalítica; b) o supervisionado ficar unicamente no papel de observador do supervisor que, então, dita de forma magistral e categórica o que aquele "deve" fazer; c) é relevante observar o "tipo de transferência" que possivelmente se estabelece entre ambos; d) o risco de a supervisão redundar em um trabalho apenas burocrático; igualmente, da mesma forma como pode acontecer no processo de uma análise, também uma supervisão pode decair numa "calmaria exagerada" que, não raro, pode ser indicador de que a esperada fertilização da tarefa de supervisionamento esteja em um processo de estagnação (à espera, quem sabe, de que o supervisor provoque alguma sadia "turbulência"); e) os inconvenientes para o candidato, e para o supervisor, de um possível uso excessivo de regulamentação institucional, o que pode exigir uma árdua tarefa de equilibrismo, entre a pressão da instituição e as particularidades específicas de cada caso da clínica de cada candidato, em separado.

Por outro lado, entendo que excepcionalmente o supervisor deva sugerir diretamente ao candidato que tais ou quais aspectos ele deva levar para a sua análise pessoal; quando é o caso, ele próprio se dará conta dessa necessidade. Assim, indiretamente a supervisão pode contribuir para a análise pessoal, sendo que a recíproca, obviamente, é verdadeira.

OBJETIVOS DA SUPERVISÃO

Em linhas gerais, a atividade de supervisão visa a três objetivos precípuos: um, o de *educação;* um segundo, de *instrumentação*, no sentido de equipar o candidato para o exercício da prática clínica; e um terceiro, de contribuir para a *construção do sentimento de identidade do terapeuta psicanalítico*. Vejamos individualmente cada um deles.

1. *Educação analítica.* No contexto do presente capítulo, o termo "educação" deve ser diferenciado de "ensino", conforme a origem etimológica dessas duas palavras. "Ensino" deriva dos étimos latinos *en (*dentro de) + *signo* (sinais), ou seja, alude à colocação de conhecimentos dentro da mente do aluno. "Educação", por sua vez, procede de *ex* (para fora) + *ducare* (dirigir), isto é, designa uma condição na qual o educador (no caso, o supervisor) facilita que saiam aquelas capacidades e potencialidades que ainda estão latentes, à espera de serem reconhecidas, estimuladas e libertadas.

2. *Instrumentação.* O acompanhamento sistemático de um mesmo caso em supervisão propicia ao candidato familiarizar-se com a *natureza* do processo psicanalítico em suas múltiplas facetas inconscientes e conscientes; com as regras e procedimentos técnicos; com uma conexão da teoria com a técnica e prática clínica; com as artimanhas da comunicação; com os conhecimentos e recursos táticos que podem variar de caso para caso, ou de situação para situação, em um mesmo paciente, como é, por exemplo, o enfrentamento de uma eventual crise difícil no curso da análise, caben-

do exemplificar com o surgimento de uma "psicose de transferência", conforme Rosenfeld (1978), ou com o aparecimento de alguma intercorrência inusitada, etc.

3. *Construção do sentimento de identidade de psicanalista.* À medida que o candidato vai se aprofundando na análise com o seu paciente, assim entrando em contato com as diferentes regiões do psiquismo, inclusive da "parte psicótica da personalidade", e, com o respaldo do supervisor, reforça suas capacidades de *continente e empatia*, ele sobrevive às crises e mantém com o seu paciente uma boa *aliança terapêutica.* Ademais, ele vai adquirindo em autoconfiança e, de tempos em tempos, vai preparar relatórios para o currículo de seu Instituto, assim organizando as suas idéias e conhecimentos, fazendo conexões da teoria com a técnica, entendimento dinâmico e manejo prático. Simultaneamente aumenta o seu gosto pelo trabalho, estudo e pesquisa, tudo isto convergindo para a estruturação do seu sentimento de identidade profissional, no qual o supervisor representa ser um dos tijolos nesta bonita, embora às vezes penosa, construção!

Quanto aos objetivos propriamente ditos da supervisão, creio que os seguintes aspectos – uma espécie de síntese do que foi dito até agora – merecem ser destacados:

- Valorizar a importância fundamental da aquisição do candidato de uma *atitude psicanalítica interna*, diante do paciente em geral, e do regressivo em particular.
- Alertar o candidato quanto à necessidade de que o *setting* instituído, embora sem uma rigidez excessiva por parte dele, seja preservado ao máximo possível, caso contrário pode surgir o risco de uma *perversão* do processo analítico.
- Embora respeitando o estilo e as idiossincrasias de cada candidato em particular, é importante que o supervisor ajude a *transformar* determinadas atitudes e posturas falsamente psicanalíticas (por exemplo, a de um permanente reducionismo transferencial, em uma verdadeira "caça às transferências", seguidamente de forma artificial e forçada). Também costuma acontecer que, em um pólo oposto, o candidato esteja fazendo um enfoque quase absoluto nos fatos da realidade externa. Igualmente deve ser transformada uma atitude de excessiva rigidez em nome da "regra da neutralidade", ou, em outro extremo, um exagero de "bondade" e de ausência de frustrações em nome de um "humanitarismo".
- Eventualmente, assinalar algum aspecto fortemente *contratransferencial* despertado pelo paciente do candidato que esteja interferindo na análise e que ele não esteja percebendo, ou até mesmo um sentimento unicamente transferencial do próprio supervisionando em relação ao seu paciente. Sem remeter diretamente à sua análise pessoal, é sabido que esses assinalamentos podem ser de muita valia para a análise do candidato.
- Um significativo objetivo da supervisão consiste em que o supervisor procure fazer *conexões* do material clínico que está sendo enfocado, com alguns referenciais teóricos e, inclusive, sugerindo a leitura de alguns textos.
- Servir como um *continente* para as inevitáveis angústias do candidato (notadamente no início de sua formação), inclusive com a possibilidade de, circunstancialmente, permitir que o supervisionando tenha um espaço para fazer uma, espontânea, "catarse" de sentimentos da sua vida particular e esteja necessitado não de interpretações ou coisa parecida, mas, sim, de alguma reafirmação, orientação ou de clareamentos.
- Ilustrar como ele, supervisor, no seu estilo pessoal (sempre deixando claro de que não se trata de uma exigência e tampouco de uma insinuação para que ele seja imitado), exerce a sua *atividade interpretativa* e de como formularia suas intervenções diante de determinadas situações do material clínico.

- Estar atento para a possibilidade, nada rara, de que o candidato possa estar enredado em algum tipo de inconsciente, *conluio transferencial-contratransferencial*.
- Ajudar o supervisionando a *discriminar* que ele pode ser flexível sem ser um fraco ou um "liberal", e também que ele pode ser forte e firme, sem que isso implique em ser radical e rígido.
- Em determinados momentos muito difíceis da análise do candidato com o seu paciente, como, por exemplo, a ocorrência de uma forte transferência negativa, ameaça de abandono ou algum tipo de impasse preocupante, é fundamental que o supervisor, mercê de sua experiência, consiga *tranqüilizar* o candidato, servindo como modelo de continente e de "capacidade negativa" (conforme Bion), até que as coisas se resolvam.
- Também é relevante aprimorar a capacidade de *escuta* do candidato em relação às narrativas de seu paciente e da *escuta da escuta,* dele próprio. Igualmente deve ser valorizada a sua capacidade de *intuição* (trata-se de um "terceiro olho") e a de decodificar o surgimento de *imagens* em sua mente (são "ideogramas", tal como é a escrita chinesa).
- O supervisor deve auxiliar o candidato a desenvolver a capacidade de aceitação das idéias e pontos de vista do paciente, que sejam *diferentes* das dele, e fazer para o seu paciente a abertura de novos *vértices* de visualização, a respeito de um mesmo fato, tal como é relatado e percebido pelo seu paciente.
- Ficar atento para assinalar, sempre que necessário, uma possível contração, do candidato com o seu paciente, de um *conluio inconsciente,* do tipo de uma "recíproca fascinação narcisista", ou de um "conluio de acomodação", ou de uma inversão dos papéis", etc.
- É importante que o supervisionando *reconheça* nele e, logo, no seu paciente, os seus alcances e direitos, mas também suas limitações, limites, diferenças, obrigações éticas e os *subcontinentes* de sua geografia psíquica, isto é, ele pode conter suficientemente bem aspectos depressivos e agressivos, porém tolerar mal facetas narcisistas e eróticas, ou outras inúmeras combinações possíveis.
- Também cabe ao supervisor o objetivo de ajudar o candidato a transformar os seus sentimentos *contratransferenciais* muito difíceis e possivelmente patogênicos em "empatia", que lhe será muito útil para sintonizar melhor afetivamente com o seu paciente.
- Valorizar sobremodo a *interpretação transferencial* quando esta se justifica, porém alertar o candidato a não se transformar em um mero "caçador de transferências", nem, tampouco, em um mero recitador de chavões de "interpretações" sistemáticas e reducionistas para o "é comigo, aqui e agora...". A propósito, é igualmente necessário que o candidato perceba claramente que a transferência está sempre presente de alguma forma, mas que nem tudo é transferência a ser interpretada e que, muitas vezes, como na *clínica do vazio*, mais importante é preencher carências e buracos no psiquismo.
- Creio ser importante que o supervisionando desenvolva uma atitude de *reconhecimento de progressos* do paciente, por mínimos que estes sejam, e para tanto, nada melhor que o supervisor sirva de modelo, ele próprio reconhecendo progressos, quando verdadeiros, no trabalho do candidato que ele supervisiona.
- É fundamental que o supervisionando desenvolva a capacidade de decodificar a *comunicação não-verbal*, nas suas distintas formas, de sorte que cabe enfatizar que a linguagem do paciente tanto pode ser a de um discurso normal, como também pode ser um gesto, uma careta, um balbuceio, uma única palavra, um suspiro, etc.

- No curso do relato do paciente, o supervisor deve auxiliar o candidato a *dissociar* o conteúdo real e concreto do mundo exterior daquilo que é abstrato, simbólico, pertencente ao mundo interno do paciente.
- Em relação à *atividade interpretativa* do analista-candidato, tenho observado que com relativa freqüência ele faz sugestões ou afirmações que são corretas, porém diretivas e pedagógicas; cabe ao supervisor dar o modelo de que, no lugar dessa atitude, o candidato pode atingir o mesmo fim que ele pretendia se utilizar uma formulação interrogativa, que leve o próprio paciente a chegar a alguma decisão. É útil que o candidato se conscientize de que suas interpretações não devam ser ditadas como sendo a verdade final, mas, sim, que elas não passam de hipóteses que podem ser aceitas ou refutadas pelo seu paciente.
- Alertar o supervisionando toda vez que houver uma *pressão do paciente* – por mais acintosa ou dissimulada que ela seja – para o candidato-analista desempenhar certos papéis e ocupar certos lugares, por meio de sedução, chantagem, ameaça, confusão, *actings*, de acordo com a dinâmica do seu grupo familiar internalizado nele. Cabe dar um exemplo bastante corriqueiro: o paciente ameaça abandonar a análise e o analista entra em uma espécie de pânico (especialmente se for caso de supervisão curricular e obrigatória), de modo que os papéis ficam invertidos, pois é possível que seja o candidato quem fique dependente e temeroso do seu paciente.
- A propósito, é bastante freqüente que seja o *paciente quem reconduza o analista* para certos aspectos que ele não esteja percebendo, ou que esteja equivocado na forma de entender. Assim, por exemplo, recordo-me de uma situação na qual um supervisionado estava elogiando em demasia um seu paciente por este estar se permitindo atacar e denegrir o pai idealizado; o próprio paciente associou imediatamente com a lembrança de um filme que tratava das distorções de comunicação e entendimento entre os personagens principais. Na verdade, dentro do contexto da referida situação analítica, inconscientemente o paciente alertava o seu analista mais ou menos assim: "calma, não se empolgue, não é bem assim, estou ensaiando dar uns primeiros passos para uma necessária desidealização, porém preciso conservar tudo que de bom o meu pai também possui e me transmitiu", como, aliás, estava implícito na própria transcrição da sessão que foi vista na supervisão.
- Tanto o supervisor como o supervisionando devem ter uma clara idéia daquilo que buscam, bem como do papel de cada um para a obtenção deste objetivo, no trabalho de supervisão. Isto faz lembrar um conhecido provérbio chinês: "quem não sabe o que procura, não o reconhece quando encontra".

Alguns exemplos de supervisão

Os relatos que utilizarei com exemplos não foram especialmente selecionados; antes, escolhi aqueles que coincidiram com o momento em que estava redigindo este capítulo. Alguns das ilustrações que seguem virão acompanhadas de algum algarismo, entre parênteses, para referir que, no final da transcrição da sessão apresentada na supervisão, será feito um comentário meu, acerca do que e como o supervisor dialogou com o supervisionando. Habitualmente reservo minhas observações no final da leitura de uma sessão dialogada, na íntegra. No entanto, ocasionalmente, em momentos especiais, interrompo a leitura para enfatizar algum determinado aspecto que julgo importante.

Exemplo nº 1

A ilustração que segue se refere a um início de análise, mais precisamente à *entrevista inicial.* A supervisionanda começou referindo que a paciente, anteriormente, já tinha feito dois contatos telefônicos: no primeiro, ela referiu que tinha sido indicada pela doutora X, mas que no momento ela não tinha condições e que voltaria a ligar em uma outra ocasião. No segundo telefonema, após algumas semanas, a provável paciente marcou a consulta, porém, à última hora, teve que desmarcar, devido ao surgimento de um imprevisto. Foi marcado um novo encontro, ao qual ela compareceu com algum atraso (1). Ela começa se desculpando pelos imprevistos (desperta uma empatia na analista-candidata) e a seguir relata que já fez duas tentativas prévias de tratamento analítico com outros dois terapeutas diferentes. Perguntada pela candidata a razão da interrupção dos tratamentos, a paciente (vamos chamá-la de Célia) informou que o primeiro terapeuta cobrava muito caro, de modo que após dois meses ela sugeriu uma negociação que ele recusou, e ela então abandonou. Na segunda experiência, Célia achou que o analista praticamente não falava e ela não suportou os silêncios longos e o laconismo dele, de forma que abandonou. Após um breve silêncio, Célia completa: "quase não vim hoje".

- Por quê?, perguntou a analista-candidata.
- Por medo...não sei bem de que, mas sentia medo.

A candidata não levou adiante o assunto e perguntou por que ela buscava análise (2). Célia responde que "não dá sorte com os namorados" e que, no seu atual namoro, que dura uns quatro meses, a relação íntima do casal não vai além de beijos e não se consumou uma penetração vaginal, ela não sabe se é por uma excessiva timidez do namorado ou se é porque ela acusa uma dor intensa (vaginismo) quando a penetração total vai acontecer. Célia conta a seguir que ela teve um namoro anterior que durou aproximadamente três anos. Ela tinha relações sexuais completas com o namorado, razoavelmente satisfatórias, porém ela resolveu terminar porque suspeita que ele lhe passou uma doença vaginal (candidíase) e que, além disto, ele se apropriou indevidamente de um dinheiro que ela, em confiança, o deixou administrar (3). Como o tempo da sessão chegava ao término, tendo em vista que a paciente fez os relatos de forma prolixa, a candidata limitou-se a propor para a paciente a feitura de um contrato analítico, com a combinação de horários e honorários (4) e (5).

Comentários que foram feitos, em uma interação com o supervisionando

(1). Tais e tão seguidas protelações por si só já constituem, em uma linguagem não-verbal, um forte indicador que esta paciente deve ter um forte componente fóbico: não se afasta totalmente e tampouco se aproxima mais intimamente.

(2). A própria paciente, logo no início da sessão, de forma indireta, nas informações relativas ao seu precoce abandono das duas tentativas de terapia analítica, já esboçou uma resposta ao surgimento de seu medo: Célia receava que a nova terapeuta (nossa analista-candidata), nessa terceira tentativa de tratamento, viesse a repetir as "falhas" como as que ela sofreu com as outras duas experiências frustras: uma, sua esperança de que a nova analista não desse mais valor ao dinheiro do que a ela, como acontecera com um dos terapeutas anteriores, mas, sim, que a analista percebesse o quanto ela estava sofrida, temerosa e necessitada de uma atenção especial e que, para tanto, provavelmente submeteria a candidata a muitos testes inconscientes (como o *acting* de sugerir uma negociação do valor da sessão...). O outro esclarecimento indireto quanto ao seu medo indefinido, poderia ter sido decodificado e assinalado o fato de que a segunda experiência fracassada estaria significando o quanto ela temia ficar sentindo-se sozinha, desamparada, em uma relação "fria" e protocolar, tal como ela significou o silêncio e a parcimônia do segundo analista.

(3). Entendo que a paciente continua trazendo, de forma cada vez mais consistente, o medo de que nessa experiência analítica, sabidamente difícil e que implica uma entrega de muita intimidade, também se decepcione, seja pelo temor de que esta, da mesma forma que o seu namorado atual, seja por demais tímida e não vai conseguir vencer a sua resistência ao seu medo de ser totalmente penetrada no interior de seu psiquismo, seja pelo receio de "contagiar e ficar contagiada", e também de ser "roubada" (não só em termos de dinheiro, mas igualmente de seus segredos e valores que ela está entregando, em confiança, para a analista "administrar"). Também seria importante que a supervisionanda se apercebesse que, caso venham a se confirmar os temores de Célia, ela avisa que também vai abandonar a atual tentativa de análise, tal como fez com o antigo namorado e com os dois terapeutas anteriores.

(4). Creio que todos concordamos com o fato de que uma entrevista inicial não precisa ficar limitada a uma única sessão, de sorte que, no presente caso, tenha sido prematura a proposta da feitura de um contrato, pelas seguintes razões: a) não ficou claro o grau de *motivação* da paciente para investir em uma análise; b) o nível de angústia persecutória está muito intenso e, a meu critério, faltou uma interpretação *compreensiva*, que alumiasse as razões inconscientes (como aparecem no comentário anterior) do medo da análise; c) como não foi esclarecida para Célia, a sua advertência de que ela abandona a quem lhe decepciona, é bastante possível que ela também cogite de fazer um novo abandono.

(5). Aproveitamos a situação para a novel candidata aprender com a experiência, de sorte a iniciar o processo de desenvolver uma capacidade de decodificar e transformar as informações que são narradas pelos pacientes num nível objetivo e concreto, para uma compreensão simbólica, expressiva da dinâmica do seu mundo interior. Também foi destacada a importância do estabelecimento de um *rapport* de confiança com qualquer paciente, especialmente com aquele (como no presente caso) que esteja fixado em uma esquizoparanóide, com evidentes manifestações paranóides e fóbicas

Exemplo nº 2

O exemplo que segue visa a mostrar dois momentos distintos, no curso de duas sessões, muito próximas uma da outra, de uma análise que já alcança 180 sessões, e que é acompanhada de uma supervisão sistemática.

Lucas é um arquiteto em torno de 40 anos, homossexual que, no momento, está envolvido numa relação amorosa com um rapazinho, a quem chama de "fradinho" (com um significado de "irmãozinho".) Essa relação vem adquirindo uma característica perversa de cores cada vez mais evidentes de um forte sadomasoquismo, na qual, além de ser continuamente humilhado, Lucas é submetido pelo seu *partenaire* a uma exploração de dinheiro, desprezo e afins.

Quando o paciente tinha cinco anos de idade, ficou encarregado pelos pais a cuidar de um irmãozinho menor, de dois anos, e, em uma breve distração de Lucas, seu pequenino irmão caiu na piscina e morreu afogado.

Em um primeiro momento da sessão psicanalítica que vamos enfocar, o paciente começa lembrando o ataque terrorista às torres de Nova York, comentando que se ele fosse terrorista atacaria a Estátua da Liberdade. A seguir, rindo, diz "não vá me dizer que isso tem relação com a raiva que venho sentindo pelo fradinho". O candidato-analista, em seqüência ao que vínhamos trabalhando em relação ao mundo interno do paciente, não teve dificuldades em mostrar que havia uma relação com o fradinho, sim, porém não tanto em relação ao seu parceiro homossexual, mas, muito antes disso, com o seu real irmãozinho do passado. Mais adiante, o candidato assinalou o quanto Lucas está *identificado com a vítima*, isto é, com seu irmão morto, que, na base da "lei de talião", ataca a sua "liberdade" e o obriga a ficar escravo de uma relação sado-masoquística com um outro alguém que lhe representa ser seu irmão morto, o qual, então, estaria justificado em se vingar dele, submetendo-o sadicamente com sevícias de toda ordem.

O paciente aparentemente concordou, elogiou o analista por sua argúcia e concluiu dizendo que pretendia voltar a fazer as quatro sessões semanais, porque agora está ganhando mais. Na sessão seguinte, o candidato-analista fez alguns arranjos práticos para a combinação de um quarto horário, com uma manifesta satisfação e concordância do paciente, porém no dia aprazado Lucas telefonou desfazendo a combinação.

Em segundo momento, narrada na supervisão seguinte, o supervisionando chegou muito aflito e começou a relatar que "algo de sério se passou com Lucas: ele teve uma forte crise agressiva comigo e ameaçou interromper a análise". Contou então que, no momento que formulava a sua interpretação de que, pelo fato de que o analista deveria se ausentar uma semana, Lucas se vingava desfazendo a combinação de aumentar uma sessão, porque ele sentia o afastamento como um abandono, um desamparo, da mesma forma como acontecia entre ele e seu parceiro, Lucas o interrompeu e, em um tom raivoso e ameaçador, aos gritos (pela primeira vez na análise) berrou: "Chega! Esta análise está ficando perigosa, pode terminar em agressão física, eu nunca perco um desafio, acho que vou interromper este tratamento".

O supervisionando estava em alto grau de angústia no início da supervisão, não sabendo "onde tinha errado", a ponto de provocar uma reação tão explosiva.

COMENTÁRIOS

Os seguintes aspectos foram enfocados:

1. O surgimento de uma "transferência positiva" (no primeiro momento, da primeira sessão relatada) não passava de uma transferência falsamente positiva, pois estava mesclada com idealização, negação da importância do que de fundamental o analista lhe dizia, um jogo de sedução por meio de promessas que viriam satisfazer o suposto desejo do analista (voltar a quatro sessões semanais) e coisas equivalentes.

2. Em contrapartida, o surgimento de uma forte "transferência negativa" talvez pudesse estar significando um momento altamente positivo, porquanto o paciente poderia estar ensaiando ter manifestações afetivas mais francas e verdadeiras, assim atestando uma maior confiança no vínculo com o seu analista, além da busca de uma autenticidade.

3. Na verdade, Lucas estava dramatizando com o analista o tipo de configuração vincular, perversa e tantalizante, que ele mantinha com o seu parceiro homossexual (fazendo ativamente com o analista aquilo que ele sofria passivamente por parte do seu parceiro-"irmãozinho"), facilitando, assim, um acesso à turbulência de seu inconsciente, mais precisamente, da sua *parte psicótica da personalidade*.

4. Esta última manifestava-se por um baixíssimo limiar de tolerância às frustrações em geral e especialmente em relação à angústia de separação; em manifestações de arrogância e prepotência; o incremento de sentimentos de ódio; a substituição da capacidade para pensar por uma impulsividade, etc.

5. Foi importante assinalar para o supervisionando que o paciente tinha uma forte necessidade interna de *testar* a capacidade de o analista conseguir *conter* e tolerar os seus aspectos "loucos", o seu ódio e ameaças, sem que aquele desmoronasse e que não repetisse com Lucas as penosas experiências emocionais que este teve com a mãe (sentia que a profunda depressão da mãe era uma muda acusação contra ele), e com o pai, com respostas coléricas contra o menino Lucas.

6. Também foi assinalado na supervisão o fato de que teria sido muito útil para a aquisição de um *insight* por parte do paciente se o analista pudesse, mercê de uma *visão bifocal* (conforme Bion), ter assinalado e *integrado* os dois momentos diferentes do paciente, ou seja, as partes, aparentemente, diametralmente opostas que convivem dentro dele, como, por exemplo, o de uma criança frágil travestida de uma aparência pseudoforte, porém também com um lado autenticamente adulto e bem-sucedido profissionalmente; o seu lado afetivo e o colérico, e assim por diante.

7. Caso o supervisionando não tivesse condições de conter e, assim, superar a forte carga de identificações projetivas que foram despejadas dentro dele, a análise poderia correr o risco de uma *perversa troca de papéis* (isto é, o analista é que ficaria dependendo e intimidado com o paciente), reproduzindo e reforçando antigos e atuais traumas psíquicos, de forma repetitiva.

8. A repetição estereotipada da conduta sádica e masoquista do paciente, na sua vida e na análise, permitiu que a supervisão facilitasse a compreensão de que a *transferência* na situação analítica, indo além de uma prova da existência de uma *compulsão (necessidade) à repetição* (segundo Freud), comporta-se como uma *necessidade de repetição,* de penosas e antigas experiências emocionais mal-elaboradas, e que são repetidas com o analista, na esperança de que este consiga dar um outro significado e desfecho. Felizmente, neste caso, foi isso que aconteceu.

9. A turbulência da sessão relatada serviu para que o supervisionando pudesse *viver*

a experiência emocional de que a sua angústia inicial na sessão expressava corporalmente aquelas fortes angústias equivalentes (abandono, etc.) que o paciente sente há longos anos e não consegue verbalizar com palavras (corresponde ao *terror sem nome,* de Bion).

10. O trabalho da supervisão também ficou voltado para o fato de o supervisionando aceitar e assumir com naturalidade, em casos de pacientes bastante regredidos, como este seu, o surgimento de sentimentos *contratransferenciais* muitíssimo difíceis, além de desenvolver a capacidade de, ao invés de ficar enredado neles, transformá-los em uma *empatia,* que possibilite uma melhor sintonia com a parte psicótica da personalidade do paciente.

ALGUMAS SUGESTÕES

Pela indiscutível capital importância que a supervisão representa para a formação de um terapeuta psicanalítico, este tema vem merecendo ultimamente um acentuado interesse dos institutos formadores, com a existência mais freqüente de debates, um maior espaço nos órgãos de divulgação e novas proposições pelos responsáveis mais significativos. De minha parte – sempre fazendo a ressalva de que todas as idéias que vou expressar comprometem unicamente a mim, não passam de opiniões pessoais, e de forma alguma elas representam oficialmente as posições de minha sociedade –, penso que algumas das sugestões a seguir podem ser úteis:

- Habitualmente, por uma série de razões compreensíveis, o candidato aspira concluir o seu tempo mínimo necessário para cumprir o tempo curricular que é exigido pelo seu instituto. Seria utilíssimo para a sua formação que predominasse uma outra atitude interna em relação à supervisão, isto é, que ele ficasse motivado para prolongar o máximo possível a sua experiência clínica acompanhada por um supervisor, tal como é realizado na França.
- Um dos inconvenientes para isto é o custo econômico. Para tanto, poder-se-ia adotar, em nosso meio, um recurso que muitos institutos europeus adotam: cada psicanalista supervisor, voluntariamente, compromete-se a abrir espaço para uma, duas ou, no máximo, três supervisões nas quais ele cobrasse do candidato nada mais do que aquilo que este cobra de seu paciente, no curso de uma semana.
- Uma outra vantagem de limitar um número máximo de supervisionados para todos os supervisores é evitar o risco, nada incomum, de que certos analistas, de personalidades excessivamente narcisistas, muito ávidas de discípulos, possam reunir pessoas em torno de si com fins de obtenção de prestígio e poder. Nesses casos, tal como diz o renomado psicanalista francês Fedida, estudioso do assunto, *ele próprio, o supervisor, pode-se tornar uma instituição à parte.*
- Entre tantas outras, uma das vantagens de uma supervisão continuada e prolongada seria a de propiciar ao candidato a importante experiência de acompanhar as fases finais de uma análise.
- Cabe cogitar da possibilidade de que não houvesse uma ênfase institucional, embora esta seja mais dissimulada do que explícita, de que uma análise "verdadeira" implica a necessidade de que o candidato-analista tenha que, sistematicamente, nomear-se na transferência.
- Também cabe pensarmos se não pode haver outras formas de supervisão que não unicamente o modelo clássico de apresentação literal de transcrições na base do "paciente disse tal coisa, e aí eu interpretei que...".
- Muitos analistas de reconhecida competência, com larga experiência na função de supervisão, vêm se questionando se uma adequada supervisão deva necessariamente ser de *um caso só* e exclusivamente nas condições de *quatro sessões semanais*; ou se pode dar à dupla supervisor-supervisonando

um crédito de confiança, de ambos construírem uma *relação singular*.

- Também existe uma corrente de supervisores que recomenda a utilidade de que um mesmo candidato faça suas supervisões com analistas que tenham orientações teóricas e técnicas diferentes do supervisor precedente, ou de seu próprio analista.
- Seria útil que houvesse uma maior flexibilidade em relação às naturais exigências que recaem sobre o supervisionando, tendo em vista que a matéria-prima para um analista trabalhar bem é a sua "escuta analítica", e essa só pode acontecer se ele estiver tranqüilo, sem sentir-se pressionado, nem por ele próprio e tampouco pela teoria da psicanálise, pelo supervisor e pela instituição à qual ele pertence.
- Creio ser muito interessante a sugestão dada por Fedida, no sentido de que a *primeira supervisão* deveria priorizar que o supervisor ajude o candidato a *tornar-se um analista,* enquanto a *segunda supervisão* visa a dar maior liberdade à espontaneidade e à criatividade do candidato e, sobretudo, a desenvolver a capacidade para *encontrar soluções* para situações difíceis.
- Penso que um dos papéis do supervisor é abrandar o *superego analítico* do candidato, quando estiver evidente que este radicalizou uma "cega fidelidade" a uma única doutrina de pensamento psicanalítico, tendo em vista que é muito enriquecedor que ele conheça outras correntes distintas, dentro da psicanálise, ou até fora destas, como é o caso de encaminhá-lo para outras fontes de conhecimento, como, para ficar num único exemplo, para as recentes e importantes descobertas do campo da *neurociência*.
- A palavra "formação" deve ser entendida como derivada do verbo "formar", e não do verbo "formatar" (que alude a uma *fôrma*, idêntica para todos), caso contrário corre-se o sério risco de "de-formar", ou de, simplesmente, "titularizar", isto é, "formar...títulos".

Sonhos: Manejo Técnico

Sonhar é acordar-se para dentro.
Mário Quintana

Na história da humanidade, tal como arcaicos relatos bíblicos comprovam (por exemplo, consta que José, filho de Jacó, teria sido um exímio interpretador dos sonhos de um faraó egípcio), os sonhos acompanham o ser humano desde sempre. Como sabemos, Freud foi o primeiro cientista que, a partir de 1900, começou a dar uma dimensão rigorosamente científica quanto à compreensão da formação e das funções dos sonhos, o entendimento dos seus significados inconscientes e algumas recomendações técnicas quanto ao seu manejo. Antes das suas descobertas, a busca de entendimento dos sonhos estava entregue a profetas, demiurgos e charlatães em geral, que procuravam extrair anúncios proféticos, premonitórios, mensagens de espíritos ou interpretações fantásticas. Da mesma forma, na época em que a ciência começava a dar os seus passos mais firmes, coube aos filósofos e a alguns médicos neuropsiquiatras tentar desvendar os mistérios e enigmas contidos no ato de dormir e sonhar, mas esses não conseguiram passar do plano das especulações, além de também insistirem na tecla de emprestar a cada fragmento simbólico, de qualquer sonho, um determinado significado específico, o qual valeria para todos as pessoas que sonham.

Durante e depois de Freud, da mesma maneira como mudou significativamente o entendimento da gênese e significado dos sintomas e atos-sintomas, assim como também a origem, formação, decodificação, compreensão do simbolismo e dos significados, assim como a interpretação dos sonhos, sofreram substanciais mudanças. De forma extremamente reduzida, pode-se dizer que Freud, até o final de sua obra, concebeu o fenômeno dos sonhos como resultante de inconscientes desejos infantis, às vezes proibitivos, que, por isso, foram reprimidos, constituindo o "conteúdo latente", somente sendo permitido que voltassem à consciência, sob a forma de "conteúdo manifesto" – como uma forma de gratificação dos desejos – após serem mobilizados por algum "resto diurno", passarem pelo crivo da "censura onírica" e sofrerem a ação do "trabalho onírico" que, por meio de distorções que camuflassem os aludidos desejos, se manifestam através de uma gratificação alucinatória com imagens visuais.

Partindo dos conhecimentos atuais, muitos autores criticam de forma acerbada as concepções de Freud acerca dos sonhos; no entanto, alguns outros autores mantêm a posição de que a essência do que Freud postulou continua vigente e que, ademais, ele plantou as sementes (porém, os limitados conhecimentos da época impediram-no de colher os frutos) de reconhecer o sonho como sendo um processo criativo; com uma sofisticada capacidade de simbolização; expressando o importante fenômeno da passagem do processo primário para o secundário do pensamento; exercendo uma função sintética e reveladora das angústias existenciais; Freud também ensaiou a valorização dos significantes, com a respectiva rede de conexões (depois desenvolvida por Lacan), além da função defensiva dos sonhos.

No presente capítulo vou me restringir a fazer quase que unicamente uma abordagem dos aspectos que digam respeito à técnica da compreensão e manejo dos sonhos. Para tanto, sob forma interrogativa, empregarei o recurso de fazer um contraponto entre as questões suscitadas na obra de Freud a respeito dos sonhos e as concepções dominantes na psicanálise contemporânea, provindas de contribuições de eminentes psicanalistas.

O SONHO AINDA É CONSIDERADO "A VIA RÉGIA DO INCONSCIENTE"?

Durante muito tempo essa clássica frase de Freud constituiu-se como uma verdadeira bandeira para todos psicanalistas, a ponto de que o critério para julgar o que definia ser um "bom analista" era a condição de uma maior ou menor habilidade de "interpretar sonhos", dando significados aos manifestos conteúdos simbólicos. Na atualidade, ninguém contesta que o sonho prossegue representando ser uma via importante de acesso ao inconsciente, porém não mais "régia", porquanto ela não reina absoluta. Pelo contrário, existem inúmeras outras vias que conduzem ao inconsciente, como são as múltiplas modalidades de "comunicações não-verbais", como *actings*, somatizações, surgimento espontâneo de ideogramas, narrativas de filmes, livros, com a respectiva identificação do paciente com certos personagens, etc. Muitos analistas (já li em trabalhos de americanos do norte) chegam a brincar ironicamente, dizendo que a "via que era régia já está muito esburacada de tanto tráfego, pesado e incessante, que ela sofreu". Fazendo a ressalva de um possível duvidoso gosto dessa piada, cabe afirmar que durante muito tempo houve uma supervalorização dos sonhos no processo analítico.

AINDA É VÁLIDA A COMPARAÇÃO DE QUE INTERPRETAR SONHOS É O MESMO QUE DECIFRAR HIERÓGLIFOS OU UMA CARTA ENIGMÁTICA?

Essas metáforas de Freud, em grande parte, continuam válidas, sim, até porque ele fez a feliz analogia de que as representações utilizadas nesses mecanismos são "símiles e metáforas, em imagens semelhante às do discurso poético", de modo que estabeleceu uma ligação entre os processos oníricos e a linguagem simbólica e metafórica. Na verdade, todo analista considera ser um fascínio especial o entendimento e a interpretação dos sonhos do paciente, visto que o desafio é mais instigante, pois o inconsciente surge com toda a sua complexidade, cheia de contradições e enigmas, fato que é coerente com a própria essência do inconsciente, em que não existe ordenação de tempo (antes – depois; presente – passado...), de espaço (dentro – fora; aqui – lá longe...) e, tampouco, lógica, coerência e obediência à ordem dos acontecimentos. Assim, um fato pode ter acontecido antes de outro, e no sonho aparecer invertido, personagens adultos em uma casa que lembra a do passado, quando eram crianças pequenas, e assim por diante. É fascinante o apelo para um analista tentar decodificar tudo isso.

A DECODIFICAÇÃO DOS SÍMBOLOS DO SONHO CONTINUA SENDO O ESSENCIAL NA INTERPRETAÇÃO?

Essa prática, que era a rotina recomendável na época pioneira, hoje considerada de forma isolada de um contexto mais amplo, a interpretação de fragmentos com um simbolismo, por mais rico e interessante que este seja, corre-se o risco de o analista estar menos interessado no paciente e mais ligado no seu narcisismo que o incentiva e desafia a fazer "belas interpretações" (às vezes imaginárias, intelectualizadas) de um determinado aspecto parcial, divorciado da totalidade. Ademais, um outro risco consiste na possibilidade de o analista traduzir um determinado símbolo baseado em um paradigma universalmente aceito como único. Por exemplo, nos primeiros tempos em que, de longe, predominava o paradigma da sexualidade reprimida, sonhar com facas, revólveres ou figuras assemelhadas, era inevitável que essas imagens seriam traduzidas como sendo representante do pênis, assim como, sonhar com figuras com formas de concavidade, como caixas, etc., quase certamente seriam interpretadas como equivalentes à genitália feminina à espera de uma introdução.

Como exemplo, vou relatar, uma experiência pessoal, no início da década 60. No início da minha formação, então, como psiquiatra e terapeuta analítico, a paciente que eu supervisionava com um colega mais experimentado sistematicamente me trazia sonhos nos quais apareciam cobras. Meu supervisor me "provava" que se tratava de uma "inveja do pênis" e me induzia a assim interpretar. Embora em sucessivas supervisões meu bom supervisor insistisse nessa tecla, caso contrário, ele afiançava, a terapia analítica com essa paciente decairia em uma estagnação, para uma crescente aflição minha, eu não conseguia "encaixar" o pênis na "interpretação" sugerida. Essa situação perdurou mais algum tempo, até que a paciente, enquanto desabafava contra a sua sogra, fez uma exclamação dramática – "...mas também, essa *cobra* que é a minha sogra, ela é horrível, ela..." – que me fez subitamente pensar na possibilidade de que a cobra, naquela paciente em particular, não estaria representando o pênis, mas, sim, a sogra (no caso, representante da mãe internalizada), vivenciada como tendo sido, tal qual uma cobra venenosa, dando botes traiçoeiros, destilando veneno, de forma sub-reptícia, maligna, etc. Mais recentemente, uma outra paciente sonhou que ela estava de gravata, a qual tinha um estampado que lembrava uma cobra; a gravata foi virando cobra de verdade que ia se enroscando em seu pescoço e a estrangulando, etc. A análise que seguiu, dentro do contexto geral, nos remeteu a uma antiga fantasia sua de que, na gestação e no nascimento, ela poderia ser estrangulada pelo cordão umbilical da mãe. Usei esses exemplos para mostrar o quanto um mesmo símbolo pode adquirir múltiplas e distintas significações, dentro de um contexto mais amplo.

O SONHO É SEMPRE UMA REALIZAÇÃO DE DESEJOS?

Essa clássica afirmativa de Freud continua despertando muita polêmica entre os psicanalistas, visto que, de alguma forma, todo sentimento humano, de forma direta e próxima, ou indireta e remota, conserva alguma relação com o desejo, principalmente se levarmos em conta que a formação do desejo se origina de inevitáveis "faltas" ocorridas no passado, que estão à espera de serem preenchidas. Entretanto, a partir dos "teóricos das relações objetais" – sob a liderança de M. Klein –, o sonho deixou de ser unicamente uma realização de algum desejo e ganhou a relevância de também ser considerado como uma forma de *comunicação*, às vezes de sentimentos muito primitivos, por meio de um código estabelecido entre o par analítico. É necessário levar em conta que as principais concepções de Freud acerca dos sonhos datam de uma época muito anterior à sua formulação da pulsão de morte que, com os respectivos impulsos destrutivos, indo "além do princípio do prazer", também determinam uma enorme parte da vida psíquica inconsciente. O que importa destacar é que, na psicanálise contemporânea, se considera que muitas vezes – mas não sempre – os sonhos podem significar uma realização de desejo; no entanto, isso não é o principal, pois está ficando consensual entre os analistas o fato de que o surgimento de sonhos no paciente durante certos períodos do processo analítico, à moda de uma espécie de retrato do atual momento de sua realidade psíquica, denota que a "mente do paciente está, silenciosamente, trabalhando".

O QUE SIGNIFICA A "MENTE ESTAR TRABALHANDO" DURANTE O SONHO?

Utilizo esta expressão para caracterizar que já está superada a época em que se procurava extrair uma relação de "causa (quase sempre desejos libidinais)-efeito" (disfarces dos desejos), e a interpretação incidia quase que totalmente nos significados dos símbolos que estariam traduzindo as causas e os efeitos dos conflitos reprimidos. Na atualidade, antes das "causas", o analista está mais voltado em conhecer as "razões" que determinaram, em um certo momento, um sonho específico, ou as conexões entre vários sonhos sonhados em uma mesma noite, em busca das possíveis significações das angústias que estão em ebulição no psiquismo interior. Ademais, o analista deve permanecer atento a como a mente do analisando está tentando encontrar soluções, integrar, gerar novos significados, enfim, elaborar as necessidades, desejos, demandas e conflitos que sob forma de lembranças já estavam representadas no ego, de longa data, e que, agora, reativadas por "restos diurnos", como não puderam ser colocadas em palavras, se expressam por meio da primitiva linguagem por meio de imagens, e associações visuais, à espera que o analista consiga traduzir seus sentimentos em uma linguagem verbal.

QUAL É O CONCEITO DE "RESTOS DIURNOS"?

É importante destacar que os – assim denominados por Freud – "restos diurnos" podem resultar de situações estressantes, ou traumáticas, ou provocados por algum, muitas vezes inaparente, impacto emocional da vida cotidiana. Entretanto, na vigência da análise, os aludidos restos diurnos quase sempre se constituem do trabalho analítico desenvolvido nas sessões de véspera, significando, pois, o aspecto bastante positivo do ponto de vista da análise de que os assinalamentos interpretativos que o analista esteja fazendo estão encontrando ressonância na mente do analisando.

CONTINUA VÁLIDA A AFIRMATIVA DE QUE "O SONHO É O GUARDIÃO DO SONO"?

Esta afirmativa de Freud – uma das mais conhecidas – fundamentada na idéia de que se os desejos proibidos encontram realização, poupam o sonhador de gastar energias psíquicas e de ter que se manter alerta para garantir a censura e a repressão contínuas, assim permitindo que ele durma com um sono tranqüilo, continua valendo, porém só muito parcialmente. Alguns autores advogam uma idéia contrária, ou seja, que é um estado de sono que propicia a importante função do sonho. Já Bion é um dos autores que concordam com Freud que uma das funções do sonho consiste em proteger o sono, caso contrário, diz ele, o paciente não pode sonhar, não pode muito menos dormir, nem acordar. O que todos concordam é que essa afirmativa de Freud, hoje, é por demais simplista, e deixaria de considerar a intervenção de muitos outros fatores na produção e significação dos sonhos, inclusive os de ordem neurofisiológica, de sorte que raramente alguém contesta que os sonhos representam uma plurifuncionalidade, uma pluridimensionalidade.

Para dar um único exemplo de uma das múltiplas funções do sonho, basta lembrar que, já em 1952, Fairbairn fazia uma metáfora do sonho com a linguagem cinematográfica, afirmando que *os sonhos têm a função de apresentar um* short *(curta metragem) da realidade interior da pessoa em um dado momento da sua vida* (ou da análise). Assim, outros exemplos de que nem sempre o sonho está protegendo o sono do sujeito seriam aqueles, antes mencionados sonhos, que representam uma saudável tentativa de elaboração, tal como, por exemplo, acontecem sonhos típicos na "fase de término de uma análise", que permitem um mais claro acompanhamento de como o psiquismo do paciente está processando as suas vivências emocionais com a finalização de sua análise formal.

QUAL É A LIGAÇÃO DOS SONHOS COM A NEUROFISIOLOGIA?

A ligação começou a partir dos anos 50, por meio de investigações experimentais, da descoberta psicofisiológica dos movimentos oculares durante o sonhar, e das formas como aparecem os traçados eletroencefalográficos no curso de certas fases do sono, especialmente o período que passou a ser chamado de REM (em inglês, significa *rapid eyes movementes*), o qual designa que o sono está sendo acompanhado por um movimento rápido dos olhos. Quando a pessoa adormecida seja despertada durante essa fase, ela é capaz, na maioria das vezes, de narrar o sonho, contrariamente às outras fases do sono. Em contrapartida, quando durante a fase REM o sono for sucessivamente interrompido, isso pode provocar importantes distúrbios durante a vigília, um comportamento alucinatório no animal, transtornos na personalidade, alguma eventual situação psicótica, mudanças de caráter e diminuição na eficiência. Tais descobertas causaram um grande entusiasmo entre os pesquisadores da área e estabeleceram-se laboratórios, que prosseguem ativamente nos dias atuais, para os estudos que acompanham o dormir, o sonhar e a atividade onírica durante toda a noite de sono.

Na atualidade, o campo das "neurociências" e, inclusive, o movimento que está sendo denominado como "neuropsicanálise" relatam achados experimentais que comprovam que existe uma integração de experiências emocionais recentes, com o registro de memórias permanentes de traumas passados. Um aspecto interessante a ser consignado é o fato de que os fenômenos que ocorrem na fase REM, e as mais recentes pesquisas, de modo genérico, estão confirmando as hipóteses de Freud.

ALÉM DE FREUD, EXISTEM IMPORTANTES CONTRIBUIÇÕES DE OUTROS AUTORES?

Sem dúvida! De forma excessivamente sintética, além das já referidas contribuições dos cientistas da moderna neurociência, vou me restringir a mencionar apenas as contribuições dos seguintes autores psicanalistas:

1. *Melanie Klein*: teve o mérito de equiparar os sonhos, segundo as concepções de Freud, com a forma de como a criança brinca com os jogos, desenhos e brinquedos. Diferentemente de Freud, ela, sobretudo, valorizou a importância das fantasias inconscientes, ligadas às relações objetais internas, que se expressam por meio do simbolismo dos sonhos. O terceiro aspecto introduzido por M. Klein, este de natureza técnica, e muito discutível na atualidade, refere-se à recomendação que os sonhos sempre devem ser vistos e interpretados no aqui-agora, como uma mensagem transferencial.

2. *Psicólogos do ego*: estes autores norte-americanos enfatizaram a utilização do ponto de vista estrutural na compreensão dos sonhos, ou seja, como se manifestam as pulsões do id, as funções do ego e a censura do superego, e a inter-relação entre essas instâncias psíquicas. Por conseguinte, eles reduziram a obrigação que o analista tinha de fazer uma sistemática decifração do conteúdo latente, que estaria contido em qualquer fragmento do conteúdo manifesto.

3. *Lacan*: este genial e polêmico autor, em seu "retorno sobre Freud", fundamentado na extraordinária importância que deu aos significantes e *significados,* preferia falar em "significância dos sonhos" em lugar do clássico "interpretação dos sonhos". Segundo ele, o sonho permite descobrir a "verdade do desejo de um sujeito desejante".

4. *Winnicott*: coerente com o seu corpo teórico, Winnicott considerou o sonho como uma "atividade lúdica", de modo que, em relação ao manejo técnico, ele recomenda que analista e paciente façam uma espécie do "jogo do rabisco" em torno do entendimento do sonho, até formarem um desenho do mesmo. Winnicott chegou a afirmar que o analista não deve "saber demais" a ponto de poder ofuscar a criatividade do paciente. Outra frase significativa deste autor é que "o importante não é tanto a interpretação do sonho, mas, sim, o fato de ele ter sido sonhado".

5. *Meltzer*: teceu fortes críticas às concepções originais de Freud sobre os sonhos e postulou que eles devam ser considerados como imagens de uma vida onírica que está em um contínuo processamento, independentemente se o sujeito estiver dormindo (quando cabe chamar de "sonhos") ou acordado (quando corresponde às "fantasias inconscientes"). Meltzer (1984) afirma que não gosta da expressão "interpretação do sonho" e propõe que o termo "formulação" seria mais adequado, levando em conta o fato de que se trata de um processo de sucessivas transformações, como a de uma imagem visual para uma verbal; de uma forma simbólica para outra. Do ponto de vista da técnica de interpretação, ele recomenda que os analistas evitem proceder como aparece na obra de Freud, isto é, fazer a tradução do sonho como se fosse uma língua estrangeira. Pelo contrário, diante dos sonhos relatados, o analista deve estar em um estado de "sem memória e sem desejo" (ele menciona a Bion), de modo a escutar o paciente com isenção e poder observar as imagens oníricas – ideogramas – que surgirem em sua própria mente.

6. *Bion*: partindo da idéia de que a emoção é anterior à razão, ele considerou os sonhos sob o ponto de vista da predominância de elementos alfa – que formam a "barreira de contato" e possibilitam a função de pensar e poder simbolizar – ou dos elementos beta – que formam a pantalha beta, e cuja função limita-se mais a serem evacuados. A partir daí, Bion repetiu muitas vezes que "psicóticos não sonham". Em termos genéricos, Bion postulou que a mente "sonha" as experiências emocionais conscientes e as armazena no inconsciente, onde permanece como "memória" ou como elemento propiciador do pensamento. Os fatos armazenados na memória adquirem a forma de imagens oníricas que, recebendo estímulos internos ou externos, podem se manifestar nos sonhos durante o sono, ou como *ideogramas*, no estado de vigília.

QUESTÕES SOBRE A PRÁTICA ANALÍTICA COM SONHOS

Psicóticos sonham?

Bion, em seus textos sobre pacientes psicóticos, costumava afirmar que os psicóticos mais graves não sonham, pois a capacidade para fazer simbolizações – matéria-prima na produção de sonhos – está seriamente comprometida. O que parece ser sonho, completa Bion, não é mais do que uma *evacuação* de restos diurnos mais traumáticos. Particularmente, creio ser exagerada a afirmativa de Bion, pronunciada de forma algo absoluta, de que "psicóticos não sonham", visto que, segundo ele próprio, sempre coexiste no psiquismo psicótico uma parte não-psicótica a qual, penso, pode manter uma razoável função simbólica.

A propósito, L. Grinberg (1995), um importante seguidor de Bion, após afirmar que os sonhos podem ser usados como *continentes* que libertam os pacientes de tensões elevadas, descreve três tipos de sonhos: 1) os *evacuativos* – que ocorrem com pacientes psicóticos, *borderline*, e em neuróticos quando estão em alto grau de regressividade; 2) os sonhos *elaborativos* – que têm uma função definida de elaboração e que, quanto maior for a sua produção, menor é a tendência ao *acting* e vice-versa; 3) *sonhos mistos*, em que ambas as formas se alternam.

A interpretação deve abranger "detalhe por detalhe" de todos fragmentos do sonho?

Na época pioneira da interpretação dos sonhos, de fato, Freud dedicava uma atenção especial em cada detalhe, e a detalhes do detalhe de cada sonho, assim procedendo, por duas razões principais. A primeira é que, então, ele priorizava, na psicanálise, a sua face de investigação. A segunda razão é que Freud partia do princípio de que a psicanálise deveria se comportar como um trabalho arqueológico, ou seja, todas as camadas que pudessem estar encobrindo as primitivas construções deveriam ser examinadas em profundidade para se atingir as repressões que jaziam no fundo do inconsciente. Existem relatos completos de sonhos que consagraram Freud, como, por exemplo, o famoso "sonho de Irma", ou o sonho "pede-se não fechar os olhos", entre outros mais, sonhados pelo próprio Freud. Entretanto é no sonho do "homem dos lobos", de 1914 – refiro àquele sonho do seu paciente (que, depois de divulgado por Freud, o fez ficar famoso) – em que aparecem alguns lobos brancos empoleirados na árvore em frente de sua janela, tendo ele despertado aterrorizado pelo medo de ser comido por eles – é que se torna possível observarmos de perto como Freud examinava detida e exaustivamente todos os mínimos detalhes, a ponto de que unicamente a análise desse sonho haver se prolongado por meses.

Na atualidade, as coisas não se passam mais assim, pois o levantamento arqueológico cedeu lugar a uma valorização do sonho como um importante método de comunicação, de sorte que o analista está mais atento ao "todo" de um determinado contexto atual do que às descobertas das repressões do passado.

Os sonhos devem ser interpretados sempre na transferência?

M. Klein e seus seguidores imediatos obedeciam à risca essa recomendação. Na atualidade, da mesma forma como existem mudanças quanto à atividade interpretativa em geral, também em relação aos sonhos, o analista deve ter a cautela de não incorrer no abuso de um "reducionismo transferencialista", em que força a permanente nomeação de sua pessoa. Muitas vezes, os sonhos não estão mais do que *comunicando* movimentos no interior do psiquismo, inclusive os de natureza elaborativa, que nada tem a ver de forma direta e imediata com o seu analista.

Existem "sonhos típicos"?

De certa forma, sim. Vale citar como exemplos, os sonhos que acontecem no início de uma análise, os quais são bem distintos dos sonhos que acompanham a fase de término do tratamento analítico. O aspecto mais típico que surge nos sonhos dos primórdios da análise é a comunicação, por meio de símbolos oníricos, de uma alta ansiedade persecutória, que traduz o receio do paciente diante de uma situação nova e desconhecida.

Unicamente para exemplificar, lembro de dois pacientes: um deles, já na primeira sessão, relatou-me um sonho no qual seu carro estragou, ele o levou a uma oficina bem recomendada, no entanto o técnico encarregado do conserto, após ter mexido um tempão no motor, entregou o automóvel como estando "solucionado e novinho em folha", cobrou um dinheirão e, dois dias depois, o carro voltou a estragar. A alusão a que o mesmo se repetiria na análise está mais do que evidente. Um outro sonho de início de análise consistia em um combate aéreo entre forças inimigas, com bombas sendo jogadas sobre a terra, produzindo destruição e morte. Também está transparente que o paciente comunicava a ansiedade de que ele tinha medo de sua agressividade destrutiva e, por identificação projetiva, tinha o pavor de que houvesse uma retaliação do analista com a mesma carga de destruição. Já os sonhos da fase do término da análise caracterizam-se por imagens que sugerem mudanças, como reformas de casas, viagens, algum temor de situações imprevistas, etc., sonhos estes que, de forma geral, podem servir como uma excelente amostragem de avaliação das reais condições do paciente diante do final de sua análise. Alguns autores descrevem sonhos típicos de pacientes *somatizadores*, assim como em algumas outras formas de psicopatologia.

Um mesmo sonho permite interpretações diferentes?

Em reuniões científicas nas quais são feitas apresentações coletivas de casos clínicos, é possível observar, com muita freqüência, que diante do surgimento de algum sonho integrante do relato clínico do apresentador, os diversos analistas presentes, que estão debatendo esse caso, procedam a interpretações subjetivas de um mesmo sonho, às vezes de forma convergente, porém em outras vezes cada um tem a sua maneira particular de entender e interpretar, o que, não raras vezes, conduz a uma situação algo caótica. Essa divergência acontece quando predomina um interesse mais diretamente voltado à decifração – subjetiva – dos símbolos oníricos, separadamente, enquanto a convergência de opiniões prevalece quando, nos comentadores do sonho que surgiu, a atitude prevalente – objetiva – é a de encarar o conteúdo manifesto, dentro de uma perspectiva mais ampla e holística que o contexto do caso clínico, em suas várias dimensões, permite observar.

Também é comum acontecer que na hipótese de os analistas que interpretem um mesmo sonho pertençam a distintas correntes do pensamento analítico, é natural que o enfoque da interpretação seja igualmente diferente, o que não necessariamente representa que um esteja certo e o outro equivocado; antes, é bem mais provável que sejam perspectivas que possam se complementar. Por exemplo, o menino Fritz, atendido por M. Klein, sonhou que um oficial imobiliza a criança e a assusta com ameaças. Possivelmente os freudianos interpretariam prioritariamente a "angústia de castração", provinda de um pai castrador, enquanto os kleinianos fariam a interpretação centrada na "identificação projetiva" – na pessoa do analista –, isto é, na transferência, do objeto interno pai mau, ou, preferentemente, de uma mãe perseguidora, assim como também caberia a interpretação de que se tratava de uma projeção do ódio que o menino tinha contra o pai. Muito provavelmente um psicólogo do ego, ou Bion, Meltzer, Lacan, Winnicott, teriam outros vértices de percepção e de interpretação.

Continua válida a máxima de que "todo sonho que não se interpreta é uma carta que fica sem ser aberta"?

Esta sentença foi extraída do *Talmud* – livro da sabedoria judaica –, o que demonstra que já há milênios existia uma intuição de que os sonhos representavam como uma importante forma primitiva de comunicação daquilo que não foi dito. Embora continue sendo inquestionável a relevância que representa, um sonho poder ser decifrado e comunicado sob forma de palavras. Para os dias de hoje, essa afirmativa talmúdica parece ser um tanto exagerada, no mínimo por duas razões. A primeira é que muitas outras formas de comunicação não-verbal podem resgatar o mesmo sentido que estava na "carta" não-aberta do sonho. A segunda razão é que a importância não reside sobremaneira na dissecação completa de um determinado sonho; mais importante do que isso é, por exemplo, o analista conseguir fazer o encadeamento de significados entre os inúmeros sonhos parciais que, muito comumente, foram sonhados em uma mesma noite.

O objetivo do analista será, então, o de, juntamente com o "resto diurno" e mais as livres associações do paciente, poder fazer uma integração, uma síntese e a descoberta de um "denominador comum", entre alguns dos elementos (o analista não necessita ser um obsessivo exagerado, sentindo-se na obrigação compulsória de interpretar, detalhe por detalhe, todas as imagens visuais que surgiram) que estejam presentes nos diversos fragmentos de todos os sonhos relatados. Assim, cabe a metáfora de que, "em uma floresta, mais importante do que examinar árvore por árvore, se observe a floresta como um todo", o analista possa realizar uma espécie de "fotografia" de todo conjunto e produzir um enredo (provavelmente evocativo de um análogo *script* do seu passado) do atual momento da dinâmica do psiquismo do paciente em relação à sua análise.

O relato de sonhos pode funcionar como uma forma de resistência à análise?

Da mesma forma como os relatos verbais que algum paciente esteja fazendo possam estar funcionando como uma preciosa fonte para comunicar algo significativo, ou, pelo contrário, que as narrativas estejam sutilmente a serviço de uma "não-comunicação" resistencial, também os relatos que o paciente faz de seus sonhos podem comportar essas duas possibilidades. A função de comunicação é incontestável, porém cabe ao analista ficar atento à possibilidade de, por meio dos sonhos, determinados pacientes, de forma não-deliberada, pretendam seduzir o analista (eles partem da idéia generalizada de que "os analistas adoram os pacientes que trazem sonhos bonitos"), assim como também costuma acontecer que com o objetivo, inconsciente, a serviço da resistência, por meio de um sutil ataque à capacidade analítica do terapeuta, algum paciente pretenda deixar o analista confuso ou entediado.

Nesse último caso, quase todo analista já passou pela experiência de certos analisandos que, pelo menos em algumas fases da análise, trazem uma torrente de sonhos intermináveis, com uma pletora de personagens e cenas que se misturam e se confundem, ou relatam sonhos que são falsamente profundos. Tudo isto pode estar a serviço da resistência, porquanto a um mesmo tempo em que esse paciente "gratifica" o analista, também o deixa mais perplexo e confuso, com um sensível prejuízo em sua capacidade de compreender a mensagem dos sonhos, logo, de interpretá-los adequadamente.

Qual é o papel do analista diante do relato dos sonhos?

Esta questão pode ser considerada como fundamental para os propósitos do presente capítulo, visto que, desde o pioneirismo de Freud até os dias de hoje, muita coisa referente à função do analista diante dos sonhos que o paciente aporta à análise sofreu profundas transformações. Com um estilo telegráfico, cabe destacar os aspectos que seguem.

- Atitude do analista. Em vez de ficar numa atitude mental de "descobrir as estratégias que os disfarces do sonho representam para ocultar determinados conflitos", o analista deve acreditar que, por mais camuflado que o sonho se manifeste, ele visa "comunicar" algo que o paciente não sabe, e que, por mais resistente que esteja, no fundo, ele anseia que o seu analista consiga decifrar e pôr em palavras que lhe façam um sentido esclarecedor.
- Estado mental de "sem memória, sem desejo e sem ânsia de compreensão imediata". Esta postura, inspirada em concepções de Bion, que as advoga como uma condição mínima necessária para o analista durante todo o curso da análise, mais particularmente diante do sonho que ele está escutando do paciente, refere que o analista não pode estar com a sua mente saturada por prévias concepções e sig-

nificações que certos símbolos lhe inspirem. Na verdade, é útil que, no lugar de uma atitude *determinista* (isto é, a busca de causas que unicamente determinam os efeitos) deve ficar uma atitude *hermenêutica* (essa palavra deriva de *Hermes*, deus grego que, entre outras tarefas, era encarregado de transportar mensagens, logo, a comunicação, entre os deuses do Olimpo, e, daí, "hermenêutica" significa a arte de decifrar textos ambíguos e obscuros, como, por exemplo, podem ser alguns que constam da Bíblia). Essa condição mental despojada, junto com uma escuta interessada e voltada para uma integração dos múltiplos pedaços do "quebra-cabeças" que o sonho despertou, é que vai possibilitar que o analista "sonhe a sessão".

- Capacidade de "sonhar a sessão". Essa terminologia alude à condição de o analista observar os fatos psíquicos se desenvolvendo na sessão, com uma particular atenção voltada para o surgimento de *pictogramas* (ou "ideogramas"), isto é, a formação de imagens visuais, em sua própria mente, de uma forma equivalente à possibilidade de, conforme Freud, observar e transformar os conteúdos manifestos do sonho em conteúdos latentes, com os respectivos significados. A formação espontânea dos ideogramas está diretamente ligada à capacidade de o analista estar no estado mental de "sem a mente saturada por memória e desejos", tal como foi descrito no item anterior.
- Evitar ficar no papel de "sujeito suposto saber". Com esta expressão, Lacan designa o fato de que o paciente, mercê de uma exagerada idealização do analista, delega este a função de quem sabe e pode tudo. Assim, relativamente aos sonhos, é comum que muitos pacientes insistam que cabe unicamente ao analista a condição de saber interpretar corretamente o sonho que ele, paciente, sonhou, sob o argumento de que é o terapeuta que "entende das coisas do inconsciente" (durante muito tempo os analistas incentivaram essa posição).
- Participação conjunta do par analítico. Pelo contrário do que foi dito acima, cabe ao analista incentivar que o paciente transmita as suas impressões acerca de seu sonho, que faça o exercício de associação de idéias, sentimentos e imagens, independentemente se elas estarão corretas, ou não. Esta última afirmativa é importante na medida em que, em resposta ao estímulo do analista, o paciente imagina que o terapeuta esteja à espera de que ele, paciente, faça uma "interpretação psicanalítica do sonho que ele sonhou". Por isso, o analisando fica inibido de emitir sensações, opiniões, associações e, à sua moda, o direito de se arriscar a fazer interpretações.
  Creio importante o paciente participar do entendimento e da elaboração dos seus sonhos, especialmente na "fase de término da análise", como exercício de um recurso a mais na construção de sua *função psicanalítica da personalidade*, que vai lhe propiciar a continuação de sua, interminável, "autoanálise".
- Construção do sonho à moda do "jogo do rabisco". Reiterando o mencionado, o procedimento ideal é que, em um contínuo de associações, analista e paciente vão construindo (cada um faz os seus "rabiscos") uma espécie de desenho do significado do sonho, com um sentido afetivo para ambos. Para tanto, é necessário que fique bem claro para o paciente, e também para o analista, que não está se tratando de um fascinante exercício de decifração meramente intelectual, mas, sim, o de, juntos, transformarem o enredo do sonho, com as respectivas imagens visuais, em uma linguagem verbal. A partir desta, tentar resgatar os emocionais *restos diurnos* desencadeantes, as

antigas *representações* que estão impressas no ego do sonhador e que configuram o permanente "teatro encenado no seu psiquismo interior, as *fantasias inconscientes*, bem como as *emoções* que deram origem e aparecem codificadas no sonho.

- Sonhos do analista. Depois de Freud, raramente algum analista revelou seus próprios sonhos. Segundo pesquisas, a maior parte dos sonhos do analista sucede como uma reação de tentativa de elaboração diante de uma intensa transferência erótica ou agressiva. É evidente que nem todos os sonhos do analista têm ligação com a sua vida profissional, entretanto um claro indicador que o seu sonho possa estar significando que se trata de um *sonho contratransferencial* é quando a figura de algum paciente, ou de alguém muito assemelhado, surge no sonho. Nesses casos, uma auto-análise que o analista faça do seu sonho pode se constituir como uma excelente bússola para que ele comprenda com mais clareza a sua contratransferência, ou seja, o que está se passando no plano inconsciente da relação analítica.
- Sonhos como avaliação da evolução da análise. É bastante freqüente que um determinado tipo de sonho repita-se conservando as mesmas cenas ao longo da análise. Entretanto, o papel do analista consiste em reconhecer os elementos desses sonhos repetitivos que são invariáveis, porém ele deve se manter atento para perceber se não estão ocorrendo algumas *transformações* – por mínimas que pareçam ser –, tanto de detalhes, cenários, como também das significações. Isso, somado às associações do paciente, mais o contexto geral do momento analítico, propicia um entendimento mais claro e um excelente indicador da marcha da análise, se ela está estagnada ou em um possível franco progresso, no sentido de efetivas mudanças na estrutura do psiquismo interior do paciente.

  Um exemplo que me ocorre é o de uma paciente que praticamente desde a primeira sessão trazia-me sonhos nos quais apareciam *casas* (nessa época do início da análise eram casebres, malocas escuras, de chão com terra batida, com crianças magras, famélicas, rodeadas de gente perigosa e coisas do gênero). É fácil perceber que, através dessas imagens visuais, a paciente estava comunicando ao analista o quanto ela sentia-se uma criança esfomeada (de proteção, compreensão, preenchimento de vazios...) e como a sua "casa" interior estava em ruínas. À medida que os anos de análise iam transcorrendo, ela continuou sonhando com casas, porém gradativamente as peças da casa iam aparecendo mais amplas, arejadas, com janelas permitindo a entrada da luminosidade do sol, uma vizinhança amiga, etc. Como me parece que esse exemplo ilustra com muita evidência que as transformações de um mesmo tipo de sonho estejam traduzindo as transformações internas do analisando, dispenso-me de comentá-lo.
- Significações subjetivas do analista. Provavelmente deixei este tópico para o final justamente por considerar ser de especial importância o fato de que um mesmo aspecto do conteúdo manifesto de um sonho pode tomar uma significação equivocada dentro dele e, portanto, na interpretação que formulará ao paciente, o que, eventualmente, pode gerar efeitos iatrogênicos no paciente. Vamos a um ou dois exemplos triviais, porém o suficiente para transmitir a idéia que esse aspecto é relevante. Uma analisanda, próximo da fase final da análise, relutava, de forma muito ambivalente, em relatar o seu sonho de véspera.

  Como costumo fazer, deixei claro que respeitaria sua decisão de ela não contar o sonho, porém que, muito mais importante que propriamente o conteúdo do sonho, era o porque ela estava tão inibida, constrangida e até, me parecia, sofrida. A paciente respondeu-me que já tivera um sonho praticamente igual e que seu terapeuta de um tratamento anterior fez-lhe uma interpretação que a deixou mal por muito tempo e acarretou uma decepção com análise e analistas. Dito isso, ela decidiu relatar: era um sonho em que, entre assustada e com uma ponta de prazer, ela assistia uma cena em que a sua mãe, em meio de um ambiente como muito lixo e sucata, estava morrendo, por um homicídio. A interpretação que lhe tinha sido dada naquela ocasião, especialmente no fragmento de sua reação prazerosa, era a de que o sonho evidenciava o seu lado sádico-destrutivo, devido a uma forte inveja primitiva que ela tinha da mãe (da mesma forma como, na transferência, era com ele, o analista), ou seja, ela comunicava que desejava a morte da mãe.

Independentemente da possibilidade de que o contexto naquela época da análise anterior pudesse ser bem diferente do momento atual, ou se a paciente distorceu o que ouviu de seu terapeuta de então, a verdade é que o entendimento do atual sonho foi-lhe formulado como sendo a expressão de uma mudança corajosa dentro dela, isto é, para que ela adquirisse o direito de construir a sua verdadeira identidade, ela necessitava conservar muitas das coisas e valores que admirava na mãe, porém também se impunha a necessidade de "matar" muitos aspectos da mãe internalizada, que ela detestava, não "fechavam" com o seu jeito autêntico de ser, ou seja, ela estava dando os primeiros passos decisivos, e sadios, em busca de uma, parcial, *desidentificação* com a figura materna.

Assim, através do sonho, ela demonstrava que estava realizando o *insight* de que para ganhar algo é necessário perder um outro algo ou alguém, de sorte que estava executando a tarefa de ter que desocupar um grande espaço dentro de seu psiquismo, ocupado por velharias ("sucata") imprestáveis, para poder ocupar o mesmo espaço com novos valores e identificações mais sadias, isto é, com *neo-identificações.* Daí a explicação da razão pela qual a um mesmo tempo ela queria e temia relatar o sonho, estava aterrorizada pela perda de uma parte da mãe e assistindo com prazer que era uma, sadia, morte figurada, necessária para gerar vida!

41

Glossário de Conceitos e Termos Propostos pelo Autor

Decidi incluir este capítulo tendo em vista que os leitores, ao longo do livro, irão se deparar com alguns termos e conceitos que não fazem parte da literatura psicanalítica, o que pode gerar alguma dificuldade de compreensão. São contribuições que ouso fazer, pois, para a minha experiência particular de clínica psicanalítica do dia-a-dia, elas têm se mostrado muito válidas, ajudando-me a compreender melhor a situação do campo analítico e, logo, o respectivo manejo técnico.

No entanto, resta óbvio que cabe a cada leitor, mercê de seu juízo crítico e de sua experiência pessoal, aceitá-las ou não. Também é dispensável reconhecer que não tenho nenhuma pretensão de ser um criador original, tanto que todos os conceitos e nomes propostos por mim, já devem ter sido abordados por distintos autores, de alguma forma ou outra. Destarte, se houver alguma redundância, no sentido daí constar algum termo ou conceituação que tenha escapado à minha vigilância, peço desculpas antecipadas. Não é rara a eventualidade de que, uma vez publicada determinada terminologia própria, eu descubra alguma publicação anterior de outro autor referindo praticamente a mesma coisa; entretanto, a recíproca também existe.

Seguirei uma ordem alfabética na exposição dos verbetes, procurando ser o mais sintético possível, o suficiente para ser compreendido pelo leitor.

AGRESSIVIDADE (*CONSTRUTIVA*) E AGRESSÃO (*DESTRUTIVA*)

Entendi ser útil juntar estes dois termos, porquanto, comumente, são confundidos entre si, não só na mente dos pacientes, mas também muitos terapeutas os confundem. Por isso, é importante na prática clínica *estabelecer uma diferença* entre ambos os conceitos.

Nesse sentido, *agressão* alude mais diretamente à pulsão sádico-agressiva, nos termos descritos por M. Klein, de forma profunda e exaustiva. *Agressividade*, por sua vez, tal como revela a etimologia *(ad + gradior)*, representa um movimento (*gradior)* para a frente *(ad)*, uma saudável forma de proteger-se contra os predadores externos, além de igualmente indicar uma ambição sadia com metas possíveis de alcançar. Em resumo, na *agressão* predomina a pulsão de morte, destrutiva, enquanto na *agressividade* prevalece a pulsão de vida, construtiva. Se o analisando não as discriminar – e, pior que isto, se o analista também não discriminar quando é uma ou a outra –, corre o sério risco de bloquear seu pleno direito de liberar sua energia agressiva positiva (garra, ambição adequada, determinação, sagrado direito de contestação, etc.) por temer que seja perigosa e condicionar um revide persecutório igualmente perigoso, ou uma destruição do objeto atingido.

Costumo utilizar uma *metáfora* que esclarece melhor essa última afirmativa: imaginemos uma queda d'água de grande altura e correnteza: ela pode ter os seguintes destinos: 1) arrasar e destruir tudo o que está na superfície abaixo – por exemplo, uma lavoura (isso seria o simbolismo da *agressão destrutiva*); 2) a energia hídrica poderia ser canalizada de tal modo que irrigasse as lavouras da redondeza, fertilizando-as de forma altamente saudável; 3) ou esta energia provinda da água poderia movimentar uma usina geradora de energia elétrica; 4) essa eletricidade, por sua vez, poderia gerar calor, ou luminosidade, toda vez que ela tiver no seu trajeto a colocação de alguma *resistência* (repare, leitor, que já estou fazendo uma analogia com a situação psicanalítica), e assim por diante.

Na situação da *técnica analítica,* esse conceito ganha grande importância, tendo em vista que muitas vezes a manifestação agressiva do paciente contra o analista, ao contrário de que possa parecer uma agressão, talvez esteja revelando que o paciente sente maior confiança no vínculo íntimo que está estabelecendo com seu analista, confiando mais que este saberá conter, não revidar e tampouco baquear deprimido ou destruído, como acontecia quando esta mesma experiência repetia-se com seus pais no passado.

Considero um erro técnico o fato de o analista não reconhecer o lado sadio de uma determinada manifestação de aparência agressiva por parte do paciente.

ANTICORPOS EMOCIONAIS

Todos conhecemos aquele tipo de paciente que, no curso de uma conversa, na qual o interlocutor (pode ser o analista) esteja lhe dizendo coisas que ele não concorda ou sequer admite uma posição contrária à sua, toma uma atitude de nada escutar, não pára para refletir um segundo que seja sobre o que lhe está sendo dito. Em vez disso, tem gestos de clara indisposição e, quando a raiva sobe, muitas vezes subitamente, a níveis intoleráveis para ele, troca a reflexão pela impulsividade, em cujo caso, nas situações mais extremas, pode ter gestos ou atos agressivos, como também é possível que se retire de forma abrupta e beligerante. Descontando a hipótese de que haja a possibilidade, aliás, bastante comum, de o interlocutor induzi-lo a uma reação dessas, na maioria das vezes trata-se de uma hiper-reação, do tipo de uma reação alérgica, que resulta de uma mobilização exagerada dos anticorpos naturais, que o sistema imunológico do organismo humano utiliza para se defender dos antígenos, isto é, dos agentes supostamente estranhos, invasores, ameaçadores, tanto dos que vêm de fora quanto dos que procedem de dentro do organismo, como é o caso das doenças autoimunes. Nesses casos patológicos, o mesmo sistema imunológico, de importância crucial para a defesa contra todo tipo de infecções, por um erro de programação, a mesma defensividade orgânica volta-se contra o próprio organismo que ela queria defender.

Entendo que um fenômeno análogo passa-se com o sistema psíquico, no caso das pessoas que têm tanto receio de serem invadidas por agentes invasores (muito comum em crianças que tiveram pais que "invadiam" as suas mentes), de serem comandados, desqualificados e humilhados, a ponto de eles estarem com os seus *anticorpos emocionais* sempre prontos, qual sentinelas avançadas para lutar contra os supostos antígenos invasores, tanto os de fora quanto os de dentro dele.

Nesta altura cabe fazer uma distinção conceitual entre *quantidade e intensidade* da reação emocional de um sujeito diante de um estímulo que esteja sendo traumático para o seu psiquismo. Ambos, psicanaliticamente, têm significados distintos. Assim, um paciente pode reagir *intensamente* diante de uma excitação *quantitativamente* pequena ou sua reação emocional pode ser discreta ante um estímulo que, objetivamente, é de grande quantidade. As respectivas respostas emocionais desproporcionais dependem da área do psiquismo, mais ou menos sensível, que foi atingida pelo estímulo.

ATITUDE PSICANALÍTICA INTERNA

Esta terminologia visa unicamente enfatizar aquilo que todos sabemos ser uma condição fundamental no processo analítico, ou seja, o fato de que não basta o terapeuta ser um técnico bem-preparado, que cumpre corretamente a sua função de compreender o paciente, cumprir o seu papel de neutralidade, abstinência e demais regras que regem o *setting* analítico e, igualmente, é insuficiente que ele tenha a capacidade de interpretar o conteúdo dos conflitos e angústias do analisando de forma exata. Indo muito além da conduta analítica que – explicitamente – seja *correta,* é indispensável que a análise seja *eficaz,* e, para tanto, uma condição mínima necessária refere à necessidade de que a sua conduta explícita venha acompanhada de uma – *autêntica* – atitude implícita, isto é, de um conjunto de atributos internos que compõem o perfil da atmosfera do seu mundo interior e que determinam o seu modo de se relacionar com as demais pessoas e, em particular, com o seu paciente.

Os referidos atributos do psiquismo do analista dizem respeito, entre tantas outras capacidades mais, às de empatia, continência, paciência, sobrevivência, respeito, amor às verdades e, sobretudo, gosto pelo seu trabalho de analista, acreditar no paciente e realmente gostar deste, de sorte a manter uma permanente visão binocular, isto é, com um olho enxergando o lado adulto de qualquer de seus pacientes, enquanto com o outro olho ele deve possuir uma sensibilidade especial para poder sintonizar com a criança que ainda reside em qualquer ser humano, porém em muitos pacientes o resíduo da criança que permanece no adulto pode ser o de uma criancinha, ou de um bebê, que se sente frágil, desamparado, perdido em meio a medos terríveis e à espera que seu terapeuta, mais do que atento unicamente aos seus conflitos, esteja acima de tudo – afetivamente – ligado aos seus vazios, pavores e carências.

Para melhor esclarecer a importância na prática analítica do conceito que estamos expondo, costumo propor a utilidade de imaginarmos um modelo gráfico de duas coordenadas: uma vertical, que corresponda à *função interpretativa* do analista, e uma outra, horizontal, que vamos denominar como sendo da *atitude psicanalítica interna*. Quanto mais bem organizado e composto for o ego do paciente, mais cresce em importância o eixo vertical; em contrapartida, quanto mais estiver a estruturação da personalidade do nosso paciente em estado de regressão, muito maior será a importância do eixo horizontal, isto é, a de uma verdadeira sensibilidade especial do terapeuta pelas demandas essenciais do indivíduo regredido.

BENEFÍCIO TERAPÊUTICO E RESULTADO ANALÍTICO (DIFERENÇA ENTRE)

De forma esquemática, pode-se dizer que o objetivo maior de qualquer terapia analítica é produzir *mudanças* no psiquismo do paciente, logo, na sua conduta diante da vida. Creio que tais mudanças ocorrem de duas formas: na de um *benefício terapêutico* e na de um *resultado analítico*, sendo necessário diferenciá-las.

Benefício terapêutico alude à obtenção de benefícios inegáveis no curso da terapia, como podem ser os seguintes:

1. a resolução de *crises* situacionais agudas (pode ser obtida em curto prazo e, se bem manejadas, costumam ser de excelente prognóstico);
2. o esbatimento de *sintomas* (se não estiver organizado em uma cronificação, também é de bom prognóstico);
3. um melhor reconhecimento e utilização de algumas *capacidades sadias do ego*, que estavam latentes, e a possível liberação das mesmas;
4. uma melhor *adaptação interpessoal* (tanto no plano da vida familiar quanto na profissional e social).

Não obstante o grande mérito que representam esses benefícios terapêuticos, deve ser levado em conta que mesmo quando resulta uma inequívoca melhora no padrão de ajuste inter-relacional, essa melhora pode ser algo instável, sujeita a recaídas, diante dos mesmos fatores estressantes que provocaram a reação neurótica anterior. Isso pode acontecer quando a melhora não tiver sido construída sobre os alicerces das profundas modificações da estrutura interna do paciente.

Resultado psicanalítico, por sua vez, é uma expressão que pressupõe o preenchimento de uma condição básica: a de uma modificação nas relações objetais internas do paciente e, portanto, de sua *estrutura caracterológica*. Isso, necessariamente, implica trabalhar com as primitivas pulsões, defesas, necessidades, desejos e demandas embutidas nas fantasias inconscientes, com as respectivas ansiedades e defesas. Porém, não fica unicamente nisso, pois existem outros aspectos estruturantes provindos de outras zonas do psiquismo, notadamente as que dizem respeito ao resgate de capacidades do *ego consciente* que estejam prejudicadas, como a capacidade para pensar, para discriminar, a função de síntese, o juízo crítico, a responsabilização pelos atos, etc.

Diferentemente do que foi assinalado em relação aos *benefícios terapêuticos*, os *resultados analíticos* conservam maior estabilidade, consistência e duração.

CONLUIO DE ACOMODAÇÃO

Psicanaliticamente falando, o termo *conluio* refere-se a uma espécie de *pacto secreto*, de natureza inconsciente, portanto, sem a menor combinação formal consciente, que o analista e o paciente fazem entre si, com o fim de evitar a abordagem, ou o aprofundamento de determinadas áreas psíquicas que os afligem. Trata-se de uma manifestação clínica muito mais freqüente do que comumente se possa imaginar, além de ter a agravante de que o analista não se dá conta e, por isso, a permanência do conluio tende a se cronificar, com o risco de estagnar o processo analítico. Dentre um grande número de formas de conluios – que aparecem descritos no capítulo sobre *Resistências-Contra-resistência* –, creio ser válido intitular mais dois com uma terminologia própria, como forma de destacar a importância de cada um. É o que está neste verbete, e o segundo está no verbete seguinte.

Assim, *conluio de acomodação* alude a uma situação analítica na qual paciente e analista estão aparentemente satisfeitos, pois não surge nenhum estado de angústia, e o analista, mesmo quando se dá conta consciente de que a análise "esteja algo parada", racionaliza para si próprio que ele está respeitando o direito do paciente de manter as suas negações e também de ele ser respeitado no ritmo de que é capaz. Encontro respaldo em Bion (1992, p. 26), que alerta para o analista não confundir entre o aspecto positivo de

> [...] aceitarmos temporariamente a negação do paciente em relação ao ritmo analítico que lhe é possível, e o aspecto negativo de nos conluiarmos de forma permanente com esta negação, em cujo caso, o analista estaria submetido ao controle do paciente sobre ele, no seu desejo de limitar a liberdade de pensamento do terapeuta.

Uma metáfora de Bion pode esclarecer melhor:

> É ridículo para um paciente vir a um médico e dizer: doutor, apareceu um inchaço no meu seio. Agora, eu não quero ouvir nada sobre câncer ou qualquer coisa deste tipo.

CONLUIO DE UMA RECÍPROCA FASCINAÇÃO NARCISISTA

Muitos pacientes em estado de regressão narcisista tendem a configurar o campo analítico como um estado de paraíso, no qual ele crê que encontrou alguém – analista – que estaria dotado de uma onipotência narcisista, ou seja, que tudo sabe e pode, e, assim, pode substituir sua neurose por uma mágica felicidade. Resulta, então, um estado de euforia e elação, com o analisando fazendo de sua análise, especialmente no início, o tema central de sua vida, em termos de uma nova religião.

Quando a recíproca é verdadeira, vai partir desse analista contrair um pacto com o seu paciente "brilhante", fica fascinado por este, do que resulta que o analista não se dê conta de que ambos, reciprocamente fascinados, estejam dando voltas, sem sair do mesmo lugar, pois esse estado é incompatível com outros sentimentos, como os agressivos, por exemplo, de sorte que é grande o risco de que nada mais se produza no processo analítico.

Este tipo de conluio, em graus de intensidade variável é muitíssimo freqüente, devendo merecer uma atenção especial de um eventual supervisor, porquanto é muito provável que o analista, exageradamente narcisista, não se aperceba, tão deslumbrado ele esteja com a análise paradisíaca. A propósito cabe vermos que a etimologia do verbo *deslumbrar* dá uma nítida noção do que se está expondo: ela se forma dos étimos latinos *des* (privação de) + *lumbre* (luz), ou seja, lembra a situação em que, quando dirigimos nosso carro, à noite, e os faróis altos de um carro, em direção contrária à nossa, podem nos cegar de tanto que nos *deslumbra*, podendo, inclusive, provocar acidentes, pois há o risco de perdermos o rumo certo (esta metáfora alude à perda do rumo analítico).

CONTINENTE (ALGUNS ACRÉSCIMOS SOBRE O CONCEITO DE)

No presente manual tem sido bastante destacada a importância fundamental do conceito de *continente*, tal como foi concebido e relatado por Bion, com as profundas repercussões que ele representa para a técnica e a prática analíticas. Por acreditar nisto, adquiri o hábito de dedicar uma atenção especial a como a função de *continente* manifesta-se em nossa cotidiana prática analítica. Assim, penso que os seguintes aspectos, com os respectivos termos que proponho, merecem ser considerados:

Diferença entre continente e recipiente: A função de *continente* é um processo ativo, no qual o analista participa intensamente, acolhendo, contendo, decodificando, significando, nomeando e devolvendo de forma desintoxicada tudo aquilo que foi projetado dentro dele. *Recipiente,* por sua vez, significa um processo passivo, no qual o analista somente recebe, qual um penico, a evacuação de todos os dejetos, isto é, de tudo aquilo que o paciente não suporta em si mesmo, de sorte que ele sai da sessão com uma sensação de alívio (temporário, porque tal como a evacuação biológica, sempre haverá uma nova necessidade de evacuações sucessivas), enquanto o analista fica estaqueado, sentindo-se pesado e fatigado, quando não, confuso.

Autocontinência: Geralmente tem-se o hábito de considerar *continente* como sendo unicamente a capacidade de o analista (ou a mãe, no passado) conter o que vem do outro; no entanto, é fundamental que ele próprio tenha a capacidade (a ser desenvolvida no paciente) de *conter* as suas próprias angústias. Como foi referido no capítulo anterior, o melhor exemplo que me ocorre para caracterizar a relevância da função de autocontinência é o conceito de "capacidade negativa", conforme Bion.

Subcontinentes: Proponho este termo, inspirado na noção de *mapa-múndi do psiquismo* (está descrito mais adiante, no verbete *mapeamento do psiquismo*), ou seja, o mundo psíquico do paciente – e do analista também – é composto de distintas zonas, de maneira que, especialmente na atividade de supervisor, observo que muitos supervisionandos têm uma excelente capacidade de conter alguns aspectos provindos de certas áreas psíquicas, como, por exemplo, as agressivas, as eróticas, as narcisistas, porém se perturbam seriamente diante da projeção de sentimentos fortemente depressivos do mesmo paciente, ocasião que perturba de modo significativo a marcha da terapia analítica. Outras vezes, o analista contém suficientemente bem sentimentos depressivos, enquanto um outro subcontinente seu não consegue acolher manifestações, por exemplo, psicopáticas, perversas ou somatizadoras, entre outros. Enfim, são múltiplas as possibilidades de distintas combinações, sendo que o importante a ser destacado é que cada analista conheça bem os seus respectivos subcontinentes, de maneira a respeitar as suas próprias limitações e reconhecer o seu alcance, o que lhe possibilitará enxergar o mesmo no seu paciente. Aliás, é necessário deixar claro que toda mãe, assim como todo terapeuta, tem o seu limite máximo de continência; por exemplo, uma criança (ou paciente adulto) com um ódio excessivo, ou com uma hiperatividade permanente, é capaz de impedir que a mãe (ou o analista) exerça a função de continente. Portanto, não é justo idealizar demais esta função tão fundamental.

Função delimitadora: Ainda inspirado na metáfora comparativa do psiquismo humano como um mapa-múndi, observo a coincidência de que a mesma palavra "continente" (do latim *continere*, que significa *conter*) expressa não só a função de conter, mas também alude aos vários continentes que compõem o globo terrestre, marcando espaços e delimitando fronteiras. De forma análoga, tanto o analista quanto o paciente deverão conhecer os seus respectivos continentes parciais (zona sadia, depressiva, narcisista, paranóide, etc.) para, então, munido de uma "bússola empática", poder delimitar e discriminar e, assim, mais harmonicamente navegar nas diversas zonas psíquicas, suas e do paciente.

Função custódia: Esta expressão designa o fato de que, especialmente com pacientes em estado de acentuada regressão, há maciças identificações projetivas dentro do psiquismo do analista, que deve contê-las, porém deve ter claro para si que as mesmas ainda não podem ser devolvidas ao paciente porquanto este ainda não reúne as mínimas condições egóicas de absorvê-las. Nesses casos, o analista tem de possuir a sensibilidade de perceber que o paciente pede-lhe uma espécie de *moratória*, ou seja, algo equivalente a um sujeito que solicita uma espécie de prazo para pagar uma dívida, ou que ele possa empenhar uma jóia em uma casa de penhores, até que, passados alguns meses ou anos, ele possa resgatar tudo aquilo que deixou protegido por uma custódia temporária. Esta metáfora pretende realçar a importância de o analista poder conter dentro de si, com muita paciência, às vezes durante muitos anos, aqueles sentimentos difíceis que o paciente deixou em custódia no interior do seu terapeuta, até que tenha condições de resgatá-los.

Função de sobrevivência: É imprescindível, à função de continência, que o analista consiga *sobreviver* às diversas formas de como o paciente julga que possa estar destruindo o seu analista e, logo, a sua análise, na qual, nem que seja inconscientemente, deposita suas últimas esperanças. São muitos os tipos desses supostos ataques: de ordem *narcisista*, na qual o paciente faz prevalecer uma atitude arrogante, onipotente, onisciente e prepotente; de natureza *sádico-agressiva*, movida, por exemplo, por uma inveja maligna; de uma excessiva *avidez, voracidade e possessividade*, excesso de *actings* preocupantes, um assédio sexual movido por uma transferência fortemente erotizada, etc. Freqüentemente tais ataques representam para o paciente uma forma extremada de testar os limites do analista, até quanto e quando o mesmo poderá suportá-lo. No fundo, esses pacientes ficam à espera de que o analista sobreviva aos ataques, sem revidar, sem se deprimir, sem ficar apático e desinteressado, sem enchê-los de medicamentos, sem apelar para uma internação hospitalar, sem encaminhá-lo para outro colega e sem desencorajá-lo totalmente. Esta função de *sobrevivência do analista* é sobremaneira importante devido ao fato de que tais ataques provocam reações contratransferenciais muito difíceis. Uma recomendação técnica que me parece muito útil é que o terapeuta tenha em conta a diferença conceitual que a identificação projetiva (veículo do ataque) adquire na obra de M. Klein (para quem esse fenômeno tem a finalidade precípua de evacuar no analista aquilo que não quer sentir), enquanto, para Bion, o paciente (tal como o bebê) evacua o que ele *quer* que o analista (como a mãe) sinta, para poder compreendê-lo melhor.

Função de reconhecimento: Penso que não são unicamente os aspectos intoleráveis que o paciente despeja no analista, mas também ele força a entrada na mente do terapeuta de seus aspectos positivos, de seus progressos na análise, por mais camuflados e minúsculos que sejam, à espera de reconhecimento para os mesmos, pois, na maioria das vezes, nem ele dá-se conta consciente de que está crescendo. Caso contrário, se o analista não reconhece, ou porque não se dá conta, ou porque acha irrelevante, considero isso uma falta de continência de ele conter aspectos positivos e, no caso, é muito provável que o paciente possa decair para um estado de desânimo e apatia. Cabe uma metáfora: a de uma menina que corre alegre para a mãe, exclamando eufórica que conseguiu se pentear sozinha, enquanto a resposta da mãe pode ser uma lacônica concordância e uma enfática censura do tipo "pois é, mas sua blusa está toda suja".

Continente abstrato: Explico melhor: observo na prática clínica de pacientes individuais, ou em grupo, que não é exclusivamente a pessoa do analista que desempenha a tarefa de ser continente; também o próprio *setting* instituído na análise funciona como um continente, visto que o paciente sabe que ele conquistou um espaço que *é dele*, onde ele é contido pela atmosfera emocional, pela colocação de limites, um enquadre que o coloca no princípio da realidade, onde ele não só goza de direitos, mas também tem deveres e, sobretudo, onde ele tem a intuição de que nunca ficará desamparado, que é o sentimento mais apavorante de toda criatura humana. Nas terapias analíticas de grupo, é onde melhor observo esse fenômeno de que, a própria idéia de o indivíduo pertencer a um grupo, independentemente de quem sejam os demais participantes, provoca uma sensação de que ele não está desamparado, pois sente estar bem acompanhado, que pode contar com os outros, que está sendo contido e, em especial com pacientes severamente depressivos, o grupo, como uma abstração, funciona como se fosse a reorganização de um *grupo familiar* que está internalizado como muito destruído.

CONTRA-EGO

Como a composição desta palavra sugere, *contra-ego* designa a condição na qual parte do próprio ego sabota e impede o crescimento do restante da personalidade do sujeito, de sorte que ele tem grande participação na ocorrência de impasses analíticos, inclusive no surgimento de uma possível "reação terapêutica negativa".

Essa expressão pretende sintetizar muitas das distintas formas que têm sido descritas por diferentes autores relativamente a esse fenômeno de especial importância para a técnica e prática psicanalítica, como são as seguintes: Fairbairn (1941) referia o fenômeno como "ego sabotador"; Rosenfeld (1971) descreveu a "gangue narcisista", um conjunto de objetos internos, que sob a forma de ameaças e falsas promessas, qual uma máfia, impede que o paciente reconheça e assuma um lado seu, de criança frágil, mas que, movida pela pulsão de vida, pugna por se libertar e crescer. Steiner (1981) dá o nome muito apropriado de "organização patológica", aludindo a um conluio perverso entre partes distintas do *self.* Bollas (1981) refere o "estado fachista", uma organização interna que promete o paraíso se o sujeito comportar-se bem, se for obediente, porém ameaça-o com o inferno se, de alguma forma, desobedecer aos ditames impostos.

Outras formas de *contra-ego* poderiam ser acrescentadas, como é o caso de uma obediência do paciente a um determinado *papel* que lhe foi conferido pelos pais (por exemplo, o de ser um eterno companheiro da mãe...), no qual ocorre um protesto de seu próprio ego quando ele quer se emancipar, de modo que sabota o crescimento de autonomia que estava começando a ganhar êxito.

Na prática analítica, uma das formas de manifestação do contra-ego é a que aparece com relativa freqüência na fase crucial da análise, quando começam as necessárias "desidentificações" (em relação aos objetos patogênicos) e sobrevém uma sensação de traição, vazio, desamparo, morte e uma atração para voltar às prévias identificações patológicas, como mecanismo de defesa contra a depressão subjacente.

Este conceito ainda ganha maior relevância se se levar em conta o critério do destino que as interpretações do analista tomam na mente do paciente, pois não bastam que elas sejam corretas, é necessário que sejam eficazes, o que muitas vezes é impedido pela ação secreta e solerte do contra-ego.

DEPENDÊNCIA *BOA* E DEPENDÊNCIA *MÁ*

No dia-a-dia da prática analítica, sempre aparece o temor do paciente de vir a contrair uma dependência em relação ao analista. Creio ser importante que o terapeuta ajude o paciente a discriminar a diferença que existe entre seu sentimento, que proponho denominar como *dependência má* (porquanto representa para ele o risco de, tal como aconteceu no passado, vir a sofrer novas humilhações, traições, etc.) e a *dependência boa*, a qual é inerente à natureza humana, em que as pessoas estão em uma interdependência que pode ser prazerosa e propiciadora de um autêntico crescimento.

Tais aspectos surgem com muita freqüência na "entrevista inicial", quando, se o analista estiver atento à motivação do pretendente a terapia analítica, vai observar um fato bastante comum que é aquele que, embora aparentemente motivado, o paciente dá claros indícios de que ele "teme ficar por demais dependente do analista". Costumo, então, perguntar o que ele tem contra a dependência, ao que uma grande maioria responde que teria que prestar conta de todos atos de sua vida, que o analista pode querer "fazer a cabeça dele", que pode querer retê-lo por um tempo demasiado longo (forma sutil de dizer que teme ser explorado pela suposta ganância do terapeuta) e coisas equivalentes. Então, completo a minha compreensão e afirmo, enfático: "Agora está deixando claro o seu temor de dependência, porque, para você, ela representa ser má, sujeita a humilhações e perda da independência. Nunca lhe ocorreu que a dependência pode ser boa, que ela é inevitável na vida de todo ser humano, e que só se harmonizando com o sentimento de dependência é que poderá obter uma saudável independência?".

DESISTÊNCIA (ESTADO DE)

Proponho este termo porque, na prática clínica, deparamo-nos freqüentemente com pacientes que, mais do que estarem em estado de *resistência* (enquanto houver resistência, há sinal de vida!), estão em uma atitude de *desistência*. Neste caso, seu único desejo é nada desejar, havendo um preocupante namoro com a morte. Pacientes em tais condições de desistência podem até dar continuidade à análise, porém o fazem de forma robotizada, automática e apática (do grego *a*, privação + *pathos*, paixão).

Alguns desses pacientes tornam-se suicidas e seu desejo de morrer, de desaparecer em um *esquecimento* e *desistência* por parte dos demais, expressa-se de forma bastante aberta, a um mesmo tempo em que a morte é idealizada como uma solução para todos os problemas. Nesses casos, o mais comum é que tal tipo de paciente refugia-se em defesas extremamente narcisistas, de modo a construir uma "autarquia narcisista", na qual ficam encapsulados, sentindo-se auto-suficientes.

Assim, de certa forma, esse estado de "desistência" diante da vida (e da análise, embora possam se manter nela por um longo tempo) equivale em sua natureza à formação, nas crianças, de uma barreira *autística*, conforme o conceito de F. Tustin (1981). O fundamental a ser destacado com ênfase é que o analista não pode se deixar contaminar por um constante convite do paciente para que ele, analista, também "desista" dele, paciente.

DESREPRESSÃO

Não obstante o conceito de desrepressão – o qual data desde os primeiros lampejos de Freud – seja fartamente conhecido por todos, decidi incluí-lo aqui com o objetivo de estimular uma reflexão sobre os atuais significados do termo. Assim, na época pioneira da psicanálise, tanto na *teoria do trauma* quanto na *teoria topográfica*, a tônica da técnica analítica incidia, respectivamente, na meta de que *as reminiscências que, no neurótico, estão reprimidas, devem ser lembradas; o que estiver no inconsciente, no consciente deve ficar*. Especialmente a primeira destas recomendações técnicas também costuma ser chamada como *ab-reativa*, em uma alusão a que este método equivaleria a uma espécie de "desabafo", uma descarga daquilo que, de forma prejudicial, estaria ocupando um importante segmento do espaço mental e mobilizando uma apreciável quantidade de energia psíquica que poderia ser mais bem utilizada pelo psiquismo. Não resta dúvida que, para certos casos, essa concepção continua perfeitamente válida na prática clínica, enquanto para outros, embora válida, por si só é insuficiente.

Na psicanálise contemporânea, creio que se pode agregar mais alguns aspectos a essa primacial conceituação de Freud, como são seguintes: 1) No lugar do termo *reminiscência*, como habitualmente aparece traduzido na frase de Freud recém-mencionada, sugiro que se empregue a palavra *recordação*, o que, à primeira vista, pode parecer um mero preciosismo lingüístico, porém se nos valermos da etimologia do verbo *recordar*, vamos perceber que ela designa que se trata de uma *nova* (*re*) evocação de algo que vem do *coração* (do latim *cor-cordis*). Assim, pode-se inferir que a desrepressão vai além de um ato ab-reativo, ou de uma mera lembrança que, do inconsciente, passou para o consciente; antes disto, alude a um aporte ao consciente de memórias de fatos recalcados, que voltam à tona carregados de *emoções*, tal como elas foram, afetivamente, representadas primariamente no psiquismo, com as prováveis distorções em relação aos fatos reais que aconteceram e que deram origem às referidas repressões. 2) Uma vez desreprimidas e presentes no consciente do paciente, essas recordações que ficaram libertas do longo cativeiro no inconsciente, às custas de uma enorme demanda de energia psíquica, serão trabalhadas pelo analista tanto no sentido de analisar os afetos unidos às lembranças, quanto, muito especialmente, propiciarão a análise dos respectivos *significados* que cada um dos distintos recalques adquiriram na mente de cada um de nossos pacientes.

Cabe construir uma metáfora bem simples para melhor esclarecer a importância do alto preço que o paciente paga quando mantém determinadas repressões a todo custo: imaginemos uma situação na qual alguém tenta empurrar uma bola para o fundo de uma tina cheia de água; quanto mais a bola teimar em voltar à superfície (corresponde à tendência a um "retorno do reprimido"), mais energia mecânica (equivale à energia psíquica) o sujeito gastará para continuar mantendo a bola (cheia de repressões) no fundo da tina (no pré-consciente e no inconsciente). Mais do que simplesmente "tornar consciente aquilo que estiver inconsciente", hoje se deve priorizar a obtenção de uma capacidade de o paciente *estabelecer uma comunicação* entre o seu inconsciente e o do paciente, de modo a poder refazer antigas significações patogênicas, tal como aparece no verbete que vem logo a seguir.

DESSIGNIFICAÇÃO E NEO-SIGNIFICAÇÃO

Entendi ser útil propor estas denominações para designar a importância de o analista estar atento à função de ele propiciar ao paciente a possibilidade de este fazer novas significações de fatos, lembranças, impressões, fantasias, etc., que adquiriram nele significados patogênicos. Assim, muitos fatos naturais ocorridos na infância (masturbação, ter machucado um irmão, ter respondido de forma algo desaforada ao pai, ter tido um período de doença, etc., etc.) podem ter sido significados pelos educadores de forma calamitosa, tendo assim ficado "impresso" e representado no ego do paciente. Tais significações patogênicas, por meio de uma "rede de significantes" (termo de Lacan), que, por uma espécie de "deslizamento" de um significado para outro, tornam-se os responsáveis maiores das estruturações *fóbicas*.

Tendo em vista que essas significações patogênicas convivem durante uma vida inteira com o paciente, a ponto de se tornarem egossintônicas, torna-se indispensável que o analista promova uma egodistonia, ou seja, que o paciente fique desconfortado com certas crenças que lhe parecem serem verdadeiras. A *dessignificação* deve ser acompanhada concomitantemente com o aporte de uma *neo-significação.*

Vou dar um exemplo clínico: um paciente jovem, em surto psicótico, trazia reiteradamente às sessões o seu sentimento de desmerecimento de ser feliz, dizia que "sou um cafajeste, não mereço o ar que respiro, atentei contra Deus..., as culpas pelas minhas masturbações ainda vão me matar...". Perguntado do porquê, ele dá um significado tão terrível à prática masturbatória, tão comum, sobretudo na infância e na adolescência, respondendo que não pode esquecer que o padre, professor de sua classe no primário, dissera em aula que "cada gota de esperma derramado no crime de onanismo, correspondia a uma gota de sangue do coração de Nossa Senhora". Estava explicado por que o paciente passava grande parte do seu tempo olhando nos espelhos as suas mucosas nas dobras de suas pálpebras (para conferir se já estava ficando anêmico, pois ele fizera uma "identificação" com "Nossa Senhora", sua mãe), razão pela qual tanto se supliciava. Recordo que lhe perguntei (abrindo, pois, um novo "vértice" – conforme Bion – de observação) se lhe ocorria a possibilidade de que aquele padre, naquela época, tivesse dito uma grande besteira, levando em conta os valores atuais, que consideram a masturbação não só natural, mas também como um exercício sadio de a criança entrar em contato com a anatomia e a fisiologia do seu corpo, experimentar sensações que são inerentes à condição humana. A sua parte não-psicótica permitiu que ele ficasse algo perplexo e, após um longo silêncio, disse que nunca havia pensado nisso. Estava aberta uma porta para estabelecer uma dessignificação, de como a masturbação ficou patogenicamente impressa na sua mente, e uma abertura para o estabelecimento de novas significações, sadias e estruturantes.

DISSOCIAÇÃO ÚTIL DO EGO

Estamos habituados a pensar o mecanismo defensivo da dissociação (clivagem, *splitting...)* como algo que está sempre na linha da patologia. Claro que isso não corresponde à verdade, tanto que, nos primórdios do desenvolvimento do recém-nascido, a dissociação, como as demais defesas primitivas, é necessária para um desenvolvimento normal, de sorte a permitir uma separação entre as pulsões de vida e as de morte, entre outros.

Na condição de adulto, da mesma forma, creio que o mecanismo de dissociação do ego possa ser extremamente útil, como é o caso, por exemplo, de o analista poder suportar certos estados mentais, pessoais seus, que, se não pudessem ser dissociados, o impediriam de, naquele momento, poder analisar de forma suficientemente boa. Quantas vezes carregamos preocupações com algum familiar, algum problema econômico, alguma demanda urgente e, também, algum sentimento contratransferencial que esteja nos abrumando. Tudo isto é normal e impossível evitar; o importante é que o analista possa fazer uma *dissociação útil* do seu ego, de modo que um lado seu, pessoal, fique à parte, e permita que o seu outro lado, o de terapeuta, assuma as rédeas da situação.

Um exemplo: um supervisionando estava se sentindo bastante perturbado diante de um assédio sexual de uma paciente que, segundo ele, era extremamente sensual. Nenhuma interpretação fazia eco na paciente (até mesmo porque ele interpretava sem convicção daquilo que dizia), tanto que ela mal o escutava e replicava que ele estava a fim dela, que ela lia isso nos olhos dele, e que ele só estava se acovardando por causa "das regrinhas bestas que vocês têm. Prefere que eu interrompa o tratamento, para ficarmos livres?". Sugeri que ele fizesse a aludida "dissociação útil" e que comunicasse isso à paciente, ou seja, diante de um novo assédio, o analista conseguiu se posicionar de forma mais categórica e sincera, dizendo a ela que: "Como homem, não nego que você tem muitos atrativos, porém, como analista, posso lhe assegurar, de forma definitiva, que nem durante o tratamento, ou com ele encerrado, terei um envolvimento com você, até mesmo porque seria uma enorme deslealdade que eu estaria cometendo contra a sua parte que quer realmente ser entendida e ajudada a crescer, no lugar de procurar soluções ilusórias e passageiras".

EQUAÇÃO "8C"

Como uma tentativa de sintetizar os fatores essenciais que, em algum lugar, grau e tipo de arranjo combinatório entre eles, sempre estão presentes, com configurações distintas, em qualquer situação psicopatológica, proponho um esquema mnemônico constituído por oito fatores, cujos termos têm a letra C como inicial e que estão em permanente interação:

Completude: Todo indivíduo nasce num estado subjetivo de total completude, por estar fundido com a mãe num estado de "nirvana", e o bebê, ou uma parte do futuro adulto, anseia a eternização desse estado paradisíaco.

Carência: Como este desejo de total completude é impossível de ser alcançado, diante das inevitáveis – e necessárias – frustrações por parte dos objetos provedores, "sua majestade, o bebê" entra em um estado de carência afetiva.

Cólera (crime): Conforme o grau e a qualidade dessas frustrações, a criança desenvolve um estado raivoso de cólera, que pode atingir o nível de fantasias de crueldade e de crime homicida contra os objetos frustradores e privadores.

Culpa: Como decorrência direta dos ataques, reais ou fantasiados, instala-se na criança um estado de culpa pelos eventuais danos que tenha inflingido, tanto aos seus objetos quanto ao seu próprio ego.

Castigo: A conseqüência direta desse estado culposo é a necessidade de castigo, que se reveste das mais diversas formas de masoquismo, desde as inaparentes até as de mais alta gravidade.

Compulsão à repetição: É fácil observar que, após serem castigados pelos pais, pelo cometimento de uma "arte", significada por eles como delituosa, as crianças sintam-se liberadas para uma nova transgressão. Elas são movidas por uma forma de compulsão à repetição, até conseguirem provocar um novo castigo, e assim por diante.

Código de valores introjetados: Uma mesma "arte" praticada por duas crianças, em diferentes ambientes familiares (ou em uma mesma família que funcione muito dissociada), pode resultar em significados totalmente opostos. Assim, uma dessas crianças pode ter sido entendida e valorizada na sua "arte", o que faria crescer o seu núcleo de confiança básica e de auto-estima, enquanto a outra pode ter sido rotulada de criança má, desobediente e causadora de sérios estragos. Nesse último caso, é o castigo (indevido) que precede o sentimento de culpa. Considero esta última afirmativa como bastante importante na situação analítica.

Capacidade para atingir a posição depressiva: Segundo a concepção da escola kleiniana, o círculo vicioso dessa compulsividade à repetição somente será desfeito se a criança adquirir a capacidade para atingir a posição depressiva. Assim, assumirá a sua parcela de responsabilidades e poderá vir a fazer reparações verdadeiras, abrindo o penoso caminho para fazer transformações no sentido de um crescimento mental.

Cada uma dessas oito etapas tem uma constelação particular e, apesar de todas estarem em permanente interação, a ênfase da fixação em uma ou outra etapa pode servir como uma espécie de roteiro dos aspectos que prioritariamente devem ser analisados.

ÊXITO E TRIUNFO (DIFERENÇA ENTRE)

Tenho observado que uma das causas mais freqüentes de porque certos pacientes não conseguem saborear algum sucesso que obtiveram, embora este tenha sido muito ambicionado e demandado muito esforço e talento, é devido ao fato de que eles confundem *êxito* com *triunfo*. Explico melhor: um êxito decorre da condição mencionada, enquanto a noção de triunfo está mais diretamente conectada com um sentimento de ter derrotado alguém (aludindo mais propriamente a personagens que estão introjetados dentro do paciente, a quem ele sempre almejou derrotar, na maioria das vezes por vingança). Neste caso, a obtenção de um sucesso, embora manifestamente merecido, colide com o antigo desejo de submeter e humilhar a um outro (por exemplo, o pai, no caso de um "triunfo edípico" do menino), o que vem acompanhado de fortes culpas e um sentimento vago de que perderá tudo que conquistou (no caso, é a necessidade de castigo, que sucede à culpa intolerável).

Nesses pacientes cegamente empenhados em uma sucessão de triunfos na base de "custe o que custar...", costumo lhes apresentar a metáfora do "triunfo de Pirro", personagem mítico, que, como devem lembrar os leitores, conseguiu alcançar a vitória em uma batalha contra o inimigo, inexpressiva do ponto de vista prático, às custas de enormes perdas humanas. Cercado por cadáveres, ele se perguntou: "E agora, de que me adiantou conquistar essa cidade, o que faço com ela?". Acontece que, certas vezes, uma metáfora como esta promove muito mais reflexões que as interpretações clássicas.

EXPERIÊNCIA EMOCIONAL TRANSFORMADORA

F. Alexander, um notável psicanalista norte-americano das décadas de 40 a 60, cunhou a expressão "experiência emocional corretiva" que entrou na literatura psicanalítica como um clássico. Tem o propósito de enfatizar a importância que representa a figura do analista como um novo modelo de superego. Assim, contrariamente às figuras parentais superegóicas que estejam internalizadas no analisando como rígidas e punitivas, a atitude analítica do terapeuta deve possibilitar um abrandamento desse superego ameaçador e castrador, mercê do seu modelo de acolhimento, tolerância, flexibilidade e liberdade.

No entanto, entendo que o vocábulo "corretiva" está muito ligado a uma concepção superegóica, moralista, razão por que, há bastante tempo, desde que senti o alcance da concepção de Bion (1965) acerca do fenômeno das "transformações", venho propondo uma pequena, porém muito significativa, mudança na expressão antiga de Alexander, para uma, atual: *experiência emocional transformadora*, a qual empresta uma noção muito mais clara de como se processam as mudanças psíquicas.

IDENTIFICAÇÃO COM A VÍTIMA

A literatura psicanalítica na abordagem dos tipos de "identificações", de modo geral, menciona os tipos resultantes de uma identificação que se processa: com a figura *amada e admirada*; com a figura *idealizada*; com a figura odiada, isto é, aquilo que é conhecido com o nome de *identificação com o agressor*; com a figura *perdida* (base dos processos depressivos, melancólicos, quando o sujeito tinha previamente uma relação muito conflitada com o objeto perdido), com os valores que lhe foram *impostos pelos pais*. Também é necessário lembrar que nos primórdios do fenômeno da identificação, o processo se faz por *imitações* da criança, situação essa que pode perdurar em muitos adultos, em cujo caso creio que cabe a denominação *identificação de forma camaleônica*, levando em conta de que se trata de pessoas que, por não terem uma identidade definida, adquirem a cor do ambiente onde estão.

No entanto, a terminologia que julgo importante propor é a de *identificação com a vítima* – seguindo o modelo de "identificação com o agressor" –, caso em que o sujeito identifica-se com a figura que, na realidade ou na fantasia, ele julga ter atacado e danificado gravemente. Nesses casos, é comum que persista a presença de um mesmo aspecto que a "vítima" tinha, como pode ser um sintoma, valor, maneirismo, ou mesmo uma forte sensação que ocupa o lugar e o papel de uma pessoa morta, como pode ser, por exemplo, o de um feto que foi abortado.

Para esclarecer melhor essa conceituação de *identificação com a vítima*, costumo propor uma metáfora, a do princípio físico que rege os *vasos comunicantes*, ou seja, são vasos em forma de "U", com diâmetros diferentes em um braço e no outro, de modo que se pusermos água em um deles, imediatamente a água subirá no outro, e ambos ficarão sempre no mesmo nível. O mesmo se passa entre o paciente e sua *vítima*, porque ele sente-se proibido de ultrapassar esta última, em qualidade de vida.

INTERVENÇÃO VINCULAR

Nos últimos tempos de minha atividade analítica, diante de determinadas situações de tratamento individual, por vezes sinto que seria útil ver ao vivo como funciona, por exemplo, um casal que vive às turras e que, segundo a versão de quem é o paciente, a situação é irreversível porque o cônjuge não colabora, não muda em nada, sempre é a responsável maior por todas as desavenças. Diante de uma situação hipotética como essa, independentemente da possibilidade de que o cônjuge tenha o seu analista, ou não, venho utilizando o recurso de abrir a possibilidade de fazer o que se pode denominar uma *intervenção vincular* (pode ser a de um adolescente com seus pais, etc.), isto é, fazermos algumas sessões conjuntas, que podem ser algumas poucas, ou muitas, porém sempre transitórias. Creio que tem sido um recurso bastante interessante e útil, especialmente no sentido de trabalhar com o sério problema dos "mal-entendidos" da comunicação.

MAPEAMENTO DO PSIQUISMO

Bion compara o funcionamento do psiquismo com uma orquestra, na qual estão presentes concomitantemente instrumentos diversos executando uma partitura musical, cada um com funções específicas e distintas, porém inseparáveis e interdependentes. De forma análoga, a mente humana também é composta de diferentes zonas, com características e funções específicas, que operam distintamente, às vezes de forma harmônica, porém, em sua maioria, configuram aspectos contraditórios e opostos.

Cabe a metáfora com um *mapa-múndi*, em que temos as zonas polares, nas quais tudo é branco, gelo, frio, solidão (corresponde à nossa zona *melancólica*); entre os pólos glaciais existe a zona do equador, em que prevalece um clima tórrido, senegalesco (equivalente à zona do psiquismo humano na qual o sujeito tem seus acessos temperamentais, uma impulsividade tórrida...); entre o equador e os pólos, o mapa do mundo mostra-nos a existência simultânea de superfícies férteis convivendo com montanhas íngremes e rochosas; lagos mansos, com mares agitados, etc. Da mesma forma, no psiquismo de qualquer ser humano, em graus diferentes, convivem aspectos de zonas muito diferentes, como é o caso de uma parte infantil (inclui um resto de bebê que um dia todos já fomos), ou adolescente, coabitando com um lado adulto; uma parte psicótica da personalidade ao lado de uma não-psicótica; uma parte do psiquismo que quer crescer e uma outra que é regida por um *contra-ego* que se opõe ao crescimento, e assim por diante. Sequer falta nesta metáfora lembrar a existência de fenômenos atmosféricos no globo terrestre, como, para ficar em um único exemplo, o do furacão que foi denominado "El Niño", evocando um duplo significado: um, que também o psiquismo do sujeito tem uma criança (*niño*) dentro de si e o outro de que episodicamente a mente é atravessada por verdadeiros furacões emocionais.

Destarte, assim como um navegador necessita de um mapa e de uma bússola para se orientar na geografia do globo, também o analista deve fazer o *mapeamento* de seu psiquismo e, assim, munir-se de uma "bússola empática", que o permitirá navegar nas profundas águas de uma análise, com vistas a, junto com o paciente, desenhar o mapa da geografia psíquica deste último para que também ele adquira a referida bússola.

Considero esse mapeamento um dos requisitos técnicos da maior importância na prática clínica, pois, inicialmente, o analista "apresenta" ao paciente adulto a sua parte infantil (a "Mariazinha" é apresentada para a Maria) e fica implícito que ambas terão que conviver juntas por toda a vida. Isso desenvolve a capacidade de o paciente *dialogar* consigo mesmo, às vezes levando-o a promover uma verdadeira *conferência* entre suas diversas partes; em terceiro lugar, quem conhece o seu mapeamento está menos sujeito a uma instabilidade de humor e incoerência de atitudes (que são, respectivamente, ditadas por zonas distintas); o contato mais próximo e consciente das diversas áreas do psiquismo poupa energia psíquica que é gasta para manter as negações, energia essa que pode ser muito mais bem aproveitada para uma vida mais harmônica.

Como exemplo simples cabe referir um manejo que recomendo para pacientes que padecem de recorrentes "crises de angústia", e, estimulados pelo próprio terapeuta (na clássica disponibilidade de "qualquer coisa, me chama"), apelam, em estado de pânico, para o analista, em qualquer dia, hora ou lugar em que ele esteja, em busca de socorro, de um reasseguramento de que não vai suceder nada de trágico. Na minha experiência como supervisor, percebo que, quando tal conduta ocorre por parte do terapeuta, existe uma crescente tendência para a situação ficar mantida, como risco de ele se molestar e cansar do paciente. A recomendação a que antes referi consiste em estimular o paciente a telefonar, sim, mas não propriamente para o analista (salvo em situações muito especiais), mas para ele mesmo, para a sua parte sadia, que, pela lógica consciente, sabe que não há nada de grave, etc. Penso que não exagero em dizer que, em casos como esse do exemplo, nas quais duas zonas distintas da geografia do paciente se comunicam, os resultados clínicos são bastante alentadores.

"(O) PACIENTE SEMPRE TEM RAZÃO"

Entendi ser útil cunhar esta expressão para enfatizar que ela diz respeito diretamente à "atitude psicanalítica interna" do terapeuta, isto é, diante de manifestações do paciente que provoquem difíceis sentimentos contratransferenciais, é indispensável que o analista parta da posição de que é um direito do paciente mostrar-se em toda sua rudez, turbulência emocional e atitudes socialmente reprováveis. Indo além, essa posição do analista de dar crédito ao paciente, no sentido de que ele está com a razão de ser como é, possibilita que possa entender que, por mais desagradáveis que sejam as verbalizações e atitudes do paciente, elas podem representar um excelente veículo para captar a comunicação que está se processando em um nível muito primitivo ao mesmo tempo em que propicia a dramatização (portanto, a análise) daquilo que em qualquer outra situação, que não a analítica, sempre provocaria um evidente rechaço. Não podemos esquecer que demanda um longo tempo a persistência de uma dúvida interna do paciente, em relação a "quem é essa pessoa (o terapeuta) que está querendo entrar na minha intimidade; para aonde ele quer me levar...?"

Quando refiro que o *paciente sempre tem razão*, mesmo em formas repulsivas, como o uso de mentiras, faltas e atrasos excessivos, com uma forma arrogante, desqualificatória e desafiadora de se dirigir ao analista; mutismo exagerado; diversas tentativas de sedução, a erótica inclusive; *actings* excessivos e preocupantes, etc., impõe-se fazer três ressalvas. Primeira, em hipótese nenhuma é permitido ao paciente cometer uma agressão física; segunda, cada analista deve conhecer muito bem os seus limites, físicos e mentais, a ponto de não ter de trabalhar cometendo uma violência contra si próprio; terceira, na hipótese de que, mesmo trabalhando com essa atitude interna, aliada a uma adequada continência e paciência, nada tenha modificado e a situação esteja claramente se cronificando, é chegada a hora de o analista revisar o contrato com o paciente, antes que se estabeleça um conluio de natureza sadomasoquista, no qual o analista ficaria com este último papel.

POSIÇÃO NARCISISTA

A denominação de *posição narcisista* (PN) visa enfatizar que ela não é apenas uma importante etapa no desenvolvimento de todo ser humano; antes, comporta-se como uma estrutura, um modelo de relacionamento e de vínculo, que opera ao longo de toda a vida e, por isso, é de especial importância seu reconhecimento na prática clínica. A *posição narcisista*, em sua forma original (que pode persistir no adulto), caracteriza-se por uma total *indiferen-*

ciação entre o *eu* e o *outro*. Sobretudo, é fundamental destacar, a PN precede a posição *esquizoparanóide*, conforme M. Klein, porquanto nessa, mercê das identificações projetivas, já existem relações objetais, portanto, alguma diferenciação. Ademais, segundo Klein, essa posição organiza-se como defesa contra as pulsões de ódio, da inveja primária, enquanto a PN não se constitui originalmente a partir da agressão, mas, sim, como uma forma de assegurar e perpetuar a unidade simbiótica, indiscriminada e fusionada com a mãe.

Na sua evolução, gradativamente o sujeito vai adquirindo uma relativa diferenciação e autonomia, embora nunca exista uma independência absoluta em relação aos demais. Assim, pode-se imaginar um eixo relacional, no qual, em uma extremidade há uma relação diádica de natureza fusional e indiscriminada, enquanto a outra extremidade é constituída por uma triangularidade, na qual os indivíduos estão discriminados entre si. Quanto mais próximo estiver o sujeito do primeiro pólo, mais enrijecida estará sendo a sua PN e, nesses casos, na situação analítica, sobressaem no paciente adulto as seguintes, 11, características: 1) uma condição de *indiferenciação*; 2) um permanente *estado de ilusão*, em busca de uma completude imaginária; 3) uma *negação das diferenças*, que todos temos em relação aos demais; 4) a presença da *parte psicótica da personalidade*, conforme a concepção de Bion; 5) a persistência de núcleos de *simbiose* e *ambigüidade*; 6) uma lógica do tipo *binário*, ou seja, ele é o melhor, ou o pior; etc; 7) uma escala de valores centrada no *ego ideal* (herdeiro do seu narcisismo original) ou no *ideal do ego* (as expectativas ideais que os pais colocaram nele); 8) a existência de *identificações defeituosas*; 9) uma afanosa busca por *fetiches* e *objetos reasseguradores* de sua auto-estima, aparentemente alta, mas que, subjacente, está sempre em baixa; 10) um permanente jogo de *comparações* com os outros; 11) a freqüente presença de um *contra-ego* sabotador.

PRAZER SEM NOME

Como foi conceituado por Bion, existe um *terror* (ou pavor) *sem nome*, que provavelmente resulta de primitivas experiências emocionais muito angustiantes que ficaram inscritas no ego da criança sob a forma de "representação-coisa", portanto, em uma etapa anterior à formação de palavras. Da mesma forma, acredito que também exista uma inscrição de experiências prazerosas, que estão representadas em alguma parte do ego, ainda sem o nome, sem as palavras que possam defini-las.

Um bom exemplo é a percepção do bebê relativa à música da voz da mãe, ao brilho do seu olhar, à dança de seus gestos, tudo sendo englobado no ato da mamada. Não estará aí uma explicação para o fato de as crianças felizes, quase intuitivamente, costumarem desenhar um sol emitindo raios luminosos? Ou que nos extasiamos diante de determinados estímulos estéticos? Ou que os nossos pacientes captem os sinais de *alto astral* que emitimos e que eles respondem com sensações bastante prazerosas?

SCRIPT DO TEATRO DO PSIQUISMO

Um dos aspectos mais importantes da psicanálise contemporânea consiste na valorização que se faz das antigas *inscrições* (termo conceitual de Freud) que ficaram impressas na mente, com os respectivos *significantes* (termo de Lacan), constituindo, sob a forma de *rede*, verdadeiros enredos, com uma determinada história, com distintos personagens contracenando entre si, sob a direção de um diretor, tudo se processando qual uma peça teatral (ou a produção de um filme) que conserva a sua essência, mesmo que a peça seja reproduzida por décadas ou séculos, só mudando os atores. Da mesma maneira, o arquivo do psiquismo interior consta de algumas peças teatrais que podem se reproduzir de forma interminável no mundo exterior.

Pode servir como exemplo a repetição de uma peça que trata de um sofrido *amor*, que, contrariando toda a lógica da própria pessoa que esteja prisioneira dessa situação doentia, segue em frente por tempo indeterminado, em meio a penosas humilhações, que é diferente do clássico conceito de masoquismo, e que nunca se completa, tal como está explicitado no capítulo sobre o "vínculo tantalizante".

Cabe dar um outro exemplo – embora também ligado com a situação tantalizante –

que se refere a um tipo de vínculo amoroso que se configura pelo signo do *abandono*, isto é, o casal, por meio de papéis complementares, do tipo *abandonante-abandonado*, reproduz uma situação de reencontrar o abandono original (mãe, pai ou ambos). Assim, para reviver a primeira e perdida ligação com a mãe abandonante, a pessoa pode utilizar vários recursos, como intermináveis atuações eróticas, por exemplo. Quando a pessoa adulta provoca seu próprio abandono por parte de uma outra pessoa (situação que é muitíssimo freqüente), ela está reproduzindo o *script*, nas mesmas condições anteriores em que ela procurava a mãe, em um misto de sentimento de angústia e de desamparo, acompanhado de alguma forma e grau de excitação e gozo. Nesses casos, há, pois, uma necessidade compulsiva de o sujeito repetir a peça teatral que poderia ser denominada "um interminável reencontro com o próprio abandono".

SEGURO-*SOLIDÃO*

Trata-se de uma expressão singela, sem maior profundidade conceitual, que visa unicamente realçar um fato bastante freqüente que se observa em certos pacientes que apresentam uma grande dificuldade em fazer uma emancipação mais completa da família de origem, notadamente da mãe, a ponto de muitas vezes não conseguirem oficializar um casamento, com os rituais formais.

Não é difícil observar que, no fundo, são pacientes, mais comumente masculinos, que provêm de uma família *aglutinada*, simbiótica, na qual uma mãe geralmente superprotetora, porém com uma forte insegurança que atinge a condição de uma fobia à solidão, como que *prepara* seus filhos para que, pelo menos algum deles, assumam a tarefa de nunca abandoná-la, nem afetiva e, tampouco, fisicamente. É interessante observar nessas famílias que, às vezes, todos os filhos ficam extremamente apegados à mãe, no entanto, outras vezes, alguns dos filhos *escapam* cedo dessa armadilha, viajando, casando-se, mas quase sempre algum deles fica com o *mico* na mão. Em resumo, assim como existe o *seguro-saúde*, o *seguro-desemprego*, etc., metaforicamente pode-se dizer que a mãe investiu em um *seguro-solidão*.

SUPEREGO *BOM* E SUPEREGO *MAU*

O clássico termo *superego*, tal como foi cunhado, desenvolvido e divulgado por Freud, acabou recebendo uma significação que quase sempre é imediatamente ligada a uma instância psíquica geradora de culpas, tem funções ameaçadoras e *punitivas*, quando não tirânicas e até cruéis. No entanto, concordamos que o superego é indispensável ao psiquismo, porquanto ele também tem funções *normativas*, de modo que pode estar a serviço do princípio da realidade, da colocação de necessários limites e de obediência às regras éticas.

Embora exista uma denominação para este último tipo de superego – é a de: *ego auxiliar* –, ela é muito pouco usada, de forma que gera alguma confusão em nossa comunicação e, às vezes, em nossa compreensão. Unicamente por essa razão, parodiando a expressão médica de que existe um colesterol bom e outro mau, entendi ser útil a proposição dessa terminologia para o superego, como auxiliar indireto para a necessária tarefa de discriminação conceitual.

SUPRA-EGO

O termo *supra-ego* não existe na literatura psicanalítica e, aqui, ele não passa de uma sugestão de terminologia, que talvez seja mais apropriada para o nosso idioma, para a importante conceituação que Bion faz acerca do que ele denomina (como habitualmente aparece traduzido) como *super*ego, ou *super*-superego. Esse conceito de Bion, embora conserve os princípios essenciais de Freud e de M. Klein acerca de como eles conceberam o superego clássico, deve ser distinguido do mesmo.

Assim, o supra-ego (ou seja, o *super*ego) faz parte do que Bion chama de *parte psicótica da personalidade*, no sentido de que tal conceito vai além da imposição do que é certo ou errado, permitido ou proibido, etc., de sorte que o sujeito portador dessa instância psíquica gere-se por uma moralidade "sem moral", que ele quer impor aos demais, a partir de sua convicção de que ele tem uma superioridade (destrutiva) sobre os outros e, assim, pode reger o mundo. Desse modo, o supra-ego ofusca as funções do ego do sujeito e afirma a sua superioridade pelo denegrimento dos demais, achando falhas em tudo que não coincidir com o que ele crê, opondo-se tenazmente a qualquer *aprendizado com a experiência* e devotando um ódio a toda verdade que seja diferente da dele.

Uma importante característica do supra-ego, segundo Bion (1957), é que a pessoa que o possui fica perplexa quando as leis da natureza não obedecem às leis do seu funcionamento mental. Nesse caso, os fatos e as pessoas não são o que são, mas aquilo que o supra-ego deseja e imagina que sejam. Igualmente não toleram a existência de múltiplas e diferentes versões que um mesmo fato comporta, o que dificulta uma aproximação mais verdadeira com o mundo exterior.

Resumindo, o paciente, com tais características psicóticas de seu supra-ego, crente de que ele tudo sabe, pode, controla e condena, substitui a capacidade de pensar pela *onipotência*; o aprendizado pela experiência cede lugar à *onisciência*; o reconhecimento da fragilidade e dependência é substituído pela *prepotência*; a capacidade de discriminação entre o verdadeiro e falso fica borrada por um *radicalismo* arrogante, além de existir uma total incapacidade para tolerar qualquer tipo de frustração, a qual é substituída por um estado de *cólera* (contra o analista, no caso da situação analítica). É dispensável acentuar o quanto tais reações emocionais provindas de um supra-ego despertam sentimentos contratransferenciais dificílimos, que devem ser muito bem contidos e manejados pelo terapeuta.

TRANSFERÊNCIA DE IMPASSE

Freqüentemente o processo analítico desemboca em alguma forma de *impasse*, de qualidade mais ou menos séria, de grau maior ou menor, que, na maioria das vezes, são desfeitos com naturalidade, porém, em alguns casos, toda análise pode transcorrer em um permanente *clima de impasse*. Admitindo que a responsabilidade desse clima não resida em um possível manejo analítico inadequado por parte do terapeuta, pode-se dizer que provavelmente ela deriva de pacientes que levam a sua vida em uma constante forma de *impasse* com familiares, amigos, etc., o qual está sendo reproduzido na situação transferencial.

São muitos os tipos de impasses analíticos, como é o caso da *psicose de transferência*, que foi magistralmente estudada por Rosenfeld (1978) e representa uma necessidade de manejo técnico importantíssimo por parte do analista, assim como também deve ser destacada a forma extrema de impasse – a *reação terapêutica negativa* – e outras tantas mais (como a *transferência erotizada*), que poderiam ser englobadas sob um nome genérico de *transferência de impasse*; não obstante, prefiro mantê-la restrita àquela forma de transferência descrita no parágrafo anterior, alusiva aos pacientes que estão transferindo sua forma habitual de criar *impasses* na vida, e que na análise estão sempre ameaçando abandoná-la, de trocar de analista, etc., na maioria das vezes situações bastante difíceis, porém contornáveis, quando bem manejadas.

TRANSFERÊNCIA (E CONTRATRANSFERÊNCIA) SOMÁTICA

Todo analista, em alguma forma, já deve ter passado pela experiência de sentir que seu paciente possa estar transmitindo sentimentos e conflitos em um canal de comunicação não-verbal, mas, sim, por meio de sinais, sintomas conversivos ou diversas somatizações, que aludem diretamente ao vínculo transferencial com a análise e com o analista.

No entanto, cabe acentuar o que escassamente aparece na literatura psicanalítica, ou seja, que o próprio analista sinta no seu corpo sensações físicas, às vezes muito desconfortáveis (alguma opressão pré-cordial, uma sensação de estar fluindo leite do seio, uma cólica, uma cefaléia, uma fadiga inexplicável, etc.), que, claramente, possam estar correspondendo justamente àquilo que o paciente esteja sentindo (e que verbaliza após o analista ter sentido em seu próprio corpo), ou, outras vezes, possa estar traduzindo nessa forma primitiva de linguagem aquilo que o paciente não consegue comunicar com palavras.

Se o analista se mantiver atento a tais fenômenos, mais freqüentes do que parecem ser, poderá utilizar suas passageiras somatizações como um excelente instrumento para estabelecer uma empatia com o sofrimento de seu paciente.

VÍNCULO DO RECONHECIMENTO

Embora essa expressão não conste na terminologia psicanalítica, creio que cabe sua inclusão como acréscimo aos outros três *vínculos* clássicos: o de *amor*, o do *ódio* e o do *conhecimento*, em razão de que, durante a vida inteira, todo e qualquer indivíduo vive permanentemente em interação com os demais, necessitando vitalmente obter alguma forma de reconhecimento.

O *vínculo do reconhecimento* dá-se em quatro dimensões:

1. fazer um *reconhecimento*, de sorte a voltar a conhecer aquilo que já preexiste dentro dele;
2. o *reconhecimento do outro*, como sendo uma pessoa autônoma e diferente dele;
3. *ser reconhecido aos outros*, como uma demonstração de capacidade de gratidão;
4. *ser reconhecido pelos outros*: a começar pelo bebê recém-nascido que já necessita do *olhar reconhecedor* da mãe, e essa necessidade prossegue com diversas variantes pela vida toda de qualquer pessoa.

Não é possível conceber qualquer relação humana em que não esteja presente a necessidade de algum tipo de mútuo reconhecimento, o qual é vital para a manutenção da *auto-estima* e a construção de um definido *sentimento de identidade*. Assim, até mesmo qualquer pensamento, conhecimento ou sentimento requer ser reconhecido pelos outros, de forma análoga à que acontece na relação mãe-bebê, o que se torna fator fundamental para o sujeito adquirir o sentimento de *existência*.

Muitas situações de psicopatologia, como a *angústia de separação*, a construção de um falso *self*, a formação de uma caracterologia ou transtorno *narcisista*, os transtornos de convívio com grupos, etc., podem ser mais bem compreendidos e manejados por meio do vértice das carências de reconhecimento e dos mecanismos defensivos compensatórios.

Na prática analítica, isso ganha relevância, sobretudo no que diz respeito à necessidade de o analista estar atento para reconhecer não somente os conflitos e as carências do paciente, mas, também – e fundamentalmente –, os seus progressos analíticos, por mínimos que esses possam nos parecer, mas que, para ele, representam muitíssimo.

VÍNCULO TANTALIZANTE

Pelo fato de considerar esse conceito de *vínculo tantalizante* especialmente importante na prática analítica, em certas patologias do vínculo amoroso, ele consta do Capítulo 32.

ALGUMAS EXPRESSÕES QUE O AUTOR COSTUMA UTILIZAR

Para familiarizar o leitor com algumas expressões que costumo utilizar, porém que não são correntes na literatura psicanalítica, creio ser útil descrever muito brevemente algumas delas.

Bússola empática

Refere-se ao conceito de que diante do "mapeamento do psiquismo, nosso e do paciente", a exemplo de um navegador que necessita de uma bússola para poder se orientar na sua navegação pelo globo terrestre, da mesma forma ao analista cabe a tarefa de construir uma "bússola empática", ou seja, a capacidade para o sujeito entrar em íntimo contato com as diferentes regiões de seu psiquismo, assim com as de outras pessoas com as quais convive.

Alguns tipos de "complexos"

Complexo de Cinderela

Para designar aquelas pacientes femininas que se julgam *gatas borralheiras* e permanecem em um compasso de espera passivo, com a permanente fantasia de que vai acontecer um milagre proporcionado pelo imaginário de uma *fada-madrinha* (pode ser a figura do analista) que, magicamente, irá proporcionar o surgimento de um *príncipe encantado* (que também pode incluir o analista). A contrapartida disto, em determinados pacientes masculinos, é a eterna espera de encontrar a sua *princesa encantada*, portadora de todas as maravilhosas condições de perfeita beleza, sabedoria, amor, fidelidade, submissão própria de uma *gueixa*, etc.

Complexo de "Conde de Monte Cristo"

Alude àqueles pacientes que fizeram como objetivo principal de sua vida a execução de uma *vingança* contra os seus desafetos, os quais, bem no fundo, representam aquelas figuras do seu passado que, segundo seu julgamento, o humilharam, rechaçaram, debocharam, traíram, etc. Tais pacientes padecem de um, crônico, *ressentimento*, ou seja, estão voltando ("*re*") a *sentir*, os mesmos sentimentos vingativos, de *retaliação* (isto é, querem aplicar a lei de Talião, a que prega "olho por olho, dente por dente").

Complexo de "Galo Chanteclaire"

Este nome deriva de uma novela de Edmond de Rostand, na qual um galo despertava todas manhãs bem cedo, começava a cocoricar e, como o sol naturalmente logo aparecia, ele criou a ilusão onipotente que era o seu canto (*chante*, em francês) que fazia aparecer a luminosidade (*claire)* do sol. Certa ocasião, algumas pessoas resolveram encerrar o galo em um quarto fechado e escuro, de sorte que, ao raiar do dia seguinte, o galo Chanteclaire recomeçou o seu cantar habitual e nada de o sol aparecer. Resultado: o galo psicotizou! Essa alegoria objetiva enfatizar o quanto o analista deve ser prudente para a retirada de traços defensivos do paciente, como os de ilusão de onipotência, onisciência, etc., de maneira a respeitar o ritmo que cada paciente tem para fazer mudanças importantes.

Complexo de "Hulk"

Todos devem lembrar do personagem "Hulk" de um seriado norte-americano de televisão, cuja principal característica era de que, quando indignado e furioso, ficava verde de ódio, enquanto seu tórax estufava, os botões de sua camisa eram expelidos e aparecia um tronco de boxeador fortíssimo, com cuja força ninguém podia. Assim, o *complexo de Hulk* de certos pacientes designa o fato de que eles somente se sentem fortes quando estão tomados de ódio, confundindo os berros que emitem, as ameaças com gestos ameaçadores, etc., como uma forma de impor respeito aos outros, enquanto ele atrofia a capacidade para se fazer respeitar por meio de uma tomada de posições firmes e decididas.

Complexo de mariposa

Sabemos que as mariposas são atraídas pela luminosidade das lâmpadas acesas e, por conseguinte, muitas vezes acabam se queimando. De forma análoga, é útil, na prática clínica, assinalar para certos pacientes fortemente narcisistas a sua volúpia pela atração e obtenção do brilho, por meio do poder, da ambição desmedida, da riqueza infindável, etc., que correm o sério risco de se queimarem.

Crescimento acromegálico

A expressão *acromegalia* é própria de uma patologia médica e, conforme demonstra a sua etimologia, refere que, por uma disfunção hipofisária, o crescimento exagerado (*megalo*) do corpo dá-se unicamente nas extremidades (*acro*). Da mesma forma, é possível que muitos pacientes podem se beneficiar de uma análise, porém somente parcialmente, como, por exemplo, o seu lado adulto crescendo e resgatando capacidades, enquanto a *parte psicótica da personalidade* mantenha-se não analisada e, portanto, não-modificada, promovendo um crescimento mental algo disforme. Este termo aparece mais explicitado no capítulo referente a "como agem as terapias analíticas".

Personalidade camaleônica

Com esta expressão – que, por exemplo, aparece neste capítulo, no verbete alusivo à "identificação com a vítima" – pretendo designar, de forma metafórica, uma modalidade de falso *self* que alude àquelas pessoas que, não tendo uma identidade definida, e com medo de se posicionarem, *ficam em cima do muro* e adquirem a *cor do ambiente* onde estão, assim não correndo o risco de vir a desagradar alguém.

Vasos comunicantes

Tal como aparece no verbete *identificação com a vítima* do presente glossário, a expressão *vasos comunicantes* é uma metáfora do fenômeno da física que leva esse nome e que, na prática analítica, adquire uma importância muito significativa pelo fato de que conceitua aquelas situações muitíssimo freqüentes, nas quais alguns pacientes sofrem uma proibição interna de crescerem, serem felizes, ou gozarem uma prosperidade, porquanto existe uma obrigação imaginária de não poderem ultrapassar uma determinada figura importante que habita o seu mundo interior. Por exemplo, no momento em que redijo estas linhas, acabo de concluir uma supervisão, na qual o paciente do caso, que tem tudo para ser uma pessoa bem realizada e feliz, leva uma conduta intensamente masoquista, sabotando todas as possibilidades de crescimento, porque, quando tinha 8 anos, ele foi encarregado pelos pais de cuidar de um irmão menor, de 4 anos, e, em um breve descuido, o irmãozinho morreu afogado na piscina. Esse paciente está identificado com o destino de sua *vítima*, o seu irmãozinho, a um mesmo tempo que está se sentindo permanentemente vigiado e perseguido pelas acusações de seus pais internalizados.

Palavras Finais

CARTA ÍNTIMA PARA OS LEITORES QUE ESTÃO SE INICIANDO COMO TERAPEUTAS PSICANALÍTICOS

Porto Alegre, 2003.

Meu prezado jovem colega:

Dirijo-me nesta carta especialmente a você que, em conjunto com outros jovens, constitui o meu público predileto. Aqui, emprego o termo *jovem* não só no sentido cronológico, mas principalmente para caracterizar aquelas pessoas que, independentemente da idade, são *jovens de espírito*, isto é, mantêm sadia curiosidade, garra, tenacidade e afanosa disposição para ler, estudar, conhecer e refletir. Acredito que vocês têm uma *mente aberta*, ao contrário de muitos outros colegas que ainda estão aferrados a determinadas ideologias analíticas com as quais estão de tal modo familiarizados que correm o risco de se manterem algemados e estagnados, prisioneiros daquilo que já sabem e praticam. O mais lamentável é que assim procedem de uma certa forma estereotipada, não obstante possam estar repetindo equívocos de manejo técnico ou ancorados em conceitos certos, porém já superados por sucessivas transformações da prática analítica.

Creiam, não estou exagerando, o risco de incidirmos em um processo de anquilose mental é maior do que possa parecer. Por tudo isso, meu estimado jovem, decidi abrir a você o coração e a experiência para, em um tom o mais informal e coloquial possível, passar um pouco das reflexões que venho fazendo, fundamentado em uma já longa vivência de prática psicanalítica.

Com o propósito de conservar o espírito didático que animou a feitura do presente livro, nesta carta aberta também utilizarei o recurso de separar os parágrafos, seguindo uma enumeração, e mantendo uma relativa independência das idéias expostas em cada um deles.

Relevem o fato de que eu possa estar parecendo pretensioso, ditando recomendações técnicas, quando sabemos que cada um de vocês, na imensa maioria das vezes, está sendo acompanhado, de perto, por textos e ensinamentos de excelentes autores, professores e supervisores. Apesar do meu receio de que venha a ser assim julgado, mantenho-me tranqüilo, pela convicção de que estou agindo de boa fé e de que as idéias que a seguir emitirei visam funcionar como uma espécie de *epílogo* deste livro, com uma visão sinóptica, ainda que muitíssimo reduzida, de conceitos expressos em distintos capítulos.

1. Inicialmente, caro leitor, desejo enfatizar a importância que adquire, na técnica analítica, portanto no processo terapêutico, a sua *atitude psicanalítica interna*, isto é, qual é, de fato, a sua autêntica posição cognitiva e afetiva diante da ciência e da arte da terapia analítica, e, principalmente, diante do paciente que está à sua frente, entregando-lhe os bens mais preciosos que ele possui: os seus mais íntimos segredos, a esperança de que você acredite nele e que esteja junto dele!

2. A propósito, tenha em mente essa bela frase de Bion:

> Em algum lugar da situação analítica, sepultada sob massas de neuroses, psicoses e demais, existe uma pessoa que pugna por nascer. O analista está comprometido com a tarefa de ajudar a criança a encontrar a pessoa adulta que palpita nele, e por sua vez, mostrar que a pessoa adulta ainda é uma criança. (1992b, p. 49)

3. Esta frase expressa com clareza o quanto devemos estar atentos, com nossa visão psicanalítica, binocular ou multifocal, enfocada nos múltiplos aspectos que habitam e interagem dentro de um mesmo paciente, de forma permanente, e que, com freqüência, estão em contradição, oposição, incoerência e com conflitos entre eles. São aspectos ocultos, à espera de que você, mercê de sua sadia curiosidade analítica, ilumine-os e os nomeie.

4. Assim, meu jovem colega, resgate a criança curiosa e filósofa que dorme em algum canto do seu *self* (e no de seu paciente). Toda criança sadia é uma filósofa – essa palavra vem de *philos (amigo das) + sofos (verdades)* –, desejosa de conhecer a origem, o como, o porquê e o para que dos mistérios da natureza. Elas interrogam continuamente; o lamentável é que os educadores adultos, na maioria das vezes, distorcem, reprimem, confundem e sepultam este inato dom epistemofílico. Tome cuidado para que não façam essa esterilização com você ao longo de sua formação e, igualmente, para não que não faça o mesmo com seus pacientes.

5. Portanto, de forma suave, porém consistente, reaja contra esses eventuais educadores repressores de sua curiosidade filosófica, os quais, agora, de alguma forma, estão internalizados em você, ou se prolongam para fora de si, nas pessoas de algum eventual dirigente, professor ou supervisor. Dê asas à sua imaginação (ou seja, permita em muitas ocasiões que a sua *imagem* se transforme em *ação*, como ensinava Bion), com vistas a libertar a sua criatividade.

6. Para que você seja bem-sucedido no resgate de sua parte criança-curiosa, filósofa, imaginativa, criativa, é imprescindível que tenha bem estabelecida a diferença que existe entre uma curiosidade patogênica e uma sadia. A primeira é de natureza essencialmente intrusiva, invasiva, invejosa e controladora. A segunda, é uma curiosidade saudável e estruturante do psiquismo, visto que conduz a um *estado mental interrogativo,* aliado a um amor pelas verdades, o que conduz a um sentimento de o analista sentir-se verdadeiro e autêntico. É este último atributo que diferencia um analista de outros que estejam exercendo a sua função não mais do que mecanicamente, embora cumprindo as regras técnicas que eles aprenderam, por mais adequadas que essas tenham sido.

7. Destarte, não se apoquente com a sua relativa ignorância; pelo contrário, faça um bom uso dela. Aplique para si mesmo, e para o seu paciente, o "método maiêutico" preconizado por Sócrates, que induzia o interlocutor a reconhecer a sua própria ignorância e, a partir daí, encontrar e partejar possíveis soluções e novas aberturas. "Novas aberturas" não quer dizer que elas devam ser certas, ou originalíssimas, mas, sim, simplesmente, que elas sejam *outras...*

8. Incorpore, portanto, o "princípio da incerteza", do filósofo Heisenberg, que Bion adotou e divulgou como sendo uma condição necessária para que alguém seja um bom psicanalista. Este princípio – hoje aceito por todas as ciências, logo, também pela psicanálise – alude ao fato de que a verdade é sempre relativa, e que a significação dos fenômenos observados dependem, em grande parte, da atitude e da posição do observador. Ademais, os físicos que ensinam a teoria quântica demonstram que, conforme a variação de algumas circunstâncias, o fenômeno da propagação da luz ora se faz sob a forma de partículas, ora de ondas. A propósito, caso você tenha se interessado por essa nova postura científica baseada na importância de que as incertezas são férteis, cabe-me lhe recomendar a leitura do livro *Fim das incertezas*, de Ylia Prigogine, um cientista russo, nascido em 1917, que vive na Bélgica desde os 12 anos e que, em 1997, recebeu o prêmio Nobel de Química.

9. Como decorrência do mencionado princípio, na sua prática clínica, cuide-se para não cair e, tampouco, deixar o paciente cair em um dogmatismo moralista e doutrinário, com respostas já antecipadamente prontas e acabadas, do que resulta um sensível prejuízo da curiosidade, pensamento e escuta. Saiba que é bastante comum que um terapeuta iniciante apegue-se dogmaticamente às suas certezas, como um recurso para sentir-se mais seguro, e que ele tente convencer seus pacientes dessas mesmas certezas enlatadas para, igualmente, reassegurá-los também. A psicanálise contemporânea enfatiza a necessidade e o objetivo de aceitar as contradições inconscientes, diferentemente dos princípios positivistas clássicos e da lógica racional de Aristóteles.

10. Desta forma, desenvolva ao máximo possível o atributo que Bion chama de "capacidade negativa", a qual se refere àquela capacidade que de negativo só tem o nome, uma vez que ela é altamente positiva pela razão de que alude à capacidade de o terapeuta analítico conseguir conter os seus próprios sentimentos negativos, de incertezas, dúvidas, angústia de não saber o que está se passando no campo analítico, e, é evidente, ele também deve conter os difíceis sentimentos contratransferenciais que, às vezes, surgem. Tenha paciência, meu caro, até que as coisas se esclareçam na sua mente, para poder, então, trabalhar harmonicamente com o seu paciente.

11. Se você já está em formação analítica em alguma instituição conceituada como séria e competente, ou pensa ingressar em alguma destas, "vista a camiseta" dela, mesmo tendo eventuais discordâncias com a mesma. Empenhe-se ao máximo na aceitação (é diferente de submissão) e na preparação de todos os seminários teóricos e técnicos, pois os mesmos propiciam um estudo sistematizado de textos consagrados, com um franco debate com professores e colegas. O mesmo vale para atividades coletivas que reúnem membros e candidatos da instituição, sob a forma de apresentação de trabalhos clínicos, conferências de visitantes, feitura e debate de relatórios, além dos demais trabalhos. Igualmente, sempre que possível, participe de tarefas administrativas, porque isso ajuda a forjar uma identidade psicanalítica. Se você tiver condições, participe de jornadas e congressos, de modo a conhecer outros colegas e ficar sendo conhecido, bem como para cultivar vínculos e fazer novas amizades. Tudo faz parte da construção de um indispensável *sentimento de identidade de terapeuta psicanalítico.* Ademais, também pesa o fato de que, se você quiser alguma variação na sua forma de trabalhar analiticamente, deve antes concluir uma formação clássica, de acordo com as diretrizes de sua instituição.

12. Não obstante eu reafirmar tudo o que já foi dito, cuide-se porque o analista pode correr o risco de ficar prisioneiro de sua formação, mercê de um, possível, certo terrorismo que alguns responsáveis pelo ensino, assumindo o papel de vestais, fazem em nome da salvaguarda de uma rigorosa e cerrada ideologia da técnica psicanalítica. Isso pode induzi-lo a trabalhar sob a forma de uma "obediência automática", atrofiando a sua capacidade para indagar, pensar e criar. Daí decorre a explicação de por que algum analista, nessas condições, diante de situações imprevisíveis, angustiantes e singulares do paciente, fica cego (para uma outra visualização), surdo (a uma escuta empática) e paralítico (a uma ação adequada).

13. Exagerando um pouco, creio que vale fazer uma paródia da conhecida frase: "[...] existem mestres que ajudam o aluno a se tornar livre e mestres que criam escravos", de sorte que algo equivalente pode acontecer com um candidato em formação, que, então, fica amordaçado por um *superego analítico.* Entendo que um excessivo apego às teorias, sejam quais forem, ou às expectativas do aludido "superego analítico" provocam a perda de um aquecido "contato" com o paciente.

14. Também é muito provável que, ao longo de sua formação, uma das decepções que muito provavelmente você já sentiu ou virá a sentir é quando perceber que freqüentemente existe uma certa incoerência e hipocrisia entre aquilo que muitos colegas e professores professam e escrevem e aquilo que realmente praticam no cotidiano de seus consultórios.

15. Nesta mesma linha de percepção e observação, se você quer identificar um professor, conferencista, supervisor, analista ou a você mesmo, se é autêntico ou falso, procure observar se há coerência entre o que ele fala, faz e o que, de fato, ele é! Por exemplo, nada mais falso (e, às vezes, grotesco) do que a constatação de um palestrante discorrendo, por exemplo, sobre a patologia do narcisismo, em uma postura flagrantemente sedutora, soberba, exibicionista, auto-laudatória, no limite da arrogância, sempre tomando a si mesmo como exemplo daquilo que deve ser o certo.

16. Tenha bem claro para si que o exercício do poder na instituição manifesta-se tanto por evidências *diretas* (nos casos exagerados: um flagrante jogo de sedução, conchavos, ataques sutis, calúnias dissimuladas, intrigas, boatos...) quanto *indiretas*. Neste segundo caso, os sinais de exercício e de disputa pelo poder aparecem disfarçados, seja sob a forma de uma sólida e bem costurada racionalização, seja um deslocamento para causas ideológicas, que é feito com um toque de sutileza, a idealização de uma certa corrente psicanalítica, fanatismo

nas crenças, paixões fundamentalistas, uma catequese retórica e, principalmente, um rodízio de poder entre as mesmas pessoas, por meio de eleições democráticas e legais.

17. Também é muito provável que, ao longo de sua formação, mercê de algum sentimento de decepção, desilusão ou injustiça, ora aqui, ora acolá, você entre em um gradual processo de *desidealização* de sua instituição. Não desanime. Isto até saudável é, porque você poderá crescer bastante se aprender com as experiências de enfrentar e contornar as dificuldades. Não acredite na hipótese de que em uma outra instituição similar (salvo quando ela está no início) não surjam problemas próprios do campo dinâmico grupal, como são os problemas inerentes ao *narcisismo das pequenas diferenças* e o dissimulado jogo de poder que perpassa pela cúpula diretiva. A dinâmica grupal que preside qualquer instituição, quer política quer de ensino, etc., tanto na sua face sadia quanto na patogênica, é virtualmente sempre a mesma. Não há problema no fato de sua instituição ter problemas; o problema seria o caso de ela não propiciar um amplo espaço adequado para a discussão das situações e condições problemáticas.

18. Discrimine a diferença fundamental que deve existir entre uma indispensável presença de *autoridade* e um nefasto exercício de *autoritarismo*. Quando não há uma autoridade realmente capaz, qualquer instituição, de qualquer natureza, nos casos excessivos, implanta um autoritarismo disfarçado de paternalismo, no qual prevalecem obstáculos de dependência, infantilização, vínculos do tipo sadomasoquista, certo apoderamento da mente e anulação daqueles que estão no plano inferior da pirâmide hierárquica.

19. Não basta você perceber e discriminar aquelas pessoas do escalão superior que detêm a volúpia pelo poder. Também é necessário que não se deixe envolver nas malhas desse jogo político-narcisista, mercê de promessas de você atingir o altar do Olimpo, caso comungue das mesmas idéias e ações dos donos do poder. É óbvio que alguém tem que exercer funções diretivas, e muitos fazem isso de forma denodada e competente. Também é certo que muitos de nós têm um talento natural para as indispensáveis tarefas administrativas. O alerta que, aqui, foi dado deve ficar restrito aos casos em que possa ficar picado pela mosca azul da ambição desmedida e, assim, aceitar e lutar por cargos que de tão deslumbrantes podem cegar e atrofiar outras capacidades. Quando Bion aborda este assunto, ele emprega uma frase que cabe ser mencionada: "[...] repleto de honrarias, ele abafou sua autonomia e criatividade, de modo que morreu sem deixar vestígios [...]".

20. Esteja preparado: você pessoalmente, assim como seus pacientes, a sua instituição e também a própria IPA passarão por sérias fases de crises. No entanto, não se preocupe em demasia, pois é sabido que as grandes transformações formam-se em situações de crises em seu apogeu. Para tanto é necessário que haja uma escuta adequada, que permita refletir depressivamente sobre os problemas, além de uma capacidade para sentir e conter sentimentos e fatos dolorosos, de modo a poder crescer com as experiências.

21. Mais especificamente em relação a certas crises da instituição, elas podem transparecer por meio da formação de subgrupos, verdadeiras facções, que seguem de forma apostólica a liderança do psicanalista X, que freqüentemente são compostas por pacientes, ex-pacientes e, às vezes, supervisionandos dele, enquanto outros candidatos e psicanalistas mantêm-se como fiéis escudeiros do psicanalista didata Y, e assim por diante.

22. Uma dissociação análoga pode acontecer entre os que pertencem a tal ou qual instituição de ensino psicanalítico, em uma rivalidade que pode atingir um grau de radicalização, desafeição e denegrimento recíproco, ambos os lados proclamando que a verdade está com eles. Em certo grau, essa situação adquire uma configuração de um partido político ou de um movimento religioso que prega princípios rígidos daquilo que é o certo ou errado, em defesa da "verdadeira" psicanálise, porém que, no fundo, não passa de uma racionalização para o exercício de surdas querelas narcisistas, em disputa pelo poder. Em resumo, abra mão dessa sucessão apostólica e fique alerta para o fato de que muitos fazem da psicanálise uma religião, quando ela não deveria ser mais do que um método de tratamento, por meio de uma fascinante ciência e arte que ela é.

23. Reitero a minha posição, já expressada: diante das prováveis decepções com a sua

instituição (fato que, reitero, acontece com qualquer outra, assim como com a própria natureza de nossas vidas), mantenha uma autocontinência, paciência e não se intimide. Não tome nenhuma medida precipitada, cresça e curta com tudo que você está recebendo, de bom, fértil e gratificante da instituição, a um mesmo tempo que aprenda a administrar os aspectos que o desgostam. Se possível, *aprenda com as experiências* emocionais, as boas e, principalmente, com as dolorosas.

24. O fenômeno da *identificação* é fundamental na sua formação como psicoterapeuta analítico. De forma análoga ao que se processa na criança que introjeta os modelos sadios e/ou patógenos, provindos especialmente de seus pais, também você está em pleno processo de fazer identificações com seu psicanalista, seus professores, supervisores... Lembre-se que, em situações patogênicas (na criança, no seu paciente, ou em cada um de nós), o objeto modelador tanto pode ser introjetado como todo-poderoso e divino, ou denegrido e demoníaco, assim provocando, respectivamente, uma predominante conduta de idealização, submissão, perseguição ou rebeldia. Não confunda identificação com imitação. O ideal é que você possa fazer múltiplas identificações, de sorte a incorporar alguns aspectos de figuras que você admira, e que lhe "servem como uma luva", a um mesmo tempo que se dê o direito de ignorar outras características, mesmo das pessoas admiradas, que não "fecham com o seu jeito autêntico de ser". Portanto, construa a sua própria identidade de psicanalista.

25. Neste mesmo contexto, construa também o seu próprio e genuíno *estilo* de trabalhar, sem nunca se afastar dos postulados essenciais que regem a técnica analítica. Cabe dizer que a técnica, com algumas variações de escola para a escola, mantém-se basicamente a mesma para todos os analistas, porém o estilo é bastante variável de um terapeuta para outro. Assim, algum de nós vai ser mais prolixo, enquanto um outro vai se caracterizar por ser mais silencioso; uns analistas são extremamente formais, outros, informais; alguns formulam as interpretações de uma forma sóbria e neutra, enquanto outros empregam um estilo coloquial, entremeando com o emprego de metáforas e coisas equivalentes. Respeitando a singularidade de cada situação analítica, e sem sair das regras técnicas, seja você mesmo! No entanto, esteja atento: muitos estilos de os analistas trabalhar adquirem um caráter patogênico no processo analítico, tal com está descrito no capítulo referente à "Atividade Interpretativa", no presente livro.

26. Como síntese do que se pode considerar como um bom modelo para a pessoa do psicanalista, tomo a transcrição que Otávio Paz faz, ao citar a metáfora da "pomba", do filósofo Kant: "Para voar, a pomba necessita vencer tanto a resistência do ar, como a atração para o solo, a força da gravidade; ela deve baixar à terra e encarnar-se entre os homens".

27. É útil ter em mente que você não é unicamente uma pantalha transferencial tecida pelo paciente por meio de deslocamentos e identificações projetivas na sua pessoa. Você também é uma pessoa real, com sua ideologia e idisioncrasias próprias, e com um "algo mais" que vai além das interpretações. De fato, a eficácia da terapia analítica depende, em grande parte, de uma adequada atividade interpretativa e, em parte, de um "encontro" *(match)* peculiar entre você com seu paciente. Você, somente como pessoa real, mercê de sua ação e jeito sincero de ser, pode desconfirmar as impressões e expectativas patológicas que estão, de longa data, implantadas na mente do paciente, determinando o seu modo defensivo de se relacionar e conduzir. Como pessoa real, você também está sujeito a passar por crises existenciais (doenças, perdas, etc.) que podem influir marcantemente na sua eficácia analítica.

28. Procure minimizar esta interferência prejudicial, desenvolvendo uma capacidade de fazer uma *dissociação útil do ego*: isto é, reconheça e separe o seu lado analista do seu lado da pessoa humana que tem problemas, como todo mundo, sem deixar que uma dessas partes se confunda e interfira com a outra.

29. Ainda em relação à pessoa real que você é, cabe dizer da impossibilidade de separar a sua atividade interpretativa e a sua maneira verdadeira de ser. Por exemplo, uma mesma interpretação, igualmente certa, pode ser formulada de forma diferente por dois ou mais analistas da mesma competência e filiação escolástica, daí podendo resultar que a interpretação correta pode vir a ser eficaz, ou não. Para clarear melhor esta afirmativa, vou me socorrer de dois pensadores, um filósofo e um

poeta. Bion, inspirado em Kant, filosofa poeticamente que, na situação analítica, "amor sem verdade não passa de paixão; verdade sem amor não é mais do que crueldade". Por sua vez, Yeats, o poeta britânico, verseja uma frase singela, porém, de uma profundidade e beleza, que deveria constantemente inspirar a nossa atividade interpretativa. Eis o trecho que selecionei para a sensibilidade do meu caro leitor: "[...] pisa, mas pisa devagar, com cuidado, porque estás pisando nos meus sonhos mais queridos".

30. Permita se envolver afetivamente com o seu paciente, porém – atenção – sem *ficar envolvido* com ele. Com outras palavras: não confunda ser uma pessoa "boa" com ser "bonzinho" (as frustrações inevitáveis e a colocação de limites que contrariam o paciente são indispensáveis para o seu crescimento mental). Igualmente não permita que se confundam ou se invertam os respectivos lugares e papéis que, respectivamente, pertencem a cada um do par analítico. Assim, evite ser demasiadamente provedor, conselheiro e diretivo com seus pacientes.

31. A propósito dessa tendência de o analista assumir uma posição de grandiosidade perante o seu paciente, cabe mencionar essa frase de Freud, pronunciada no seu último ano de vida:

> Por mais tentado que possa sentir-se o analista a se tornar o educador, o modelo e o ideal de seus pacientes, qualquer que seja o desejo que tenha de moldá-los à sua imagem, ele precisa lembrar-se de que esse não é o objetivo que procura atingir na análise, e até de que fracassará em sua tarefa entregando-se a essa tendência. Agindo assim, ele apenas repetiria o erro dos pais cuja influência sufocou a independência da criança e substituiria a antiga sujeição por uma nova.

32. Prefira seguir a direção que Antônio Machado sentencia neste seu bonito verso: "Caminhante, não há caminho; faz-se o caminho ao andar". Assim, transposta para a situação analítica, essa mensagem poética encoraja-nos a caminharmos junto com o paciente, sem idéias, expectativas e projetos preconcebidos; antes disto, andarmos com ele por novas estradas, ao sabor da espontaneidade, até que o seu verdadeiro caminho na vida começa a se delinear e ganhar consistência e harmonia. O mesmo verso, fora da situação analítica propriamente dita, também ilumina que no lugar de transitar unicamente por caminhos analíticos com fronteiras bem-delimitadas, já bem-conhecidas, procure trilhar áreas de transição e intersecção entre as diversas ciências, as artes e o espírito. Procure, pois, fazer uma *formação múltipla,* não só no que se refere a um livre trânsito entre as diversas escolas dentro da psicanálise, mas também em uma aproximação dos campos da biologia, da física, da filosofia, da religião, da educação, da antropologia, da espiritualidade, da música e, naturalmente, da psicanálise.

33. Meu caro leitor: vou abrir para você uma discreta confidência. Nos primeiros anos de minha formação psicanalítica, nos meados da década de 60, igualmente aos demais institutos brasileiros, nosso referencial de aprendizagem teórico-técnico consistia em um pouco de ênfase em Freud (embora tenhamos feito todos os seminários curriculares preconizados pela IPA) e uma indubitável preferência pelo estudo dos autores da escola kleiniana. Todos os demais autores eram estudados muito superficialmente, para não dizer "quase nada". Nossa excelente formação kleiniana possibilitou que trabalhássemos bem como psicanalistas. No entanto, com o correr dos anos, percebi que, na época, as supervisões coletivas e as apresentações de trabalhos clínicos (para promoção a membro associado ou efetivo) repetiam-se de uma forma monótona e monocórdica. Fazendo uma caricatura exagerada, cabe dizer que, em cada caso apresentado, só mudava o nome do paciente e o seu passado histórico, porquanto as considerações psicodinâmicas, sempre de fundamentação kleiniana, eram praticamente as mesmas. Quando, nos anos 70, comecei a redigir o meu trabalho para alcançar a condição de membro efetivo, percebi que eu estava incidindo em uma mesmice idêntica àquelas que, intimamente, tanto criticava. Lembrei-me da máxima que afirma que "cada um de nós descobre nos outros as mesmas falhas que os outros descobrem em nós". Não mais tive dúvidas, estava me violentando porque a minha mente estava saturada, impregnada com as concepções kleinianas que auxiliavam o suficiente para a análise evoluir bem, mas deixava a função de analisar algo repetitiva e tedio-

sa. Concordei comigo mesmo que deveria ter mais paciência e me proporcionar um novo tempo, de sorte que suspendi a feitura do trabalho que já estava adiantado e decretei para mim uma espécie de período sabático (durou dois anos), durante o qual, salvo alguma situação especial, raramente eu freqüentava a Sociedade e me atirei à leitura de autores, como Bion, Winnicott, Kohut, Lacan, Joyce MacDougall, outros autores franceses e psicólogos do ego, entre tantos e tantos. Fiquei com a sensação de que se revelava para mim um outro universo psicanalítico. Sofri significativas influências de muitos desses autores que, na época, em nosso meio, eram pouco conhecidos, em profundidade, porém confesso que foi com a obra de Bion que mais me identifiquei e a que mais me influenciou, e fez com que eu mudasse de forma substancial a minha forma de entender e trabalhar a prática psicanalítica cotidiana. Após dois anos, retomei a feitura do trabalho, em moldes muito distintos do original e que, pelo menos para mim, foi muito gratificante apresentar e debater com meus colegas da SPPA.

34. Trouxe este exemplo pessoal, que talvez não seja o melhor ou sequer válido para outros, com o propósito de fazer o leitor refletir no fato de não ser necessário termos pressa exagerada na construção de nossa formação como psicanalistas; há momentos certos para tudo. Assim, meu jovem leitor, permito-me sugerir-lhe que você tenha sempre em mente a profunda sabedoria contida neste clássico trecho bíblico, do Eclesiastes (Velho Testamento, 3:11): "Existe um tempo para tudo [...]; um tempo para procurar e um para encontrar (também cabe dizer: "para semear e para colher"); para ficar em silêncio e para falar; um tempo para amar e um para odiar; um tempo para a guerra e outro para a paz [...]".

35. Se possível, não fique confinado unicamente em seu consultório privado. A experiência que você está adquirindo e acumulando pode ser muito útil em organizações que representam finalidades sociais, como escolas, hospitais, centros comunitários, órgãos políticos, etc. No entanto, esteja preparado para a possibilidade de que nosso instrumento primacial – a verdade, com base psicanalítica – possa vir a ser rejeitada e sabotada pelas cúpulas diretivas e outras pessoas dos respectivos órgãos, que desde cedo não foram preparadas para amar as verdades; pelo contrário, sentem-se ameaçados porque eles foram ensinados a não confiar naqueles que querem propor outros vértices de percepção e manejo das verdades.

36. O tratamento analítico pode alcançar somente um setor restrito da população; no entanto, a *compreensão psicanalítica* pode, sim, ajudar a muita gente, em diversos campos, como, por exemplo, da medicina e demais ciências humanísticas, a educação escolar e do público em geral, as múltiplas áreas transdisciplinares (jurídica, literatura, etc.).

37. Pavimente o seu caminho para a aquisição de *sabedoria*, o que é muito diferente de uma acumulação de conhecimentos e erudição. A propósito, creio que cabe mencionar novamente a Bion quando ele afirma que "[...] é necessário muita ciência para fabricar uma bomba atômica, porém é preciso muito mais sabedoria para não usá-la como uma arma destrutiva contra a humanidade".

38. Lembre-se que antes de você ser um médico, psicólogo, psiquiatra ou psicanalista, você é *gente como a gente*, um ser humano comum, sujeito às mesmas grandezas, fragilidades e pequenezas como qualquer outra pessoa. O reconhecimento deste fato pode ajudá-lo bastante a ser uma pessoa mais simples (é muitíssimo diferente de "simplória"), mais próximo e empático com o seu paciente.

39. Finalmente, não gostaria de concluir esta carta sem enfatizar a importância de você não ter pressa em amadurecer como psicoterapeuta analítico, prefira uma marcha mais lenta, porém consistente e progressiva, em meio a dúvidas, angústias, limitações, omissões e inevitáveis falhas (não custa reiterar que não existe o menor problema em cometermos erros, desde que tenhamos a capacidade de aprender com as experiências, as boas e, principalmente, aquelas em que cometemos equívocos e erros), no lugar de rapidamente considerar-se "pronto". Se você tiver essa capacidade de paciência, ser-lhe-á muito útil para trabalhar com os seus pacientes, com vistas a esse mesmo objetivo de um, gradativo, desenvolvimento maduro.

40. Assim, para ilustrar o que disse, entendi incluir nesta carta uma mensagem intitulada "Amigos", que considero altamente

afetiva e tocante, que li e guardo o recorte como um bem precioso, embora não tenha conseguido descobrir o nome do autor. Para não mutilar o tom poético que emana dessa mensagem, resolvi transcrevê-la na íntegra. Lembre-se que essa fábula vale para você e para os pacientes que trata ou virá a tratar.

Um dia, uma pequena abertura apareceu em um casulo; um homem sentou e observou a borboleta por várias horas, conforme ela se esforçava para fazer que seu corpo passasse através daquele pequeno buraco. Então pareceu que ela havia parado de fazer qualquer progresso. Parecia que ela tinha ido o mais longe que podia e não conseguia ir mais.

Então o homem decidiu ajudar a borboleta: ele pegou uma tesoura e cortou o restante do casulo. A borboleta, então, saiu facilmente.

Mas seu corpo estava murcho e era pequeno e tinha as asas amassadas.

O homem continuou a observá-la porque ele esperava que, a qualquer momento, as asas dela se abrissem e esticassem para serem capazes de suportar o corpo que iria se afirmar a tempo.

Nada aconteceu! Na verdade, a borboleta passou o resto de sua vida rastejando com um corpo murcho e asas encolhidas. Ela nunca foi capaz de voar. O que o homem, em sua gentileza e vontade de ajudar, não compreendia era que o casulo apertado e o esforço necessário à borboleta para passar através da pequena abertura era o momento pelo qual Deus fazia com que o fluido do corpo da borboleta fosse para as suas asas, de forma que ela estaria pronta para voar uma vez que estivesse livre do casulo. Algumas vezes, o esforço é justamente o que precisamos em nossa vida.

Se Deus nos permitisse passar através de nossas vidas sem quaisquer obstáculos, ele nos deixaria aleijados. Nós não iríamos ser tão fortes como poderíamos ter sido. Nós nunca poderíamos voar.

Eu pedi forças...e Deus deu-me dificuldades para me fazer forte. Eu pedi sabedoria...e Deus me deu problemas para resolver. Eu pedi prosperidade... e Deus me deu cérebro e músculos para trabalhar. Eu pedi coragem... e Deus me deu pessoas com problemas para ajudar. Eu pedi favores...e Deus me deu oportunidades.

Eu não recebi nada do que pedi...mas eu recebi tudo que precisava.

Meu prezado leitor, peço desculpas se me alonguei demasiado, ou se fui exagerado, ou equivocado em algumas observações. Guardo a esperança de que esta carta possa ter alguma valia prática para você. De qualquer forma, fui fiel a um forte desejo que me acometeu de escrevê-la para um novo amigo, e eu ficaria muito grato se você me devolver, com as suas opiniões, críticas e sugestões a respeito dela. Despeço-me desejando-lhe boa sorte e sucesso na sua atividade de psicoterapeuta analítico e deixo o abraço carinhoso e agradecido pela sua atenção.

Do amigo
David E. Zimerman

Referências Bibliográficas

ABRAHAM, K. Uma forma particular de resistência contra el métdodo psicoanalític. In: *Psicoanalisis clinico*. Buenos Aires: Paidós, 1959. p. 231-7.

______ . Un breve estudio de la evolucion de la libido, considerada a la luz de los transtornos mentales. In: *Psicoanalisis clinico*. Buenos Aires: Paidós, 1959.

ALVAREZ, A. *Companhia viva*. Porto Alegre: Artmed, 1994.

AULAGNIER, P. *A violência da interpretação:* del pictograma al enunciado. Buenos Aires: Amorrotu, 1977.

BADARACCO,J.G. Las identificaciones y la identidad en el proceso analitico. *Rev. Psicanalisis*., v.47, n.4, 1979.

BARANGER, W.; BARANGER, M. La situación analítica. In: ______ . *Problemas del campo psicanalitico*. Buenos Aires: Kargieman, 1960

BARANGER, M. Ubicación de la resistencia en el proceso analítico.In: *Rev. de Psicoanalisis*, v.26, n.4, p. 721, 1979.

______ . La mente del analista: de la escucha a la interpretación.*Rev. de Psicoanalisis*, v. 49, n.2, 1992.

BION,W.R. *Experiências com grupos*. Rio de Janeiro: Imago, 1970.

______ . *Aprendendo com a experiência*. Rio de Janeiro: Imago, [197?].

______ . *Elementos em psicanálise*. Rio de Janeiro: Imago, 1977.

______ . *Conferências brasileiras I*. Rio de Janeiro: Imago, 1973.

______ . *Estudos psicanalíticos revisados*. Rio de Janeiro: Imago, 1988.

______ . *Atenção e Interpretação*. Rio de Janeiro: Imago, 1973.

______ . Conversando com Bion. Rio de Janeiro: Imago,1992.

______ . *Seminários clínicos y cuatro textos*. Buenos Aires: Lugar, 1992.

______ . *Cogitações*. Rio de Janeiro: Imago, 2000.

BLEICHMAR, H. *O narcisismo*. Porto Alegre: Artmed, 1987.

______ . *Depressão:* um estudo psicanalítico. Porto Alegre: Artmed, 1982.

BLEICHMAR, N.; BLEICHMAR, C.L. *A psicanálise depois de Freud*: teoria e clínica. Porto Alegre: Artmed, 1992.

BLUM, A.P. The position and value of extransference interpretation. *J. Amer. Psychoan. Ass.*, v.31, n.3, p. 587, 1983.

______ . Psicoanálisis, historia y psicohistoria. *The Newsletter of the International Psychoanalytical Association.*, v. 5, 1996.

BOLETIM INFORMATIVO DA IPA. Conjunto de artigos sobre psicanálise com crianças. v. 10, n. 2, 2001.

BOLLAS, C. *A sombra do objeto*. Rio de Janeiro: Imago, 1992

______ . The fascist state of mind. In: ______ . *Being a character*: psychoanalysis and self experience. New York: Hill and Wang, 1997.

BOWLBY, J. *Attachment and loss*. London: The Hogarth Press, [19??].

CAPER, R. Tendo uma mente própria. *Livro anual de psicanálise*. São Paulo: Escuta,1997. Tomo XII.

CAPRA, F. *As conexões ocultas:* ciência para uma vida sustentável. São Paulo: Cultrix, 2002.

CESIO, F. El letargo: contribuicion al estudio de la reaccion terapeutica negativa. *Rev. de Psicoanalisis*, v.17, n.3, p. 289, 1960.

CHASSEGET SMIRGEL, J. *O ideal do ego*. Porto Alegre, Artmed, 1978.

______ . *Ética e estética da perversão*. Porto Alegre: Artmed, 1991.

COMITÊ DA IPA. *Revista Brasil. de Psicanál*. v.27, n.2, 1993.

COROMINAS, S,J. *Dicionário crítico etimológico castellano hispânico*. Madrid: Gredos,1980.

CRUZ, J. G. A injeção de Irma, cem anos depois: algumas considerações sobre a função dos sonhos. *Revista de Psicanálise da SPPA*, v. 3, n.1, 1996.

EISSLER, K. The effect of the structure of the ego on psychoanalitic technique. *JAPA*, v. 1, 1953.

EKSTERMAN, A. Abordagem psicodinâmica dos sintomas somáticos. *Rev. Brasil. Psicanál.*, v. 28, n.1, 1994.

ETCHEGOYEN, H. *Fundamentos da técnica psicanalítica*. Porto Alegre: Artmed, 1987.

______ . El impasse psicanalitico y las estrategias del yo. *Rev. de Psicoanalisis*, v.33, n.4, p. 613, 1976.

FAINBERG, H. Malentendidos y verdades psiquicas. *Rev. de Pscoanalisis*, 1995.

FAIRBAIRN, W. R. D. *Estudio psicoanalitico de la personalidad.* Buenos Aires: Hormé, 1962.

______. Observaciones sobre la naturaleza de los estados histéricos. In: SAURI, J. *Las histerias.* Buenos Aires: Nueva Vision, 1975. p. 215-50.

FERENCZI, S. Estadios en el desarrollo del sentido de la realidad. In: ______. *Sexo y psicoanalisis*. Buenos Aires: Paidós, 1959.

______. Elasticidade na técnica analítica. In: ______. *Escritos psicanalíticos.* Rio de Janeiro, 1988.

______. La confusión de Lenguajes entre los adultos y el niño. In: ______. *Problemas y metodos del psicoanalisis*. Buenos Aires: Paidós, 1966. Cap. 13.

______. *Obras completas.* São Paulo: Martin Fontes, 1992.

FERRÃO, L.M. O impasse analitico. *Revista Latino-americana de Psicoanalisis,* , v.1, n.1, p. 55, 1974.

FRANCISCO, B. S. S. Acting-out: considerações teórico-clínicas. In: OUTEIRAL, J. E.; THOMAS, T. (Orgs.). *Psicanálise brasileira*, Porto Alegre: Artmed, 1995.

FREUD, S. Estudos sobre a histeria. In: ______. *Obras completas*. Rio de Janeiro: Imago, 1968. v.2. (Edição standard brasileira.)

______. Projeto para uma psicologia científica. In: ______. Rio de Janeiro: Imago, 1968. v.1. (Edição standard brasileira.)

______. A interpretação dos sonhos. In: ______. Rio de Janeiro: Imago, 1968. v.5. (Edição standard brasileira.)

______. A psicopatologia da vida cotidiana. In: ______. Rio de Janeiro: Imago, 1968. v.6. (Edição standard brasileira.)

______. O método psicanalítico de Freud. In: ______. Rio de Janeiro: Imago, 1968. v.7. (Edição standard brasileira.)

______. Três ensaios sobre a teoria da sexualidade. In: ______. Rio de Janeiro: Imago, 1968. v.7. (Edição standard brasileira.)

______. Sobre a psicoterapia. In: ______. Rio de Janeiro: Imago, 1968. v.7. (Edição standard brasileira.)

______. Fragmentos da análise de um caso de histeria ("caso Dora"). In: ______. Rio de Janeiro: Imago, 1968. v.7. (Edição standard brasileira.)

______. Notas sobre um caso de neurose obsessiva" ("o homem dos ratos"). In: ______. Rio de Janeiro: Imago, 1968. v.10. (Edição standard brasileira.)

______. Análise de uma fobia em um menino de cinco anos ("caso do menino Hans"). In: ______. Rio de Janeiro: Imago, 1968. v.10. (Edição standard brasileira.)

______. Leonardo da Vinci e uma lembrança da sua infância. In: ______. Rio de Janeiro: Imago, 1968. v.11. (Edição standard brasileira.)

______. As perspectivas futuras da terapia psicanalítica. In: ______. Rio de Janeiro: Imago, 1968. v.11. (Edição standard brasileira.)

______. Formulações sobre os dois princípios do funcionamento mental. In: ______. Rio de Janeiro: Imago, 1968. v.12. (Edição standard brasileira.)

______. Notas psicanalíticas sobre um relato autobiográfico de um caso de paranóia("caso Schreber"). In: ______. Rio de Janeiro: Imago, 1968. v.12. (Edição standard brasileira.)

______. A dinâmica da transferência. In: ______. Rio de Janeiro: Imago, 1968. v.12. (Edição standard brasileira.)

______. Recomendações aos médicos que exercem a psicanálise. In: ______. *Obras Completas*. Rio de Janeiro: Imago, 1968. v.12. (Edição standard brasileira.)

______. Totem e tabu. In: ______. Rio de Janeiro: Imago, 1968. v.13. (Edição standard brasileira.)

______. Sobre o início do tratamento (Novas recomendações sobre a técnica da psicanálise). In: ______. Rio de Janeiro: Imago, 1968. v.12. (Edição standard brasileira.)

______. Sobre a história do movimento psicanalítico. In: ______. Rio de Janeiro: Imago, 1968. v.14. (Edição standard brasileira.)

______. Sobre o narcisismo: uma introdução. In: ______. Rio de Janeiro: Imago, 1968. v.14. (Edição standard brasileira.)

______. Recordar, repetir e elaborar (Novas recomendações sobre a técnica da psicanálise II) In: ______. Rio de Janeiro: Imago, 1968. v.12. (Edição standard brasileira.)

______. Observações sobre o amor transferencial. In: ______. Rio de Janeiro: Imago, 1968. v.12. (Edição standard brasileira.)

______. O inconsciente In: ______. Rio de Janeiro: Imago, 1968. v.14. (Edição standard brasileira.)

______. As pulsões e suas vicissitudes In: ______. Rio de Janeiro: Imago, 1968. v.14. (Edição standard brasileira.)

______. Conferências introdutórias à psicanálise. In: ______. Rio de Janeiro: Imago, 1968. v.16, parte 2. (Edição standard brasileira.)

______. Luto e Melancolia. In: ______. *Obras Completas*. Rio de Janeiro: Imago, 1968. v.14. (Edição standard brasileira.)

______. Da história de uma neurose infantil ("o homem dos lobos"). In: ______. *Obras Completas*. Rio de Janeiro: Imago, 1968. v.17. (Edição standard brasileira.)

______. Linhas de avanço nas terapias psicanalíticas. In: ______. Rio de Janeiro: Imago, 1968. (Edição standard brasileira.)

______. Uma criança é espancada. Linhas de avanço nas terapias psicanalíticas. In: ______. Rio de Janeiro: Imago, 1968. v.17. (Edição standard brasileira.)

______. O sobrenatural. Linhas de avanço nas terapias psicanalíticas. In: ______. *Obras Completas*. Rio de Janeiro: Imago, 1968. v.17. (Edição standard brasileira.)

______. Além do princípio do prazer. Linhas de avanço nas terapias psicanalíticas. In: ______. *Obras Completas*. Rio de Janeiro: Imago, 1968. v.18. (Edição standard brasileira.)

______. A psicologia de grupo e a análise do ego. Linhas de avanço nas terapias psicanalíticas. In: ______.

Rio de Janeiro: Imago, 1968. v.18. (Edição standard brasileira.)

______. Dois artigos de enciclopédia: psicanálise e teoria da libido. In: ______. Rio de Janeiro: Imago, 1968. v.18. (Edição standard brasileira.)

______. O ego e o id. In: ______. Rio de Janeiro: Imago, 1968. v.19. (Edição standard brasileira.)

______. Neurose e psicose. In: ______. Rio de Janeiro: Imago, 1968. v.19. (Edição standard brasileira.)

______. A perda da realidade na neurose e na psicose. In: ______. Rio de Janeiro: Imago, 1968. v.19. (Edição standard brasileira.)

______. O problema econômico do masoquismo. In: ______. Rio de Janeiro: Imago, 1968. v.19. (Edição standard brasileira.)

______. A negação. In: ______. Rio de Janeiro: Imago, 1968. v.19. (Edição standard brasileira.)

______. A questão da análise leiga. In: ______. Rio de Janeiro: Imago, 1968. v.20. (Edição standard brasileira.)

______. Inibições, sintomas e angústia. In: ______. Rio de Janeiro: Imago, 1968. v.20. (Edição standard brasileira.)

______. Fetichismo. In: ______. Rio de Janeiro: Imago, 1968. v.20. (Edição standard brasileira.)

______. O mal-estar da civilização. In: ______. Rio de Janeiro: Imago, 1968. v.20. (Edição standard brasileira.)

______. Tipos libidinais. In: ______. Rio de Janeiro: Imago, 1968. v.20. (Edição standard brasileira.)

______. Novas conferências introdutórias à psicanálise. In: ______. Rio de Janeiro: Imago, 1968. v.22. (Edição standard brasileira.)

______. Análise terminável e interminável. In: ______. Rio de Janeiro: Imago, 1968. v.23. (Edição standard brasileira.)

______. Construções em análise. In: ______. Rio de Janeiro: Imago, 1968. v.23. (Edição standard brasileira.)

______. Clivagem do ego no processo de defesa. In: ______. Rio de Janeiro: Imago, 1968. v.23. (Edição standard brasileira.)

______. Esboço de psicanálise. In: ______. Rio de Janeiro: Imago, 1968. v.23. (Edição standard brasileira.)

______. Achados, idéias, problemas. In: ______. Rio de Janeiro: Imago, 1968. v.19. (Edição standard brasileira.)

GILL, M. El analisis de la transferência. *Revista de Psicoanalisis*, v.38,1981.

GLOVER, E. The therapeutic effect of inexact interpretation: a contribution to the theory sugestion. *Int. J. Psychoanal.*, v.12, n.4, p. 399-411, 1931.

GRAÑA, R. *Além do desvio sexual*. Porto Alegre: Artes Médicas, 1995.

GREEN, A. *Narcisismo de vida e narcisismo de morte*. São Paulo: Escuta, 1988.

______. *Revista IDE*, v.13, 1986. p. 9. Entrevista.

______. *Sobre a loucura pessoal*. Rio de Janeiro: Imago, 1988. p. 53-76.

______. *Revista da Sociedade Psicanalítica de Porto Alegre*, v.2, n.1, 1995. Entrevista.

GREENSON, R.R. *A técnica e a prática da psicanálise*. Rio de Janeiro: Imago, 1981.

GRINBERG, L. Psicopatologia de la identificación y de la contraidentificación projetivas y de la contratransferencia. *Rev. de Psicoanalisis*, v.20, n.2, p. 113,1963.

______. *Culpa y depresión*. Buenos Aires: Paidós,1975.

GRINBERG, l.;GRINBERG, R. *Identidad y Cambio*. Buenos Aires: Paidós, [1976?].

HARTMANN, H. *Psicologia do ego e o problema da adaptação*. Rio de Janeiro: Zahar, 1989.

HEIMANN, P. On counter-transference. *Int. J. Psychoanal.*, v.31, p. 81-84, 1960.

HORNSTEIN, L. *Introdução à psicanálise*. São Paulo: Escuta, 1989.

JACOBS, T. Sobre não ouvir e não ver: alguns problemas na técnica e sua relação com o treinamento analítico. In: PELLANDA, N.; PELLANDA, L.E.(Orgs.). *Psicanálise hoje*. Porto Alegre: Vozes, 1996.

JOSEPH, B. O paciente de difícil acesso. *Rev. Brasil. Psicanal.*, v.20, n.3, p. 413, 1986.

KANDEL, E. A biologia e o futuro da psicanálise: um novo enquadre intelectual para a psiquiatria revisitada. *American Journal of Psychiatry*, 1999.

KANTROWITZ, J. *The relationship between the resolution of the transference and the patient-analyst match*. Trabalho apresentado no 36° Congresso da IPA, Roma,1989.

KERNBERG, O. Entrevista con Otto Kernberg. *The Newsletter of the International Psychoanalytical Association*, v. 5, n.1, 1996.

______. A desonestidade na transferência. [S.l.:s.n., 19??].

______. *Desordens fronteirizos y narcisismo patológico*. México: Paidós, 1988.

KLEIN, M. La importancia de la formación de símbolos en el desarrollo del ego. In: ______. *Contribuciones al psicoanalisis*. Buenos Aires: Hormé, 1964.

______. *Psicanálise da criança*. São Paulo: Mestre Jou, 1969.

______. Notas sobre os mecanismos esquizóides. In: ______. *Os progressos da psicanálise*. Rio de Janeiro: Zahar, 1982.

KLEIN, M. et al. *Desarrollos em psicoanálisis*. Buenos Aires: Paidós, 1962.

______. As origens da transferência. *Rev. Bras. Psicanal.*, v.4, p. 618, 1969.

______. Envidia y gratitud. In: *Las emociones basicas del hombre*. Buenos Aires: Nova, 1960.

KOHUT, H. *Análise do self*. Rio de Janeiro: Imago, 1988.

______. *The restoration of the self*. New York: Int. Univ. Press, 1977.

LACAN, J. *Escritos*. Rio de Janeiro: Jorge Zahar, 1998.

______. Algumas reflexões sobre o ego. *Revista Uruguaya de psicoanalisis*, v. 14, n.2, 1977.

LAPLANCHE, J.; PONTALIS, J.B. *Vocabulário da psicanálise*. São Paulo: Martins Fontes, 1970.

LIBERMAN, D. *Linguistica, interacción comunicativa y proceso psicoanalítico. Buenos Aires:* Kargieman, 1983.

LOEWENSTEIN, R. Remarks on some variations in classical technique. *Int. J. Psychoanal.,* v.39, n.2, p. 210, [19??].

McDOUGALL, J. *Em defesa de uma certa anormalidade*. Porto Alegre: Artmed, 1983.

______. Um corpo para dois. *Boletim científico da SBPRJ,*. v. 1, n.2, 1987.

______. Corpo e linguagem: da linguagem do soma às palavras da mente. *Rev. Brasil. Psican.,* v. 28, n.1, 1994.

______. *Revista Trieb,* v.1, n.1, 1991. p. 68-78. Entrevista.

MAHLER, M. *O nascimento psicológico da criança- simbiose e individuação*. Rio de Janeiro: Zahar, 1982.

MATTE BLANCO Understanding Matte Blanco. *Int. J. Psychoanal,* v.67, p. 251-254.

MELTZER, D. *El proceso psicanalítico*. Buenos Aires: Hormé, 1987.

______. *Estados sexuais da mente.* Rio de Janeiro: Imago, 1979.

______. *Exploraciones sobre el autismo.* Buenos Aires: Paidós, 1979.

______. Identificação Adesiva. *Jornal de Psicanálise.,* v.38, p. 40-52, [19??].

______. *Dream Life*. Conferência. (Detalhes, lugar, ano??)

______. O desenvolvimento kleiniano I.: o desenvolvimento clínico de Freud. São Paulo: Escuta, 1989.

MIJOLLA, A. *Pensamentos de Freud.* Rio de Janeiro: Nova Fronteira, 1988.

MONEY-KYRLEY, R. Contratransferencia normal y algunas de suas desviaciones. *Rev. Uruguaya de Psicoanalisis.,* v.4, n.1, 1961-1962.

______. Desarrollo Cognitivo. *Revista de Psicoanalisis,* v.27, n.4, 1970.

NOGUEIRA, J. Histeria. Trabalho apresentado na SPPA. (Ano, lugar?)

PESSOA, F. Poesias. São Paulo: L&PM Pocket, 1999. v.2.

PIAGET, J. *La construcción de lo real en el niño.* Buenos Aires: Protec, 1965.

PICK, I. A elaboração na contratransferência. In: BARROS, E.M. da R. *Melanie Klein:* evoluções. São Paulo: Escuta, 1989.

PIONTELLI, A. Observação de crianças desde antes do nascimento. In: PELLANDA, N.; PELLANDA, L.E.(Orgs.). *Psicanálise hoje:* uma revolução do olhar. Petrópolis: Vozes, 1996.

PLATÃO. *Diálogos*. São Paulo: Icone, 1981.

RACKER, H. *Estudios sobre técnica psicoanalitica.* Buenos Aires: Paidós, 1973.

RANK, O. El refflejo, Sinmbolo del Narcisismo. Payot. Capítulo V. (Don Juan y el doble).

REICH, W. *Analise do caráter.* Lisboa: Publicações Dom Quixote, 1979

REIK, T. *Como se llega a ser psicólogo.* Buenos Aires: Paidós, 1975.

RICOEUR, P. *O conflito das interpretações:* ensaios de hermenêutica. Rio de Janeiro: Imago, 1978.

RIVIÈRE, J. Contribucion a analisis de la reacción terapeutica negativa. *Rev. de Psicoanalisis,* Buenos Aires, 1949.

ROCHA, F. A psicanálise e o paciente somatizante: introdução às idéias de Joyce McDougall. *Revista Bras. Psicanál.,* v.22, n.1, 1988.

______. A sexualidade na teoria e prática psicanalítica: sobre o complexo de édipo e de castração. *Rev. Bras. Psicanál.* , v.30, n.4, 1996.

ROSENFELD, H. *Os estados psicóticos.* Rio de Janeiro: Zahar, 1968.

______. A psicose de transferência no paciente fronteiriço. *Rev. Brasil. Psicanál.* v.23, n.3, 1989.

______. Uma abordagem clínica à teoria psicanalítica das pulsões de vida e morte: uma investigação dos aspectos agressivos do narcisismo. In: BARROS, E.M. da R. *Melanie Klein:* evoluções. São Paulo: Escuta, 1989.

______. *Impasse e Interpretação*. Rio de Janeiro: Imago, 1988. p. 32.

SPILLIUS, E. B. A interpretação da inveja na análise. *Rev. Brasil. Psicanál.,* v.25, n.3, p. 551, 1991.

______. Entrevista com Elisabeth Spillius e David Tuckett. *Revista de Psicanálise da Sociedade Psicanalítica de Porto Alegre,* v.2, 1995.

SPITZ, R. *Analytic depression: the psychoanalitic study of the child.* [S.l.: s.n.], 1946. v.2.

______. *No y Si.* Buenos Aires: Hormé, 1960.

______. *O primeiro ano de vida.* São Paulo: Martim Fontes, 1980.

STOLLER, R. *Masculinidade e feminilidade:* apresentações de gênero. Porto Alegre: Artmed, 1993.

STRACHEY, J. The nature of therapeutic action of psychoanalysis. *Rev. de Psicoanalisis,* v.5, p. 1947-48, [19??].

TUSTIN, F. *Estados autistas em crianças*. Rio de Janeiro: Imago, 1984.

______. *Barreiras autistas em pacientes neuróticos.* Porto Alegre: Artmed, 1990.

WALLERSTEIN, R. Psicoanalisis y Psicoterapia: una perspectiva histórica. *Libro Anual de Psicoanálisis,* 1989.

WINNICOTT, D. *Textos selecionados*: da pediatria à psicanálise. Rio de Janeiro: Francisco Alves, 1988.

______. *O Ambiente e os processos de maturação.* Porto Alegre: Artes Médicas, 1988.

______. *O brincar e a realidade*. Rio de Janeiro: Imago, 1975.

______. O uso de um objeto. *Rev. Bras. Psicanál. (Ano, volume??)*

______. *Therapeutic consultations in child psyhiatry.* London: The Hogarth Press and the Institute of Psycho-Analysis, 1985.

ZETZEL, E. Current concepts of transference. *Int. J. Psychoanallysis*, v. 37, p. 369-75, 1986.

______. The so called good hysteric. *Int. J. Psychoanal.*, v.49, p. 256-60, 1968.

ZIMERMAN, D. *Fundamentos básicos das grupoterapias*. Porto Alegre: Artmed, 1993.

______. *Bion*: da teoria à prática. Porto Alegre: Artmed, 1995.

______. Fundamentos psicanalíticos: teoria, técnica e clínica. Porto Alegre: Artmed, 1999.

______. *Vocabulário contemporâneo da psicanálise*. Porto Alegre: Artmed, 2001.

ZIMERMAN, D.; OSÓRIO, L.C. *Como trabalhamos com grupos*. Porto Alegre: Artmed, 1997.

Índice Remissivo

D

E

F

V

W